U0662911

经以致用
建德尚美
贺教育部
国家专向项目
心王玉珠

李瑞林

教育部哲学社會科學研究重大課題攻關項目

金融市场全球化下的中国金融监管体系改革

THE REFORM OF FINANCIAL REGULATION SYSTEM OF CHINA DURING FINANCIAL MARKET GLOBALIZATION

曹凤岐

等著

经济科学出版社
Economic Science Press

编审委员会成员

主 任　　孔和平　　罗志荣

委 员　　郭兆旭　　吕　萍　　唐俊南　　安　远

　　　　文远怀　　张　虹　　谢　锐　　解　丹

　　　　刘　茜

总　序

哲学社会科学是人们认识世界、改造世界的重要工具，是推动历史发展和社会进步的重要力量。哲学社会科学的研究能力和成果，是综合国力的重要组成部分，哲学社会科学的发展水平，体现着一个国家和民族的思维能力、精神状态和文明素质。一个民族要屹立于世界民族之林，不能没有哲学社会科学的熏陶和滋养；一个国家要在国际综合国力竞争中赢得优势，不能没有包括哲学社会科学在内的"软实力"的强大和支撑。

近年来，党和国家高度重视哲学社会科学的繁荣发展。江泽民同志多次强调哲学社会科学在建设中国特色社会主义事业中的重要作用，提出哲学社会科学与自然科学"四个同样重要"、"五个高度重视"、"两个不可替代"等重要思想论断。党的十六大以来，以胡锦涛同志为总书记的党中央始终坚持把哲学社会科学放在十分重要的战略位置，就繁荣发展哲学社会科学做出了一系列重大部署，采取了一系列重大举措。2004 年，中共中央下发《关于进一步繁荣发展哲学社会科学的意见》，明确了新世纪繁荣发展哲学社会科学的指导方针、总体目标和主要任务。党的十七大报告明确指出："繁荣发展哲学社会科学，推进学科体系、学术观点、科研方法创新，鼓励哲学社会科学界为党和人民事业发挥思想库作用，推动我国哲学社会科学优秀成果和优秀人才走向世界。"这是党中央在新的历史时期、新的历史阶段为全面建设小康社会，加快推进社会主义现代化建设，实现中华民族伟大复兴提出的重大战略目标和任务，为进一步繁荣发展哲学社会科学指明了方向，提供了根本保证和强大动力。

高校是我国哲学社会科学事业的主力军。改革开放以来，在党中央的坚强领导下，高校哲学社会科学抓住前所未有的发展机遇，紧紧围绕党和国家工作大局，坚持正确的政治方向，贯彻"双百"方针，以发展为主题，以改革为动力，以理论创新为主导，以方法创新为突破口，发扬理论联系实际学风，弘扬求真务实精神，立足创新、提高质量，高校哲学社会科学事业实现了跨越式发展，呈现空前繁荣的发展局面。广大高校哲学社会科学工作者以饱满的热情积极参与马克思主义理论研究和建设工程，大力推进具有中国特色、中国风格、中国气派的哲学社会科学学科体系和教材体系建设，为推进马克思主义中国化，推动理论创新，服务党和国家的政策决策，为弘扬优秀传统文化，培育民族精神，为培养社会主义合格建设者和可靠接班人，做出了不可磨灭的重要贡献。

自 2003 年始，教育部正式启动了哲学社会科学研究重大课题攻关项目计划。这是教育部促进高校哲学社会科学繁荣发展的一项重大举措，也是教育部实施"高校哲学社会科学繁荣计划"的一项重要内容。重大攻关项目采取招投标的组织方式，按照"公平竞争，择优立项，严格管理，铸造精品"的要求进行，每年评审立项约 40 个项目，每个项目资助 30 万 ~ 80 万元。项目研究实行首席专家负责制，鼓励跨学科、跨学校、跨地区的联合研究，鼓励吸收国内外专家共同参加课题组研究工作。几年来，重大攻关项目以解决国家经济建设和社会发展过程中具有前瞻性、战略性、全局性的重大理论和实际问题为主攻方向，以提升为党和政府咨询决策服务能力和推动哲学社会科学发展为战略目标，集合高校优秀研究团队和顶尖人才，团结协作，联合攻关，产出了一批标志性研究成果，壮大了科研人才队伍，有效提升了高校哲学社会科学整体实力。国务委员刘延东同志为此做出重要批示，指出重大攻关项目有效调动各方面的积极性，产生了一批重要成果，影响广泛，成效显著；要总结经验，再接再厉，紧密服务国家需求，更好地优化资源，突出重点，多出精品，多出人才，为经济社会发展做出新的贡献。这个重要批示，既充分肯定了重大攻关项目取得的优异成绩，又对重大攻关项目提出了明确的指导意见和殷切希望。

作为教育部社科研究项目的重中之重，我们始终秉持以管理创新服务学术创新的理念，坚持科学管理、民主管理、依法管理，切实增强服务意识，不断创新管理模式，健全管理制度，加强对重大攻关项目的选题遴选、评审立项、组织开题、中期检查到最终成果鉴定的全过程管理，逐渐探索并形成一套成熟的、符合学术研究规律的管理办法，努力将重大攻关项目打造成学术精品工程。我们将项目最终成果汇编成"教育部哲学社会科学研究重大课题攻关项目成果文库"统一组织出版。经济科学出版社倾全社之力，精心组织编辑力量，努力铸造出版精品。国学大师季羡林先生欣然题词："经时济世 继往开来——贺教育部重大攻关项目成果出版"；欧阳中石先生题写了"教育部哲学社会科学研究重大课题攻关项目"的书名，充分体现了他们对繁荣发展高校哲学社会科学的深切勉励和由衷期望。

创新是哲学社会科学研究的灵魂，是推动高校哲学社会科学研究不断深化的不竭动力。我们正处在一个伟大的时代，建设有中国特色的哲学社会科学是历史的呼唤，时代的强音，是推进中国特色社会主义事业的迫切要求。我们要不断增强使命感和责任感，立足新实践，适应新要求，始终坚持以马克思主义为指导，深入贯彻落实科学发展观，以构建具有中国特色社会主义哲学社会科学为己任，振奋精神，开拓进取，以改革创新精神，大力推进高校哲学社会科学繁荣发展，为全面建设小康社会，构建社会主义和谐社会，促进社会主义文化大发展大繁荣贡献更大的力量。

教育部社会科学司

前　言

《金融市场全球化下的中国金融监管体系改革》一书，是教育部重大攻关项目《金融市场全球化下的中国金融监管体系研究》（项目批准号：07JZD0010）的最终研究成果。

一、金融国际化与金融监管体系改革

金融监管主要指金融主管当局对金融机构和金融市场实施全面的管理、经常性的检查与监督，并以此促使金融机构合法稳健地经营，促使金融市场健康发展，维护金融稳定。这里对金融业的监管主要是指对金融业的外部监督与管理。金融监管对于金融业的发展与规范十分重要。要想提高监管效率，应当有一个健全和完善的金融监管体系。

（一）金融国际化削弱了一国金融监管的有效性

随着经济和金融全球一体化的发展，一国的金融市场成为国际金融市场的一部分；跨国的银行和金融机构日益增多，跨国界的金融集团不断涌现和发展壮大；大的银行、保险和其他金融机构的业务相当部分是国际业务。一国的银行或金融市场发生问题会传染和影响其他国家金融市场、金融机构甚至整个金融体系，20世纪90年代末发生的东南亚金融危机和近期发生的由美国次贷危机引发的席卷全球的金融危机就是很好的证明。如何防范国际金融风险，保持本国金融体系的安全与稳定变得越来越重要。因此，金融监管变得越来越重要。金融监管国际化是一个发展趋势。

在金融全球化浪潮的推动下，发展中国家纷纷加快了金融改革步伐，推进本币自由兑换、开放金融市场、放松外资银行进入管制和国际资本流动管制，并在国外广泛设立分支机构。这些措施一方面使得这些国家的金融业获得了新的发展空间，另一方面，由于国际资本在各国金融市场自由流动，各金融市场之间的相互依赖性不断增加，各种金融风险同样可以通过国际传递，对全球金融市场形成巨大的冲击。与金融自由化进程相比，原有监管原则对于新兴市场的监管效果是很有限的，20 世纪 80 年代以来，拉丁美洲、东南亚、东欧和非洲许多发展中国家和地区发生的金融危机就很好地说明了这一点。

（二）金融创新加大了金融监管的难度

由于金融自由化、金融创新和全球金融一体化进程的加快，国际资金的结构和流向、投资品种及方式发生了重大变化，科学技术和通信的进步，为金融投资创造了更加广泛的活动空间和崭新的运行形式。同时，金融市场的波动更加频繁，杠杆投资和衍生产品的风险也大为增加，竞争压力和追求高回报使投资者和金融机构的冒险意识上升。这一切使金融系统的脆弱性和风险性日益增大。随着金融市场的快速发展，跨金融行业的创新产品不断涌现，传统金融领域及金融产品间的界限日渐模糊。金融混业经营的发展趋势越来越明显。为了逃避金融管制，规避和分散金融风险，金融机构通过各种金融创新工具和业务把风险转移给愿意承担的一方。但是从全球或全国的角度看，金融创新仅仅是转移或分散了某种风险，并不意味着减少风险；相反，金融机构在利益机制驱动下可能会在更广的范围内和更大的数量上承担风险，一旦潜在的风险转变为现实损失，其破坏性远远超出传统意义上的金融风险。具体而言，以金融衍生工具为主要代表的金融创新作为资产价格、利率、汇率及金融市场反复易变性的产物，它反过来又进一步加剧资产价格和金融市场的易变性，由此产生的风险也越来越多，加大了金融监管的难度。

（三）金融并购和混业经营对金融监管提出了新的要求

20世纪90年代以来，国际金融业并购事件层出不穷，金融业的并购浪潮对传统的监管方式提出了新的挑战。首先，银行业的兼并加强了银行业集中程度，一方面可以提高抗风险能力，另一方面也容易因为风险管理不当而积重难返。这些超级巨型金融机构一旦出现问题，对整个金融机构乃至国民经济将造成灾难性的打击。这就是所谓的"太大不倒"（too big to fail）。其次，金融业的兼并浪潮使金融业的竞争进入垄断竞争时代，如何防止金融风险在恶性竞争中积累，维护公平竞争秩序成为监管当局的新课题。再者，金融业的兼并逐渐冲淡了银行业和证券、保险的界限，无疑加大了监管难度。

（四）信息革命对传统监管方式提出了挑战

随着电脑、网络、电子商务等技术的迅猛发展，网络银行在各国得到迅速发展。网上银行经营成本低，并且依赖网络技术突破了传统的地理边界，可以在全球范围内多领域、跨国界进行低成本扩张。然而，网络及电子化交易，交易和结算数量极大，速度极快，如果出现交易与结算错误，瞬时可以造成巨大损失，而且难以挽回和纠正。同时网上黑客不但可以盗窃客户密码、账户和资金，还可能攻击网络造成网络瘫痪。如何对网上交易等金融活动进行有效的监管，将是摆在国际金融界的一个重大课题。

在此形势下，各国金融监管体系需作相应改变。在大多数国家，金融监管体制初设时所面临的市场格局随着金融市场的发展已经不复存在。在新的形势下，监管机构的监管理念、监管目标、监管手段以及机构设置都面临挑战，如何顺应市场发展的需要，保持公正有效的监管体系是各国面对的主要问题。

二、金融危机与金融监管体系改革

金融危机改变着国际金融秩序，使国际金融监管面临前所未有的严峻挑战与考验。金融危机在影响金融市场发展的同时，也催生和促进着金融监管的发展与不断完善。

有人说，一部金融发展史，也是一部金融危机史。这种说法未免有失偏颇。但历史上金融危机确实层出不穷。20 世纪发生 1929～1933 年金融大危机几乎摧毁了资本主义的经济体系，20 世纪 80 年代发生的拉美国家的金融危机致使拉美国家经济到了破产的边缘。90 年代末发生的东南亚金融危机，使亚洲国家经济遭受巨大损失。2007 年由美国次贷危机引发的全球金融危机，几乎无一国家幸免。其由金融领域漫延扩散到了实体经济，给全球经济造成了巨大的影响。美国的金融业遭受重创，全球金融业也不断收缩，世界经济发展减缓。金融危机余波未平，欧债危机又愈演愈烈。进入 2012 年，希腊退出欧元区的担忧挥之不去。主权债务的重要持有者——欧洲大银行的风险令人担忧。金融危机与欧债危机的双重影响之下，世界经济发展存在着严重的不确定性。中国也没能在此次的金融危机与欧债危机中幸免，中国经济发展也受到诸多影响。2012 年，中国的 GDP 增长指标首次被下调到 8% 以下。

分析此次金融危机发生的原因，很多人认为金融监管不力是金融危机发生的原因之一。本次金融危机从美国开始，与美联储的监管不力有一定的关系。20 世纪 80 年代后，配合金融创新与金融自由化的发展，美国更强调市场调节，放松管制的监管理念，由此出现混业经营下金融监管的重叠、缺位、弱效，金融风险失控等问题，最终导致金融危机的爆发。

美国马萨诸塞州州立大学经济学教授大卫·科茨认为："这次金融危机是 1980 年以来新自由主义在全世界泛滥所导致的一个非常符合逻辑的结果。"还有的学者认为，以 1976 年的诺贝尔奖获得者、经济学家弗里德曼（Milton Friedman）为代表的自由主义理论推动的保守主义政策革命，是"为现时的金融危机铺路"。在新自由主义思想的指导下，美联储长期信奉"最少的监管就是最好的监管"这一信条。格林斯潘的著名观点是"由市场监管比由政府监管更为有效"，"金融衍生产品最佳监管者是市场参与者们自己，而不是政府的机构和法规"。这种新自由主义的监管理念实际上听任和鼓励了华尔街的种种贪婪、冒险行为，结果却酿成了本次金融危机。

金融危机加大了金融监管的难度。首先，金融危机改变了金融监管环境，使金融监管面临如何在错综复杂的金融形势下，正确运用各种监管手段，实现国际金融市场健康发展的难题。其次，金融危机延伸了金融监管目标，丰富了金融监管内容，使金融监管在独善其身的同时，还需关注和实现金融市场与实体经济的协调发展，避免虚拟资本与泡沫经济对实体经济的负面冲击与影响。最后，金融危机的广泛性、多变性与复杂性，延伸和扩展了金融监管的时空距离，金融监管的传导机制更加复杂，不确定因素大大增加，金融市场更易动荡，由此使金融监管在体制的确立、机制的健全、方式的选择，手段的运用等方面都面临更高的要求与更大的风险。

金融危机的发生表明：缺乏必要的、足够的政府监管的金融市场，难以完全通过自我调节实现自身的健康发展。金融市场发展不仅需要自身调节，而且需要严格的、适度的政府监管。从全球范围看，加强金融监管，确保金融安全已成为金融市场的发展趋势。由此，金融监管理念将发生以下一些变化：一是相对于金融市场效率而言，金融监管目标更强调金融安全的重要性；二是在尽可能发挥市场调节作用的同时，更加注重政府对市场的监管，政府对市场的干预将有一定程度的扩大和加深；三是更加注重功能监管与事前监管；四是更加注重持续监管。金融危机影响金融国际化进程，却不可逆转金融国际化趋势，由此也难以彻底消除国际金融危机的再发生，因此，持续监管将成为金融监管的重要理念。

在金融监管实践中，金融监管理念主要体现在严格市场准入、严格监管标准、增强市场透明度、强化对复杂金融衍生品的控制、加强对金融机构的监管，强化政府对监管机构的问责、加大法制监管力度等多个方面。

在金融危机的背景下，根据金融监管的特性，立足于优化我国金融监管，系统地分析美国金融危机形成的原因、传导机制、处理措施、金融监管体制的改革计划，寻求金融危机中呈现出的监管机制的漏洞并加以分析，并在此基础上建立完善的、有效率的金融监管体系是十分重要的任务。

本书总结了美国金融危机对中国金融监管体系建设的众多启示。同时，借鉴美国金融监管呈现出的发展趋势和金融危机背景下美国监管体制的改革所带来的启示，客观分析了我国金融监管的现状、存在问题，提出加强我国金融监管体制建设的对策，在以上分析的基础上提出了我国金融监管的发展方向——功能性监管，并构思了实现功能性监管体制的设计框架。

三、金融监管体系发展与改革的趋势[①]

（一）金融监管国际化趋势

随着不断加深的金融国际化，使金融机构及其业务活动跨越了国界的局限，在这种背景下，客观上需要将各国独特的监管法规和惯例纳入一个统一的国际框架之中，金融监管法制逐渐走向国际化。双边协定、区域范围内监管法制一体化，尤其是巴塞尔银行监管委员会通过的一系列协议、原则、标准等在世界各国的推广和运用，都将给世界各国金融监管法制的变革带来冲击。

由于金融国际化的发展及不断深化，各国金融市场之间的联系和依赖性也不断加强，各种风险在国家之间相互转移、扩散便在所难免，如 1997 年 7 月东南亚爆发的危机就蔓延到了许多国家，使整个世界都受到了强烈的震动。金融国际化要求实现金融监管本身的国际化，如果各国在监管措施上松紧不一，不仅会削弱各国监管措施的效应，而且还会导致国际资金大规模的投机性转移，国际金融的稳定。因此，西方各国致力于国际银行联合监管，如巴塞尔银行监管委员会通过的《巴塞尔协议》统一了国际银行的资本定义与资本充足率标准。各种国际性监管组织也纷纷成立，并保持着合作与交流。国际化的另一体现是，各国对跨国银行的监管趋于统一和规范。

---

① 郭慧文，张文琪，张小．国际金融监管的发展趋势及启示．中国论文下载中心，2006 - 5 - 14.

（二）金融监管更加注重风险性监管和创新业务的监管

从监管来看，世界各国监管当局的监管重点实现了两个转变：第一，从注重合规性监管向合规性监管和风险监管并重转变。过去监管当局一直将监管重点放在合规性方面，认为只要制定好市场游戏规则，并确保市场参与者遵照执行，就能实现监管目标。但随着银行业的创新和变革，合规性监管的缺点不断暴露，这种市场敏感度较低，不能及时反映银行风险，相应的监管措施也滞后于市场发展。有鉴于此，国际银行监管组织及一些国家的监管当局相继推出一系列以风险监管为基础的审慎规则，如巴塞尔银行监管委员会发布的《有效银行监管核心原则》、《利率风险管理原则》等，实现了合规性监管向合规性监管和风险监管并重转变。第二，从注重传统银行业务监管向传统业务和创新业务监管并重转变。随着金融市场的不断发展，金融创新产品层出不穷，如金融衍生产品交易、网上银行交易等创新业务，它们在增加收益的同时也增大了风险，且更易扩散，对金融市场的冲击也更加直接和猛烈。因此，只注重传统银行业务的监管已经不能全面、客观地反映整个银行业的风险状况，只有"双管齐下"，并重监管传统业务和创新业务，才能有效地防范和化解银行业的整体风险。

（三）金融监管越来越重视金融机构的内部控制制度和同业自律机制

机构的内部控制是实施有效金融监管的前提和基础。世界金融监管的实践表明，外部金融监管的力量无论如何强大，监管的程度无论如何细致而周密，如果没有金融机构的内部控制相配合往往事倍功半，金融监管效果大打折扣。在国外银行经营管理层的内控意识很强，他们把这作为非常重要的管理理念，贯穿于整个经营管理体制工作中。国外商业银行一般专门成立独立于其他部门的、仅仅对银行最高权力机构负责的内部审计机构，并建立了健全的内控制度。近年来，由于巴林银行、大和银行以及住友商社等一系列严重事件的发生都与内控机制上的缺陷或执行上的不力有直接关系，国际金融集团和金融机构在震惊之余，纷纷开始重新检讨和审视自己的内控状况，以免重蹈他人覆辙，许多国家的监管当局和一些重要的国际性监管组织也开始对银行的内部控制给予前所未有的关注。

金融机构同业自律机制作为增强金融业安全的重要手段之一，受到各国普遍重视。以欧洲大陆国家为代表，比利时、法国、德国、卢森堡、荷兰等国的银行家学会和某些专业信贷机构的行业组织都在不同程度上发挥着监督作用。尽管金融业公会组织在各国监管体系中的地位不尽相同，但各国都比较重视其在金融监管体系中所起的作用。

（四）统一监管是金融监管体系发展的趋势

相当多的国家已经或将要选择综合监管或统一监管模式。有一项调查表明，截至 2002 年年底，全球范围内，至少有 46 个国家已采取了统一监管模式，它们或是建立起了一个监管整个金融领域的统一的监管机构，或者是将三大金融行业中的两个以上的金融行业（比如银行与保险，银行与证券或者是证券与保险）的监管权力集中到一个监管机构。近些年来，迈向金融统一监管的国家数目迅速增加。1986 年，挪威建立了世界上第一个对银行、证券、保险统一进行监管的监管机构。1997 年，世界金融中心之一的英国也建立了统一的金融监管机构——英国金融服务局（FSA），成为世界主要金融市场采取统一监管模式的先锋。此后，许多发达国家和发展中国家都建立了不同形式、不同程度的统一监管体制，最新的例子包括爱沙尼亚、德国、爱尔兰和马耳他（2002）。据报道，目前至少还有一些国家正在考虑建立类似体制。另外，一些已经建立部分统一监管体制的国家（如墨西哥和南非）则在考虑是否应当提高统一监管程度，建立类似英国 FSA 的统一监管体制。

走向统一监管模式的原因在于：

1. 随着金融市场的快速发展，跨金融行业的创新产品不断涌现，传统金融领域及金融产品间的界限日渐模糊。同时，跨国界的金融集团不断涌现和发展壮大，金融市场全球一体化的趋势也日渐明朗。在此形势下，各国金融监管体制需作相应改变，力图通过资源整合、机构调整，以及监管模式的改革来顺应市场发展的需要，以保证金融市场的稳定运行和健康发展。

2. 不断涌现的金融创新产品以及新的金融子市场，使得各类金融机构以及金融市场整体所面临的风险更复杂、更难以监管。特别是证券公司、保险公司、商业银行等金融机构的风险特征日趋相似，使得金融市场的系统性风险已经从早期单一的银行系统逐步扩展到金融系统全部领域。

3. 金融集团（最初以金融控股公司的形式）的出现和发展壮大也对现存的分业监管模式提出了有力挑战，使得分业监管更难以操作。在分业监管模式下，对金融集团的各类业务分别监管难免出现过度关注某一业务或各子公司的经营状况而忽略金融集团总体经营风险的情况。同时，为了在全球市场保持竞争力，一些金融机构通过并购本国或外国的其他机构，逐渐发展成为跨国金融集团，使得金融市场全球一体化的趋势更加明显。这种发展趋势对金融市场监管的国际协作、目标及监管手段的一体化都提出了更高的要求，也促使各国加快自身监管体制的改革步伐。

统一监管的主要潜在优势包括：金融监管的规模经济效应（尤其是对中小国家的金融市场）；简化监管框架、减少监管机构数量后市场投资者及参与主体更容易理解；统一监管是对金融机构混业经营的适应；金融创新不断打破已有的行业界限，统一监管更能适应这一趋势；统一监管有助于减少过度监管或监管缺位，消除监管套利机会；统一监管有助于降低金融机构的监管成本。其中，金融监管的规模经济效应以及金融机构混业经营带来的监管需求是目前统一监管日渐普遍的重要原因。

四、国际金融危机后国际金融监管体系改革对中国的启示

国际金融监管体系改革，各国金融监管体系改革尤其危机后美国金融监管体系改革，对进一步改革与完善对中国金融监管体系有重要启示和值得借鉴之处。

第一，走综合监管统一监管之路。美国这次金融监管改革的一大特点是从过去的分散监管、伞形监管变为统一监管，美国把美联储打造成一个"超级监管者"，一切金融监管权都归于美联储，不仅大小型金融机构均由美联储管理，连金融衍生品市场都由其管理。有人认为，中国如果实行统一管理，就应当扩大中国人民银行权力，把中国人民银行也打造成一个超级监管者，既进行宏观金融监管也进行微观金融监管。我们认为，中国与美国是不一样的，美联储实际一直作为一个超级监管者存在的，1999 年 11 月《金融服务现代化法案》经国会和总统批准后，美联储又增加了作为金融控股公司伞形监管者的职能。此次美国金融监管改革是进一步加强了它的监管权力而已，而且美联储能否对所有的金融机构及金融行为实行有效监管，还值得观察。中国在相当长的历史时期里，都是由中国人民银行一家进行金融监管，但是那是在几乎没有金融市场，除了银行机构之外没有其他金融机构的情况下进行统一监管的。而当金融机构多元化、金融市场多元化以后，中国人民银行把对银行、保险、证券、信托等机构的监管权及对金融市场的直接监管权转移到后来成立的银监会、保监会和证监会手中，中国人民银行与"三会"是平等机构，他们之间是协调与合作的关系。中国人民银行主要职责是通过货币政策进行宏观调控，而不是具体监管。如果把这些监管权再重新收回来，等于剥夺了"三会"的权力，可能性不大。我们建议在"三会"之上，再建立一个统一的金融监管机构，对金融进行统一监管①。

第二，加强宏观金融审慎监管。以往的金融监管主要注重微观审慎性监管，认为个别金融机构的风险会传染整个金融系统，因此，能防止个别金融机构的风险，有可能保证整个金融系统的稳定。原巴塞尔协议正是在总结以往金融危机的教训基础之上在全世界范围之内推广实施的，单个金融机构的资本充足率需要达到监管资本的要求，这样单个金融机构的破产风险大大降低。针对原巴塞尔协议所产生的监管资本与经济资本不一致以及金融机构随之而来的监管套利问题，新

① 曹凤岐. 改革与完善中国金融监管体系. 北京大学学报（社科版），2009（4）.

巴塞尔协议提出了改进措施，尤其是巴塞尔协议Ⅲ加强了宏观谨慎性监管的措施，使得金融机构的监管资本与经济资本趋于一致，既能继续保证单个金融机构的稳定性，又能有效避免监管套利，欧洲一些国际性银行已经率先于 2007 年实行新巴塞尔协议。在欧美一些比较大的金融机构风险管理是比较健全的，它们采用一些风险管理模型对不同类型资产的信用风险、市场风险与操作风险进行评估，这确实大大提高了银行的稳定性。

美国这次金融监管体系改革，刚好是从稳定整个金融体系出发的，强调了宏观审慎性监管思想。他们成立金融稳定委员会就是从组织上防范金融系统性风险的发生，保持金融体系的稳定。

第三，必须注重保护投资者的合法权益。由于华尔街老板们的贪婪与疯狂，引发了全球金融危机，致使无数的投资者造成损失。金融监管的一个重要职责就是要加强金融监督，维护市场秩序，保证市场的公平、公正与公开，进而保护投资者的合法权益。美国金融监管体系改革推出一项很重要的措施就是在美联储下设立一个新的机构即消费者金融保护局，对提供信用卡、抵押贷款和其他贷款等消费者金融产品及服务的金融机构实施监管。中国金融监管主要是直接对金融机构进行监管，包括对违法违规的机构处罚，但对投资者的保护则很不够。而在中国由于投资者对金融产品认识不够，信息不充分，造成投资损失的投资者比比皆是。而他们的损失也很难得到赔偿或补偿。因此，中国在金融监管体系的改革中，应当把保护投资者合法权益放在首位。

五、本书结构

根据专家的建议，课题组经过认真研究，对《投标书》中所列研究思路、内容和研究方法做了重要调整，项目重点研究以下问题：

（1）研究金融市场全球化背景下的金融风险和金融安全问题。

（2）研究金融市场全球化对各国金融监管体系提出的挑战以及金融体系演变。

（3）对中国现行金融监管体系进行科学评估和评价。

11

（4）对中国银行业、证券业和保险业及金融市场和金融机构的监管进行了深入研究。

（5）研究中国金融混业经营和金融业对外开放的条件下如何完善金融监管体系。

（6）研究未来中国金融监管体系的总体架构。

本书的结构如图 1 所示。

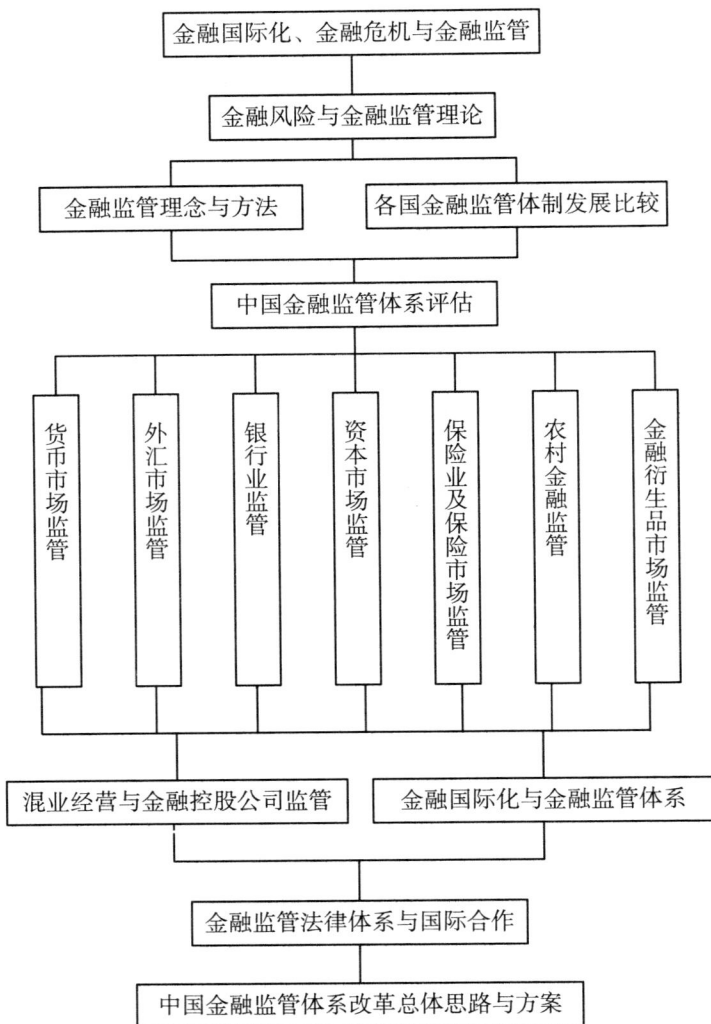

图 1 本书结构

六、本书主要创新点

第一，提出了金融危机与金融监管体系不健全和监管不力有关的观点。认为金融危机改变着国际金融秩序，使国际金融监管面临前所未有的严峻挑战与考验。金融危机在影响金融市场发展的同时，也催生和促动着金融监管的发展与不断完善。在此形势下，各国金融监管体系需作相应改变。在大多数国家，金融监管体制初设时所面临的市场格局随着金融市场的发展已经不复存在。在新的形势下，监管机构的监管理念、监管目标、监管手段以及机构设置都面临挑战，如何顺应市场发展的需要，保持公正有效的监管体系是各国面对的主要问题。

第二，认为各国金融监管体系向统一监管和综合监管方向发展是一个历史趋势。随着金融市场的快速发展，跨金融行业的创新产品不断涌现，传统金融领域及金融产品间的界限日渐模糊。同时，跨国界的金融集团不断涌现和发展壮大，金融市场全球一体化的趋势也日渐明朗。在此形势下，各国金融监管体制需作相应改变，力图通过资源整合、机构调整，以及监管模式的改革来顺应市场发展的需要，以保证金融市场的稳定运行和健康发展。各国金融监管体系向统一监管和综合监管方向发展是一个历史趋势。

第三，中国现行分业管理的金融监管体系当前基本适应。但随着我国金融业混业经营的发展，进一步的金融创新，多层次金融市场包括金融衍生品市场形成与发展，金融控股公司成为金融机构的主要和重要组织形式，严格的分业监管已经很难适应需要。在此形势下，中国金融监管体系进行进一步改革是完全必要的。通过监管体系的改革来顺应市场发展的需要，以保证金融市场的稳定运行和健康发展。

第四，提出中国金融监管机构的设置应当实行"一行一会"结构，即中国人民银行继续监管货币市场和外汇市场，成立直属国务院的中国金融监督管理委员会（简称中国金监会），将银监会、证监会和保监会的监管职能合并到该委员会中，监督管理银行和其他金融机构和除货币和外汇市场之外的其他金融市场。为了更好地发挥金监会的作用，建议在金监会下设立审慎监管委员会、投资者保护委员会和金融稳定委员会。

第五，提出中国金融监管体系配套改革的若干措施，如强化金融机构内控制度，加强金融自律组织建设，完善金融机构评估制度，建立存款保险制度和加强国际金融监管合作等。

金融市场全球化带来了金融体系与金融监管制度的重大变化，希望我们的研究能够抛砖引玉，推动金融监管体系理论研究的进一步深入，为中国金融监管体系的改革做出了一定的贡献。

摘　要

本书分析了金融国际化、金融危机对国际及各国金融风险及金融稳定与安全的影响，总结了国际及各国金融监管体系改革的经验及对我国金融监管体系改革的启示，客观分析了我国金融监管的现状、存在问题，提出加强我国金融监管体制建设的对策。在以上分析的基础上，提出了我国金融监管的发展方向——功能性监管，并构思了实现功能性监管体制的设计框架和配套改革措施。

本书的内容如下：

前言：从本次金融危机对国际金融监管体系提出的新挑战出发，讨论了金融国际化与金融监管体系改革的关系；金融危机对金融监管体系改革的影响；研究了国际金融监管体系发展与改革的趋势；探讨了金融危机后国际金融监管体系改革对中国的启示；最后对本书的结构和创新点进行了总体阐述。

第一章　全球化下的金融风险与金融监管理论：讨论了经济全球化和金融全球化趋势；金融风险的全球化趋势；研究金融监管理论的发展和全球化趋势下世界金融监管体制的变迁。

第二章　金融监管理念与方法：讨论了金融监管理念内涵，监管目标与方法；研究了金融监管的成本和效率，原则监管和规则监管的关系，最后提出了监管理念与方法的哲学思考。

第三章　各国金融监管体制发展比较：研究了世界金融监管的类型及历史沿革；各国金融监管体制和模式；金融危机后主要国家金融监管改革及发展；金融监管体制发展的国际趋势及对中国的启示。

第四章　中国金融监管体系评估：回顾了中国金融监管的历史沿

革；对中国现行金融监管体系进行了总体评估；论证了中国金融监管体系进一步改革的必要性。

第五章　货币市场监管：研究了货币市场发展现状和存在的问题；研究了货币市场风险；货币市场监管创新；探讨了货币市场的金融稳定和货币政策传导职能。

第六章　外汇市场监管：研究了我国外汇管理制度的历史变革；对短期资本流动的监测指标进行了分析；讨论了银行间外汇市场监管理念；分析了汇改后外汇市场微观层面监管新问题；探讨了人民币国际化路径与风险防范。

第七章　银行业监管：阐述了银行监管的主要依据和有效监管的分析框架；研究了金融市场全球化下银行监管的问题与对策（包括巴塞尔新资本协议和第三版巴塞尔协议在中国的贯彻执行）。

第八章　证券业和资本市场监管：研究了中国证券业和资本市场监管体系的发展历程：集中统一监管体系的建立；讨论了中国证券业和资本市场监管制度的改革与完善等；对证券业和资本市场监管改革发展提出若干思考与建议。

第九章　保险业及保险市场监管：研究了国际保险监管体系改革最新趋势；探讨了如何完善我国保险监管体系，对我国保险监管提出的政策建议。

第十章　农村金融监管：阐述了我国农村金融的发展历程和现状；对我国现行农村金融监管体系进行评价；提出建立多层次农村普惠金融体系；对如何改革与完善农村金融监管体系提出政策性建议。

第十一章　金融衍生品市场监管：研究了我国金融衍生品市场发展现状和监管现状；介绍了发达国家和地区金融衍生品市场监管体系；对我国构建多层次金融衍生品市场监管体系进行了探讨。

第十二章　混业经营与金融控股公司监管：研究了混业经营与金融控股公司的发展；分析了金融控股公司监管的主要依据；探讨了金融市场全球化下我国金融控股公司监管的问题和对策。

第十三章　中国金融国际化过程中的金融监管体系：研究了中国金融国际化风险问题；分析了国际资金循环的统计监测体系；探讨了中国金融国际化过程中的对外资金循环以及宏观监管问题。

第十四章 金融监管法律体系与国际合作：研究了国际和国内金融监管法律体系；金融国际化的法律应对。

第十五章 中国金融监管体系改革总体思路与方案：研究了宏观金融审慎性监管与金融监管体系改革的关系；提出了我国金融监管体系改革的思路与方案；提出了完善金融监管体系的配套改革的建议。

Abstract

This book analyzes the effect of financial internationalization and financial crisis on international and country level financial risk and financial stability, summarizes the experience of international and country level financial regulation system reform and its inspiration on China, studies the current situation and existing problems of China's financial regulation, proposes the countermeasures to enhance financial regulation. Based on these analyses, we propose the direction of China's financial regulation reform, that is, functional regulation, and design the framework and corresponding reform steps to implement it.

The contents of this book are as the following:

Introduction. Starting from the challenge of financial crisis in 2008 on international financial regulation, we discuss the relationship between financial internationalization and financial regulation system reform, the effect of financial crisis on financial regulation system reform, the trend of international financial regulation system development and reform, the inspiration of financial regulation system reform after financial crisis on China. We conclude induction by explaining the book structure and our contributions.

Chapter 1, Theory of financial crisis and financial regulation during financial internationalization. We discuss the trend of economic globalization and financial globalization, the globalization of financial risk, the development of financial regulation theory, the world financial regulation system change during globalization.

Chapter 2, Idea and ways of financial regulation. We discuss the idea of financial regulation, its goal and way, its cost and efficiency, the relationship between rule based regulation and principle based regulation. Based on this, we proposed our philosophy thoughts on regulation idea and way.

Chapter 3, Comparing financial regulation system in different countries. We study the type and history of world financial regulation, financial regulation system in different countries, financial regulation reform and development after financial crises in main countries, the international trend of financial regulation and its inspiration on China.

Chapter 4, Evaluating China's financial regulation system. We review the history of China's financial regulation, evaluate the current regulation system, and discuss the necessity of its further reform.

Chapter 5, Money market regulation. We discuss the current situation and problems of money market, its risk, its regulation innovation, and its function in financial stability and monetary policy transmission.

Chapter 6, Foreign exchange market regulation. We discuss the history of foreign exchange control in our country; the monitoring indicators of short term capital flow, the regulation idea on interbank foreign exchange market, new micro level regulation problems in foreign exchange market after its reform, the road map of RMB internationalization and risk prevention.

Chapter 7, Bank regulation. We discuss the main reasons of bank regulation and the analyses framework of efficient regulation, the new questions during financial market globalization and our countermeasures (including Basel Accord 2, 3 and its implement in China).

Chapter 8, Securities industry and capital market regulation. We discuss the history of China's securities industry and capital market, the founding of the centralized regulation system, its reform and improvement, and our thoughts and policy propositions.

Chapter 9, Insurance industry and insurance market regulation. We discuss the newest trend in international insurance industry regulation, how to improve our insurance regulation system, and make policy propositions.

Chapter 10, Rural finance regulation. We state the development process and current situations of rural finance in China, evaluate the current rural finance regulation system, propose building a multi level inclusive rural finance system, and make policy propositions about how to reform and improve rural finance regulation system.

Chapter 11, Financial derivatives market regulation. We discuss the current situation and regulation of derivatives in China, introduce regulation systems in advanced countries and regions, and study the regime of possible multi level derivative market regulation system.

Chapter 12, Mixed operation and financial holding company regulation. We discuss the development of mixed operation and financial holding companies, the main reasons to regulate financial holding companies, and the problems and countermeasures of regulating China's financial holding companies during financial market globalization.

Chapter 13, Financial regulation system during financial internationalization. We discuss the risk during China's financial globalization, the statistic monitoring system of circulation of international fund, the international fund circulation during China's financial internationalization and macro level regulation.

Chapter 14, Financial regulation law and international cooperation. We discuss the law system of China and the world, and the countermeasures in law system during financial globalization.

Chapter 15, Idea and plan of China's financial regulation system. We discuss the relationship between macro prudential regulation and financial regulation system reform, propose the road map and plan of China's financial regulation system, and make policy propositions on how to improve financial regulation system.

目 录
Contents

Contents

第一章

全球化下的金融风险与金融监管理论

随着交通运输工具和通信技术的发展，经济领域的全球化分工日益明确，经济全球化趋势愈演愈烈。在经济全球化的大背景下，金融市场的全球化趋势也势在必行。1973 年布雷顿森林体系解体之后，资金通过全球化的金融市场作为媒介在全世界范围内的流动加速，股权和债权在各国互相交融，海外上市，异地或多地挂牌上市，跨国并购，货币汇兑，主权债务等业务日益流行。金融体系的风险也由于各国内部体系而日益扩展为全球化的体系，金融风险的范畴随着时间的推进不断在发生演变，金融体系的风险也从二级体系演进为三级体系。2008 年的金融海啸彰显了国际金融一体化背景下的全球风险，再次印证了金融风险的国际化趋势；金融体系的监管理论和方法也将随着金融市场和金融风险的全球化趋势而演进和发展。在本章的第一节中我们将首先介绍金融业的全球化状况，随后在第二节中分析金融风险的全球化的发展趋势，在第三节中介绍对金融体系实施监管的相关理论的演进过程，第四节讨论全球化趋势下金融监管体系的变迁。

第一节　全球化趋势下的金融业

一、经济全球化趋势

第二次世界大战以来，在政治方面世界各国逐步从对抗走向对话，对争端与

1

矛盾的解决理念逐步由武力转向谈判与协商；在经济领域的全球化分工日益明确，经济全球化趋势愈演愈烈。随着交通运输工具和通信技术的发展，各国的产成品贸易额大幅增加，各种生产要素如资本、劳动力以及科学技术等开始在全球范围内流动。20世纪70年代之前，布雷顿森林体系对于发达国家之间商品贸易的飞速发展起到了很大的作用，日本和德国通过与其他欧美发达国家的自由贸易迅速从战后的衰弱当中恢复过来。1973年布雷顿森林体系解体之后，发达国家特别是美国推动自由贸易扩大至众多发展中国家，经济全球化开始进入全面发展时期，全世界的国家无论是发达国家还是发展中国家都开始从经济全球化以及自由贸易的浪潮中受益。20世纪80年代末，众多发展中国家也开始逐渐融入了这一趋势当中，谋求加入世界贸易组织，与全球各国开展商品贸易。

经济分为生产、流通、分配与消费四个阶段，经济的全球化也必然意味着上述四个阶段的全球化。各类生产要素在全世界范围的加速流动发生在20世纪80年代以后，大量的无法得到兑换的美元成为急切寻找投资增值的"热钱"资本，因此，资本从发达国家流向发展中国家是生产阶段全球化的一个主要特征，资本的流动主导了生产全球化的世界版图。当然，劳动力以及科学技术在全世界范围的流动也是生产全球化的表现，只是这两类生产要素的流动仍然存在诸多障碍。

流通阶段的全球化意味着自由的商品贸易，全球贸易额近60年来不断增加，增速也越来越快，特别是最近的30年。世界出口总量从1948年的585亿美元增长到2008年的近15.7万亿美元，增长倍数为269倍。表1-1显示的世界进口总量则从1948年的622亿美元增长到2008年的16.1万亿美元，增长倍数为259倍。从1953~2003年的半个世纪中，除了1973~1983年，基本上是每十年翻一番，在1973~1983年达到了翻两番的高速增长，2003年后再次加倍增长。

表1-1　　　　　　　　　　全球进出口总量　　　　　　　单位：十亿美元

年份	1948	1953	1963	1973	1983	1993	2003	2008	2010
出口总量	58.5	83.8	156.8	578.8	1 837.6	3 675.6	7 376.6	15 716.7	14 855.0
进口总量	62.2	85.1	163.8	595.0	1 881.5	3 786.8	7 692.3	16 127.2	15 060.0

资料来源：WTO。

国际贸易不仅是总量的增速惊人，进出口及其劳务输出收益和对外投资在各国经济中所占的比例也在逐年递增。在这一时期，世界各国的经济总量也同样增速惊人，因此，简单看国际贸易总量的增加还不能完全反映其在各国经济发展中的作用。为了能清晰地看出国际经济全球化的趋势，我们需要考察进出口贸易在各国经济的份额的变化趋势，通过进出口贸易在GDP中所占的比重增加来表明经济全球化的加深程度，各国之间的经济联系紧密程度。为了考查这一经济全球化的发展变化状况，需要通过历史的数据来给出，我们使用 G20 的相关数据来给出这一问题的答案。G20 国家在全球经济中的占比超过 80%，这 19 个国家的数据基本反映代表了全球的经济全球化状况。下面将通过 G20 国家的相关数据给出所需要的统计结果，根据每年的数据计算出该国的进出口及收益占该国当年 GDP 的比重，在对所有样本国的数据进行平均而到达样本国群体的数据，结果见表 1 - 2 中。表 1 - 2 中给出了 1982 ~ 2006 年 G20 国家总体，和两个分组样本——代表发达国家的 G8 和代表发展中国家的其余 11 个国家，三个国家组的进出口及收益占当年 GDP 的比重。从第一栏中不难发现，G20 的进出口额占 GDP 的比重在逐年提高，从 1982 年的平均 40.88% 左右提升到了 2006 年的 62.33%；代表发达国家的 G8 也从 47.24% 上升到 64.38%；而这一时期国际化的生力军——发展中国家进出口额占 GDP 的比重则从 35.78% 上升到 60.84%。

表 1 - 2　　　　　　　　　1982 ~ 2006 年 G20 国家进出口及
收益占当年 GDP 的比重　　　　　　　单位：%

年份	G20	G8	D11	年份	G20	G8	D11
1982	40.88	47.24	35.78	1995	45.11	48.93	42.32
1983	40.29	44.85	36.63	1996	45.72	49.06	43.29
1984	41.93	47.98	37.10	1997	47.62	51.46	44.82
1985	41.45	47.71	36.45	1998	51.08	51.59	50.72
1986	38.82	42.96	35.52	1999	49.91	51.23	48.95
1987	39.26	42.50	36.67	2000	55.00	56.75	53.72
1988	39.76	43.46	36.80	2001	52.87	53.48	52.42
1989	40.73	46.26	36.31	2002	53.40	53.04	53.65
1990	40.84	47.41	35.58	2003	53.04	52.11	53.71
1991	40.53	45.92	36.21	2004	56.66	54.72	58.07
1992	40.91	45.20	37.48	2005	59.10	58.95	59.21
1993	40.41	46.07	35.88	2006	62.33	64.38	60.84
1994	40.81	45.96	37.07	—	—	—	—

资料来源：根据世界银行资料整理。

从表 1 - 2 中我们还看出了一个非常有趣的现象：不论是发达国家还是发展中国家，尽管从表 1 - 1 中的总量上看，全球的进出口总量在 1983 ~ 1993 年成倍的增加，但在 1982 ~ 1994 年之间，进出口占各国 GDP 的比重却基本没有改变。

而各国的进出口贸易在经济中的结构变化是在 1994 年才再次开始发力，在短短 12 年中，G20 从 1994 年的 40.81% 上升到了 2006 年的 62.33%；发达国家从 45.96% 上升到 64.38%；发展中国家则从 37.07% 上升到 60.84%。发达国家通过国际贸易获得了更加优质和低价的商品，过去将近十年里，发展中国家通过出口拉动再次延升了本国 GDP 的高速增长期，带动了本国企业的进步。20 世纪 90 年代的"亚洲四小龙"以及中国 30 年的经济增长奇迹的后半程，都在很大程度上受益于全球自由贸易的展开。2008 年的金融危机席卷全球，贸易保护主义又开始抬头，G20 峰会等各种国家元首相聚的场合，都在积极商讨减少贸易保护主义的对策，因为各国都已经认识到全球化以及自由的商品贸易有利于所有参与的国家。

二、金融市场和金融机构的全球化趋势

随着经济全球化的程度不断加深，资金在全世界范围内的流动需要全球化的金融市场作为媒介。资金的流动通过股权和债权在各国互相交融，海外上市，异地或多地挂牌上市，跨国并购，货币汇兑，主权债务等业务日益流行。金融市场的全球化有诸多表现，包括国际借贷市场的发展，国际化投资机构在世界各国设立分支机构；外商直接投资，国际市场 IPO 融资等，资本与货币在不同国家之间的流动更加频繁，交易所的 24 小时全球不间断交易，世界各地所发生的重大事件会在第一时间反映在全世界所有的投资品价格上，这与科技的飞速发展是离不开的。大量的研究也证实了全球金融一体化进程的发展，特别是发展中国家在过去的 20 多年里也快速融入金融的全球化体系（Bekaert et al.，2005，2006，2007；De Nicolò，G. and Juvenal，L.，2010）。下面我们就分别从国际债务市场，非本国银行贷款，国外净资产等方面来介绍金融市场的全球化趋势。

（一）主权国家借贷市场的发展

全球范围内的债务规模快速增加，为了加速落后地区和国家经济的发展，通过国际债务市场实施借贷的国家数量在过去 30 年里迅速增加。一个国家或公司要在国际债务市场是进行债务融资，通常需要信用评级机构给出信用等级评定，根据信用评级机构给出主权评级的国家数量，我们可以看到这一国家借贷市场的发展趋势。标准普尔给出主权评级的国家数量从 1970 年的 8 个增加到了 2008 年的 118 个。表 1-3 中给出了 1970~2008 年标准普尔主权国家借贷的评级数量。

表 1 - 3　　　　　1970~2008 年标准普尔给出信用评级的主权国家数量

评级	1970 年	1980 年	1990 年	1996 年	2004 年 9 月	2008 年 9 月	2011 年 6 月
AAA	3	13	12	22	19	20	20
AA	—	—	8	12	12	15	13
A	—	—	6	7	25	25	18
BBB	5	—	3	15	12	15	21
BB	—	—	—	3	12	22	25
B	—	—	1	3	21	20	28
总计	8	13	30	62	104[*]	118	125

注：* 2004 年中 CCC，CC 和 SD 各有一个国家，未包含在表中。2006 年 9 月评级数为 112 个主权国家。穆迪的主权评级数量也基本相当，目前为 114 个。1996 年前数据来源于 Caouette et al.（1998）。

　　从表 1 - 3 中可以看出，在国际金融市场上实施借贷的国家数量逐年增加，在 1990 年以后更是加速发展，到目前为止，世界上的绝大多数国家和地区都参与了国际借贷市场。从表中还可以看到主权借贷市场的风险也逐年增加。1980 年在国际债务市场发行债券的 13 个国家的主权评级都是 AAA 信用等级；1990 年以前，主权评级基本都在投资级别，很少有投机级别的主权债务；到 1996 年，投机级别的国家已经占 10% 左右，而到了 2008 年，投机级别的主权评级接近 36%。

　　从国际债务的发行额来看，各国的债务在本国经济中的比重也在逐年增加，本国经济对国际债务市场的依赖日趋加深，平均来看，在 1988 年 G20 国家在国际债务市场的发行额只占本国 GDP 的 4%，而到 2008 年这一比例已经大幅提升到了 27.6%。同样采用 G20 国际作为研究对象，表 1 - 4 给出了 G20 国家及其按发达国家和发展中国家分组的国家群体各年度在国际债务市场上发行的债务占本国当年 GDP 的比重。

　　从表 1 - 4 中可见，国际债务市场对各国经济的支持力度日益增强，2008 年 G20 国际平均的债务发行已经超过了 GDP 的 1/4，作为发达国家群体代表的 G8 及集团更是在这一市场收益颇丰，其债务发行占 GDP 的比重从 1988 年的 6.47% 上升到了 49.85%；特别是在 1996 年以后的这一时期，G8 集团的国际债务发行占 GDP 的比重从 1996 年的 13.55% 上升到了 49.85%，而代表发展中国家群体的 D11 个国家国际债务发行占 GDP 比重的平均值从 1998~2008 年这一时期几乎没有变化，甚至是从 2002 年后逐年有所下降。这一方面可能是源自发展中国家的经济增长比较快，另一方面是阿根廷由于经济危机的严重冲击从 2002 年的 88.9% 下降到了 2008 年的 20.2%，中国高额的外汇储备也逐步降低了发债额，其他几个发展中国家如韩国，印度尼西亚和巴西都在近年受到 1998 年金融风暴和南美危机的影响而被迫减少了国际债务融资的额度。

表 1 - 4 　　　　　**G20 国家 1988～2008 年国际债务**
发行占本国 GDP 的比重　　　单位：%

年份	国际债务发行/GDP				年份	国际债务发行/GDP			
	G20	G8	D11	中国		G20	G8	D11	中国
1988	3.99	6.47	1.39	1.52	1999	14.12	20.30	10.46	1.61
1989	3.94	7.05	1.11	1.45	2000	15.92	24.79	10.19	1.47
1990	4.44	7.27	1.74	1.41	2001	18.41	29.21	11.26	1.34
1991	5.23	8.16	2.39	1.41	2002	23.19	39.71	16.55	1.21
1992	5.51	8.61	2.54	1.37	2003	23.19	40.20	14.45	1.13
1993	6.47	10.30	3.50	1.65	2004	22.45	42.04	11.74	1.15
1994	7.73	11.76	5.14	1.94	2005	22.15	41.93	9.56	1.19
1995	8.63	12.45	6.30	1.80	2006	24.12	43.24	9.25	1.10
1996	9.25	13.55	6.69	1.59	2007	25.71	46.33	9.07	1.04
1997	10.34	15.03	7.61	1.66	2008	27.60	49.85	9.06	0.99
1998	12.70	17.07	10.26	1.70	—	—	—	—	—

资料来源：根据世界银行资料整理。

（二）非本国银行业的发展

金融市场债务资产除了通过国际债务市场融资之外，还有一个重要来源就是通过外资金融机构设立的分支机构的借贷业务。国际大型活跃银行在主要的经济区域几乎都已经开设了分支机构，国际货币基金的金融体系基本数据中给出了各国年度的统计资料。根据 G20 国家的相关数据，可以看出这一业务领域的发展状况。同样 G20 和代表发达的 G8 及发展中国家 11 国自 1993～2008 年来自非本国银行的贷款占该国 DGP 的比重的平均值列于表 1 - 5 中。

从表 1 - 5 中可见，19 个国家的外资金融机构年末贷款总额平均值从 1996 年的 17.37% 增加到了 2008 年的 27.42%。类似于国际债务市场的发行状况，同样是发达国家的 G8 集团得到了更多的金融资源；同期内，G8 的平均贷款额从占 GDP 的 24.27% 增加到了 2008 年的 47.77%，而代表发展中国家的 D11 国平均值不增反而有所下降。原因与国际债务发行市场类似，南美的阿根廷，巴西和墨西哥是份额下降的主力，中国的升幅很小，印度尼西亚、俄罗斯都在下降，其他几个国家和地区微升。

表 1 - 5　　　　　**G20 国家 1993 ~ 2008 年来自非本国**
银行贷占本国 GDP 的比重　　　单位：%

年份	来自非本国银行贷款（净值）/GDP				来自非本国银行贷款（总余额）/GDP			
	G20	G8	D11	中国	G20	G8	D11	中国
1993	0.67	0.99	0.94	0.18	—	—	—	—
1994	0.31	0.42	0.30	0.12	—	—	—	—
1995	0.28	0.39	0.28	—	—	—	—	—
1996	0.59	0.72	0.56	0.08	17.37	24.27	11.77	8.42
1997	0.40	0.51	0.27	0.02	18.06	24.98	12.45	8.46
1998	0.45	0.56	0.12	0.03	21.50	26.64	16.97	7.86
1999	0.89	1.20	0.54	0.03	19.87	26.50	14.46	6.45
2000	1.29	1.79	0.05	0.03	18.77	27.71	11.69	4.81
2001	1.08	1.89	0.12	0.01	19.75	30.14	11.58	3.75
2002	0.67	0.96	0.32	—	20.11	32.96	11.63	2.87
2003	0.97	1.57	0.28	0.16	18.64	31.47	9.19	2.67
2004	0.76	1.39	0.19	0.21	18.25	31.43	7.96	3.23
2005	0.84	1.55	0.31	0.67	19.10	33.71	7.34	3.67
2006	1.40	2.24	0.42	—	20.98	37.23	7.72	3.63
2007	0.67	1.03	0.27	0.04	23.86	42.05	8.90	3.55
2008	0.57	0.80	0.26	0.03	27.42	47.77	10.55	3.46

资料来源：根据世界银行和国际货币基金组织资料整理。

（三）国外投资资产的发展

从另外一方面来讲，金融自由化、金融创新以及监管的放松也促进了金融市场的全球化，现在的投资者可以从全世界范围内选择自己的投资组合。投资机构为国际化的投资者设计了规避汇率风险的各种工具，资本项目的管制也在不断放松。发达国家如此，发展中国家也是如此；外商投资长期享受的税收优惠，促进了外国资本的长期净流入，中国企业也在通过走出去投资国外的机构；中国也在平稳有序地推进资本项目的开放，目前已经允许一部分有资格的境外机构投资者（QFII）投资到国内资本市场，这种投资的额度会不断增大，得到允许的投资者范围也会不断扩大。在这一国际经济融合的大背景之下，各国都形成了份额巨大的国外资产，通过这一侧面，我们可以看到资本在国际金

7

融领域的交汇程度，表 1 - 6 给出了 1982～2006 年 G20 国家由于国外投资而形成的净国外资产占该国 GDP 的比重。

表 1 - 6   1982～2006 年 G20 由于国外投资而形成的净国外资产占该国 GDP 的比重平均值

年份	G20	G8	D11	中国	年份	G20	G8	D11	中国
1982	4.49	5.66	3.03	2.85	1995	3.86	5.76	1.26	9.31
1983	5.01	6.36	3.33	3.70	1996	4.41	6.53	1.49	11.63
1984	5.16	6.98	2.87	3.31	1997	5.08	7.49	1.77	15.81
1985	4.59	6.02	2.79	2.12	1998	4.37	7.29	0.36	16.67
1986	4.50	6.32	2.23	0.92	1999	6.42	8.37	3.73	17.77
1987	4.08	5.85	1.88	2.19	2000	7.42	9.95	3.95	19.17
1988	4.08	6.27	1.33	2.07	2001	8.01	10.38	4.76	22.52
1989	4.13	6.93	0.63	2.20	2002	7.97	9.59	5.73	24.34
1990	3.59	6.79	-0.40	4.97	2003	9.01	11.78	5.21	25.51
1991	2.35	4.87	-0.81	6.03	2004	10.30	14.06	5.13	32.44
1992	3.01	6.15	-0.93	5.58	2005	12.89	17.13	7.05	38.04
1993	3.84	5.88	1.30	5.29	2006	14.93	20.20	7.69	44.54
1994	3.96	6.55	0.40	9.25					

资料来源：根据世界银行资料整理。

从表 1 - 6 中容易看出，各国的净国外资产在 1996 年前基本是随着各国的经济同步成长，但 1996 年后，随着国际化投资的加速和外资并购，海外融资等金融手段的发展，G20 集团 19 国的净国外资产占 GDP 的比重平均值从 1995 年的 3.86% 上升到了 2006 年的 14.93%，在短短的 11 年内超越的 GDP 增速的接近 4 倍，在这一指标上，G8 国家从 1995 年的 5.76% 增加到了 20.20%，而代表发展中国家的 D11 国净国外资产占 GDP 的比重平均值从 1995 年的 1.26% 迅速提升至 7.69%。中国在这一时期的增长尤为抢眼，从 1989 年的 2.20% 开始快步上升到了 2006 年的 44.54%。这一结果一定程度反映了中国改革开放 30 年逐步成为世界加工厂的结果，特别是最近的 20 年，尽管中国的 GDP 总量在高速增长，但国外投资的净资产增加更快，过去 20 年里比中国的经济增长还高出一个数量级。从另一个侧面反映中国对外资投入的依赖和对外资所开出的条件过于优厚。造成中国经济过度依赖于外部加工，而内需严重不足的局面。中国的国外净资产占 GDP 的比重远远高于发达国家，更不用说发展中国家了。

第二节　金融风险的全球化趋势

一、全球化趋势的金融业

金融机构的全球化趋势主要以发达国家，特别是欧美国家的国际性金融机构在全世界范围的扩展为主要特征。各国金融机构作为本国经济利益的支持者和服务人随着本国企业的全球化扩张而扩张；并且在这种扩张完成之后，逐渐摆脱仅服务于本国国际化企业的定位，开始为其他国家的企业服务。有些国际性金融机构甚至开始以自己在全球范围的金融市场做交易作为主要的利润来源，比如高盛投资银行等。这类全球化的金融机构规模越来越大，影响的领域越来越广。过去在一国内部所存在的商业银行"太大而不能倒"的难题越来越成为一个国际化的难题；由于目前全球金融机构监管框架还不完全成熟，没有一个各国达成共识的补救机制。因此金融机构全球化的发展趋势为金融监管领域的协调提出了挑战。

金融业是一个笼统的概念，包括金融市场和金融机构。在经济全球化趋势下，金融业的发展也越来越全球化。从全球化的发展程度来看，各个国家的金融业并不均衡，发达国家走在了前面，金融市场开放程度高，众多金融机构进行国际化运作。发展中国家则稍显落后，特别是 20 世纪 90 年代东南亚金融危机之后，发展中国家开放本国金融市场的步伐明显放缓；主要的原因是资本市场发育不成熟，非理性的因素还占很大比重，再加上国际货币体系以美元为主导，美国之外的其他国家在开放的资本市场环境下都会面临本国货币的汇率波动风险。而正是发展中国家这种开放程度不高的金融体系使得特里芬难题[①]仍然存在，国际货币体系中各种货币所占的比例与各国主要贸易额所占比例并不匹配，因此非国际货币储备国家必然会在当前的货币体系当中受到盘剥。要想解决特里芬难题，必须改革当前货币体系，改革当前金融业国际化趋势严重不均衡的现象。

----

① 美国耶鲁大学罗伯特·特里芬在《美元与黄金危机》中认为，任何一个国家的货币如果充当国际货币，则会在货币的币制稳定方面处于两难境地，一方面随着世界经济的发展，各国持有的国际货币增加，这就要求国际收支逆差来实现，这就必然带来该货币的贬值；另一方面，作为国际货币又必须要求货币币值比较稳定而不能持续逆差。这就使充当国际货币的国家处于左右为难的困境。这即谓之"特里芬难题"。

二、金融风险的全球化趋势

金融风险随着金融市场以及金融机构的国际化而呈现几何层级增加，金融风险的范畴随着时间的推进不断在发生演变，在这次 2008 年的金融危机之前，谈到金融风险则包括金融市场资产价格的波动风险、金融机构运营风险以及流动性提供机构倒闭对实体经济造成影响的风险。这次金融危机带来两个新的思考：第一，非储蓄性金融机构也会对实体经济造成影响，虽然这种影响是间接的，危害可能不比直接的影响少；第二，某一国的金融风险可能会对全球的经济造成危害。这两个现象对于未来全球金融风险的监管提出了重大的挑战，随着混业经营以及金融创新的发展，金融产品越来越国际化，许多金融产品投资者来自全世界，而且众多国际性金融机构自身也参与金融产品交易。在这种情况下，金融市场的动荡很容易通过投资性金融机构传导到别的国家，继而该国的储蓄性金融机构受到影响，从而影响该国的企业融资，这样经济就都受到了影响。这种传导链条危害性更高，更加直接，以前有很多学者认为金融风险在全世界范围内的传播有利于保护实体经济，金融动荡是实体经济的缓震器，这次金融危机进程中，当贝尔斯登倒台之时，美国的主流观点仍然认为这次危机危害不大，金融出点问题有利于保护实体经济，事实上，2008 年下半年很多金融机构的问题开始暴露，金融机构之间的联系超出了很多人的判断。因此金融风险的国际化在 2008 年的金融危机中得到了极大的印证，复杂性也进一步提高。

金融风险的国际化趋势是金融市场全球一体化的产物，更表现在国际金融市场之间波动的关联性，一个国家或地区发生的市场震荡很快会传递到其他国家的市场。文献中有大量的研究试图回答金融市场全球一体化的程度，更多是通过考量各国金融市场之间的关联性或全球化风险在各国金融市场风险的比重或全球市场对一国金融市场的风险分散能力。从过去 100 多年的历程来看，Quinn（2003）甚至认为金融市场的一体化程度在第一次世界大战时期就已经很高，Mauro et al.（2002）发现在布林顿森林体系后国际金融市场的一体化程度达到最高。仅从市场相关性的角度来看，Obstfeld and Taylor（2003；2004）and Goetzmann et al.（2005）的研究从价格和数量等多种方法给出的结果显示：国际金融市场之间的关联程度在过去 100 多年里呈现出的是一个"U 型"特征，各国市场之间的关联程度在 1914 年和 1971 年之后基本相当。Volosovych（2011）认为，前述的研究结果的差异主要是因为使用的研究方法和度量方法不同，都没有考虑到如何分解来自国际的冲击和来自本国的冲击。Volosovych（2011）采用主成分分析方法，使用 1875～2009 年世界主要国家债券市场的数据研究了全球金融市场一体化的程度。根据世界政治经济的重大事件将 135 年的样本期划分为 7 个时段，结果显示，最近 20 年的这一时期是金融市场全球化程度最高的时期。

　　从我们前面给出的主要金融市场指标分析中可以清楚地看出，在过去的 30 多年里，世界各国金融市场的关联不论从总体规模还是相对于整体经济的份额都大幅提升，我们有理由相信，世界各国金融市场的关联程度在过去 30 年里的提升程度是明显的，因此我们希望使用各年的数据来给出这一变化的趋势。度量关联的指标是各国市场之间的平均相关系数，这一指标也反映了样本国之间通过国际化可以实现的组合投资的风险分散程度（王志诚等，2001）。为此我们通过考察各国股票市场之间的关联性来了解金融市场风险的全球化程度和趋势。选取 G20 集团国家的市场指数作为研究的对象，样本包含了 G20 的 19 个国家股票市场指数和中国香港恒生指数共计 20 个市场指数为研究对象。采用每日股票指数的收市点位来计算各股票指数的对数收益，从各指数可获取的最早交易数据作为起始点，按年度来给出市场的变化。股票指数的样本及起始日期如表 1-7 所示。

表 1-7　　　　　　　G20 各国股票市场指数及数据起始日期汇总

国家	指数名称	数据起始日期
美国	道琼斯指数（Dow Jones）	1955/1/3
	纳斯达克指数（Nasdaq）	1980/3/17
英国	伦敦金融时报指数（FTSE 100）	1984/4/2
日本	日经 225 指数（Nikkei 225）	1965/1/5
德国	DAX INDEX	1987/12/30
法国	CAC 40 INDEX	1987/7/9
意大利	FTSE ITALIA MIB STORICO	1975/1/1
加拿大	S&P/TSX COMPOSITE INDEX	1977/1/2
澳大利亚	澳交所普通股指数（ALL ORDINARIES INDX）	1982/1/4
中国	恒生指数（HANG SENG INDEX）	1982/1/4
	上证综合指数（SHANGHAI SE COMPOSITE）	1990/12/19
巴西	BRAZIL BOVESPA INDEX	1982/1/6
印度	BSE SENSEX 30 INDEX	1979/3/30
印度尼西亚	JAKARTA COMPOSITE INDEX	1983/4/4
俄罗斯	MICEX INDEX	1997/9/22

国家	指数名称	数据起始日期
墨西哥	MEXICO IPC INDEX	1988/1/4
沙特阿拉伯	TADAWUL ALL SHARE INDEX	1998/10/16
韩国	韩国成分指数（KOSPI INDEX）	1974/12/31
土耳其	ISE NATIONAL 100 INDEX	1988/1/4
阿根廷	ARGENTINA MERVAL INDEX	1993/7/30
南非	DJ SOUTH AFRICA TITANS 30	1992/1/1

根据王志诚等（2001）对市场风险所占成分的分析结果，一个市场中，各成分证券之间的平均相关系数代表了整体市场风险的程度，平均相关系数越高说明市场中的证券中所包含的市场整体风险的成分大小取决于市场中证券之间的平均相关系数。在国际金融市场中，各国的市场可以看成是该国证券市场的代表，把各国的市场指数看成是成分证券，我们也可以给出对这些国家的证券市场所构成的全球市场中，全球风险所占程度也可以通过各国市场指数之间的平均相关系数来给出一个衡量；各国股票市场的全球化风险越大，各国市场指数之间的平均相关系数会越高。采用按年度划分的数据分别给出每一个国家市场指数的每个交易日对数收益率，再计算出研究国家群体内两两之间的相关系数估计值，最后再给出所有这些相关系数的平均值。

假定市场中有 N 个国家的市场指数，假定当年的交易日天数为 T_t，在第 τ（$\tau = 1,2,\cdots,T_t$）个交易日国家 i 的市场指数点位为 $P^{\tau}_{i,\tau}$，则可得到第 τ 个交易日该市场指数收益率为：$r^t_{i,\tau} = \log(P^t_{i,\tau}) - \log(P^t_{i,\tau-1})$；假定在第 t 年国家 i 和 j 的相关系数为 $\rho^t_{i,j}$，则可以通过两个国家该年度的市场指数收益计算而得：

$$\rho^t_{i,j} = \frac{1}{T_t \sigma^t_j \sigma^t_i} \sum_{\tau=1}^{T_t} (r^t_{i,\tau} - \bar{r}^t_i)(r^t_{j,\tau} - \bar{r}^t_j) \tag{1.1}$$

其中，$\sigma^t_i = \frac{1}{T_t - 1} \sum_{i=1}^{T_t} (r^t_{i,\tau} - \bar{r}^t_i)^2$，$\bar{r}^t_i = \frac{1}{T_t} \sum_{i=1}^{T_t} r^t_{i,\tau}$。

由此，N 个国家指数的平均相关系数可由下式计算而得：

$$\bar{\rho}^t = \frac{2}{(N-1)(N-2)} \sum_{i=1}^{N-1} \sum_{j=i+1}^{N} \rho^t_{i,j} \tag{1.2}$$

从 1980～2010 年的平均相关系数计算结果见表 1-8。表中的第二栏是根据（1.2）式给出的 G20 集团 19 个国家之间第 t 年度两两相关系数的平均值 $\bar{\rho}^t$，第三列是这些相关系数的标准差，第四列是这一平均值是否显著异于零的 t 检验统计量（检验统计量的自由度是 $(N-1) \times (N-2)/2$，N 为该年度参加计算的国家指数数目）。最后面的三列是中国上证指数与同期其他国家股票指数相关系数的平均值，对应的标准差和检验 t 统计量（检验统计量的自由度是该年度指数数目减 1）。

表 1 - 8　　　　G20 各国股票市场市场指数逐年
计算的平均相关系数统计表

年份	平均相关系数（G20）	标准差	t 统计量	指数	平均相关系数（中国）	标准差	t 统计量
1980	1.95%	6.49	1.34	6	—		
1981	1.29%	4.82	1.19	6	—		
1982	1.18%	10.05	0.88	9	—		
1983	4.06%	8.39	4.10*	10	—		
1984	3.73%	10.46	3.38*	11	—	—	—
1985	-0.72%	5.86	-1.17	11	—		
1986	2.16%	7.64	2.68*	11	—		
1987	12.94%	17.27	7.86*	12	—		
1988	8.24%	14.85	6.94*	14	—		
1989	6.77%	12.85	6.58*	14	—		
1990	14.74%	17.13	10.75*	14	—		
1991	17.39%	19.14	12.26*	15	-4.21%	5.12	-3.08*
1992	7.10%	13.80	7.97*	17	1.90%	5.62	1.35
1993	3.87%	12.04	5.30*	18	2.17%	6.17	1.45
1994	9.98%	14.37	11.45*	18	4.14%	5.16	3.31*
1995	10.74%	14.11	12.55*	18	-1.91%	7.92	-0.99
1996	14.10%	15.86	14.67*	18	1.97%	4.99	1.63
1997	21.42%	20.40	17.32*	18	-1.12%	8.57	-0.54
1998	24.81%	19.40	22.39*	19	0.00%	4.56	0.00
1999	14.78%	16.53	16.54*	20	-2.98%	7.42	-1.75
2000	18.18%	19.62	17.14*	20	-2.63%	6.10	-1.88
2001	20.31%	17.99	20.87*	20	2.29%	8.09	1.23
2002	17.04%	19.21	16.41*	20	0.46%	5.62	0.36
2003	18.94%	18.74	18.69*	20	-0.86%	5.32	-0.70
2004	21.90%	19.41	20.87*	20	8.42%	5.45	6.74*

续表

年份	平均相关系数（G20）	标准差	t 统计量	指数	平均相关系数（中国）	标准差	t 统计量
2005	21.57%	17.61	22.65*	20	6.80%	5.86	5.05*
2006	30.62%	22.88	24.75*	20	5.42%	7.32	3.23*
2007	39.09%	22.68	31.87*	20	17.69%	8.55	9.02*
2008	45.16%	17.40	48.01*	20	21.77%	11.34	8.37*
2009	40.54%	19.77	37.91*	20	21.12%	10.11	9.10*
2010	45.47%	17.15	49.05*	20	27.74%	9.34	12.95*

注：*表示统计上显著。

从表1-8中不难看出，从1986年起，G20国家之间股票指数的平均相关系数都在1%的显著水平下正相关，在1993年到达低点后很快一路上升，到2007年后基本上都维持在40%以上。两个比较高的平均相关系数出现在2008年和2010年。从表中我们还可以发现，G20国家之间股票市场的平均相关系数在过去30年里的三个大范围国际金融危机冲击中都出现了峰值，分别是美国1987年股灾到1991年的危机时期、1998年东南亚金融风暴前后和2008年起源于美国的金融海啸时期。金融危机的冲击使得各国的市场动荡步伐更趋向一致，在面对危机的时候，各国的金融体系都难于幸免，同时，危机也进一步加强了各国之间的合作与联合与抵御冲击。从这一全球化风险的指标中我们还看到，危机不是简单的重复，20载经历一次次的危机之后，使得全球化的风险程度更上一个新台阶。

从图1-1中更能清楚地看到各国股票市场之间的国际化趋势，代表国际化趋势的平均相关系数从1995年后一路攀升。图1-1中的浅色线表示中国与其他18个国家的指数的平均相关系数，中国与市场其他市场之间的相关性也在跟随国际整体的趋势，在2004年后，尽管系数比国际整体要小，但发展的趋势则是非常相似。

中国的股票市场在2004年之前与其他国家的相关性几乎为零，尽管中国经济与世界各国的经济往来日益密切，但中国的股票市场由于受制外资投资的限制及其自身供求关系的影响，一直保持着特立独行的态势，但从2004年后，随着QFII的准入，与国际市场的关系也在逐步提升，2007年后的几年里相关系数都接近20%，在2010年的更是达到了27.74%。这一结果一定程度反映了中国金融市场的国际化风险正日益加大，在全球化的趋势下，中国金融市场的风险也正在融入国际金融市场的大家庭。对中国市场的发展和管理也必须面对和考虑这一趋势的影响，提出相关的应对措施。

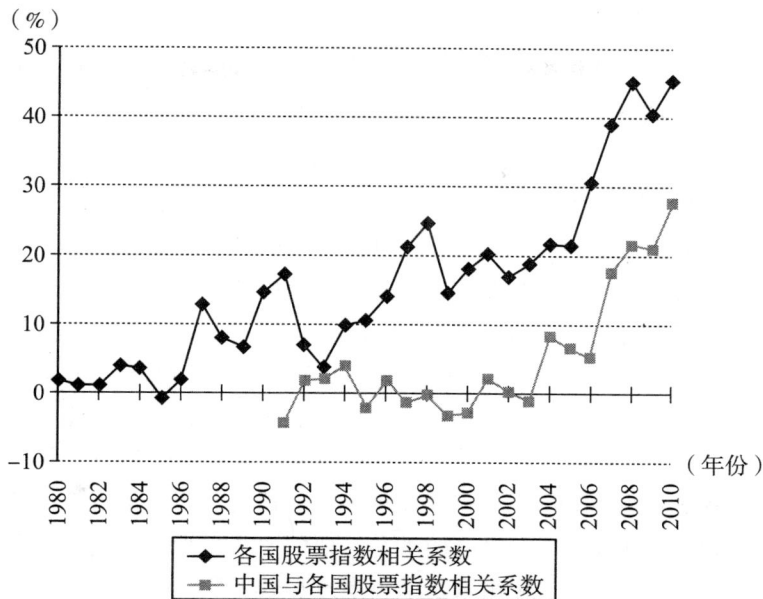

图 1 - 1　G20 各国之间、各国与中国股票指数年度平均相关系数

　　综上所述，不论是从债务市场还是股权市场，不论主权风险还是各国股权市场之间的全球化系统风险来看，世界各国的金融系统都在面对越来越多份额的来自全球金融体系的风险。各国金融体系的关联度在逐步提高，图 1 - 1 中展示出了全球化风险的一个稳定上升的趋势，在 2008 年金融海啸的冲击下，各国再一次切身感受了国际金融风险的威力，在金融海啸面前，各国很难再独善其身，目前这种每个国家各自为政的金融监管体系已经不能再适应这一全球化趋势下的金融业，一个全球化趋势下的金融业需要一个全球化的金融监管体系来维护。为了维护金融体系的安全，对金融体系是否实施，如何实施监管是各国不得不面对的问题，接下来我们讨论金融监管的相关理论，以及全球化趋势下的监管体系。

第三节　金融监管理论的发展

一、金融监管理论综述

　　现代金融监管体系建立以后，金融监管便一直围绕应不应该监管和如何监管两个论题发展，前者的焦点集中于金融监管存在的缘由和基础，主要是理论研究；而后者侧重于讨论监管体系的构建、监管目标的选择以及监管条例的具体设置等问题，更加贴近现实，主要是实证研究和逻辑思辨推演。

（一）支持金融监管的理论

1. 信息不对称角度。一般认为，信息不对称是金融市场失灵的最主要的根源之一，从而也是金融监管存在的必要性论证中最核心的一环。

一些学者的研究（如 Stiglitz and Weiss，1981；Diamond and Dybvig，1983；Park，1997；Hellmann，Murdock and Stiglitz，2000 等）认为，金融业存在十分严重的信息不对称问题，极易产生逆向选择和道德风险，进而可能导致金融市场失灵。例如，那些存在高风险的银行，往往是寻求存款最积极、最热衷于投资高风险项目的银行。即使银行在寻求存款时不存在投机心理，但由于金融市场存在极大的不确定性，有可能随着时间的推移，他们发现项目面临当初所没有预期到的风险，而从自身利益最大化出发，做出损害存款者利益的行为。金融监管的存在可以降低事前的信息不对称导致的逆向选择和道德风险，一定程度上保证金融业的正常运营。

2. 负外部性角度。根据分析层面的不同，基于负外部性角度的分析主要分为两类：其一是金融机构破产的负外部性；其二是金融体系危机的负外部性。

（1）金融机构破产的负外部性。一般来说，与其他行业相比，金融企业具有高债务率运营、债权人分布广泛、流动性深受债权人信心与预期影响等一系列显著特征，这决定了与其他行业相比，金融业的经营状况除了取决于自身之外，还会受到整个金融体系稳定性的深刻影响。在信息不对称的条件下，一家金融机构的倒闭，会在很大程度上影响到债权人或其他利益相关者对整个金融行业景气程度的判断，而促使债权人采取更加谨慎的态度，倾向于将活期债权转移出金融系统，这一行为可能导致本来运营比较稳健的机构走向破产边缘。新机构的倒闭，会使债权人对金融行业的景气程度作出更加糟糕的判断，从而相应采取进一步的谨慎性策略。Allen and Gale（2000）、Chang and Majnoni（2002）及 Yuan（2005）等对金融体系存在的危机传染问题进行了理论研究，例如，Yuan（2005）在存款人采用贝叶斯概率估计银行破产风险的假定基础上，建立了银行倒闭传染模型，认为在银行破产概率具有自我实现特征的前提下，危机传染问题是个体理性决策累积导致的群体非理性行为。

（2）金融体系危机的负外部性。一国金融体系的局部失灵，可能通过影响国家的货币供给机制和信贷形成机制，对实体经济产生强烈的冲击，甚至导致社会经济崩溃。以银行危机为例，Bernanke and Gertler（1989）和 Mishkin（2000）

认为，银行危机会限制银行业承担的金融中介职能的发挥，并由此导致社会总投资的下滑。Hoelscher and Quintyn（2003）也认同以上观点，并将其定义为银行危机的"社会损失"，同时文章还分析了危机所带来的"财政损失"，认为一国的初始宏观经济条件和金融体系架构、政策当局采取的危机应对举措、政府在救援阶段接管的资产在危机后的价值恢复程度，是影响财政损失的三个核心因素。东南亚金融危机期间，各银行多米诺骨牌似的纷纷倒闭，Caprio and Klingebiel（2003）和 Hoelscher and Quintyn（2003）等研究认为，在 1997～1999 年危机所带来的损失占泰国 GDP 的 35%，占印度尼西亚 GDP 的 55%。在此情况下，如何防范和化解金融风险、确保银行业稳健运行便成为监管部门所面临的重要任务。

3. 公共产品角度。在金融机构破产和金融体系危机具有较强的负外部性的情况下，对金融机构经营行为实施约束、降低单个金融机构的破产风险并在破产事件发生时限制连锁反应等措施的必要性和有效性，为金融监管的存在提供了解释。但同时我们注意到，单纯的基于外部性的考虑而得出金融监管即是必然的结论，似乎过于武断，例如，如果个体金融机构都将其经营行为对整个金融系统造成的影响纳入考量范围，那么就会在很大程度上弱化负外部性对金融监管存在性的解释能力。

Hardin（1968）认为，在共享公有物的社会中，每个人都追求各自的最大利益，而不考虑自身利益诉求对其他人造成的影响，而这势必导致悲剧的发生，即人们对公有物的过度利用。政府对金融体系所施加的监管举措一方面可以在一定程度上限制金融机构对"金融体系稳定性"的消费，另一方面，可以增加金融机构对"金融体系稳定性"的供给，从而使得金融体系在更高的水平上达到稳定，这样既有利于金融机构的发展，也有利于保护在信息获取方面处于劣势的中小投资者或债权人。

4. 垄断和规模经济角度。众多研究认为，金融行业具有自然垄断的特征，这主要可以通过多元化经营和持有储备的规模经济两方面来体现。

以银行为例，Dowd（1996）认为，相对于大银行而言，小银行资产多元化的成本更高。Diamond（1984）认为金融中介之所以存在，其原因之一在于，它们可以作为资金提供方的代理人来监管资金需求方，其模型分析的结果为，由一个单独的金融中介来监管 N 个企业的委托成本，要低于由多个中介来分别监管其中一部分企业的委托成本，由委托成本的降低而产生的规模报酬递增是很普遍的事情。

一般而言，金融机构都是高负债率运营的。Baltensperger（1980）、Sprenkle（1985）和 Edgeworth（1988）等讨论了由资本金或储备持有而导致的金融机构的规模报酬问题，它们认为，金融机构持有的最优资本金或储备额度与金融机构的负债之间并不是线性关系，在一定条件下，随着负债水平的提高，金融机构可持有较低比例的资本金或储备①，从而表现出自然垄断的特征。

金融机构规模经济的特点使金融机构的自由竞争很容易发展成为高度的集中垄断，而金融业的高度集中垄断不仅在效率和消费者福利方面会带来损失，同时，自由竞争必然导致优胜劣汰，由于金融机构之间具有较高的产业关联性，金融机构倒闭事件的频繁发生，不利于整个金融体系的稳定，甚至可能会危机整体经济的平稳运行。

从金融监管发展历程的看，自由银行制度崩溃之后，金融监管的一个主要使命就是如何在维持金融体系的效率的同时，保证整个体系的相对稳定和安全，从这个角度讲，金融监管也颇具必要性。

5. 法律不完备性角度。作为具有普遍约束力的社会规范，法律可以通过明确和规范当事人的权利与义务，在一定程度上限制金融机构从事有违社会公共利益的行为，例如，可以设立法律以限制金融机构的垄断经营、明确金融机构的信息披露规则等。但在某种程度上讲，法律具有一定的稳定性和被动性。

首先，法律一旦制定，就不可随意更改，而现实社会是时刻处于变化中的，如果再考虑到金融机构对法律的刻意规避，处于相对稳定状态的法律就失去了最优的阻吓作用。

其次，法庭不可能成为主动执法者，只有当违法事件发生时，司法机构才可介入。由于很多金融违规事件一旦发生即会对整个金融体系甚或经济体系构成威胁，所以对于此类违规事件而言，事前监督是非常必要的。

在法律解决金融机构违规问题面临以上困境的背景下，监管体系的构建成为金融产业发展的必然结果。与法庭的中立性不同，监管者可以成为主动执法者，在金融机构违规行为或事件发生之前对其进行监督检查，或者采取进一步其他相关措施，将潜在威胁抑制在可控范围内。由此，法律法规是金融监管的基础和重要内容，而不是监管的全部。

（二）质疑金融监管的理论

虽然根据以上理论，金融监管极具必要性，但有些学者从各种不同的角度对此提出了质疑，比较具有代表性的是以下几种观点。

1. 俘获论。上述金融监管理论内含中评价金融监管是否必要的标准，是金融监管是否有利于提高资源配置效率、实现社会经济平稳发展、提高社会公众福利。这些理论无不暗含着一个关键假定，那就是金融体系中的监管机构是公众利

---

① 一般来说，资本金或储备的增加会加大营业成本，降低资产的整体盈利性。

益的代表，他们制定或执行金融监管政策完全是从大众利益出发，而不掺杂任何私念。而在现实生活中，以上假定很难完全满足，同时，也有悖于西方经济学对于"经济人"的经典假定。

作为一种服务，金融监管的规模和方式受到供给和需求的影响。监管者是服务的供给方，他们掌握着大量金融资源，可据此做出对自身有利的决策，由此存在谁来做监管者的问题；金融机构、投资者以及其他利益相关者是这一服务的需求方，他们也可能会利用自身掌握的资源，以各种手段影响监管者所提供服务的具体内容和方式，此即所谓的金融监管的"俘获"现象（Stigler，1971；Laffont and Tirole，1991）。Kane（1997）研究了监管的道德基础问题，认为不同监管机构的监管竞争不足以形成有效监管。如果没有有效的监督，监管者的利己行为会导致社会福利的损失。

现实世界里，许多国家都存在严重的政府腐败问题，各种利益集团往往通过为公职人员提供非法的个人所得来左右国家法律、政策和规章的制定与执行，由此，俘获论在一定程度上把握住了这些国家金融监管制度广受诟病的症结所在。

2. 滞后论。俘获论实际上是公权私用——即公共权力为少数利益集团而不是人民大众谋利益的问题，即其关注点在于金融监管者的动机问题。滞后论则将视角转向了监管者的监管能力，也就是考察监管者是否能够针对市场中出现的新问题迅速做出反应，从而将违规事件或金融风险消灭在萌芽阶段。

各国频繁出现的金融机构大规模倒闭事件和每隔一段时间就会重新进入人们视野的金融危机，对以上问题做出了否定的解答，即金融监管的存在并没有在根本上消灭风险与危机。其实，即使监管者和监管的利益相关方都在合乎社会规范的游戏规则下活动，监管过程也是各种政治力量和经济力量之间的相互博弈，"出现问题—监管—逃避监管—出现新问题—进行新的监管"几乎构成了监管发展的主线，从而金融监管似乎永远落后于新出现的问题。同时，鉴于事前监管的效率比较难以考证，表现出来的结果似乎监管总是供给不足和缺乏效率的。

3. 成本论。在监管者具有为大众利益服务的动机和能力的条件下，金融监管是否就一定有利于经济稳定呢？其实也未必如此。监管本身是否有必要和有效，需要在收益与成本之间进行权衡，而支持金融监管的理论大多没有将监管成本纳入考虑范围。

监管的成本大体可以分为两类，一类为直接成本，另一类为间接成本。直接成本是指为了制定和执行监管政策所花费的人力、财力和物力；间接成本是指监管政策的制定为社会带来的其他负担。例如，如果某项金融监管政策的实施，并没有达到预期的效果，而是被金融机构通过其他途径绕开了管制，那么金融机构为了规避监管而产生的费用就应该算作监管对整个社会造成的损失，在这种情况下，监管不仅没有目的，还在一定程度上降低了经济运行效率。

Tchana（2007）认为，规则监管虽然可以降低危机发生的可能性，但也会导致整个社会降低对高风险、高收益项目的投资比重，阻碍经济发展。通过数理模型分析，他认为如果经济体系潜在的系统性冲击的规模和发生的可能性较低、经济参与者并不具有十分强烈的风险规避偏好时，监管给社会带来的净福利为负值。

（三）监管理论述评

虽然在现实世界里，质疑金融监管的理论受到了人们的广泛认同，但它并没有对支持金融监管的理论形成切实挑战，因为前者主要讨论的是金融监管的有效性，而后者则是主要讨论监管的必要性，在逻辑层面上，前者若要对后者进行彻底否定，必须要能够证明被后者关注的论据并不成立，而这很明显并不是一件简单的事情。

当然，这也并不意味着对金融监管的质疑缺乏现实意义，恰恰相反，它应该得到人们同样的关注和重视，因为它在监管制度的架构和实施中，为人们提供了十分有益的启发。

二、金融监管理论的产生与发展

（一）20 世纪 30 年代前：萌芽阶段

在分析金融监管理论的产生与发展之前，我们有必要来简要回顾一下金融体系的发展与完善。

按照 Allen and Gale（2001）的观点，在公元前 700～公元前 500 年，金融系统业已在西亚两河流域出现，那时的支付手段和计价单位是大麦和银。在公元 13～15 世纪，金融体系得到了实质性发展，汇票、债券、股票等金融工具先后出现，复式记账会计体系也被创造出来。在 1620 年左右，阿姆斯特丹开始取代佛罗伦萨、威尼斯和热那亚等城市成为新的世界金融中心，这主要得益于阿姆斯特丹证券交易所和阿姆斯特丹银行的建立。前者除了是第一个正式股票交易所之外，它的出名主要还源于 1636～1637 年在该交易所发生的经济史上著名的投机案例——郁金香狂潮。

1668 年，世界上首家中央银行瑞典中央银行成立。这家银行有两个部门：其一是货币交换部门，它拥有 100% 的完全货币储备；其二是信贷部门，拥有非完全货币储备。

金融体系发展至此，我们还没有发现金融监管的影子，虽然郁金香狂潮、银行倒闭等事件也对经济发展造成了沉重打击，世界各国奉行的仍然是自由金融体系，但此后不久发生的两起金融投机事件却为改变这一格局埋下了种子。

1718 年劳氏银行①被重组为法国皇家银行，并被授予纸币发行权，该权利只受议会控制，而不受储备金水平的影响。此后不久，皇家银行又与密西西比公司合并，合并后的公司股票成为狂热投机的目标，股价巨幅飙升后迅速下跌，导致大批投资者破产倒闭。受到这次事件的影响，法国设立了官方交易所来管理和规范公司股票市场。

1720 年英国主要从事大西洋南海地区贸易活动的南海公司的股票成为投机焦点，股价飞速上涨，大量新股随之发行。为了抑制发行商通过股票发行获利的做法，英国政府颁布了《泡沫法》为股份公司的成立设置了门槛，规定只有获得国会法案通过的皇家特许证才可以成立股份公司。

密西西比泡沫和南海泡沫的发生为金融体系引入了监管理念，但却不能被称为现代金融监管体系建立的开端，这主要是基于以下两点理由：其一，由泡沫引致的监管举措并没有持续太久，在 1789 年法国大革命中，官方设立的交易所被关闭，英国《泡沫法》也于 1802 年被废止；其二，上述监管举措主要还是针对特定事项的监管，而不是对金融体系的系统性监管，受 Smith（1776）"看不见的手"（invisible hand）理念②的影响，长期以来，欧洲各国奉行的是自由经济体制。

在 18 世纪被广泛接受的真实票据论认为，只要银行主要投资于体现实际生产的短期商业票据，保证发行的货币的充分安全性，那么就不会引发通货膨胀或紧缩，也就不需要设立专门的机构（即中央银行）负责管理货币。同时，在古典经济学框架下③，货币是"中性的"，流通中的货币数量只会影响经济中的价格水平，而不会影响就业、产出等实际变量，由此，即便各国成立了中央银行，它的职责也只是统一货币发行，建立全国统一的票据清算系统和协调票据清算业务，而不是监管整个金融体系，更不涉及金融机构的微观行为。

---

① 劳氏银行是法国在金融家约翰·劳（John Law）的建议下成立的一家可发行有限纸币的银行。

② Smith（1776）认为，"由于每个个人都努力把他的资本尽可能用来支持国内产业，都努力管理国内产业，使其生产物的价值能达到最高程度，他就必然竭力使社会的年收入尽量增大起来。确实，他通常既不打算促进公共的利益，也不知道他自己是在什么程度上促进那种利益。由于宁愿投资支持国内产业而不支持国外产业，他只是盘算自己的安全；由于他管理产业的方式目的在于使其生产物的价值能达到最大程度，他所盘算的也只是他自己的利益。在这场合，像在其他许多场合一样，受着一只看不见的手的指导，去尽力达到一个并非他本意想要达到的目的。也并不因为事非出于本意，就对社会有害。他追求自己的利益，往往使他能比在真正出于本意的情况下更有效地促进社会的利益。"

③ 在理性预期和货币出清假定下，新古典经济学派也认同货币中性的观点。

21

随着经济水平的进一步发展和经济研究的深入，人们逐渐认识到以上两点认识都有失偏颇。此后，现代意义上的中央银行制度在各国逐渐建立起来，一方面，它作为众多金融机构（特别是银行）的最后贷款人①，当各家银行面临挤兑或其他可能导致银行破产的风险时，为银行提供资金支持和信用担保，以维护银行体系的整体稳定性，避免倒闭事件大范围"传染"以致影响到经济的稳健运行；另一方面，它作为各国货币政策的制定者和执行者，对经济和金融发展发挥宏观调控作用。金融学家大多将中央银行制度的普遍确立作为现代金融监管的开端，监管理论也由此初步形成。

（二）20 世纪 30 年代 ~ 70 年代：安全优先阶段

1865 年美国南北战争结束后，进入了长期稳定的发展阶段。到 1894 年，美国最终完成了工业化，其工业产值跃居世界第一，一个庞大的工业帝国开始成型。第一次世界大战期间，纽约市场充当了为英法等参战国融资的角色，从而使纽约无可争议的取代了伦敦成为新的世界金融中心，世界经济和金融发展的重心也由欧洲转向了美国。

尽管美国早在 1864 年就颁布了《国民银行法》，设立了对在联邦注册的国民银行进行监管的货币监理署，但并没有阻止恐慌的发生和与之相连的经济紊乱和衰退。1913 年，美国建立了联邦储备体系，以期改善这一问题，但这一举措同样没有奏效。

1929 ~ 1933 年的大危机对西方国家的经济和金融体系造成了重创，公众对市场的信心濒临崩溃边缘，投资者以及金融机构都在这次危机中损失惨重，各国政府也深刻认识到，市场的不完备性导致"看不见的手"并不会如人所愿的自行运转。之后，主张国家干预的凯恩斯主义成为经济学的主流。通过分析危机发生以及危害如此严重的原因，许多经济学家认为，自由银行体系与全能金融机构的脆弱性是此次危机的根源之一，商业银行与投资银行之间的业务融合，弱化了金融体系对危机的应对能力，并由此导致了金融机构的大范围传染性倒闭，其政策主张是希望政府推行积极干预政策，强化金融市场监管。

在这一历史背景下，金融监管理论的出发点和落脚点都在于弥补金融市场不

---

① 尽管严格来讲，最后贷款人制度并不属于金融监管体系的一部分，但它为中央银行深化金融监管提供了筹码。曹凤岐（2008）认为，在此制度下，中央银行就有可能而且也有必要进一步对金融机构的经营行为进行检查。这种对经营行为的检查活动一直发展到现代央行对所有金融机构，主要是商业银行进行的各种现场检查和非现场检查。Sprague（1968）发现，美国清算所在 1903 年出台了一项规定，要求该协会成员清算的所有信托公司必须积累一定的储备，这些储备比当时大多数信托公司所持有的储备都要高，但为了维持清算安排，大多数信托公司都接受了该规定。

完备的缺陷、维护金融体系安全。政府开始放弃自由银行制度，运用"看得见的手"调节经济，制定严格而广泛的金融监管举措，加强对金融机构经营行为的监督检查。中央银行职能逐步向制定和执行货币政策以对经济进行宏观调控偏移。

美国政府在这一时期的金融监管政策，比较能够反映这一阶段世界主要国家金融监管理念的转变。危机过后，政府和国民逐渐对经济复苏和金融市场信心重建问题达成了一致，美国国会 1933 年推出了《格拉斯－斯蒂格尔法》，该法引入了存款保险制度和商业银行与投资银行分业经营的监管要求，此法案的通过使得银行业比其他产业受到了更多的限制。同年，美国国会通过了《证券法》，并于次年通过了《证券交易法》，根据这两项法案，一个新兴的证券市场监管机构——美国证券交易委员会由此诞生，该机构不仅监督披露要求，而且还可颁布交易行为规则，充当准行政官员的角色。由此，公开发行证券的企业以及金融市场中介（包括经纪商、交易商等）都被纳入监管范围。

美国的以上监管举措是金融监管理论和实践融合的产物，标志着美国由此进入了严格金融监管时代，也标志着现代金融监管体系的最终确立并被市场认可。

（三）20 世纪 70 年代 ~ 80 年代末：效率优先阶段

在权衡监管的利与弊时，监管者的决策表现出一明显特征：在银行危机或金融危机发生后不久，监管机构就会针对发现的监管漏洞，推出一系列监管新举措以强化对银行和其他金融机构的监管；而在危机的阴影褪去后，自由化的声音将重新占据主导地位。

以 20 世纪 70 年代初期爆发的两次石油危机为导火线，20 世纪 70 年代后期，西方主要发达国家都进入了高失业率和高通货膨胀率并存的"滞涨"阶段，政府全面干预经济金融发展的弊端得到了较为彻底的暴露。从此背景下，以新货币学派、理性预期学派为代表的新自由主义理论和思潮开始复兴，伴随美国总统里根和英国首相撒切尔夫人的上台，在否定凯恩斯主义的声浪中，占据了美英等国主流经济学地位。

在金融监管理论方面，新自由主义的主要代表性观点为"金融压抑"和"金融深化"理论。金融压抑理论认为，在市场机制作用没有得到充分发挥的发展中国家，金融管制过多、利率管制、信贷配额以及金融资产单调等问题，是这些国家经济发展落后的症结所在，所以放松管制是这些国家的应有选择。金融深化理论主要是针对金融市场发展比较领先的发达国家提出的，该理论认为，政府应放弃对金融市场和金融体系的过度干预，放松对利率和汇率的管制，恢复金融业的竞争，提高金融业的活力和效率，并以此促进经济增长。

作为对效率优先理念的回应，美国在 20 世纪 80 年代进行了一系列的改革与立法①，旨在扩大存款机构的金融业务范围，实行利率市场化、阻止"金融脱媒"，建立高效稳定的金融体制。经过此番努力，美国调节金融市场的基本力量由政府管制转向市场机制，金融业的兼并和收购得以进一步推进，金融市场开始由严格监管为主的限制性体制向效率优先的竞争性体制转变。

效率优先的金融自由化理论和实践，并不是对 20 世纪 70 年代前实施的以安全为主的监管理论的全面否认，正是由于以前阶段的严格监管，金融市场才得以较为平稳的长期发展，银行倒闭事件才得以迅速减少，金融机构的运营效率才能得到人们的日益关注，并最终超越安全性，成为金融监管在当时的最重要目标。所以，从此意义上讲，金融自由化理论是上一阶段金融监管理论在新的经济金融发展背景下的产物，是对安全为主的监管理论的自然摒弃。

（四）20 世纪 90 年代后：安全与效率并重

在新自由主义为主流的年代，一批仍然支持政府干预的经济学家（以 Samuelson、Parkin、Ball、Romer、Stiglitz 以及 Bernank 等为代表），通过构筑凯恩斯主义宏观经济理论的严密的微观基础，发展出新凯恩斯主义。该理论认为货币非中性，即名义变量（如货币供应）的波动的确可以影响实际变量（如产出量和就业）的波动。同时，该理论还认为，现实市场的不完善性（不完全竞争、不完全信息和相对价格黏性等）是理解经济波动的关键。针对金融市场自由发展问题，Stiglitz and Weiss（1981）提出了金融约束理论，认为在金融自由化条件下，资金的配置并不一定能够按照市场规则进行。由于道德风险和逆向选择问题的存在，信贷配给可以作为一种长期均衡存在于信贷市场。金融约束理论的本质是政府通过一系列的金融政策在民间部门创造租金机会，以维持金融市场的有效运行。

当时，很多国家仍然奉行金融自由化理念，在 20 世纪 80 年代后半期放松了对金融机构和金融市场的管制。但之后的发生的区域性金融危机却重新颠覆了他们对于监管与自由的认识②。

20 世纪 90 年代后，英国巴林银行、日本大和银行相继倒闭，亚洲金融危机爆发，欧美股票市场互联网泡沫破灭，这些事件迫使人们再次开始着重关注金融体系的安全性及其系统性风险，金融危机的传染与反传染也一度成为金融监管理

---

① 例如，1980 年颁布了《存款机构放松管制和货币控制法》，1982 年颁布了《吸收存款机构法》和证券业监管《415 条款》，1987 年颁布了《公平竞争银行法》等。
② 对于监管理念的转变，Gart（1994）做了详细论述。

论的研究重点。在此背景下，新自由主义与新凯恩斯主义的分歧日益缩小，他们都认为：虽然市场可能存在失灵问题，但它仍然是最有效的资源配置方式；政府即便也会失灵，但国家干预仍然应该在现代市场经济中发挥重要作用。"看得见的手"和"看不见的手"都是市场经济不可或缺的组成部分，关键在于如何寻求两者之间的最佳结合点。由此，金融危机浪潮推动了金融监管理论逐步转向如何在安全稳定与效率之间寻找平衡点的问题。

在这一阶段，各国监管者将监管目标确定为防患于未然，其制度安排更加注重激励相容，同时也加强了对监管机构的治理整顿和国际监管的协调合作。此时，监管机构开始越来越注重金融业自身的独特性对金融监管的要求和影响，关注更多的是金融机构如何度量和管控风险，而不是单纯地要求金融机构的业务和风险水平满足监管规定，这给金融机构创造了发挥能动性的空间，使其经营活动在注重防控风险的基础上，可以更加灵活的提高经营效率①。这一阶段的标志性事件为美国 1999 年通过了《金融现代化法案》，解除了《格拉斯－斯蒂格尔法案》对商业银行和投资银行混业经营的限制，批准商业银行、保险公司和证券公司可以联合经营。

曹凤岐（2008）认为，鉴于风险和效益之间存在着替代性效应，金融监管理论的此种演变结果，既不同于效率优先的金融自由化理论，也不同于 20 世纪 30 ~ 70 年代安全稳定优先的金融监管理论，而是二者之间的新的融合与均衡。

综上所述，金融监管理论产生和发展，附有明显的危机引致的特征：在金融领域，最初的监管始于抑制金融投机的动机；之后，银行挤兑事件的不断发生，使各国建立了中央银行以提供流动性和进行货币管理；当大家发现单独依靠中央银行无法抵御危机的侵扰时，针对金融市场的重在安全的监管体系应运而生；长期严格的金融监管必然会带来效率损失，持效率优先理念的监管理论随之占据上风，放松监管成为各国政府新的选择；危机的再次出现，使人们认识到，在现代金融体系中，风险问题永远不可以被放于次席，对系统性风险的稍许懈怠，最终可能会令整个经济付出沉重代价，安全与效率并重的金融监管理论也就成为金融监管者的共识②。

---

① Greenspan（2005）高度评价了市场的自我调节在经济运行中的重要作用，他认为在面对冲击时，政策制定者常常反应滞后，或者做出错误的决策，由此放松监管可以给经济带来更大的灵活性。

② 严格来讲，目前的金融监管理论——"安全和效率并重"似乎是个伪命题，因为安全和效率处于金融体系中缺乏对照性的两个不同的维度，什么样的状态才可称为两者达成了平衡？如何达成这一平衡？由此，我们可以认为，"安全和效率并重"这一监管理念（或者更精确地说，这一提法）可能持续一段时间甚至一直持续下去，但金融监管措施必然会随着金融市场的发展而不断改变，目前的监管体系不是也绝不可能是金融监管的最终和最佳状态，次贷危机后，各国政府实施的金融监管新举措就是一个明证。

三、金融监管理论的最新发展

2007 年 4 月美国第二大抵押贷款公司——新世纪金融公司向法院申请破产保护，由此拉开了美国次贷危机的序幕。此后，这场被 IMF（2007）认为"即使住房价格在全国范围内遭遇有史以来最严重的下滑，持有次级抵押贷款证券的大多数投资者也不会遭受损失"的次级抵押贷款危机，迅速在美国金融机构间蔓延，并传染至世界各国，最后发展为全球经济危机。一批新兴的金融监管理论得到了人们的广泛关注，其中比较有代表性的为国际金融监管理论、宏观审慎性监管理论、市场约束理论，分别对应于国际、国内宏观和国内微观三个层面。

（一）国际金融监管理论

经济全球化在近年的迅速发展，刺激和促进了金融业的全球化布局。金融全球化发展一方面促进了全球经济的融合与共进，另一方面也使得全球经济和金融体系中的不确定因素增加，加大了全球金融风险，对金融监管提出了新的挑战，首先，一国国内的金融监管架构很难适应金融全球化发展的趋势，例如，Arestis and Basu（2003）探讨了金融全球化条件下金融监管模式的变迁，他们认为，在建立真正适应金融全球化的监管体系方面还有很多的工作留待展开；其次，金融全球化需要各国在金融监管政策的制定和执行方面实现有效协调，特别是本轮全球危机发生以后，金融监管的国际协调问题被摆在了更加重要的位置。

目前，虽然跨境银行业务和资金流动的规模日益扩张，但多数监管仍是单个国家的监管机构在孤军作战，即便各国在监管的审慎性方面达成了一些一致（例如资本充足率要求和其计算方式），但是在监管机构对国内本国银行监管的严格程度、各国应该负担的对全球性金融机构实施救援的花费等方面，各国仍然没有广泛一致，这主要还是由于各个国家的利益无法得到有效协调。金融危机的发生使得各国逐渐认识到，虽然各国遵循的监管原则并不完全一致，但在总体监管思路和方法上的协调，也会将在很大程度上控制金融机构为获取最有利的经营条件而进行的套利活动，这反过来可以保证各国金融监管的理想目标不会由于其他国家的金融监管措施与其不同而出现集体妥协的局面。

现在的问题是，各国并不情愿让渡它们在决策制定方面的国内主权，在设立拥有重大跨国权力的国际政策制定机构方面，世界各国也并没有很好的先例可以遵循，在这种情况下，非完全集中化的协调机制也许是目前的最优选择。毕竟不管人们如何评价《新巴塞尔协议》，巴塞尔委员会（Basle Committee）提出了一套在各国间达成一致的一般规则，并且令各国都遵循这些规则（在其之上并不存在直接的权力机构），这本身就是一个巨大的成就。

尽管各国政府和学术界都已认识到国际金融监管协调的重要性，但真正将这一理念付诸实施，还有很长的路要走。

（二）宏观审慎性监管理论

宏观审慎性监管是与微观审慎性监管相对应的一个概念，其目标是控制金融体系系统性风险①对于整个经济带来巨大损失的风险。

在分业监管体制下，不同性质的金融机构界限比较明显，它们之间的联系也不是很紧密。商业银行、投资银行以及保险公司等金融中介由独立的监管机构行使监管职能，在此条件下，各金融机构只要能够加强对单类中介的微观审慎性监管就能基本确保该类中介系统的稳定。但在混业经营的条件下，不同的金融机构界限开始模糊，互相之间的联系也开始变得紧密，各类金融机构的系统性风险加剧，它们的倒闭可能会引起整个金融系统的动荡。此时，过分强调微观审慎性监管，保证单个金融机构的稳定的监管理念是存在问题的，仅仅保证个体金融机构的稳定，并不能必然确保整体金融系统不出现问题。

宏观审慎性监管代表着一种自上而下的监管理念，它从整个金融系统的整体稳定性的角度出发，将单个金融机构、金融市场以及实体经济看做一个整体，以对整体经济的影响来考虑金融监管的问题，更能够保证金融系统的整体稳定。所以，从此意义上讲，宏观审慎性监管意味着一种变革，它相对于微观审慎性监管具有更大的优越性。Borio（2003）指出了宏观审慎性监管对于金融稳定和减少系统性风险的必要性，认为系统性风险是内生风险，它随着时间而积聚；它主要来自于共同的风险暴露，且主要是金融机构资产方面的原因导致的，宏观审慎性监管可以从横截面和时间序列两个方向采取措施减少系统性风险的发生。

在实践中，宏观审慎性监管也得到了政策制定者的关注。美国财政部的研究（Paulson，Steel and Nason，2008）提出一个新方案，将宏观审慎性监管提到了一个比较重要的位置，他们建议在未来逐步过渡到以监管目标划分的三个监管机构并存的监管体系，其中的一个监管机构负责监管整体金融体系的系统性风险，即进行宏观审慎性监管；一个监管机构负责对金融机构稳定性的微观监管，即微

---

① 许多文献对系统性风险的来源做出了研究。Diamond and Dybvig（1983）研究了在单家银行风险基础上引致的系统性风险，认为当人们预期某一金融机构经营出现问题时，会对该机构的存款进行"挤兑"，信息不完全的情况下这种行为会传染到其他银行，造成整个金融系统的不稳定。Allen and Gale（2000）阐述了银行之间相互提供流动性导致的系统性风险，认为如果某一银行只是与少数几家银行有债务关系，那么债务关系的存在会加剧风险的传播。Wagner（2006）认为金融企业越来越倾向于同质化，增加了共同的风险暴露。

观审慎性监管；另外一个机构负责监管金融机构的业务执行情况以及投资者保护。

当然，作为一种新的监管理念，宏观审慎性还需在实践中不断发展和充实，但其将视角建立在整个金融体系之上的思路，必然已经为各国金融监管者提供了有益的启示。

（三）市场约束理论

如上所述，自由化促进了美国经济的快速发展，但同时也孕育着风险；过于严格的监管在降低风险的同时，却也限制了经济的活力。如何在强化监管和最小化对经济活力的限制之间取得平衡呢？市场约束为这一问题的解决提供了新的思路。

市场约束是与官方约束相对应的一种金融机构监管理念[①]，其通过市场力量在一定程度上降低金融机构的道德风险，实现有效运营。Board of Governors of the Federal Reserve（2000）将其分为"直接市场约束"和"间接市场约束"两部分。前者是指，当金融机构经营风险增加时，其利益相关者有动机据此作出反应，进而影响金融机构的业务运营，从而使得金融机构尽力以更加稳健和安全的方式进行经营管理和风险控制。同时，市场参与者还可以与监管者进行"合作"，实现对金融机构的另一层面约束，即间接市场约束。例如，当监管者观察到金融机构融资成本较高时，他们可以通过各种监管手段控制金融机构的经营行为，从而进一步加大了金融机构对投资者行为的敏感度。在市场和监管的双重压力以及其自身利益的驱动下，金融机构便会更加倾向于采取有效措施控制经营风险。

20 世纪末发生于东南亚的金融危机表明，弱化的市场约束（主要源于各家银行缺乏相应可靠的披露制度）对金融危机的产生与发展起到了推波助澜的作用。当然，不仅发展中国家需要强化市场约束在金融监管中的地位和作用，发达国家亦应如此。Nakaso，Hattori，Nagae and Hamada（2000）认为，由于急需完善的会计准则和信息披露标准的不足，在日本市场约束并未有效地发挥作用。通过始于 2007 年的次贷危机我们可以看到，即便对于积极倡导市场约束的美国，不论是监管机构、评级机构，还是大型的机构投资者也都没有准确预测并有效阻止危机的发生。曹凤岐和高培道（2009）认为，对于危害深远的次贷危机而言，金融体系中激励约束机制的失衡以及不健全的信息披露制度都难辞其咎。由此可见，市场约束理念的建立与其作用的充分发挥之间，还有很长的距离。在这种情

---

① Greenspan（2001）将其称为"私人部门监管"。

况下，如何弥补上述两者之间的差距、促进市场约束机制充分有效地发挥作用，成为各国监管机构和学术研究者共同关注的话题。

其实，市场约束并不是近些年来的新兴理念，在 20 世纪 30 年代大危机发生前，市场约束就已在银行业管理中发挥着重要作用，但在大危机发生后，政府监管逐步替代了市场的自我约束，各种法规和条例成为银行业监管的主体。近些年来，市场约束逐渐引起了人们的重新重视，其作用也得到了进一步挖掘（Greenspan，2001）。2004 年国际清算银行发布了新巴塞尔协议（BCBS，2004）。在此协议中，除了资本监管的重要性得以重申之外，市场约束和监管当局的监督检查也被认为是对资本监管的重要的有益补充，并与资本监管一起被并称为"三大支柱"①，市场约束由此被正式引入世界性金融监管框架体系。

市场约束在实践中的应用也得到了理论研究的支持。市场对金融机构的约束是如何传导与实现的呢？若要使其充分发挥作用，需要具备哪些条件呢？Lane（1993）以商业银行为研究对象，对上述问题进行了深入分析，认为市场约束包含两个环节：首先，市场必须对商业银行的行为作出反应；接下来，银行必须对市场信号作出反应。同时，其列举了市场约束发挥作用通常需具备的四个条件，分别为自由且开放的金融市场、可获得充足的信息、政府不会对将要破产的银行实施救援、商业银行对信号作出恰当反应。

通过对以上文献的分析，我们可以看到，目前的研究焦点还只是在于银行，其他金融机构的市场约束问题还没有得到人们的广泛关注，若要市场约束在各国金融体系中切实发挥重要作用，研究者和监管者还需要作出进一步的努力。

（四）金融监管的治理问题：该不该监管监管者？

以往关于金融监管理论的研究都是集中于该不该监管金融市场与金融机构、如何监管金融市场与金融机构方面，并没有讨论过监管监管机构的问题。金融监管机构是以完全的监管者身份自居。2008 年的金融危机，使得人们开始反思这样的思维定势。Levin（2012）、Barth et al.（2012）首先提出了金融监管治理的问题。这一理论认为：金融监管的治理，即设计、执行与改革金融政策的制度，存在明显缺陷。高级官员们经常制定、执行和保持损害金融市场稳定的政策，当监管者意识到政策存在问题后，他们依然会继续这些政策而不思改变。他们可能在危机爆发前很久就已经发现了问题，他们有充分的时间和权力调整

---

① BCBS（1999）认为"市场约束可以使银行更具动机以安全、合理且有效的方式从事经营……这种方式（市场约束）能够鼓励实行更高的披露标准，强化市场参与者在激励银行持有充足的资本金方面所发挥的作用。"

政策，但他们没有这样做。监管者并没有为实现公众的最大利益而服务。因此，除了全球经济不可持续的宏观失衡、有毒金融工具泛滥、金融家过度乐观、监管机构界限不清外，金融监管的治理问题也是金融危机的重要原因之一。即使新的金融监管法案提高了监管机构的权力，减少了监管真空，整合了监管机构，开发出了更好的危机管理工具，如果监管者并不在意政策是否错误，其执行结果可想而知。

为了进一步说明监管机构是如何失灵的，Levin（2012）举了四方面的例证进行说明：

1. 评级机构。2008 年的金融危机与评级公司有密切关系。正是因为评级公司的高评级，使得有毒资产可以大行其道。那么，为什么评级机构会变得如此重要呢？直到 20 世纪 70 年代，评级公司还只是向消费者销售评级的并不重要的机构。而今天，除少数例外，公司在发债之前必须要先行购买评级。这是因为，SEC 在 1975 年建立了 NRSRO（Nationally Recognized Statistical Rating Organization）制度，将最大的评级机构界定为认可的评级组织，并依据他们的评级确定金融机构的资本要求。随后，银行监管者，保险监管者，联邦、州和地方机构，公共基金会、养老保险等，纷纷依赖这些评级建立资本充足率制度和投资组合。其后，私人的基金会、养老保险、共同基金也群起效尤。于是，这些指定的评级公司改变了收费方式，从向消费者收费改为向发行公司收费，证券发行人为了市场的考虑又不得不购买他们的评级。

当然，如果评级公司为了短期利润而出售更高评级，就会影响其声誉资本，并影响其长期利润。那么，声誉资本真的能降低评级公司的利益冲突吗？这有赖于一系列条件：其一，如果评级公司给出错误评级，证券的需求就会受到影响，并进而影响到发行人对评级机构的需求。其二，评级机构的决策者考虑足够长的利润期。就前者而言，由于存在 NRSRO 制度，即使评级存在夸大，债券的主要购买者也还是要依赖于这些评级，评级机构决策者的奖金并不会因为夸大评级而受到影响。就后者而言，证券化的发展极大地改变了评价机构决策者的动机，因为出售夸张评级的短期奖金大大增加。证券化和结构产品的大发展使得评级公司的利益冲突问题越来越严重。评级公司甚至开始为证券化提供其他服务。银行要首先购买评级公司关于如何证券化以获得高评级的指导，然后再买这些产品的评级。这都使得评级公司的短期利润大幅上升。例如穆迪公司在 2000～2007 年的平均营业利润率为 53%，而微软、谷歌和埃克森分别只有 36%、30% 和 17%。所有这些，全球监管体系全都视而不见，而是继续依赖于他们的评级。

2. CDS 与银行资本。CDS 是基于一种或一系列证券表现的保险性合约。与真正的保险合约不同，CDS 发行者和购买者都不必持有基础证券。这就好比是为你邻居的房子购买火灾保险。CDS 在场外市场交易，缺乏监管。理论上说，银行可以通过购买 CDS 来降低风险，减少资本。监管者可以允许购买了 CDS 的银行把资本重新配置到高风险高回报的资产上去。这正是美联储 1996 年的做法。就是说，如果银行从 AIG 为基于次贷的 CDO 购买了 CDS，在资本要求计算上，这些证券被视为 AAA 级资产。CDS 的盛行使得银行的风险投资大大增加。美联储对此是心知肚明的，甚至 FBI 在 2004 年都提出了公开警告。但美联储并没有改变政策。在 CDS 的不透明性和对手风险越来越严重，2006 年 AIG 的脆弱性已经很明显，2007 年对冲基金警告了商业银行的脆弱性之后，美联储都无动于衷。

3. 透明度问题。虽然场外交易的衍生产品市场不断出现问题，但监管部门一直没有致力于解决这些问题。1998 年，CFTC 试图提高场外衍生产品市场的透明度问题。虽然不是想严格控制，美联储、财政部和证交会还是迅速反应，它们暂停 6 个月执行 CFTC 的政策，然后说服国会通过了 2000 年商品期货现代化法案，保证了衍生产品的非透明性。

4. 投资银行资本与风险。2004 年，证交会允许五大投行的经纪—交易商不再按照传统方法计算资本要求，而是按照自己的模型计算资本水平。那年以后，投资银行的杠杆率大幅上升，而资本却是充足的。与此相适应，证交会的新规则让 5 大投行成为综合监管实体（CSEs），由证交会监管，包括持股公司和境外经纪—交易商、境外银行、衍生品交易商等附属机构。但证交会只有 7 个人监管投资银行母公司，后者拥有 4 万亿美元资产。2005 年，证交会还撤销了风险管理部，弱化了执行部门对金融机构罚款的权力。

监管者是公众的代表，是为公众利益服务的。但是，目前的制度下，公众并没有监督监管者，使其追求公众利益最大化的机制。一个原因是，公众并没有监督监管者所必需的信息和专业知识，所以无法对监管机构实行监督。那么监管者为什么不能主动追求公众利益呢，一个重要的原因是监管机构缺乏独立性。例如，作为监管机构，美联储是不能独立于私人金融机构的。商业银行会介入美联储管理者的选择，许多美联储官员出身于私人金融机构，或者就要离开联储到私人金融机构就职。证交会则不仅不能独立于私人金融机构，连联储那样独立于短期政治都做不到。因此，监管者难于追求公众利益最大化。

那么，该如何解决这一问题呢？Levin（2012）提出了一个解决方案，建立一家名为"Sentinel"的新机构，监督金融政策的执行，促使监管机构为公众利益服务。这家机构可以对金融监管进行独立的评估，以改善监管机构治理。这家机构无权直接干预监管活动，但有权获得有关监管的信息并据此进行评价，还要向立法机构和政府机构提供正式报告。这家机构必须独立于政治与金融市场。高级官员的任职周期必须较长，以独立于短期政治的影响。机构的收入也要独立，比如可以从美联储的盈利中分成。机构的工作人员在离开机构后一段时间内，不可以从金融部门获得报酬。

第四节　全球化趋势下世界金融监管体制的变迁

伴随着金融监管理论的发展，在金融市场全球化的过程中，世界各国的金融监管体制也在不断发生变化。从前面的分析可以看出，虽然金融监管理论在不断发展，但已有理论主要集中在如果处理安全和效率的关系、如何对银行实施监管等方面，关于统一的金融市场上应该采取什么样的金融监管体制的理论并不丰富。与此同时，现实中的金融监管体制又确实在发生着巨大的变化，这种变化主要是适应金融市场的变化而被动发生的。本节将对全球化趋势下世界金融监管体制的变迁进行分析。

一、从分业监管走向混业监管

与国际金融市场格局的变化趋势相适应，金融监管方法也在发生改变。伴随着监管理念从规则监管向原则监管转变，20 世纪 80 年代，特别是 90 年代以来，以放松利率管制、取消金融业经营领域和业务范围限制、允许资本自由流动为主要特征的世界范围内的金融自由化改革风起云涌，全球金融并购案件此起彼伏，产生了一大批超大规模的"金融集团"和"金融混合体"。随着金融创新和金融业国际化、全球化的发展，综合化金融业务制度已成为全球金融业的发展趋势，以美、英、日为首的实行分业经营的国家纷纷转向了混业经营，而"欧共体"也决定全面推广以德国为代表的"全能银行"模式。东欧的绝大部分转型国家中也都在转型之时就实行了混业经营。

传统的金融分业监管体制，不同的监管机关各负其责，对应监管不同的金融机构、金融市场，这种垂直、条块式的监管体制在金融机构业务界限分工明确、清晰的情况下是适应的。但当金融机构业务交叉、融合时，监管机关势必要对自己不熟悉的业务行使监管职责，其监管效能值得怀疑。因此，权限划分原来比较明确的监管机关之间将产生一定的冲突，必须进行新的调整。例如，美国花旗银行原来受美国联邦储备系统、通货监理署、联邦存款保险公司的监管，在与旅行者集团合并后，如何对其监管，则面临许多难题。合并后的花旗银行从事的业务涉及银行、证券、保险等方面，仅仅依靠传统的银行监管机关是难以完成监管使命的，但如果证券交易委员会、保险业监管机关也对其行使监管权，则各个监管机关之间的权限如何协调、划分则是大问题，极可能导致各监管机关之间的互相扯皮推诿，影响监管的实效。

金融机构经营模式综合化促使各国金融当局必须从组织上、政策上采取一系列新的措施、方法，才能对金融市场和金融机构实施有效监管，这也就产生了从分业监管到综合监管的模式变化。美国、英国和日本等国家都曾经或正在经历了这一金融监管方法的演变过程[①]。

二、混业监管和分业监管的利弊分析

长期以来，对金融分业监管体制和混业监管体制优劣的争论一直没有停歇，更没有定论，金融监管"没有一个理想的模式"在全球应用。一般而言，一国所选择的金融监管体制的模式，总是与其当时的社会历史条件和经济发展水平相适应的，总是以本国的经济体制为基础，并尽可能实现以金融业的发展和稳定来促进经济增长。同时，金融监管体制也是随着政治、经济和社会的变化而不断变革和发展的。我们可以通过对分业监管和混业监管两种模式的利弊分析来研究和判断未来金融监管体制的发展趋势以及出现这种变革的原因。

（一）分业监管体制的利弊

金融分业监管体制是在一定金融发展时期产生的，美国以及金融改革前的英国和日本等大多数发达国家，都正在采取或曾经采取这种监管模式，分业监管在20世纪的大部分时间里为全球金融业的快速发展起到了不可估量的作用。综合来看，金融分业监管的优点在于：

第一，分业监管更能适应不同金融行业的差异性。金融业在伴随国民经济发展的过程中，为满足现实经济生活的需要，更好地促进经济发展，逐渐衍生出很多行业分支。在钢铁、石油、铁路等行业发展壮大到一定程度，企业单纯靠间接融资已受到银行信贷规模和风险控制的制约，为企业提供直接融资的证券业应运而生并得到空前发展。此后，随着社会分工的细化，保险业以及从传统银行业中分离出来的信托业、投资银行业都在经济社会中占据一席之地。金融业中的这些分支行业，出现的时间和背景不同，经营的方式、机构和业务品种均不相同，相互之间的差异性较大。当各类金融机构之间业务划分明确、经营风险差异较大时，采取分业监管体制能够根据不同金融行业的特殊性，区别对待不同金融机构

---

① 本书第三章和第四章对这一演变过程有具体阐释。

或金融业务，确定各自的监管标准和要求，制定有针对性的监管手段和措施，从而更有效地控制金融风险、保持金融稳定。如对银行业监管，以法人监管、风险监管为基础，强调资本充足率在控制风险中的作用；对证券业监管，则强调公平竞争和信息披露，并重视衍生工具的风险控制；对保险业监管，则强调保险机构的偿付能力和流动性管理。

第二，分业监管有利于发挥监管机构的专业化优势。在分业监管模式下，不同的监管部门监管不同的金融行业，使得监管者能够专注于一点，对某一金融行业从不同侧面、不同角度去发现问题，及时采取相应的补救措施，最大限度地降低金融风险，不至于发生风险累积的情况。此外，分业监管机构在长期的监管实践中，可以比较容易地网罗到大批具有丰富经验的专业化人才，而不必到处搜寻熟悉多个金融行业的通才，监管人才储备比较丰富。

第三，分业监管能够形成监管机构间的竞争和制衡关系。分业监管体制下，存在着监管机构和业务之间的交叉，各监管机构之间的透明度相应较高，单一机构的主观介入及影响被缩小到最低限度。不同监管机构之间形成的竞争机制和模仿动机，可以防止权力垄断，减缓金融监管机构受到的政治和社会压力，抑制金融监管上的官僚主义倾向，腐败和权利寻租可以在很大程度上被制止。很多法制不健全、市场化程度不高、社会腐败现象较多的发展中国家，在金融监管上均采取分业监管模式，很大程度是担心出现超级监管者，过于集中的权威难以保证效率和公平。

第四，分业监管可以在一定程度上形成对金融危机的绝缘性。如果金融业务交叉较少，如果采取分业监管体制，可以建立金融风险防火墙，阻止金融风险在不同金融行业之间蔓延或传递。当一类金融机构发生支付困难或金融危机时，相关金融风险一般不易向其他类型的金融机构转移，从而有利于抑制金融风险传染效应的产生，也有利于划分监管者的责任，更便于从监管角度寻求解决危机的办法。

第五，分业监管有利于建立起严密的法律体系。由于在分业监管体制下，不同的监管机构针对特定的金融行业制定不同的监管法规，相关法律体系比较全面和细化，并且能够经常根据监管实践中遇到的实际问题，出台或修订相关的法律法规，具有很强的灵活性。这一点在美国金融监管实践中体现非常明显，美国在上百年的金融监管中，不同监管机构依据监管重点的不同，制定了非常完备的金融监管法律体系，成为各国效仿的典范。

虽然分业监管体制具有很多适应一定金融发展时期的优点，但其自身也存在不可抗拒的弊端：

第一，出现重复监管或监管真空，降低监管效率。随着金融创新的不断发展，各种金融业务之间的区分日益模糊，在分业监管体制下，按照机构性质实行的监管，可能导致对同一被监管机构有多家监管者实行监管或者"都管实际却都未管"的情况，也容易出现相互争夺权力、交叉监管（turf wars），或是相互扯皮、推诿责任（pass the buck）的现象，这种重复监管或监管空缺，大大降低了监管效率，不利于更好地保持金融稳定。如美国各州的州立银行几乎都参加了联邦存款保险计划，受到联邦政府的监管，但同时也受各州银行监管局的重复监管，自然降低监管效率。

第二，难以有效监管大型金融集团。在金融全球化和金融机构并购浪潮的冲击下，大型金融集团纷纷出现，它们的触角几乎伸到每一个金融行业。当出现新的金融产品或新的金融机构而原有法律又没有明确界定时，在分散的金融监管体制下，各监管机构更容易被大型金融集团"俘获"，单一机构的权威性难以和大型金融集团的规模相抗衡，从而违背其成立的初衷。

第三，监管成本过高。由于在分业监管体制下，机构设置过多，相互监督的同时也相互牵制，不可避免导致资源和人力的浪费。比如英国在原有分业监管体制下，混业经营的金融机构必须重复地向多个监管机构提交相同的报告，给金融机构带来不必要的额外负担，直接和间接的监管成本都相应增加。

第四，分业监管还可能产生利益冲突。比如在双线多头的监管体制下的美国银行业，其国民银行由联邦监管机构负责监管，州立银行主要由州银行监管局负责监管，两者监管所依据的法律不同，所核定的业务范畴也有差异，对金融风险的释放手段也不相同，造成国民银行和州立银行经常发生利益冲突，有时甚至引致不同监管机构间的冲突。

第五，分业监管容易出现"监管套利"现象。在分业监管体制下，金融集团还可以利用其业务分散化、多样化的特点，进行"监管套利"活动，即将某项特定业务或产品安排到服从成本最低或受强制性监管最少的部门或子公司。此外，这种体制还会促使金融机构设计新的产品，或是重新设计已有产品，以降低成本甚至不受监管。如果一旦出现普遍的"监管套利"现象，各金融监管机构为了防止丧失监管"客户"，就可能纷纷减轻其监管对象的负担，相互竞争放松管制。尽管各监管机构间的一定竞争是有益的，但这也会产生监管效果弱化的风险。

（二）混业监管体制的利弊

随着英国、日本等许多发达国家金融监管体制的变革，混业监管模式被越来越多的国家所采用，凸显了混业监管体制的好处，主要表现在：

第一，混业监管更好地适应了金融机构混业经营的潮流。随着金融创新的发展和各国对金融分业经营限制的取消，越来越多的金融机构突破了传统业务领域，银行业、证券业与保险业的相互渗透越加普遍。与此同时，在金融全球化趋势下，各国政府为增强本国金融机构在国际市场上的竞争力，反垄断政策逐渐发生转变，开始鼓励金融控股公司和金融集团的发展，各类金融机构不断进行兼并重组，涌现出越来越多的大型金融集团。以金融机构划分的各专业监管机构从各自的角度出发，很难对大型金融集团的整体风险、绩效和资本充足度等情况有完整准确的认识，极易出现监管的"盲点"，比如在关联交易和转移价格等方面，缺乏有效的风险监测和管理措施，即使金融集团内部控制的防火墙也难以避免系统性风险。只有综合性金融监管机构，才有可能更好地与大型金融集团相"抗衡"，一方面可以享有金融集团整体的监管信息，另一方面可以制定一整套全面的风险评估管理体系，从而更有效地全方位把握大型金融集团的整体风险和经营绩效等情况。

第二，混业监管可以降低监管成本，实现规模经济。实行混业监管体制，金融监管机构的数量大大减少，监管的固定成本支出相应减少。同时监管机构的减少，使得某些稀缺资源可以被共享，从而取得规模经济的好处。例如，通过统一的行政管理系统，可以有效利用集中的金融监管基础设施，建立针对所有监管对象的全面统一的信息搜集系统和数据库，在一个机构内部各部门更为紧密而又有效地交流与合作，实现与监管对象更为便捷的交流。综合性金融监管机构同时监管各领域的金融活动，还会使相应的制度成本降低。经验表明，对于经济规模较小的金融体系来说，统一的混业监管体制体现出的规模经济更为明显，如北欧国家和英国等在实行混业监管之后，金融监管的报告成本和支持服务成本大大降低。据统计，尽管英国金融服务管理局的业务范围要比原有的 9 个监管机构的业务范围还要广泛，但其 1999～2000 年财政年度的预算要比原来 9 个机构的预算总额还要低，这就是很好的证明。

第三，混业监管体制下，资源配置可以实现效率最优。金融监管当局可以在统一的监管机构内部合理解决监管资源配置问题，将稀缺的监管资源优先配置在潜在风险突出的金融机构和业务领域，降低金融犯罪，保持金融稳定。具体来说，一是通过重新配置监管人员，形成各机构监管文化的融合，提升员工监管素质，增强专业技能；二是打破分业监管体制下部门之间的隔离，促进不同机构、不同业务之间的监管联合，实现信息及时、全面地共享；三是通过长期的混业监管实践，可以培养出一批金融监管的"通才"，以满足对大型金融集团的监管需求；四是统一的监管机构可以共享非常稀缺的专家咨询资源。

第四，混业监管模式的弹性较大。混业监管体制下，监管当局在行使其监管职权时，不必谨小慎微地考虑对其他监管机构或其他金融行业带来的影响，只需通过自身对金融风险的判断和立场，通过必要的监管手段实现一定的监管目标。这一过程可以像英国那样常采用的道义劝告，也可以像日本那样采用的行政指导，而不一定非通过美国式的烦琐且旷日持久的修改法案程序来实现。以具体问题具体对待为基础的灵活的监管措施，大大提高了监管效率和监管措施的有效性。与此同时，混业监管可以在一定程度上解决金融监管滞后于金融创新的矛盾，具有更强的能力和权力的统一监管机构可以对金融业的发展变化做出较快的反应。

第五，混业监管有利于金融机构间的公平竞争。如果提供类似金融服务和产品的各金融机构是受不同监管当局监管的话，那么它们所面临的监管程度及与此相关的服从成本就可能存在很大的差异，进而使某些特定的金融机构享受特殊的竞争优势。混业监管通过统一的监管目标、统一的监管法律体系和统一的监管手段，增强了监管的透明度，防止金融机构间不公平竞争的出现。此外，统一监管机构在监管目标和政策上可以给金融业和公众提供一个个强烈而又明确的信号，从而提高金融监管的可靠性，增强社会公众对监管机构解决危机的信心。

虽然混业监管体制具有种种优点并被越来越多的国家所采用，但它并不是完美无缺的体制，也存在一定的弊端：

第一，混业监管体制的有效性更多地依赖于内部组织结构的安排。其实统一的金融监管机构的有效性本身只是一种可能，如果其内部的权责划分和专业化监管没有很好地建立起来，那么混业监管体制的监管效率可能更低。从英国、日本等国家监管体制框架看，其内设组织机构存在较大的差异，目前也处在根据监管效果而调整的过程中，究竟什么样的内设机构是最科学的，一直没有定论，但基本原则是：保证内部机构间的充分沟通与信息共享；保持大混业下的小分业，实现监管的专业化。

第二，金融监管立法滞后。建立统一的混业监管机构是一种制度改革，在监管范围和监管职能的设定上需要通过相关立法加以明确。然而，在实行金融监管体制改革时，立法调整往往滞后，与单个金融行业制定专门法律相比较，在混业监管模式下，监管法律同监管实践的冲突可能更明显。

第三，混业监管带来的规模经济效应可能被种种因素所抵消。首先，如果原有分业监管体制下各金融监管机构的规模已经很庞大，那么如果不将原有机构进行合理的整合，而是将这些机构机械地纳入一个机构框架内，就极有可能产生规模不经济。其次，尽管当前金融业各部门之间的界线已日益模糊，但各部门的风险仍然具有各自的特点，为此，监管操作技术的专业化仍具有十分重要的价值。综合性监管机构有可能过于追求规模经济效应而忽略或难以体现专业化的好处。再次，由于金融业各部门具有各自的特征，因此各监管机构的目标、方式和理念

37

必然没有统一的标准，这就使综合性监管机构对内部专业化极强的各监管部门难以协调，从而不得不对各目标有所取舍。最后，规模经济的好处不见得只有成立综合性金融监管机构才能获得，分业监管机构在紧密协调配合的前提下，也有获得规模经济的可能。

第四，混业监管容易出现权力垄断。混业监管体制倾向于树立一个绝对权威和相对独立的监管机构，即"超级监管者"，这会导致监管的过于集中，特别是缺乏监管部门之间的竞争，从而造成监管效率的低下，而且更可能出现监管功能的僵化和官僚主义。大而全的监管机构在缺乏市场化的金融机构保障体系下，监管者的道德风险被放大，监管者素质高低对金融风险的影响更大。此外，统一的金融监管体制还会受到"圣诞树效应"的损害，即政府将其不愿承担而本来也不属于原监管机构负责的各项参差不齐甚至相互矛盾的职能统统划归新成立的综合性金融监管机构，最终导致其负担过为沉重，从而影响金融监管的可靠性。

第五，在金融监管体制由分业向混业转型过程中，会发生监管低效的情况。一方面，由于机构的整合和人员调整，转型的磨合期要持续一段时间，短期内会导致监管能力的下降；另一方面，刚刚成立的统一监管机构会出现监管目标模糊不清、内部机构间协调不力的情况。英国和日本在金融体制改革过程中，都遇到了这样的问题。如英国在变革初期，金融服务局英格兰银行和财政部之间每月召开会议讨论金融稳定问题，由于各自的职责不够明确，经常出现协调困难的情况。日本的金融服务厅在成立初期，内部信息交流还是通过传统的私人交往方式进行，随意性非常大，缺乏制度保障。

三、什么是最佳的金融监管体制

一个国家选择何种监管理念与方法受到多种因素的影响，没有哪一种观念或模式是绝对最佳的，但是最优的金融监管理念及对应的方法应该是相对最有效的，其在多个方面应该具有共同的特征：

（一）明确的监管目标

监管目标是建立金融监管机构框架的基础，是有效的金融监管体制的前提。金融监管的目标是多元的，包括金融体系的稳定、金融活动的公平、金融竞争的有序、金融机构的安全、维护消费者权益以及保持社会公众对金融体系信心等，其核心是防范各类金融风险，保证整个金融业的稳健、效率和公平。只有明确了监管目标，才能落实各类金融监管机构的责任，有效配置监管资源，并在此基础上形成高效的监管体制框架，充分发挥监管机构的机能和作用。金融监管目标一般要由立法来确立，并通过一系列的制度安排，赋予金融监管机构一定的权力，实现国家权力在金融监管体制上的合理化、系统化、公开化、透明化实施。混业监管机构对金融业的监管一般是依据一部统一的法律，其监管目标简要而明确。如英国的《金融服务与市场法》（1998）、德国的《统一金融服务监管法》（2002）、卢森堡的《金融市场监管法》（1998）等，都对整个金融业的监管提出了明确目标。而在分业监管体制下，各个金融行业是由不同的机构实施监管，其所依据的法律各不相同，很难形成一个明确、统一的整体监管目标，而各个目标之间存在的冲突和矛盾可能造成被监管的金融机构左右为难。

（二）适度的监管标准

金融监管指标体系直接决定着监管的有效性，其设计理念和方法必须同金融业的发展实际相结合，并要符合金融业的发展趋势。金融监管标准要按照审慎原则，根据金融业的发展变化适时调整。如在金融机构自律性较好的情况下，为促进金融业对国民经济的拉动，可以采取较为宽松的监管标准；反之如果金融风险暴露过大，金融市场出现不稳定因素，则要提高监管标准，从严管制。显而易见，和多个机构监管下的金融体系相比，综合性的监管机构更容易制定统一的监管标准，且这种标准能够在银行、证券、保险等行业之间保持一种"平衡"，跨行业经营的金融机构遵照执行起来也比较具有可行性。而且，混业监管机构对金融业发展变化的趋势判断更具全局性，金融监管标准的更新也更能适应金融业务综合化发展的需要。

（三）适当的监管独立

监管独立方面。监管的独立性同一个国家的政治制度、经济发达程度和历史文化背景等因素具有很强的关联性，目前我们很难下结论是哪一种监管模式独立性更强。但混业监管机构作为权力更大、权威性更高的"超级监管者"，更具有对抗政治团体、跨国组织和大型金融集团的"资本"。

金融监管涉及的利益主体具有广泛性和社会性，不同市场主体之间的利益关系要通过金融监管机构加以协调。要实现金融监管的公开、公平、公正，金融监管当局就应该具有独立行使金融监管的权力，其决策不能受到其他部门或政治团体的干扰。一般情况下，保证金融监管独立性的措施有：一是保证监管机构组成人员的多元化，在决策主体层面听取各方面专家的意见；二是保证监管机构操作上的自主性，政府不能干涉其日常监管事务；三是保证监管机构具有自主的财务预算和人力资源配置的权力；四是保证金融监管报告制度的独立性，客观公正地评价金融监管的成果和金融机构的风险状况。

（四）　必要的监管能力

金融监管机构承担着制定金融监管规则和执行这些规则的责任，其监管能力的高低决定着监管效果的好坏。因此为实现有效监管，监管当局必须招募、培养和维持一批有经验、有能力的监管专家队伍，并在金融创新和金融业务发展过程中，不断更新知识储备，优化监管技术，改进监管措施。

分业监管机构具有专业化优势，混业监管机构则有规模经济效应，其监管更具全局性，二者的监管能力更多地取决于监管者的素质和实践经验，而非监管体制。

（五）　最低的监管成本

金融监管的成本包括维持日常监管活动所需开支的直接成本、维护金融体系安全和保持机构自身地位所需开支的间接成本以及可能产生的社会外在成本（机会成本）等。金融监管作为一系列管理活动，自然要遵循低成本、高效率的原则。要保持金融监管体制的有效性，监管机构的设置既要考虑实行机构监管、法人监管、风险监管的审慎监管要求，又要按照业务监管和功能监管的要求实现公平与效率的统一。

一般情况下，混业监管体制的监管成本明显低于分业监管体制。如英国在金融监管体制变革前，各个监管机构在针对金融创新的改革过程中，仅证券与投资署（SIB）所花费的行政费用就高达 800 万英镑，再加上其他监管机构，这一数字高达 1 亿英镑以上，甚至可能超过几年中各桩公开金融丑闻中投资者所遭受损失之和。美国一直以来实行分业监管体制，在 1979 年其 57 个监管机构的职员总数就多达 87 500 人，其直接监管成本之高可见一斑。

（六）　充分的监管协调

金融监管机构的监管目标和手段都是多样化的，必须对各种目标和手段之间的矛盾加以协调，进行综合权衡。这种协调既是金融业各部门平稳发展的要求，也是防止发生道德风险、风险集中和风险传递的必要措施。此外，消除监管盲区和减少监管重复也是监管协调所应起到的作用。混业监管体制不存在监管部门之间的冲突，矛盾只存在于监管机构的内设部门之间，协调起来较为容易，而且大而全的监管机构在同中央银行、财政部等政府职能部门沟通时，比分业监管机构更具有话语权。同时金融机构在混业监管模式下，较少出现监管空缺和多重监管的问题。

综上所述，由于更加适应新的客观金融形势，混业监管的方法及其体现的在监管目标、标准等监管理念，还有其独立性、能力、成本和协调性，都较分业监管具有一定的优越性。当然，这只是理论上的分析，英国、日本等发达国家的混业监管体制才刚刚建立十年左右，混业监管体制存在的问题还没有充分暴露出来，正如我们一直所强调的，任何监管理念与方法都必须在实践上受到检验，才能不断适应新的环境并向前发展。

四、后危机时代的中国金融监管

自 2007 年以来，诱发全球金融危机的美国抵押贷款风险开始浮出水面①。汇丰控股率先为其在美国的次级房贷业务增 18 亿美元坏账拨备。2007 年 4 月 4 日，New Century Financial 申请破产保护。2007 年 7 月 10 日，评级公司标普宣布降低次级抵押贷款债券评级，全球金融市场大震荡拉开帷幕。2007 年 8 月 9 日，法国最大银行巴黎银行宣布卷入美国次级债，全球大部分股指下跌，金属原油期货和现货黄金价格也大幅跳水。2007 年 10 月 24 日，受次贷危机影响，美林公布 2007 年第三季度亏损 79 亿美元，日本券商野村证券也宣布当季亏损 6.2 亿美元，瑞士银行宣布，因次贷相关资产亏损，第三季度出现近 5 年首次季度亏损达到 8.3 亿瑞郎……接下来的时间里，越来越多的券商、银行、保险公司等金融机构宣布受到次贷危机的冲击，或陷入困境或申请破产保护。2008 年一连串泡沫相继破裂：石油、工业金属、粮食、拉美股市、俄罗斯股市、印度股市以及从英镑、巴西里尔到澳元等多种货币。最后，是全球金融危机的全面爆发。虽然各国央行和商业银行以及相关监管机构采取了多项包括降息、注资、担保、组建超级基金等多种手段，仍未能有效控制次贷危机的蔓延。

2008 年 9 月 15 日，在次贷危机不断加剧的形势下，雷曼兄弟作为美国第四大投行，最终宣布申请破产保护，其债务总额达 6130 亿美元。由于大量依靠雷曼兄弟取得融资的其他公司及个人将感受到该公司破产所带来的后果，雷曼兄弟的破产，导致市场上出现了"多米诺骨牌"效应，最终导致了有史以来最为严重的全球金融危机的全面爆发。由于无处避险，一旦市场同时崩盘，所有人的投资都会遭受打击。在 2008 年 10 月的一周之内，全球退休基金资产就缩水了 20% 左右。

本次金融危机影响深远。在对抗危机的同时，各个国家已经开始重构自己的

---

① 关于全球金融危机的过程描述，主要参照多种有关研究文献和相关报道整理而得。

金融监管体系①。其中，美国制定了"金融监管改革法案"（《华尔街改革和消费者保护法案》），并已获得通过。在西方，人们关心的问题是，新的监管制度能否防止危机的发生？更重要的，与我们直接相关的问题则是：在后危机时代，中国应该如何改造自己的金融监管体系？本书的目的，就是对这一复杂课题进行深入研究。在研究中，我们将遵循以下原则：

1. 全球化趋势和混业经营趋势正在全面改变着中国金融市场和金融机构的面貌，中国必须重构自己的金融监管体系。本次金融危机是在全球化的过程中出现的一个世界性现象。如果没有全球化的全面展开，肇始于美国市场的金融危机不可能传播如此之速，影响如此之广。同时，本次危机也是混业经营的结果之一。如果没有美国的重新混业经营，严格的分业监管条件下，本次金融危机也是不大可能发生的。相对于中国金融市场而言，美国市场全球化的程度要深得多，混业经营的程度也要严重得多。因此，本次危机后美国的金融监管重构，更主要的是一种亡羊补牢的做法，其针对的背景与我们完全不同。中国的金融监管体系重构，不仅要借鉴美国本次监管体制改革的经验，还要借鉴美国以及其他国家以往在全球化与混业经营过程的经验教训，针对中国全球化与混业经营的特定阶段，提出自己独特的监管改革框架。

2. 金融监管体系改革是国家金融发展战略的重要组成部分，必须提高到战略高度。2008年以来，中国虽然没有出现金融危机，但是，本次金融危机对中国的经济、金融领域也形成了明显的冲击。在金融领域，率先国际化的金融机构遭遇了更多的损失，国家主权基金出师不利。在经济领域，出口的下滑直接引致了若干启动经济政策的出台。为启动经济，金融监管不得不暂时放松，地方政府融资平台贷款、涉房贷款大量发放，信贷规模急剧扩张。因此，全球化过程中，金融风险不仅来自内部，同时会来自外部市场。美国作为全球化的领头羊和全球金融危机的始作俑者，它的金融监管改革当然会对防止出现新的全球性金融危机产生积极影响。但是，纵观此次金融改革的内容，其宗旨主要在于其国内金融市场的风险防范，而不是全球市场的风险防范。这与美国量化宽松的货币政策，以本国利益为唯一考量，其宗旨是完全相同的。因此，中国的金融监管体系改革，必须充分考虑到应对来自全球市场和别国政府的风险源问题，上升到战略高度。

3. 中国金融监管体系的改革，是一项复杂的系统工程。美国的金融改革法案，有数百页之多，涉及金融监管的各个方面。面对复杂多变的金融市场，金融监管制度变革绝不能是简单的，容易的。中国的金融监管体系重构，首先应该是金融监管机构设置的重构，这对明确分业监管与混业监管的基本格局，应对全球

---

① 本书第三章和第四章将对此有详细介绍和分析。

化与混业经营趋势的挑战，具有重要意义。其次，对银行、证券、保险等不同金融行业的监管，对货币市场、资本市场、外汇市场、衍生产品市场、农村金融市场等不同市场的监管，对监管理念、国际经验、中国道路、法律监管、金融控股公司监管等具体监管问题的分析，都具有重要意义。本书的后续章节，将就这些问题进行系统全面的分析研究，并在此基础上，提出我们自己对中国金融监管体系改革的政策建议。

第二章

金融监管理念与方法

金融监管是金融监督和金融管理的总称，是指在市场经济环境中，以矫正、改善市场机制为目的，政府通过特定的机构（如中央银行）对金融交易行为主体进行的某种限制或规定。从词义上讲，金融监督是指金融主管当局对金融机构实施的全面性、经常性的检查和督促，并以此促进金融机构依法稳健地经营和发展。金融管理是指金融主管当局依法对金融机构及其经营活动实施的领导、组织、协调和控制等一系列的活动。金融监管理念，主要是指人们对待金融监管的基本态度和构建监管体系的基本逻辑。金融监管方法则是金融监管理念通过组织、制度和机制来实施金融监管理念，是一组专门的行为规则，如条例、规则、守则、指引、原则、监管计划、政策及处罚赔偿计划等，来减少市场失灵、构建市场秩序、保护投资者权益、促进市场竞争及实现金融资源优化配置。

第一节　监管理念与监管方法的内涵

本节探讨监管理念和目标、监管方法、监管理念及方法之间的联系和监管的成本与效率问题。

一、金融监管的意义和内容

（一）金融监管的意义

金融监管是金融监督与金融管理的复合称谓。自 20 世纪 90 年代以来，金融监督和金融管理一般同时使用，因此，金融监管是金融监督与金融管理两个词的总称。

金融监管是指政府通过特定的机构（如中央银行）对金融交易行为主体进行的某种限制或规定。金融监管本质上是一种具有特定内涵和特征的政府规制行为。综观世界各国，凡是实行市场经济体制的国家，无不客观地存在着政府对金融体系的管制。金融监管有广义和狭义之分。狭义的金融监管是指中央银行或其他金融监管当局根据国家法律、法规的授权对整个金融业（包括金融机构以及金融机构在金融市场上所有的业务活动）实施的监督管理。广义的金融监管是在上述监管之外，还包括了金融机构的内部控制与稽核、同业自律性组织的监管、社会中介组织的监管等内容。①

综合世界各国金融领域广泛存在的金融监管，我们认为，金融监管具有以下深层次的原因和意义：

首先，金融业在国民经济中具有特殊重要的地位和作用。现代金融的发展决定了金融业在一国国民经济中不仅扮演简单的"中介"角色，而成为一国经济发展的关键因素。金融业的稳定与效率直接影响着国民经济的运作、发展和社会的安定。因此，一国政府必须对金融业进行监管，从而降低金融市场的成本，维持正常合理的金融秩序，提升公众对金融的信心，从而保证金融体系安全、有效的运行。

其次，金融业内在的风险性。金融业是一个特殊的高风险行业，这种高风险性一方面表现在它所经营的对象不是普通商品而是货币资金，金融机构产品或服务创新其实质是一种信用创造，虽然可以节省货币，降低机会成本，但同时也使商业性结构面临更大的支付风险。金融业的高风险的另一表现为金融系统是"多米诺"骨牌效应最为典型的经济系统之一，任何对金融机构无力兑现的怀疑都会引起连锁反应，骤然出现的挤兑狂潮会在很短时间内使金融机构陷入支付危机，这又会导致公众金融信心的丧失，最终导致整个金融体系的崩溃。而金融的全球化发展也将使一国国内金融危机对整个世界金融市场的作用表现得

---

① 孔祥毅等.百年金融制度变迁与金融协调.中国社会科学出版社，2002：276.

更为直接迅速。

最后，随着经济全球一体化的发展，跨国的银行和金融机构日益增多，一国的金融市场已成为国际金融市场的一部分；同时，随着金融市场的快速发展，跨金融行业的创新产品的不断涌现，传统金融领域及金融产品之间的界限日渐模糊。在此形势下，防范国际金融风险、保持本国金融体系的安全与稳定变得越来越重要，金融监管也变得越来越重要。而且，在新的形势下，大多数国家金融监管体制初设时所面临的市场格局随着金融市场的发展已经不复存在，各国的金融监管体系必须做出相应的改变，监管机构的监管理念、监管目标、监管手段以及机构设置都面临挑战，如何顺应市场发展的需要，保持公正有效的监管体系是各国面对的主要问题。[1]

（二）金融监管的主要内容

一国金融监管的传统对象是国内银行业和非银行金融机构，但随着金融工具的不断创新，金融监管的对象逐步扩大到那些业务性质与银行类似的准金融机构，如集体投资机构、贷款协会、银行附属公司或银行持股公司所开展的准银行业务等，甚至包括对金边债券市场业务有关的出票人、经纪人的监管等。目前，一国的整个金融体系都可视为金融监管的对象。

从金融监管的目标取向出发，一国金融监管的主要内容包括：对金融机构设立的监管；对金融机构资产负债业务的监管；对金融市场的监管，如市场准入、市场融资、市场利率、市场规则等；对会计结算的监管；对外汇外债的监管；对黄金生产、进口、加工、销售活动的监管；对证券业的监管；对保险业的监管；对信托业的监管；对投资黄金、典当、融资租赁等活动的监管。

二、监管理念与目标

（一）监管目标

郭田勇（2009）认为，金融监管理念按目标不同主要可以分为市场稳定监管、审慎金融监管和商业行为监管。监管目标的选择与定位并非易事，多重目标往往并存，不同监管目标间时而也会发生冲突。

我们认为对金融机构和金融市场监管的主要目标至少包括以下四个方面：一

---

[1] 曹凤岐. 货币金融管理学. 北京大学出版社，2008：351.

是保护投资者的利益，维护金融业安全；二是维持货币稳定，促进总体经济稳定增长；三是维持高效运行并且有竞争性的金融体系；四是保护客户利益，维护金融市场声誉。

尽管在不同经济体制的国家金融监管的目标会更为具体或有所偏重，但以上四个目标与现代市场经济的内在规定性相联系，基本上反映了金融监管制度的一般性取向，而各国也是基本上围绕这四个方面来具体安排其金融监管的范围、内容和制度结构的。

市场稳定监管是指将保持金融市场职能的稳定作为着力点与中心任务，主要特征体现在对金融市场结构和金融产品价格的监管上，试图限制金融机构之间的恶性价格竞争。维护市场稳定，试图控制资金成本，引导金融机构资金向国家支持和鼓励的产业倾斜，满足国家经济发展需要。

审慎金融监管主要是指将保持微观金融主体自身的稳健和资质作为主要任务，以加强市场准入管理为主要手段，从而避免由于单个企业的经营失败影响到整个金融体系。这种微观审慎的特征表现为监管政策和措施侧重于微观企业的经营监管活动。监管措施更加微观和具体，如规定对金融机构经营监管人员任职资格的严格考察；设定最低资本额要求；考察机构的经营计划和所有者的实力；审核机构所有权的变动，如合并和收购行为等。

商业行为监管是以金融机构的业务活动为监管重点，在金融机构严格分业经营的格局下，对金融机构的监管事实上就是对金融业务的监管。然而。随着金融混业经营趋势的发展，单一的监管机构已经无法通过对单一金融机构的监管。当前，以业务类别或产品类别来定义金融监管机构的职能，并划分其监管的领域，成为金融监管新的目标。

（二）监管理念：规则和原则

"以规则为基础"的美国式监管和"以原则为基础"的英国式监管是国际金融监管领域两种主要的监管理念。这两种方式本来是会计准则体系的划分标准和会计准则的制定基础，后来延伸至金融监管领域，代表着两种不同的监管理念。"以规则为基础"是指以具体的、明确的规则作为监管的指引和依据，规范金融机构的行为；"以原则为基础"是指以概括性的、具有普遍适用性的原则作为监管的指引和依据，规范金融机构的行为。

所谓"规则"，是一个个特定的规范，只对某种类型的行为加以调整，其适用范围是具体的、明确的。所谓"原则"，是相对稳定的原理、准则。一般来讲，"原则"并不预先设定任何明确的事实状态，不规定具体的权利、义务和责任。因此，"原则"的概括性较强，具有普遍适用性和灵活性，但另一方面其明确程度也相对较弱。当然，从本质上来说，"原则"也是一种"规则"，是"超级规则"，是"规则"的基础。

时辰宙（2008）指出，美国奉行"以规则为基础"的监管理念，机构林立、监管较严，尤以《萨班斯－奥克斯利法》为代表，规定了一系列相对严格的措施。然而，过细的监管规则"限制了监管者适应全球市场变化的能力，造成金融机构新产品和新服务的推出越来越难，导致监管者和金融机构之间更多的是对抗而不是合作，降低了监管的灵活性"（Financial Services Roundtable，2007）。在美国资本市场竞争力下降的严峻形势下，美国监管当局已认识到以《萨班斯－奥克斯利法》为代表的严格监管已给资本市场的发展造成了很大的不利影响，开始了放松监管的努力。事实上，规则彰显的是规则制定人的意志，并不能很好地与市场需要相对应，由此自然会促使监管理念朝更适应市场的方向演化，其中一个明显的倾向或趋势正是向"以原则为基础"的监管理念发展。

原则监管的理念早在 2000 年之前就已经被英国金融服务局（Financial Service Authority，FSA）所采用，并在实践中不断改进和完善。关于其内涵的最佳描述也来自 FSA 的观点，"原则监管意味着更多地依赖于原则并且聚焦于结果，以高层次的规则作为手段，从而达到我们（FSA）所期望实现的监管目标，在这个过程中我们将更少地依赖于规则"（FSA，2007）。根据英国 2000 年《金融服务和市场法》的授权，英国金融服务局（FSA）制定了一整套宏观的、适用于所有被监管对象的"监管 11 条"，并公布了针对其自身的 6 项原则，确立了"以原则为基础"的监管模式。在"以原则为基础"的监管实践中，FSA 注重最终的监管目标，注重引导，而不在意具体的监管方法或手段，从而赋予了机构更多的创新空间，提高了监管效率，促进了金融市场的发展和创新。2007 年 4 月，FSA 发起了"MPBR 行动"（More Principles-Based Regulation Initiative），标志着英国金融监管当局原则监管理念的进一步升级。采用原则监管的方法使近年来英国的金融体系和监管环境得到很大的改善，并逐渐成为其独特优势而受到全球金融业的关注（Awrey，2010）。

需要注意的是，FSA 采用原则监管的方法并不意味着完全放弃了规则，而是始终将一般原则与特殊规则相结合，并不断地在两者之间寻找平衡点。此外，采用原则监管的方法也不等同于降低 FSA 的监管标准，不能将其理解为"轻度监管"或"软监管"。原则监管主要反映的监管理念有：从规则到原则，加强金融消费者保护；以结果为导向，体现监管目标；增加高管责任，突出监管互动等（Awrey，2010）。

另外，监管方式主要是指结果导向与规则导向两种方式。结果导向主要是指强调金融监管的结果，以监管结果作为行为标准的监管方式；而规则导向则是强调监管规则，以规则作为最终的参照标准。二者并非孤立的两种方式，只是重点不同，在金融监管中往往是既要注重规则的遵守，又要注意监管结果。

（三）监管者也需要被监管

我们认为，监管理念归根究底是监管者的理念，因此问题之源主要是治理监管者。治理监管者最主要是要消除监管者寻租的现象。租，即租金，也是利润、利益、好处。寻租，即对经济利益的追求，指通过一些非生产性的行为对利益的寻求。寻租有多种定义，布坎南等人（1988）认为"寻求租金一词是要描述这样一种制度背景化的行为：在那里，个人竭尽使价值最大化造成了社会浪费，而没有形成社会剩余。"他们把寻租描述为人们凭借政府保护进行的寻求财富转移而造成的浪费资源的活动，是一些既得利益者对既得利益的维护和对既得利益进行的再分配。寻租往往使政府的决策或运作受利益集团或个人的摆布。这些行为有的是非法的，有的却是合法不合理，往往成为腐败和社会不公和社会动乱之源。

近年来如"二王案"（证监会发审委工作处副处长王小石利用职务之便非法收受贿赂以及国家开发银行副行长王益"双规"所牵涉的案件）之类权力寻租进入股市的例子让我们不得不反思对于监管者本身的治理问题。这反映了监管者的权力垄断与权力寻租的监管腐败问题。监管权力具有垄断性质，在证券市场资源配置中起着举足轻重的作用，是各利益集团寻租的猎物。大体上来看，监管寻租多是采取"贪赃不枉法"的方式，具体可以分为两种，即监管设租和监管抽租。监管设租是指监管机构或监管人员利用手中的监管权力增加监管客体——金融机构的收入，诱导金融机构向自己"交租"；监管抽租则是指监管机构或监管人员利用手中所掌握的监管客体的违规或违法事实为筹码，以掩盖事实或从轻甚至免除处罚为条件，否则将提出可能导致金融机构损失的监管安排，迫使金融机构忍痛割爱，拿出部分既得利益与监管机构或监管人员分享（骆瑞刚，2005）。

监管机构不能只是"严于律人"却"宽以待己"。一个没有形成权力监督与制衡的系统是危险的。制度的缺陷与利益的诱惑是权力寻租的温床，对监管者权力的制约与监督应该是制度设计的关键。只有切实地秉持"公开，公平，公正"的理念，才能保证监管工作的顺利进行。

三、监管方法

我们从监管模式和监管手段两个方面来说明监管方法。

（一） 监管模式

金融监管模式并没有统一的分类方法，从不同的角度可以得出不同的划分，大体来说主要有按监管对象、监管主体组织体系和管理结构等进行分类。

按监管对象分类，可以分为金融市场监管，金融机构监管，以及金融产品监管（即功能性监管）。市场性监管，顾名思义，也就是以市场作为监管的对象。20世纪30年代的金融大危机中，金融脆弱性的主要特征从货币领域转移到了资本市场，各国政府对于资本市场稳定的关注第一次超越了对于货币稳定的关注，并相继通过一系列的制度安排，加强了对金融市场的全面监管。这场危机导致以美国为核心的西方国家建立了现代金融监管体系，并以整个市场作为监管对象，将保持金融市场职能的稳定作为其中心任务，因而这一时期的金融监管称为金融市场监管。金融市场监管的着力点是维护金融市场的稳定，主要特征体现在对金融市场结构和金融产品价格的监管上。这种模式一般来说是与市场稳定监管的监管目标相一致的。

金融机构监管则是以金融机构为监管目标，由不同的监管当局机构对不同的金融机构分别实施监管的一种金融监管方式。在总体的市场层面上，机构监管强调的是立法者应当将市场上所有的金融机构按行业类别加以分类，按照专门的金融监管法规，对金融业中的银行、证券、信托和保险机构由不同的监管机构分别监管。在个体的机构层面上，机构监管则代表着必须将机构整体作为监管对象，而无论其经营何种金融业务。所以，机构监管适用于分业经营。我国由中国银监会、中国证监会、中国保监会三家监管机构分别对银行和信托机构、证券机构、保险机构进行监管，是典型的机构监管国家。

金融产品监管即功能监管是指依据金融体系的基本功能和金融产品的性质而设计的监管。具体来讲，就是将金融监管从通常的针对特定类型金融机构（针对银行、证券公司、保险公司等不同金融机构实施监管），转变为针对特定类型金融业务（针对银行业务、证券业务、保险业务分别加以监管），而对"边界性"金融业务亦明确监管主体，同时加强不同监管主体间合作的监管制度。新加坡是第一个实现功能监管的国家；而美国1999年的《金融服务现代化法》最终确定了功能监管的框架（李沛霖2008）。

按监管主体的组织体系分，主要有分业监管和统一监管（综合监管）两类监管模式。分业监管模式指由多个机构实施对不同金融产品、不同金融机构和不同金融市场的监管。监管机构间没有隶属关系，各自在其权属范围内执行监管权力、履行监管义务。一般是根据金融机构业务性质的不同，分别设立不同的金融监管机关，即银行业、证券业、保险业、信托业等分别由不同的机构监管，实行分业监管体制。以美国为例，在联邦一级对银行实施监管的机关有通货监理署、联邦储备系统、联邦存款保险公司等，对证券业实施监管的主要是证券交易委员会，保险业则由各州保险事业管理委员会监管。我国也是属于典型的分业监管模式。统一监管模式则是由一个统一的机构实施对所有的金融机构、金融产品和金融市场的监管。不仅要对金融安全和稳定负责，防范和化解系统风险，监管者还要对金融机构审慎经营、商业行为进行全面的监管。实行综合化业务制度的国家，往往设立相对统一的金融监管机关，实行统一监管体制，如英国、新加坡等。①

按照管理结构的不同，金融监管可分为纵向化与扁平化两种模式。纵向化监管模式是自上而下多层级的监管模式，即"金字塔"型模式；是以中央银行为集权管理的中心，依层次向下延伸的管理结构。与之对应的扁平化金融监管模式，主要体现在监管民间化，减少监管机构的层次，扩大监管宽度，提高监管效率。

（二）监管手段

金融监管的具体手段，可以分为合规性监管与审慎性监管两大类。合规性监管，是通过行政手段，对金融机构执行有关法规、制度和规章等情况进行监管，以规范其经营行为。合规性监管的内容主要包括对现行法律、法规、规章制度执行情况的合法性检查，对执行行政性管理规定进行监管，对货币政策和宏观金融调控措施的执行情况和对金融纪律和业务规章遵守情况。审慎性监管，就是通过对市场调节和法律规范，预防、回避、分散或转移风险，从而减少或避免经济损失，保证经营安全的一系列措施总和。审慎性监管旨在督促金融机构约束其风险承担行为，避免其因贪图高收益而过分冒险；其开展是连续性和动态性的。审慎性监管从内部和外部两个方面展开，具体内容包括建立严密有效的组织结构，相互独立的业务部门和明确清晰的职责分工，严格的授权审批制度，完善的会计控制体系，合理有序的内部稽核检查制度，行之有效的员工管理制度，完善的计算机管理体系；包括建立健全监管法律体系，完善监管手段、充分现场监管与非现场监管手段，建立评级制度和信息披露制度。审慎性监管实际上是对合规性监管的深化和发展，更为强调动态监管而非静态监控。合规性监管和审慎性监管两种手段事实上是相互联系、互为补充的。

---

① 新加坡行使金融监管职能的机构是金融管理局，该局专司监管职能的部门：一是银行及金融机构司，负责监督管理银行业、证券业、金融公司及金融期货业；二是保险司，监督管理保险公司。

（三） 监管理念与监管方法之联系

"有其内必形诸于外"，不同的监管理念必然会产生不同的监管方法，而不同的监管模式，也必然反映了不同的监管理念。首先，监管目标直接决定了监管模式的不同，虽然不能说完全一一对应，至少是在很大程度上决定了整个监管方法的形成。例如，以市场稳定为目标的金融监管，与按监管对象分类中的金融市场监管就是相互对应的，以市场为监管对象，其背后必然是市场稳定为目标。而审慎金融监管与商业行为监管的目标，也与金融机构监管和功能性监管的方法密不可分。其次，指导理念也会对监管方式产生影响，可以说不同的监管方式正是从不同的监管理念之中衍生出来。从名称及内涵上都可以明显地看出，规则导向的监管方式直接来自于规则监管的指导理念。按 FSA 所说，原则监管的指导理念意味着更多地依赖于原则并且聚焦于结果，结果导向的监管方式可以说是在这一理念的指导下进行的监管。总的来说，监管理念是作为金融监管内在动因与指导，而监管方法则是这一动因引发的外在行动与理念指导下的具体行动。二者相辅相成，相互结合，应当将其视为一个整体中的有机组成部分，而不是分割地来看待。

四、金融监管的成本和效率

"金融监管的成本"指的是金融监管部门为了实施有效监管，而对监管工作从组织、运行、实施所做的必要投入、由于金融监管而使金融业在遵循监管方面的投入，以及由于监管而遏制相关金融业务和潜在金融创新产生的损失（丁玲华，2009）。一般而言，监管引起的成本包括监管引起的直接资源成本和监管引起的间接效率损失。直接成本指的是，监管当局制定监管制度和实施监管活动需要耗费的人力和物力资源，以及被监管对象因遵守监管法规而需要建立新的制度、提供信息和培训人员等配合监管的活动所花费的人力和物力资源。譬如，银行为达到资本充足率而提取的存款准备金为存款进行保险而缴纳的保险金等成本。此类成本也可称为执行成本。间接成本是指，监管造成的社会福利损失。也就是说，因为监管行为干扰了市场机制对资源的自动配置作用，限制了充分竞争，抑制了金融创新，影响了市场激励机制而导致有关经济行为主体改变其行为方式所造成的间接效率损失以及社会福利水平的下降。金融监管的收益事实上是一种预期收益。换句话说，就是因监管避免了不稳定从而所得的利益，是相对损失的避免。如果金融监管当局不实施监管，则金融体系不稳定，并由此所造成的损失。

金融监管的成本收益分析其结果实际上就是一个金融监管的效率问题，即以最低成本实现监管收益的最大化为标准，目的在于通过调整和改善各种影响因素以寻求最佳监管效率。在实施金融监管的过程中，需要有对监管效果进行评估与衡量的方法。目前主要采用的方法有传统方法与成本收益分析两种。传统方法更多的是一种定性的衡量方法，因此也难以有一个统一精确的标准；具体来说，金融监管是否有效主要看是否满足以下五个方面的要求：一是金融法制健全且执法规范，货币政策灵活有效；二是各种金融交易主体的行为规范，具有理性；三是金融市场完整有效；四是金融体系发达、结构完善；五是金融监管宽严适度，能够有效维护金融体系的安全、稳定与效率（张骏，2010）。成本收益方法即是通过对于金融监管的成本收益内涵的界定，运用成本—收益的分析方法，对金融监管的成本与收益进行对比，由此判断金融监管效率的水平与状态。在现代经济体系中，金融处于核心地位，为了保护公众的利益，就需要政府提供一种纠正市场失灵的金融管理制度，以管理和监督金融业，防止金融危机的产生（丁玲华，2009）。从这个意义上讲，金融监管具有帕累托改进性质，它可以提高金融效率，增加社会福利。但是，任何管制都是有成本的，金融监管也不例外。它一方面可以降低整个金融体系的风险，使整个社会从中获益；但另一方面，若监管不当或者过度，则会造成监管成本超过由监管而获得的收益，给金融业带来危害，破坏金融业的发展，降低整个社会的福利。因此，如何把握好金融监管的度，正确处理金融监管中的成本和收益就成了监管的核心问题（皮毅，2004）。

第二节　原则监管和规则监管

与国际金融市场格局的变化趋势相适应，金融监管理念也在发生改变。纵观历史，金融监管理念可以归纳为两类：一是以美国为代表的规则监管（rule based regulation）理念，另一个是以英国为代表的原则监管（principle based regulation）理念。

一、原则和规则监管理念解析

如上节所述，所谓"规则"是一系列特定的规范。"规则"针对某种类型的行为，通过明确规定"不能做什么"、"可以做什么"加以调整。美国奉行"以规则为基础"的监管理念，法网严密、机构林立、监管严厉，特别是《萨班斯－奥克斯利法》，规定了一系列严格的措施。

所谓"原则",是相对稳定的原理、准则。一般来讲,"原则"并不预先设定任何明确的事实状态,不规定具体的权利、义务和责任。原则性监管意味着不是通过具体、详细的规则,而是更多依赖于高层次的、概括性描述的监管规范(也表现为一种规则)来确立监管对象在商业活动中必须遵守的标准。原则性监管是监管方式的一种复杂形式,它可以是形式上的(仅体现在立法层面)、实质上的(仅体现在解释监管规范、监管执法或监管对象内控体系等层面),抑或是二者兼而有之的。

刘媛(2010)指出,"原则性监管意味着更多地依赖于原则并以结果为导向,以高位阶的规则用于实现监管者所要达到的监管目标,并较少的依赖于具体的规则。通过修订监管手册以及其他相关文件,持续进行原则和规则间的不断平衡……我们关注作为监管者所希望实现的更清晰的结果,而由金融机构的高管更多的来决定如何实现这些结果"。"这些原则是一系列行为的关键准则,或者是作为法律或规章等法定规则基础的一般行为规则,并应当被金融机构在从事业务活动中以及金融厅监管机构实施监管活动的时候所遵守……原则性监管是一个符合上述原则的监管的框架,它着重强调金融机构自发改进其业务管理活动的努力……原则性监管方法目的在于鼓励市场主体的自愿努力、同时确保其管理自由是建立关键原则之上的,并且这些原则应当是可被观察到的……"。

原则监管的内涵描述主要来自英国金融服务局(FSA)"原则监管意味着更多地依赖于原则并且聚焦于结果,以高层次的规则作为手段,从而达到我们(FSA)所期望实现的监管目标,在这个过程中我们将更少地依赖于规则"。根据英国2000年《金融服务和市场法》的授权,英国金融服务局(FSA)制定了一整套宏观的、适用于所有被监管对象的"监管11条",并公布了针对其自身的6项原则,确立了"以原则为基础"的监管模式。在"以原则为基础"的监管实践中,FSA注重最终的监管目标,注重引导,而不在意具体的监管方法或手段。2007年4月,FSA发起了"MPBR行动",标志着英国金融监管当局原则监管理念的进一步升级。Black(2007)在总结英国金融服务局(FSA)所秉承的原则的特点时指出:原则(1)具有高度概括性,是全局性、总体性要求,能够被灵活应用于快速变化的行业;(2)包含一些定性的而非定量的用语:通常使用具有价值判断性的用语(如公平、合理、适当),而不是有明确标准的规则(如"在两个工作日内、营业额两千万");(3)目的性的,表达的是规则背后的原因;(4)对于不同的情况具有普遍的、广泛的适用性;(5)这些原则大部分是行为性准则,例如要求被授权机构或被授权人进行商业活动时做到诚信、勤勉、合理注意,公平待客以及防止利益冲突;(6)违反一项原则必须包含过错,例如在FSA的监管手册中,判断某个(些)行为是否违反了某项原则,FSA应当负责证明该机构在某些方面具有过错；（7）违反原则可以被公的（而不是私的）监管执法措施所制裁。

综上，原则监管主要反映的监管理念有：从规则到原则，加强金融消费者保护；以结果为导向，体现监管目标；增加高管责任，突出监管互动等。

二、监管理念的历史变迁

从金融监管这个概念诞生到现在，监管理念随着金融市场具体情况的变化发生了无数的调整与变革。在看似纷繁复杂的调整中，金融监管理念事实上主要是经历了或正在经历从规则监管到原则监管的演变。这个演变过程在美国体现得十分典型（时辰宙，2008）。

在规则监管的概念中已经提到，美国的规则监管是以《萨班斯－奥克斯利法》（以下简称"《萨班斯法》"）为代表的。针对 2001 年美国连续发生的安然、世通等一系列财务丑闻，为整顿上市公司秩序，重塑投资者对资本市场的信心，《萨班斯－奥克斯利法》发布于 2002 年 7 月 30 日。《萨班斯－奥克斯利法》又名《2002 年上市公司会计改革与投资者保护法案》，以建立公司财务报告的可靠性为目标，规定了一系列严格的措施。该法案对公司治理、资本市场监管、会计师行业监管等方面提出了许多新的严格要求，并设定了问责机制和相应的惩罚措施。根据该法案，从 2006 年 7 月 15 日起，在美国上市的全部公司（包含所有在美上市的中国企业）将被要求严格遵守美国颁布的此项法案。其核心是要求企业加强内控，增加财务透明度。

《萨班斯－奥克斯利法》代表了一个新的资本市场监管时代的到来，改变了以往会计公司实行自我管理的做法。自其颁布实施以来，很多国家都开始借鉴《萨班斯－奥克斯利法》的精神，加强市场监管。然而，美国政府开始关注《萨班斯－奥克斯利法》的负面效应，认为该法导致了越来越多的公司在美国以外的市场进行发行上市，由于该法案美国资本市场流失了部分上市资源。美国原财长鲍尔森声称《萨班斯－奥克斯利法》过于严厉，公开支持对《萨班斯－奥克斯利法》进行改革。2006 年 9 月，美国成立了资本市场监管委员会，该委员会工作之始即建议修订《萨班斯－奥克斯利法》，以重振美国在全球资本市场的雄风。2006 年年底，资本市场监管委员会完成了《对资本市场监管的中期报告》，呼吁放松对资本市场的过度监管。此外，该委员会对英国"以原则为基础"的监管模式较为推崇，在报告中还特别建议美国有关监管当局转变监管理念，由"以规则为基础"的监管逐步过渡到"以原则为基础"的监管。美国金融服务圆桌组织在 2007 年 11 月发布了《提升美国金融竞争力蓝图》，其中批评了美国所采用的规则监管方法，认为过细的监管规则"限制了监管者适应全球市场变化的能力，造成金融机构新产品和新服务的推出越来越难，导致监管者和金融机构之间更多的是对抗而不是合作，降低了监管的灵活性"，并建议美国金融监管机构采用原则监管。与此同时。纽约州保险厅发布了一项草案，明确了针对保险业和监管部门的监管原则各10条，旨在使该州成为第一个对保险业引入原则监管的州监管厅。如果纽约试图保持其全球金融中心地位，就需要具备最好的、最有效率的金融服务，这就意味着要采用原则监管。美国财长保尔森和美联储主席伯南克也多次发表演讲呼吁美国监管部门应采用原则监管方法。2008年3月，美国商会发布《增强美国资本市场地位：对美国各行业的一个挑战》，指出美国的金融监管必须适应商业环境的变化，否则将减弱它在全球资本市场的长期竞争力和影响力。为建立一个现代化的资本市场监管体系，建议美国成立一个具有全球视野的全国性监管部门，对金融监管机构进行改革，并对资本市场采用原则监管方法以取代现行的规则监管方法。

综上，在美国资本市场竞争力下降的严峻形势下，美国监管当局已认识到以《萨班斯－奥克斯利法》为代表的严格监管已给资本市场的发展和竞争力的发挥造成了很大的不利影响，出现了"以原则为基础"的监管逐渐替代"以规则为基础"的监管的发展趋势。

除美国之外，正如前文所说，英国金融服务局（FSA）在2000年之前就采用了原则监管的理念，近年来英国的金融体系和监管环境得到很大的改善，因此其监管理念逐渐受到全球金融业的关注。此外，日本金融厅于2007年10月宣布。为增强日本作为金融中心的竞争力，正在考虑将规则监管向英国式原则监管转变。目前，日本金融厅正在研究如何在监管中平衡规则和原则，鼓励金融业更加自律，同时让金融业在业务管理方面拥有更大的自由度。

无论是美日两国金融监管当局对其现行金融监管体系的反思和对原则监管的探索，还是英国金融服务局对原则监管理念的构建和不断完善，我们从中不难发现，监管理念由规则监管向原则监管的演进已经成为发达国家金融监管改革的趋势，因为原则监管比单纯的规则监管更能适应当前经济金融形势的需要。

三、原则监管的优势

时辰宙（2008）指出，具体来说，相对于规则监管来说，原则监管主要有以下优势：

（一）原则监管具有灵活性

我们认为，"以原则为基础"的监管具有较大的灵活性，更能适应当前不断变化的金融环境和金融创新，增强监管弹性。

虽然规则监管具有操作性强的优点，但具体的、缺乏弹性的规则也往往意味着有更多的漏洞，一味地死守难以适应市场的发展。金融环境本身就处在不断变化之中，而任何详尽科学的规则都不可避免地具有滞后性，无论规则的前瞻性多强，都无法领先于环境的变化。详细的规则不仅总是滞后于金融创新，而且企业可以通过"业务安排"和"组织设计"轻而易举地逃避准则的约束。在"安然事件"中，安达信首席执行官曾感慨道："安达信无权迫使客户披露隐藏在特别目的实体的风险和损失，客户常说，规则并没有要求对此予以披露，你不能要求我遵循更高的标准"（Norris，2001）。福克斯（2010）也指出，次贷危机前，"雷曼兄弟每个季度末都在资产负债表上做手脚，以降低其杠杆比率——这表明，即便是对于最明确的规则，华尔街和伦敦金融城那些聪明的家伙也会想出办法来不予遵守"。

随着金融自由化和全球一体化进程的加快，以及信息技术在金融领域的广泛应用，金融环境的发展变化更是日新月异，金融创新层出不穷，依靠制定详细的规则来防范未来市场风险变得越来越不可行。即使撇开规则的滞后性和"真空"不谈，"以规则为基础"的监管还需要针对每个新型的金融工具不断地制定新的专门的监管规则，这不仅加重了监管负担，而且不利于对创新性金融产品的监督。而在"以原则为基础"的监管模式下，监管原则大多是金融机构和监管机构的行为标准，而这些标准是以宽泛为基础的，具有概括性和普遍适用性，同时也具有弹性和灵活性。因此，能对较为广阔的领域进行协调和指引，能在变化的环境中持续地提供一种指引，"以不变应万变"，避免了在"以规则为基础"的监管模式下可能引起的"规则"真空。尤其是，原则监管直接指向监管结果，不易被企业精心策划的"业务安排"和"组织设计"或是新的金融产品所规避，能发挥其灵活性，及时应对新的环境。

（二）原则监管促进金融创新

原则监管对于提高金融市场的效率，促进产品创新具有重要的作用。在规则监管下，一种新的金融产品的推出将耗费 6～9 个月的批准期；而在原则监管下，交易所可以通过自行验证在第二天就将新产品上市，效率的提高将给企业带来新产品的价值而无须面临长时间的延误。同时，这也将有利于风险对冲者、投机者和消费者进行交易。在美国，原则监管使美国商品期货交易委员会（U. S. Commodity Futures Trading Commission，CFTC）取得了很大的成功，在这样的监管方法下，CFTC 有能力在预防欺诈和价格操纵的前提下维护市场的创新和竞争。自从 2000 年 CFTC 成为一个原则监管者以来，美国期货市场的创新步伐持续加快，取得了令人瞩目的成就。

（三）原则监管的监管成本低

原则监管可以有效地降低监管成本，节约监管资源。前面已经提到过，成本收益分析是考察监管方法优劣的重要指标之一。实践证明，采用规则监管的成本是非常昂贵的。2006年，美国规则监管的成本高达52.5亿美元，大约是英国FSA6.25亿美元的9倍。据估算，美国监管成本达到了被监管银行非利息成本的10%～12%。而减少、简化监管规则，采用原则监管则可以大大降低监管成本，节约监管资源，包括人力资源、财务资源和法规资源等。据FSA估计，在新的监管手册中，仅反洗钱监管规则就由57页缩减到2页，这样金融企业的报告成本一项每年就可以压缩2.5亿英镑，下降幅度达40%。原则监管也使美国CFTC用在起诉期货市场欺诈和操纵行为上的政府资源大大减少：CFTC可以选择使用人力资源来调查、检举有关案件，而不是浪费不必要的资源用于被监管者对于监管规则的遵守，因为对于这些规则的服从是可以由被监管者自行证实的。

（四）原则监管目的性强

次贷危机带给我们的启示是，我们需要的并不是更多的监管，而是需要更好的监管方法，而原则监管无疑是实现这一理念的最佳方法。原则监管目的性强，不是仅仅盯住详细的条款和规则，而是聚焦于原则背后的监管目标，有利于促进公司自主经营。尤其是在监管面临不确定性的时候，原则往往能起到指导作用。长期来看，原则更具有持久性。

从公司角度来看，监管机构以监管原则为标准授权金融机构开展商业活动，金融机构则必须依照这些监管原则有效地进行自主经营、公平对待金融消费者并及时处理利益冲突。在风险控制方面，公司可以根据结果自行研究相应的方法，而不是由监管者所制订的方案——根据FSA的研究，在危机时期，那些在商业活动中始终坚持监管原则所要求达到的高层次目标的公司的处境要比没有坚持的公司好得多。监管者应当更重视公司高层管理者与监管目标保持一致，随着情况变化调整实现目标的方法，而不是仅仅机械地服从详细的监管规则，因为公司和市场往往比监管者更擅长找出解决问题的方案（FSA，2007）。

（五）原则监管适应混业经营和全球化

原则监管更能适应金融业混业经营的趋势及金融业的全球并购浪潮。自20世纪90年代以来，国际金融业掀起并购浪潮，银行、保险、证券、信托，甚至交易所等都实现了跨行业、跨地区的联合，这些都给金融监管带来极大的挑战。

金融全球化以及国际金融业并购浪潮必然带来国际金融监管的协调问题，在这方面，"以原则为基础"的监管的优势表现地更加明显，因为规则不仅是具体的，而且往往因国家的不同而不同，国家之间在有分歧的具体规则上也很难达成一致意见。相对而言，原则因为比较抽象和概括，国家之间在某些原则上原本就具有共通性，因此在协调起来也较为容易。也就是说，"以规则为基础"的监管宥于规则调整对象的具体性、适用范围的特定性，在全球化背景下所起作用有限。而"以原则为基础"的监管得益于"原则"的概括性和普遍适用性，能在不同的金融领域发挥指导性作用，从而能比较一致地作用于金融环境的总体状况，提高整个监管的效率。

当然，实行原则监管并不意味着全盘放弃规则监管。在目前以原则监管为主要指导理念的国家中，同样也没有放弃对基本规则的遵守。在当今复杂多变的金融环境中，我们应该针对不同的领域，使用更灵活的监管措施；既适当放松管制，又适当加强监管，让规则与原则监管的指导理念相辅相成，构成辩证统一的监管思想。

第三节　监管理念与方法的哲学思考

一、新形势下监管理念与方法受到挑战

（一）经济全球化条件下金融出现一体化潮流

经济全球化步伐日益加速，信息技术改变着金融业面貌，金融体系呈现自由化趋势，金融服务也出现了一体化潮流。

经济全球化是指世界经济活动超越国界，通过对外贸易、资本流动、技术转移、提供服务、相互依存、相互联系而形成的全球范围的有机经济整体。李扬和黄金老（1999）指出，经济全球化决定和孕育了金融全球化。金融全球化主要是指金融活动超越国界，从局部地区性的传统业务活动发展为全球性的创新性业务活动的一种全球一体化趋势。吴璟（2001）认为，这一趋势主要包括三层含义：一是金融活动跨越国界，形成无国界金融；二是金融活动按同一规则运行，在全球范围形成统一的金融体系，资本、资金市场按国际通行规则运行；三是在统一的国际金融市场，同质的金融资产在价格上趋于等同。从另一个角度来说，

金融全球化，就是指多数国家的金融机构和金融业务跨国发展，巨额国际资本通过金融中心按国际通行规则在全球范围迅速运转，同质的金融资产形成统一的价格，是指各国货币体系和金融市场之间日益紧密的联系。金融全球化是在经济全球化的大背景下发展起来的，特别是进入20世纪90年代后，金融全球化已经成为世界经济发展不可抗拒的一个潮流，并有其自身发展的特点：一是私人资本逐渐取代官方资本而成为全球资本流动的主体，国际游资的规模和实力急剧膨胀。二是金融全球化过程中的区域化发展有所增强，如欧元区的诞生、美元区的发展等。三是市场参与者的全球一体化，资金需求者可以广泛地面向全球来筹集资金，而资金供应者也可以在全球范围内选择其投资和贷款的对象。四是金融工具的全球一体化，从原生产品到它们的衍生产品，其民族和国家的色彩均已淡化，新的金融工具一经创造出来就很快成为各国金融交易的工具。五是金融风险发生机制相互联系，而且不断走向类同（王松奇，2010）。

金融信息化是指利用计算机和通信技术使金融业务处理和经营管理自动化。信息技术降低了金融信息与金融数据处理的成本，改变了金融服务方式，为金融服务多样化、个性化创造了条件。信息技术在金融业的扩散还降低了银行业、证券业与保险业之间的技术性进入壁垒，使得这三个产业出现了共同的技术基础，导致银行业、证券业与保险业之间的传统技术边界趋于模糊。金融信息化的应用模式是多样化的，基于计算机网络和数据库，广泛应用Intranet、专家系统和金融电脑智能集成管理系统。Intranet是企业内部网，分对内、对外两部分，并且有防火墙把内外隔开。专家系统是智能程序系统，是人工智能研究最活跃的一个分支。金融电脑智能集成管理系统是利用计算机集成技术大幅度提高工作效率、经济效益和管理水平的信息系统，使整个企业综合应用业务处理系统、管理信息系统和办公自动化系统等各种技术，从而使企业统筹安排、协调一致。

狭义的金融自由化是指利率市场化、取消定向贷款、增加中央银行的独立性、降低银行储备金率和对国有银行实行私有化等一系列旨在减少政府对金融体系的管制的手段。广义的金融自由化涉及对内金融自由化和对外金融自由化两方面的目标。前者是后者的必要条件，后者则是前者的必然结果（徐义国，2008）。伴随着经济一体化、金融市场国际化，金融市场的竞争将更为激烈，要求金融领域不断创新。而金融工具、金融机构和金融业务的创新使各国在金融管制上又处于被动地位，不得不放松金融管制。从经济学角度来说，金融自由化能在市场的调控下更为有效地配置社会资源，把储蓄资金引向收益最高的投资部门，对于经济增长具有正效应。但是，金融自由化也容易产生泡沫，导致金融危机（史永东和陈日清，2010）。在金融自由化的背景下，投资银行家创造了次级贷这种金融衍生品，导致了2008年的美国金融海啸，对于世界经济造成了重大打击。当然，对于今天的市场化国家来说，金融自由化已是一个"不得不"的过程。对于必然的金融自由化趋势，关键是采取何种途径、以何种速度进行。

20世纪80年代以来，金融服务一体化在全球兴起。Saunders和Cornett（2006）指出，金融服务一体化的形式有狭义和广义两种。狭义的金融服务一体化指的是金融业的综合经营；而广义的金融服务一体化，除了金融业的综合经营之外，还包括销售协议、战略联盟和合资企业等契约形式。从金融服务的提供者层面，金融服务一体化是指融合了银行、保险、证券的部分生产或销售环节，比如银行保险、全功能金融服务商、全能银行和金融集团。从金融产品上，金融服务一体化是指整合了两个或两个以上传统金融产品的元素，比如，投资连接险包含了保险和证券的相关元素，银行资产现金流如抵押、信用卡账户余额等的证券化则融合了投资和商业银行的元素。从金融从业人员上，金融服务一体化是指金融咨询，即个人理财专家、会计师、风险管理师、律师、经纪人和其他一些个人或企业的咨询人员为客户提供一体化的金融服务。金融服务一体化的发展，必然使得金融业由分业经营转向综合经营（陆明祥，2006）。金融集团形成之前是分业经营模式，金融机构在各自所从事的有限业务领域向所有的客户提供受限的金融产品和服务；而在金融集团形成之后，即成为综合经营模式，针对不同客户提供差异化的或综合的金融产品以及更贴近目标客户的全面金融服务。当前，发达国家和地区在推进金融业综合经营方面，可谓不遗余力。从世界范围来看，越来越多的国家和地区允许银行从事证券和保险业务，如澳大利亚、法国、德国、中国香港、荷兰、新加坡、西班牙和瑞士等。加拿大、希腊、日本、韩国、墨西哥和美国等允许银行附属机构从事证券业务。同时，越来越多的国家和地区允许银行通过附属机构或代理方式从事保险业务。

（二）新形势下监管理念与方法面临的挑战

全球化使得金融监管的对象，赖以发挥成效的经济、金融环境变得更为复杂，政策目标和工具、金融传导机制都在发生改变。在信息化时代，对传统的货币理论体系和金融监管功能难以管控快速流动的资本。金融服务一体化同样带来了挑战，要求着监管机构的风险监控必须形成全方位、多渠道的立体监控体系。这包括完备的法律规范体系、良好的执法环境、统一而有效率的行政监管网络、活跃的自律监管组织、自由的新闻舆论监督，当然还有至关重要的金融机构内部监控制度。

对于金融自由化与金融体系脆弱性之间的关系，20世纪90年代以来一些学者认为金融自由化是影响一国金融体系脆弱性的重要因素之一（章奇，何帆，刘明兴，2003）。金融自由化加剧了资产价格的过度波动，使资本市场呈现"无边界的扩张"。大量投机性短期资本的流入，往往对流入国经济造成很大冲击，增大了金融市场的不稳定性。这种不稳定性会加大金融风险的生成，极易引发金融动荡和危机。金融创新进而加剧了全球金融市场的脆弱性。李光红和杨晨（2007）指出，传统金融监管在金融自由化趋势下也就面临着困境。首先，机构型分业监管模式与金融混业经营趋势存在不协调，为了防范金融危机的发生，需要更加灵活、更加综合、更加统一的监管制度，以提高金融监管的有效性。其次，国家化监管与金融活动全球化存在不协调。传统的监管机构基本是国家化的，各国政府一般都是从本国的利益出发制定金融政策与法规，因此各国金融监管的法律法规不甚统一，与国际接轨难度很大。大规模的投机资本为了寻求套利、套汇而频繁地进出各国的金融市场，但是由于各国金融政策与法规之间缺乏有效地协调，难以避免金融动荡。金融风险的国际传递速度和传染性进一步加强，容易引发全球性的金融危机。各国金融市场的波动更加频密，杠杆投资和衍生产品的风险也大大增加，竞争压力和追求高回报使投资者和金融机构的冒险意识加大。最后，传统的金融监管范围与跨国银行业务引致风险的不协调。跨国银行往往处于金融监管的相对真空地带，但是跨国银行的发展会使金融资本的流向呈现出多向性和纵横交错的特征。金融资本相互渗透和竞争、银团贷款的发展、银行业对证券业的渗透及其国际化，对于金融理念和方法提出挑战。

（三）新形势下我国监管理念与方法面临的挑战

新形势下，金融业的竞争格局将会发生重大的变革。由于加入世贸组织的承诺，外资金融机构将会逐步和我国金融机构全面竞争，中国金融体系在后过渡期加快了改革与发展的步伐。在进一步开放外资金融机构提供金融服务的市场准入和经营范围的同时，金融风险的"敞开口"会敞开和金融风险会积累，监管的难度和任务将加重。同时，由于业务竞争所带来的竞争氛围和竞争格局，国内金融机构之间已开始的相互竞争进一步激烈化。竞争的加剧一方面会使金融机构的经营效率得到改善，另一方面也会增加金融风险。金融监管的重要性将更加凸显，监管机构的能力将面临挑战，要求监管机构提高监管能力和监管的技术水平。合规性、法律性监管和审慎性监管将成为主要的监管内容。然而，我国各监管部门在资产管理业务监管上，目前在法律依据、监管政策上仍缺乏统一协调。

随着改革开放的深化，金融风险的积累程度也必然相应增高，在全球资本迅速流动的市场化的条件下容易产生金融动荡。因此，加强金融监管将是全面开放条件下金融业健康发展的重要课题。金融创新改变了金融监管运作的基础条件，在推动金融业和金融市场发展的同时，也在总体上增大了金融体系的风险，从而极大增加了监管的难度。银行业与非银行金融业、金融业与非金融业、货币资产与金融资产的界限正在变得越来越模糊，这必然使得金融监管机构需要重新调整监管手段，加强防范和化解系统性金融风险的能力。

金融自由化对我国金融监管形成严峻挑战。原有金融市场的外延有所扩大，外国金融机构进入我国，金融机构数目大量增加；我国国内金融机构同时不断推出新的金融工具，开展新的金融业务。然而，我国的审批监管方法不利于金融机构开拓新业务，传统的监管方法效率低下。我国监管当局过度依赖现场稽核和检查，容易导致外部监管代替金融机构内部控制的弊端，不利于金融机构建立法人治理机制。金融业综合经营、混业经营的趋势有所加快导致较高的政策协调成本，既可能出现重复监管，又可能导致监管缺位。金融机构对混业经营有着相当强烈的内在需求，银行、证券、保险等金融业务之间的依存关系愈来愈强。然而，我国金融监管却一再强调专业分工，监管职能一再被拆分，这可能造成较多的市场壁垒，抑制金融创新和金融竞争。同时，由于金融自由化条件下的金融中介活动具有国际化、专业化的特征，尤其是一些国际性金融机构实行全球化战略，使得仅靠单个国家实行金融监管不能有效控制其经营风险。因此，在金融自由化条件下，迫切需要加强各国金融监管当局、国际金融组织之间的合作，制定统一的风险监测和控制体系，提高各有关国家金融监管的效率，保证金融体系的稳健运行。金融自由化条件下要求我国金融监管当局不仅加强国内的混业监管，而且加强与其他国家的金融监管协调，防止出现监管重叠、监管遗漏或空缺现象（柯健，2010）。

（四）转变金融监管理念与方法

与金融形势变化相对应，无论是世界范围内还是在我国，金融监管理念与方法也都发生了相应的调整与变化，以应对新情况所带来的挑战。在全球化的时代，监管理念与方法的发展方向呈现出趋同的趋势，但是我国也有自己独特的一些变革要求与方向。下文首先探讨世界范围内的整体发展趋势，然后具体分析我国金融监管理念与方法的革新与前景。

在监管理念上，国际协作观念和原则监管理念逐渐被发达国家接受。国际协作理念与经济金融全球化密切对应。随着金融自由化的深入，金融风险在国家之间相互转移、扩散的趋势也不断增强。只有加强金融监管的多边协作，才能避免危机的扩散。监管应从一国的监管向跨境的监管转变，金融监管需要不断走向联合，一体化趋势越来越明显。金融监管体系的国际协作是对经济金融全球化和全球金融自由化进程的必然反映，也是国际金融监管的趋势。原则监管与协调的理念事实上也是金融全球化与金融自由化的反映。前文已经分析过各国金融监管的案例，无论是美日两国金融监管当局对其现行金融监管体系的反思和对原则监管的探索，还是英国金融服务局对原则监管理念的构建和不断完善，我们从中不难发现，监管理念由规则监管向原则监管的演进已经成为发达国家金融监管改革的亮点之一。此外，金融服务一体化与金融技术信息化也促进了行为监管与信息监管的发展。

在具体监管方法上，新巴塞尔资本协议的正式颁布实施标志着国际范围内的监管共同语言进入实质性构建和运营阶段。对于跨境银行，母国监管当局和东道国监管当局应该进行合理的监管分工和合作。金融全球化与金融自由化形势下，为了有效监管本国商业银行的境外业务以及外国银行在本国的金融业务，进一步加强跨国间的监管合作已经变得越来越迫切和越来越重要。陆明祥（2006）指出，针对金融服务的一体化趋势，需要加强金融机构的内部监管，主要是加快金融机构的内部制度和内控系统的建设以及加强风险管理；需要强化市场约束，加大市场监督的力度，完善市场监管的各项制度，增加市场透明度和公开性；需要逐步推行一元化金融监管，以利于综合监管、明确监管的责权利、实现监管机构自身的规模经济和范围经济以及专业化队伍的形成和内部信息的共享，切实提高监管效能；需要增强监管机构的独立性，从制度上切断政府对于金融监管机构的行政干预。正如前文提到过，金融技术信息化也对监管提出了技术上的变革要求。

的确，我国金融监管理念与方法需要革新。从监管理念上来看，从规则监管到原则监管这个大趋势对于我国可以说是势在必行。在具体理念变革上，时辰宙（2008）指出，我国应该权衡原则与规则取向，确保金融稳定与创新同行；应该充分认识原则监管的实施基础，结合国情逐步推行；应该完善金融消费者保护机制，积极实践原则监管理念；应该转换监管者角色，实现监管互动，改善监管环境。

具体来说，我国金融监管机构应根据金融业发展的实际情况，权衡原则监管和规则监管两者之间的关系，根据监管具体内容灵活应变。时辰宙（2008）指出，"在现阶段，我国的监管理念仍应以规则为主、原则为辅，适当提高原则监管的比重，充分给予原则发挥作用的空间，使得在维护金融稳定、防范金融风险的同时，提高市场的竞争力和创新动力。我国监管机构要推行原则监管的理念，就必须充分认识原则监管实施的基础，结合现实国情分析可行性。原则监管的有效推行和以下条件是密切相关的：一是金融机构要有良好的公司治理结构和完善的风险管理体系；二是监管者与金融机构之间能定期开展开诚布公的交流和协调；三是具备自律监管传统和崇尚监管效率的监管文化；四是具备较完善的信息披露制度；五是监管人员有较高的专业素质，能够准确把握金融市场和金融机构的运行动向。而当前我国金融机构的公司治理状况较差，内部控制不完善，金融市场的自律监管作用还不突出，因此，我国金融业目前还不具备采用基于原则监管的条件，仍需完善各项基础条件。对于公司治理、透明度建设、企业社会责任等，可以提出科学合理的原则要求，注重发挥金融机构内部监控与外部市场约束的作用，实现外部监管、自律监管与市场纪律约束的有机结合，共同推动监管目标的实现。此外，还要加强对监管人员的培训，以有效推行原则监管。除了注重开展有效沟通的培训，还要注重加强对监管人员监管理念的培训，既要做到自身准确理解原则，又要有能力对金融机构原则执行的情况进行分析判断。"另外，我国在金融消费者保护方面存在诸多不足之处，现行法律法规对金融消费者保护极其有限。我国应借鉴英国 FSA 的做法，突出金融消费者保护的重要性，应明确将"适当保护金融消费者权益"列入监管目标，完善相关法规的同时，制定与消费者保护有关的监管原则（包括与金融机构的利益冲突与争议的处理等），督促金融机构在业务活动中积极履行义务，公平、公正地对待消费者。更为重要的是，在我国推行原则监管，需要我国的金融监管机构适当转换监管角色。监管者应定位于帮助金融机构解决运营中存在的问题，化解金融系统所存在的风险，从而维护金融稳定，而不是一味地进行公开惩戒。监管者应积极地与金融机构的管理层进行交流，一方面要帮助金融机构加强对原则的深入理解，使其在理解原则的基础上主动设计遵守原则的方案，并切实执行；另一方面，要帮他们出谋划策，共同解决经营过程中遇到的监控难题，及时化解经营风险。过去传统监管模式下监管者与金融机构之间的"猫鼠游戏"关系应该逐步转变为双向互动的沟通关系。

混业监管是各国金融业监管的趋势，我国在金融全球化过程中也不可能例外。但是，我们也要正视我们的国情，一种监管模式的有效性，取决于是否适应本国国情与经济环境。我国金融业整体上仍处于幼稚期，综合竞争力相比国外金融业还较弱，分业监管向混业监管转变的道路必须是渐进式的。也就是说，无论是混业监管还是分业监管，要与现时的经济金融发展内在要求相适应。为防止金融监管制度出现阶段性的不适应金融业发展的问题出现，我国必须确立具有长效的分层次的监管制度，以确保分业监管向功能性综合监管的逐步过渡（闻岳春和范薇，2008）。同时，在强化法定监管的同时，充分重视行业自律监管、银行内控制度、社会监督作用，形成多元化、多方位的金融监管体系。

柯健（2010）指出，中国金融监管改革的努力方向在于金融监管的非行政化、金融监管的功能化、金融监管的综合化和金融监管的国际协作化。金融监管的手段必须是以法律为基础的间接手段，在日常监管中基本取消行政命令式的监管办法，只在金融市场失败时政府方可直接进行干预。功能型监管是指在一个统一的监管机构内，由专业分工的管理专家和相应的管理程序对金融机构的不同业务进行监管。其优点在于管理的协调性高，管理中的盲点容易被发现并会得到及时处理，金融机构资产组合总体风险容易判断。同时，它可以克服多个监管机构所造成的重复和交叉的管理，用统一的尺度来管理各类金融机构，创造公平竞争的市场环境。金融监管的综合化在英国等国家取得了实质性进展，我国也要完善人民银行、证监会、保监会、银监会四大监管机构之间的协调机制。要加强高层定期会晤制度，建立监管机构之间信息交流和共享机制，对金融集团和混合业务实施联合监管。在强化法定金融监管机构职能的同时，要充分重视行业自律、银行内控、社会监督的作用，形成四位一体的多元化金融监管体系。金融监管体系的国际协作是对金融全球化进程的反应。随着金融自由化和金融全球化的快速发展，加强我国金融监管的国际合作和协调日益重要，四大监管机构应加强与国际监管组织和外国监管当局的合作，逐步实现跨境监管。

二、现行监管理念的缺陷

如前所述，无论是规则监管理念还是原则监管理念，都没有能够帮助我们避开全球金融危机。根据贾斯廷·福克斯[①]的分析，虽然"我们已经不能再板着脸声称：市场会凭借自身力量，实现某种接近于最优经济结果的东西……不过，也不是说有其他任何人在价格制定和资本配置方面比市场做得更好。他们的表现或许更糟。正因如此，赋予监管机构更多的空间和权力以识别和中止风险过高的行为——这是英美大部分改革方案的核心——不可能解决所有问题"。

因为，"最近曝出的真相显示，雷曼兄弟每个季度末都在资产负债表上做手脚，以降低其杠杆比率——这表明，即便是对于最明确的规则，华尔街和伦敦金融城那些聪明的家伙也会想出办法来不予遵守"[②]。

而需要改变的，应该是被监管者——华尔街和金融城的那些人或他们的态度。"在推动银行家、经纪商和交易员把自己视作拥有道德、标准和限制的专业人士方面，监管机构仍大有可为……过去这些年的经历令人信服地表明，不能依靠那些高薪、聪明的金融市场参与者把事情做好。但也不能依靠监管机构。金融监管改革必须围绕双方的错误，寻找解决问题的途径"[③]。

此外，对于当前美国的金融监管改革，英国《金融时报》2010 年 5 月 24 日的社评明确指出：即便整合美国参众两院意见的改革法案，也仅仅是一个开始，尚不足以降低未来发生危机的可能性。因为"国会议员们选择向监管部门授权，

---

①②③　贾斯廷·福克斯，银行业改革　文化是关键，《金融时报》，2010 年 4 月 1 日，http：//www.ftchinese. com/story/001032007。

金融市场全球化下的中国金融监管体系改革

遏制金融机构危害最大的行为，而非修正法律本身存在的缺陷。这就将裁决权交到了监管部门手中，由后者来决定，一家机构是否会造成系统性风险，如果会的话，该如何应对：这涉及资本比率、分拆，以及由决议机构的接管"。"这样做的好处是：新的权力将为监管部门提供灵活性，量身打造最适合实际情况的规定。这同样是一种不利因素，因为监管部门将只会以一种顺应政界支持的方式行使权力。目前，通过严苛对待银行家而获得的政治利益可能达到了登峰造极的水平，在这种情况下，存在一种切实的风险：未来，国会可能会逼迫监管机构废除目前出台的监管工具"。此外，"法案既没有涉及银行被管理层控制的问题，也没有提到基金经理未能监督自身投资的活动，更没有指出金融体系易受信用评级机构失误影响的弱点"①。

三、监管理念的哲学思考

我们知道，金融监管的基本目标是：第一，维护金融业的安全与稳定；第二，保护公众的利益；第三，维持金融业的运作秩序和公平竞争。金融监管至少涉及三个方面的当事人：监管者、作为被监管者的金融业机构及其从业者，包括投资者在内的广大公众。监管者的主要任务是，如何通过各种手段监督和调节被监管者，保证他们不伤害作为投资者和消费者的广大公众的利益。

"金融监管应该是一种政府行为，人们因认识到金融市场有可能发生种种失灵而要求政府实施金融监管。这一监管哲学隐含着对于政府部门能够充分矫正市场失灵的信念，金融监管的基本特点是从外部强制性地施加给被监管者……从市场准入到市场退出，从业务活动范围到相关财务指标，从审慎经营到机会主义行为，都要受到外部监管机构的督导和控制"②。

从哲学意义上讲，监管者的监管属于外因，被监管者自身的特征属于内因。按照马克思主义哲学，"唯物辩证法的宇宙观主张从事物的内部、从一事物对他事物的关系去研究事物的发展，即把事物的发展看做是事物内部的必然的自己的运动，而每一事物的运动都和它的周围其他事物互相联系着和互相影响着。事物发展的根本原因，不是在事物的外部而是在事物的内部，在于事物内部的矛盾性。任何事物内部都有这种矛盾性，因此引起了事物的运动和发展。事物内部的这种矛盾性是事物发展的根本原因，一事物和他事物的互相联系和互相影响则是

① 社评 美国监管改革任重道远. 英国《金融时报》，2010 – 5 – 24. http：//www. ftchinese. com/story/ 001032751.

② 刘宇飞. 美国金融监管哲学的转向及影响. 美国研究. 2009 （3）.

事物发展的第二位的原因"①。"单纯的外部原因只能引起事物的机械的运动，即范围的大小，数量的增减，不能说明事物何以有性质上的千差万别及其互相变化。事实上，即使是外力推动的机械运动，也要通过事物内部的矛盾性。植物和动物的单纯的增长，数量的发展，主要地也是由于内部矛盾所引起的"②。

"唯物辩证法认为外因是变化的条件，内因是变化的根据，外因通过内因而起作用"③。从这个意义上讲，无论是"规则"监管还是"原则"监管，都属于外因。为了实现金融业持续健康发展的目标，还必须充分认识被监管者的内因方面，从人的本性的视角，探讨监管理念。否则就会出现监管者与被监管者之间"上有政策、下有对策"的"猫"、"鼠"博弈。

四、监管理念：基于人的本性的新视角

根据姜万军（2011）④ 的理论和逻辑，金融业高管团队的成员，也属于典型的知识生产者。其基本特征是：作为监管对象的金融业高管团队人员，是具有能动性的生命体。这里，所谓具有"能动性"是指：人是有生命、有思想的个体，他对于自己的主观需求和客观环境具有很好的判断能力。人们把对自己产生正面影响的各种要素归纳为"好处"，把负面影响的各种因素称为"坏处"。他能够根据感受到的环境变化，不断地主动调整自己的行为，实现自我认同的、在当时条件下的"最优"结果。

具体而言，按照 Jenson 和 Meckling（1994）关于人的本性和行为模式的 REMM（Resourceful，Evaluative，Maximizing Model）模型⑤：（1）人们会在乎所有事情，包括收入、财富、知识、独立性、是否受人尊重等；（2）根据利益得失，人们愿意作"替换"、"牺牲"和取舍；（3）如果定义那些对个人有正效应的事项为"好处"，那么人们则希望"好处"多多益善；（4）人们在满足自己的愿望方面，会受到种种限制。他会在这些限制之下，追求自己认为最好的结果；（5）人是足智多谋的。对于外来的各种限制，他不是完全被动地接受，而是设法对外在约束做出主动反应。具体表现为 4 个定理：

定理 1——每个人都关心利益，都会评估利益得失。（1）人们几乎关心所有

---

①②③ 毛泽东．矛盾论//毛泽东．毛泽东选集：第一卷．http：//www. marxistsfr. org/chinese/maozedong/marxist. org-chinese-mao-193708. htm.

④ 姜万军．研究型大学的结构治理与生产率提升机理：基于知识生产者个人视角的理论思考．清华大学出版社，2011.

⑤ M. Jensen, W. Meckling. The nature of man. Journal of Applied Corporate Finance，1994，7（2）：6 - 19.

事情，收入、财富、知识、独立性、是否受人尊重等。（2）根据利益得失，REMM 愿意作"替换"、"牺牲"。

定理 2——每个人的欲望都是无止境的。（1）如果我们定义那些对 REMM 有正效应的事项为"好处"，那么他或她则希望"好处"多多益善。"好处"可以是任何东西，从财富、艺术品、收入及福利待遇、社会地位，到适宜的外部环境，如此等等。（2）REMM 不可能被满足。他或她永远渴望更多的东西，包括物质财富和精神财富。

定理 3——每个人都是利益最大化者。他或她按照这种方式行动，以获取尽可能的最高价值。但是，人们在满足自己的愿望方面，永远受到种种限制：现有财富的数量、时间、不可违背的法律、法规和自然法则，以及他们自己对各种机会的认识和把握程度的局限等制约因素——机会集，这些机会的集合，是外生的、被给定的。

定理 4——每个人都是富于谋略的。人具有创造性。他们能设法改变他们的环境，预见种种行为的后果，并通过创造新机会作出反应，也就是说，外在的限制因素或机会集不是永恒不变的。人们不仅能够感知和了解新的机会，还能从事富于谋略的创造性活动，以多种方式扩展他们被外在给定的机会集合。

从上述讨论我们可以看出：人会自觉或不自觉地，把对自己的处境产生正面影响的各种要素称为"好处"，这些"好处"可能是住房、货币等有形的实物，也可以是无形的诸如知识、名望、尊敬、爱、成就等。一般而言，他对这些"好处"的追求是没有止境的。不仅如此，人在追求"好处"的过程中，会受到时间、财富、自然规律、社会法律制度、伦理道德规范等客观条件的限制，也会受到自身知识水平、判断力、冒险精神、评价信息及其获取成本等方面的主观限制。

但是，在上述限制条件下，人会做出自认为是最优的决策。同时，由于人具有创造性和主观能动性，人还会试图改变环境和限制条件，至少会适应环境和环境的改变。因此，在监管者和被监管之间其行为模式，实际上是两者相互博弈的结果。这些规律对于作为监管对象的金融业高管团队人员，也不例外。

基于上述分析，我们可以得到如下推论[①]：人的本性可以概括为，每个人都具有特定的因人、因时而异的"自以为恰当"的目标函数。人们在追求"好处"最大化的过程中，会受到时间、财富、自然规律、社会法律制度、伦理道德规范等客观条件的限制；也会受到自身知识水平、判断力、冒险精神、认知模式和决

---

① 姜万军. 研究型大学的结构治理与生产率提升机理：基于知识生产者个人视角的理论思考. 清华大学出版社，2011.

策能力等主观方面的限制。

不仅如此，由于人具有创造性和能动性，面对客观存在的各种外在约束，他还会试图通过各种主观努力，改变环境和限制条件，至少会适应环境和环境的改变，以求自身的目前状况得到改善。为了适应、甚至"迎合"新的外来约束的变化，可能导致"上有政策、下有对策"的 Kerr 悖论现象流行[①]。

上述推论可以概括为如下理论模型[②]：

$$\max F_{it}(X)$$

s. t.

$$Z_1 \leqslant S_{t客观}$$

$$Z_2 \leqslant S_{t主观}$$

其中，$F_{it}(X)$ 是个人的目标函数，它会随时间不断改变，也会因人而异。其中，X 是多维向量，表明目标函数的影响因素众多；$S_{t客观}$ 是指人们无法摆脱的诸如，各种自然规律、法律、社会伦理、财力、物力等方面的限制，它随时间不断改变；$S_{t主观}$ 是指人们无法超越的诸如，个人认知能力、胆识等主观方面的局限性，它也会随时间不断改变。

根据理论模型我们可以进一步推断：每个作为监管对象的金融业高管团队人员，都具有自己独特的目标函数，他们会根据主观、客观方面的限制，追求在一定时间范围内、自以为最优的结果。

任何形式的目标强制考核和行为控制手段，对于他们都会表现为新的主观或客观方面的约束条件改变。由于自身的主观能动性，他们会快速感知并积极适应上述变化，主动地、不断修正自己的行为，追求自认为最优的结果。

因此，对于监管者而言，要想实现金融监管的三大目标体系：维护金融业的安全与稳定、保护公众的利益、维持金融业的运作秩序和公平竞争，只能通过"疏导"而不是"强制"的手段，来"诱导"作为监管对象的金融业高管团队人员。即首先通过有效地沟通，真正了解这些被监管者的期望和行为偏好（目标函数），在此基础上，通过深入发掘他们的能动性，"投其所好"地加以说服

---

① S. Kerr. On the folly of rewarding A, while hoping for B. The Academy of Management Journal，1975，18（4）：769 - 783。根据该文章的分析，所谓 Kerr 悖论主要是指 Kerr（1975）分析的普遍存在的"怪现象"——本来希望得到 B，却南辕北辙地大力激励 A。比如在政府部门，本来希望激励官员们节约开支，但预算安排却以上一个年度的实际支出为依据，结果是，现在花钱越节约，明年的预算可能越紧，直接鼓励的是多花钱，而节约开支实际上是间接地受到了"惩罚"。类似的现象广泛存在于企业、体育、政治、社会、甚至人们的日常生活和工作等各个领域。Kerr 认为，产生这些"怪现象"的主要原因是：人们热衷于寻求简单化的客观考核标准；不自觉地过分关注那些"显性行为"，如，教师的教学质量难于评价，但论文发表却很容易计数考核，因而前者虽然重要但却往往会被忽略。

② 姜万军. 研究型大学的结构治理与生产率提升机理：基于知识生产者个人视角的理论思考. 清华大学出版社，2011.

和诱导，激发他们的主动性和自觉性。

　　按照上述理论，有效金融监管系统的构建重要应该集中在两个主要方面：第一，切实关注"内因"，深刻理解作为被监管者的金融机构高管团队的内在诉求，理解他们有形和无形的、低层次的和高层次的需求，在包括激励制度在内的各种制度设计上，满足和引导他们的内在需求。第二，健全和完善市场环境，引导作为被监管者的金融机构高管团队，主动、自觉地按照监管机构的目标行动。这些制度至少应该包括高管团队的筛选、晋升、辞退机制；高管团队职业操守准则等。

第三章

各国金融监管体制发展比较

第一节　金融监管的类型及历史沿革

一、金融监管体制的类型

金融监管体制是实现特定的社会经济目标而对金融活动施加影响的一整套机制和组织结构的总和，是由金融监管当局通过制定政策法规、实施非现场监管和现场检查，对金融资源的配置机制和金融服务进行干预的系统。

由于各国、各地区的历史、政治、法律、文化及经济金融发展水平不同，金融监管体制在不同国家、同一国家的不同发展时期都不尽相同。按照不同的划分标准，可以将金融监管体制分为不同的类型。如根据金融监管机构监管行为方式及与金融机构的相互关系，金融监管体制分为自律式模式、法制化模式和干预式模式；根据金融监管权力的分配结构和层次，金融监管体制大体可以分为一线多头型、双线多头型、集中单一型三种类型；按金融业务来划分监管对象称为功能监管，按不同金融机构划分监管对象称为机构监管。

目前，运用的比较多的一种分类方法为按功能和机构来划分。功能监管根据功能分配给每一个监管机构监管司法裁决权，能够保证使用一致的监管理念，同时避免监管混乱、为竞争者创造了平等的条件。机构监管使监管者易于评价和评估金融机构系列风险，还可避免对金融机构不必要的重复监管。按功能和机构划分方法，金融监管体制可以划分以下几种类型：①

（一）机构监管

机构监管又称"分业监管"或"分头监管"。其基本框架是将金融机构和金融市场按照银行、证券和保险划分为三个领域，每个领域分别设立一个专业的监管机构，负责该领域的全面监管，包括审慎监管和业务监管。一个金融机构根据其业务所属领域，只受一个监管机构的监管，各监管机构的监管高度专业化。这种监管模式适用于金融分业经营的市场条件，中国当前采用的就是这种分业监管模式。

（二）牵头监管

牵头监管是"分业监管"的改进型。随着金融分业经营向混业经营转变，原来分业监管的监管机构间需要交换信息，统一类似业务的监管标准，并建立磋商协调机制。于是在实行分业监管的同时，特指定一个监管机构为牵头机构，负责不同监管主体之间的协调工作，并防止监管真空。这种模式的优势在于：一是目标明确，二是通过合作提高监管效率。牵头监管的典型代表是法国。

（三）功能监管

功能监管将金融活动分为存款业务、证券业务、保险业务和支付清算业务，同类金融业务由同一机构监管，多功能金融机构的不同业务要接受不同机构的监管。功能监管是金融混业经营的产物。在分业经营条件下，一个金融机构只从事一类金融活动，功能监管等同于分业监管。在混业经营条件下，功能监管的主要缺点是各监管机构都无法了解金融机构的整体情况。美国当前采用的是功能监管模式。

（四）目标监管

目标监管首先明确定义监管的目标，并将实现监管目标的责任委托给相应的监管机构，每一机构围绕各自的目标进行监管。这种监管模式认为银行业，证券业和保险业的区分已变得越来越不重要了，是针对金融混业经营的监管模式。

---

① 中国证监会研究中心．世界转弯进行时——全球金融危机的解析与影响．中信出版社，2010：186.

"双峰式"的目标监管认为金融监管最主要的目标有两个：一个是维护金融系统的稳定，防止发生系统性金融危机和金融市场崩溃；另一个是维护金融系统的透明度，防止金融欺诈，保护消费者和投资者利益。针对这两个监管目标，设立两大监管机构：对系统风险进行审慎监管的"金融稳定委员会"；和对金融机构的运营进行合规监管的"消费者保护委员会"。有的国家在金融稳定监管机构和金融公平透明监管机构的基础上，加入中央银行和反垄断机构，称其为"四峰式"目标监管。澳大利亚目前采用的是这种目标监管模式。

（五）统一监管

统一监管由一个监管机构担负所有监管职能，负责所有金融机构和金融业务的监管，包括审慎监管和业务合规监管。即对于不同的金融机构和金融业务，无论是审慎监管，还是业务监管，都由一个机构负责。这种监管模式是适应金融混业经营的监管模式。采用统一监管模式的典型代表是英国，日本和韩国目前也采用这一种监管模式。

各国金融业运营体制和监管模式如表 3 - 1 所示。

表 3 - 1　　　　　　　各国金融业运营体制和监管模式

国家	金融业运营体制	金融监管模式	
		原来	当前
美国	混业（1999 年）	分业监管	功能监管
英国	混业（1986 年）	分业监管	统一监管
日本	混业（1996 年）	分业监管	统一监管
法国	混业	分业监管	分业牵头监管
澳大利亚	混业	分业监管	"双峰式"目标监管
韩国	混业	分业监管	统一监管

资料来源：中国证监会研究中心．世界转弯进行时——全球金融危机的解析与影响．中信出版社，2010：171．

二、金融监管的历史沿革

金融监管的发展历史大致可以划分为四个阶段。①

---

①　陈学彬，邹平座．金融监管学．高等教育出版社，2003．

（一）20 世纪 30 年代以前——金融监管的初始阶段

现代意义上的金融监管始于 19 世纪中央银行制度的建立。1844 年，在经过银行学派和通货学派对 1825 年和 1837 年英国两次周期性经济危机的根源是否出自货币信用问题的大讨论后，英国议会通过了具有里程碑意义的《比尔条例》，它从中央银行的组织模式和货币发行上为英格兰银行行使中央银行的职能奠定了基础，并在其后的发展中使英格兰银行具有了相当程度的金融监管机构的特征。随后，西方国家纷纷仿效英格兰银行成立各自的中央银行，出现了中央银行成立和发展的第一次高潮，但当时各国中央银行监管的重点仅在于货币的发行与流通方面。随着西方经济危机、信用危机的频繁爆发，中央银行只监管货币发行与流通已明显不足，因此，自 19 世纪末以后，各国逐步加强了对银行业的监管，还通过制定法律和条例，将最低资本额、现金储备、资产种类等也纳入了监管的范围。但总体而言，在 20 世纪 30 年代之前以古典学派为代表的自由主义经济时期，各国的金融监管是粗线条和宽松式的，金融监管的特点具有自发性、初始性、单一性和滞后性，监管主体职能作用有限，对金融监管的客观要求与主观认识不足，监管的有效性不强，还处于金融监管的初级阶段。

（二）20 世纪 30 年代～70 年代——严格监管，安全优先

20 世纪 30 年代爆发的经济大危机促使以凯恩斯学派为代表的政府干预主义登上了官方经济学宝座。随着政府对经济干预的增强，各国在加强金融监管的重要性上取得了一致共识，都把稳定金融业作为发展经济、稳定社会的必要条件，对金融实施了全面而严格的管制，并很快形成了较为完善的监管体系。这一阶段各国监管的主要特点是全面而严格的限制性，主要表现在对金融机构具体业务活动的限制，对参与国内外金融市场的限制以及对利率的限制等方面。强有力的金融监管维护了金融业的稳健经营与健康发展，恢复了公众的投资信心，促进了经济的全面复苏与繁荣。并且，金融监管的领域也由国内扩展到国外，开始形成各自不同的金融监管组织体系。

（三）20 世纪 70 年代～80 年代末——金融自由化，效率优先

20 世纪 70 年代前后，在金融创新的高潮中，世界金融业的发展具有自由化和国际化趋势。在这两大趋势下，一方面金融业得到了空前的繁荣和发展；另一方面新型金融工具的使用和新市场、新业务的开拓对金融业的稳定与安全也带来了一定的威胁。与此同时，金融的全球化、自由化及其创新浪潮使建立于 20 世

纪 30 年代的金融监管体系失灵，理论界的货币学派、供给学派、理性预期学派等新自由主义学派从多个方面向凯恩斯主义提出了挑战，尊崇效率优先的金融自由化理论逐渐占据主导地位。因此，这一时期各国金融监管的主要特点是放松管制，效率优先。

（四）20 世纪 90 年代至今——安全与效率并重

20 世纪 90 年代以来，经济全球化进程加快，金融创新与自由化带来的金融风险更加复杂，同时，金融业内各部门间的界线日益模糊，大型金融集团和跨国金融企业不断涌现，金融全球化浪潮席卷全球，金融混业经营潮流势不可挡，这一切都对传统的监管理念和监管体制构成了严峻挑战。为适应金融市场创新与金融机构组织变化的需要，有效的金融监管要求政府在安全与效率之间努力寻找一个平衡点。一些国家开始统一不同类型金融机构的业务监管标准，避免出现监管机构重叠和监管职能重复的现象，开始实行金融监管体制由分散向统一的改革，以提高监管效率和节约监管成本。90 年代以来的金融监管最主要的特征是安全与效率并重。

第二节　各国金融监管体制和模式

金融监管体制是不同国家根据本国金融市场和金融机构发展的实际情况实行的监管体制和监管办法。如果按照中央银行在监管中的地位和作用，可以将各国金融监管体制分为中央银行与其他机构分工监管但以中央银行为主的模式和独立于中央银行的综合监管模式两大类，前者主要包括美国、欧盟、印度、巴西等；后者主要包括英国、日本、韩国等[①]。以下对主要国家的金融监管体制的发展历程和特征进行分析。

一、美国

（一）美国金融监管体制的发展历程

1. 1864 年《国民银行法》颁布。美国金融监管体制萌芽于 18 世纪 80 年

---

① 曹凤岐. 货币金融管理学. 北京大学出版社，2008：368.

代，当时联邦政府没有被授权对金融业进行监管，州政府的监管也仅是接受银行注册的申请，金融秩序极为混乱。美国政府为规范金融业经营行为，解决国库空虚的问题，于 1791 年成立了美国第一银行。但第一银行具有商业银行和中央银行的双重职能，使各州银行与其处于不公平的竞争状态，影响了其他银行的发展，因此联邦政府于 1811 年解散了第一银行。为了进一步规范金融业的混乱状态，政府于 1816 年又成立了美国第二银行，在原第一银行的职责之外，增加了管理各州注册银行的职能，成为商业银行准入监管的雏形。但第二和第一银行遇到了同样的问题，于 1836 年宣布停业。此后的几十年，美国进入了自由银行时代，这一时期，联邦政府和各州政府为稳定金融秩序，先后颁布了多项法案。如1829 年纽约州设立了"安全基金"系统，成为后来联邦存款保险制度的雏形；此外还推行了萨福克银行制度，成为后来存款准备金制度的雏形，这些都为金融监管制度的全面设立奠定了基础。但到了 19 世纪 60 年代，美国商业银行的规模越来越庞大，银行券的发行也趋于混乱，为扭转金融业安全性差的局面，联邦政府于 1864 年通过了《国民银行法》，确立了国民银行的监管制度，标志着联邦政府和州政府双线进行金融监管的开始，并一直延续至今。

2. 1914 年建立联邦储备体系——金融监管体制基本形成。美国建立的国民银行制度，在一段时期内保证了通货的稳定，财政部货币总监局成为美国历史上首个专门的金融监管机构。但随着国民经济的快速发展和金融业务的不断扩大，联邦政府感觉到需要一个高度集中的机构来掌管整个金融业，实现对金融业风险的全面控制。但是，美国宪法确立了联邦政府和州政府的分权体系，因此美国一直没有向其他国家那样形成中央银行监管金融业制度。1907 年，美国爆发了经济危机，造成大量中小金融机构的倒闭，严重挫伤了社会公众对金融机构的信心。为彻底解决金融风险问题，美国于 1913 年通过了《联邦储备法》，将全国分成 12 个联邦储备区，设立 12 个联邦储备银行，在首都华盛顿设立联邦储备局作为最高决策机构。《联邦储备法》规定，所有国民银行必须无条件加入联邦储备体系，州银行可自愿加入；废除各银行发行的银行券，由联邦储备局统一货币发行，并根据实际经济需要调节货币供应量；将再贴现作为货币供应量的调节手段；实行更为有效的存款准备金制度等。至此，美国的现代金融监管体制基本确立。

3. 20 世纪 30 年代大危机——现代金融监管体制最终形成。1929 年，爆发了资本主义国家有史以来最为严重的经济危机。在大危机的几年中，大量银行破产，许多国家的股市崩盘。美国虽然在此之前建立了联邦储备体系，但 1929 年至 1933 年，相续有 4 000 家银行倒闭。除银行大量倒闭外，此时美国的金融监管仍面临较大问题：一是美联储对金融监管奉行不干预原则；二是未能有效遏制金融欺诈；三是证券市场投机风气过浓，投资者的风险意识不足；四是证券交易保证金比例过低，信用过度膨胀，造成股市泡沫严重。为加强对金融业的监管，及早摆脱大危机的影响，美国联邦政府颁布了《1933 年银行法》，禁止金融业混业经营，并建立联邦存款保险公司（FDIC）。随后，美国在《1935 年银行法》中，进一步增加了美联储的监管职能，赋予美联储执行货币政策、制定证券买卖保证金和信贷控制等权力。在对证券业的监管方面，1934 年设立证券交易委员会（SEC）对证券市场进行全面管理。这样，从注重安全和要求金融机构审慎经营的理念出发，美国现代金融监管体系最终形成。

4. 20 世纪 70 年代以后——金融监管体制的进一步发展。由于美国在大危机后建立起较为完备、有效的金融监管体制，保证了金融体系在之后的几十年中稳定发展，金融业出现前所未有的繁荣。但到了 20 世纪 70 年代，出现了"滞胀"，同时，1973 年布雷顿森林体系解体，引起国际金融市场的动荡，加上两次石油危机，在美国引起较为严重的通货膨胀，大量存款在严格利率管制下从商业银行流到各种提供市场利率的金融产品中，出现"脱媒"现象，人们普遍认为过度的金融监管降低了金融体系的效率和活力。在这种情况下，异常严格的监管制度出现松动。

5. 1999 年《金融服务现代化法》——"双重多头"监管模式。1999 年美国通过的《金融服务现代化法》，使美国的金融监管形成一种介于分业监管和统一监管之间的新的监管模式，也称为"双重多头"监管。在这种模式下，由州和联邦银行监管者监督银行业务，州和联邦证券监管者统辖证券业务，州保险委员会负责保险经营和销售。美国《金融服务现代化法》虽然结束了长期实行的金融分业经营制度，但是，美国的金融监管体制却没有由分业监管变为混业监管，只是在监管理念和监管方式上进行了调整，更多地注重金融体系效率的提高，强化对金融风险的量化分析和对金融创新的风险管理。《金融服务现代化法》颁布之后实行横向综合性监管，美国的金融监管错综复杂，既包括基于联邦法设立的监管机构，也包括基于州法设立的州政府监管机构，而且对银行、证券和保险又分别设立监管机构，这样美国的监管体系包含联邦政府、州政府与专门机构三个层次。

美国政府在联邦一级的金融监管机构主要有：联邦储备委员会（FED）、货币监理署（OCC）、联邦存款保险公司（FDIC）、联邦金融机构检查委员会、证券交易委员会（SEC）、联邦住房放款银行委员会、联邦储备贷款保险公司、美国保险监督官协会（NAIC）、联邦储备监督署（OTS）和国民信贷联合会等。

各州监管当局对本州注册的金融机构进行监管，每个州都有审批、许可、监管其管辖区域内的金融机构的权力。

2005 年，美国在联邦和各州层次，总共拥有 115 个金融监管机构从事金融监管。美联储拥有对金融控股公司进行全面监管的权力，必要时也对证券、保险等子公司拥有仲裁权，因此美联储成了能同时监管银行、证券和保险行业的唯一一家联邦机构，其职能在一定程度上凌驾于其他监管机构之上。另一方面，当各领域监管机构断定美联储的监管制度不恰当时，可优先执行各领域监管机构的制度。美国多重监管体制的形成，根植于美国文化中崇尚自由、信奉"分权与制衡"理念以及孜孜以求于监管者之竞争格局的形成。

（二）美国金融监管体制的基本框架

2007 年金融危机发生之前，美国的金融监管体制实行由联邦政府和州政府共同负责的分业监管，分为联邦管理系统和州管理系统两部分。其中，美联储、货币监理署、联邦存款保险公司以及州政府的相关部门共同负责对银行业的监管；美国证券交易委员会负责对证券业的监管；美国全国保险监督官协会以及各州设立的保险局负责对保险业的监管；美国商品交易委员会负责对期货业的监管。

联邦储备委员会（FED）作为美国的中央银行，对联邦银行和州银行行使广泛的监管权。1999 年《金融服务现代化法》赋予联邦储备委员会监管金融控股公司的权力，同时并没有限制或废除其对银行直接行使监管的权力。

货币监理署负责审批银行申请，批准分支机构的设立及银行的合并，制定有关的管理法规并监督执行，查处违法行为并有权吊销执照。但货币监理署无权管理州注册的银行。

联邦存款保险公司通过经营商业银行存款保险业务发挥监管职能。

联邦金融机构检查委员会根据 1978 年《金融机构管理和利率控制法》创立。委员会是各监管机构的联合组织，由货币总监、联邦存款保险公司董事长、一位联储委员会委员、货币监理署署长和联邦信用合作社管理局董事长组成，负责"为金融的检查建立统一的原则和标准以及报告形式"，协调各机构之间的合作。

保险监督官协会由美国的 50 个州和哥伦比亚行政区以及 4 个美属准州的保险监督官组成，它的职能是协助州保险监管者完成他们的责任和工作，同时达到保护消费者利益、促进市场竞争等保险监管的目标。

证券交易委员会根据 1934 年证券交易法而成立，是直属美国联邦的独立准司法机构，负责美国的证券监督和管理工作，是美国证券行业的最高机构。该委员会具有准立法权、准司法权、独立执法权。美国证券交易委员会的管理条例旨在加强信息的充分披露，保护市场上公众投资利益不被玩忽职守和虚假信息所损害。美国所有的证券发行无论以何种形式出现都必须在委员会注册；所有证券交易所都在委员会监管之下；所有投资公司、投资顾问、柜台交易经纪人、做市商及所有在投资领域里从事经营的机构和个人都必须接受委员会监管。

美国金融监管机构的分工情况如表3－2所示。

表3－2　　　　　　　　美国主要金融监管机构的分工

金融机构　　　　監管分工	联邦监管体系				州监管体系
	美联储	存款保险公司	货币监理署	证券交易委员会	
金融（银行）控股公司	监督				
银行机构　州立银行　国民银行		检查	监督许可		
银行机构　州立银行　美联储会员	监督	检查			许可
银行机构　州立银行　存款保险公司会员		检查			许可
银行机构　州立银行　其他					
证券机构				监督许可	
保险机构					监督许可

（三）美国金融监管体制的特征

美国的这种"双重多头"监管模式表现出来的特征使其在2007年美国金融危机发生之前，就承受着众多的质疑。其主要特征表现为以下两个方面：

1. 纷繁复杂的金融监管法律体系，监管成本高而效率低下。美国是世界上金融法规最为严密也最为庞杂的国家，联邦政府和各州的立法机构都出台有相关金融监管法规，在银行、保险、证券等领域都有章可循。但是，由于美国各州的独立性很强，各自所制定的金融监管法规具有很大的差异性，也造成美国在短时间内难以实行统一监管。"双重多头"的监管模式使美国具有高成本的监管成本但监管效率却很低。

英国金融服务局（FSA）在2004年的报告中，比较了美国、德国、法国、中国香港、爱尔兰和新加坡的金融监管成本，结论认为美国的监管成本居各国（地区）之首。美国金融服务圆桌组织在2007年发表题为《提升美国金融竞争力蓝图》报告，也认为"美国的监管成本是非常昂贵的"。2006年，美国金融服务的监管成本高达52.5亿美元，大约是英国FSA 6.25亿美元的9倍。该报告还估算认为，"美国监管成本占被监管的银行非利息成本的10%～12%"。报告认为，改革美国的监管架构"不是要减少监管机构，而是要创造一种按照风险分配资源，以风险为本的监管"，报告建议"美国全部监管机构都要建立原则导向监管的方法"。

2. 监管重叠与监管真空并存。"双重多头"的监管模式带来的另一特点就是监管重叠和监管真空并存。美国货币署模拟了经营所有金融业务的"全能金融控股公司",结果发现,有权对这家控股公司进行直接监管的机构就有 9 家。在实际运行中,根据货币署对花旗、摩根大通的调查,对这两家集团有监管权的机构远远超过该数字。以花旗银行为例,它不但要受到货币监理署、联邦储备委员会、联邦存款保险机构、联邦储备监督署以及证券交易委员会的监管,还要受到50 个州的地方监管者的监管。这些机构之间存在着交叉和重复监管的现象,没有任何单一金融监管机构拥有监控市场系统性风险所必备的信息与权威,现有金融监管部门之间在应对威胁金融市场稳定的重大问题时缺乏必要的协调机制。由于监管目标不同,各监管机构在金融机构新设标准、信息报送格式和程序、内部风险控制制度、资本充足率标准、高级管理人员资格审查、金融机构兼并收购等各个方面几乎都存在不同的规定。大型金融集团每年仅在年报的准备和报送上就得花费至少 2 个月的时间。金融机构还会因同一件事、在同一个部门不停地接受不同监管机构的现场检查。

就监管真空而言,像 CDO(债务担保证券)、CDS(信用违约掉期)这样的金融衍生产品,到底该由美联储、储蓄管理局还是证券交易委员会来监管并没有明确的法律规定。多头监管的存在,使得没有一家机构能够得到足够的法律授权来负责整个金融市场和金融体系的风险,2007 年爆发的美国次贷危机,即是美国联邦和各州金融监管部门激烈争论谁应当实施监管而留下监管真空的一个典型例子。

二、英国

(一)英国金融监管体制的发展历程

1. 1979 年以前——行业自律式监管。1694 年,英国成立了英格兰银行,负责借贷及发行银行券,标志着现代银行业的开端。1844 年,英国通过《皮尔条例》,在政府支持下,英格兰银行担负起中央银行的各种职能。第二次世界大战后,英国政府颁布的《1946 年银行法》将英格兰银行国有化,并授予其对其他银行的监管权。但是,英格兰银行从未行使过这一权力,金融监管依靠的是金融业的自律和道义劝说。在 1979 年以前,英国金融监管不是依据严格而正式的法律法规,而是在监管者与被监管者之间建立起充分信任、共同合作的机制。但随着金融交易范围的扩大,金融市场日益活跃,这种放任式的金融监管模式开始不断暴露出危机。1973 ~ 1975 年,大量的英国二级银行(Secondary Bank)发生挤兑危机,并波及核心银行。这些银行危机暴露了英国自律式银行监管的缺陷,英

81

国政府意识到自律式监管已经不适应现代金融业发展的需要，必须建立起机构独立、权责明确的金融监管体系。

2. 1979～1997年——典型的分业监管体制。在权衡要求政府加强金融管制的强大呼声和金融机构强烈反对政府的过度管制的力量之后，英国形成了自律管理与立法监管相结合的金融监管体制。《1979年银行法》的出台，将英格兰银行的监管职能法制化，使其有权对接受存款的金融机构进行监管。该法的出台标志着英国金融监管进入了规范化和法制化的轨道，但是该法赋予了英格兰银行很宽泛的自决权，在管理、评价和解释等方面带有很大的随意性。同时，受传统观念的影响，英格兰银行对信誉高、实力强、历史悠久的金融机构没有采取过多的监管措施。1984年10月，英国的约翰逊·马丁银行危机促成1985年《银行监管白皮书》和《利·彭伯顿报告》的发表。在此基础上，英国政府在1986年和1987年先后颁布《金融服务法》和《1987年银行法》。《金融服务法》从根本上改变了英国金融市场的管制体系，在该法案基础上成立了证券投资委员会（SIB），对从事各种金融服务的企业和从事证券活动的自我规范组织进行监管。《1987年银行法》则确立了英国金融监管的法律框架，标志英国金融监管进入规范化和法制化轨道，但它没有过多地对具体问题作出详细、硬性地规定，允许英格兰银行在法律框架内，根据监管对象的具体情况，采取灵活、切实的监管方式。这一时期英国实行的分业监管体制，贯彻了崇尚自由竞争的思想，迎合了全球金融领域放松监管的要求，也促进了英国金融业的快速发展。

3. 1997年以后——开始实行混业监管模式。随着金融自由化和全球化程度的加深，英国金融业的风险开始显露。20世纪90年代英国先后发生国际商业信贷银行和巴林银行倒闭事件，说明传统的英国金融监管体制已经不适应新形势的发展。同时，英国的通货膨胀率连续几年居高不下，社会公众认为英格兰银行在执行货币政策和实行金融监管两方面难以兼顾，造成"都管却都未管好"的局面。1997年10月，英国工党政府在上台伊始即开始着手金融改革，将英格兰银行、证券投资委员会以及其他金融自律管理组织的金融监管职能全部合并，成立金融服务局（FSA），负责金融业的全面监管。1998年，英国颁布新修订的《英格兰银行法》，赋予英格兰银行更大的制定货币政策的独立性，从而在法律上将银行监管的权利移交给金融服务局。2000年6月，英国通过了《2000年金融市场与服务法案》，从法律上进一步明确了金融服务局与被监管者的责任、权利和义务，统一了监管标准，规范了金融市场的运作，是英国规范金融业的一部"基本法"，并实现了英国金融监管的统一。

（二）英国金融监管体制的基本框架

1. 1997年改革前分业监管模式的基本框架。1986年《金融服务法》和《1987

年银行法》颁布后，英国的金融监管主要由英格兰银行等 9 家机构共同实施，这 9 家机构分别是：英格兰银行审慎监管司（SSBE）、证券和投资委员会（SIB）、个人投资局（PIA）、投资管理监管组织（IMRO）、证券和期货监管局（SFA）、房屋互助协会委员会（BSE）、贸易和工业部的保险董事会（IDDTI）、互助委员会（FSC）和互助会登记管理局（RFC）等。从各个监管机构的名称不难看出，当时的监管体制是按照被监管的机构和业务来分别设置的。

2. 1997 年以后混业监管模式的基本框架。1997 年 10 月英国金融服务局（FSA）成立后，成为集银行、证券、保险三大监管责任于一身的一元化金融监管机构，具有制定金融监管法规、颁布与实施金融行业准则、给予被监管者指引与建议、制定各项金融业务的一般政策和准则等职能。其工作目的是：保持公众对英国金融系统和金融市场信心；向公众宣传，使公众能够了解金融系统及与特殊金融产品相连的利益和风险；确保为消费者提供必要的保护；为发现和阻止金融犯罪提供帮助等。FSA 实行董事会制度，董事由英国财政部任命，董事会的职责是制定 FSA 政策，日常作业决策及员工管理由执行董事负责，其主要任务为核准设立、金融监管、强制纠正和消费者关系四大部分。FSA 内设部门分为金融监管专门机构和执行机构两大方面，对银行、证券和保险等行业由不同的部门来实施监管，具体内设机构和部门职责如表 3 – 3 所示。

表 3 – 3　　　　　英国金融服务局主要内设机构及职责

职能部门	英文简称	主要职责
银行管理局	S&S	银行业务监管
证券与投资管理局	SIS	投资业务监管，证券交易所清算所监管
证券与期货管理局	SFA	证券与金融期货业务监管
互助金融机构注册部	RFS	互助金融机构、住房信贷机构及其他互助机构登记
个人投资管理局	PIA	私人投资业务监管
投资基金监管局	INRO	基金管理公司业务监管
保险监管局	ID	保险业监管
互助金融机构委员会	FSC	互助金融机构监管
住房信贷机构委员会	BSC	住房信贷机构监管

此外，FSA 还设有两个咨询机构，分别由被监管机构代表和消费者协会代表组成，可以对 FSA 起到监督制约与顾问咨询的作用。

（三）英国金融监管体制的特征

1. 单线的统一监管体制。在1997年英国金融服务局成立后，英国的金融监管体制由分业监管转变为混业监管，所有监管权集中于中央政府，并且金融服务局的监管对象几乎涉及所有的金融行业和业务。

2. 快速而彻底的体制改革的结果。同其他国家相比较，英国在1997年的金融监管体制改革是进程较快且一步到位的，在不到4年时间里整合了原来众多的金融监管机构，且将全部的金融监管职能赋予金融服务局。而其他国家的改革过程相对时间较长，且不够彻底，如挪威、丹麦、瑞典等北欧国家虽然较早提出金融监管体制由分业向混业转型，但经历的时间较长，加拿大、澳大利亚是先将银行业与保险业的监管机构合并，卢森堡是先将银行业与证券业的监管机构合并，都没有马上变为彻底的混业监管模式。

3. 灵活而温和的监管理念。英国是发展最早的市场经济国家，自由民主思想十分浓厚，形成的金融监管理念同其他国家相比，更注重社会道德和自我约束，并且针对不同的金融机构和业务，金融服务局倡导差别对待。其监管理念是以谨慎规则为本，而不是以控制为基础实施监管；同时与被监管机构保持距离，避免频频到现场检查。

4. 同中央银行与财政部建立密切的协作关系。虽然金融服务局具有很强的独立性，但它同英格兰银行和英国财政部仍有很密切的关系。英格兰银行主要负责执行货币政策和保持金融市场稳定，在FSA中有代表权，并通过货币供应量的监测和支付体系来发现金融机构存在的问题，同FSA进行信息沟通。英国财政部负责全面金融监管组织框架的确定和金融监管立法。在这三者之间成立了三方小组会谈机制，定期磋商有关问题，保持信息共享，共同维护英国金融体系的稳定。

5. 建立了金融监管制衡机制。为确保金融服务局能正确行使法律所赋予的权力，避免发生以权谋私、权力失控的情况，英国政府成立了金融服务和市场特别法庭，用以审理监管当局和被监管机构之间出现的难以协调的矛盾，大大提高了金融监管的规范性和整个金融业的法制化水平。

6. 避免双重监管。20世纪末，欧洲一体化进程加快，特别是欧盟成立后实行了母国金融监管对等原则，即设在欧盟其他国家的金融机构的监管由母国金融监管机构负责。英国金融服务局为避免出现双重监管的情况，不再对欧盟国家设在英国的金融机构进行监管，但与其他欧盟成员国的金融监管机构建立了对话与通气机制。但是英国长期遵循的自律监管理念同其他国家金融机构的经营行为经常出现"不对接"的情况。

三、澳大利亚

从演进历史看，澳大利亚金融监管体制演变走了一条不同于英美两国的道路。如果说英美两国金融监管体制是功能性监管与机构监管的融合，澳大利亚的金融监管体制则是目标监管的代表，即审慎监管与市场行为监管的融合，被称为"双峰式"监管。这一监管方式在 2008 年爆发的全球金融危机中表现卓越，在经历全球金融危机后，美国、英国等国家在检讨本国金融监管过程中，也有意向目标监管方向进行适度调整。

（一）澳大利亚"双峰式"监管体制的基本框架

"双峰"监管模式的理论基础是泰勒（Taylor，1995）提出的"双峰"论，即可以基于系统稳定和消费者保护两大目标来设计监管模式，具体表现为审慎监管（也包括宏观审慎监管）和市场行为监管。1996 年 6 月，澳大利亚政府发起金融系统调查，亦称沃利斯调查。根据 1997 年形成的调查结果和建议，澳大利亚政府在 1999 年 9 月宣布将实施金融改革工程，建立一个由三个机构组成（APRA，ASIC，RBA）、目标明确的"双峰式"监管组织架构。新的金融监管框架以市场风险类型为导向，以金融服务和产品监管为导向，避免了以往时复合金融产品和服务的重复监管，大大提高了监管效率，降低了监管成本。[①] 为保证改革顺利推进，国会先后在 1998 年通过了《澳大利亚审慎监管权力机关法案》，2001 年通过了《金融服务改革法案》和《澳大利亚证券投资委员会法案》。澳大利亚审慎监管局（Australian Prudential Regulation Authority，APRA）在 1998 年 7 月 1 日成立，负责监管所有吸纳存款的机构（包括银行、信贷协会、建房互助协会）、一般保险公司和再保险公司、人寿保险公司、相互保险协会、大部分退休（或养老）金公司的审慎监管工作。澳大利亚证券投资委员会（Australian Securities and Investments Commission，ASIC）于 2001 年根据澳大利亚《证券和投资委员会法》成立，该委员会负责公司、金融市场的信息披露和市场行为监管。其监管的对象包括公司、金融市场以及投资、养老金、保险和存款类等金融服务的直接提供者或咨询机构，以维护市场诚信，保护消费者。此外，澳大利亚储备银行（RBA）负责货币政策的制订，金融体系稳定的维护和支付体系的安全、高效；财政部负责制定主要金融改革政策、金融监管重点、向议会提出新立法或修改立法的议案。为了避免目标监管所产生的"灰色地带"，有效监管金融集

---

① 尚福林 . 证券市场监管体制比较研究 . 中国金融出版社，2006：700.

团，澳大利亚成立了金融监管委员会。该委员会是澳大利亚的最高金融监管协调机构。金融监管委员会除了包括 APRA、ASIC 和 RBA 外，还包括财政部（The Commonwealth Treasury，CT）。各成员签订了《谅解备忘录》，委员会主席由央行行长担任，每年向委员会提交两份前瞻性的风险预测报告，用来识别将来可能存在的风险。委员会按季召开例会，四家成员机构准备相应的文件以供讨论，并使监管机构间互相了解、互相监管、互相影响。如果发生金融危机事件，金融监管委员会将充当协调人。对于银行控股公司的监管，也在这个框架下实施。澳大利亚金融改革后的监管框架如图 3-1 所示。

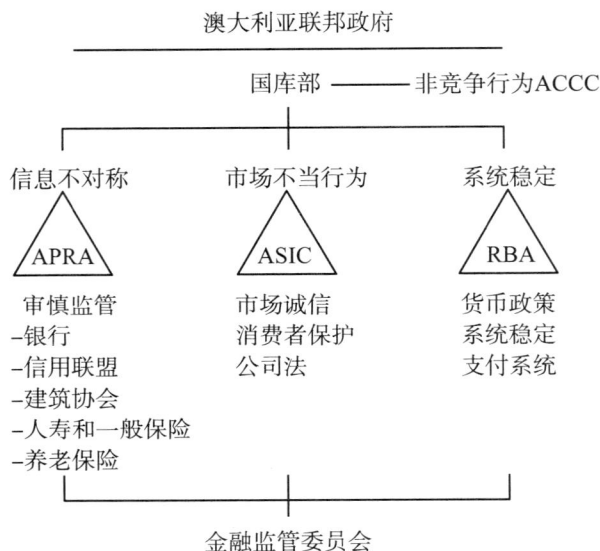

图 3-1　澳大利亚的金融监管框架

资料来源：尚福林．证券市场监管体制比较研究．中国金融出版社，2006：686.

（二）澳大利亚金融监管体制的特征

对于澳大利亚司"双峰"监管体制的运行效果，ASIC 副主席 Jeremy Cooper 在巴塞尔委员会 2006 年 6 月召开的第 30 次年会上作了系统性的回顾。他指出，澳大利亚有 2 千万人口，占世界总人口的比例不到 0.5%，但该国经济总量排名世界第 15 位，上市公司市值排名世界第 8 位，以 6 250 亿美元规模的基金总量排名世界第 8 位，55% 的成年人直接或间接持有上市公司股票。这些成就得益于金融服务机构诚实、公平地对待他们的客户，并且能够在良好监管的市场环境中跨业经营；金融市场公平、净化、可信赖并吸引世界眼球；所有市场参与者对金融市场充满信心，都知道他们的义务，投资者和消费者在决策时能够得到可靠性和可依赖性高的信息，也知道金融市场发生意外时他们可以获得挽救；各商业机构诚实高效地发展业务并推动澳大利亚的经济蓬勃发展；最后归集为一点，就是监管有效有权威。在 2008 年全球金融危机中，澳大利亚成为鲜有的金融体系未被明显冲击的发达国家之一，从一个侧面也证明了其金融监管体制改革是较为成功的。澳大利亚现有的金融监管体制在其形成中表现出以下特征：

1. 监管体制改革的缜密研究论证和推动。由于 19 世纪 80 年代金融管制的放松，澳大利亚金融体系迅速扩张，在 10 年时间内规模增长了近一倍。与此同时，金融产品和服务复杂性迅速提高，金融领域的创新层出不穷，大量先进技术被应用到金融系统并转而推向消费者，消费者面临日趋复杂的选择。与其他国家的状况类似，基金业的发展速度明显超出信贷机构和中介机构。与此相联系的资本市场飙升。集团化的金融结构也越来越明显，竞争的压力凸显。对此，该国政府组织实施前文所述的沃利斯调查。对于调查结论和建议，也有批评声音，主要集中在三个方面：首先，澳大利亚的监管体系 1984 年刚刚建立，并不一定是过时的，是否有必要对监管体制进行改革；其次，组建一家超级监管机构，不但权力过于集中，而且推行统一标准也会冒很大的风险；最后，"双峰"模式的两家监管机构是否会出现监管重叠、监管空白以及不同监管理念、目标下的监管冲突问题。对此，澳大利亚政府基于对市场发展的前瞻性判断以及努力为金融法规建立清晰的概念基础，实施了有计划、系统互动的庞大改革计划。改革的结果并不是实现全方位的大监管，而是建立一个以目标为基础的监管和运营体系，增强本国金融体系的运行效率和国际竞争力。可以看出，澳大利亚的金融监管体制改革并非由于危机或者失败，而是要金融更加自由化和现代化。这种主动性改革导向在各监管团队力量整合、积极性调动方面也发挥了正向作用。

2. 目标监管与功能性监管的有效整合。"双峰"监管模式最大的特点，就是把所有需要受到审慎监管的机构，统一归集到一家超级监管机构来监管，而对于市场行为监管职责则赋予另一家规模较小的机构来监管。对于审慎监管机构而言，这种模式既可以延续原有监管机构合并效应保持监管的连续性，留住监管人才，又可以使这家机构能够深度监管各种金融集团，集中评估风险和整个集团的资本充足性，并通过监管信息共享来减少监管套利行为。对于市场行为监管者而言，可以统一对金融市场的监管，特别是对参与者市场行为以及他们对金融产品信息披露质量的监管，维护市场信心，降低市场运行成本。同时，2001 年 8 月通过的《金融服务改革法案》和 2006 年出台的金融集团审慎监管建议方法使得"双峰"监管模式的两个高度专业化的机构，即 APRA 和 ASIC，可以清晰地区分和理解各自的监管边界。从这个意义上说，澳大利亚比其他国家对于功能监管有更深一层的理解。

四、日本

（一）日本金融监管体制的发展历程

1. 第二次世界大战前日本的金融监管体制。1868 年明治维新后，日本为发展资本主义经济，开始推行"殖产兴业"政策，并着手建立现代银行体系。1872 年，日本模仿美国的国民银行制度制定了《国立银行条例》，大量的国立银行开始设立，金融业务蓬勃发展。日本政府于 1883 年修改了《国立银行条例》，以便将货币发行权逐步上收到日本银行手中。日本银行是依据 1882 年《日本银行条例》设立的，除商业银行的业务外，还承担有货币发行和代理国库的职能，具有中央银行的性质。1890 年，为加强对金融业的监管，日本出台了《银行条例》，明确由日本银行负责对普通银行的监管，而专业性银行则受各自法律所规定的监管机构进行监管，其中最主要的监管机构就是大藏省（财政部）。但是，《日本银行条例》和 1942 年的《日本银行法》均未对日本银行的监管职能做出具体规定，这一时期的金融监管主要是由政府来承担，大藏省负责具体实施工作。

2. 第二次世界大战后日本的金融监管体制。第二次世界大战后，日本为快速恢复经济，金融业进行了一次大规模的改革，废除了原来的特殊银行和殖民银行，开始设立大量的专门金融机构，现代日本的金融体系基本确立。第二次世界大战后一直到 1998 年，日本在金融监管体制上形成了大藏省与日本银行共同监管金融业的格局。大藏省在中央政府指导下，集金融行政权与金融监管权于一身，承担起主要的金融监管责任。大藏省下设银行局、国际银行局、证券局等日常监管部门。由于日本用严格的行政手段限制金融业的竞争，使得各个金融机构的市场份额和收益水平非常稳定，防范风险的社会成本很小。20 世纪 60～90 年代，日本经济一直处于高速发展状态，金融市场规模不断扩大，加上日本的高储蓄率，银行资金来源非常充裕，金融业风险被充分掩盖，金融监管机构的作用未得到重视。

3. 1998 年后日本的金融监管体制。进入 20 世纪 90 年代，日本经济发展的步伐放缓，泡沫经济崩溃，房地产价格暴跌，金融业风险开始逐步显露。金融机构的呆、坏账成为困扰日本金融界的难题。据统计，1995 年年初，日本金融机构的不良债权已超过 100 万亿日元，相当于 1994 年 GDP 的 21.5% 和全部银行资产的 15%。如此惊人的数据使得日本举国上下开始思考银行不良债权的成因问题，很多学者和经济界人士认为，大量不良债权的形成归因于日本金融监管当局

（主要指大藏省）对金融机构的过度干预，造成资金供求价格发生扭曲，引发资金在产业间的错误配置，最终酿成恶果。1995 年 9 月，日本著名的大和银行倒闭成为继巴林银行事件之后又一个因监管不力招致损失的典型案例。1997 年 11 月，日本历史最悠久的证券机构——山一证券因非法交易安排导致巨额隐藏负债而倒闭。这些事件发生的深刻原因在于日本政府极力推行金融业的保护与扶持政策，虽然在一定时期促进了金融业的发展，但同时助长了金融机构的依赖心理，使其竞争力下降。而且由于政府的过度干预，日本金融业的透明度和公开性非常差。1997 年亚洲金融危机的冲击，致使日本金融体系出现激烈动荡，银行和证券公司纷纷倒闭，金融安全受到极大威胁。1998 年 4 月，日本国会通过《新日本银行法》，将大藏省所拥有的一般性监管权、业务指令权、日本银行高级职员任免权等全部废除，增加了日本银行的独立性。1998 年 6 月，日本金融监管厅成立，负责民间金融机构的检查与监督。2000 年 3 月，日本政府决定将中小金融机构的监管权由地方政府上收到中央政府，交由金融监管厅负责。2000 年 7 月，日本将金融服务厅与大藏省的金融体系规划局合并，成立金融服务厅（Financial Services Agency），并将大藏省的金融制度决策权、企业财务制度检查权等职能转移至金融服务厅，大藏省仅保留与金融服务厅共同对存款保险机构的协同监管权，以及参与破产处置和危机管理的制度性决策。2001 年 1 月，日本撤销金融再生委员会（FRC），将其对金融机构破产和危机管理等职能移交给金融服务厅，同时将证券交易委员会作为金融服务厅的一个专门机构，并将金融服务厅升格为直接归内阁管理。至此，经过 3 年的时间，日本建立了"大一统"的金融混业监管体制。

（二）日本金融监管体制的基本框架

日本金融服务厅作为金融行政监管的最高权力机构，金融服务厅在地方没有分支机构，其直接监管对象主要是大型金融机构，地方性中小金融机构的监管则委托地方财务局代为实施。金融服务厅成立后，按照市场化监管的要求，履行制订金融法律、保持金融机构经营的合规性与稳健性、设定金融风险监管规则等职责，尽量避免干预金融机构的具体业务，并通过信息披露、增强社会公众风险意识、发挥会计师事务所等中介机构的服务功能，提高金融机构业务经营的透明度，鼓励社会监督。财务省、劳动省、农林水产省等行政部门作为金融监管的协作机构，根据相关法律协助金融服务厅对有关金融机构的监管。日本银行和存款保险机构可依据交易合同对有关金融机构进行检查。为发挥原来金融分业监管体制的专业化优势，日本金融服务厅在内部机构的设置上非常细化，下设总务企划局、检查局和监督局三个职能部门和六个专门委员会，具体情况如图 3-2 所示。

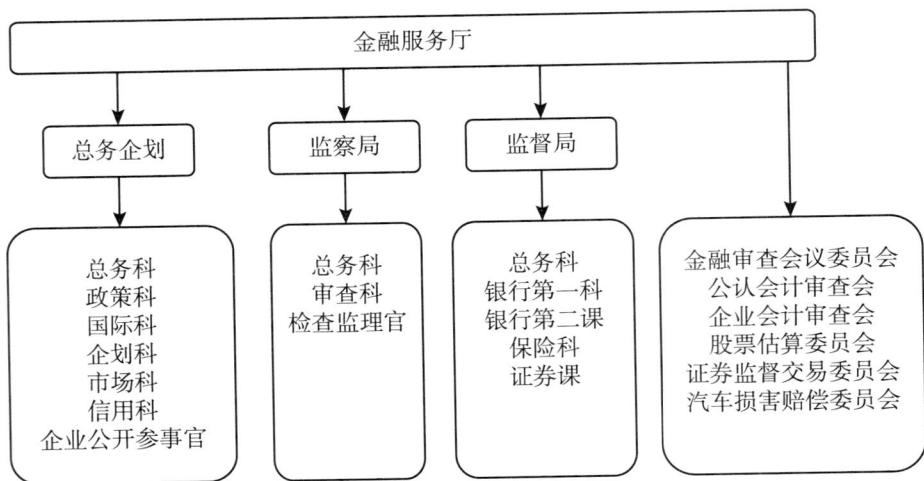

图 3 - 2　日本的金融监管框架

（三）日本金融监管体制的特征

1. 浓厚的行政管理色彩。从明治维新萌芽到 20 世纪末改革的 100 多年时间里，日本金融监管对行政指导手段的依赖程度非常高。主要原因在于：一是日本是中央高度集权的国家，地方政府权力非常有限，大藏省长期把金融监管的权力牢牢抓在手中，不允许其他部门染指；二是东方的哲学思想倡导对上级的绝对服从，自由民主理念不像西方国家那样深入人心，接受监管的金融机构总是能够无条件服从政府指导，行政手段往往比经济手段更有效率；三是日本在第二次世界大战后赶超英美国家的意愿非常强烈，要保持经济高速增长，金融业的发展必须配合整个国民经济的发展规划和政府产业政策的推行。

2. 中央银行在金融监管体制中的作用不大。1998 年日本金融体制改革前，大藏省是金融监管的主体，日本银行作为中央银行只是起到配合协助的作用，甚至在当时的货币政策也更多地由大藏省掌握。在日本金融监管厅（后重组为金融服务厅）成立后，日本银行在货币政策上的独立性得以确立，但在金融监管上的角色依然没有改变。这一点同英美等其他发达国家有很大的不同。

3. 长期的金融稳定带来金融监管机构的"惰性"。由于日本对金融业的市场准入限制异常严格，金融机构之间的竞争不十分激烈，加之政府的大力扶持与保护，从第二次世界大战后至 1994 年，日本没有发生一起银行倒闭事件。这虽然保证了金融体系的稳定，但却使监管机构缺乏风险意识，放松了对金融机构的监管，效率也得不到保障。同时，在金融全球化浪潮下，日本金融机构的国际竞争力也大打折扣。

4. 渐变式的金融监管体制改革。日本在 1998 年成立金融监管厅，虽然开始行使对整个金融业的监管职能，但很多具体的监管职能仍然分散在其他机构，混业监管的优势没有得到很好的发挥。直到 2001 年金融监管厅改组为金融服务厅之后，日本才逐渐真正实现了较为彻底的混业监管。

5. 高度重视分业监管的优势。从日本金融服务厅的内设机构可以看出，虽然在整体上实行的是混业监管，但在内部还是实行非常严格的分业监管，银行、证券和保险监管机构截然分开，既保证了由分业监管向混业监管的平稳过渡，又能够充分发挥分业监管所具有的专业化优势。

6. 更加注重功能性监管。功能性监管是基于金融体系基本功能而设计得更具有连续性和一致性，并能实施跨产品、跨机构、跨市场协调的监管。目前，金融监管理论界将功能性监管视为比机构性监管更为优化的一种监管模式。日本在进行金融体制改革时，为提高改革的有效性，充分考虑到未来金融监管理论的发展方向，在监管机构的设计上更贴近功能性监管。

五、韩国

韩国在 1997 年以前，秉行金融市场自由化原则，认为政府干预金融市场会带来较多弊端。对金融业的监管主要由担负韩国经济运行全部责任的财政经济部和中央银行——韩国银行负责，金融监管政策长期以来被视为应服务于产业政策。亚洲金融危机使韩国经济遭受了沉重的打击，金融业受到的冲击尤为严重，一些经营不善的金融机构被迫倒闭或被收购，金融机构数量由 1997 年年底的 185 家变为 1998 年年底的 108 家。

（一）韩国金融监管体制改革措施

韩国为应对危机通过了一系列重大的金融改革法案，导致韩国金融监管体制产生了重大变化：第一，将金融监管职能从财经部和韩国银行分离出来，集中于新成立的、直属国务院的金融监管委员会；第二，金融监督委员会下设证券期货委员会和金融监督院，分别负责对资本市场和金融机构的监管；第三，将过去分散的存款保险业务集中起来，由一家存款保险公司统一办理。经过上述改革后，财经部的有关金融监管的职权限于研究、制定金融制度和金融市场管理的基本框架，在修改金融监管法规时需要同金融监督委员会协商。根据修订的《韩国银行法》，韩国银行拥有较大的货币政策自主权，但只具有间接的、有限的银行监管职能。目前韩国的金融监管体系如图 3-3 所示。

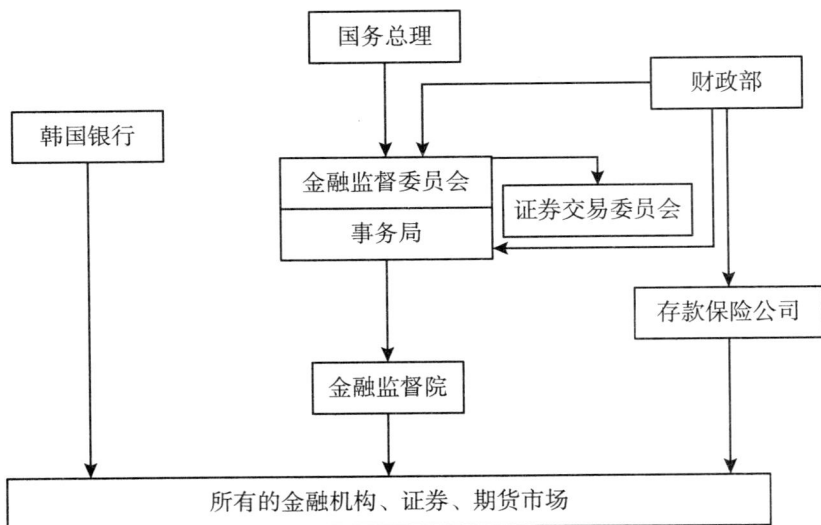

图 3 - 3　韩国的金融监管体系

（二）改革后韩国金融监管体制的作用

韩国的金融监管体制改革取得了明显的成效，改变了之前金融监管机构各自为政，互相扯皮，效率低下的局面，财政部、各监督委员会、金融监督委员会以及存款保险公司之间职能分工明确，权限界定清楚，形成了相互协调机制。由金融监督委员会统一监管，既统一了监管规则，又避免了重复监管，有利于堵塞监管漏洞，增强监管效率和效果。同时监管手段的加强，谨慎原则的实施，使金融机构的坏账得到了及时处理，提升了资产质量和资本充足率。总之，这些改革措施遏制了金融市场风险，稳定了存款基础，增强了金融市场约束力，使韩国金融市场成功地摆脱了亚洲金融危机的困扰，金融系统未发生大规模资本外逃，银行存款和国际储备继续保持了持续增长的势头，并在 2000 年年底开始的全球经济萧条中表现得相当稳定，为其整个宏观经济的稳定做出了贡献。

但同时也应看到，韩国的金融监管体制改革也存在着一些问题：一是金融监督委员会并未独立于政府之外，金融监管因无法摆脱政治干预而难保真正的中立；二是金融监督委员会权力过于集中，可能出现过度控制的问题；三是韩国银行作为最后贷款人，必须迅速准确地掌握金融机构和金融市场的信息，但到目前为止韩国银行与金融监督委员会分享和沟通信息的情况并不十分理想。为此，韩国政府正酝酿进一步的改进措施。

六、印度

印度的金融体制介于分业和混业之间。其银行业兼营保险，证券业相对独立运作。相应地，印度储备银行（中央银行）负责对银行、非银行金融机构的监管，其中也包括对银行兼营的保险业务的监管。印度证券交易委员会负责对证券业的监管。

早在1949年，印度颁布的《银行管理法》就授权印度储备银行执行对商业银行监管的职责，印度储备银行下设的银行营运与发展局负责监管事务。1993年，该局的监管职能被分离出来，交给新设的银行监管局。1994年，在印度储备银行内又设立银行监管委员会，指导银行监管工作，印度储备银行行长任委员会主席。1997年，银行监管局又进一步分为银行监管局和非银行监管局。二者同时受银行监管委员会的指导。

印度证券交易委员会直接受内阁领导，委员会主席由印度总理任命，成员来自于印度储备银行、财政部和司法部等。

七、巴西

巴西现代金融体制是20世纪60年代依据当时的美国模式建立的，主要特征是分业经营、地区分割。到了20世纪70和80年代，金融机构的竞争导致收购和兼并的浪潮，在此基础上出现了一些大的全国性全能银行。

巴西的金融体系包括以下机构（见图3-4）：监管部门、吸收存款的金融机构、其他金融机构、金融中介或辅助机构、保险和养老金机构、投资管理机构以及清算和结算系统。除了监管部门以外的金融机构都属于被监管对象。

巴西监管部门的主体为国家货币理事会，该主体是由4个金融机构构成：巴西中央银行，证券交易委员会，私营保险监管局，补助养老金秘书处。这四个机构可以联合也可以单独行使监管权力，其中最主要的监管机构是巴西中央银行，所有的金融机构只有证券交易所以及保险和养老机构等少数机构不受其监督。涉及证券业务的都由巴西中央银行和证券交易委员会联合监管（除证券交易所外），而保险和养老金机构中除私有封闭式养老基金单独由补助养老金秘书处监管外，其他都有私营保险监管局单独监管。

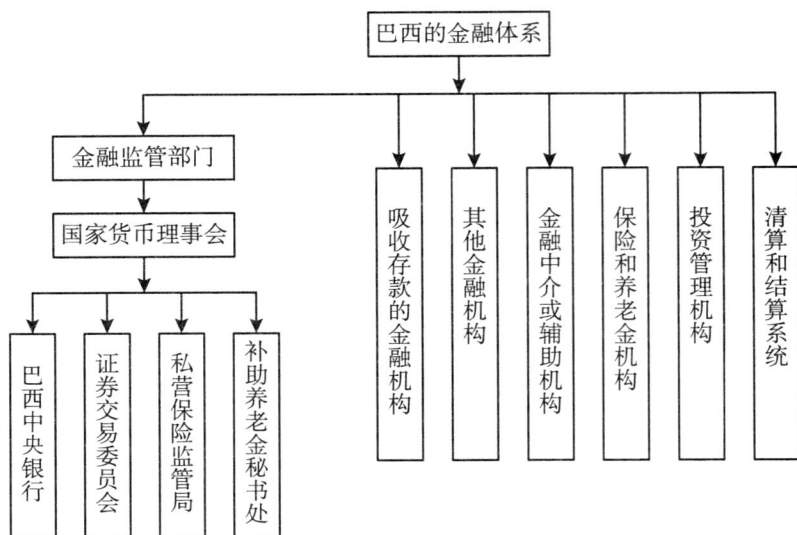

图 3 - 4　巴西的金融体系

　　巴西中央银行成立于 1964 年，是一家具有独立性的联邦机构。主要职责是制定和执行货币政策，同时负责所有金融机构的市场准入，制定监管标准和监管政策，并具体实施监管。巴西中央银行设有一位行长、七位副行长。其中一位副行长专门负责金融监管，主管违规稽核部、现场检查部和非现场检查部的工作。巴西 1988 年颁布的新宪法正式确认了混业经营体制，投资银行、中小银行和专业化银行在巴西金融体系中的地位逐渐上升。目前，巴西中央银行监管的金融机构共有 3000 多家，包括综合性银行、商业银行、储蓄银行、开发和投资银行、金融公司、经纪人公司、租赁公司、房地产贷款合作社、储贷协会、投资基金、贷款信用社和农村与农业贷款机构等。

第三节　金融危机后主要国家金融监管改革及发展

　　随着 2008 年全球金融危机的爆发，宏观审慎性监管得到了较高的重视，各国开始修正原有的监管逻辑，从过分重视单个金融机构的监管，保证单个银行的稳定性转化为微观审慎性监管与宏观审慎性监管相结合，重视宏观经济政策对于金融机构及资产价格的影响。强化宏观金融监管，由分业监管变为统一监管成为金融监管的发展趋势。

一、美国金融监管体系的改革

2008 年全球金融危机以前美国长期以来实行的是以美联储（FRS）为主，各金融监管机构分工协作，联邦和各州立法机构同时监管的"双重多头"金融监管体系。应该承认，这套监管体系在历史上确实支持了美国金融业的发展。然而，金融全球化和金融机构综合化经营的发展，也伴随着金融产品的创新和交叉出售的涌现，这样的监管体系也越来越多地暴露出一些问题，其中最为突出的就是监管领域的重叠和空白同时存在，没有一个联邦机构能够有足够的法律授权来负责看管金融市场和体系的整体风险监管状况，金融风险无法得到全方位的覆盖。有鉴于此，美国对金融监管体系进行改革是完全必要的。

其实从 20 世纪 30 年代以来，美国就对其金融监管体系的两大特点争论不休：一是联邦监管和州监管并存，这造成联邦政府与州政府在监管方面存在既重叠又竞争的关系，至今各方对此褒贬不一。二是不同联邦监管机构并存，美国很多人认为应成立一个统一的联邦级金融监管机构，但对于该机构应并入美联储还是并入财政部，或是单独成立一个独立于前两者的联邦监管署，各方人士多年来难以形成较为一致的意见。2008 年国际金融危机的爆发进一步表明了美国金融监管体系的脆弱性，同时说明美国长期以来实行的监管的监管体系已经不适应金融发展的要求。因此，此次金融危机爆发后，美国金融监管体系必须进一步改革的呼声四起。

2008 年 3 月，美国财政部公布了金融监管改革蓝图。其主要的改革内容包括一些短期和中期的改革建议，并提出了长期的概念化的最优监管框架。美国财政部认为短期的改革措施是向中期和长期最优监管框架的一种过渡。短期的建议主要集中在针对目前的信贷和房屋抵押市场，采取措施加强监管当局的合作，强化市场监管等；中期的建议主要集中在消除美国监管制度中的重叠，提高监管的有效性；长期的建议是向着目标为导向的监管方式转变。

2009 年 6 月 17 日，美国政府正式公布了自 1929 年"大萧条"以来最彻底的全面金融监管改革方案，称为美国金融监管体系改革的"白皮书"。这份长达 88 页的改革方案几乎涉及美国金融领域的各个方面，从更严格的消费者保护政策到出台对金融产品更为严格的监管规则，这一计划把目前游离在监管之外的金融产品和金融机构，都置于联邦政府的控制之下。改革的目的旨在全面修复美国现有金融监管体系，防止类似当前危机的再度发生。

在"白皮书"基础上，2009 年 12 月由美国美国众议院通过了"金融监管改革法案"，2010年5月参议院又通过了"金融监管改革法案修正案"。修正案与原来的法案没有多大区别，只是增加了美联储的权力，让美联储恢复对规模较小银行的监管（原法案只给予美联储对大型金融机构进行监管的权力）。美国国会2010年7月15日通过最终版本金融监管改革法案，美国总统奥巴马2010年7月21日签署金融监管改革法案，使之成为法律，标志着历时近两年的美国金融监管改革立法完成，华尔街正式掀开新金融时代序幕。

金融监管改革法案的主要内容如下：

第一，成立金融稳定监管委员会，负责监测和处理威胁国家金融稳定的系统性风险。该委员会共有10名成员，由财政部长牵头，委员会有权认定哪些金融机构可能对市场产生系统性冲击，从而在资本金和流动性方面对这些机构提出更加严格的监管要求。

第二，在美国联邦储备委员会下设立新的消费者金融保护局，对提供信用卡、抵押贷款和其他贷款等消费者金融产品及服务的金融机构实施监管。

第三，将之前缺乏监管的场外衍生品市场纳入监管视野。大部分衍生品必须在交易所内通过第三方清算进行交易。

第四，限制银行自营交易及高风险的衍生品交易。在自营交易方面，允许银行投资对冲基金和私募股权，但资金规模不得高于自身一级资本的3%。在衍生品交易方面，要求金融机构将农产品掉期、能源掉期、多数金属掉期等风险最大的衍生品交易业务拆分到附属公司，但自身可保留利率掉期、外汇掉期以及金银掉期等业务。

第五，设立新的破产清算机制，由联邦储蓄保险公司负责，责令大型金融机构提前做出自己的风险拨备，以防止金融机构倒闭再度拖累纳税人救助。

第六，美联储被赋予更大的监管职责，但其自身也将受到更严格的监督。美国国会下属政府问责局将对美联储向银行发放的紧急贷款、低息贷款以及为执行利率政策进行的公开市场交易等行为进行审计和监督。美联储将对企业高管薪酬进行监督，确保高管薪酬制度不会导致对风险的过度追求。美联储将提供纲领性指导而非制定具体规则，一旦发现薪酬制度导致企业过度追求高风险业务，美联储有权加以干预和阻止。

从金融监管改革方案的核心内容来看：一是监管重心从监管局部性风险向监管金融市场系统性风险转变，并改分散监管为统一集中监管；二是规范金融产品交易，对金融衍生产品、对冲基金和评级机构严加监管；三是优化金融监管体系组织结构，整合部分监管机构，并加强彼此间协调；四是强化美联储监管权利，扩大其监管范围；五是将保护消费者利益作为监管目标之一。

美国这次金融监管法案的出台，被视为是美国金融监管体系改革的重大成果，也是自 20 世纪 30 年代大萧条以来改革幅度最大、最彻底的金融监管改革法案。该法案也被认为是"大萧条"以来最严厉的金融改革法案。金融监管改革法案赋予美联储作为"超级监管者"的更大权力，重点是加强对金融的宏观审慎性监管，同时强调保护投资者的合法权益。这些金融监管改革措施在短期和长期都将对美国经济产生深远影响，也将重塑美国乃至全球金融业的游戏规则，最终会对全球金融体系和金融市场产生深刻影响。鉴于中国的金融监管体系与美国有一定的相似性，当今美国金融监管体系改革将对进一步完善我国金融监管、防范金融风险也是有重要的启示。

二、危机后英国金融监管改革及发展

此轮金融危机后，英国对其金融监管体制也进行了改革。2009 年 2 月，英国议会通过了《2009 年银行法案》，2009 年 7 月，英国财政部又公布了《改革金融市场》白皮书。英国金融监管改革的主要内容为：

1. 强化金融稳定目标，高度重视对系统性风险的监管。针对本次及金融危机，英国政府强化了金融稳定目标。由《2009 年银行法案》和《改革金融市场》白皮书分别提议建立两个专门机构，从两个层面来加强金融稳定工作。

《2009 年银行法案》中提出在英格兰银行理事会下成立金融稳定委员会（Financial Stability Committee，FSC），与英格兰银行已有的货币政策委员会（MPC）平级。该委员会由英格兰银行行长（担任主席），两位副行长及四位英格兰银行非执行理事组成。《改革金融市场》白皮书则提出建立一个新的金融稳定理事会（Council for Financial Stability，CFS），全面负责监控金融业的风险和稳定。"金融稳定理事会"将替代原有的常务委员会，由英格兰银行、英国金融服务局和财政部共同组成，由财政大臣担任主席。这三个机构的人员将定期会商，报告并讨论与系统风险和金融稳定相关的问题。

同时，英国的金融监管改革方案特别强调对系统性风险的监管。《2009 年银行法案》赋予英格兰银行保障金融稳定的新的政策工具，如授权英格兰银行对银行支付系统进行监控的职权以及对问题银行的流动性支持等措施；赋予英格兰银行在政策操作中更大的灵活性，如在流动性支持时，可以采取非公开的方式秘密进行等。另一方面，在《改革金融市场》白皮书中强调通过英国金融服务局的监管执法来降低系统性风险的危害。

2. 明确监管当局在危机银行处置中的权限和程序。在危机发生之后，英国监管当局缺少有效的手段对失败的金融机构进行处置以防金融风险扩散。为了解决这一问题，《2009 年银行法案》建立了特别处理机制（Special Resolution Regime，SRR）来干预和处置问题银行。在该机制中，财政部、英格兰银行和金融服务局三大机构分别承担着不同职责，共同协调采取相应措施。

在这一框架中，首先由金融服务局确定是否对问题银行启动特别处理机制。作为监管部门，金融服务局通过对问题银行具体情形是否满足（以及将来能否满足）基本监管标准进行评估来确定，当然在评估中也需要听取英格兰银行和财政部的意见。一旦特别处理机制启动后，则由英格兰银行负责问题银行的整个处理程序，并协调财政部、金融服务局以及金融服务保险计划公司采取流动性支持等相应的具体措施。在处理进程中，涉及公共基金、国际债务以及国有股份等业务时，则需要财政部的批准。为了避免金融监管中的冲突，金融服务局不对机制中具体问题的处理承担责任。

3. 加强金融消费者利益保护。金融危机不可避免地会削弱金融体系的功能，使得消费者，尤其是个人和小企业，无法得到所需的金融服务。这种状况不仅会伤害金融消费者的利益，也损害了它们对于金融市场的信心。为此，《改革金融市场》白皮书提出，必须要确保消费者能够获得所需的金融服务；金融机构应该为消费者提供易于理解的高透明度金融产品；对于给大量消费者造成损害的金融服务和产品，消费者有权提起诉讼，向金融机构追讨损失；为了更好地保护存款者的利益，应该对存款保护安排做进一步的改进。

4. 加强了金融监管协调与国际金融监管合作。《2009 年银行法案》规定了有关金融监管部门在信息共享等方面的职权，规定金融服务局可获得英格兰银行和财政部在金融稳定方面的监管信息共享，同时要求加强与存款保险机构等在特别处理机制进程中的有关协作等内容。《改革金融市场》白皮书则提出建立一个新的金融稳定理事会（Council for Financial Stability，CFS），全面负责监控金融业的风险和稳定。

同时，为了防范外部金融风险，《改革金融市场》白皮书还提出从下列几个方面提出了强化国际，尤其是欧洲金融监管合作的措施：首先，提出需要通过统一的监管标准和措施来提高各国金融监管的水平，防范监管套利所带来的金融风险。其次，提出加强以金融稳定委员会（FSB）为核心的国际金融监管架构的建设，更有效地在世界范围内确认和防范潜在的金融风险。再其次，强调特别加强欧洲范围内的金融监管合作。最后，提出加强跨境监管合作。

三、20 国集团提出的国际金融监管改革目标

20 国集团作为国际经济金融治理的最重要平台，本轮危机后，20 国集团领

导人系列峰会也明确了国际金融监管的目标和时间表。

2009 年 4 月 2 日召开的伦敦峰会明确提出，建立强有力的、全球一致的金融监管框架，主要包括：重新构建监管架构识别和应对宏观审慎风险；扩大金融监管范围，将系统重要性金融机构（SIFIs）、市场和工具纳入审慎监管范围；改进金融机构的薪酬机制；提高金融体系资本质量和数量，遏制杠杆率累积；改革国际会计规则，建立高质量的金融工具估值和准备金计提标准等。

2009 年 9 月 25 日召开的匹兹堡峰会进一步指出，建立高质量的监管资本，缓解亲经济周期效应，巴塞尔委员会应在 2010 年年底完成资本和流动性监管改革，主要经济体从 2012 年年底开始实施新的资本和流动性监管标准；实施稳健的薪酬机制原则，提升金融体系稳定性；改进场外衍生品市场，2012 年年底前所有标准化的场外衍生合约通过中央交易对手清算；2010 年年底提出降低系统重要性金融机构道德风险的一揽子方案。

2010 年 6 月 25 日召开的多伦多峰会首次明确了国际金融监管的四大支柱，一是强大的监管制度，确保银行体系依靠自身力量能够应对大规模冲击，采用强有力的监管措施强化对冲基金、外部评级机构和场外衍生品监管。二是有效的监督，强化监管当局的目标、能力和资源，以及尽早识别风险并采取干预措施的监管权力。三是风险处置和解决系统重要性机构问题的政策框架，包括有效的风险处置、强化的审慎监管工具和监管权力等。四是透明的国际评估和同行审议，各成员国必须接受国际货币基金组织和世界银行的金融部门评估规划和金融稳定理事会的同行审议，推进金融监管国际新标准的实施。

2010 年召开的首尔峰会批准了巴塞尔委员会资本和流动性改革方案，要求各成员国从 2013 年 1 月 1 日开始实施，并于 2019 年 1 月 1 日全面达到新的监管标准；同意金融稳定理事会关于降低系统重要性金融机构道德风险和解决"太大不能倒"问题的政策框架、工作方案和时间表；要求所有成员国将金融监管新标准纳入本国监管法规和政策，并通过国际评估监控和推动所有成员一致地实施新标准。

基于本轮金融危机的教训，巴塞尔委员会对现行银行监管国际规则进行了重大改革，2009 年中以来发布了一系列国际银行业监管新标准，统称为"第三版巴塞尔协议"（"Basel Ⅲ"）。"Basel Ⅲ"体现了微观审慎监管与宏观审慎监管有机结合的监管新思维，按照资本监管和流动性监管并重、资本数量和质量同步提高、资本充足率与杠杆率并行的总体要求，确立了国际银行业监管的新标杆。

第四节　金融监管体制发展的国际趋势及对中国的启示

一、金融监管体制发展的国际趋势[①]

从当前金融监管体制发展的国际趋势来看，相当多的国家已经或将要选择综合监管或统一监管模式。第二节对各国金融监管体制的介绍中，就有六个国家（美国、德国、英国、日本、韩国和巴西）已经采取综合监管模式其中，美国是美联储的综合监管和其他监管机构的专业监管相结合，其他五国则为独立于中央银行的综合监管机构与中央银行合作进行监管。近年来，迈向金融统一监管的国家数目迅速增加。1986 年，挪威建立了世界上第一个对银行、证券、保险统一进行监管的监管机构。1997 年，世界金融中心之一的英国也建立了统一的金融监管机构——英国金融服务局，成为世界主要金融市场采取统一监管模式的先锋。此后，许多发达国家和发展中国家都建立了不同模式、不同程度的统一监管体制，最新的例子包括爱沙尼亚、德国、爱尔兰和马耳他（2002）。除此之外，一些国家也正在考虑向综合监管转变。一项调查表明，截至 2002 年年底，全球范围内，至少有 46 个国家已采取了统一监管模式，他们或是建立起了一个监管整个金融领域的统一的监管机构，或是将三大金融行业中的两个以上的金融银行（比如银行与保险、银行与证券或者证券与保险）的监管权力集中到一个监管机构。另外，一些已经建立部分统一监管体制的国家（如墨西哥和南非）则在考虑是否应当提高统一监管程度，建立类似于英国金融服务局的统一监管体制。

纵观全球金融监管体制的发展趋势，越来越多的国家和地区选择走向统一监管模式的原因在于：

（1）随着金融市场的快速发展，跨金融行业的创新产品不断涌现，传统金融领域及金融产品间的界限日渐模糊；同时，跨国家的金融集团不断涌现和发展壮大，金融市场全球一体化的趋势也日渐明朗。在此形势下，各国金融监管体制需要相应改变，力图通过资源整合、机构调整，以及监管模式的改革来顺应市场发展的需要，以保证金融市场的稳定运行和健康发展。

---

① 曹凤岐. 货币金融管理学. 北京大学出版社，2008：374 – 376.

（2）不断涌现的金融创新产品以及新的金融子市场，使得各类金融机构以及金融市场所面临的风险更复杂、更难以监管，特别是证券公司、保险公司、商业银行等金融机构的风险特征日趋相似，使得金融市场的系统性风险已经从早期单一的银行系统逐步扩展到金融系统的全部领域。

（3）金融集团（最初以金融控股公司的形式）的出现和发展壮大也对现存的分业监管模式提出了有力的挑战，使得分业监管更难以操作。在分业监管模式下，对金融集团的各类业务分别监管，难免出现过度关注某一业务或各子公司的经营状况，而忽略金融集团总体经营风险的情况。同时，为了在全球市场保持竞争力，一些金融机构通过并购本国或国外的其他机构，逐渐发展成为跨国金融集团，使得金融市场全球一体化的趋势更加明显。这种发展趋势对金融市场监管的国际协作、目标及监管手段的一体化都提出了更高的要求，也促使各国加快了自身监管体制的改革步伐。

统一监管的主要潜在优势包括：金融监管的规模经济效应（尤其是对中小国家的金融市场）；简化监管框架、减少监管机构数量后市场投资者及参与主体更容易理解；是对金融机构混业经营的适应；金融创新不断打破已有的行业界限，统一监管更能适应这一趋势；有助于减少过度监管或监管缺位，消除监管套利机构；有助于降低金融机构的监管成本。其中，金融监管的规模经济效应以及金融机构混业经营带来的监管需求是目前统一监管日渐普遍的重要原因。

当然，也有人认为统一监管自身也存在诸多弊端，主要包括：监管的规模经济效应主要得益于金融机构的混业经营，但在许多发展中国家以及新兴市场上，虽然存在混业经营的趋势，但在很长的一段时间内商业银行、证券公司、保险公司的主营业务将保持相对独立，监管的规模经济效应远小于成熟市场；由于监管目标的多重性在大型监管机构内将更加突出，统一监管后监管部门内部的职责分工和责任认定将变得更加困难，这将不利于监管效率的提高；由于对商业银行、证券公司、保险公司的监管由一个部门统一负责，不同的投资者可能产生获得统一保护措施的错觉；规模过大、权力过度集中的监管机构可能产生更大的官僚作风，增加监管成本；由于银行、证券、保险业务自身特点的不同，统一监管后监管部门对于不同行业的不同特点的理解可能不深，监管手段过于简单和单一，阻碍行业的发展和创新；权力过大、过分集中的监管部门可能由于监管目标的过度多元化以及监管职责的过度膨胀，影响市场监管的效率和公平。

金融监管的理论与实践随着金融市场的快速发展不断演变，在混业经营已经成为大势所趋的情况下，各国监管机关都在根据本国市场发展的不同特点以及所处的不同阶段进行必要的监管体制创新和变革，以适应金融市场发展的需要。分业监管、统一监管以及超级监管各有利弊，但从世界各国监管体制改革总的趋势可以看出，一定程度的统一监管是各国普遍采用的一种方式，但统一监管的程度与具体方式，必须根据各国金融市场发展的程度、历史以及文化氛围的不同，设计出适合本国市场发展的最优方案。

二、国际金融监管体系变化对中国的启示

应对全球金融危机，各国都推出了一些金融监管改革措施，尤其是受金融危机影响深远的美国、英国以及欧盟等国，相继推出了详细的金融监管改革方案。总览这些方案，虽然各项具体内容与措施存在部分差异，反映出了各个国家和地区在金融监管改革方面的不同态度与侧重。但是，其中也存在着许多共同之处，如关注金融稳定与系统性风险、强化监管协调、保护消费者与投资者、重视国际监管合作等。这些方案反映了各国政府对于本国金融市场和金融监管体系的新认识，在一定程度上也昭示了全球金融监管体系发展的理念与趋势。分析这些最新进展和趋势，对于完善中国当前的金融监管体系具有非常重要的启示。

（一）启示一：应强化货币当局的金融稳定功能和监管当局的危机处置能力

随着现代金融体系的不断复杂化，系统性风险越来越成为金融稳定的重要威胁，本次全球金融危机再一次从反面印证了金融稳定对于金融乃至经济体系正常运行的重要性。有鉴于此，危机后世界主要国家与地区的金融监管改革方案很自然地将金融稳定和对系统性风险的监管放在了极为重要的位置。鉴于金融稳定的重要性，各改革方案在这一方面都有重要举措。英国《2009年银行法》中成立金融稳定委员会（FSC），与央行已有的货币政策委员会（MPC）平级，将金融稳定提至与货币政策一样的法律地位。美国将对影响金融稳定的重要公司的监管权赋予联邦储备委员会，以强化金融稳定监管。欧洲专门成立欧盟系统风险委员会（European Systemic Risk Board，ESRB），负责监控和评估在宏观经济发展以及整个金融体系发展过程中的威胁金融稳定的风险。不难发现，上述这些改革方案有一个共同特征，就是强化货币当局的金融稳定职能。这一趋势反映了现代经济体系中货币政策与金融稳定之间关系的深化，同时也昭示了维护金融稳定已成为货币当局与货币政策制定具有同等重要性的职责。

同时，在2008年全球金融危机中，各国监管当局对于问题金融机构的救助也表现得极为不力，这一方面是由于对危机进程和严重性的误判，另一方面则是由于金融监管当局缺乏危机处置的手段与能力。这一现象反映了既有金融监管体

系的另一个重要缺陷，即在总体上，当前的体系是建立在"常态监管"理念之上的，它对于小概率极端事件的重视与准备不足。针对上述问题，各改革方案的一项重要内容是明确监管当局在危机处置中的权限和程序，如英国《2009年银行法案》建立了特别处理机制（SRR）来干预和处置问题银行，美国改革方案提出应该赋予政府应对金融危机所必需的政策工具。在这些举措当中，给我国带来的突出的一点启示就是强调建立危机处置的完备预案，同时授予监管当局在危机状态下"便宜行事"的权力。

（二）启示二：通过设立制度化实体机构加强监管协调

在各国和地区的金融体系中，都会存在多个金融监管主体。如美国就存在美国证券交易委员会、美国商品期货交易委员会等金融市场监管当局，联邦住房金融管理局和其他银行监管机构等金融机构监管当局，以及承担金融稳定职能的美国联邦储备委员会。即使是在实现了金融市场统一监管的国家，如英国，也存在承担金融市场监管职能的金融服务局、承担金融稳定职能的财政部和英格兰银行等金融监管主体之间的分立。欧盟的问题则更为复杂，不仅在欧盟层面存在欧洲中央银行和三个金融监管当局，还存在为数众多的成员国金融监管当局。

这种金融体系的多头监管格局，尤其是金融市场的多头监管格局，是本次金融危机发生的重要原因之一。多头监管容易出现各监管机构之间的职责与权限划分不清，导致监管套利，从而变相地降低了监管标准。但不可否认的是，多头监管体制也存在很多的优越性：一方面在金融分业经营格局依然比较清晰之时，分业多头监管的专业性使得其依然具有制度优势；另一方面多头监管可以形成激励机制，促进监管竞争，为市场提供更有效的监管。权衡利弊，多头监管至少在相当长的时期内仍然是各国金融监管体制的选择，这也就意味着监管协调的需求将在长时期内存在。

在各国的改革方案中，美国提出设立由财政部主管的金融服务监督理事会（Financial Services Oversight Council，FSOC），负责统一监管标准、协调监管冲突、处理监管争端、鉴别系统性风险并向其他监管机构进行风险提示，并与美联储监管形成制衡，避免后者权力过于膨胀。英国则提出建立由英格兰银行、英国金融服务局和财政部组成的金融稳定理事会（CFS），负责在金融业的风险和稳定监控方面进行协调。欧盟考虑升级原先欧盟层面的监管委员会为欧盟监管当局（ESFA），新的欧盟监管当局除了继续承担过去三个监管委员会作为咨询主体的有关职责以外，其权限有所扩大并拥有了法人地位。主要目的是在欧盟建立一整套趋同的规则，通过发展共同的监管要求和方法来提高对跨境机构的监管，并协助解决成员国之间由于监管分歧而出现的问题。这些改革方案都启示我国在金融监管中要加强监管协调，设立实体化、制度化的监管协调机构。

（三）启示三：应加强对投资者与消费者利益的保护

本次金融危机暴露出的另一个重要问题是，现代金融产品的复杂性使得市场微观主体经常难以正确理解其特征和对其中蕴含的金融风险做出正确评估，从而无法基于审慎的判断做出交易决策，甚至落入欺诈陷阱。因此保障投资者与消费者的知情权与索赔权是各项改革方案中的共同内容。投资者与消费者保护也是各项改革方案着力推动改进的一个主要方面。美国为此提议专门成立了独立的消费金融保护机构，英国也在《改革金融市场》白皮书中专门用一章的篇幅讨论了支持与保护消费者的各项措施。

不过另一方面，英美金融监管改革方案在投资者与消费者保护上的立场又存在着差异。美国的改革方案更强调反欺诈，而英国关注的重点则在于保障消费者能够获得所需的金融产品。这种差异源于两国当前在这一领域所面临主要问题与利益诉求的不同。就美国而言，缺乏约束的金融市场诱使投资者与消费者过度承担风险是导致金融危机的一个主要原因，并因此承担了巨大的舆论压力。而英国更为关注的是由于危机导致的金融市场萧条，后者不仅影响了投资者与消费者的利益，而且直接威胁到了伦敦作为国际金融中心的竞争力。

虽然各国金融监管改革方案中加强消费者和投资者权利保护具体措施的实际效果仍然存在很大的不确定性，但却将加强对投资者和消费者利益保护纳入了完善中国金融监管体系考虑之列。

（四）启示四：应推进国际金融监管协调与合作

在各项金融监管改革方案中都提出了加强国际金融监管协调与合作的必要性。在金融全球化的过程中，金融活动的国际化与金融监管的属地化之间构成了一对基本矛盾，本次金融危机的发生和蔓延正是这一矛盾的反映。在这种情况下，任何单一国家都无力单独防范和处置危机，因此国际金融监管协调与合作也就成为了必然。例如，美国改革方案在提高国际监管标准并促进国际合作方面提出的具体举措达到 11 项之多，英国《改革金融市场》白皮书则提出加强以金融稳定委员会（FSB）为核心的国际金融监管架构的建设，更有效地在世界范围内确认和防范潜在的金融风险，在欧盟的改革方案中，国际金融监管协调更是重中之重。

通过分析各国金融监管改革方案，我们会发现，各个国家与地区在国际金融体系中的地位与利益诉求对于其在国际金融监管协调与合作方面的立场与态度有着重要的影响。就美国而言，此次金融危机不仅重创其金融体系，对于其在国际金融体系中的地位也产生了冲击。因此其改革方案的目标不仅在于完善金融监管体系，修复金融市场，同时也在于维护国际金融体系中的主导地位。与此同时，英国对于国际监管合作的强调也有着其特殊的利益根源。国际监管合作不仅是防范外源性系统性风险的重要措施，同时也有助于统一各国在金融监管改革上的尺度，避免其他国家和地区较为宽松的金融市场环境对其国际金融中心的地位造成威胁。因此，中国在推进国际金融监管协调与合作时也应考虑这一因素。

第四章

中国金融监管体系评估

第一节　中国金融监管的历史沿革

中国金融监管体制的变迁是与国内经济发展和金融体制改革紧密联系在一起的，并且是政府主导型的、主动的体制变迁模式。从其发展历程看，大致可以分为以下四个阶段：1978 年以前为计划经济时代的金融监管，1978～1992 年为中国人民银行统一监管时期，1992～2003 年为分业监管模式建立与调整时期，2003 年以后为分业监管基础上的发展与改进时期。

一、计划经济时期的金融监管：中国人民银行实施统一监管金融监管体制

众所周知，从 1949 年新中国成立到 1978 年开始实施严格的计划经济管理体制，中国实行的是"大一统"的金融体制，一切信用归银行，在此阶段，几乎没有金融市场，也没有单设的监管机构和监管法律法规，中国人民银行既从事信贷业务，又有金融监管的职能。金融抑制是这一阶段金融监管的基本特征，中国人民银行以行政手段为主，对市场准入、金融创新执行既严格又简单

的统一监管①。

1949 年 9 月，中国人民政治协商会议通过《中华人民共和国中央人民政府组织法》，把 1948 年于石家庄市成立的中国人民银行纳入政务院的直属单位系列，接受财政经济委员会指导，与财政部保持密切联系，赋予其国家银行职能，承担发行国家货币、经理国家金库、管理国家金融、稳定金融市场、支持经济恢复和国家重建的任务。

在国民经济恢复时期，中国人民银行着手建立统一的国家银行体系：一是建立独立统一的货币体系，使人民币成为境内流通的本位币，与各经济部门协同治理通货膨胀；二是迅速普建分支机构，形成国家银行体系，接管官僚资本银行，整顿私营金融业；三是实行金融管理，疏导游资，打击金银外币黑市，取消在华外商银行的特权，禁止外国货币流通，统一管理外汇；四是开展存款、放款、汇兑和外汇业务，促进城乡物资交流。到 1952 年，中国人民银行已经建立了全国垂直领导的组织机构体系；统一了人民币发行，逐步收兑了解放区发行的货币，全部清除并限期兑换了国民党政府发行的货币，很快使人民币成为全国统一的货币；对各类金融机构实行了统一管理。中国人民银行充分运用货币发行和货币政策，实行现金管理，开展"收存款、建金库、灵活调拨"，运用折实储蓄和存放款利率等手段调控市场货币供求，扭转了新中国成立初期金融市场混乱的状况。同时，按照"公私兼顾、劳资两利、城乡互助、内外交流"的政策，配合工商业的调整，灵活调度资金，支持了国营经济的快速成长，适度地增加了对私营经济和个体经济的贷款；便利了城乡物资交流，为人民币币值的稳定和国民经济的恢复与发展做出了重大贡献。

在统一的计划体制中，自上而下的人民银行体制，成为国家吸收、动员、集中和分配信贷资金的基本手段。随着社会主义改造的加快，私营金融业纳入了公私合营银行轨道，形成了集中统一的金融体制，中国人民银行作为国家金融管理和货币发行的机构，既是管理金融的国家机关又是全面经营银行业务的国家银行。

与高度集中的银行体制相适应，中国从 1953 年开始建立了集中统一的综合信贷计划管理体制，即全国的信贷资金，不论是资金来源还是资金运用，都由中国人民银行总行统一掌握，实行"统存统贷"的管理办法银行信贷计划纳入国家经济计划，成为国家管理经济的重要手段。高度集中的国家银行体制，为大规模的经济建设进行全面的金融监督和服务。

中国人民银行担负着组织和调节货币流通的职能，统一经营各项信贷业务，

---

① 本节参考了中国人民银行、中国银监会、中国证监会、中国保监会网站的相关内容。

在国家计划实施中具有综合反映和货币监督功能。银行对国有企业提供超定额流动资金贷款、季节性贷款和少量的大修理贷款，对城乡集体经济、个体经济和私营经济提供部分生产流动资金贷款，对农村中的贫困农民提供生产贷款、口粮贷款和其他生活贷款。这种长期资金归财政、短期资金归银行、无偿资金归财政、有偿资金归银行、定额资金归财政、超定额资金归银行的体制，一直延续到1978年，期间虽有几次变动，基本格局变化不大。

二、改革开放后的金融监管：不断变革完善的金融监管体制

改革开放后，为了提高金融市场的资源配置效率、促进金融市场发展，也为了使得金融体系能够为其他经济部门改革提供支持，政策当局将金融系统改革提上了日程。

1979 年 1 月，为了加强对农村经济的扶植，恢复了中国农业银行。同年 3 月，中国银行成为国家指定的外汇专业银行；同时设立了国家外汇管理局。以后，又恢复了国内保险业务，重新建立中国人民保险公司；各地还相继组建了信托投资公司和城市信用合作社，出现了金融机构多元化和金融业务多样化的局面。

日益发展的经济和金融机构的增加，迫切需要加强金融业的统一管理和综合协调，由中国人民银行来专门承担中央银行职责，成为完善金融体制、更好发展金融业的紧迫议题。1982 年 7 月，国务院批转中国人民银行的报告，进一步强调"中国人民银行是我国的中央银行，是国务院领导下统一管理全国金融的国家机关"，以此为起点开始了组建专门的中央银行体制的准备工作。

1983 年 9 月 17 日，国务院作出决定，由中国人民银行专门行使中央银行的职能，并具体规定了人民银行的 10 项职责。从 1984 年 1 月 1 日起，中国人民银行开始专门行使中央银行的职能，集中力量研究和实施全国金融的宏观决策，加强信贷总量的控制和金融机构的资金调节，以保持货币稳定。

1984 年 1 月，中国工商银行成立，负责专业运营过去由人民银行承担的工商信贷和储蓄业务，由此，我国形成了中央银行、专业银行的二元银行体制，此后，中国人民银行努力在改进计划调控手段的基础上，逐步运用利率、存款准备金率、中央银行贷款等手段来控制信贷和货币的供给。

1986 年国务院发布《中华人民共和国银行管理暂行条例》，中国银行业监管开始了法制化进程。

1992 年，国务院证券委员会和中国证监会宣告成立，中国证券市场统一监管体制开始形成。证监会的成立迈出了我国金融业"分业经营、分业监管"的

第一步。

伴随着经济体制改革的进一步深化和金融业的迅猛发展，1993 年 12 月，国务院发布了《关于金融体制改革的决定》，明确了中国人民银行制定并实施货币政策和实施金融监管的两大职能。

1994 年，三家政策性银行成立，这为中国人民银行对商业银行进行市场化监管奠定了基础。

1995 年 3 月，全国人民代表大会通过《中华人民共和国中国人民银行法》，首次以国家立法形式确立了中国人民银行作为中央银行的地位，标志着中央银行体制走向了法制化、规范化的轨道，是中央银行制度建设的重要里程碑。

此后，《商业银行法》、《票据法》、《担保法》也先后颁布，中国银行业监管进入了一个新的历史时期。

1996 年我国加入国际清算银行并参加巴塞尔委员会，在规范现场检查、境外稽核、加强对商业银行的内部控制指导和推行以风险为基础的贷款分类制度方面，取得了长足的进展。

1998 年，原国务院证券委员会与原中国证监会合并为正部级的中国证监会。同年，国务院批准设立中国保监会，专司对保险业的监管，而中国人民银行主要负责对银行、信托业的监管。

2003 年，中国人民银行对银行、金融资产管理公司、信托投资公司及其他存款类金融机构的监管职能分离出来，和中央金融工委的相关职能进行整合，成立中国银行业监督管理委员会。

至此，中国金融监管的"一行三会"架构完成，银监会、证监会和保监会分工明确、互相协调的金融分工监管体制形成。

三、现阶段金融监管体系：趋于稳定的分业监管体制

在专司监管银行、证券、保险的监管机构成立后，我国陆续颁布和修订了一些金融领域的重要法律，如《中华人民共和国银行业监督管理法》、《中华人民共和国证券法》、《中华人民共和国证券投资基金法》以及《中华人民共和国保险法》等，作为我国金融监管体系的基础和重要组成部分，这些法律的通过为监管机构依法行政创造了有利条件。

（一）监管机构的职责与分工

1. 中国人民银行。在当前金融监管框架下，中国人民银行主要负责制定和执行货币政策，对货币市场和外汇市场进行监管。其具体职责为：（1）起草有

关法律和行政法规；完善有关金融机构运行规则；发布与履行职责有关的命令和规章；（2）依法制定和执行货币政策；（3）监督管理银行间同业拆借市场和银行间债券市场、外汇市场、黄金市场；（4）防范和化解系统性金融风险，维护国家金融稳定；（5）确定人民币汇率政策；维护合理的人民币汇率水平；实施外汇管理；持有、管理和经营国家外汇储备和黄金储备；（6）发行人民币，管理人民币流通；（7）经理国库；（8）会同有关部门制定支付结算规则，维护支付、清算系统的正常运行；（9）制定和组织实施金融业综合统计制度，负责数据汇总和宏观经济分析与预测；（10）组织协调国家反洗钱工作，指导、部署金融业反洗钱工作，承担反洗钱的资金监测职责；（11）管理信贷征信业，推动建立社会信用体系；（12）作为国家的中央银行，从事有关国际金融活动；（13）按照有关规定从事金融业务活动；（14）承办国务院交办的其他事项。

2. 银监会。银监会负责统一监管全国银行、金融资产管理公司、信托投资公司及其他存款类金融机构。其监管目的为，通过审慎有效的监管，保护广大存款人和消费者的利益；通过审慎有效的监管，增进市场信心；通过宣传教育工作和相关信息披露，增进公众对现代金融的了解；努力减少金融犯罪。其主要执行以下职责：（1）依照法律、行政法规制定并发布对银行业金融机构及其业务活动监督管理的规章、规则；（2）依照法律、行政法规规定的条件和程序，审查批准银行业金融机构的设立、变更、终止以及业务范围；（3）对银行业金融机构的董事和高级管理人员实行任职资格管理；（4）依照法律、行政法规制定银行业金融机构的审慎经营规则；（5）对银行业金融机构的业务活动及其风险状况进行非现场监管，建立银行业金融机构监督管理信息系统，分析、评价银行业金融机构的风险状况；（6）对银行业金融机构的业务活动及其风险状况进行现场检查，制定现场检查程序，规范现场检查行为；（7）对银行业金融机构实行并表监督管理；（8）会同有关部门建立银行业突发事件处置制度，制定银行业突发事件处置预案，明确处置机构和人员及其职责、处置措施和处置程序，及时、有效地处置银行业突发事件；（9）负责统一编制全国银行业金融机构的统计数据、报表，并按照国家有关规定予以公布；对银行业自律组织的活动进行指导和监督；（10）开展与银行业监督管理有关的国际交流、合作活动；（11）对已经或者可能发生信用危机，严重影响存款人和其他客户合法权益的银行业金融机构实行接管或者促成机构重组；（12）对有违法经营、经营管理不善等情形银行业金融机构予以撤销；（13）对涉嫌金融违法的银行业金融机构及其工作人员以及关联行为人的账户予以查询；对涉嫌转移或者隐匿违法资金的申请司法机关予以冻结；（14）对擅自设立银行业金融机构或非法从事银行业金融机构业务活动予以取缔；（15）负责国有重点银行业金融机构监事会的日常管理工作；（16）承办国务院交办的其他事项。

3. 证监会。证监会依照法律、法规和国务院授权，统一监督管理全国证券期货市场，维护证券期货市场秩序，保障其合法运行。其主要职责为：（1）研究和拟订证券期货市场的方针政策、发展规划；起草证券期货市场的有关法律、法规，提出制定和修改的建议；制定有关证券期货市场监管的规章、规则和办法；（2）垂直领导全国证券期货监管机构，对证券期货市场实行集中统一监管；管理有关证券公司的领导班子和领导成员；（3）监管股票、可转换债券、证券公司债券和国务院确定由证监会负责的债券及其他证券的发行、上市、交易、托管和结算；监管证券投资基金活动；批准企业债券的上市；监管上市国债和企业债券的交易活动；（4）监管上市公司及其按法律法规必须履行有关义务的股东的证券市场行为；（5）监管境内期货合约的上市、交易和结算；按规定监管境内机构从事境外期货业务；（6）管理证券期货交易所；按规定管理证券期货交易所的高级管理人员；归口管理证券业、期货业协会；（7）监管证券期货经营机构、证券投资基金管理公司、证券登记结算公司、期货结算机构、证券期货投资咨询机构、证券资信评级机构；审批基金托管机构的资格并监管其基金托管业务；制定有关机构高级管理人员任职资格的管理办法并组织实施；指导中国证券业、期货业协会开展证券期货从业人员资格管理工作；（8）监管境内企业直接或间接到境外发行股票、上市以及在境外上市的公司到境外发行可转换债券；监管境内证券、期货经营机构到境外设立证券、期货机构；监管境外机构到境内设立证券、期货机构、从事证券、期货业务；（9）监管证券期货信息传播活动，负责证券期货市场的统计与信息资源管理；（10）会同有关部门审批会计师事务所、资产评估机构及其成员从事证券期货中介业务的资格，并监管律师事务所、律师及有资格的会计师事务所、资产评估机构及其成员从事证券期货相关业务的活动；（11）依法对证券期货违法违规行为进行调查、处罚；（12）归口管理证券期货行业的对外交往和国际合作事务；（13）承办国务院交办的其他事项。

4. 保监会。保监会根据国务院授权履行行政管理职能，依照法律、法规统一监督管理全国保险市场，维护保险业的合法、稳健运行。其主要职能为：（1）拟定保险业发展的方针政策，制定行业发展战略和规划；起草保险业监管的法律、法规；制定业内规章；（2）审批保险公司及其分支机构、保险集团公司、保险控股公司的设立；会同有关部门审批保险资产管理公司的设立；审批境外保险机构代表处的设立；审批保险代理公司、保险经纪公司、保险公估公司等保险中介机构及其分支机构的设立；审批境内保险机构和非保险机构在境外设立保险机构；审批保险机构的合并、分立、变更、解散，决定接管和指定接受；参与、组织保

111

险公司的破产、清算；（3）审查、认定各类保险机构高级管理人员的任职资格；制定保险从业人员的基本资格标准；（4）审批关系社会公众利益的保险险种、依法实行强制保险的险种和新开发的人寿保险险种等的保险条款和保险费率，对其他保险险种的保险条款和保险费率实施备案管理；（5）依法监管保险公司的偿付能力和市场行为；负责保险保障基金的管理，监管保险保证金；根据法律和国家对保险资金的运用政策，制定有关规章制度，依法对保险公司的资金运用进行监管；（6）对政策性保险和强制保险进行业务监管；对专属自保、相互保险等组织形式和业务活动进行监管；归口管理保险行业协会、保险学会等行业社团组织；（7）依法对保险机构和保险从业人员的不正当竞争等违法、违规行为以及对非保险机构经营或变相经营保险业务进行调查、处罚；（8）依法对境内保险及非保险机构在境外设立的保险机构进行监管；（9）制定保险行业信息化标准；建立保险风险评价、预警和监控体系，跟踪分析、监测、预测保险市场运行状况，负责统一编制全国保险业的数据、报表，并按照国家有关规定予以发布；（10）承办国务院交办的其他事项。

（二）监管机构之间的合作

为明确金融监管职责，实现协调配合，避免监管真空和重复监管，提高监管效率，鼓励金融创新，以达到所有金融机构及其从事的金融业务都能得到持续有效的监管，保障金融业稳健运行和健康发展，银监会、证监会、保监会于2004年共同签署了金融监管分工合作备忘录。

1. 备忘录的监管指导原则。（1）分业监管。按照有关法规加强监管，各司其职，提高监管资源的有效使用。（2）职责明确。各监管机构明确职责范围，依法监管，监管行为符合规范的要求。（3）合作有序。各机构按一定程序交流合作，有利于加强协调、增强合力，符合运转协调的要求。（4）规则透明。让社会和公众了解各机构的运作规则，有利于增强信心，加强监督，符合公正透明的要求。（5）讲求实效。提高办事效率，提高服务质量，有利于降低行政成本，符合廉洁高效的要求。

2. 备忘录的主要内容。（1）银监会、证监会、保监会任何一方需要对他方的监管对象收集必要的信息，可委托他方进行。（2）对金融控股公司的监管应坚持分业经营、分业监管的原则，对金融控股公司的集团公司依据其主要业务性质，归属相应的监管机构，对金融控股公司内相关机构、业务的监管，按照业务性质实施分业监管；对产业资本投资形成的金融控股集团，在监管政策、标准和方式等方面认真研究、协调配合、加强管理。（3）银监会、证监会、保监会应与财政部、中国人民银行密切合作，共同维护金融体系的稳定和金融市场的信心。（4）银监会、证监会、保监会应密切合作，就重大监管事项和跨行业、跨境监管中复杂问题进行磋商，并建立定期信息交流制度，需定期交流的信息由三方协商确定。接受信息的一方应严格遵循客户保密原则，保证该信息使用仅限于其履行职责，除非法律规定，不得将信息提供给第三方。（5）建立银监会、证监会、保监会"监管联席会议机制"。监管联席会议成员由三方机构的主席组成，每季度召开一次例会，由主席或其授权的副主席参加，讨论和协调有关金融监管的重要事项、已出台政策的市场反应和效果评估以及其他需要协商、通报和交流的事项。监管联席会议仅协调有关三方监管的重要事宜，原三方监管机构的职责分工和日常工作机制不变。联席会议成员每半年轮流担任会议召集人。任何一方认为有必要讨论应对紧急情况时，均可随时提出召开会议，由召集人负责召集。监管联席会议三方分别设立"联席会议秘书处"作为日常联络机构，并指定专门联系人。在正常情况下，联席会议召开前五个工作日，三方日常联络机构应将拟议事项和各方意见建议等书面材料送达联席会议成员。会后由召集方负责拟定会议纪要，在征求参会方意见后发送各方。监管联席会议纪要报国务院领导审批后执行。（6）银监会、证监会、保监会任何一方与金融业监管相关的重要政策、事项发生变化，或其监管机构行为的重大变化将会对他方监管机构的业务活动产生重大影响时，应及时通告他方。若政策变化涉及他方的监管职责和监管机构，应在政策调整前通过"会签"方式征询他方意见。对监管活动中出现的不同意见，三方应及时协调解决。（7）建立银监会、证监会、保监会"经常联系机制"，由三方各指定一个综合部门负责人参加，综合相关职能部门的意见，为具体专业监管问题的讨论、协商提供联系渠道。

第二节　中国现行金融监管体系的总体评估

一、中国金融监管成为宏观目标的手段

中国金融监管的30年历程，展现出一个突出特点：金融监管往往成为追求宏观政策目标的工具。本来，金融监管的目标应该是金融市场稳定和投资者保护，追求经济增长等宏观目标是货币政策的任务。然而，在现实中，虽然法无明文，金融监管却时时屈服于压力，为中央银行的宏观目标作嫁。这一点在现实生活中司空见惯，却从没有人进行理论总结，属于可做不可说一类。下面我们将着

113

重讨论这一特点。

中央银行的基本职能，是制定和执行货币政策。货币政策的基本目标，在于物价稳定与经济增长。近年来，由于金融市场的脆弱性越发明显，理论界和业界开始重视货币政策的另一个目标——金融市场稳定（Adrian and Shin，2008；Ashcraft，Garleanu and Pedersen，2010）。Stein（2011）认为，不加监管的私人部门货币创造会导致外部性，即金融中介会发行过多的短期债务，使得金融体系在金融危机面前过于脆弱。公开市场操作等货币政策工具，可以用来调节这种外部性。因此，稳定金融市场，似乎已不再是监管部门的专利，而是中央银行的目标之一。

那么，反过来的情况，金融监管部门该不该介入货币政策目标呢？以往的研究，曾经就资本充足率监管是否影响货币政策传导机制，带来信用紧缩进行过研究（Berger and Udell，1994）。这种研究是把信用紧缩作为一个金融监管的副产品，而不是主动的宏观目标进行研究的。货币政策在追求宏观目标时，有存款准备率、贴现政策、公开市场业务等手段可以运用。金融监管就应该依法监管。即使需要对一些指标进行调解，如资本充足率、拨备覆盖率的调整，都只能以金融稳定和投资者保护为目标，不可能追求货币政策目标。所以，让金融监管去追求货币政策目标，把金融监管作为货币政策的一个手段使用，这一问题并没有文献进行过研究。

但是，这却是中国金融监管实践中的一个突出问题。由于没有走上制度化、法制化的轨道，行政手段偏多，中国的金融监管有较大的弹性、可调整性。这为金融监管作为追求宏观目标的一种手段提供了可能。在现实中，金融监管部门经常会出于金融稳定与投资者保护之外的考虑，调整金融监管力度，甚至牺牲金融监管的基本目标与基本准则。当然，在有些情况下，金融监管部门追求宏观目标与追求金融监管目标是一致的。比如，2010年银监会的限制多套住房贷款等政策，既是用来打压房价，也是为了防范风险。但是，许多情况下，金融监管是纯粹的手段，它的特征是以牺牲金融监管目标为代价。比如，2009年的地方政府融资平台贷款，明显是违背信贷管理政策的，但为了实现启动经济的政策目标，监管部门则主动弱化金融监管，鼓励提供平台贷款。而且，金融监管政策的伸缩，不仅仅是为了追求货币政策目标，也会为其他政策目标服务。比如，在证券市场上，为了追求股票市场的繁荣，监管部门经常会放松监管，比如对银行资金进入股票市场的管制放松，对于券商挪用客户保证金不闻不问等。

在货币政策领域研究中，历来有单一目标与双重目标乃至多重目标之争。以货币政策工具追求货币政策的多重目标，结果可能是哪个目标都无法实现。弗里德曼曾经以人不能同时追逐两只兔子作比喻。在货币政策目标多重且又易变的情况下，以银行监管为政策手段追求货币政策目标，不仅会导致各个目标都无法实现，而且会导致金融风险。在股票市场上，金融监管部门经常为行情调控所困扰。当股市过热时，政府希望打压股市，此时，金融监管趋于严厉。这可能会导致监管过度，牺牲微观主体的活力。当股票市场处于熊市时，为了提振行情，政府常常放松金融监管。此时，行情的上升以提高金融风险为代价，也往往会损害普通投资者的利益。对于被监管者而言，监管较松时可以肆意而为，监管严格时只需要暂时隐忍，等待时机。

以金融监管为宏观目标的政策工具，是中国金融监管效果不够理想的主要原因。中国虽然没有出现金融危机，但是，由于金融监管的时松时紧，使得以往的金融监管政策会为未来的金融监管的执行带来很大的麻烦。由于不适当的监管放松，金融领域会累积起巨大的问题，使新时期的金融监管困难重重。30年来，大大小小的所谓金融整顿多次出现。比如，目前的地方政府融资平台的清理，已经耗费监管部门大量的精力。早知如此，何必当初？中国的监管成本，相当一部分是重复清理的成本，是为以往政策埋单的成本。

以金融监管为货币政策工具，并不能有效地实现宏观政策目标。在银行市场上，为了宏观目标而放松银行监管，必须辅之以其他的行政手段。因为在银行信贷不足的时候，银行缺乏的是放贷动机。比如，关于地方政府融资平台的贷款监管放松，必须辅之以行政手段，促使银行发放过多的贷款。此时，贷款的效率必然无法保证。实体经济可能会有数量的增长，但增长的质量必然是差的。在证券市场上，为了提升行情而放松监管，即使行情得以提高，但金融秩序的混乱使得整顿的必要性越来越强。最终，监管部门不得不进行整顿，而整顿还是会打压行情。

2002年，中国将银监会与人民银行分设。分设的基本原因，是认为让中央银行同时承担最后贷款人与监管者的角色，会使得中央银行以贷款缓解银行风险，以货币政策工具服务于金融监管，无法准确评价中央银行的行为。在决策时，中国长期以来一直以银行监管服务于货币政策的问题被大大忽略了。而且，在银监会分立以后，银行监管服务于货币政策的情况依旧。因此，重要的也许不是机构的分立，而是金融监管部门的真正独立性。已有的文献曾对中央银行的独立性做过许多研究，发现中央银行如果不能真正独立，就不能够有效地稳定物价。但是，以往文献很少研究金融监管机构的独立性。如果金融监管不能够真正独立于宏观目标，也不可能有效实现金融稳定和投资者保护的目标。从这个角度看，分立银监会与中央银行也许不是重要的，重要的可能是建立金融稳定委员会和投资者保护委员会。

二、中国的金融市场稳定性目标评估

保持金融市场稳定，是金融监管的基本目标之一。30 年来，伴随着中国经济体制的改革，中国的金融监管体系不断改革完善。金融监管的目标逐渐清晰，手段逐步增加，监管部门的监管经验不断提高，其重要性也得到了普遍的认同。在这 30 年间，世界各地的金融市场多次出现金融危机，如 1997 年亚洲金融危机、2008 年世界性金融危机等。中国的金融市场上虽然存在着许多问题，但并没有出现严重的金融危机。就金融稳定性而言，中国基本上是成功的范例。在银行市场上，除了个别情况外，如 1988 年价格闯关时期，中国没有出现明显的银行挤提现象。银行倒闭的情况也很少。1998 年的海南发展银行被接管，只是一个特例。1992～1993 年银行拆借市场的混乱，很快就得到治理。虽然银行曾累积过大量的不良资产，但没有出现银行危机。同时，政府的努力使得银行的不良资产问题被迅速地化解。在证券市场上，中国的股票市场经历了多次大起大落，券商也曾积累起大量的不良资产，被迫于 2004 年进行整顿。但是，证券市场的问题没有对实体经济产生过大的负面影响。在信托市场上，传统的信托投资公司模式曾遭遇过困境，几家信托投资公司倒闭。从 1993 年开始，银行系统建立的信托投资公司被强制脱钩。继银信分业之后的信证分业，使得这一类机构慢慢规范化。1992 年开始建立的投资基金，开始时虽然很不规范，但规模很小，最大的基金也不过 5 亿元。1998 年开始建立的新基金，虽然经历了操纵股价的基金黑幕事件，一系列老鼠仓事件等，毕竟规模迅速增长，成为重要的外部大额持股者。这一市场上远没有出现可以界定为危机的事件。

那么，中国金融稳定的原因到底是什么？成功避免了金融危机，一定意味着金融监管的成功与高效率吗？我们认为，下列因素对于避免金融危机的发生起到了重要作用：

1. 压缩创新空间。多年来，我们一直注重压缩金融创新空间。其原因，是我们在监管能力不足的情况下，不得不宁缺毋滥，减少麻烦。"监管能力决定创新空间"，曾经是一个明确的提法。在证券市场上，交易所建立 20 年才允许信用交易。到今天，我们的衍生产品数量仍然非常有限。不久前推出的股票价格指数期货，从计划到实施千呼万唤，旷日持久。在银行市场，国有银行的产权改革到 2003 年才正式开始。至今，银行主要从事的还是传统业务。新的银行业务创新往往被紧急叫停。在金融创新过度导致金融危机的今天，对创新的诸多限制，令我们感到万幸。然而，对创新的严格限制，在有利于金融稳定的同时，必然会牺牲金融市场的效率与实体经济资源配置的效率。

2. 监管机构的双重属性。中国的金融机构和上市公司，一直以国有机构为主体。经过 30 年的改革，时至今日，情况仍然如此。由于被监管者主要是国有金融机构和国有企业，监管者可以不仅以监管者的身份，而且以产权所有者代表的身份，面对被监管者和公众。一方面，这会为金融机构带来隐性国家信用支持。虽然没有任何法律文件规定，政府有义务为银行存款人的损失提供赔偿。当银行拥有大量不良资产，并被世界银行认为技术上已经破产时，中国的存款人仍然对国有银行充满信心，没有出现银行危机。另一方面，监管者的双重身份，必然导致行政手段的过多运用和对法律手段的忽视。双重身份使得监管者拥有更强的监管力，能够得到被监管部门的被动配合，比较容易以简单方法达到目标。比如，在 1995 年的 327 国债风波中，上海证券交易所在 14 点 52 分到 15 点之间的天量国债期货交易，居然被视为无效。这在西方国家肯定是不可想象的，必然引起诸多的法律问题。正是由于监管者的行政权力，潜在的金融风险一旦显露出苗头，往往被行政强力迅速消弭于无形。但是监管者的双重身份，也有其明显的弱点。其一，在提供更强监管力的同时，监管者必然具有更多的目标。比如，证券市场的监管，曾长期服从于为国企融资的目的。其二，过多的行政干预，必然以牺牲市场效率为代价。监管者的行政手段过强，变化过频，干预过多，使得被监管者无所适从，疲于应付。

3. 隐性危机与显性危机。金融危机是市场制度下的产物。行政手段越强，政府干预越多，国有产权越普遍，金融危机的可能性越小。但是，在非市场的因素扭曲之下，显性的金融危机虽然没有出现，但可能存在隐性的金融危机。就是说，部分构成金融危机的因素特征可能已经出现。同时，危机作为市场制度的内容之一，代表着市场制度约束的一种极端形式，是以极端方式去矫正市场的失衡。如果隐性危机不能表现为显性危机，市场的失衡也无法得到矫正。例如，中国的商业银行在 2003 年以前，其不良资产比率已经很高。系统性的高不良资产比率，自然是危机的一个基本特征。高不良资产比率的长期存在，说明长期的低资源配置效率一直没有得到矫正。2003 年以后，政府向银行业进行巨额注资，比起 2008 年美国对花旗等问题商业银行的注资，这种政府救助的程度也不遑多让。又比如，中国 2004 年对券商行业的整顿，就行业基数而言，其程度不亚于 2008 年美国对投资银行业的救助。

4. 信用紧缩的行政缓解。金融危机之所以会对实体经济产生重要影响，一个基本原因是金融危机必然带来信用紧缩。在中国，监管部门会干预银行决策，银行信贷投放常常会被行政手段强制提升。因此，虽然银行惜贷是经常现象，但信用紧缩始终不是重要的问题。

三、中国的投资者保护目标评估

(一) 中国的投资者保护目标执行效果评估

改革开放以来，中国的金融监管中，金融稳定和投资者保护理所当然地成为两个基本目标。与金融稳定性目标比起来，中国的投资者保护是明显不足的。在股票市场上，市场操纵与内幕交易广泛存在。上市公司信息披露存在许多问题。投资者的损失得不到赔偿。在银行市场上，部分地由于中国的高市场集中度，存款人的利益得不到有效保障。具体来讲，存在如下问题：

1. 第二类代理问题。金融市场上投资者需要保护的一个重要原因，是大股东可能会侵犯小股东的利益。中国股权市场的一个重要特点，是股权集中度明显高于多数国家，特别是国有股一股独大的特征明显。因此，大小股东之间的第二类代理问题尤为明显，大股东掏空上市公司的现象比比皆是。不少大股东通过要求上市公司为大股东担保，直接占用上市公司资金，通过关联交易转移上市公司资产等方式，侵犯上市公司利益，甚至使上市公司空壳化，濒临破产边缘。

2. 外部大股东的角色。在国有股一股独大的情况下，即使是外部大股东其自身利益都难以保证。2003 年发生的招商银行可转债事件，是一个明显的例子。随着投资基金业的不断发展，一股独大的格局被逐步打破。但是，基金作为机构投资者，本身也拥有信息优势，对于这种信息优势，基金有两个基本的后续选择：参与公司决策和投机。不幸的是，中国的基金已经强大了许多，但又没有强大到可以和内部大股东分庭抗礼的地步。于是，基金更主要的选择，是利用信息优势投机。迅速累计的资金优势使得基金操纵股价的能力日益增强。2000 年披露的基金黑幕，充分暴露了基金通过对倒、对敲手段操纵股价的行为。

3. 内幕交易与股价操纵的盛行。基金可能会涉足操纵股价，其从业者也可能会涉足内幕交易，不断披露的老鼠仓事件就是明证。而可能涉足内幕交易与操纵股价的，则绝不仅限于基金。近至 2010 年 11 月，国务院办公厅还下发了由证监会、公安部、监察部、国务院国资委、国家预防腐败局联合出台的《关于依法打击和防控资本市场内幕交易的意见》，可见此风之盛。按照该文件定义，内幕交易是指上市公司高管人员、控股股东、实际控制人和行政审批部门等方面的知情人员，利用工作之便，在公司并购、业绩增长等重大信息公布之前，泄露信息或者利用内幕信息买卖证券谋取私利的行为。据媒体报道，2011 年 4 月，中国证监会高级官员坦承，一些内幕交易案件违法所得与交易金额较大，内幕信息呈现出多级传递、多向传递的态势，出现了一些窝案、串案，内幕交易的操作更加隐蔽、复杂，逃避监管、抗拒执法的趋向与能力明显增强。在案发环节上，上市公司并购重组是易发区、高发区，其他还包括上市公司经营业绩的重大变化、上市公司签订重大合同、上市公司重大对外投资等。内幕交易的频发，加大了并购重组的不必要成本，增加了并购重组难度，延滞了并购重组进程，有些甚至导致并购重组的失败。

4. 由于内幕交易和股价操纵导致的投资者的损失得不到赔偿。我国的有关法律对投资者通过法律手段维护自己的权利规定得较为模糊。2001 年 9 月 21日，最高人民法院甚至还曾发布过《关于涉及证券民事赔偿案件暂不予受理的通知》，公然对投资者挂出免保护牌。后来最高人民法院改弦更张，在 2002 年 1月 15 日又发出了《关于受理证券市场因虚假陈述引发的民事侵权纠纷案件有关问题的通知》，2003 年 1 月 9 日进一步给出《关于审理证券市场因虚假陈述引发的民事赔偿案件的若干规定》（简称《规定》）。但是新的规定强调：法院可对上市公司提出的虚假陈述民事赔偿案件进行公开受理，但前提是须经中国证监会及其派出机构调查并做出生效处罚决定。而且，法院受理的证券民事赔偿案件也仅仅限于上市公司发布虚假的陈述，并不包括其他方面。至今为止，投资者得到的赔偿仍然很少。

5. 适当性监管。金融产品是高度信息不对称的。金融产品的投资者所购买的金融产品风险收益与该投资者的风险承受能力是否匹配，称为金融产品适当性。为保护投资者利益，监管机构应该通过要求金融机构的充分信息披露进行金融产品适当性监管。2008 年 4 月，国务院颁布的《证券公司监督管理条例》，对券商的适当性责任做出了明确规定。目前，由于中国金融创新受到明显抑制，产品适当性问题还不很突出。但在一些领域，如银行的理财产品等方面，存在明显的适当性问题。

6. 投资者保护的副作用：发行人保护问题。金融监管的目的之一是保护投资者利益，而没有以发行人利益保护为目的。原因在于，由于信息不对称，发行人拥有较多信息，而投资者拥有较少信息，市场力量不能保证投资者的利益，所以才需要政府监管的介入。但是，保护投资者的过程，有可能会妨碍发行人的正当利益。比如，中国迄今为止，还没有实现核准制。因此，公司并没有完全自由地选择资本结构的能力。

（二）中国投资者保护监管的执行过程评估

投资者保护的效果，取决于许多因素。缺乏理想的效果，并不意味着中国政府没有为此付出积极的努力。必须承认，中国政府一直在不懈地努力实现投资者保护目标。为了实现这一目标，有关法律法规不断得到完善。从法律方面看，随着《公司法》、《证券法》、《商业银行法》、《基金法》等法律的发布和修订，有关金融市场的正式法律规则可谓不少。2008 年，中国财政经济出版社出版的由中国证监会编纂的《证券发行上市审核工作手册》，仅发行上市方面的法律法规就有洋洋 90 万字。金融稳定和投资者保护是这些法规的两个基本目标。从正式规则看，中国对证券市场的从业行为，无疑给出了过多的规定。例如，对于 IPO 询价过程中的新股分配，在美国和其他西方国家，承销商拥有绝对权力。而在中国，证监会的规定是比例分配。在市场制度建设方面，投资者保护基金公司的建立，第三方存管制度的推行等，都对投资者保护起到了重要作用。从监管的执行力看，监管部门也不断强化监管力度。中国监管部门的权力明显较大，干预较多。同时，大量的违法违规活动受到了监管部门和交易所的处罚。仅在 1994 ~ 2007 年间，有 581 家次上市公司受到了中国证监会和两家交易所的处罚①。

对于券商承销的责任监管方式的演变，更突出反映了中国政府为保护投资者所付出的努力。早在 1998 年通过的《中华人民共和国证券法》中，第 24 条就对券商的尽职调查责任作出了明确的规定。有鉴于上市公司变脸现象的普遍存在，加之为了配合 2001 年的核准制改革，中国证监会对券商实行了通道制。2004 年，为了进一步强化券商的撤销责任，中国证监会又推动建立了保荐人制度。该制度被写入了 2005 年修订的新版证券法。2011 年 4 月，中国证监会进一步发布《关于保荐项目尽职调查情况问核程序的审核指引》，对保荐代理人的行为作出了进一步的硬性规定，被视为监管关口前移的一项重要措施。可以看出，在保护投资者方面，监管这只"看得见的手"在不断前伸。

值得思考的是，美国和许多西方国家都是没有证券承销保荐人制度的。投资银行的声誉成本形成一种市场约束。因而不需要复杂的监管规定，市场力量就可以起到有效的约束作用。而在中国，投资者保护几乎完全依赖于政府的监管力量，市场约束几乎无从谈起。与其他领域的市场力上升、政府力下降的大趋势不同，在投资者保护领域，市场约束一直疲弱无力，政府力则不断扩张，这与改革的总体思路明显不符。

（三）中国投资者保护不足的原因分析

那么，为什么中国政府为追求投资者保护确实付出了积极的努力，但执行结

---

① Jia, C., S. Ding, Y. Li, and Z. Wu. Frauds, Enforcement Actions, and the Role of Corporate Governance: Evidence from China. Journal of Business Ethics, 2009, 90 (4): 561 –576.

果却不够理想呢？

第一，在主观上，投资者保护目标的重要性被认为低于金融稳定目标。如上节所说，金融稳定的目标常常会服从于经济增长目标。但与投资者保护目标比较起来，金融稳定目标无疑更为重要。投资者保护目标则居于次要地位。一些金融监管措施表面上是为了追求投资者保护目标，而事实上以金融稳定为目标。例如，1988 年后实行的保值贴补政策；又比如，在 1998 年海南发展银行被接管时，储蓄存款由中国工商银行承接。一旦投资者保护目标与金融稳定目标不能重叠，投资者保护则不能受到足够的重视。比如，中国证券市场上投资者的诉讼赔偿，就是一个关乎公平而与金融稳定关系不大的问题。股票市场毕竟与银行不同，内幕交易与市场操纵，一般不会直接引起系统性问题。这样做的结果，是证券市场在享有稳定的同时，为企业融资与经济增长立下了汗马功劳。公平、公正和公开原则，相对处于次等地位。这种重稳定增长、轻投资者保护的思路，与中国经济发展过程中重经济增长、轻社会公平的思路是一致的。与经济增长的粗放模式相一致，金融发展的模式也以粗放为主。

不仅仅监管部门不可能像追求金融稳定那样追求投资者保护目标，从整个社会来看，对投资者保护的追求动机也会弱于金融稳定。对金融稳定的需要是迫切的，人们的利益是基本一致的，其实现的难度相对较小，比较容易得到社会的理解与配合。而投资者保护的目的是公平，追求公平时，人们的利益明显是不一致的。对公平的追求不可能是迫切的，不公平只有累积到极严重的程度时，才会使人们产生迫切的公平欲望。

第二，客观上，投资者保护的实现难于完成。在整个社会存在严重的不公平现象时，金融领域不可能单独建立起公平。改革开放以来，在经济强劲增长的同时，中国的社会分配状况急剧恶化。市场秩序混乱的情况严重。在产品市场上，消费者的利益得不到保证。金融市场上的投资者保护，是广义的消费者保护的内容之一。出现这种现象，有深刻复杂的经济、政治、法律、社会、文化等方面的原因。因此，充分有效的投资者保护目标的实现，并不是一个纯粹的金融监管问题。也很难想象，在金融领域可以单独实现理想的消费者保护。

中国的金融市场还处于发展初期阶段，此时，市场投资者整体存在非理性倾向，投资者保护尤其困难。投资者来到市场上，以迅速致富而不是价值投资为目的。此时，在普通投资者中，相当一部分对于市场操纵持有羡慕而不是痛恨的心态。许多人并不排斥市场操纵，反而希望自己搭上市场操纵的便车。当然，这里有一个复杂的因果关系问题。有什么样的市场，就有什么样的投资者。

第三，制度层面，非正式规则难于建立。改革开放以来，特别是两个交易所成立以来，有关投资者保护的法律法规可谓层出不穷，逐步完善。但是，建立正式规则比较容易，而非正式规则的建立则要难得多。与整个国家的法律实施状况一样，有关投资者保护的法律的执行力一直较差。比如，为了完善公司治理制度，我们引进了独立董事制度，并规定独立董事在全部董事中的比重不少于1/3。虽然绝大多数上市公司遵循规则，建立了独立董事制度，但事实上，独立董事只不过起到了花瓶的作用，并未起到真正的维护投资者利益的积极作用。

第四，操作上，严打模式难于带来长期效果。由于投资者保护的状况很不理想，监管部门时时采取严打模式，就某项问题集中整治。比如，2010年以来，证监会正在严打内幕交易。但是，严打具有典型的运动特征，来时急风暴雨，时间一过，难免风平浪静。重复的严打本身，已经在宣布严打手段的效果并不理想。同时，在监管资源有限的情况下，对某一领域严打，难免会减少其他领域监管的资源，影响其他领域的投资者保护。

总之，改革开放以来，中国已经初步建立起了一个基于分业模式的金融监管体系。立法者和监管者为追求金融市场稳定和投资者保护付出了不懈的努力。但是，中国金融监管的效果并不理想。虽然金融市场保持了总体稳定，但这种稳定是在压缩创新空间和以行政权力和国有股东身份强制执行政策的前提下实现的。这种金融稳定的结果，虽然避免了显性的金融危机，但同时也牺牲了市场的效率。在投资者保护方面，虽然有关法规不断出台，监管关口不断前移，监管力不断上升，但投资者保护的效果弱于金融市场稳定，主要表现在中小投资者保护、外部大股东角色、内幕交易与股价、投资者赔偿、适当性监管等方面。金融监管总体效果不佳的一个重要原因，是因为金融监管竟然会追求宏观目标，从而成为货币政策的工具。金融市场国际化的发展，混业经营的出现，新的金融工具的不断创新，对现有的分业金融监管的有效性提出了严峻的挑战。我们需要借鉴世界各国的经验，重塑中国的金融监管体系。

第三节　中国金融监管体系进一步改革的必要性

一、分业监管面临的挑战

随着经济的不断发展，金融结构也变得日益复杂，一些新的金融工具如银证合作、银行与基金合作、投资连接保险产品等在中国不断涌现，混业经营初见端倪，中国金融市场国际化的不断发展，这对现行分业金融监管的有效性提出了严峻的挑战，集中体现在以下几个方面：

1. 在分业监管的实施中，缺乏一套合理有效的协调机制。中国分业监管模式是与金融机构分业经营格局相适应的，这样做有利于监管部门集中精力对各自负责的监管对象实施监管，有利于提高金融监管效率和监管水平。但是，分业监管使得各监管部门自成体系，缺乏一套监管联动协调机制，金融监管支持系统薄弱，监管效率较低。由于各个监管机构的目标不一样，指标体系、操作方式不同，各监管机构的监管结果可能存在很大差别。从金融监管的主体角度来看，银监会、证监会和保监会及其派出机构是平级的，若一家金融机构经营不同业务，如既从事银行业务，还从事保险或证券业务，如某项业务发生风险，在确定哪家监管机构牵头、由哪家监管机构最后决定等方面存在一定现实困难。各监管部门之间协调难度较大，导致监管效率低。

2. 分业监管易产生监管真空和监管套利。金融业创新的发展使得各金融机构和金融业务的界限越来越模糊，很难区分它们究竟属于何种类型机构以及何种类型业务，各金融机构往往利用监管盲区逃避监管或利用监管程度差异进行"监管套利"。尤其是，分业监管模式不利于监管机构明确监管职责，易形成监管真空，也容易造成监管机构之间的相互推诿。使被监管对象有可乘之机，产生分业监管与跨行业违规经营的矛盾，出现业务交叉中的监管真空。

3. 分业监管易导致重复监管，增加监管成本。金融监管成本既包括维持监管活动费用的直接成本，也包括被监管行业执行成本以及监管活动对金融行业效率影响等在内的间接成本。在分业监管制度下，多个监管机构会增加机构设立的行政成本与相互协调合作信息成本，不利于实现规模经济和范围经济，加大金融机构受到重复和交叉监管，与多个监管机构打交道，提起多次授权审批程序，遵循多套监管规则，接受多轮监督和管理的成本支出。这会降低金融业的效率，也降低社会整体福利。

4. 很难适应金融混业经营和金融控股公司发展新环境下金融监管的需要。为了适应外部环境的变化，提高竞争能力，金融机构在业务交叉领域不断进行边际业务创新。这些创新主要表现在：（1）银证合作。虽然受到法律影响，但是券商与商业银行之间仍然从多方面展开合作，如银证转账、银证通（存折炒股）。（2）保险与证券、银行的合作。从1999年10月底国务院批准保险公司通过证券投资基金进入证券市场以来，已有多家保险公司获准这项业务。（3）银行业与基金业的合作。从2002年开始，中国开放式基金销售有银行代销、券商代销、基金公司直销三种方式，而其中商业银行更是以其遍布全国的众多营业网点优势在基金销售中占有较大份额。混业经营增加了分业监管的难度。

随着中国金融业混业经营的发展，金融控股公司将成为中国金融组织的主要形式。中国金融控股公司已经出现并得到了一定的发展。

我国的金融控股公司运作模式主要有两类：一类是经营型金融控股公司。如集团的控股公司是一家商业银行（也称为银行控股公司），全资拥有或控股一些包括银行、证券、保险、金融服务公司以及非金融性实体等附属机构或子公司。这类金融控股公司的特点是总公司（母公司）本身开展银行业务，同时所控的具有独立法人资格的附属机构或子公司独立对外开展相关的业务（银行、证券、保险、信托或其他金融业务）和承担相应的民事责任。集团公司董事会有权决定或影响其子公司最高管理层的任免决定及重大决策。我国目前此种形式的银行控股公司主要有：中国银行、建设银行、工商银行等。另一类是为纯粹型金融控股公司。非银行金融机构控股的银行控股公司。表现为集团的控股公司为非银行金融机构，全资拥有或控股一些包括银行、证券、保险、金融服务公司以及非金融性实体在内的附属机构或子公司。这类金融控股公司的特点是总公司（母公司）本身并不开展金融业务，而所控的具有独立法人资格的附属机构或子公司独立对外开展相关的金融业务（银行、证券、保险、信托或其他金融业务）和承担相应的民事责任。母公司通过控股权对子公司甚至孙公司进行控制。集团公司（母公司）董事会有权决定或影响其子公司最高管理层的任免决定及重大决策。我国目前此种金融控股公司主要有中信集团、光大集团、平安集团等。

我国目前实行的严格的分业监管体制，很难对金融控股公司及其所开展的金融业务进行有效监管。当对金融控股公司只受某一机构监管时，单个监管者可能不会承担其他监管者的工作和责任；特别是金融控股公司下属的银行、保险、证券、信托公司受不同监管机构监管时，由于各监管机构的监管目标不同，会发生监管冲突，并可能通过金融控股公司的母公司逃避监管。

金融控股公司下属机构交叉持股导致法人结构复杂化，集团规模大和跨国经营导致内部管理部门层次复杂化，集团业务涉及多种金融业务又使经营复杂化。这种状况，一方面加剧了信息不对称，对于金融控股公司的外部监管也造成了困难，易于造成监管真空。另外，因为涉及多个行业的监管机构，各监管机构的监管目的、方法和重点各不相同。只要在不同的专业金融监管体系之间存在着差异，金融控股公司就可能会采取规避监管的行动，建立一种经营阻力、成本最小的组织模式，从而增加各专业金融监管当局在对相关金融机构进行监管过程中的困难。同时，即使每个监管主体能够有效控制各自监管对象的风险，但由于不同监管主体之间信息交换不畅形成的信息阻塞，使得金融控股公司整体的风险状况也难以掌握，也易于出现监管"真空"。

5. 难以对金融创新进行有效监管。始于 20 世纪 60 年代的金融创新，引发了金融业的一场革命。然而金融创新却是和放松金融监管相伴而生的；由于金融创新的快速发展，使得适当的风险管理和风险监管未能及时跟上，致使监管滞后。美国次贷危机在一定程度上就是金融创新过快而监管滞后的结果。

中国需要金融创新，需要发展金融衍生品市场。中国现行的金融监管体系，很难对金融创新进行有效监管。对金融工具创新很难监管的原因在于：一是因为金融工具创新往往属于从无到有，现行的监管法规及制度设计很难进行事前的预见，从而加以预防；二是因为新的金融工具应用后的优势与弊端往往需要经过一段时期后才能显现，这使得金融监管只能是事后的，而难以事前预判；三是因为金融工具创新的风险管理并不属于监管当局的直接监管范畴，更多的是金融机构自己的责任。正因如此，金融工具创新不仅成了金融机构不断放大金融杠杆率的最佳手段和途径，而且也成为金融监管的一个难题。

创新是金融业发展的重要推动力。监管的有效性衡量标准之一便是能否有利于金融创新。在分业监管体制下，各监管机构为减小监管压力以及规避自身风险，有很强愿望确认并控制被监管机构的风险和经营行为的动机，这往往会对原不属于本业的新产品和新业务采取抵制态度，从而阻碍金融业创新活动和发展。

中国加入世贸组织以后，外资金融机构大举进入，其中很多金融机构是混业经营，综合优势明显。以我国现有分业监管体制管理混业经营的外资机构和交叉代理的中资机构将会面临不少新的矛盾和困难。随着我国金融业混业经营的发展，进一步的金融创新，多层次金融市场包括金融衍生品市场形成与发展，金融控股公司成为金融机构的主要和重要组织形式，严格的分业监管已经很难适应需要，必须对现行金融监管体系进行改革。

随着经济和金融的全球化发展，金融控股公司越来越多地发展为跨境或跨地区的组织形式，而不同的国家或地区的金融机构执行的会计准则并不相同；即使在同一个国家或地区，因金融控股公司经营的业务差别显著，所适用的会计准则也不尽相同。这使得对金融控股公司持续经营的稳定性以及总公司会计信息的真实性、准确性和完整性都受到了影响，给监管机构的监管造成了较大的困难。

总之，中国当前实行的严格分业监管的金融监管体系，已经不能适应中国金融发展和金融国际化的需要，必须进一步改革与完善金融监管体系，防范更大的金融风险，保障中国金融业稳定和快速发展。

二、中国金融监管体系改革方向

目前，我国金融监管体系与美国以前的分业监管体系相类似，主要由"一行三会"（即人民银行、银监会、证监会和保监会）构成了金融监管的基本框架。在本轮全球金融危机中，我国金融监管体系充分发挥了各自的监管职能，确保了我国金融体系的整体稳定。应该说，我国金融监管体系的框架是基本合理的，监管也是卓有成效的。

然而，面对金融业的混业经营和金融控股公司组织形式的出现。现行的银监会、证监会和保监会严格的分业监管显然已经很难适应需要。尤其是对金融控股公司总部的监管和对其下属分业公司的监管，缺乏明确的法律定位，监管边界不清、监管责任不明等问题。在"一行三会"分业监管的实施中，各监管部门自成体系，缺乏一套监管联动协调机制，金融监管支持系统薄弱，使被监管对象有可乘之机，产生分业监管与跨行业违规经营的矛盾，出现业务交叉中的监管真空。

我国目前实行的是机构监管制度，形成了"一行三会"的分业监管模式，是典型的"一级多头"的分业监管体制。

在《改革和完善中国金融监管体系》一文中，曹凤岐（2009）概括总结了我国监管机构功能。中国人民银行作为中央银行，同时负责货币政策的制定与执行。三大金融监管机构：银监会、证监会和保监会，分别承担着对银行业、证券业和保险业的政府监管责任。具体来说，即银监会负责统一监督管理全国银行、金融资产管理公司、信托投资公司及其他存款类金融机构；证监会依法对全国证券、期货市场实行集中统一监督管理，并履行相应职责；保监会统一监督管理全国保险市场，维护保险业的合法、稳健运行。银监会、证监会、保监会任何一方需要对他方的监管对象收集必要的信息时，可委托他方进行。对金融控股公司的监管应坚持分业经营、分业监管的原则，对金融控股公司的集团公司依据其主要业务性质，归属相应的监管机构，对金融控股公司内相关机构、业务的监管，按照业务性质实施分业监管：被监管对象在境外的，由其监管机构负责对外联系，并与当地监管机构建立工作关系；对产业资本投资形成的金融控股集团，在监管政策、标准和方式等三方共同研究，协调配合，加强管理。

另外，财政部、审计署和中国人民银行在其职责范围内对金融业也有相应的监督、检查和处置等方面的权力。在政府监管之外，还有法律监管，在我国就是指在行政监管过程中发现了涉嫌刑事犯罪行为达到追诉标准后，依法移送司法部门，从而进入司法程序，以及证券民事案件的审理、判决。

随着金融市场竞争的加剧，我国金融企业的业务不断扩张和创新。金融衍生产品的快速发展使得银行、证券、保险之间的业务界限逐渐模糊。不同种类金融机构提供具有替代性的金融产品，扩大了银行、信托、证券、保险之间混业经营的基础。[①] 当前，中国金融领域呈现出越来越明显的混业经营趋势。从金融业经营主体看，中信集团、光大集团、平安集团已完成金融综合经营集团架构的构建，旗下分别设有银行、证券、基金、保险、信托等各类金融经营子公司，业务范围涉及金融各领域。银行、信托、证券、保险业之间资金和业务往来的日益密切增加了分业管理的难度。同时，随着我国入世保护期的结束，跨国金融集团也会加速进入我国。我国金融业越来越呈现出混业经营的新趋势。混业经营业务的交叉、机构的庞杂、产品的丰富多样、经营手段的不断创新等，也给当局的监管带来了一定的难题。

现行分业监管过程中，大都采取机构性监管，实行业务审批制方式进行管理。这样，当不同金融机构业务日益交叉时，一项新业务的推出通常需要经过多个部门长时间的协调才能完成。此外，有的新金融业务处于不同金融机构业务边缘，成为交叉性业务，如储蓄保险是一种既包括储蓄功能又包括保险功能的业务品种。对于这些新的业务，既可能导致监管重复，也可能出现监管缺位。解决现存金融监管体制面临的问题，要实行银行、信托、证券、保险监管之间的统一协调，从提高现行金融监管体制的效率出发，逐步从机构性监管向功能性监管转变，建立适应金融全球化发展需要的金融监管体制。

因此，应当借鉴美国金融监管体系改革的经验，改革和完善中国的金融监管体系。我国金融监管体系改革的方向应当是从分业监管逐步过渡到统一监管，从对机构的监管逐步过渡到功能监管（曹凤岐，2009）。

（一）尽快建立金融监管协调机制

全球的金融混业经营已成趋势，中国金融业不可能独善其身，我国金融业的混业经营是一个发展趋势，传统的监管模式必须转变为统一的监管模式。我国目前"一行三会"监管框架和美国以美联储为中心的"伞形"监管框架相类似，共同的问题就是缺乏监管部门的有效协调。目前，我国金融监管部门在监管协调方面虽然建立了"联席会议"制度，但尚未建立起长期有效的跨部门监管协调机制，监管的效果还不尽如人意。

有鉴于此，根据我国的具体国情和金融发展阶段，在银行、证券、保险的分业监管的基础上形成监管合力，强化金融监管的有效性，确立一个高效的协调机制十分必要。建立一个更为超脱的、更加有效的金融监管协调机制应该提上议事

[①] 按照中国人民银行《商业银行中间业务暂行规定》规定，商业银行可以进行包括金融衍生业务、各类投资基金托管、各类基金的注册登记、认购、申购和赎回业务、代理证券业务、代理保险业务等。这些中间业务与证券、保险业务密切相关，并具有一定的替代性。在保险业方面，部分险种既具有投资功能，又具有储蓄功能。券商方面，股民保证金账户在一定程度上具有银行储蓄存款的功能。

日程。可先在更高的层次上建立中国金融监管协调委员会，在条件成熟后建立中国金融监督管理委员会，对金融进行统一管理。只有加强部门间的信息共享和协调合作，减少摩擦成本，加大金融相关部门之间及与其他政府部门的协调力度，强化合力监管，才能使金融监管当局以最低成本实现既定的监管目标。

（二）完善自律性监管和监管体系的自身建设

建立规范、系统、可靠的内控体系，通过金融机构的内部约束机制的保障，加之同业监督机制，确立起以银行内部控制为基础的自律性监管组织体系，是国外银行监管的成功经验。我国目前的银行监管过多依靠人民银行对商业银行的外部监管，而来自商业银行内部的监管、银行业协会的同业自律及来自社会中介的外部监管明显过于薄弱。因为外部监管虽然重要，但它通常发生在严重违规行为之后，违规行为的危害已经产生。为寻求事先的预防性监管措施，就必须发挥行业自律性组织的作用，通过金融从业人员自律、金融机构自律、协会自律（同业横向监督）实现。

同时，应加快金融监管体系自身的建设。其中，金融监管当局的能力建设需要放在更加突出的位置，监管能力应与金融业务、金融创新的发展保持动态的协调。要加快金融监管法规、制度和机制建设，严防出现严重的"监管真空"和"监管死角"。要加强金融机构监管能力建设和人才储备，特别是要尽快提高监管当局对资产负债、投资策略和资产配置等的监管能力和对风险的预警、防范和控制能力。要逐步升级监管技术和改善监管方法，运用现代的科技手段与技术，对金融风险进行甄别、防范和处置。

（三）重点加强对大型金融机构和金融控股公司的风险管理

随着大型金融机构实力的增强以及大型金融控股集团的形成，我国已经呈现出混业经营的基本格局，这就有可能出现类似美国的分业监管和混业经营的制度性矛盾。所以，加强对大型金融机构的风险管理就显得更加重要和紧迫。要强化大型金融机构的资产负债管理，严防其杠杆率过度上升，确保大型金融机构的安全性。要建立相应的信息收集、风险评估和预警系统，定期或不定期地对大型金融机构进行风险评估，防范系统性风险。

（四）建立与国际接轨的金融监管制度

从银行的自律管理、各国中央银行的监督管理到国际性的联合监管，各种办法、法规、制度层出不穷，并向统一性、联合性、全球性的方向发展。目前我国已经成为 WTO 的成员国，日内瓦协议要求全球的金融服务贸易纳入逐步自由化的进程，这不仅意味着市场准入标准的逐渐趋同，而且意味着市场监管标准的趋同。我们应该对银行业的监管标准与国际共同标准接轨，实现金融监管的基本原则和基本标准一致，以便于加强国际金融监管合作。"巴塞尔协议"和"新巴塞尔协议"是加强国际金融统一监督和管理的一个划时代文件，对各国银行业的发展具有深远的意义。为了更好地进行国家银行竞争，以巴塞尔协议为代表的国际金融监管的实施标志着金融监督和管制的制度化成为各国无法逆转的趋势。其主要条款、内容以及要求会随着中国金融市场的逐渐开放而要求金融监管当局采用。

（五）建立金融机构市场退出机制，保护投资者合法权益

由于银行经营问题，由于金融监管失灵（监管制度缺陷、监管时机不当、监管腐败等因素）放大了金融风险。为了保护消费者和投资者的合法权益，必须尽快健全金融体制，特别是市场的退出机制，解决金融机构市场退出问题。在此情况下，建立存款保险制度就显得日益重要。存款保险制度，解决监管过程中出现的风险承担问题，是国际上银行监管的通行做法，是维护存款人对银行信心的保障手段，也是解决银行市场退出的有效措施。目前，美国、日本和韩国等国家都通过加强存款保险机构的作用等方式来防范道德风险。我国应尽快建立存款保险制度，这样，中央银行作为"最终贷款人"在提供救助资金时，就可以会同存款保险机构来实现，通过存款保险机构所特有的约束机制来达到防范道德风险，保护投资者和消费者的利益。

（六）走统一监管之路

中国金融监管体系应当从目前的"一行三会"制（即人民银行、银监会、证监会和保监会），逐步变成"一行一会"制（中国人民银行和中国金融监督委员会）。具体改革方案参见本书第十五章。

第五章

货币市场监管

货币市场是短期融资市场，伴随金融市场的不断发展、金融工具的不断创新，货币市场的内涵逐渐丰富，货币市场的监管难度不断扩大。根据监管职能的划分要求，中国人民银行负责货币市场的全面监管，重点是银行间同业拆借市场和银行间债券市场，货币市场监管的首要目标是通过调节商业银行等金融机构短期流动性达到货币供应量的基本稳定和货币政策的有效实施。

第一节　货币市场发展现状和存在的问题

1981 年 1 月财政部首次发行国库券 40 亿元，标志着我国开始有了货币市场的雏形，之后各类货币市场工具进入平稳发展阶段。1984 年建立了银行间同业拆借市场，1985 年建立了票据贴现市场，1986 年开始发行大额可转让存单，1987 年开始试点发行企业短期融资券，1988 年建立了国债二级交易市场，1991 年建立了国债回购市场。

经过 30 年不断发展和完善，我国已建立起涵盖同业拆借市场、债券回购市场、短期融资券市场、票据市场和信用卡市场的较为完备的货币市场体系。货币市场交易总量和交易主体在规模和结构上均发生了较大变化，成为金融企业筹集短期资金、进行流动性管理，非金融企业直接融通资金的重要场所。

一、发展现状

近年来货币市场保持着较快发展态势，债券发行规模和成交量同比大幅增加，货币市场利率低位运行；债券价格总体上行，收益率曲线整体呈上移趋势；机构投资者类型进一步多元化。

（一）债券发行总量和主体逐步扩大

2010 年，债券市场累计发行人民币债券 5.1 万亿元，同比增长 3.1%。国债、政策性银行债券、短期融资券等债券品种发行量，较上年有所增加。截至 2010 年年末，债券市场债券托管总额达到 16.3 万亿元，其中，银行间市场债券托管额为 15.8 万亿元，同比增长 21.5%。

2010 年，财政部通过银行间债券市场发行债券 1.7 万亿元（包括代发地方政府债券 2 000 亿元）；国家开发银行、中国进出口银行、中国农业发展银行在银行间债券市场发行债券 1.3 万亿元；汇金公司在银行间债券市场公开发行债券 1 090 亿元。

金融债券发行主体范围进一步扩大，外资法人银行获准发行金融债券，三菱东京日联银行（中国）在银行间债券市场公开发行金融债券 10 亿元；积极拓宽金融租赁公司和汽车金融公司资金来源渠道，3 家金融租赁公司和 1 家汽车金融公司总计发行金融债券 50 亿元。

公司信用债券继续发展，2010 年债券市场共发行公司信用债券 1.6 万亿元，其中发行短期融资券 6 742 亿元、中期票据 4 924 亿元、中小非金融企业集合票据 46.6 亿元、企业债券 3 627 亿元、公司债券 511.5 亿元，同时为提高企业流动性管理能力，创新推出超短期融资券，已成功发行 150 亿元。

目前银行间债券市场的债券发行机构范围包括财政部、政策性银行、铁道部、商业银行、非银行金融机构、国际开发机构和非金融企业等各类市场参与主体，债券种类日趋多样化，信用层次更加丰富。

（二）市场成交量同比大幅增加，债券结构以中短期为主

2010 年，银行间市场累计成交量 179.5 万亿元，市场运行主要有以下特点：

1. 成交量继续大幅增加。2010 年，银行间市场成交量 179.5 万亿元，同比增长 31.1%。其中，现券成交 64 万亿元，同比增长 35.5%；拆借成交 27.9 万亿元，同比增长 44%；质押式回购与买断式回购成交 87.6 万亿元，同比增长

24.6%。

2. 货币市场短期交易占比依然较高。2010年货币市场交易中，隔夜拆借成交24.5万亿元，占拆借成交总量的87.9%，较上年增加4.4个百分点；1天质押式回购成交67.7万亿元，占质押式回购成交总量的80%，较上年增加2.3个百分点。

3. 2010年，债券指数总体呈现上行走势。全年来看，银行间市场债券指数由年初的130.23点升至年末的132.74点，上升2.51点，升幅1.9%。

4. 2010年，银行间市场债券发行期限结构依然以中短期债券为主。其中，期限5年以内的债券发行量占比40%，比2009年下降8.8个百分点；期限5年（含）到10年的债券发行量占比34.7%，比2009年上升7.9个百分点；期限10年（含）以上的债券发行量占比25.2%，比2009年上升0.8个百分点。

（三）货币市场利率上升，收益率曲线阶段性变化显著

2010年，货币市场利率持续攀升，年末隔夜拆借利率达到4.52%，较年初大幅上升340个基点；7天质押式回购加权平均利率达到5.17%，上升377个基点。全年各月同业拆借加权平均利率为2.92%，比年初上升176个基点；各月质押式回购加权平均利率为3.12%，比年初上升193个基点。

2010年，银行间市场国债收益率曲线整体呈平坦化上移趋势：第一阶段是年初至8月末，国债收益率曲线呈现短端整体上升而中长端保持稳定下行趋势；第二阶段是9月初至11月中上旬，收益率曲线出现了明显的陡峭化上移走势，其中中期品种的收益率上行幅度最大；第三阶段是11月下旬至年末，短端收益率大幅攀升。不同期限收益率水平均达到2010年以来的最高值。

（四）投资者类型更加多元化

截至2010年年末，银行间同业拆借市场参与者887家，比2009年末增加33家。银行间债券市场参与主体10 235个，包括各类金融机构和非金融机构投资者，以做市商为核心、金融机构为主体、其他机构投资者共同参与的多层市场结构更加完善，银行间债券市场已成为各类市场主体进行投融资活动的重要平台。

2010年，银行间债券市场参与主体类型进一步丰富，资金集合型投资主体与非金融企业增加较多。在新增的市场参与主体中，新增基金581家，新增企业309家，新增银行54家，新增信用社26家，新增非银行金融机构11家，新增保险机构4家。同时，境外中央银行或货币当局、香港、澳门地区人民币业务清算行和跨境贸易人民币结算境外参加银行等相关境外机构已获准进入银行间债券市场投资试点。

（五）衍生产品交易保持平稳

2010 年，债券远期共达成交易 967 笔，成交金额 3 183.4 亿元，同比下降
51.4%。从标的债券来看，债券远期交易以政策性银行债券为主，其交易量占总
量的 54.5%。从期限来看，以 2~7 天品种交易量占比最高，达到 74.4%。

2010 年，人民币利率互换市场交易共计 1.2 万笔，名义本金余额 1.5 万亿
元，同比增长 23%。从期限结构看，1 年期及 1 年期以下交易最为活跃，名义本
金余额 8 579.6 亿元，占总量的 57%。从利率执行情况看，2010 年人民币利率
互换交易的浮动端参考利率包括 7 天回购定盘利率、Shibor 以及 1 年期定存利
率，与之挂钩的利率互换交易名义本金占比分别为 54.5%、40.3% 和 5.2%，与
上年同期相比，以 1 年期定存利率为浮动端参考利率的互换交易占比有明显上升。

二、货币市场发展中存在的问题

我国货币市场起步较晚，近年来发展较为迅速，有利的一面是在发展过程
中，总规模不断上升、交易主体不断增加，不利的一面是市场不够规范、存在着
较大的风险隐患。突出问题是市场主体结构复杂，涉及中外资金融机构、社保基
金以及企业年金，不同规模和层次的组织相互交织，导致货币市场是一个资金链
相互关联、风险相互传染的系统性网络。其中"大而不倒"机构凭借定价优势
控制资金流向，小机构生存空间相对狭窄。

货币市场发展需解决的主要问题：一是如何对待"大而不倒"机构垄断市
场问题；二是债券交易过于集中的问题。

（一）"大而不倒"机构垄断市场

"大而不倒"机构利用自身规模大、影响面广，对金融市场和整体经济至关
重要的先天优势，垄断市场利润，且可以在危机时期倒逼政府出面救助，损害纳
税人利益、加重政府财政负担、滋生道德风险，"大而不倒、相互关联而不倒"
的金融机构可以组成寡头垄断利益集团，控制货币市场资金规模和流向。越大的
机构越不能倒，而小机构生存空间有限，中小机构也越来越多地追求规模效益，
产品创新反而得不到足够的重视。

根据万德咨询统计数据（2009），工商银行、建设银行、中国银行在内的 13
家银行托管基金资产共计 25 842.08 亿元，其中工行、建行、中行、农行以及交
通银行的份额占比达到 91%。与之相应，2009 年年报统计数据显示，在总盘 50.4

亿元的托管费中，五大行合计占比达到 91.52%，其他中小银行占比不到 9%。

在雷曼倒闭之前，人们有一种几乎不可动摇的信念，认为具有系统重要性的大型金融机构的优先债权人和交易对手不会面临彻底违约的风险。1984 年伊利诺伊大陆银行（当时美国第七大银行）破产时，债券持有人得到了全额偿付。自那以来，这种信心就树立起来了。但是，与 20 多年前不同，本轮危机中雷曼债券持有人损失惨重，雷曼未偿付债券余额高达 1 300 亿美元。这些债券的预期损失迅速扩大。雷曼倒闭已经证明大机构也可以倒闭。

我国"大而不倒"机构以国家信用为担保，表面看倒闭风险非常小，实际上中央银行必须在其职权范围内不遗余力地规避货币市场上发生系统性风险的可能。

（二）交易种类结构分布不均

目前债券交易种类主要集中在政策性金融债、中央银行债和国债方面，其他类型金融机构债券成交数量相对偏低（见表 5-1）。

表 5-1　　　　　债券交易种类（截至 2011 年 2 月）

债券种类	成交笔数	成交金额（亿元）	到期收益率（%）
政策性金融债	3 477	8 020.26	3.7781
中期票据	2 854	3 738.66	4.5693
企业债	2 681	2 290.55	6.1039
短期融资券	2 331	2 048.57	4.0588
央行票据	2 178	4 172.92	3.3247
国债	2 096	5 958.78	3.3287
次级债	181	266.78	6.9822
地方政府债	58	64.15	3.0337
集合票据	36	15.90	5.3864
商业银行金融债	28	29.59	3.8431
超短期融资券	12	32.43	3.9615
政府支持机构债券	5	14.52	4.2272
国际开发机构债	4	1.52	4.9604
财务公司债	3	1.41	4.4885
金融租赁公司债	2	0.20	5.5441
合计	15 946	26 656.24	3.9680

资料来源：中国货币网。

其他类金融机构——财务公司、金融租赁公司债券成交金额比较小的原因，一是本身发行规模偏小，二是信用评级同中央银行、商业银行相比偏弱，尽管到期收益率较高，成交金额仍显不足。

此外，债券期限分布不够合理，成交笔数多集中在待偿期 1 年以下（包括 1 年）、1～3 年（包括 3 年）和 3～5 年（包括 5 年）短期品种上。从图 5－1 可以看出：近 3 个月（2010 年 12 月至 2011 年 2 月）待偿期主要集中在 1 年以下（包括 1 年）、1～3 年（包括 3 年）、3～5 年（包括 5 年）待偿期较短的债券品种上。15～20 年（包括 20 年）、20～30 年（包括 30 年）以及 30 年以上待偿期的债券成交笔数相对稀少。导致货币市场上缺少 3 个月以上期限的产品定价，中长端收益率曲线的基准程度偏低，货币市场利率还不能成为市场化条件下的基准利率水平。

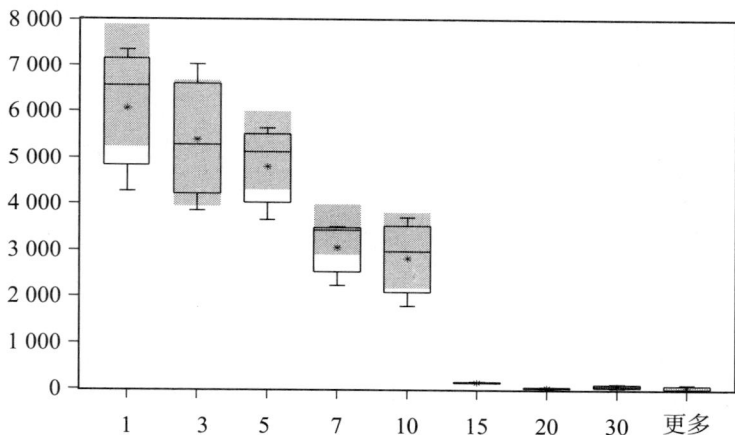

图 5－1　债券待偿期分布

资料来源：中国货币网。

由于缺乏市场中介机构，金融机构之间的资金流通渠道不畅通，不利于各家金融机构进行资产负债和流动性管理水平的提高。在宏观政策调整的冲击下，单体机构的流动性风险、信用风险、操作风险等一系列风险容易暴露出来，特别是货币政策由宽松转向从紧的过程中，中小机构抵御风险的能力逐步降低，风险在货币市场递延的几率将会不断上升。

伴随货币市场的深化，各类机构发债量将逐年增加，不仅国际开发机构要到中国的货币市场发债，汽车金融公司债、混合资本债也将逐年增加。货币市场未来发展方向应以鼓励各类金融机构和各类非金融企业成为发债主体，逐步减少中央银行在货币市场中的做市商地位。

第二节 货币市场风险

由于货币市场是一个系统性场所,存在"大而不倒"问题和债券发行、交易过于集中等问题,它不可避免地存在着一定程度的风险。现阶段,主要存在一些问题,尚不构成系统性风险。但是,如果监管不力,各种问题得不到及时处理,叠加到一定程度后,系统性风险爆发的可能性仍然存在。

一、现阶段需解决的主要问题

(一)同业拆借市场交易集中在大型商业银行

同业拆借数量虽然很多,但不同层次成员的参与程度分化严重。近 5 年来从未参与同业拆借的市场成员有 359 家,70% 以上是城市商业银行、城乡信用社、农村商业银行、农村合作银行等中小金融机构。处于垄断地位的是国有银行、股份制银行和外资银行,它们的交易量占到整个市场的 80% 以上,尤其是 16 家 SHIBOR 报价银行,如在 2009 年共计 4 万亿元新增交易量中占据 70% 以上的市场份额。

深层原因是中小金融机构信用级别不如大型金融机构,而同业拆借市场是一个无担保品的纯信用市场,一无担保品、二无高级别信用迫使中小金融机构成为"休眠会员"。由于同业拆借市场发展不够充分,大型金融机构垄断市场,利率市场化调节机制无法得到有效发挥,大型商业银行流动性始终处于充足状态且主导着利率走势,市场集中度提高导致的交易量增长只在若干大机构之间"循环",无法有效提高市场的深度和广度,垄断定价,扭曲价格信号。中小银行处于信息不对称地位,特别是小银行的流动性经常处于紧张状态之中。

同业拆借市场的另一风险是利率风险,每次新股发行都会对同业拆借市场的利率造成冲击,加剧利率的波动。而上海银行间同业拆借利率 Shibor 与有效的货币市场基准利率存在明显差距,Shibor 报价长短端变化趋势经常出现不一致性,且 Shibor 报价没有承担实际成交义务,导致同业拆借市场利率的方向标不够明确且缺乏前瞻性。

（二）银行间债券回购市场隐性异常交易较多

债券回购市场上，债券回购交易总量逐年递增，但其中不乏异常交易和违规交易行为。如，利用债券回购过度放大杠杆投资，质押式回购中的质押品管理严重缺位，回购融资没有弥补短期头寸不足和解决临时性周转资金需要。异常交易行为会逐步累积并放大风险，影响市场稳定运行，市场成员内部对交易行为的管理并不到位，存在潜在的政策风险、市场风险和操作风险。1995 年我国债券回购市场曾出现过典型的"国库券假回购"案例，而近年来的债券异常交易问题已经成为回购市场的首要问题。

（三）短期融资券市场小企业难以获得资金需求

短期融资券的低融资成本和便捷透明的发行流程对企业有强大的吸引力，是一种刚性需求。但是，目前非金融机构持有占比不足 0.15%，非金融机构更加趋向民间借贷活动。如 2010 年 3 月末，我国民间借贷余额约 2.4 万亿元（含小额贷款公司和典当行数据，如果剔除这两项，则该数据为 2.06 万亿元），占同期金融机构人民币贷款余额的 5.6%。借贷资金仍以个人资金为主，企业间借贷增加较快，担保公司放贷情况时有发生，资金中介有所增加；借贷期限仍呈短期化趋势，主要用于中小企业流动资金以及自然人生产经营性资金，周转性的过桥资金增多；仍以无担保的信用贷款为主，借条为主要协议方式。民间借贷市场的发展间接受到货币政策和信贷政策影响，且对资金趋紧信号更为敏感。

相反，商业银行、保险公司等资金配置型机构却把持短期融资券的大部分供给，月度发行个数占比超过 80%，月度发行总量超过 90%。

特别是受通货膨胀、股市风险、基准利率上调的预期影响，以商业银行为首的配置型机构投资者将回避通胀风险较大的长期债券，实施短期策略，对短期融资券需求旺盛。相比较，资金进入实体经济、支持企业发展的力度明显减弱。

目前短期融资券市场受到国内金融市场的风险分担机制、风险资产投资监管制度和不同风险偏好的投资者素质等因素制约，低信用主体很难进入短期融资券市场，短期融资券市场的发行规模增速逐步放缓。

（四）票据市场过多倚重银行信用

2008 年下半年，中央银行实施适度宽松的货币政策后，票据融资出现了超常规增长，各地不同程度地存在虚增现象。在没有优质贷款项目情况下，信贷规模扩大的唯一途径就是做大贴现。部分商业银行利用全额保证金签发银行承兑汇

137

票不受限制以及贴现具有贷款规模调剂的"蓄水池"功能，寻求与企业假合作。票据市场中银行承兑汇票所占份额超过90%，票据市场信用主要体现为银行信用，能够体现商业信用的商业票据市场份额占比很少。

（五）信用卡市场违约风险

与工业化国家相比，我国信用卡市场发展还存在诸多问题。

一是信用卡规模小，持卡者用卡意识不强。目前，采用信用卡方式进行消费信贷和消费结算的占比仍然偏小，大部分持卡人仅仅将信用卡视为存取现工具。

二是信用卡种类有限，功能较为单一。由于各行信用卡之间无法实现通用功能、用卡配套设施尚待完善，信用卡的推广仍处于初级阶段，导致客户在信用卡携带、使用等方面极为不便。

三是信用障碍较多，消费信贷发展缓慢。由于我国银行卡采取先借记卡、后信用卡的发展模式，导致借记卡发展速度远远超过信用卡的发展速度。信用卡的消费信贷功能已被弱化，且缺乏循环信用额的信用卡研发。

四是信用卡使用的安全性偏低。受技术手段限制，通过POS机虚构交易套取现金和窃取个人信息伪造信用卡案例屡有发生，导致信用卡使用频率远远低于借记卡的使用。

五是用卡环境较差，功能严重错位。用卡环境的主要标志是特约商户的数量和质量，国内特约商户不仅数量少、范围窄，且受卡情况均不理想。

上述原因导致我国信用卡不良贷款余额已呈快速上升趋势。根据中国人民银行《2010年中国金融稳定报告》，2009年年末，个人信用卡不良贷款余额78亿元，比年初增加35亿元，不良贷款率2.8%，比年初提高0.4个百分点，信用卡逾期透支余额远远高于其不良贷款余额。2009年信用卡逾期透支情况更加严重。

（六）应采取的主要措施

1. 多样化的发行主体。针对中央银行、财政部、商业银行、政策性银行大型金融机构，发债规模较大，成交较为活跃，财务公司、金融租赁公司发债规模偏小、交易并不活跃的问题，应鼓励财务公司、金融租赁公司增加发债规模，增加信用评级，鼓励汽车金融公司债、混合资本债的稳健快速发展，提供稳定的宏观经济金融环境，鼓励更多国际开发机构在中国市场扩大人民币发债规模。

2. 丰富债券种类。目前，债券交易品种集中在中期票据、企业债、商业银行普通金融债、国债、央行票据、政策性金融债、短期融资券方面，而财务公司债、金融租赁公司金融债、集合票据、国际开发机构债、地方政府债、政府支持机构债券、次级债等交易量偏低。

我们应尽快调整市场融资结构，让货币市场的发展更有利于分散风险、更有利于金融创新发展，应借鉴美国货币市场发展的历史经验，进行产品创新、丰富债券交易种类和期限结构。

3. 改变发行期限以中短期债券为主的格局。从近两年情况看（见图 5 - 2），2009 年期限 5 年以内的债券发行量占发行总量的 50%，较 2008 年提高 2 个百分点；期限 5 ~ 10 年的债券发行量占 26%，较 2008 年下降 3 个百分点；期限 10 年以上的债券发行量占比 24%，较 2008 年略有上升。期限结构过于集中在中短期，不利于金融机构调整资产负债结构和有效管理流动性，今后可适当扩大长期债券的发行和交易。

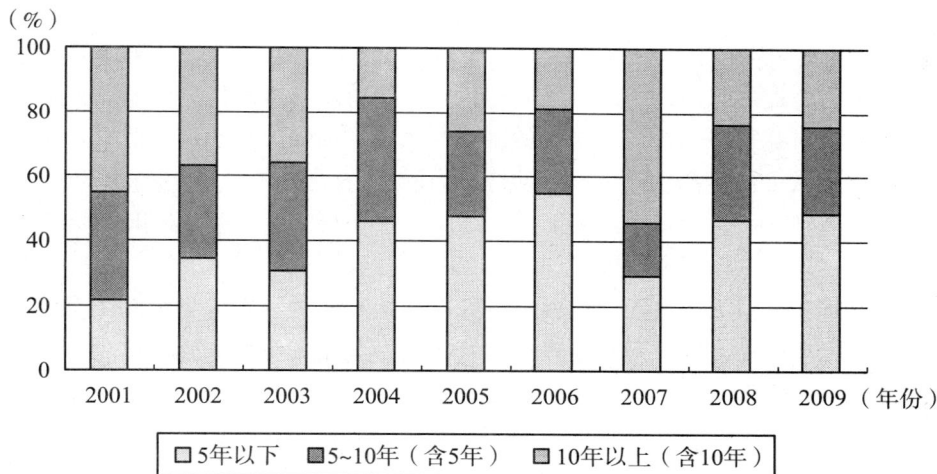

图 5 - 2　近年来银行间债券市场发行期限结构变化情况

资料来源：中国人民银行年报（2009）。

二、长期风险

尽管我国金融体系在危机中没有受到严重冲击，但是由于 2008 年我国实行了 4 万亿元的财政刺激政策、货币信贷总量连续两年投放较快，截至 2010 年年末，我国 M2 余额达 72.6 万亿元，货币存量居世界之首。随着美国实施第二轮量化宽松政策，2010 年 12 月末，我国外汇占款达到 20.7 万亿元，创下历史新高。

长期看，货币市场受宏观调控影响冲击较大，潜在风险将会有所显现。鉴于信贷投放过多、过快局面，中国人民银行实施稳健货币政策的内涵已经发生实质

139

性变化，2011 年存贷款利率水平开始进入加息通道，存款准备金比率也已连续多次上调。在适度从紧的货币政策环境下，中小金融机构的融资成本必将上升，流动性趋紧状况将会逐步显现。

货币市场长期风险主要是流动性风险，金融危机告诉我们：系统性风险一般起源于货币市场的流动性风险，单一机构的流动性不足就容易引起市场恐慌和羊群效应，产生系统性风险。近年来，国际监管机构特别关注流动性风险的管理制度建设。

（一）流动性风险的管理原则

巴塞尔银行监管委员会致力于进一步加强国际流动性风险监管的协调性和流动性融资的跨境监管，研究建立流动性风险管理的国际框架。公布的《流动性风险计量、标准与监测的国际协议（征求意见稿）》对跨境活动频繁的银行建立了全球统一的最低流动性标准，同时还提出一些通用的流动性风险监测工具，以帮助监管当局鉴别并分析银行体系的流动性风险，加强流动性跨境监管合作和信息共享，增强银行体系应对全球流动性压力的能力。

2010 年 11 月初，G20 已就巴塞尔协议Ⅲ（Basel Ⅲ）达成共识，要求各成员经济体在 2 年内完成相关制度工作，2013 年开始实施，2019 年全面达标。巴塞尔协议Ⅲ对我国银行业的直接影响是提高了银行业的资本监管标准；引入了杠杆率监管标准；提出事前限制性审慎监管措施；建立流动性监管标准。

巴塞尔协议Ⅲ明确了银行业流动性风险管理的紧迫性。流动性是否充裕是我国商业银行赖以生存的基础，资本充足率再高，如果没有稳定的资金流量，系统性风险难以避免。

建立流动性监管标准的内涵是：对商业银行提出两个新的流动性监管量化指标：第一，流动性覆盖比率，用于度量短期（30 天内）压力情景下的银行流动性状况，即要求优质流动性资产/未来 30 天内的净资金流出大于或等于 100%，有助于提高短期应对流动性中断的弹性。第二，净稳定资金比率，用于度量中长期内银行可供使用的稳定资金来源状况，即要求可用的稳定资金/业务所需的稳定资金大于或等于 100%，要求银行至少具备对一年内的资产和表外的流动性风险暴露的稳定融资能力，限制银行过度依赖于批发融资渠道，鼓励更加精确地评估表内和表外的流动性风险。

按照巴塞尔协议Ⅲ要求，商业银行将更加倚重同业拆借市场、回购市场和票据市场，通过货币市场的再融资保持充足的流动性。在资产快速变现方面，国库券和其他货币市场工具的期限短，变现能力强，持有量将逐年增加。在负债方面，商业银行将更加注重低成本和快速的筹融资能力。同业拆借、发行大额可转让存单、回购协议等短期负债将越来越成为商业银行进行流动性管理的重要手段。由于流动性要求更加严格，在融资期限方面，短期融资会更受欢迎，金融机构调节头寸、获取短期收益的交易动机将更加明确，负面影响是融资明显短期化后，货币市场的信用风险、利率风险、市场风险、流动性风险将更加复杂。

（二）我国商业银行的应对措施

根据巴塞尔协议Ⅲ流动性风险管理原则，我国商业银行必须扭转业务模式和业务结构，从负债角度看，应扩大金融债券的持有量，减少对居民储蓄和企业存款的过度依赖；从资产角度看，应扩大票据融资、贴现融资的比重，适当降低中长期贷款的比例。

1. 改善负债结构方面。我国银行业的主要负债是居民储蓄和企业存款。截至 2010 年年底，金融机构人民币储蓄存款余额达到 30 万亿元，企业存款达到 24.5 万亿元，二者占全部负债的 65%，相比较，金融债券仅占全部负债的 1.6%。存款客户的集中度越高，流动性风险就越大。而欧美银行业，资金来源主要依靠从同业市场的拆入资金，其流动性受市场资金供求的约束远远小于我国商业银行。

2. 改善资产结构方面。我国商业银行的中长期贷款占比偏高。截至 2010 年年底，金融机构中长期贷款占全部贷款的 60.3%，票据融资仅占 3%。多家银行的中长期贷款占比超过 60%，10 年期以上的贷款占比超过 15%。资金来源与资金运用期限过度错配现象严重，加大了流动性风险。

（三）流动性监管的国际经验

为恢复主要金融市场的功能，美国创新了一些流动性工具，这些举措有助于稳定商业票据市场和防止资金从货币市场共同基金大量流出。在此期间，国外商业银行对美元存在大量的融资需求，这对全球银行市场造成压力，并进一步挤压了美国的信贷市场。因此，美联储扩大了和其他国家的货币互换范围，在原来与欧洲中央银行和瑞士中央银行货币互换的基础上，2008 年 9 月增加了 7 个国家，10 月再增加了 5 个国家，其中包括 4 个新兴市场国家。此外，2008 年 10 月 8 日，美联储和其他 5 个主要国家的央行协同行动，同时降低了利率。

美国经验证明：稳定货币市场是防止系统影响力金融机构倒闭的最关键一环，中央银行通过货币市场注入流动性、通过存款保险和担保的方式提升存款人的信心后，短期融资市场运转就能恢复正常，公司债券发行会有所增加，先前低迷的证券市场才能相继有所恢复，股票价格随之上涨。

货币市场监管到位，能够避免金融危机中的典型恐慌现象再次发生。恐慌通常产生在短期资金的借出方，最后可能导致相关金融机构的破产。次贷危机中，恐慌以多种形式出现，如许多金融机构通过短期回购协议进行融资。在回购协议中，贷款的最高金额是抵押物的估值减去折价。当危机发生时，短期资金提供者为使自己免受资产价格下跌带来的损失，通常会提高折价率。这种个人理性行为可能会引发一系列非理性后果。折价率提高会加大融资难度，一些借款人被迫在流动性较差的市场上出售资产，导致资产价格下降，市场动荡加剧，并恶化了其他类似资产持有人的财务状况。这反过来又加大了贷款人的风险，导致它们又进一步提高折价率。当 2008 年 9 月中旬危机进一步恶化时，折价率急剧上升，这种恶性循环造成了金融危机的蔓延，并模糊了清偿性和流动性风险之间的界限。

中央银行作为唯一有能力提高金融体系整体流动性的机构，应在恰当时机为市场提供流动性，以减轻恐慌情绪。危机出现以来，美联储以及其他中央银行为金融机构、货币市场共同基金和商业票据市场提供了大量流动性。虽然为金融体系提供流动性并不能解决信用风险和信贷损失问题，但是可以减少流动性溢价，有助于恢复投资者信心，从而促进金融稳定。

第三节　货币市场监管创新

从防范系统性金融风险角度出发，提高货币市场的金融监管水平，不仅能够降低风险在货币市场内部的扩散速度和负面效果，而且能够阻断风险向资本市场、外汇市场等领域的传递渠道和传染效应，从而减少整个金融市场发生系统性风险的概率。

一、监管现状

自 1997 年成立统一的银行间市场以来，自律监管组织一直缺位，货币市场监管实际上处于一种既要强化市场自律管理又要加强外部监督检查的模糊状态。

中国人民银行在担负对市场实施行政管理职能的同时，也承担了一些本该由自律组织担负的自我监督职能。为提高市场自律管理程度，2007 年中国银行间市场交易商协会正式成立，它是银行间债券市场、拆借市场、票据市场、外汇市场和黄金市场参与者共同的自律组织，主动实施对银行间市场的监管管理职能。中央银行日常监管主要采取非现场形式的监管，以定期接收（每日、每月、每季）中央银行上海总部监管报告为主：一是对整个金融市场进行全局宏观的监测，与对各个金融子市场进行的重点及专项监测相互结合。二是对金融市场重大决策快速反应的监测分析，与日常的每日、每月的监测分析以及短期的动态监测相结合，并将全年的监测分析成果形成《中国金融市场发展报告》。三是开发了基本涵盖中国金融市场各类交易数据的金融市场监测分析系统。以便对各个金融市场的历史监测指标进行查询、对各个市场的当前风险情况进行评估和对各个市场风险指标的内在相关性展开研究。

监测分析范围涵盖了同业拆借、债券、黄金、外汇、理财产品、股票、期货、衍生产品等市场，同时也包括金融市场之间的联动以及宏观经济金融环境对金融市场的影响。主要监测上述市场的量与价，存量与流量，总量与结构，时点价与变动率等。

二、监管创新

（一）货币市场监管改革的重点

1. 坚持市场化改革方向。减少不必要的行政管制；强化市场化约束和风险分担机制；加强交易、清算、托管等基础设施建设，提高承销机构、评级机构、会计师、律师等中介机构的执业标准；协调好货币市场体系各子市场之间的关系，推动各子市场协调发展；让市场自律发挥更大作用，发挥市场自律在贴近市场需求、促进监管部门与市场参与者之间的有效沟通。

2. 从单一监管转向功能监管。按照目前分业监管模式，中央银行负责场外衍生产品市场的监管，从宏观层面防范风险，促进市场功能正常发挥角度出发，银监会、证监会、保监会等机构监管者应从机构层面对机构内部制度和风控管理的合规性进行监管。

3. 提高中央银行自身监管水平。针对货币市场，中央银行的监管任务一是应准确评估货币市场的潜在脆弱性，提出对策建议；二是监测货币市场发展，识别未来潜在脆弱性；三是跟踪已达成共识的应对行动实施情况，联合开展早期预警演练做准备；四是将国际金融危机发展动态监测纳入日常工作，会同分支机构开展地方法人银行风险监测，关注信贷集中度风险。

4. 加强同业拆借中心的日常监测。目前，《同业拆借管理办法》执行力度不足，中央银行应进一步依法对同业拆借交易实施非现场监管和现场检查，对同业拆借市场的行业自律组织进行指导和监督，放松准入管理、期限管理、限额管理，加强透明度管理、加强事后监督检查等市场化管理措施。

（二） 监管创新的政策建议

1. 发挥信用增级机构的风险定价机制。利用信用增级机构能够针对某类信用风险准确定价的优势，为低信用等级的公司债券和结构性金融产品提供信用增级，有效地弥补低信用级别中小企业和投资人风险投资偏好的差距。与目前现存的担保公司不同，信用增级机构的定位更加准确，立足于整个银行间债券市场，为该市场相关产品的发起端——发行人做一个信用增级，从而进一步拓展银行间债券市场的深度和宽度。建立全国性信用增级机构，还可为今后发展"垃圾债券"市场奠定信用评级基础。

2. 完善金融市场中介的建设。建立明确的法律法规，规范评级机构的评级行为和会计师事务所的审计行为。

推动中央对手方净额清算制度。在场外衍生产品市场建立中央对手方净额清算制度，一方面有利于降低风险，提高资金使用效率，促进市场活跃，另一方面有利于提高市场透明度，利于监管者更及时、全面地掌握市场运行情况。

强化信息披露。避免场外市场信息不对称性，提高市场约束，保护投资者，又便于监管者更全面地掌握市场运行情况。债券发行人要严格执行已公布的规章制度，及时、准确、充分地进行信息披露；衍生产品市场参与者应按照现行规定，切实做好交易信息的报告和备案工作；应将金融机构与企业之间衍生产品交易情况纳入报告范围，帮助监管部门对市场整体运行情况、风险变动情况进行监测分析，防范系统性风险。

3. 尽早推出风险对冲工具。现阶段，发行主体的风险状况存在不确定性，市场缺乏风险对冲工具，任何一个国家的债券市场，只有基础产品是不行的，必须适时推出避险工具。如不及时推出风险对冲工具，对下一步市场的发展是不利的。有步骤、有计划地按照风险可控的原则来尝试，初始阶段要求必须以实物券交割为主，同时，限制一定的杠杆比例。

第四节　货币市场的金融稳定和货币政策传导职能

一、中央银行的金融稳定职能

一般认为货币政策的首要任务是保持价格稳定，然而站在历史角度应该看到：货币政策最关心的问题不应仅仅是价格稳定，更应包括金融稳定。Goodhart（1995）曾就价格稳定与金融稳定孰重孰轻进行研究并提出多数国家之所以有中央银行，最初动机不是为了盯住价格总水平，而是要对无政府状态下的银行体系进行必要的干预。近30年来金融危机的频繁爆发证明中央银行维护金融稳定的职能被忽略和低估了。

BIS（2010）总结出中央银行维护金融稳定的相关职能应包含以下几个方面：第一，银行业的监管规则制定、市场准入、监管、道义劝说和指引以及宏观审慎管理；第二，支付体系规则的制定、设计和监管；第三，金融体系的整体监测、道义劝说和以金融稳定为目标的货币政策。

从中央银行维护金融稳定的工具看，Oosterloo 和 de Hann（2004）认为：央行维护金融稳定主要有两类工具：一是事前的预防性政策工具，分为宏观审慎工具（包括稳健的监管框架、银行监管措施的有效实施以及早期的预警体系等）和微观审慎工具（包括金融机构头寸和资本充足的定期比较分析、流动性状况及风险的监测、内控系统的检查等）；二是事后应对性反应工具，主要是指向金融机构提供紧急流动性援助和银行的清算、重组等。

Chant 等（2003）从政府公共政策的角度将一国金融稳定的政策措施划分为危机预防、危机管理政策或预防性政策、遏制性政策和纠正性政策。其中预防性政策包括良好的法律基础设施、审慎的金融监管框架、支付清算体系的风险预防措施以及存款保险制度等，遏制性政策包括最后贷款人政策、及时处理脆弱的金融机构等，纠正政策措施包括通过再注资、购并或管理层更新等措施重组陷于困境的金融机构等。

由于金融管理制度不同以及中央银行目标、职责和权限的差异，各国中央银行在维护金融稳定中的工具和手段并不完全相同，主要体现在金融监管权的归属上。从当前各国央行的职能来看，主要国家中约有一半的中央银行具有微观监管权。不具有微观监管权的中央银行，主要通过维护本国币值的稳定以及支付体系的安全实现金融稳定目标，所采取的措施包括货币政策工具以及对金融体系的流动性支持。

我国中央银行维护金融稳定的政策工具主要有四类：一是相对独立的政策工具，包括监测支付系统、紧急流动性援助、危机协调管理；二是借助货币政策工具来稳定金融体系，包括货币信贷政策、短期利率、公开市场操作、信息交流与窗口指导；三是运用金融监管手段来维护金融稳定，包括审慎管理与监管；四是对高风险金融机构的救助。

二、货币市场上的金融稳定职能

货币市场包含了商业票据市场、央票市场、短期融资券市场等多种融资工具，货币市场是中央银行发挥金融稳定功能的重要媒介之一，公开市场操作、短期利率水平的确定均通过货币市场予以实现。中央银行通过公开市场操作不但能够有效调节全社会信用总量，而且能够对银行等机构投资者实施最直接的总量调控，达到价格稳定和金融稳定的目标。商业银行依靠货币市场融资，能够得到一个更加安全的融资环境。

（一）金融稳定渠道之一：商业票据的管理

商业票据是大公司发行的短期债务工具。对于发行者而言，由于商业票据多为 1 年期以下票据，短期利率水平较低，从成本核算角度看，商业票据这种融资方式比企业间接从银行贷款要划算一些。对于投资者而言，商业票据提供的收益率略高于国债收益率，信用风险也非常小。2007 年年初，商业票据成为美国最大的短期债务工具，余额达到 1.97 万亿美元，大多数商业票据是金融机构发行的，占全部商业票据余额的 92%。

商业票据在 2007～2009 年金融危机中扮演了核心角色。危机前，市场参与者习以为常地认为它是一种安全资产——期限短、拥有最高的信用评级，同 2007 年 8 月危机爆发以来一直困扰华尔街不透明的结构化衍生产品不同，货币市场基金完全属于一种主流投资品种①。但是，两件事情改变了市场参与者的理念：

一是 2007 年 7 月 31 日，贝尔斯登投资次贷产品的两只对冲基金宣布破产，随之其他投资次贷产品的市场参与者也宣布损失惨重。2007 年 8 月 7 日，法国巴黎银行冻结了旗下三只大型货币市场基金的赎回，原因是无法准确评估抵押品和其持有的其他投资品的真实价值。资产支持商业票据余额从 2007 年 8 月的 1.18 万亿美元下降到 2008 年 8 月的 7 450 亿美元，下跌 37%，相比较，在相同时期内，其他类型的商业票据余额保持基本稳定。

二是 2008 年 9 月 16 日，美国历史最悠久的货币市场基金，旗下管理着 650 亿美元资产，也被迫因持有雷曼兄弟商业票据 7.85 亿美元而亏损严重。原先每

---

① 2008 年美联储动用 20 世纪大萧条时期获得的特别授权，设立了货币市场投资者融资工具，用以从货币市场基金购买大量的商业票据。货币市场基金资产主要投资于包括商业票据在内的短期有价证券，看中的是流通性强和低风险。商业票据是货币市场交易的重要金融工具之一，是一种以短期融资为目的，直接向货币市场投资者发行的无担保票据。美联储通过从货币市场基金购买商业票据来改善货币市场的流动性状况，货币市场形势的好转将进而提高银行和其他金融机构满足企业和家庭信贷需求的能力。

股 1 美元的货币市场基金已下跌到每股 0.97 美元，引发货币市场基金的大量赎回，直至美联储宣布对货币市场基金投资人提供存款保险后挤提方停止。与此同时，为阻止商业票据市场的急剧下滑，美联储历史上首次直接购买商业票据。2008 年 10 月 26 日，美联储开始购买商业票据，成为单一最大的商业票据购买者，通过各类贷款便利占据了货币市场基金 22.4% 的市场份额。

危机平稳之后，2009 年 9 月美联储紧急贷款计划的规模已显著减小，美联储减持商业票据至 400 亿美元，占市场份额的 3.4%，商业票据融资安排额已自峰值下降 87%，现金拍卖计划规模也已减小 57%。

自 2009 年 1 月下旬以来，3 月期票据的利率首次回升至 1 月期票据利率的上方。1 月下旬时，美联储伸出援手，短暂推高了 3 月期票据利率。定量宽松的货币政策和银行压力测试的顺利完成，缓解了市场的紧张情绪。这为高风险资产的复苏创造了条件。

美联储为了解决信贷危机，直接从货币市场基金购买商业票据，促进短期金融市场流动性的恢复性增长，以阻止货币市场基金的亏损在全行业引发挤兑。通过美联储在货币市场干预可以看出：中央银行承担者金融稳定的重要职能。

（二）金融稳定渠道之二：影子银行体系的监管

引发本轮金融危机的原因是金融市场和监管还不够成熟，不能完全应对金融非中介化和"影子银行体系"的兴起。"影子银行体系"包括对冲基金、投资银行、各类表外项目以及在一些地区的按揭贷款。这些机构的经营活动与一般大众没有直接的联系，但它们的行为同样具有系统性风险效应，特别是一些没有存款基础的机构（如投资银行），当遇到金融危机流动性出现问题时，偿付能力远远低于银行体系。

通过货币市场实现金融稳定职能的意义在于抑制不受监管的银行体系的货币创造动机。尽管货币创造对个体有利，但是这种融资模式对全社会而言不是最优的。相对资本市场长期债而言，货币市场上银行发行短期债券价格比较便宜，融资成本却不是完全按照内部化原则予以处理。金融危机发生时，银行兑付短期债务的唯一方法是低价出售资产。低价出售资产会引起负的外部性。不受监管的银行会导致货币创造过度，金融体系面临危机时变得异常脆弱。

解决负外部性有多种方法，一种方法是采用传统的货币政策工具，如公开市场操作。控制负外部性的简易方法是规定各行货币创造的上限，即中央银行对各家发布的贷款总规模指导性指标。另一种方法是对商业银行和影子银行实施更加对称且均衡的监管模式。如果影子银行的负债不受存款准备金约束，替代方法可以对其投资实行扣减所持债券的价值（Haircut）方法予以解决。Haircut 的含义

147

是赋予美国联邦存款保险公司（FDIC）充分行使金融稳定的权利，包括变卖资产、追索赔偿、建立搭桥财务公司。更重要的是，可以限制有担保债权人追索赔偿的权利，要求有担保债权人也承担部分损失，使其有动力监管"大而不倒"的债权人，可行办法是限定这些有担保权的追索上限应达到债券总额的80%。纽约大学教授鲁比尼（2009）认为，在对亏损进行大额减记后，债券持有人应不得不接受20%的折扣。即扣减所持债券的价值（Haircut），尽管这一举措会导致债权人的不满，但是同雷曼破产所受损失相比，结果要好许多。

实施"Haircut"准备金要求的好处是中央银行能够掌握债券回购融资的主动权，回购融资的发放需要一定金额的抵押资产，中央银行可以根据全社会信用总量大小调节抵押品的数量，从而得到最优的全社会信用总量。

三、货币市场上的货币政策传导职能

货币政策工具包括利率、存款准备金、贴现率、公开市场业务、信贷总量调控等。存款准备金政策主要影响商业银行的超额准备金，但在货币市场的发展不能满足商业银行流动性管理需要的情况下，商业银行为了保持流动性，只有保留大量的超额准备，此时，中央银行调高或降低法定存款准备金率对商业银行扩张或收缩贷款的影响不大。

再贴现政策的发挥以发达的票据市场为前提，英国之所以选择再贴现作为其主要的货币政策工具，是源于其发达的票据发行和贴现市场。

在各国的货币政策操作中，都十分注重利用公开市场业务。公开市场业务要达到预期的效果，其基本条件就是货币市场上具有足够种类和规模的短期信用工具，美国发达的短期国债市场为美联储主要利用公开市场业务操作调控联邦基金利率和基础货币提供了必要的前提。

随着我国货币市场的发展，金融机构的超额存款准备金率逐年下降，金融机构在提高流动性管理水平的同时，对存款准备金政策的调整也越来越敏感，使存款准备金政策成为人民银行进行宏观调控的重要手段。公开市场业务自1998年以来逐渐成为人民银行吞吐基础货币，调节市场流动性的主要工具。银行间债券市场成为人民银行进行公开市场操作的重要载体。

可供中央银行进行货币政策操作的市场集中在银行同业拆借市场和短期国债（或中央银行票据市场）。主要原因是：这两个市场是可广泛参与的同质市场，并具有高度的流动性。但是，该市场的约束条件是：只要该市场中存在零利率的现金替代品，短期货币市场的利率水平将无法再往下调。在日本案例中，扩张性零利率政策不能防止持续性的通货紧缩和货币总量的缓慢增长（普利格和卡夫，2010）。

（一）货币市场的总量传导机制

传统理论认为：中央银行通过货币市场实施货币政策传导的渠道有两个：一是总量传导机制，主要是控制信贷总量；二是价格传导机制，通过调节基准利率水平调节金融机构的融资成本和融资规模。

我国价格传导机制受制于银行存贷款利率管制而难以实现，主要采取信贷传导机制，传导过程：中央银行→货币市场→金融机构→企业和个人。货币市场在货币政策传导过程中，通过票据市场、回购市场调节货币信贷总量。特别是在建立商业银行公司治理结构、完善资本充足率的过程中，为了控制金融风险，我国商业银行日益强化贷款约束机制，贷款权限的上收和贷款终身责任制使基层银行失去发放贷款的动力，中央银行为扩大内需而增加货币供给量的政策措施受阻。此时，商业票据市场的快速发展一定程度上疏通了货币政策的传导。因为与贷款业务相比，票据业务和票据资产成为安全性、流动性和营利性有机结合较好的一种业务和资产，商业银行对票据业务的热衷与追求，在迅速扩大票市场规模的同时，也为货币量的投放提供了一个新的渠道。

目前，货币市场实施总量传导的工具主要是票据融资，传导机制相对薄弱，其对货币供应量的影响即贡献度不足2%（见图5-3），今后应逐步扩大票据直接融资规模。

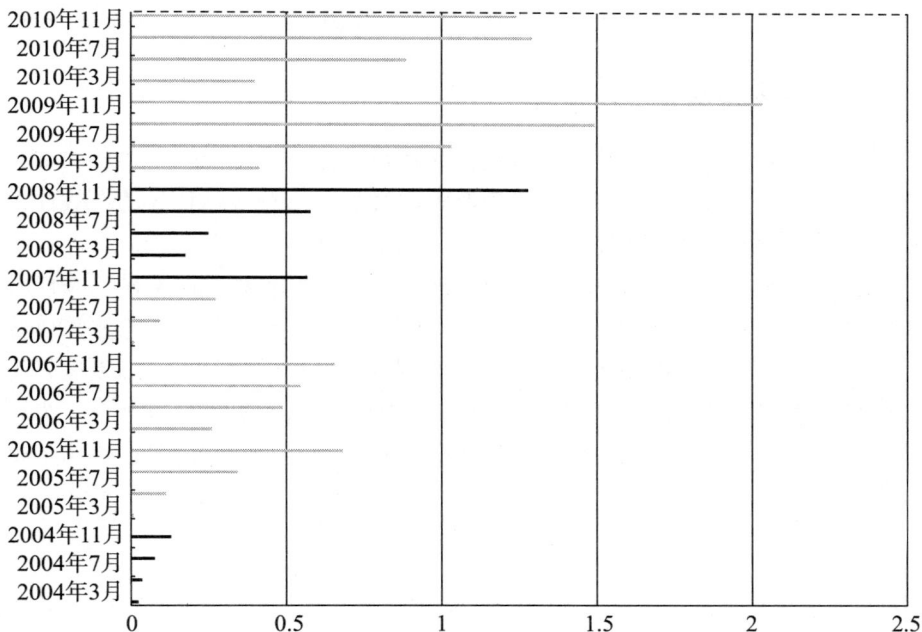

图5-3 公司票据融资对M2的贡献率

（二）货币市场的价格传导机制

货币政策的价格传导以利率市场化为基础，而利率市场化的前提是货币市场的高度发达——成熟的基准利率与货币市场利率体系为商业银行确定存贷款利率提供依据。基准利率是一国利率体系中起决定作用的利率，被广泛用做各类利率型金融资产的定价标准，是名副其实的市场利率的风向标。中央银行通常将基准利率作为货币政策的中介指标，通过它的变动判断市场资金的供求状况，进而通过货币政策工具对其调控实现政策目标。因此，适当的基准利率可以起到传导货币政策意图和市场信息的作用。

在市场经济中，基准利率通常被界定为通过市场机制形成的无风险利率，由于货币市场的高流动性特征，货币市场利率早已是市场经济国家的基准利率，中央银行再贴现利率、短期政府债券利率和同业拆借利率是基准利率的具体体现。以我国再贴现市场目前的交易规模和余额，再贴现利率难以发挥基准利率的功能；短期国债市场的缺失使得以国债收益率为基础的基准利率也无法有效形成，同业拆借利率似乎成为唯一的选择。

同业拆借市场本是存款机构之间调节资金头寸的场所，利率水平应反映信贷市场资金供求状况。但是，由于证券公司经营活动同资本市场新股发行高度相关，证券公司进行货币市场易带来较大波动性，增加了拆借市场的风险因素，造成市场利率的异常波动，承担基准利率的作用受到影响。

（三）货币市场的立体发展

由于货币市场交易载体集中在短期、大额金融工具中，中小金融机构参与力度远远弱于大型金融机构，降低了货币政策通过货币市场进行传导的有效性，货币政策的信贷调控和价格调控手段无法渗透到金融整体。

而货币市场的发展是实施市场化货币政策操作和监管措施的基础，今后货币市场发展应呈现立体发展态势，利用货币市场这个平台，可以满足各方利益需要：开展中央银行公开市场操作、推动债券市场和场外衍生品市场的发展、为金融机构管理流动性风险提供基础、为中央财政和地方财政提供融资平台、为企业提供融资平台、完善金融机构的公司治理结构。今后货币市场发展目标如图5-4所示。

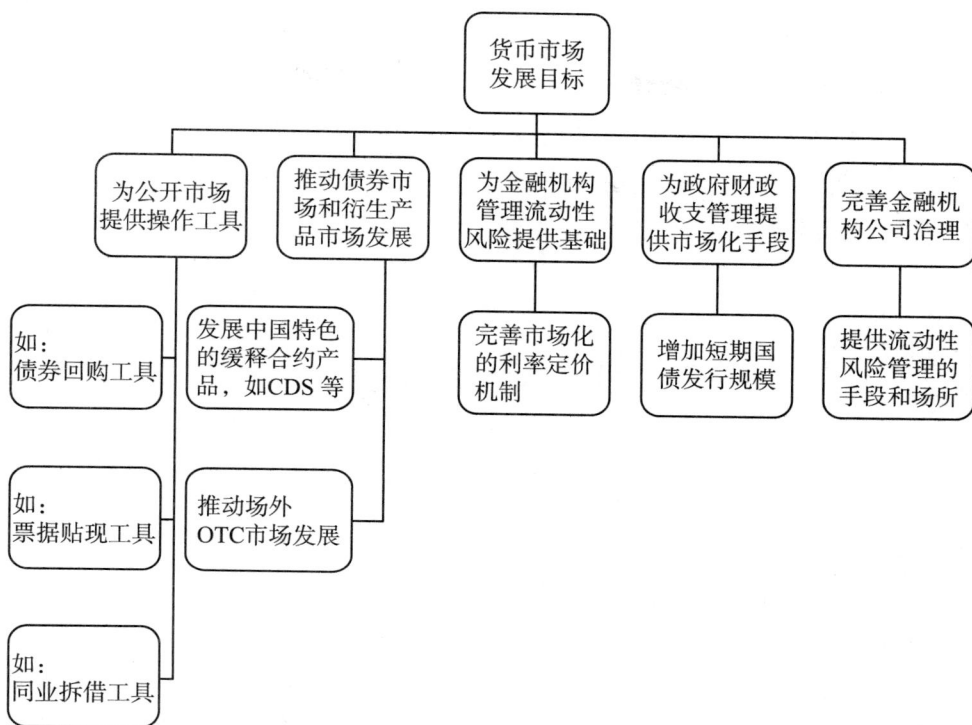

图 5 - 4 货币市场发展目标

　　注：在次贷危机中，无论是 CDS 市场，还是其他衍生产品市场都受到了极大的影响，尤其是 CDS 无序发展，被很多专家视为是此次金融危机的辅助因素之一。尽管如此，债券增进行业对促进债券市场的繁荣和分散风险的贡献是不可抹杀的，其先进经验值得我们借鉴。

第六章

外汇市场监管

根据近年来外汇资金存量激增、短期资本大量流入的格局，我国已经实施较为严格的、针对性较强的外汇管理措施。日常性的外汇收支、外汇买卖、外汇借贷和转移以及国际间的结算、外汇汇率的监管已逐渐从各类法令、规定和措施的监管过渡到逐步放松外汇管制。外汇市场监管应更多体现市场自律行为。

第一节　外汇管理制度的历史变革

改革开放以前，我国外汇资源短缺，实行较为严格的外汇管制。改革开放以来，我国外汇管理体制改革沿着逐步缩小指令性计划，有序地由高度集中的外汇管理体制向与市场经济相适应的外汇管理体制转变。1994 年开始建立市场经济条件下的外汇管理体制。

一、实现人民币经常项目有条件可兑换

（一）实行银行结售汇制度

取消外汇上缴和留成，取消用汇的指令性计划和审批。除实行进口配额管

理、特定产品进口管理的货物和实行自动登记制度的货物须凭许可证、进口证明或进口登记表，相应的进口合同和与支付方式相应的有效商业票据（发票、运单、托收凭证等）到外汇指定银行购买外汇外，其他符合国家进口管理规定的货物用汇、贸易从属费用、非贸易经营性对外支付用汇，都可以凭合同、协议、发票、境外机构支付通知书到外汇指定银行办理兑付。

（二）汇率并轨

实行以市场供求为基础的、单一的、有管理的浮动汇率制度。1994 年 1 月 1 日，人民币官方汇率与市场汇率并轨，实行以市场供求为基础的、单一的、有管理的浮动汇率制，人民币汇率由市场供求形成，中国人民银行公布每日汇率，外汇买卖允许在一定幅度内浮动。

（三）建立统一、规范化、有效率的外汇市场

1994 年 4 月 1 日银行间外汇市场——中国外汇交易中心在上海成立，连通全国所有分中心，4 月 4 日起中国外汇交易中心系统正式运营，采用会员制、实行撮合成交集中清算制度，体现价格优先、时间优先原则。

（四）外商投资企业外汇管理政策保持不变

为体现国家政策的连续性，1994 年在对境内机构实行银行结售汇制度时，对外商投资企业的外汇收支仍维持原来办法，准许保留外汇，外商投资企业的外汇买卖仍须委托外汇指定银行通过当地外汇调剂中心办理，统一按照银行间外汇市场的汇率结算。

（五）禁止在境内外币计价、结算和流通

1994 年 1 月 1 日，我国重申取消境内外币计价结算，禁止外币境内流通和私自买卖外汇，停止发行外汇兑换券。对于市场流通的外汇兑换券，允许继续使用到 1994 年 12 月 31 日，并于 1995 年 6 月 30 日前可以到中国银行兑换美元或结汇成人民币。

二、实现人民币经常项目完全可兑换

1996 年取消经常项目下尚存的其他汇兑限制，12 月 1 日宣布实现人民币经常项目完全可兑换。

（一）将外商投资企业外汇买卖纳入银行结售汇体系

从 1996 年 7 月 1 日起，外商投资企业外汇买卖纳入银行结售汇体系，同时外商投资企业的外汇账户区分为用于经常项目的外汇结算账户和用于资本项目的外汇专用账户。

（二）提高居民用汇标准，扩大供汇范围

1996 年 7 月 1 日，大幅度提高居民因私兑换外汇的标准，扩大了供汇范围。按年核定境内外居民个人结汇和境内居民个人购汇额度，满足个人用汇需求。

（三）取消尚存的经常性用汇的限制

1996 年 12 月 1 日，我国正式宣布接受国际货币基金组织第八条款，实现人民币经常项目完全可兑换。1997 年再次大幅提高居民个人因私用汇供汇标准，允许部分中资企业保留一定限额经常项目外汇收入，开展远期银行结售汇试点。

（四）培育和发展外汇市场，完善有管理的浮动汇率制

2005 年 7 月 21 日汇率改革以前，改外汇单向交易为双向交易，试行小币种"做市商"制度；扩大远期结售汇业务的银行范围，批准中国外汇交易中心开办外币对外币的买卖。2005 年 7 月 21 日，改革人民币汇率形成机制，实行以市场供求为基础、参考一篮子货币进行调节、有管理的浮动汇率制度。

三、改革现行外汇管理框架

（一）经常项目外汇收入实行限额结汇制度

除国家另有规定外，经常项目下的外汇收入都须及时调回境内。凡经国家外汇管理局及其分支局批准开立经常项目外汇账户的境内机构（包括外商投资企业），可在核定的最高金额内保留经常项目外汇收入，超过限额部分按市场汇率卖给外汇指定银行，超过核定金额部分最长可保留 90 天。

（二）资本项目部分管制

按照"循序渐进、统筹规划、先易后难、留有余地"的改革原则，我国逐

步推进资本项目可兑换。目前，按照国际货币基金组织划分的 7 大类共 40 项资本项目交易中，我国实施严格管制的主要是跨境金融衍生工具交易等，其他项目已实现一定程度可兑换，人民币资本项目可兑换程度明显提高。

此外，实施合格境内机构投资者（QDII）制度。2006 年，允许符合条件的境内金融机构投资于境外证券市场。截止到 2010 年 12 月，国家外汇管理局共批准 88 家 QDII 机构的境外投资额度共计 683.61 亿美元。QDII 制度的实施有效拓宽了境内机构和个人的境外投资渠道，使之能在全球范围内配置资产和管理风险。同时，2002 年开始实施的合格境外机构投资者（QFII）制度也获得了较大发展。截至 2010 年 12 月，国家外汇管理局共批准 97 家 QFII 机构的投资额度共计 197.2 亿美元。

第二节 短期资本流动的监测指标分析

我国外汇市场面临的主要风险是投机性资本流入风险，主要原因是人民币汇率单边升值预期强烈和国内资产价格泡沫过大。鉴于近年来我国经济平稳较快发展态势，国内投资机会较多，人口红利尚未消失，导致我国仍将是外资流入的重要目的地。市场主体对放松资本管制和贸易投资便利化的要求也更加迫切，跨境贸易、投资交易量日渐增多，许多业务的交易性质难以明确区分经常项目和资本项目，相关真实性审核和外汇监管的难度逐渐增大。在外汇市场上，一方面需有效甄别合理投资和投机套利行为，另一方面要为市场主体的正常经营提供尽可能的便利化措施。

一、升值压力下的资金大量流入

伴随人民币由盯住单一货币过渡到有管理的浮动汇率制度，人民币汇率形成机制发生了根本性变化。理论上应该有升有贬，但单边升值趋势长期存在，且人民币存贷款利率水平正处在上升阶段，美国维持着量化宽松政策不变，单边套利倾向明显增多。

在资本管制条件下，投机性资金多采取"蚂蚁搬家"方式流入，呈现多点式渗透的特点。根据 2010 年 2 月，国家外汇管理局针对 13 个省市开展的打击"热钱"专项行动的结果，热钱进入的主要目标是股市、楼市获取资产价格上涨收益。专项行动查实热钱涉案金额达到 73.5 亿美元。从全国范围看，短期投机性资本的流动规模应远远大于此次专项行动的调查结果，全国范围内的短期资本流入总量正在逐年大幅递增，只是在具体金额上难以估量。

资本流动（尤其是短期资本流动）对金融稳定的影响非常巨大。20 世纪 90 年代以来，频繁发生的国际金融危机表明，短期资本的投机性及其大量、快速的流入与流出是造成金融危机的直接因素之一：

第一，短期资本流入所带来的虚假繁荣，使潜在的金融风险极易被隐藏。一旦发生危机，资本回流势必对经济产生巨大冲击。亚洲金融危机的爆发就是短期资本冲击经济的一个例证。

第二，巨额短期资本尤其是投机资本往往投向非贸易部门，导致资产泡沫扩张，体现为股票、房地产等非贸易品价格上升和外汇储备增加，由此带来资源配置扭曲、经济结构失衡和通货膨胀压力加大，易成为经济金融危机的导火索。

第三，短期资本的大量进出，造成外汇储备的大增大减，使一国外汇市场供求迅速变化，容易引起汇率波动。短期资本在市场上的投机性操作，更加剧了市场的不稳定性。同时，短期资本的大量流入，还容易造成资本来源与国内投资在期限结构上的"错配"，影响金融稳定。

第四，短期资本的频繁流动增加了各国的货币政策调控难度，影响一国货币政策的独立性和有效性。

在本轮金融危机后，G20 国集团领导人讨论的中心议题就是制定一套全球金融监管的政策框架，为防止套利资本流动导致的全球化风险，英国首相布朗甚至提出支持征收"全球金融交易税"的建议，得到欧盟国家的积极响应，今后能否践行"托宾税"也是后金融危机时代欧盟、美国等工业化国家或地区争论的焦点。

二、管理短期资本的国际经验比较

遭受热钱打击过的新兴市场国家已经积累了管控热钱的一定经验和教训，对控制热钱流入采取了高度审慎的态度。从 20 世纪 80 年代末开始，亚洲和拉美国家先后采取了一系列的间接和直接管控措施，一些国家建立并完善了一套监测预警机制。如 90 年代初期，巴西对不同期限的金融类贷款和债券投资征收初次外汇交易税，将托宾税运用到了现实中，巴西中央银行建立了 Sisbacen 系统，监控经常项下和资本项下跨境资金流动情况。

智利（1991）、哥伦比亚（1993）和泰国（1996）也是托宾税的早期实践者，他们规定公司从海外的直接借入款需要存放在中央银行无息的外币存款准备金账户上。存款准备金涉及范围广泛，影响到居民、非金融企业和银行体系的境外融资能力。哥伦比亚规定，对于 5 年（含）以内的外汇贷款，外汇存款准备金的缴存期限和借款期限相同，其中 4 个月（含）以内的贸易信贷，缴存比例和借款期限成反比；30 天（含）以内的投资基金，缴存比例是 140%；5 年期的投资基金，缴存比例是 42.8%。类似地，智利对境外借入外汇规定 30% 的无息存款准备金要求，期限一年。

除借款人支付税收外，拉美国家要求国外贷款人也要支付税收。如墨西哥按照国外投资者在股票市场投资的 1% 征税，征收对象是股票市场上短期内的大额交易者。墨西哥曾提高过银行外币负债的限额，1992 年 4 月，墨西哥规定商业银行外币负债总额不得超过全部贷款的 10%。由于贷款总量基数持续扩张，外币负债总额相应迅速增加。1992 年在全部贷款增长 41% 的情况下，外币贷款增长 88%；1993 年在全部贷款增长 25% 的情况下，外币贷款增长 50%。对此，墨西哥中央银行规定，截至 1994 年年底，全部贷款和外币贷款的最高增长上限均是 27%。

印度尼西亚、马来西亚、菲律宾和泰国曾采取过审慎限制或禁止非贸易类的掉期业务、离岸借入和银行外汇敞口头寸等业务，马来西亚禁止本国居民将短期货币市场工具卖给非本国居民，特别是在 1993 年年末，本外币利差持续扩张、林吉特升值压力增大，1994 年年初短期资本大量流入，导致银行短期存款明显上升。政府采取的措施是禁止本国居民对外出售短期货币市场工具。

上述管制措施曾在资本账户放开后，对抑制热钱流入起到了积极效果。随着全球经济的逐渐复苏，流入亚洲国家的资金量有所增加。面对通胀压力，韩国、印度、泰国等亚洲国家从 2007 年开始提高本币基准利率水平，本外币利差也随之逐步上涨，进入 2008 年第四季度以后，本外币利差普遍在 100～300 个 BP。利率政策成为一把"双刃剑"，抑制通胀压力的同时，也为国际利差交易留有一定空间，为热钱流入埋下了隐患。

三、短期资本统计口径

短期资本流动的统计口径和统计方法较为复杂，学术界对目前境内短期资本流动总量的估算仍然处于莫衷一是的状态。短期资本流入即热钱流入的渠道较为隐蔽，可以伪装成不同形态记录到经常项下的货物和服务贸易、投资收益以及资本和金融项下的直接投资和各类证券投资中。特别是进入 21 世纪以来，国际收支总规模的逐年递增不排除短期资本净流入量的增加。

鉴于短期资本本身具有不可测性和不稳定性，不同估值方法得出的结论存在着较大差异。国际上针对套利资本的量化研究也并不多见且鲜有权威性结论，理论界对短期资本的估算研究有很大的争议。基于短期资本统计研究缺乏可靠的数据来源，人们经常借助一些替代变量推断其流量和流向，常用的变通手段包括盯住全球利差交易情况，亚洲国家货币的 NDF（人民币无本金交割远期）① 升贴水点数和收益率情况，辅之资产价格的变动情况。这些替代变量同短期资本流动规模有着千丝万缕的联系，值得开展进一步的可信度以及相关性的研究。如 2005 ~ 2006 年，全球利差交易泛滥，流动性过多，很可能是导致流入我国内地的短期资本过多、过快的原因。

由于我国尚未实现人民币的完全可兑换，短期资本依托的两大渠道仍然是贸易项下和 FDI，假贸易顺差、假 FDI 只是热钱流入的组成部分，短期资本流入的复杂形式远远超过统计功能本身。一旦资本项目完全放开，短期资本流入渠道将更加多样化。但是，无论短期资本流入的方式如何变化，真正抑制短期资本过多、过快流入的关键仍然是一国的汇率政策、利率政策和科学有效的外汇管制措施，即便是在短期资本流入规模趋缓的情况下，短期资本管制也是一项长期性的工作，在信息化时代，短期资本的流入是瞬息之间实现的。

全球范围内对短期资本流动的管制程度已经越来越高，这种趋势同资本项目的完全可兑换并不矛盾。从世界各国管控短期资本的实践看，越是在经济金融全球化的环境下，越需要各国自身提高监管水平，根据资本项目开放程度的实际情况，在融入国际合作的过程中，越需要完善本土化的监测预警体系和相关监管政策。短期资本流动的监测指标框架如图 6 - 1 所示。同时，科学、有效的利率政策和汇率政策有利于阻止资本套利行为。

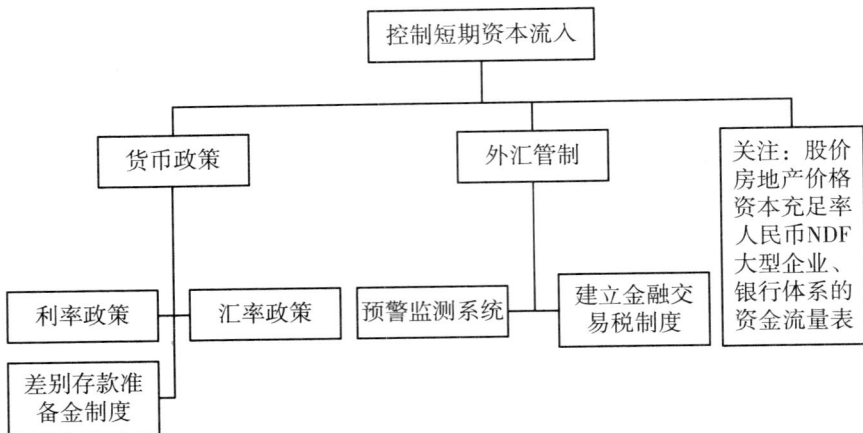

图 6 - 1 短期资本流动的监测指标框架

---

① 人民币无本金交割远期是衡量海外市场人民币升值预期的重要指标。NDF 市场起源于 20 世纪 90 年代，为中国、印度、越南等新兴市场国家的货币提供了套期保值功能，几乎所有的 NDF 合约都以美元结算，新加坡、中国香港的 NDF 人民币市场较为活跃，虽然 NDF 市场是一个离岸市场，对国内人民币升值没有实质影响。但是，我们可以参考其中的人民币升值压力，是国内预期人民币是否升值的重要参考指标。

伴随资本项目完全可兑换进程步伐的加快，我国中央银行日常监控指标应涵盖本外币利差、资产价格变动、NDF 升贴水状况和收益率情况，还应涵盖金融机构的资本充足水平、动态拨备水平，甚至包括大型企业和商业银行、投资银行并表后的资金流量表和资产负债表，大型中资企业、商业银行、投资银行是海外NDF 市场的重要参与者，借助中国香港、新加坡的分支机构从事人民币远期无本金交割业务，母公司和子公司之间的业务量能够体现在企业的资金流量表中，这些信号是可测的、可观察到的，也是控制短期资本流入的敏感性指标。若中央银行能够系统性掌握各类敏感性指标的变动情况，则更有利于提高研判短期资本流量和流向的准确性。

第三节　银行间外汇市场监管理念

外汇市场监管的目标是建立外汇资源的有效合理配置机制。中央银行日常监管的对象主要集中在银行间外汇市场，通过银行间外汇市场①为银行和企业提供更多的风险管理工具。

一、银行间市场的监管现状

1994 年我国建立起银行间外汇市场，市场会员数量不断增加，包括国有商业银行、股份制商业银行、政策性银行、城市商业银行、外资银行、信托投资公司和农村信用联社，共计会员 276 家，做市商 24 家。交易币种包括美元、港币、日元、欧元，年交易总量逐年递增。2009 年，人民币外汇即期交易平稳增长，较上年增长 19.3%，外汇远期市场交易共计 2 501 笔，成交金额 98 亿美元。

目前，银行间市场监管模式是市场主体严格遵守外汇市场交易和结售汇综合头寸的相关管理规定，定期向监管部门——国家外汇管理局提交本机构交易情况报告，包括本机构交易量、交易笔数、做市交易情况，报告做市报价和交易情况中的重大事件及本机构和境外母行的重大事件（如资信评级调整），定期报告本机构的业务经营情况、外汇敞口头寸、资本充足率、流动性比例、国际外汇市场

---

① 银行间外汇市场主要包括即期外汇市场和远期外汇市场。二者分别是市场参与主体双方以约定的外汇币种、金额、汇率，在约定的即期或未来某一日期交割的人民币对外汇的交易。银行间外汇市场实行会员制管理。

走势分析以及其他相关资料。

为更加有效地监控市场风险，2009 年我国成立银行间市场清算所，作为专业、独立的清算机构，为金融市场提供本外币清算，同时监控本外币利率、汇率等衍生品的交易风险。清算管理是国际通行的银行间市场管理制度之一，可以科学评估和监控交易中可能出现的市场风险、控制风险。清算交易的中央对手方可以隔离风险，也可以降低中央银行的风险。

近年来，我国银行间利率、汇率衍生品市场交易规模剧增，金融杠杆风险积聚，降低交易对手风险、进行有效监管是保证场外交易市场安全运行的关键。银行间市场清算所开发了覆盖外汇、本币净额清算的业务系统，建立了创新金融产品登记、托管及结算业务的系统，开展了信用风险缓释凭证（CRM①）的集中登记结算业务。

清算所设计出较为完善的清算与风险控制制度，具体包括清算会员分级、资信评估和持续监督制度、风险限额制度、保证金制度、动态监测和逐日盯市制度。

清算所的成立可以实现交易、清算、结算相互独立运作，提高银行间市场的透明度，及时完整地获得市场交易和参与者风险敞口信息。建立清算交易所后，任何单一市场交易者的违约风险将由作为中央对手方的上海清算所承担，不再像以前那样双边清算中一旦交易一方违约，另一方就需要承担损失；在资金使用效率上，通过中央对手方清算，参与交易者可以实现当日资金一次结算，不再需要为逐笔结算交易而时刻储备大量现金，有效提高市场整体效率和个体的流动性管理。

二、监管理念

（一）转变管理模式

1. 管理模式应摆脱外汇短缺时期制定的"宽进严出"权宜之计，从重审批过渡到重监测分析、从重事前监管过渡到重事后管理、从外汇管理立法"有罪假设"过渡到"无罪假设"、从"正面清单"过渡到"负面清单"。

2. 加强对贸易项下资金流入真实性审核。完善境内机构外债管理，动态调整金融机构短期外债规模，控制外债风险。加强对外商投资企业资本金结汇及转股收

---

① 2009 年 10 月，中国银行间市场交易商协会发布信用风险缓释工具（CRM）试点业务指引，正式启用中国版的信用违约互换或掉期（CDS）。

入结汇管理。抑制个人以分拆等方式规避限额、对个人结汇实行年度总额管理。

3. 完善国际收支申报和统计体系，加强跨境资金流动监测，提高国际收支统计数据准确性和实效性。完善国际收支应急机制，制定跨境资金异常流动应急预案。

（二）发挥市场配置资源的基础性作用

1. 外汇市场对内对外开放度不高①。境内机构和个人不得擅自参与境外人民币外汇衍生交易，境外金融机构参与国内外汇市场也有严格限制。应扩大外汇交易主体，构建多元化的市场主体层次。引入境外金融机构参与国内外汇市场，鼓励国内金融机构参与境外人民币外汇市场，支持中小金融机构参与外汇市场，增强境内人民币汇率定价权。

2. 健全市场基础设施，建设具有国际先进水平的交易平台。完善银行即期结售汇市场准入管理，扩大银行办理对客户远期结售汇和人民币与外币掉期业务。完善外汇市场清算机制，扩大银行间外汇市场净额清算业务的参与银行和品种。

（三）拓展外汇市场的广度和深度

目前，外汇市场产品种类较为单一，仅有远期和掉期两种远期类衍生产品，尚无期权类衍生产品，缺乏人民币对韩元、巴西雷亚尔等小币种的交易产品。

1. 丰富外汇市场产品。稳步推进人民币外汇衍生产品市场建设，提供期权、期货等人民币外汇交易品种，推进银行间外汇市场人民币对小币种挂牌业务。

2. 统筹银行间外汇市场竞价和询价交易模式的发展，完善做市商制度，改进做市商运行机制和评估机制。

三、货币市场与外汇市场联动监管研究

按照中央银行法，中国人民银行负责银行间同业拆借市场、银行间债券市场、银行间外汇市场的监督管理。落实到日常操作中主要由中国人民银行上海总部完成。

上海总部建立了金融市场监测分析系统，基本涵盖了银行间市场各类交易数据，可以对各个子市场的历史监测指标进行查询。市场监测分析范围包括同业拆

---

① OECD 资本流动自由化法则在货币市场的操作包括四大类，分别是：对国内证券和其他工具在外国货币市场的准入、对外国证券和其他工具在本国货币市场的准入、允许本国非居民在本国进行交易活动、允许本国居民在国内进行交易活动。

借、债券、黄金、外汇、理财产品、衍生品市场等，监测指标主要监测各市场的量与价、存量与流量、总量与结构、时点价与变动率。

以 2011 年 2 月 12 日金融市场监测日报为例（见表 6 – 1）：

表 6 – 1 银行间拆借、债券市场

	成交量（亿元）	较昨日（亿元）	日加权利率	较昨日（基点）	7 天加权平均利率	较昨日（基点）
拆借	931.5	− 47.25	2.6524	− 55.54	2.6135	− 120.36
质押式回购	2 227.6	− 1 149	2.7866	− 67.44	2.6818	− 123.37
买断式回购	9.5	− 51.2	2.7019	− 137.09	—	—
现券	742.1	− 403.6	—	—	—	—

报告比较简单，无法告知我们该报告背后隐藏的风险状况，我们还需要对风险评估、市场风险指标的内在相关性、配套的监管措施进行深入的研究。根据货币市场、外汇市场相关数据，找出两个市场之间的内在联系、资金的内在流动趋势，分析研究市场内部是否存在系统性风险、风险的传染机制以及两个市场之间的联合动态监管。

第四节　汇改后外汇市场微观层面监管新问题

我国在加入世界贸易组织后，国内市场和国际市场联系日益紧密，国际贸易和国际资本双向流动迅猛发展，我国的外汇市场交易变得更加复杂，这就对外汇监管提出了更高的要求。从计划经济时期高度集中的外汇监管体系到今天较为市场化的外汇监管体系，我国外汇监管体系有了巨大的改进。但是，我国现有外汇市场监管主要关注宏观层面，侧重于通过制定宏观调控政策管理外汇市场，很少关注微观层面外汇市场监管。然而，随着中国金融体制改革步伐加速，特别是2005 年 7 月 21 日，我国施行了汇率制度的重大调整后，人民币汇率不再盯住单一美元，汇率的波动区间扩大，汇率波动更加频繁，中国外汇市场微观层面风险显著增加，对外汇市场微观层面的监管已经不容忽视。基于此，本节在人民币汇率改革这一背景下，分析现有外汇市场微观层面监管存在的问题，并进一步探讨针对这些问题如何对外汇监管模式进行革新。

一、问题提出的背景

（一）汇率改革前后人民币汇率波动情况

改革开放以来，我国经济环境发生了巨大的变化，其中，对我国外汇监管影响最大的金融环境因素就是人民币汇率变动，因此，有必要对我国汇率改革之后人民币汇率的变动进行细致分析。纵观最近一次汇率制度改革（2005 年汇改）前前后后 10 年中，人民币币值经历了由超稳定到快速升值，逐步再次回归稳定的过程，如果深入剖析人民币对外币汇率波动细节我们会发现更多有意义的特征：

1. 人民币汇价呈现非均衡升值。2005 年汇率改革拉开了我国人民币汇率持续升值的序幕。图 6－2 显示了自 1994 年 1 月至 2009 年 4 月人民币兑各国货币的月加权平均汇率的走势。从中不难看出，2005 年 7 月以前，我国采用的是固定汇率制度，虽然 1995 年之前汇率有一定幅度的波动，但整体看来，汇率的走势基本平稳，人民币在相当长一段时间内维持其兑美元的比价不变。但是

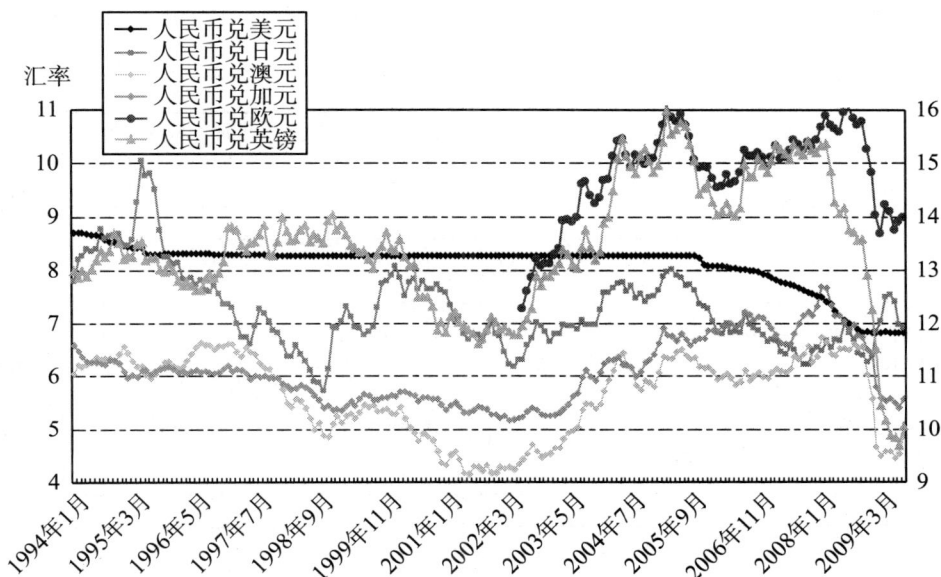

图 6－2　1994 年 1 月至 2009 年 4 月人民币兑各国货币月
加权平均汇率走势

注：人民币兑英镑汇率采用次坐标轴。

资料来源：中经网统计数据库。

2005 年汇率制度改革之后，2008 年 9 月 23 日，人民币兑美元中间报价最高达到 6.8009，创 2005 年 7 月 21 日汇改以来历史新高，人民币兑美元汇改后累计升值最高达到 17.83%。而同期，人民币兑其他几种货币的升幅却小得多甚至出现贬值情况。同为 2008 年 7 月 16 日，人民币兑百日元中间价报 6.5017，较汇改前升值 12.48%，兑欧元中间价报 10.8375，贬值 7.81%；兑英镑中间价报 13.6566，较 2006 年 8 月 1 日升值 8.98%（人民币兑英镑中间价自 2006 年 8 月 1 日起开始公布），另外据国际清算银行公布的数据，2008 年 6 月人民币名义有效汇率指数为 102.88，较三年前上涨 9.74%，也远小于同期人民币兑美元 17.83% 的升幅。人民币汇价波动呈现出明显的非均衡升值的特点。

2. 人民币对非美货币走势独立性增强。2005 年汇率制度改革之前人民币采用的是盯住美元单一货币，与其他国家的汇率主要取决于美元兑他国货币的汇率，人民币与非美货币间汇率的变化与美元与非美货币间变动呈现高度一致性，而汇率制度的改革，改变了人民币在国际结算中对美元的依附性，人民币与非美货币间汇率的走势及变动在 2005 年 7 月后或早或迟都走出了独立于美元与非美货币间的汇率走势及变动的态势。这一点可以从图 6 - 3 至图 6 - 8 人民币兑非美各币种与美元兑相应币种的对比走势中清晰地看到。这一方面会在一定程度上影响国际贸易格局，另一方面也会令中国企业面临更加复杂的外汇风险问题。

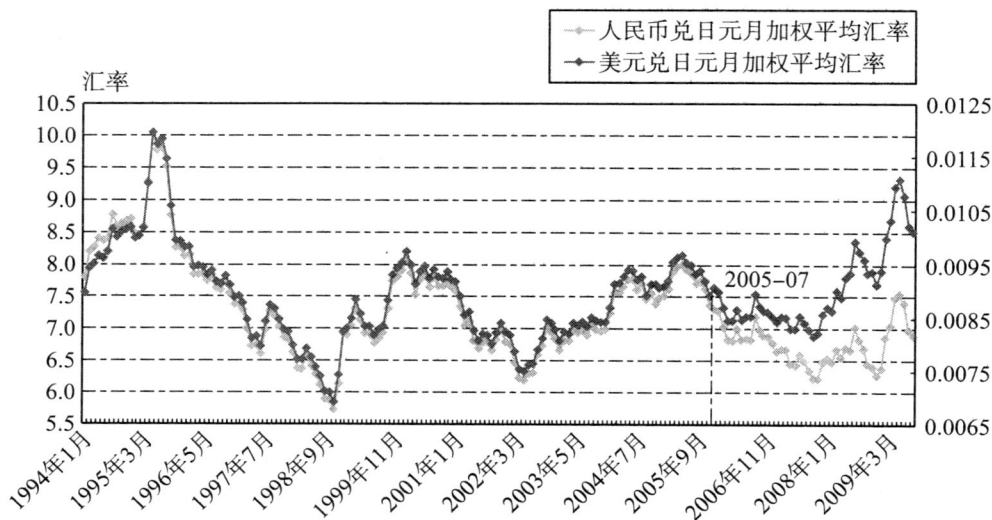

图 6 - 3　1994 年 1 月至 2009 年 4 月人民币兑日元和美元兑
日元月加权平均汇率对比走势

资料来源：中经网统计数据库。

图 6 - 4　1994 年 1 月至 2009 年 4 月人民币兑英镑和美元兑
英镑月加权平均汇率对比走势

资料来源：中经网统计数据库。

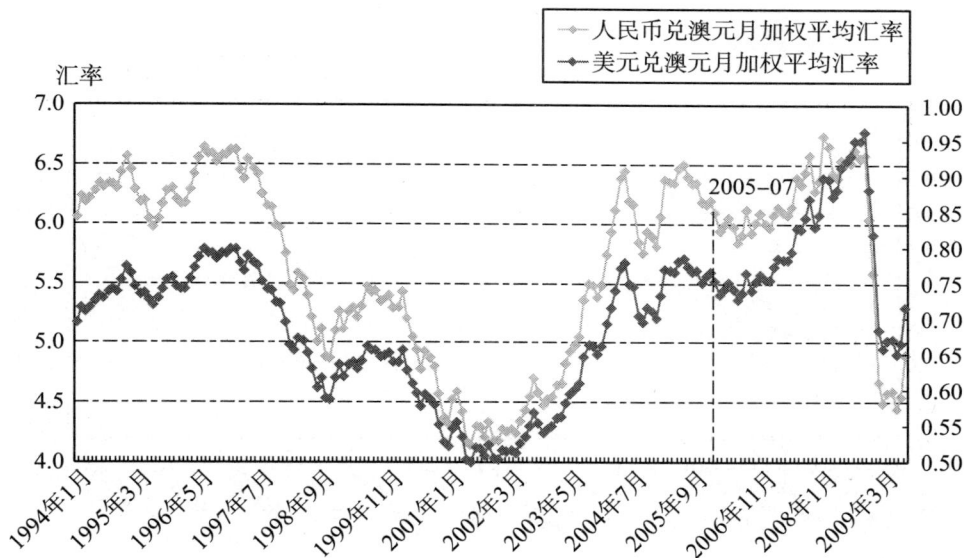

图 6 - 5　1994 年 1 月至 2009 年 4 月人民币兑澳元和美元兑
澳元月加权平均汇率对比走势

资料来源：中经网统计数据库。

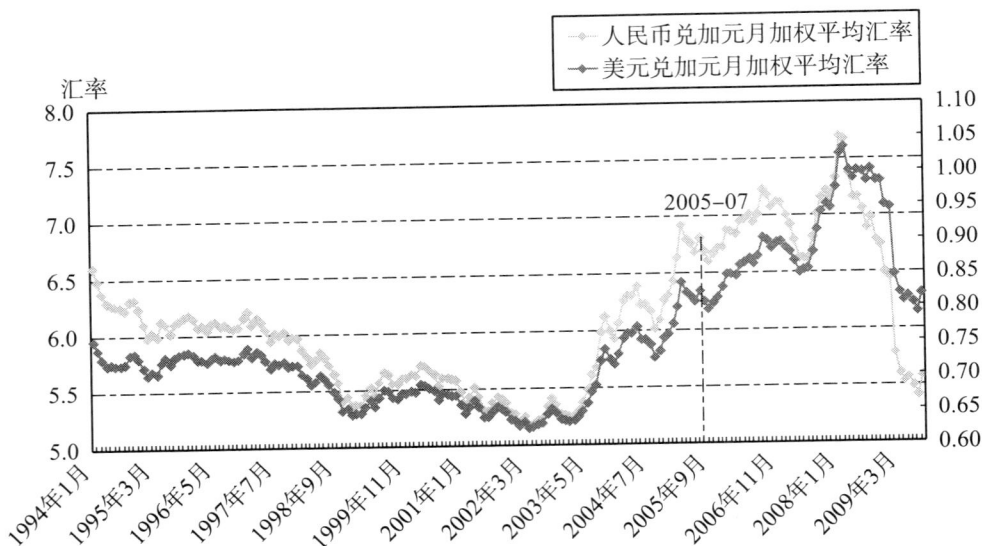

图 6-6 1994 年 1 月至 2009 年 4 月人民币兑加元和美元兑
加元月加权平均汇率对比走势

资料来源：中经网统计数据库。

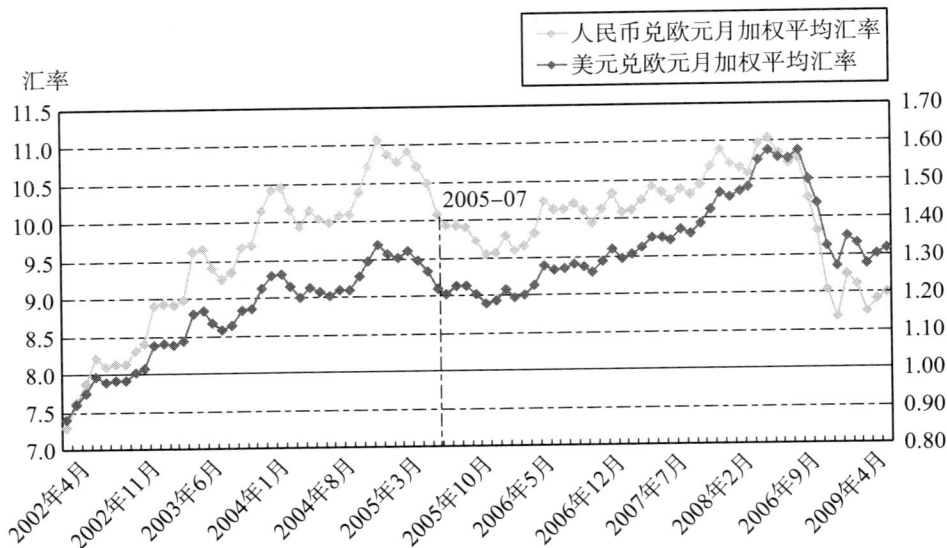

图 6-7 2002 年 4 月至 2009 年 4 月人民币兑欧元和美元兑
欧元月加权平均汇率对比走势

资料来源：中经网统计数据库。

金融市场全球化下的中国金融监管体系改革

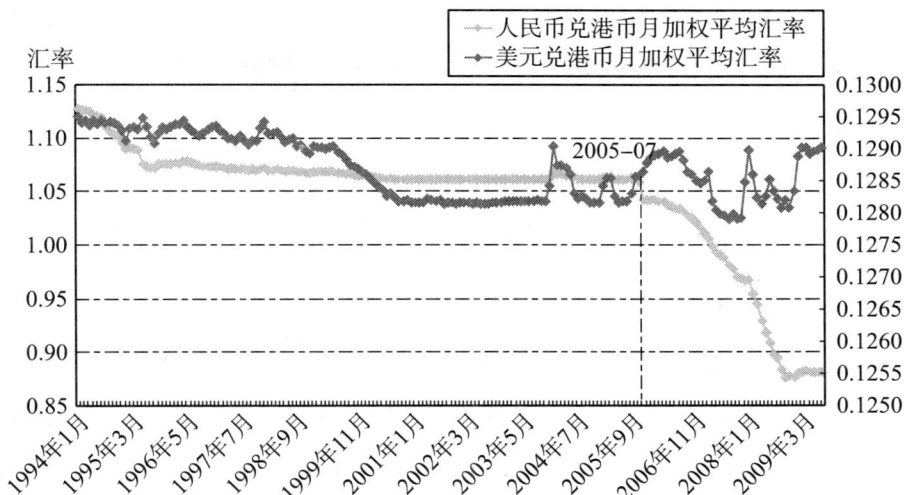

图 6 – 8   1994 年 1 月至 2009 年 4 月人民币兑港币和美元兑港币月加权平均汇率对比走势

资料来源：中经网统计数据库。

3. 人民币对各国货币波动日渐频繁且波动幅度不断增加。2005 年汇率制度改革引起国内外企业的广泛关注，更多的目光聚焦于人民币升值预期，认为人民币将进入一个升值的通道。然而人民币汇率改革，重要的不是汇率水平的变化，而是在于汇率制度的改变及汇率形成机制的变革上，这意味着人民币从此开始进入真正意义的浮动汇率时代，打破了近年来人民币与美元汇率长期处于所谓的"超稳定"状态，人民币与包括美元在内的各国货币间的波动越来越频繁且幅度不断在增加，如图 6 – 9 至图 6 – 15 所示，

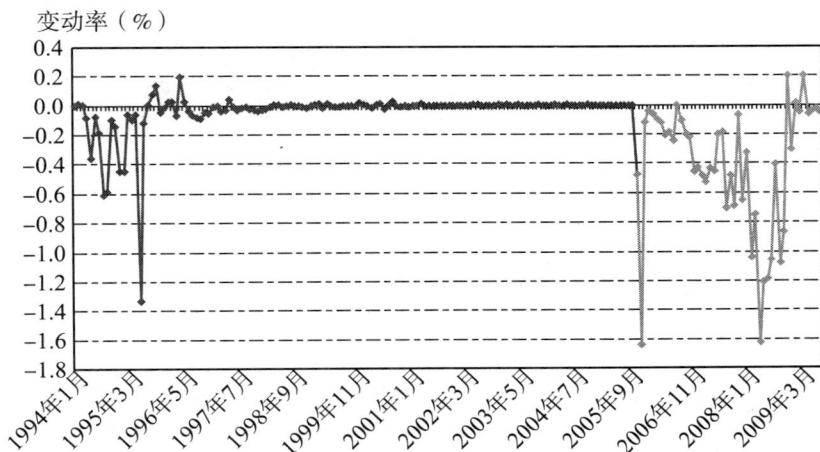

图 6 – 9   1994 年 1 月至 2009 年 4 月人民币兑美元月加权平均汇率变动率

资料来源：中经网统计数据库。

人民币对各国货币波动率，除了人民币兑日元外，在其他币种上都表现出波动率增加的明显态势。

变动率（％）

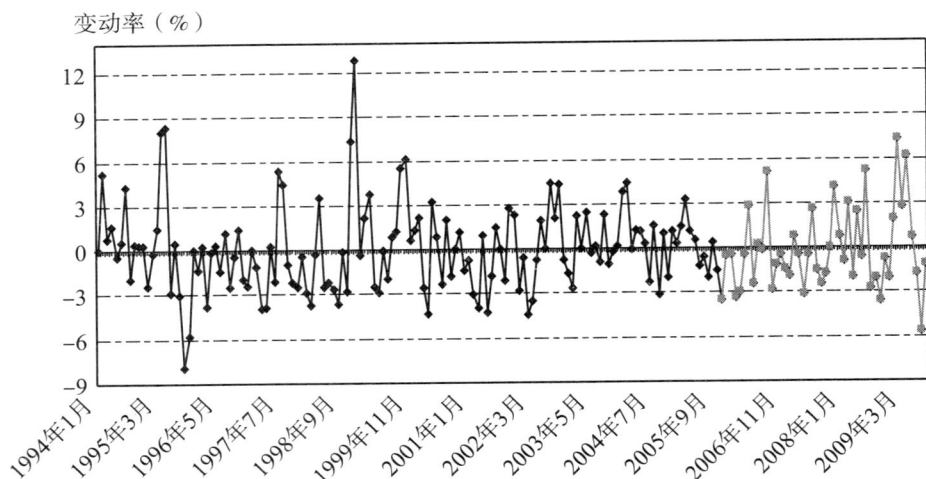

**图 6 – 10　1994 年 1 月至 2009 年 4 月人民币兑日元月
加权平均汇率变动率**

资料来源：中经网统计数据库。

变动率（％）

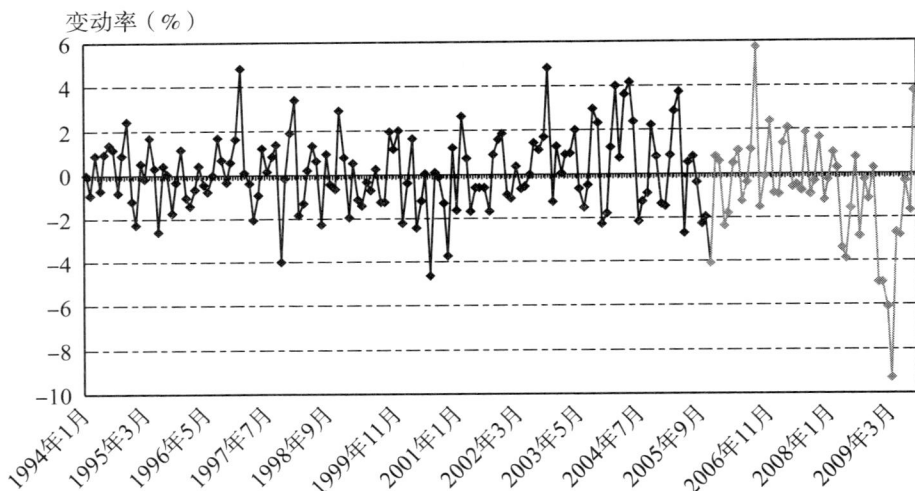

**图 6 – 11　1994 年 1 月至 2009 年 4 月人民币兑英镑月
加权平均汇率变动率**

资料来源：中经网统计数据库。

变动率（%）

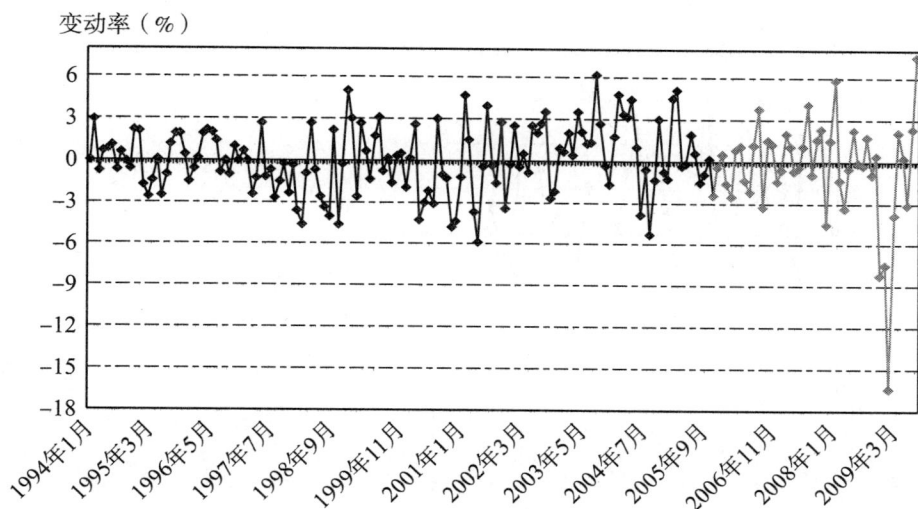

图 6－12　1994 年 1 月至 2009 年 4 月人民币兑澳元月
加权平均汇率变动率

资料来源：中经网统计数据库。

变动率（%）

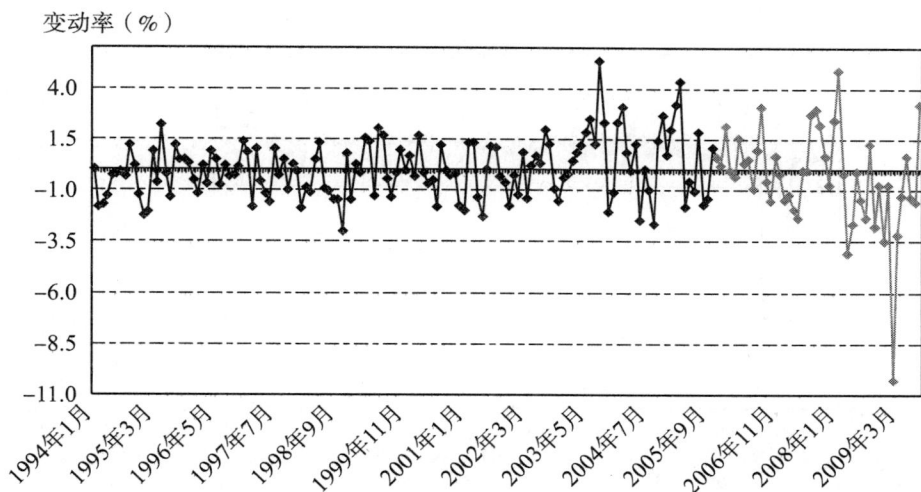

图 6－13　1994 年 1 月至 2009 年 4 月人民币兑加元月
加权平均汇率变动率

资料来源：中经网统计数据库。

变动率（%）

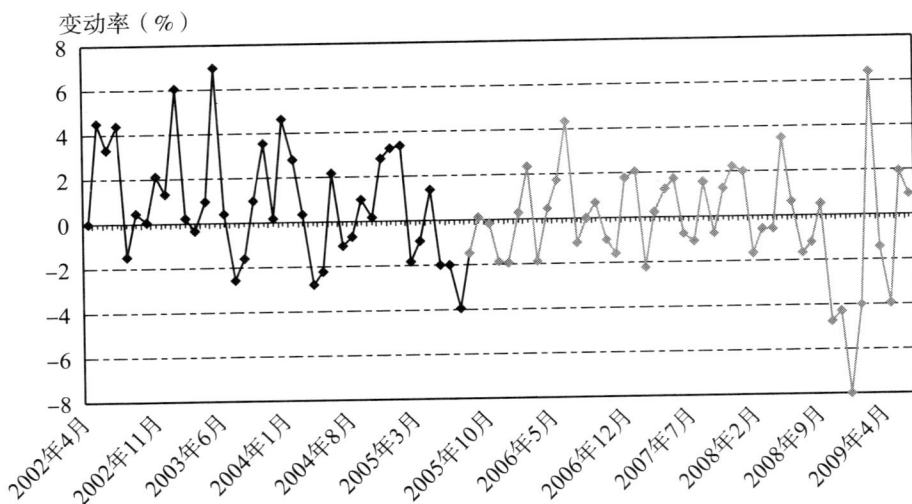

**图 6 – 14　2002 年 4 月至 2009 年 4 月人民币兑欧元月
加权平均汇率变动率**

资料来源：中经网统计数据库。

变动率（‰）

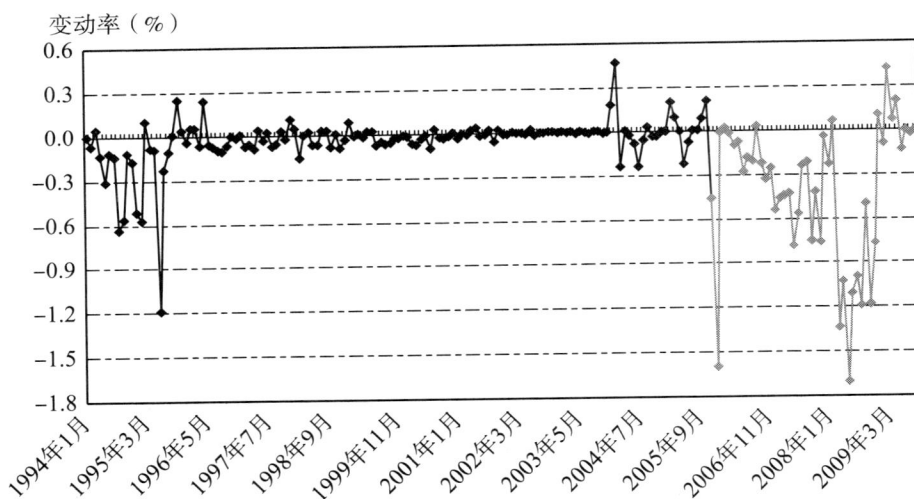

**图 6 – 15　1994 年 1 月至 2009 年 4 月人民币兑港币月
加权平均汇率变动率**

资料来源：中经网统计数据库。

（二）人民币汇率变动对外汇市场微观层面产生的影响

人民币汇率变动对外汇市场微观层面产生的影响主要表现在对企业利润和外汇风险的影响，具体表现可以总结为以下几点：

1. 人民币升值降低了出口企业的利润空间，削弱了其在国际市场中的竞争力。一方面，目前我国出口行业多集中在纺织、服装、化工、电子机械等制造业，出口产品以初级产品和劳动密集型产品为主，很大程度上依赖较低的价格和廉价的劳动力成本在国际竞争中取得优势。人民币升值提高了我国出口产品的相对价格，降低出口产品的数量，削弱了其在国际市场上的竞争力，影响我国产品的比较优势。另一方面，由于我国出口产品的附加值较低，绝大多数企业在国际市场上的议价能力较弱，因此不得不通过降低价格来抵消人民币升值给企业带来的生存压力，从而进一步压缩了企业的利润空间。2008年6月12日，中央财经大学中国银行业研究中心在对辽宁、河北、天津、山东、江苏、上海、浙江、福建、广东、广西以及海南等沿海省市的1 780家中小型出口企业调查后，发布了《人民币升值对出口企业影响研究报告》。该报告显示，2007年我国出口企业利润主要集中在3%以及3%～5%这两个区间段内，这部分企业占到被调查样本总数的57.0%（1 015家），而其中3%以下的企业共计541家，占全部样本总数的30.4%。另外，对于纺织、服装、鞋、帽等简单加工制造业来说，84.07%的出口企业利润率集中在5%以内，而利润率在15%以上的企业几乎没有。与此同时，2007年人民币兑美元的汇率由年初的1美元兑7.8073元人民币上升到年底的1美元兑7.3046元人民币，升值幅度高达6.44%，这大大地压缩了出口企业，尤其是中小企业的利润，使得相当一部分企业呈现巨额亏损，甚至濒临破产状态。该研究中心同时对中小出口企业对人民币升值的忍受程度做了相关的统计，调查结果发现，73.5%的企业对人民币升值的忍受程度在4%以内，仅有2.42%（43家）的出口企业表示其对人民币升值的忍受程度可以达到6%以上。其中，高达44.5%的纺织、服装等简单制造业忍受人民币升值幅度为2%（包含2%）以下，而所能忍受6%以上的企业占样本总量比为零，这进一步显示了人民币升值给我国出口企业带来的严重冲击。

2. 人民币升值为出口企业带来汇率风险，其中包含来自合同期限的风险。随着我国汇改的不断推进、汇率弹性不断增强，人民币开始更多地受到世界市场的影响，其相对美元的波动更加频繁而且剧烈，但是由于在对外贸易中，我国企业更多地采用美元结算，人民币兑美元汇率的波动给进出口企业带来了巨大的外汇风险。尤其是一些大型成套设备出口和国际工程承包项目，由于合同金额较大，多采用延期付款，应收账款的回收周期较长，因此，汇率的波动成为影响企业生产经营的重要因素之一。同时，由于我国对外贸易的快速发展，外贸企业持有大量外币债权和债务，这就给我国企业带来较大的汇率风险。但是从目前情况来看，我国衍生金融产品市场发展还处于起步阶段，企业尤其是中小企业缺乏对各种金融工具的使用和驾驭的能力，这些都会增加交易成本，造成合同价格提高，减小出口竞争力，并且使我国出口企业面临较大的外汇风险敞口。

自汇率改革以来，人民币兑美元汇率走势持续增强，我国出口企业尤其是中小出口企业不断受到来自人民币升值的冲击，一大批企业亏损、停产、转产甚至倒闭，这种现象在我国的山东、浙江、江苏以及广东等沿海地区表现得尤为明显。据调查统计，2008 年上半年，人民币每升值 1%，江苏省的棉纺织、毛纺织、服装行业的利润率分别下降 3.19%、2.27% 和 6.18%。而我国的棉纺织大省山东，也由于受人民币升值等原因的影响，全省 30% 的中小型出口企业面临亏损，30% 的企业利润下降 1/3 左右，其中纺织服装企业仅人民币升值汇兑损失约 13.5 亿元。浙江省经济贸易委员会公布的数据显示，2008 年 1～5 月，全省规模以上亏损企业有 1.07 万家，亏损面高达 19.6%，同时，另据浙江省工商局统计，2008 年上半年浙江全省有 1 200 多家企业歇业关停，其中，温州市最为典型。据温州市外经贸局统计，2008 年温州大多数服装企业的出口利润率在 5% 左右，人民币每升值 1%，服装行业利润下降 4%，其他诸如鞋业、照明电器、笔业等行业，平均利润分别下降 5%、6% 和 10% 甚至更多。同时，由于受到次贷危机的影响，美国经济下滑造成其消费能力的降低，一些外贸产品面临美国客户降价要求，使得温州小企业的出口产品受到更为严峻的考验。据温州市中小企业协会的一份调查报告显示，截至 2009 年 4 月底，20% 的温州中小企业已经处于关、停、半停工状态，甚至倒闭。广东省的出口情况也不容乐观，中经专网的资料显示，2008 年全年，广东省已经关闭的服装出口企业超过 1 万家，人民币每升值 1 个百分点，广东省服装行业的利润就会下降 1～4 个百分点。浙江省经济和信息化委员会于 2009 年 4 月 22 日发布《应对严峻挑战　力保工业增长——一季度全省工业经济形势分析》，分析指出，2009 年第一季度，浙江省工业生产和效益全面下降，投资增长乏力。从行业角度看，30 个制造行业中，1～3 月工业总产值、出口交货值下降的有 26 个行业，利润下降的涉及 23 个行业；在统计的 93 个主要产品产量中，下降的有 63 个，比例高达 68%。从企业角度看，亏损大面积形成，1～3 月，规模以上企业亏损总额 113.6 亿元，比上年同期增加 55.1%。亏损企业有 1.73 万家，亏损面达 30%。1～2 月，盈亏率高达 67%（亏损与利润之比），创下历史高点。企业大面积亏损表明，相当部分企业陷入困境，企业生存压力明显增大。

3. 汇率波动改变了公司利润构成，扭曲企业业绩表现。据汇改半年后对上市公司 2005 年会计报表数据的统计发现：2005 年上市公司中有 69% 的公司出现汇兑损益，以存在汇兑损益科目的公司为总体样本进一步统计研究发现总体样本中 65.38% 的企业出现汇兑净亏损，总额 15.79 亿元，其余 34.62% 的公司出现汇兑净收益，总额 69.53 亿元。总体样本涉及 85.32 亿元的汇兑相关损益，而 2004 年仅为 61.21 亿元，也就是说汇改半年中，仅上市公司就新增 24.11 亿元的损益波动。这些公司的汇兑损益与财务费用的比值最高达到了 218.35% 和 165.07%，而该指标数据在此之前最高仅为 10.46% 和 11.9%。汇集典型企业数据如表 6 - 2 所示。值得关注的是这些企业的经营业绩中来自汇率波动的直接影响占据了主要地位，2005 年 TCL 集团出现了 1.36 亿元汇兑净亏损，占利润净亏损 42.5%；长虹集团 0.79 亿元的汇兑净亏损占净利润比例为 27.78%；中国武夷 2 756 万元的汇兑净亏损是公司 2 410 万元净利润的 1.14 倍，而更加夸张的是如果扣除汇率波动因素，东方航空公司可能会出现巨亏、G 漳电只是微利，这些迹象都表明汇率对公司的利润影响增加，甚至成为利润主要构成，这严重扭曲了企业业绩表现。对于非金融类型企业而言，这种现状也将严重影响企业的价值。

表 6 - 2　　　　　2005 年部分上市公司汇兑损益与净利润比值

公司名称	汇兑损益净额（亿元）	利润净额（亿元）	汇兑损益比净利润（%）
TCL 集团	- 1.36	- 3.2	42.50
长虹集团	- 0.79	2.85	27.78
格力集团	- 0.73	5.1	14.31
中国武夷	- 0.28	0.24	1.14
中国嘉陵	- 0.13	0.09	1.48
G 上广电	- 0.13	0.12	1.09
东方航空	5.65	0.6	9.34
G 漳电	2.28	2.39	95

二、目前我国外汇市场微观层面监管存在的问题

（一）我国外汇市场监管现状

经过半个世纪的发展，我国的外汇监管体制有了很大发展，下面分别从几个

173

不同的方面对我国外汇市场监管现状进行分析，这些分析为外汇市场微观层面监管问题的提出奠定了基础，同时也为后面的进一步论述提供了依据。对外汇市场监管现状的具体分析如下：

1. 人民币经常项目已实现可兑换。1996 年，我国正式接受国际货币基金组织协定第八条款，实现了人民币经常项目可兑换。相关具体规定主要包括：经常项目外汇收入实行限额结汇制度，除国家另有规定外，经常项目下的外汇收入都须及时调回境内，按市场汇率卖给外汇指定银行；境内机构经常项目用汇，除个别项目须经外汇局进行真实性审核外，可以直接按照市场汇率凭相应的有效凭证用人民币向外汇指定银行购汇或从其外汇账户上对外支付；实行进出口收付汇核销制度，建立了逐笔核销、批量核销和总量核销三种监管模式，尝试出口核销分类管理。

2. 资本项目依然进行部分管制。按照"循序渐进、统筹规划、先易后难、留有余地"的改革原则，中国逐步推进资本项目可兑换。目前，除国务院另有规定外，资本项目外汇收入均需调回境内。境内机构（包括外商投资企业）的资本项目下外汇收入均应向注册所在地外汇局申请在外汇指定银行开立外汇专用账户进行保留。外商投资项下外汇资本金结汇可持相应材料直接到外汇局授权的外汇指定银行办理，其他资本项下外汇收入经外汇监管部门批准后才能卖给外汇指定银行。除外汇指定银行部分项目外，资本项目下的购汇和对外支付，均需经过外汇监管部门的核准，持核准件方可在银行办理售付汇。

3. 对金融机构外汇业务的监督和管理初步形成体系。目前，经常项目的外汇收支基本直接到外汇指定银行办理；资本项目的外汇收支经外汇监管部门批准或核准后，也在外汇指定银行办理。银行在办理结售汇业务中，必须严格按照规定审核有关凭证，防止资本项目下的外汇收支混入经常项目结售汇，防止不法分子通过结售汇渠道骗购外汇。近年来，通过加大外汇查处力度，整顿外汇市场秩序，积极推进外汇市场信用体系建设，初步建立起了以事后监管和间接管理为主的信用管理模式。

4. 人民币汇率形成机制有所改进。《中华人民共和国中国人民银行法》明确规定，中央银行的货币政策目标是"稳定人民币升值，并以此促进经济增长"。而外汇监管政策目标是"保持国际收支平衡，促进国民经济健康发展"。因此，人民币稳定升值与国际收支平衡的结合点即为实行以市场供求为基础的、单一的、有管理的浮动汇率制度。自 2005 年 7 月 21 日起，我国开始实行以市场供求为基础、参考一篮子货币进行调节、有管理的浮动汇率制度。人民币汇率不再盯住单一美元，而是按照我国对外经济发展的实际情况，选择若干种主要货币，赋予相应的权重，组成一个货币篮子。

5. 国际收支监测体系有所完善。完善银行结售汇统计，启动银行结售汇统计报表改造工作，重新设计和开发了新版银行结售汇统计系统；升级国际收支统计监测系统，加强对跨境资金流动的监测；加快建设国际收支统计监测预警体系，初步建立高频债务监测系统和市场预期调查系统，不断提高预警分析水平。提高国际收支统计数据透明度。我国编制并对外公布国际收支平衡表，通过金融机构进行国际收支间接申报。自 2005 年起，外汇局每半年发布一次《中国国际收支报告》。

6. 外汇监管信息化系统逐步健全和完善。外汇局现有的电子监管系统有：出口核报系统、进口核销系统、居民个人因私购汇系统、外汇账户管理信息系统、外债统计监测系统、银行结售汇统计系统、国际收支统计监测系统、反洗钱信息系统等。目前，正在进一步升级和完善上述系统，并根据外汇监管的需要，开发和设计新的电子系统，提高数据采集的及时性、准确性和完整性，完善系统的查询、分析、监测等综合功能，加强和改善非现场监管水平。

（二）目前我国外汇市场微观层面监管存在的问题

通过上面的阐述，可以看出在过去的半个世纪，我国外汇市场监管已经产生了很大的变化，特别是外汇监管的宏观层面已经不断健全和完善，但随着时代的不断发展，特别是 2005 年人民币汇率改革以后，原有的外汇监管逐渐凸显出一些亟待解决的问题，特别是外汇市场微观层面监管的不足已经成为一个不容忽视的问题。具体而言，该监管问题主要体现在以下几个方面：

1. 认识方面：对于外汇监管的认识不够全面，忽视微观层面外汇监管。我国现有的外汇监管体制主要强调宏观层面，监管部门针对经常项目、资本项目等内容制定了宏观层面的监管政策，通过长时间的尝试和改进，外汇监管的宏观层面取得了很大的进步和发展。但是，正如前面背景所述，随着汇率改革的发生，汇率波动不断加剧，作为微观主体的企业受到了很大的冲击，鉴于此，对于外汇监管的认识不应该只停留在宏观层面，监管部门应当重视微观层面监管，重新认识和加强企业层面的外汇监管。

2. 政策方面：宏观层面政策不断完善，微观层面政策不明朗。外汇市场监管政策经过半个世纪的发展已经不断进步和完善，特别是宏观层面政策，已经逐步科学化、合理化，并且在实践中证明了政策的有效性。但是，我国现有外汇市场监管政策关于微观层面涉及很少，针对企业层面外汇风险监督的政策并不明朗，无论是直接监管还是间接监管都没有明确的管理办法。现行外汇市场微观层面监管政策存在系统性不强、可操作性不强、稳定性及连续性不强的问题，这容易造成相关执行机构的盲目性和随意性，致使相关工作无法有效开展。

3. 机制方面：未实现分层监管，金融创新监管力度有限。我国现有外汇市场监管机制设计存在一定不足，目前，外汇管理局实施的外汇监管总体上还处于未分层的管理阶段，没有针对宏观层面和微观层面实施分层监管。此外，现有外汇市场监管机制对金融创新业务尤其是金融衍生产品缺少有效的监管，随着外汇市场金融创新发展加速，外汇资金流动复杂性日益提升，外汇监管暴露出很多问题，存在监管无效以及监管的盲区。现有机制设计缺乏专门部门规范和监管各类金融创新，这进一步加大了外汇市场风险，特别是企业微观层面外汇风险。

4. 人员方面：缺乏专业的微观层面外汇监管人员，外汇监管人员素质亟待提高。现有外汇监管人员主要从事宏观层面外汇监管工作，微观层面外汇监管往往无专人负责，相关监管缺乏专业性和连续性。同时，外汇监管人员对于微观层面外汇监管认识不足、相关专业知识欠缺，特别是在外汇金融创新产品不断出现的情况下，微观层面外汇监管人员素质往往无法胜任相关企业层面外汇监管工作。

三、关于外汇市场微观层面监管革新的建议

针对我国外汇市场监管存在的问题，我们认为应当从以下几个方面加强微观层面外汇市场监管：

（一）更新监管理念，不断改进和完善以风险控制为主的间接监管模式

随着外汇管理体制改革的不断深化，微观层面外汇市场监管应当作为下一步改革的重点，外汇管理局针对这一问题可以采用间接管理的方式，具体表现为：外汇管理局赋予外汇指定银行相关监管职能，由外汇指定银行作为微观层面外汇市场监管的枢纽和中心，在这一银行"代位"的微观层面外汇市场监管模式下，外汇指定银行逐步承担以企业为重点的间接监管职责，有效实施对微观主体外汇交易及外汇风险的监督，促进外汇管理转型和加强企业外汇风险管理。

（二）改进监管政策，提高微观层面间接监管模式可行性

关于监管政策，可以从以下几个方面着手：（1）健全以《中华人民共和国外汇管理条例》为主体的外汇管理法规体系，按照人民币汇率改革后新形势的需要，结合我国国情，制定相关微观层面政策。（2）结合企业金融创新和具体

形式的变化，及时调整和改变相关监管政策，以适应外汇市场发展。（3）针对间接监管模式制定相关政策法规，明确"代位"银行具体职责，完善相关监管规程，提高可操作性，重点抓好相应政策的实施细则、操作规程和管理办法的研究制定，减少操作的盲目性和随意性。

（三）健全机制设计，建立多层次金融创新产品风险预警和跟踪监督机制

在间接监管模式下，原有机制设计需要做出相应调整，从原有的单一层次向多层次转变，推进微观层面外汇市场监管机制的建立和完善。例如，对外汇指定银行实施多层次监管，有效提高外汇监管效率，具体而言：（1）针对不同层次业务，分别进行外汇监管，在原有基础上，落实企业层面外汇管理政策，制定企业外汇监管规程，明确相关评价标准。（2）依据评价的结果，针对外汇风险程度进行分类，实行分类管理，有针对性地进行风险预警和跟踪监督。（3）定期向外汇管理局报告，提升自身的风险管理水平，并受外汇管理局的监督。

此外，随着外汇市场的进一步发展，金融创新层出不穷，这亦是外汇市场发展的主要动力之一。在过去的几年中，由于金融创新引发了全球性的金融危机，因此，监管部门对于金融创新总是持有不鼓励态度，在市场准入方面控制相当严格，企业能够参与的外汇金融创新并不多。但是，随着经济全球化步伐的加快，外汇金融创新业务的发展与壮大已成为势不可当的趋势，监管部门必须直面这一现实并积极应对。在间接监管模式下，"代位"银行应当建立起完善的金融创新产品监管机制，对于企业层面金融创新产品的使用风险进行细致分析，做好事前预测、事中控制、事后分析。总之，监管银行需要建立起科学的风险预测机制、量化微观主体风险考核标准、实行创新业务的跟踪监测机制，这些都是全面进行微观层面外汇监管、降低企业外汇风险的必要手段。

（四）加强人员培训，培养专业的外汇市场微观层面监管人才

外汇市场监管政策的完善、外汇风险的预警与监测、外汇市场监管理论的研究都离不开人才，因此，要适应不断发展的外汇市场监管需求，就必须加强外汇监管队伍建设，提高相关人员的综合素质。具体而言可以采取以下措施：（1）提高微观层面外汇市场监管意识，通过培训使相关人员理解并认可微观层面外汇监管的重要性；（2）加大对"代位"银行相关外汇监管人员的培训力度，提高其综合业务素质，提升业务水平；（3）努力建立一支学习型、研究型、专业型、创新型的外汇监管队伍，紧跟时代步伐，不断更新知识体系，深入研究外汇监管问题。

第五节　人民币国际化路径与风险防范

一、建立超主权国际货币储备体系是一个长期战略目标

2009 年以来，中国领导人或财政官员利用 G20 峰会、G4 峰会等国际会议，倡导超主权的货币联盟，呼吁改组国际货币基金组织 IMF，以此来挑战美元霸权和遏制美元滥发。我国央行行长周小川发表文章提出建立新的世界货币储备体系，提出用国际货币基金组织（IMF）的特别提款权（SDR）来建立超主权国际货币储备货币体系的建议。周小川认为，此次金融危机的爆发并在全球范围内迅速蔓延，反映出了当前国际货币体系的内在缺陷和系统性风险。在由主权储备货币构成的现行国际货币体系下，对于储备货币发行国而言，国内货币政策目标与各国对储备货币的要求经常产生矛盾。他强调，创造一种与主权国家脱钩并能保持币值长期稳定的国际储备货币，从而避免主权信用货币作为储备货币的内在缺陷，是国际货币体系改革的理想目标。应特别考虑充分发挥 SDR 的作用，SDR 具有超主权储备货币的特征和潜力。

中国关于建立超主权国际货币储备货币体系的建议得到了俄罗斯和其他一些国家的响应，尤其是"金砖四国"的响应。但是要真正建立起超主权国际货币储备体系路还是比较长的。

首先，美国等西方国家是旧体系下受益最大的国家，不会轻易做出让步。美国总统奥巴马称美元异常坚挺，尽管美国正处于艰难时期，但仍然深得投资者信任，因此，没必要设立新的全球货币。美国财政部长盖特纳和美国联邦储备委员会主席伯南克也分别表示，不会放弃美元作为国际储备货币的地位。英国首相布朗和欧盟其他成员也相继表态，一致反对设立超主权储备货币。澳大利亚等西方国家也不同意建立超主权国际货币储备货币体系。

其次，现在还不能因为金融危机就说美元的霸主地位就会衰弱甚至崩溃。第二次世界大战后，"布雷顿森林体系"确立了美元独霸的单一世界货币体系。之后，国际货币体系进入所谓"牙买加体系"，但并未根本消除"布雷顿森林体系"的弊端和缺陷。美元延续了国际货币中的领导地位，依然是全球范围内最普遍使用的计价尺度、交易手段和储备货币。日元在 20 世纪 80 年代的勃兴以及 90 年代末欧元的诞生都没有从根本上撼动"美元本位制"。在 2007 年年底的全球外

汇储备中，美元资产占 64%，欧元资产占 26%，日元资产仅占 3%。

全球金融危机对美元的霸主地位确实是一个打击，"金砖四国"包括俄罗斯等国对美元的霸主地位发起了挑战。但是挑战美元霸权并不等于就能立即终结美元霸权。目前各个国家的贸易基本上都是由美元来计价的，这种情况不能说很快就会改变；在整个国际货币结算体系中，美元仍占 65% 左右。只有美元在国际贸易中作为结算货币的份额大幅下降，美元在各国外汇储备中不再是主要的储备货币时，美元的霸主地位才能真正终结，但这是一个长期过程。

最后，提出用国际货币基金组织的特别提款权作为一个国际货币储备体系也不是很快就能实现的。目前，IMF 仍被世界各国视为不可取代的国际性金融机构，SDR 的使用是 IMF 作用的重要体现之一。SDR 是 IMF 于 1969 年创立的，由美元、欧元、英镑和日元四种货币构成，并通过这四种货币加权定值。SDR 用于政府与国际组织之间的国际结算，成员国也可在短期内用 SDR 来平衡国际收支。除了具备国际结算功能外，SDR 在一定程度上也具备国际储备功能。SDR 的构成不是单一货币，因此在一定程度上避免了单一货币的风险，许多国家把 SDR 视为超国家主权的"纸黄金"，尤其是构成国不断向 IMF 注资，主要目的是进一步增加其在 SDR 的权重份额。SDR 创立 40 年来，始终没有大的变化，根本原因是自创立以来其主要份额一直由西方国家把持，美、欧、英、日注入资金的比例决定了其发言权。根据目前 IMF 的结构，中国只有 3.66% 的投票权，而德国是 6%，英国 4.9%，欧盟成员一共有 32% 份额，美国占 17%，印度 1.9%。从 IMF 的运作和决策机制来看，IMF 的 SDR 还不能承担国际储备货币的职能。第一，国际货币基金组织衡量成员国投票权大小的因素大概有四个，包括国内生产总值、贸易开放程度、经济多样化程度以及外汇储备数量。拥有 17% 投票权的美国有绝对的否决权，这就决定了 IMF 受制于美国而不能采取大规模的行动去损害美元地位的。第二，IMF 根本无法对全球流动性的供应进行配置。第三，IMF 在不改造的情况下，根本难以取得对全球货币供给的控制权。第四，IMF 无法合理配置全球货币供给。

关于 IMF 内部改革的讨论由来已久，全球金融危机爆发以来，要对其进行改革的呼声更是不绝于耳。G20 伦敦峰会后，IMF 启动了机构内部的相关改革，同时 IMF 启动了新增 SDR 分配方案。为了逐步使成员持有的 SDR 趋于合理与均衡，新增的 SDR 将按照现有份额比例对 185 个成员进行分配。与此同时，IMF 决策机构——国际货币与金融委员会考虑通过发行债券的方式筹集资金，这是 IMF 建立以来首次通过发行债券的方式筹集资金。为此，中国已经购买了 500 亿美元的 IMF 发行的债券。

尽管中国及其他"金砖四国"向 SDR 提供一定数量的资金可提高中国和其

他发展中国家在 IMF 的话语权和投票权，购买 IMF 发行的债券可以减少因美元资产过多带来的风险。但仅依靠提供资金只能争取更多的话语权和投票权，想取代美元的霸主地位是不可能的。购买 IMF 发行的债券以规避国际储备风险是一件好事，但如果 IMF 债券以美元或者欧元计价，"金砖四国"仍难以摆脱西方货币体系的束缚。并且 SDR 的分配额度还不合理，也不能成为国际贸易的结算货币，其资金实力也不能承担国际货币储备的能力。

因此，建立所谓超主权货币储备体系的路还很漫长，建立超主权国际货币储备体系是一个长期战略目标。

二、人民币首先应成为亚太区域性货币

为了适应当前的国际经济与金融环境，避免人民币在国际货币体系中的被动地位，比较现实的做法是加快人民币国际化步伐，使人民币首先成为区域性货币、强势货币，摆脱或减小对美元的依赖和受美元的束缚。通过双边货币互换，在对外贸易中争取更多使用人民币结算，使人民币从本国结算货币向区域性结算货币扩展。人民币首先使自己成为亚太地区的区域性货币。像欧元的诞生就是来对抗美元的，在亚洲，如果大多贸易都用人民币交易与结算，就能减少对美元的依赖。人民币只有先在某个区域，比如在亚洲各国，尤其是东盟内成为贸易结算货币后，才有可能向区域储备货币和关键货币发展。这是建立多元化货币体系的一部分。该体系可以帮助亚洲各国尤其是东盟更好地抵御以美元结算的风险，并帮助中国企业分散中国制造成本上升的风险。

从 20 世纪 80 年代后期起，世界上出现了一股货币集团化的潮流，产生了不少区域性货币组织，如中北美区的货币合作和拉美国家的"美元化"，以及规模不大的西非货币联盟、中非货币联盟和阿拉伯货币基金组织等。

欧盟在 2002 年 1 月推出欧元（EURO），将货币区域一体化推上了一个全新的高度。目前官方使用欧元的国家有：奥地利、比利时、芬兰、法国、德国、希腊、爱尔兰、意大利、卢森堡、荷兰、葡萄牙、斯洛文尼亚、西班牙、马耳他、塞浦路斯、斯洛伐克。某些欧元区国家的海外领土，例如法属盖亚那、留尼旺、圣皮埃尔和密克隆群岛、马提尼克等地区也使用欧元。今天欧元已经成为仅次于美元的世界第二货币。欧元诞生后，美元为主宰地位的国际货币体系已被分割为美元和欧元并列称雄的格局。

在亚洲，偶尔听到建立"亚元"的声音，但由于亚洲各国经济发展很不平衡，形成亚元体系还很不成熟。前些年，由于日本经济发展迅速，日元大幅升值，亚洲国家与日本贸易可用日元结算，因此，有人认为日元应当成为亚洲主导

货币。然而，近些年来，由于日本长期通货紧缩，日本经济衰退，日元在亚洲的地位有所下降，日元已经很难发挥亚洲主导货币的作用。

反观之，人民币逐渐成为亚洲比较强势的货币。从 2003 年起，人民币逐渐升值，也越来越受到世界的瞩目，有人甚至有预言人民币会成为继美元、欧元和日元之后的又一强势货币，在这之前，人民币有条件率先成为亚太地区的区域结算货币和区域储备货币。人民币有可能率先在亚太地区实现区域化。中国对外贸易已超过日本，巨大的贸易规模和中国与东南亚国家的贸易模式，将帮助人民币成为区域结算货币，进而推动成为区域储备货币。

人民币已经具备了成为区域性货币的基本条件，这里最重要的是中国有强大的外汇储备，到 2011 年年底中国外汇储备已经达到 3.181 万亿美元外汇储备，这是人民币成为区域性货币的基本基础。

自本次国际金融危机爆发以来，中国央行逆势而行，出台了多项新举措来推进人民币国际化，包括允许在香港市场发行人民币证券产品、与贸易伙伴国签署双边货币互换协议及允许人民币作为部分国际经济活动的结算货币等。通过开展跨境贸易人民币结算试点，可以减少周边国家对美元结算的依赖性，从而为将来人民币在区域内扮演投资和储备货币职能打下基础。而此前中国央行与韩国、中国香港、马来西亚、白俄罗斯、印度尼西亚和阿根廷等国家和地区签订了 6 500 亿元人民币规模的货币互换协议，增加了人民币的国际使用量以及覆盖面，为今后人民币跨境结算提供了资金支持。

在亚洲很多国家尤其是东盟一些国家都很愿意使用人民币。我们签订很多的双边的、多边的贸易协议，这种协议不使用美元，而是用人民币来进行结算计价。在中国和其他一些东亚国家之间的贸易结算中，人民币计价将会越来越被接受。因为从中长期看，美元趋于贬值，越来越多的国家和地区更愿意选用人民币进行贸易计价、结算。事实上，人民币在越南和泰国等东南亚地区一直都在流通。随着中国与东盟经贸合作的开展，人民币已经在事实上成为部分地区的交易货币。中国人民银行也承认，在俄罗斯、蒙古、越南、缅甸和尼泊尔等周边国家，人民币已经成为边贸结算的主要币种。国家外汇管理局曾估算，在境外流通的人民币规模超过 300 亿元。

我国与一些国家签订了货币互换协议。所谓"货币互换"，是指两笔金额相同、期限相同、计算利率方法相同但货币不同的债务资金之间的调换。从中国央行签署的货币互换协议来看，表面上是央行间对等的货币相互拆借，但事实上多为外国央行借入人民币用于与中国间的贸易结算、储备之用，因为互换额度跟中国与该地区的进出口值成正比，显然货币互换是为贸易结算作准备。事实上，在东亚、中亚甚至南美的发展中国家，人民币正在隐然成为各方认可的结算货币甚至储备货币。此举可在金融危机日益蔓延的非常时期对稳定地区货币制度、防范金融风险和减少危机扩散性效应起到积极作用。

人民币之所以开始走俏的根本原因在于美国的金融危机。中国对美国金融危机采取的措施，中国的大国实力地位，使人民币的国际地位不可避免会进一步提升。从政治高度考虑，应在当前纷繁复杂的国际金融局势中更多地争取我们的利益，提高我们的话语权，争取建立一个有利于中国的国际金融格局。

人民币逐渐要变成强势货币，才能在世界货币储备体系中占有一席之地。人民币币值稳定，并且有着强大的中国经济作为支撑，尽管中国亦在较大程度上受到这次金融危机的影响，但中国经济增长仍保持强劲，人民币前景看好，特别是有些国家和地区因为持有了人民币而感到踏实。

另外，中国对亚洲新兴市场经济保持外贸逆差，增加了人民币在这些区域的可靠性，也有助于加快人民币区域化的进程。而中国对世界保持巨额的外贸顺差，使得人民币升值压力大而贬值压力较小，这保证了人民币作为储备货币的安全性和收益性。因此，若人民币完成资本项目下的可兑换，在亚太地区必将成为各国外汇储备的一大优良选择。

三、用渐进的方式推进人民币国际化

人民币成为区域性货币还有很大障碍，离世界货币有更长的路要走。这是因为人民币还没有完全自由化，在资本项下的人民币还不能自由兑换。国内金融体制的开放度、机构的竞争力和金融市场的规模在今后如何发展，仍有很大不确定性；再加上国际储备体系的历史惯性会维护美元和提升欧元的地位，人民币实现真正国际化，成为国际储备货币体系中较为重要的成员，难度较大。

我们应当从制度安排上加快人民币国际化的步伐，逐步开放人民币资本账户下的可兑换，为人民币成为区域性货币甚至成为世界货币创造条件。

（一）最重要的是不断增强我国国力

一个强大的货币背后必须有强大的、高效率的经济做后盾。经济的稳定增长是人民币国际化的一个重要先决条件。首先，要有稳定的宏观经济形势。其次，政府要具备成熟的宏观调控能力，要善于灵活运用各种政策工具进行间接调控。对财政政策而言，要保持财政收支状况良好，可根据经济需要及时调整。对于货币政策，要求货币政策具有较强的独立性。

（二）进一步健全我国的微观经济主体

企业将面临国外同类企业的激烈竞争，企业的生存和发展直接决定着资本账户开放的可行性。从制度上看，要求企业自主经营、自负盈亏、自我约束，能够对价格变动做出及时反应。从技术上，要求企业具有较高的劳动生产率，产品在国际范围内有一定的竞争力。如果企业技术水平落后，效率低下，会导致政府巨额财政补贴支出和财政收支状况的恶化，并导致银行巨额不良资产的形成，国际收支状况的恶化。另一方面，商业银行经营状况对资本账户开放的意义更为重大。如果一国商业银行没有真正转变经营机制，存在大量不良资产，必然在与国外金融机构的竞争中处于劣势，这就会使居民大量将存款转存外国银行，从而使国内金融机构的经营状况进一步恶化。这极易使一国出现债务危机和货币危机。因此，健全银行体系是成功地开放资本市场的重要前提。我国银行体系要进一步强化内部治理结构，提高信贷质量，控制信贷投向，管住信贷资金回流资本市场，实行多元化经营，适时涉足多领域金融服务业务，增加抗风险能力。

（三）建立起一个现代化的开放型金融体系，维持货币流通和支付职能的有效发挥

首先，要加强资本市场基础制度建设。一个稳定和健全的资本市场是防范外来资本冲击的前提，在实现中国资本账户开放之前，必须提供一个国内资本和国际资本互动施展潜能的市场环境，完善的资本市场框架，借以规避资本市场开放带来的过度投机和市场动荡。其次，要强化上市公司治理绩效，规范经营行为，充分信息披露。提高会计师事务所、资产评估师、律师事务所等中介服务机构产品服务质量，强化尽职履约意愿，增强运作透明度。最后，要增加证券市场的产品种类，优化产品结构，扩大机构投资者规模，引进外来基金投资者，要为周边国家提供更多以人民币计价的金融产品，必须推动人民币计值的亚洲债券市场的发展，为形成储备货币职能奠定金融市场基础，减轻对美元债券市场的过度依赖，给国外的人民币持有者创造投资的渠道。

（四）改变我国外汇储备结构

外汇储备的基本功能主要是各国用于国际收支结算和防范金融风险。如果外汇储备风险加大，外汇储备自身安全得不到保证，在国际收支结算中的损失就难以估量，同时本国金融安全也相应降低。事实上，国际储备资产的安危已经被美元所左右。目前中国外汇储备约3.181万亿美元，其中包括了大量的美国国债、

机构债、非货币资产和保证金存款、一般性存款。其中美元资产占了2/3，规模和风险之大堪称世界之最。应当调整我国外汇储备的构成。第一，外汇储备货币币种多样化。减少美元储备，增加欧元、日元和其他国家的可兑换货币储备。第二，外汇储备的部分资金要进行投资和运用。增加外汇储备的流动性，流动性也很重要，有流动性才有收益性。不应无条件地继续大规模购买美国债券，要考虑购买原油期货、贵金属及资源性和战略性产品。用外汇直接投资国外一些战略性、资源类项目和企业。还有一个策略，就是藏汇于民，允许居民保存一定的外汇。

（五）要进行富有弹性的汇率安排

保持充足外汇储备是很必要的，可以为国家抵御金融危机提供可靠的缓冲余地。资本账户开放很可能会在短期内引起大规模的资本流入，使实际汇率升值和经常账户的恶化。中央银行动用相对充足的外汇储备对外汇市场进行干预则可缓解这一压力。而且，相对充足的外汇储备可增强市场人士的信心，可在一定程度上抑制短期资本的投机活动。需要指出的是，总结历次金融危机的经验，在僵化的汇率安排下，一国无论保持多少外汇储备，在国际投机资本的冲击下都是微不足道的。一般来说，在富有弹性的汇率安排下，所需的外汇储备可相对少一些，相反，在僵化的汇率安排下，外汇储备应相对多一些。为应付资本账户开放后的各种不稳定性，一国应保持较高的汇率弹性。中国应当实行有管理的浮动汇率制度。

（六）要继续进行利率自由化改革

资本账户开放一定程度上是以国内利率自由化为前提。金融压制下的利率管制会造成资金价格信号的失真。如受到管制的利率低于国际市场利率时，资本账户开放将会导致资本外逃，反之，会引起资本过度流入。而且，利率管制往往不能保证资金流向效益好的企业，不能保证资金的合理有效配置。资本账户开放会引起外国资本大量流入，如果没有市场化的利率机制，将会导致大规模的资金浪费，并可能引起外债的清偿困难。

（七）建立和健全完善的金融监管体系

必须加强金融监管，防止大量资本流入高风险行业而使银行形成巨额不良资产。完善银行市场准入制度；对银行的财务状况和业务程序进行严格的审查；对银行投向高风险行业的贷款比例做出严格限制等。在资本市场方面，应建立健全各种交易法规，完善信息披露机制，健全上市标准和程序，培育会计、评估、法律等证券中介机构，选择高效运作的交易系统等。要完善资本市场的各项法律法规，强化市场参与者的自律机制等。进一步完善金融监管体系，科学合规性监管，提高监管水平，强化证券、银行、保险之间的协调监管等。

（八）中国要在国际金融领域发挥更大的作用

在 SDR 构成中占有一席之地是重要一步。中国向 IMF 提供资金，相应增加了中国在 IMF 的份额，但更重要的是，要在人民币国际化程度不断加深的过程中实现 SDR 构成的改造，其中包括人民币在一定条件下成为 SDR 的组成部分，促使 SDR 货币构成多元化。IMF 现有 SDR 构成的改造，在一定程度上取决于中国的影响和人民币国际化程度。人民币实现自由兑换不仅是中国现实的需要，也是世界货币体系改革的需要。

有专家提出，人民币国际化要实行两个"三步走"策略。一是地域的"三步走"，目前人民币在周边地区以"硬通货"的形式出现，已经实现了准周边化，将来人民币可以由准周边化发展为正式周边化，进而发展为正式区域化及准国际化，最终人民币将真正实现国际化。二是货币职能的"三步走"，即结算货币、投资货币、储备货币。配合地域的"三步走"，人民币可依次成为周边国家贸易结算货币和区域性的投资货币，最后人民币将成为国际储备货币，为全球各国所接受。人民币逐渐完成国际化或许需要 10～20 年或更长一点的时间。

第七章

银行业监管

银行体系在支付和组织分配储蓄方面发挥着重要作用，对银行业的有效监管是稳健的经济环境的关键组成部分。作为公共产品，有效的银行监管不能完全由市场所提供，它与有效的宏观经济政策相结合构成一个国家金融稳定的关键因素。长期以来，我国金融市场一直是银行主导型市场，银行业资产占全部金融资产一般都在 90% 以上，经济增长在很大程度上依赖于银行业的稳健运行，也在很大程度上影响着银行体系的安全性。进入 21 世纪，特别是加入世界贸易组织后，随着经济全球化步伐加快，我国正在更加全面地参与国际经济，适应国际规则，转变政府管理经济的方式，并在新的层次上走向市场化、全球化。金融运行的不确定性增加，金融业竞争更加激烈，金融风险进一步加大，银行业发展的机遇和挑战并存，银行业监管面临着更加复杂多变的情况和局面。始于 2007 年夏的美国次贷危机在 2008 年演变为一场席卷全球的金融危机，对美国实体经济产生严重冲击和影响，其多米诺骨牌效应深度影响全球主要经济体的经济发展和金融秩序，令全世界进一步认识到，有效监管是金融体系得以保持稳健的关键要素。从我国来看，银行业需要有效的监管体系，一方面保障金融体系的整体安全、稳健、高效运行，一方面支持银行业发展，为市场经济提供所需的金融服务，不断提高银行竞争力，并进一步走向国际化。

本章研究在金融市场全球化下的我国银行业监管。基本框架是：第一节阐述银行监管的主要依据，第二节构建银行监管的分析框架，第三节分析在金融市场全球化下我国银行监管的问题和对策。

第一节　银行监管的主要依据

　　银行监管通过对银行体系的规制和监控以保障其安全性和稳定性。但是，监管不当会损害银行体系的市场效率。银行监管的目标定位、制度安排、政策工具及相关的监管活动必须符合银行监管的基本原理，这是有效银行监管的基本要求。

一、银行业的风险及其监管

　　现代银行体系的建立，是过去 200 年来市场经济取得成功的根本原因。银行体系的成功则主要在于银行能够大大降低交易成本并因此而提供流动性服务。这又建立在银行的中介化与杠杆化这两个特性的基础之上，但这同时也是银行体系脆弱性的主要来源。由于银行的中介化与杆杠化特性，以及银行特殊的业务性质，商业银行运营受多种变数的影响。如高负债经营，对存款的依赖性大；贷款等债权分布于多个经济领域，不确定性高；与负债相比，资产的期限较长、流动性较差；经营外汇业务的银行，资产与负债分布于不同货币种类，存在汇率风险。这些特点决定了商业银行在业务运营中存在多种风险。

　　由于银行的风险特性，以及金融信息不对称问题，银行通常会面临挤提的风险。银行挤提大体可以分为两种：一是投机性挤提，即主要是由于不完全信息或信息不对称造成的挤提，大部分挤提，特别是扩散性挤提属于投机性挤提；二是基础性挤提，即主要是由于银行经营业绩不良或者由于对银行经营状况的悲观预期造成的挤提。

　　当单个银行的倒闭被视为整个银行业发生困难的先兆，则银行业的总体信用也会受到动摇。即，单个银行的问题可能导致银行系统性风险。银行系统性风险是对银行体系造成损害的突发风险或突发事件，其损害的程度足以使范围广泛的经济活动受到破坏。这种突然的冲击可能源自银行内部或者外部，包括银行系统中主要参与者的突然倒闭，结算或支付系统的技术故障，或诸如外来入侵之类的政治冲击，以及重要金融中心的控制权转移等。这类事件由于可能摧毁大部分金融交易得以进行的相互信任基础，从而会破坏金融市场和银行机构的正常功能。因此，需要对银行的经营行为进行政府规制和审慎监管，督促银行健全风险管理和内部控制，有效控制风险。

　　监管当局的根本任务之一，就是确保市场稳定，确保市场对流动性具有较高的信心。为此，必须采取措施，防止信息不对称、负外部性问题造成的破坏性影响。除去对单个银行的监管之外，监管当局还必须关注整体的金融风险。必要时及时进行干预，避免系统性的风险传染。同时，需要对建立银行体系的安全网机制，防止单个银行的挤提风险引发系统性银行危机。但是，安全网对银行而言是某种形式的免费保险。在保护社会公众免受中介化和杠杆化风险侵蚀的同时，安全网机制本身也创造出了新的风险。本该由银行承担的那部分风险转嫁给了公共部门，结果是银行倾向于承担更大的风险。安全网也可能降低金融资产市场配置的效率。那些甚至不承担个人失败风险的人做出了有风险的决策，而将风险留给了整个社会。因此，审慎监管是安全网机制必不可少的重要组成部分。如果没有审慎监管，最后贷款人和存款保险制度下的道德风险、逆向选择问题会导致金融市场缺乏效率，而这正是安全网机制想尽量避免的。因此，在有安全网的情况下，审慎监管更为必要。当市场由于安全网的存在而对风险的计算出现相当大的误差时，监管者就充当市场纪律的代言人。

总之，正是因为几乎所有的政府都对银行体系提供某种形式的安全网，无论是显性的或是隐性的，因此需要采取措施来限制安全网产生的道德风险和逆向选择。否则，银行就会有更大的冒险激励，安全网就会促使而不是防止银行危机的发生。审慎监管是通过建立减少银行冒险的规章并监督银行遵循，从而防止银行过度冒险的政府规制与监控活动，因而为保障银行体系的安全性和稳定性所必需。1997 年的东南亚金融危机、2008 年的美国次贷危机都说明了这一点。

二、银行监管的基本功能

银行监管是银行监管机构为实现银行监管目标，依法采取措施对银行业的主动干预和控制活动。从信息不对称理论可以阐述审慎银行监管的依据和作用，从法律不完备性等理论可以说明银行监管的必要性，同时也表明应当防止监管者的行为扭曲。因此，合理界定银行监管的职能边界非常重要。既要防止监管不力，又要避免过度监管。一般来讲，银行监管主要有两大基本职能：

一是防止银行体系的系统性风险。由于银行业的高风险特点以及信息不对称问题的存在，银行风险问题具有很强的"羊群效应"。并且，由于银行承担支付结算的功能，一家银行倒闭的结果可能造成企业或银行同业支付链的中断，进而产生"传染效应"。因此，个别银行机构的倒闭或风险问题，很容易造成金融恐慌，进而引发银行业的系统性风险。因此，银行监管的职能之一是要通过建立金融安全网，防止银行体系的系统性风险。相应的任务是：对银行提供最后贷款人支持，或者建立存款保险制度，维护公众对银行体系的信心；实施市场准入和利率限制、资产持有限制、业务范围限制、股权结构要求、资本充足要求以及强化市场约束等审慎监管措施，保障银行体系的安全、稳健运行。

二是防止银行机构的过度冒险行为。在信用货币制度和部分准备金制度下，银行业成为高风险、高负外部性的行业。一方面，中介化使银行的资产负债表具有资产与负债结构、期限、币种不匹配的风险，另一方面，杠杆化使银行高负债经营，由于道德风险问题，单个银行风险的社会化会使银行业的负外部性增大。而为防止银行系统性风险所建立的政府安全网又会因道德风险和逆向选择问题反而使银行系统性风险更趋严重。因此，银行监管的另一个重要职能是强化对银行机构的风险监管，防止道德风险和逆向选择。监管机构的相应任务就是：完善银行公司治理，防止内部人控制，维护存款人和银行投资者权益；建立银行客户征信系统，打击逃废银行债务行为，维护银行利益；健全银行信息披露制度，强化市场约束。但是，监管机构的任务不是替代银行行使风险管理职能，而是通过不断地检查银行的风险管理程序，鼓励银行内部建立和发展最佳的风险管理实践标准。

监管机构在履行对银行体系的风险管理和对单个银行机构的风险监控职能时，必然受到监管成本的约束。其中，最重要的是不能损害银行体系的市场效率。这就涉及银行监管的目标选择问题。银行监管的诸多目标中，最重要有两个：一是防止银行系统性风险，即安全性目标——正是这一目标使银行监管区别于政府对其他行业的监管；二是增进银行体系的市场效率，即效益性目标——这正是银行业存在的价值所在。

第二节　有效监管的分析框架

监管的直接目的在于更好地实现政府职能，某种程度而言，也在于更好地实现国家干预。但是，现代政府监管实践也引发质疑和担忧。一方面，发达的市场经济国家奉行自由主义传统导致人们对政府主动干预的足够敏感，另一方面，政府监管集立法、行政、司法三权于一身使人们担心权力分立与制衡的机制被破坏。为此，人们对政府监管的质疑几乎伴随着整个监管的历史，并因此而不断加强对政府监管的规范。从银行监管来看，监管理论与实践中，人们更多地关注银行体系的安全性和风险控制，而常常忽视了银行体系的市场效率，忽视了对银行发展的支持。正因为如此，近年来，银行监管的有效性，特别是过度监管问题，越来越成为人们关注的焦点。

一、银行监管的有效性问题

（一）为何关注监管有效性问题

如同市场经济国家政府规制通常设定为市场领域的反垄断、经济领域的重调节、社会领域的加强管理一样，相应地，政府监管也通常分为三类：反垄断监管、经济性监管与社会性监管。同样，银行监管也面临这三类监管问题。如反不正当竞争、保持适度竞争促进银行业的市场效率、审慎监管以维护银行业的安全稳健运行。由于所有的银行监管都有成本，并且会导致监管套利或对规则的规避，并且，监管规则的激励结构会影响政策结果。此外，银行监管也面临一般政府规制或政府监管同样的问题。如规制俘获、寻租、银行业的市场效率、银行体系的安全性等。其中，市场机制与政府监管这一基本命题表现在银行监管方面就集中体现于有效监管与过度监管问题。这也是目前关于银行监管方面最具争议的焦点问题。

银行监管的问题，也同样反映在政府监管的一般问题之中。而关于政府监管的一般问题，正如 OECD 所指出的[1]：监管已经成为政府的一个基础性手段，被用于管理更复杂、更多样化的社会和经济，在解决政府面临的政策困难方面，监管提供了一个便捷并且通常是高效的手段。但是，与传统的财政手段相比，监管还是一种政府占用民间资源的非显性方式，由于各种复杂原因导致的"监管通胀"，监管所带来的成本也是高昂的——在某些国家，监管成本达到 GDP 的 10% 或者更多。在 20 世纪大多数时间里，随着监管干预范围和规模的明显扩张，经济环境的变化开始日益明显地暴露过时、低质量、持续膨胀的监管体系带来的隐性成本。然而，尽管低水平监管引发的问题日益明显，改革却一直受到阻挠。政府发现，很难控制监管的质量和数量，很难采取校正行动。主要原因包括[2]：

——改革的复杂性和改革主要影响的不确定性，阻碍了前进步伐。而这部分归因于政府体系中的政策分割问题导致的政府缺乏协调和规划能力。

——既得利益者经常能够出台和维护有利于自己的监管规则，阻挠必要的改革，即使在改革使社会受益面远远大于既得利益集团承担的集中成本的情况下，也是如此。

——在监管机构内部，激励体系不鼓励对自主裁量权有效、负责的运用。激

---

① OECD 编，陈伟译. OECD 国家的监管政策. 法律出版社，2006：4.
② 节选自 OECD. 监管改革报告. 1997.

励机制过多地支持强势利益而不是大众利益，重视短期考虑而不是长期考虑，不惜任何代价追求狭隘的任务目标，利用烦琐、传统的控制手段而非灵活、创新的手段。大多数监管机构缺乏评价监管隐性成本的能力，因而无法确保监管权力运用是节约成本、一致连贯的。

——随着时间的推移，有效监管可能会变成有害监管。政府不会注意审查、更新和废除不必要的或者有害的监管。很多现时的监管都源自20世纪初期，而当时的经济和社会环境与今天已经有很大不同。

——很常见的情况是，立法机构颁布法律只是一种象征性的公开行动，而不是将其作为现实问题的实现解决途径。其根源在于低效激励体系，由于大多数OECD国家的政府并不注重遵守和执行情况以及事后的监管效力评价，这一问题还会进一步恶化。

——监管职权变得越来越分散。监管权力运用日益在国家内或超国家层面展开，通过更多地运用第三方标准，中央政府倾向于"分包"出一些监管权力。由于在不同的监管权力来源之间往往缺乏成熟的合作机制，甚至根本不存在合作机制，交叉监管、彼此冲突、过度监管的趋势大为加剧了。

（二）有效监管的基本准则

由于监管通胀带来的高成本，近年来，规制不断强化的压力使规制的效率问题或规制的适度性问题越来越受到关注。人们越来越关注有害监管、过度监管和不充分监管等监管政策失灵所带来的风险——这些政策失灵都可能会带来灾难性后果，越来越关注监管规则的合理设计和应用，并且，从最初关注应当废除哪些监管规则，转变到注重如何改进监管体系的设计和运行。特别是，由于经济市场化和全球化两大发展趋势的影响，一些发达的市场经济国家从20世纪末期即开始重视和追求"良好规制"。1997年，英国成立了良好规制工作组。工作组的成员由首相任命，成员选自各方面，但都有规制方面的经验，不付薪酬。2002年6月5日，欧共体委员会提出了《简化和改进规制环境行动方案》，2005年，委员会又向欧洲议会提交了《良好规制以促进欧盟经济增长和就业》的报告，倡导在欧盟所有国家实现良好规制。

基于对政府规制问题的分析，可以得到判断政府规制是否合理性的四个标准：一是能否解决"规制俘获"问题；二是能否解决寻租问题；三是能否解决市场效率问题；四是能否解决外部性问题（包括市场体系的安全问题）。因此，良好规制应当追求如下目标：（1）在规制确为必需的前提下，确保规则的形成能让社会公众最大程度的参与，从而保持规则制定的充分透明；（2）规则必须清晰而能达成目标；（3）规则不会过度烦琐，并且能有效实施；（4）规则没有未考虑到的影响并且定期进行审查评估。

具体可以从两个角度来评价什么是好的规制：一是看过程，即政策如何制定，规则如何起草；二是看产品，即所制定规则的性质和效果如何。好的规制重点关注如何改进规制过程和单个规则的质量，确保其在达成目标方面是有效的，不会对经济和社会造成不必要的负面影响。对好规制的追求源于对于自律的强烈驱动和市场对于竞争的依赖，因为保护消费者的目的只能通过适当的竞争来达成。因此，只要可能引入竞争，就无需规制，这就是好规制的核心要求。自律加上经营的透明性，就可以维系消费者的信心。

2005年3月，英国良好规制工作组向首相提交的专题报告中，提出了良好规制应遵循的五条原则，即：（1）适当性：监管者只是在必要时才进行干预。监管要求必须与存在的风险及成本最小化的要求相匹配。（2）问责性：监管者的决策都必须有正当的理由，并接受公众细致审查。（3）一致性：政策规则和标准应当彼此衔接，妥善实施。监管者应相互一致，新的规则应当考虑已有的规则，规则应当是可预见的，从而保持规则对于被规制者的稳定性和可确定性。（4）透明性：规制者应当坚持开放性，并且保证规则的公开、简明和用户友好性。（5）目的性：规则应当关注于问题的解决，并且使其负面影响降至最小。

（三）我国银行监管的有效性问题

作为一种政府监督管理银行业的手段，我国银行监管既有政府监管面临的一般问题，也有银行监管特有的问题。

1. 我国政府监管的主要问题。

有效的监管，必须合理地界定监管的边界，实际上是要进行监管措施的合理性计算，衡量监管的成本与收益。关于我国政府监管的主要问题，周汉华（2006）从确定政府监管边界的角度，作了深入的分析。传统体制下，由于政府职能不分，政府虽然管得多，但往往依靠的不是典型意义上的监管手段，政府机关并不具备也没有培育独立监管能力。这样，政企分开、引入市场竞争机制以后的过渡阶段，势必出现一种现象，即，市场主体拼命释放长期受到压抑的获利欲望，而相应的政府监管能力缺乏，其结果是市场无序与监管乏力的恶性循环。而危险在于，面对市场无序与监管乏力的现状，监管机构在公众与其他各种社会压力之下，很容易走向另一个极端，陷入过度监管的恶性循环。如果考虑到我国政府权力过大的状况并没有根本改变以及监管机构也有谋取自身利益的实际，监管机构越位，陷入过度监管实际上也是非常现实的危险。

过度监管之所以会导致恶性循环是因为：第一，过度监管必然导致市场主体守法成本过高，超过临界点之后会降低其守法的激励，甚至可能导致整个威慑失灵。结果，市场秩序在严厉的监管措施下不但不会变好，反而有可能变得更坏①。这样，会导致监管机构采取更为严厉的手段，导致更为失控的市场秩序。第二，过度监管必然导致监管的范围、程序扩大，无法突出监管的重心，集中资源解决主要问题。同时，如果对解决特定问题的监管目标设定过高，期望完全解决问题或实现零风险，势必不计成本，为细枝末节耗费大量的监管资源，违反监管的基本规律。这样，必须出现问题转移，使其他大量客观存在的问题无法在监管目标排序中得到足够的重视。第三，过度监管必然会养成过于依赖强制性监管手段的习惯，逐步丧失采用其他政策手段与工具来实现监管目标的能力。一旦强制性监管手段在实践中不起作用，监管机构只会进一步强化其权力，使其他政策手段与工具逐步失去作用的空间，形成恶性循环。第四，过度监管必须导致执法者权力过大，容易出现权力滥用。如果约束机制不到位，监管机构有可能以手中的监管权力作为谋利的手段，并将维护和加强其权力作为监管制度的目的。结果，监管机构权力越大，获利越多，离有效监管的目标越远。第五，过度监管必然会抑制市场机制与其他社会调控机制的形成，使其无法分担公共治理的责任。这种状况会反过来将所有压力都加在监管制度上，进一步抑制其他机制的发育，无法形成良性的治理结构。第六，过度监管很有可能导致多个部门监管重点不统一，相互争夺权利或推卸责任，出现人为的监管真空或者职权交叉，影响监管的有效性和市场秩序。

2. 我国银行监管的有效性问题。

巴塞尔银行监管委员会于 1997 年 9 月发布的《有效银行监管核心原则》（以下简称《核心原则》），是国际银行监管领域 1988 年《巴塞尔资本协议》发布后又一部具有里程碑意义的重要文献，是在总结各国监管实践经验的基础上，对银行监管最佳做法的精辟概括，为各国建立有效的银行监管体系提供了指导和借鉴。我国于 2003 年年底颁布的《中华人民共和国银行业监督管理法》的大部分条款就直接借鉴了《核心原则》有关内容。对照《核心原则》进行自我评估，已成为各国发现和解决本国银行监管缺陷、提高银行监管有效性的重要途径，也是国际货币基金组织和世界银行评估各成员国金融体系稳健程度的重要方面。为提高我国银行监管的有效性，推进我国银行监管与国际最佳做法接轨，2003 年 4 月银监会成立伊始，就成立了跨部门自我评估小组，对照《核心原则》开展了自我评估。评估表明：对照《核心原则》的要求，我国银行业的监管在许多方面还处于"大体不符合"的档次，说明我国银行业监管离《核心原则》的要求

---

① 原注：例如，我国多家政府机关都管网吧，设立一个网吧需要经过多道非常复杂的审批。结果，许多网吧干脆绕过政府审批，直接进行经营活动，一个时期里形成"黑网吧"比正规网吧还多的普遍现象，导致网吧管理基本失控。

还有较大的差距，主要表现在七个方面：一是银行监管的有效性受外部和内部环境的制约较大。从外部环境看，评估小组认为我国宏观经济从总体上看稳定性和持续性在增强，但仍存在结构失衡等影响持续性发展的不确定因素，制约着对银行业的有效监管。从银行监管的内部环境来看，主要存在监管者责任不够明确，监管机构的独立性受到制约，银行监管法规框架存在缺陷，监管支持系统还较薄弱等。二是在市场准入监管方面依然不够科学规范。主要是银行的市场准入监管还不够规范、高效和透明，现行法规规定的有关发照标准存在缺陷，没有制定明确的细则；对商业银行新业务的准入设限不科学，一定程度上抑制了商业银行的业务创新，也影响着银行监管有效性的提高。三是审慎性法规的系统性和完整性不强。主要是还没有建立结构完整、层次清晰的监管法规体系，法规的制定、修改还不够及时；对商业银行资本风险、信用风险、市场风险、流动性风险、利率风险、操作风险的监管存在诸多缺陷；对商业银行内部控制机制不健全的问题尚没有提出一整套有效的办法等。四是持续银行监管手段还需进一步完善。现场检查尚未实现制度化，缺乏计划性、连续性；非现场监测的风险识别、分析和预警功能较弱；现场检查与非现场监测的有机结合不够；对商业银行特别是国际活跃银行的并表监管能力不足。五是监管信息的统一性、完整性、真实性和透明性方面尚需花大气力改进。在《金融企业会计制度》适用范围、信息的连续性和相关性、银行的监管信息系统建设、信息披露机制等方面都急需加以调整、改进。六是监管者权威性不强，难以确保监管的公平与效率。目前，商业银行市场退出的法律、法规还不健全，由此导致监管机构对有问题银行处置不及时，成本高，也影响了监管的效率。在其他方面也存在着监管者权威不强的问题。七是跨境银行监管的能力存在明显不足。主要是对商业银行境内外并表监管的能力严重不足；与一些东道国监管当局信息交流的范围和深度十分有限等（唐双宁，2005）。这些问题的存在，进一步说明了提高我国银行监管有效性的必要性、紧迫性和艰巨性。

二、银行监管的基本框架

近年来，一方面，由于对金融体系安全性和健全性的关注，银行监管干预不断强化。另一方面，随着信息技术的进步，金融市场的扩展，银行与非银行界限的模糊，以及新产品创新的层出不穷，银行业处于不断的变化之中。传统的监管结构，包括对银行经营范围的限制以及对资本和流动性要求的控制等，已经难以与这种更具竞争性和动态的环境相适应。为此，必须基于政府规制的基本原理、制度安排的相关理论以及有效银行监管的内在要求，重新审视、研究和探讨改进以银行监管基本制度安排为核心内容的银行监管框架。

（一）银行监管框架的含义与构建

"框架"一词有若干不同定义，而与"政策框架"、"法律框架"所称"监管框架"相近的定义是"一套概念、原则、共识或规则，可以为有待进一步充分展开的事物提供基础或基本架构"。我们基于框架的定义、银行监管的界定及制度安排的理论，将银行监管框架界定为：关于银行监管目标、监管主体、监管内容和监管方式等监管重大问题的规则体系或相关制度安排。

由于银行监管是一种政府规制，银行监管框架应当符合规制经济学的原理，由于银行监管是一种制度安排，银行监管框架也应当符合制度经济学的原理，由于银行监管是一种特殊行业监管，银行监管框架还应当符合银行监管的基本原理，包括本章第一节关于银行监管依据的分析和本节关于银行监管有效性的分析。

银行监管框架涉及银行监管应当监管什么、由谁监管以及如何监管等银行监管重大问题的制度安排，对于银行监管的有效性具有战略性、全局性、根本性的重大影响。从不同角度可以提出不同的监管框架。提出一个银行监管框架，就提供了一套银行监管的规则体系，也提供了一种关于银行监管的制度安排和分析框架。

1. 基于监管工具的监管框架。时任新西兰储备银行行长曾提到 1996 年之前新西兰的银行监管框架，该框架主要由一系列监管工具构成，主要包括：最低资本要求；限制银行给关联人和个人客户贷款；对银行的非现场监管；与银行高管层的年度会谈；监管当局得以对问题银行采取措施的正式权力；不对未使用银行名称的存款机构或银行业务进行准入和监督管理；不提供存款保险；不以保护存款人个人而是维护银行体系稳定为目标；不实施任何形式的现场检查（Brash，1997）。

2. 基于监管流程的监管框架。1997 年 9 月，巴塞尔银行监管委员会发布了《核心原则》，《核心原则》总结归纳了有效的银行监管应当遵循的 25 条基本原则，实际提供了一个七要素监管框架。即：（1）前提条件。监管机构应该有明确的授权和足够的资源与专业能力（原则 1）。（2）市场准入。监管机构通过发照和资格审查，把不符合条件的银行和个人排除在银行业市场之外（原则 2～5）。（3）制定规则。监管机构通过建立符合国际惯例的审慎规章（原则 6～15）并要求银行机构遵循。（4）持续监管。监管机构通过进行现场检查和非现场监管等方法对已经设立的银行实施持续监管（原则 16～20）。（5）信息要求。为了保证发照和日常监管的有效性，监管机构必须要求银行提供符合审慎、持续会计准则要求的统计信息（原则 21）。（6）纠正措施。监管机构有权对违规的银行和个人进行处罚从而使其合规审慎经营（原则 22）。（7）有效监管的合理延伸还应当包括跨境监管和并表监管（原则 23～25）。上述框架实际上涵盖了银行监管从前提条件、准入管理、运营监管、持续监管到纠正措施等银行监管的全过程，因此，《银行监管有效性研究》称为基于监管流程的监管框架。

3. 基于金融稳定要素的监管框架。IMF 于 1998 年 1 月发表的重要文献《构建金融稳定的框架》，根据维护金融稳定所必须具备的六个要素，提出了六要素监管框架。即：（1）提高银行机构管理层的胜任性和诚信度；（2）增加银行业的透明度；（3）限制公共政策扭曲，包括最后贷款人安排、存款保险制度和市场退出政策；（4）通过审慎管理和持续监管控制风险；（5）改善银行的所有权结构；（6）加强国内和国际的监管协调。

4. 基于监管职能划分的监管框架。在 2002 年 9 月完成的报告《银行监管框架和银行绩效的跨国分析》（James R. Barth, 2002）中，杰姆士等提出了一个基于银行监管结构、银行监管范围和银行监管独立性的制度安排对银行监管进行考察的三要素分析框架。三要素具体是：（1）监管的结构。主要涉及两个问题。一是选择单一监管者还是多元监管者；二是中央银行是否具有监管职能；（2）监管的范围。主要问题是涉及银行监管机构是否还负责对非银行金融服务的监管，即是否应当设立超级监管机构；（3）监管的独立性。主要涉及监管机构是否有能力抵御使其偏离维护银行体系健全稳定目标的压力或影响力，从而坚持监管的专业标准和政策的一致性。

基于以上，可以看出，银行监管框架可以有不同选择，或者说，银行监管可以有多种不同的制度安排。但是，出于既为有效银行监管提供一种制度安排，又为银行监管有效性提供一个分析框架的目的，本章构建了"六要素银行监管框架"。

（二）六要素银行监管框架

根据本章关于银行监管框架的定义，关于"监管框架"的多种描述和构建有效银行监管框架的基本依据，我们进一步构建与有效银行监管相适应的基于六要素的监管框架（见图 7 - 1）。六要素监管框架包括银行监管目标、监管治理、监管规则、准入管理、持续监管、纠正措施等六个构成要素。其中，监管目标是关于监管什么的制度安排，监管治理是关于谁来监管的制度安排，监管规则、准入管理、持续监管和纠正措施属于监管手段，明确监管内容和监管方式，是关于如何监管的制度安排。

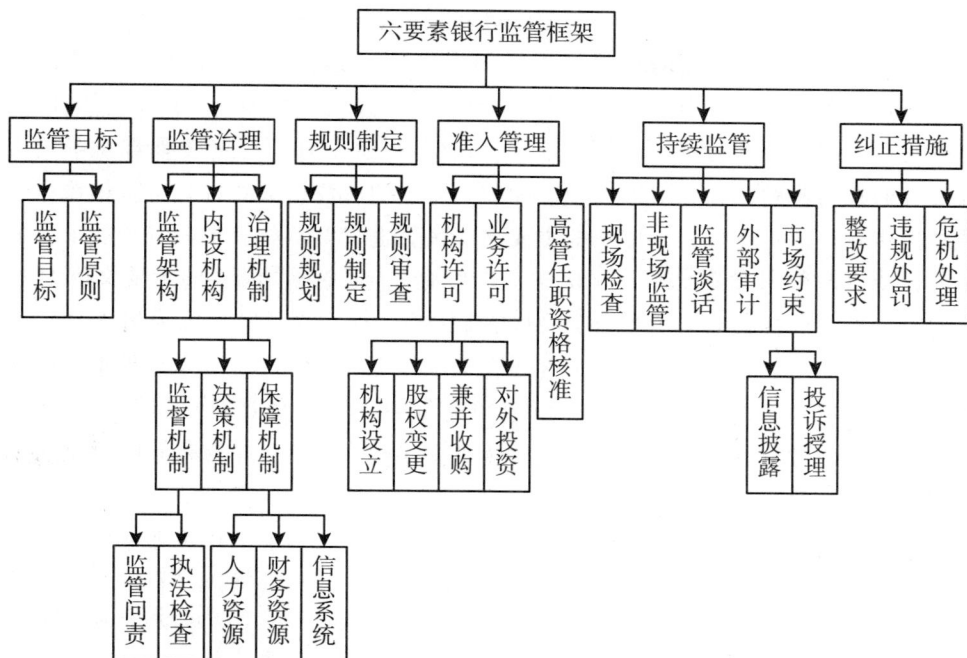

图 7-1　六要素银行监管框架示意

1. 监管目标。主要解决监管什么的问题。包括：监管目标、监管原则等。其中，监管原则是指监管机构遵循的具体准则。此外，监管目标定位同时要考察监管体制与监管机构设置的影响。

银行监管目标是构建银行监管框架或银行监管规则体系的首要问题，也是银行监管制度安排的基本问题和出发点。关于银行监管的目标定位，有多种选择。消费者主权理论认为监管的核心是保护消费者，银行监管目的就是保护存款者利益。管制经济学认为，政府提供的银行监管是公共产品，具有非排他性，目的是降低信息不对称和减少负外部性的影响，提供公共产品服务。还有人认为，银行监管目的是保证银行体系的公平竞争和效率，保证市场机制有效运转。其他选择还有维护宏观经济稳定、打击金融犯罪等。《核心原则》从三个层次对银行监管目标进行了描述[①]：其一，"监管的目标是保持金融系统的稳定性和信心，以降低存款人和金融体系的风险"；其二，"银行监管还应努力建设一个有效的、充满竞争性的银行体系，这一体系能以合理的成本提供良好的金融服务以满足公众的需要"；其三，"监管的责任，是确保银行稳健经营并保持足够的资本和储备抵御业务风险"。即银行监管的目标是保持金融体系的稳定性和安全性，同时，

[①]　BIS. 有效银行监管的核心原则："第一节简介". 1997.

兼顾银行体系的竞争性和效率性。操作目标是资本充足率监管。

2003 年 12 月 27 日全国人大常委会第六次会议通过的《中华人民共和国银行业监督管理法》第 3 条规定："银行业监督管理的目标是促进银行业的合法、稳健运行，维护公众对银行业的信心"。可见，监管目标不可避免地涉及不同目标之间的权衡问题，如，对维护稳定和鼓励竞争的关注，或者说对金融体系安全性和运转效率的关注。银行体系的主要功能是促进资源从储蓄者向资金需求者的转移，使资源得到有效配置。有效应广义地理解为同时包括保持金融市场的稳定和竞争。有效的金融体系应当使交易成本最小化——这种成本就是在资源分配过程中的消耗，这就要求保持一定程度的竞争。稳定必须维护，但竞争是市场经济的基础，也应当保护。然而，由于稳定和竞争更可能是彼此冲突而非互补的目标，因而使监管者难以权衡，由此使问题更为复杂。竞争过于激烈，的确有损害稳定的一面。限制竞争可以提高银行的获利能力，减少倒闭的可能，因而有利于维护稳定，但是，还应当认识到，过多的限制会损害银行业的市场效率，不利于提高整体服务水平。基于监管环境变化的未来趋势，必然要求监管目标从目前注重银行体系的安全性，到银行体系的安全性与银行业的市场效率并重或相机抉择，再进一步转向在维护银行体系稳定性的前提下更加注重市场效率。调整后的银行监管目标应当是：维护和促进健康而有竞争力的银行业，尽可能少地受到监管的影响，同时又能成为稳定和支持经济发展的原动力。对稳定和竞争的考虑是设计银行监管目标相关制度安排所面临的重大挑战。

2. 监管治理。主要解决谁来监管的问题。包括：监管体制、监管机构（组织架构）、治理机制等。其中，治理机制包括监管决策机制、监督机制、保障机制、执行机制，监督机制包括规则评价、执法检查和监管问责，保障机制包括人力资源、财务资源、信息系统，执行机制包括规则制定、行政许可、持续监督、纠正措施四部分。鉴于执行机制是监管活动的核心构成，作为监管要素单列。

六要素监管框架所指的监管治理是关于银行监管（主体）模式，以及监管机构内部运作的制度安排，包括为监管职能的有效实施而赋予监管机构的法律地位和监管资源等。前者称为监管治理结构，后者称为监管治理机制。关于监管治理的问题，Stigler（1971）和 Posner（1974）进行了描述，他们指出了官僚机构的自身利益，从理论上对利益集团如何最有效地组织起来使自己的声音受到关注进行了政治经济学①分析。他们质疑"规制的设立是为了维护公众的整体利益"

---

① 政治经济学有两个常用定义：一是社会科学的一个分支，研究产品和服务的生产、分配和消费及其管理；二是关于公共政策如何影响一个政治单位的经济和社会福利的理论或研究。这里指后者。

的说法，认为规制可能会被市场的现实占有者作为设置准入障碍和破坏市场竞争的工具。因此，要想达成有效监管，首先必须建立良好的监管治理结构和治理机制，有效地解决监管机构自身利益与公众利益的冲突问题、"监管者俘获"和寻租问题。

监管机构的设计可以遵循两类方式。一类是将宏观和微观审慎监督——即支付系统和银行监督，统一在一个机构之下。传统的做法是集中于中央银行，也可以由审慎监管者承担。另一类是由一个监督机构统一对金融市场的各类中介机构实施监管。具体来看，有三类典型的金融监管模式，其监管主体的法律地位与监管资源也不尽相同。一是美国"二元多头"的监管模式。主要有四个监管主体：在联邦一级，有联邦储备委员会、联邦存款保险公司和货币监理署三个机构；在州一级，有州政府的相应机构。二是英国"单一集中"的监管模式。英国于1997年10月基于《金融市场与服务法》成立金融服务局（FSA），使其成为对整个金融体系实施监管的单一的法定权威机构。FSA负责对各类金融机构、金融市场、清算和结算体系实施监管。财政部负责金融监管组织架构的确定和金融监管立法。FSA是民间团体，其运营经费来自监管对象的会员费，但不属于自律性团体。FSA的理事长、理事由英国财政部直接任命，其内部管理带有明显的行政色彩。三是日本"一元多头"的监管模式。日本金融业由大藏省和日本银行共同监管。大藏省是金融业的行政主管机构，负责对整个金融业的监督管理，包括颁发金融业务许可证。日本银行也对银行机构进行监管但有不同之处：一是只监管在日本银行开设往来账户或需要在日本银行贷款的金融机构；二是侧重于金融业务风险方面的监管；三是没有法律赋予的处罚权。关于监管治理结构，一个值得注意的问题是：不同监管机构之间的责任划分对于有效的市场监管至关重要，对于存在不同机构的监管体系，就尤其如此。因此，必须明确划分监管职责范围，并建立规定明确并能有效运作的监管机构合作平台。

监管治理机制主要是指在既有的监管治理结构下，监管机构的内部组织架构、决策机制、运作机制和支持系统等制度安排。其核心问题是：基于法律赋予的法律地位和监管资源，通过建立合理的内部组织架构、科学的决策机制、有效的监管手段和有力的支持系统，保证监管活动能有效履行监管职能，实现法律或政府所确定的监管目标或政策目标。其中，监管治理机制必须解决两个重要问题：一是，基于激励与约束机制，建立关于监管者行为的制度安排，以解决"监管者俘获"和寻租问题，确保监管者制定监管规则、运用监管手段、采取监管措施等监管活动都能依法、规范、有效；二是，基于激励和约束机制，建立关于银行机构审慎经营的制度安排，确保银行体系的稳定与效率，促使银行机构既能有效控制风险，又不缺乏追求金融创新和市场效率的动力。

199

值得注意的是，监管机构的独立性是影响监管治理结构和治理机制质量的关键因素。金融稳定是公共产品，需要处理外部性和信息缺失等问题，这些公共产品应当由公共机构来提供。但是，作为公共机构的监管者可能受到政治利益和被行业俘获的干预，这就凸显了监管机构独立性的重要性。Quintyn 和 Taylor（2002）在分析独立性时，区分了独立性的四个要素：规制的、监督的、组织的和预算的独立性。规制的独立性是指机构在制定规章、规则时有适当的自主程度，这一点通常受到政治干预的制约。监督的独立性是指监督人员得到合适的薪水和法律保护，拥有一定程度的自由裁量权和有效的法律申诉体系。组织的独立性的关键要素包括对高级管理人员的雇用（任命和解职），机构的治理结构，决策的开放性和透明度。预算约束或组织独立性都可以在不同层面上影响监督人员的决策过程。

3. 规则制定。主要解决监管规则问题，包括规则规划、规则制定和规则审查。

监管规则即体现监管目标要求的监管规则体系。监管规则既要有利于加强风险监管，维护银行体系稳定，又要防止立法偏好下的过度规制和过度监管而损害市场效率（高西庆，2004）。关键是要根据监管目标定位，建立合理的监管法规框架和确立规范的监管政策制定规程，提高监管规则的有效性和规则执行的有效性。监管规则（法规和政策）范围涉及银行市场的准入管理、审慎经营到市场退出，涉及监管部门的行政许可、持续监管、纠正措施等监管权力。监管规则应根据监管目标的调整趋势不断更新和完善。

4. 准入管理。主要解决银行业市场的准入问题，包括机构准入（机构设立、股权变更、机构并购、对外投资）、业务许可、高管人员任职资格审查等。

市场准入管理主要是通过行政许可手段，将不善经营者或恶意经营者，以及不合格的投资者挡在银行业市场之外，同时，不许可银行经营超过其承受能力之外的高风险业务。具体包括：对银行业机构设立、变更、并购的许可，对股东资格和股权变更的许可，对高管人员和董事任职资格的核准，对银行业务范围的许可等。

5. 持续监管。主要解决对进入市场的银行机构是否遵循监管规则的监督核查问题，包括：现场检查、非现场监管、监管谈话、外部审计、市场约束等。

持续监管是监管者对银行机构是否遵循监管规则进行核实的方法，主要包括以"现场和非现场监督"为核心的 4 种银行监管手段。即：与银行管理层保持经常性接触；具备在单一和并表基础上收集、审查与分析银行统计报告及统计报表的手段（即非现场监管）；能够通过现场检查或利用外部审计师对监管信息进行核实（现场检查）；对银行进行并表监管。

6. 纠正措施。主要解决监管所发现和违规行为的纠正和重大风险问题的处置。包括：监管要求、违规处罚、危机处理（再分为处置单个银行危机和控制银行系统风险）等。主要是基于持续监督的结果，通过对发现的问题（不符合监管要求、违反监管法规或重大风险问题）采取监管行动，纠正问题，控制风险，处理危机。最严厉的包括让问题严重的银行机构退出市场。

纠正措施是在核实监管规则未能得以遵循时监管者可以行使的正式监管权力。《核心原则》之原则 22 明确指出：银行监管者必须有足够的权力或手段，以便在银行未能满足审慎要求，违反监管规定，或当存款人受到威胁时，能够及时采取纠正措施。在紧急情况下，这些措施包括撤销银行执照或建议撤销其执照。这就要求，在监管者经核实发现银行未能遵循监管规则时，必须有足够的手段通过监管行动予以纠正。我国银行业监管者采取纠正措施的监管权力主要体现在《银行业监督管理法》第 37 条。

总之，监管目标解决监管什么的问题，监管治理解决谁来监管的问题，监管规则、准入管理、持续监管、纠正措施等监管工具解决如何监管的问题。

第三节　金融市场全球化下银行监管的问题与对策

一、全球化下我国银行业监管环境的变化

（一）全球化的挑战

随着金融全球化的发展，各国银行业可能面临监管者无法控制的外部风险。美国次贷危机表明，这种挑战已经越来越现实和紧迫，需要新的监管应对措施。包括：（1）更加注重风险管理和建立早期预警系统；（2）增加透明度和信息披露要求；（3）强化跨境监管、并表监管以及加强与各国监管当局的合作；（4）推动各国在共识基础上建立统一的监管标准和实施机制。

（二）市场竞争的加剧

在全球化环境下，由于金融工具和机构的创新，加上金融规制的放松，银行竞争将日趋激烈。由于竞争，国内银行将痛苦地面对：服务价格不断降低，盈利空间不断缩小，市场份额不断减少，特许权价值不断贬值。为此，监管部门可能

面临强大的政治压力，要求重新严格控制准入、"补贴"本国银行等。尽管监管机构维持竞争政策有利于国家的长期发展，但这显然是一项艰难的任务。

（三） 银行规模的扩张

经济金融市场化的深化，在世界各国，尤其是发达的市场经济国家，推动和加剧了银行业的合并浪潮，银行业集中度大大提高。随着信息技术的进步和金融全球化的发展，银行业务实现规模经济也将变得越来越重要，由此会进一步推动银行的国际合并。如，从欧洲银行市场来看，跨境并购可以成立足够大的银行以适应以欧元标价的批发市场的需要，达到规模经济的目的。并且，欧元的流通必然降低各国银行业的进入门槛。银行从事国外业务将更容易而且成本更低，银行的生存能力将得以提高。但是，银行的并购不仅带来规模的扩张，而且导致结构的复杂化，因而银行的风险管理也面临更大的挑战。

（四） 技术进步的影响

技术进步将加速金融产品和机构的创新。其一，技术进步使金融机构可以低成本地从各地获取信息，据以设计新产品从而更好地服务其客户。这种低成本的服务由于可以替代受到严厉监管的机构所提供的服务，因而形成放松管制的压力。其二，金融机构将借助技术进步引入新的工作流程。廉价和易获得的信息以及专家系统的应用使金融机构可以更有效地对市场进行细分，以极低的成本为客户提供量身订做的服务。其三，技术进步使金融机构能够更准确、及时地评估每条产品线的营利性和风险度，从而更有效地管理资本。由于能够通过引入成熟的管理信息系统来决定产品线的应用和淘汰，新的金融机构将不断涌现。

（五） 业务范围的扩大

一方面，许多国家出现了混业经营的发展趋势。银行不再是一个独立的金融服务领域，而是不断与其他金融活动相融合，包括证券行业。资产证券化的重要内容之一就是银行将贷款打包再卖给非银行投资者，已经模糊了银行贷款与证券市场融资的界限。另一方面，银行越来越多地涉足金融衍生产品市场，场外交易或柜台交易① （OTC） 巨量增长，与金融衍生产品交易相关的系统风险引起关注，需要监管当局采取有效应对措施。

---

① 与交易所交易相比，OTC 交易风险更大。前者有准备金要求，对交易商有最低资本金等要求。

（六）银行地位的变化

防止银行系统性危机这一目标将银行规制区别于其他规制。安全网因此而建立，但付出了扭曲风险激励的代价。随着技术与观念的进步，银行的特殊地位正在发生变化。美国等发达国家中，银行的市场份额呈现不断下降的趋势。随着直接融资的增加及其他金融机构（特别是"影子银行"）的发展，银行的重要性降低。一旦银行丧失其特殊地位，银行规制就应当适应这一变化趋势。

二、金融市场全球化下改进我国银行监管的对策

（一）完善银行监管框架

根据本章关于有效银行监管的相关分析和关于银行监管框架的讨论，建议基于六要素银行监管框架，以"监管目标、监管治理、监管规则、准入管理、持续监管、纠正措施"为基础完善我国银行监管框架，并且，随着我国银行监管的外部环境和内部条件的改善，对监管框架不断进行调整和改进，同时，在有效银行监管框架下，逐步调整和改进我国的银行监管目标、监管方式和监管政策工具。

1. 我国银行监管框架的调整方向。银行监管框架的调整需要精心设计并且具备相应的条件。特别重要的是，新的监管框架下，应当让银行有审慎经营的激励，即，使银行有内在的、基于利益动机而行为审慎的激励。监管框架的设计则可以从银行业的竞争环境和银行体系的发展状况这两个方向来具体考察。

（1）要适应银行业新的竞争环境。良好监管框架设计首先需要考察竞争环境的变化。直接监管和间接监管方式不再适用的最主要原因是竞争的加剧和环境的变化，这种变化要求监管重心转向对银行机构设置最低标准或要求，其中，最基本的是对银行牌照的要求。这些标准指明了有生存能力的银行机构应满足的基本要求。在发现有不符合监管要求的情况时，监管者应能及时采取监管行动。但是，监管者的角色并不仅限于设计和验证监管要求，还需要有相机行事以监督银行机构的诚信和生存能力。这就要求更加注重银行业机构的内部控制和风险管理，更加关切银行机构对其声誉是否珍视。这样才可能缓解对监管的压力。因而，调整银行机构的激励应当成为监管框架设计关心的首要问题，应当更加强调对银行机构的激励因素在监管设计中的重要性。银行监管的发展趋势是，监管者在充分考虑银行内部控制和激励的基础上，提出监管达标要求，对银行是否遵循

要求进行验证，并及时采取干预措施。例如，美国的《联邦存款保险公司改进法》（FDICIA，1991）就规定了对资本不足的银行迅速采取纠正行动的条款。与FDICIA一样，欧盟委员会资本充足令也对资本紧急纠正行动给予了重点关注。当然，以验证为基础的监管远比仅仅验证资本水平关注的问题要多。如，对于银行的内部控制系统，要根据事先制定的标准进行压力测试来验证。这种监管具有客观和非权衡性等优点，同时，还为主观的干预保留了空间。

（2）要适应银行体系的发展状况。对验证要求和内部控制的依赖预设了一个先决条件，即银行体系已经得到了良好的发展，包括：产权界定具体、明晰，法律和法规框架定义得当且具有可执行力，很强的信息披露要求，政府具有诚信及高度专业化的人力资源。这些实际上界定了良好监管框架的第二个方面。银行体系欠发达的国家，管理框架和监督机制尚处于初级阶段，银行和监管机构中受过专门培训的人员缺乏，支撑合同执行的法律框架不清晰、不完善等。在此情况下，只能对银行业实施直接监管和间接监管。在银行机构声誉和状况良好的条件下，银行监管才可能在银行体系发达的条件下，沿着直接监管—间接监管—验证型监管的路径演化。

因此，监管框架设计不仅需要视竞争环境而定，还要考虑银行体系的发展程度。具体就建立和完善我国银行监管框架而言，应当遵循以下原则：第一，以银行业监管现有相关法律，特别是以《银行业监督管理法》为基本依据；第二，借鉴国际最佳做法，包括发达市场经济国家的银行监管框架和《核心原则》、《新资本协议》等国际监管标准所提供的框架；第三，基于对目前经济全球化、市场化发展趋势以及银行监管和银行经营环境变化的考察；第四，基于对我国银行体系发展和银行监管水平现状和实施有效银行监管条件约束的考察。

2. 我国银行监管框架的改进路径。基于对监管框架调整方向的认识和调整思路的思考，以及前述关于有效银行监管框架实现机制的构成与功能分析，建议从以下路径改进我国银行监管框架。

（1）确立"一个中心，两个基本点"的银行监管战略。基于本章关于银行监管有效性的研究，以及关于监管目标的相关分析，我国银行监管战略应当确立"一个中心，两个基本点"的银行监管战略，即，应当"以有效监管为中心"，立足于"维护银行体系的安全稳定"和"促进银行业的市场效率"两个基本点。这一战略既突出银行监管战略应当以提高监管的有效性为主线，又强调了银行监管目标应当"减少风险损失与增进市场效率并举"。即银行监管应当通过防范金融风险减少银行损失，保护存款人利益，同时也应当通过支持银行发展提高市场效率，优化资源配置。应当改变监管实际工作中偏重强调监管与风险控制，而往往忽视监管服务与支持银行发展的状况。

（2）着眼监管框架调整，着手监管机制转换。银行监管能否适应市场经济发展与经济全球化的环境变化，真正抓住"一个中心，两个基本点"，从根本上取决于银行框架的调整与改进。框架调整涉及监管目标、监管治理、监管手段等多个方面，建立"监管目标合理、监管治理良好、监管手段完备"监管框架的过程将是渐进的、长期的，但是，在现有监管框架变革过程中，短期内在改进银行监管框架的实现机制方面仍然是可以有所作为的。

（3）着手治理机制改进监管框架实现机制的动力与传导功能。要按照建立正确的激励机制和约束机制的要求，改进监管框架实现机制的动力与传导功能。一是研究和确立银行监管战略，并且按照监管战略的要求改革监管组织架构；二是建立监管问责制度，规范监管重大问题的议事规则与决策程序；三是改进人力资源管理、薪酬制度和财务制度，吸引和挽留高素质的监管人员；四是建立和完善监管规则的制定和后评价制度，以及准入管理、持续监管、纠正措施的监督评价制度；五是建立先进的监管信息管理系统，为银行监管提供基础支持。

（4）着手监管手段改进监管框架实现机制的工作功能。提高监管规则的有效性。包括规则制定的有效性和规则执行的有效性。特别是后者，因为规则的好坏更在于执行。监管规则应当具备"相关性、可测性、可控性"。监管要分析投入与产出，计算成本与收益。监管政策要求直接决定监管资源的配置，直接影响银行成本与收益，因此应特别关注其有效性。简而言之，监管规则或要求不宜过多，要逐步从规制导向监管向原则导向监管相结合转变。

（5）推动银行监管框架实现机制外部环境的改善。主要是，保持宏观经济的稳健运行，完善公共政策基础设施，建立有效的市场约束，建立高效解决有问题银行的体制、机制与程序，建立能够最大限度降低道德风险和强化市场约束的金融公共安全网等。

（二）完善银行监管政策工具

银行监管的有效性在很大程度上取决于银行监管框架的有效性，具体则体现在银行监管政策工具的有效性。银行监管政策工具的有效性又体现在三个方面：一是基于监管政策要求制定的监管规则的有效性；二是监管规则的可执行力，或者监管规则执行的有效性；三是监管者执行和监督规则执行的效率和公平性。其中，监管规则的可执行力又分别体现于三个环节：一是准入管理，包括机构准入管理、业务审批管理和高管任职资格管理等，主要是将不善经营者和恶意经营者挡在银行业市场之外，并且要求已经进入银行业市场的银行业机构审慎经营；二是持续监管，包括非现场监管、现场检查、监管谈话等，主要是监督银行机构是否按照准入时的相关要求和审慎经营规则审慎、稳健经营，发现问题；三是纠正措施，包括整改要求和处罚措施，主要是形成威慑，使发现的问题及时得到纠正，风险及时得到化解。

1. 提高银行监管规则的有效性。银行监管规则是银行监管机构依法监管的直接依据，规则的有效性与否直接关系到依法监管的质量，或者银行监管的有效性。规则的有效性主要体现在规则的科学性、统一性、操作性等。

目前，我国银行监管规则存在的突出问题，一是法规冲突，二是法规质量。法规冲突的主要问题是：上位法与下位法之间的纵向冲突和同级法规之间的横向冲突。法规冲突破坏法规制度的统一性，损害法规的权威性，给执法带来严重困难，影响依法监管的水平，不利于银行业的发展，不利于维护国家、社会、客户及银行业机构的利益，还容易被钻空子从而被利用为"保护伞"，并且滋生腐败。法规质量的主要问题是：作为监管规则载体的监管规章或规范性文件，特别是规范性文件多而零散，需要整合；存在法规空白；规则发布形式不统一、不规范，导致一些监管规则的效力不清晰；规则透明度不高，许多规则没有公布；许多过时的法规未能及时废止和更新；一些法规缺乏操作性，主要是过于原则，实施中难以把握，或者条款是义务性规范还是指导性规范定性不明确，或者是没有罚则规定，缺乏执行力。为此，要借鉴银行监管的国际经验，根据我国银行监管的未来发展方向，基于金融监管的法律基础理论和金融立法经验，把握立法前、立法中、立法后三个环节，系统规划、科学设计、合理制定银行审慎监管规则体系。具体措施：

——设计审慎监管规则体系。可以以全国人民代表大会及其常务委员会制定和颁布的法律、最高国家行政机关即国务院依法制定和颁布的行政法规、由银行监管机构制定和颁布的规章与规则三个法律法规层次为经，以涉及银行业金融机构的设立、变更、终止、业务经营等四个方面为纬，设计审慎银行监管的规则框架。在银行审慎监管规则框架之下，按照轻重缓急、循序渐进原则，制定和更新的关于信用风险、市场风险、操作风险等方面的监管规则；建立完善有效的监管规则制定程序，对监管规则的立项、审议和发布实施程序进行规范，提高监管规则制定过程的透明度。

——以所设计的监管规则体系为基础，对现有规章、规范性文件进行清理，并由此建立和完善审慎银行监管的规则体系，为有效银行监管提供必要的法律支持。避免出现一事一制度和同一事在多项法规、指引中反复出现且表述不一问题。规则体系要确保银行监管权利和银行业机构的义务都有足够效力的法律依据作为支撑，要分析现有银行监管强制措施的有效性，按照审慎监管的原则和要求，设计适合于风险监管的监管措施，并体现于相应的法律规定中。

——对清理后的法规，根据其适用范围分门别类进行整理和持续维护，使监管人员清楚各项监管法规、指引的适用范围和时效性，提高依法监管能力。还可以通过互联网站等方式公开披露上述监管规则，提高银行监管规则的透明度。同时，建立对监管规则的评价机制和清理与编纂机制，定期对监管法规的实施情况进行跟踪评价，及时对监管规则进行定期清理、归类和修订。

2. 提高银行监管规则的执行力。在这里，建立规范、公正、透明的市场准入体系和提高持续监管的有效性是特别重要的。

（1）建立规范、公正、透明的市场准入管理体系。监管权力过大，租金过多，必然导致监管资源和银行资源的浪费。因此，银行准入管理应当"放权减租"，这样既可以节约监管资源，又有利于银行竞争力的提高。如，减少或简化机构设立、高管人员任职资格核准、股权变更等行政许可事项。特别是，可以在设定若干明确的条件限制的前提下，实行鼓励商业银行业务创新的准入管理政策。主要任务是：明确银行业整体发展战略，优化机构功能定位和整体布局；依照《行政许可法》和《银行业监督管理法》要求，制定科学、审慎、规范、透明、可操作的市场准入标准和程序，维护银行业公平竞争，促进金融创新；加强对银行业发展战略、整体布局的研究，明确各类银行业金融机构的市场定位和发展方向；按照新的银行业监管目标和监管法规，修改、完善现有的市场准入标准和程序；明确审批、核准或备案的界限和范围，减少行政审批事项，简化审批程序；在机构审批中加强对经营策略、公司治理、资本状况、股东资格和管理能力的审查；规范银行业务范围，明确业务准入标准和程序；公开市场准入标准和程序，提高审批透明度。

（2）提高持续监管的有效性。一是建立持续、有效的现场检查体系。主要任务是：建立统一、规范的现场检查标准和程序，提高现场检查的计划性、针对性、连续性和有效性，实现现场检查的制度化、规范化和专业化。具体可采取以下措施：完善现场检查操作规程，制定统一的现场检查手册，对检查范围、频率、内容、程序等进行具体规范；充分利用非现场监测信息和以往现场检查结果制订详细的现场检查计划；针对不同地区和不同机构的业务及风险状况确定检查重点、检查频率和检查深度，有效、合理地分配监管资源；强化后续现场检查，对以往现场检查发现的问题进行跟踪并督促整改，并作为监管责任制中实施问责的重要内容；建立与外部审计的沟通机制，充分发挥外部审计对监管工作的补充作用。

二是建立持续、有效的非现场监测体系。主要任务是：建立统一规范的非现场监测的工作标准和程序，在满足风险监管需要的前提下，最大限度减少被监管机构负担；明确监管信息要求，确保监管信息的可比、准确、完整和及时；增强非现场监测的分析、预警、指导功能。具体可采取以下措施：制定统一、规范的非现场监测工作程序，提高非现场监测的工作质量和效率；编制非现场监测数据报送手册，规定统一、规范的监管数据定义和口径，解决"数据源"问题，保证监测信息的可比性；根据被监管机构的组织结构、规模大小和从事的经营活动，确定不同的信息报告范围和报告频率；完善现有的非现场监测指标和报表体系，并采用先进的数据分析工具，提升非现场监测的分析和预警功能；强化非现场监测对现场检查的指导作用。

三是建立科学有效的风险评价、预警体系。主要任务是：综合运用现场检查和非现场监测信息，实施并表监管，对商业银行风险状况进行总体评价；建立风险预警机制，对单个机构风险和系统风险进行早期预警和防范。具体措施：加强对现场检查和非现场监测信息的综合分析和运用；确定并表监管的原则、范围和方法，建立相应的并表信息报告制度；完善监管指标体系，及时识别、评价和预警被监管机构的整体风险；进一步完善 CAMELS 和 ROCA 评价体系，持续对被监管机构法人和外国银行分行实施风险评价；建立金融风险预警系统，综合运用宏观和微观数据信息以及风险评价结果，及早预警单个机构风险和系统性风险；建立银行业突发事件的发现、报告岗位责任制度，建立银行业突发事件处置制度，充分运用现场检查和非现场监测所获得的信息，及时评价、预警和处置单个银行及银行体系的风险。

3. 提高纠正措施的权威性。纠正措施的权威性是银行监管规则可执行力的重要保证。为此，要依据《银行业监督管理法》的有关规定，根据银行业机构风险演变的情况采取递进的监管措施，包括依法对违规机构实施处罚。对于问题严重的银行，要制定有问题银行市场退出机制的标准和工作程序，明确不同监管部门按市场原则独立处理有问题银行的权责，维持公平竞争的市场秩序。主要任务是建立有针对性的分类纠正与处置体系。包括：建立和完善分类纠正和处置的制度安排；结合风险评价和预警结果，根据被监管对象的风险程度及合规经营情况，及时采取纠正与处置措施。为此，可采取以下措施：研究制定分类纠正与处置措施的种类、标准和程序；切实履行《银行业监督管理法》等有关法律、法规规定的监管措施和权力；依法处置高风险的机构和严重违规的高管人员；跟踪监督被监管机构整改措施及监管部门提出的纠正与处罚措施的落实情况；制定和实施《金融机构破产条例》，完善商业银行市场退出机制；健全和完善相应的机制，为银行业监管机构及其监管人员依法履行监管职责提供法律保护。

4. 加强对监管者的监督。监管政策工具的有效性，取决于监管规则的有效性和监管规则的可执行力，同时，也在很大程度上受到监管者执行和监督规则执行效率和公平性的影响。如，许多作为银行监管规则的规章、规范性文件在发布实施后并没有得到执行，很多情况下被搁置或被选择性适用。这一方面是由于规则自身缺乏有效性、缺乏执行力所致，同时，也因为规则的执行缺乏监督制约使然。为此，要加强对监管人员履职的监督、评价，落实问责制，建立对监管人员监管行为的监督机制，保证监管中发现的问题得到适度查处。要对监管规则的执行效果予以判断和评估，检验银行业立法和执法水平，发现银行业监管规则制定和执行过程中存在的问题，在提高监管规则有效性和执行力的同时，提高银行监管的执法水平。从而提高监管政策工具的有效性。

（三） 提高银行监管的有效性

始于 2008 年的美国次贷危机引发的国际金融危机在国际范围内引发了广泛、深入、持续的思考和讨论，许多国家已经、正在和将要推出许多重大改革举措，这些对于在金融市场全球化下如何提高我国银行监管的有效性提供了诸多启示。

1. 加强宏观审慎监管，应对系统性的风险。此次危机表明，在现代金融体系下，任何单一金融职能部门均无法单独实现金融稳定的目标。中央银行、监管部门和财政当局共同协调行动才能实现金融稳定。为了有效实施宏观审慎监管，金融监管当局应当及时采取反周期的措施。这些工具包括适度扩大监管范围、对具有系统重要性的机构实施更审慎的资本监管、贷款损失准备要求等。同时，货币和财政政策，应与反周期监管制度密切配合，实现金融长期稳定和可持续增长。在金融稳定框架内，国家应当建立相应的宏观审慎机制，并清楚划分相应职能部门的职责，强化密切合作和协调行动。从我国实际出发，应当完善我国的宏观审慎监管框架并将其正式化和机制化。可由国务院成立财政部、中央银行和金融监管机构参加的金融稳定委员会，明确各部门在宏观审慎、存款保险，以及危机处置等方面的决策和协调单位，明确要求信息沟通和对系统性风险的监测、分析和评估，对涉及系统性风险的重大问题进行商讨、做出决策，并建立问责机制。

2. 扩大监管范围，确保金融体系受到合理监管。金融危机后，各国均提出应当扩大监管范围，提高对具有系统性影响的机构、市场和工具的监管标准。这主要是鉴于金融市场的关联性日益增加，金融监管的范围仅仅限于原有的存款性金融机构明显不够。大量的非存款性金融机构或者是银行的交易对手、或者通过各种渠道从事着关乎系统稳定的金融活动。问题的关键是，在关联性极强的金融市场下，准确判断金融市场、机构和产品的"系统性影响"是一个极为复杂的问题。判断不可避免带有主观性并难以跟上市场的发展，从而金融体系中仍将存在大量监管漏洞。我国对金融业实行分业经营、分业监管体制，金融监管范围覆盖比较充分。未来，随着金融混业经营的发展，监管架构可能需要进一步调整。重点应当是：加强部门之间的联系和合作，完善监管联席会议机制；加强对大型机构的并表监管，强化监管强度；重视对农村金融和消费信贷，以及金融创新的监管；加强金融监管立法工作，及时发现改革开放过程中可能出现的监管漏洞，建立适当的监管主体和手段，不断弥补监管真空。

3. 重视传统监管工具和手段的运用，在银行体系与资本市场之间建立"防火墙"。西方金融体系日益复杂，风险评估困难，需要借助于模型和新型风险管理方法，但是事实证明，传统的风险管理工具和手段如杠杆率、流动性比率、风险集中度和拨备等比例限制仍然有效，应当予以坚持，同时应当在银行体系与资本市场之间建立"防火墙"。"防火墙"并不意味着商业银行与资本市场彻底隔绝。为提高金融效率，银行适度参与资本市场业务、在一定程度上开展综合经营是必要的。但为了防止风险跨市场蔓延，应建立有效的风险隔离机制，从机构设置、业务范围、融资渠道以及杠杆率等方面对银行参与资本市场业务进行适当的限制。我国现行做法是：允许商业银行在风险可控的基础上设立保险公司和基金公司，但不能对其授信；限制不同性质的业务相互交叉，例如不可承销或者包销银行自身发行的股票债务资本工具；坚持以存款为主导的银行融资模式等。

4. 增强金融体系的损失吸收能力。本轮金融危机表明，现行资本监管制度存在明显缺陷：一是1988年资本协议确定的最低资本充足率要求（8%）过低，按该标准计提的资本不能充分覆盖本轮危机中银行实际损失；二是对于某些高风险业务的资本要求较低，监管资本不能反映这些业务的风险，如资产证券化、交易账户头寸；三是监管资本中包含一部分债务资本工具，这些资本工具不能无条件随时用来吸收损失；四是由于银行广泛采用风险转移技术，导致风险为本的资本充足率和杠杆比例出现较大程度的背离，一定程度上推动商业银行的去杠杆化，强化了金融危机对实体经济的负面影响；五是基于风险的资本要求导致了经济周期不同阶段资本要求周期性波动，放大了业已存在的经济周期。金融危机之后，国际上相应地提出了改进措施。2009年7月，巴塞尔委员会发布新资本协议修订稿，建立新的资本监管标准。未来，我国监管当局应进一步改进资本充足率和贷款损失准备监管，制定符合我国银行业实际的杠杆率监管制度。

5. 加强金融机构的流动性风险监管。近年来，随着金融市场的发展，金融资产的可交易性上升，金融机构负债来源更加多元化，欧美大型金融机构主要通过发行批发性债务工具获取流动性，核心负债比例下降，银行流动性管理更加依赖于整个金融市场的运作效率和流动性。虽然这有助于提高金融机构流动性管理的灵活性和效率，但却导致银行资产负债期限结构错配更加严重，并增强了不同市场和不同机构间流动性风险的传染性。在金融市场面临压力情况下，资产流动性下降和融资流动性收缩相互强化，容易诱发金融体系流动性危机。这是本轮金融危机中金融市场流动性过剩迅速消失的主要原因，也进一步放大金融危机的负面效应。为此，20国集团和金融稳定理事会督促监管标准制定机构和各国监管当局加强金融机构流动性风险管理和监管。随着国内金融市场的发展、金融体系对外开放的不断扩大，以及经济增长方式的转变，国内银行体系流动性管理也面临新的挑战，我国监管当局应积极借鉴国际成功做法，改进流动性监管制度、指标体系和监测工具。

6. 提高实质信息的披露。虽然近年来金融机构信息披露量明显增加，但实质信息却被掩盖在信息潮中，致使消费者和投资人难以理解金融机构的风险。为此，国际货币基金组织提出了强化信息披露的具体建议，包括：提高重要金融机构的披露程度、各机构应更持久细致地披露相关信息，规模较大的银行披露应更频繁；改进和增加披露指标，应当增强对复杂模型估值和风险管理的披露；提高场外衍生品交易市场的透明度和信息广度；各国监管机构应要求评级机构提供更多关于评级方法和评级对冲击敏感度的信息等。我国也应当提高对金融机构实质信息披露的要求。金融机构发行或购买的金融产品，应增加披露实质性风险信息，以便于投资者清晰地理解复杂金融工具的经济实质，包括对信用风险、市场风险、利率风险、汇率风险的披露，同时披露风险对于损益影响程度的信息。

7. 加强对金融创新的监管。本轮金融危机暴露出，对金融创新缺乏必要的监管导致金融产品过于复杂，缺乏透明度，扩大了市场、机构和工具之间的关联性。20国集团和金融稳定理事会都提出加强对金融创新的监管，包括：对金融机构表外业务的审查，提高对高风险业务的资本要求、强化信息披露；强化对冲基金监管，提出强制注册、信息收集、信息披露等要求。西方国家对场外衍生品市场的基础设施建设和监管也提出了相应的改革建议。总的来看，欧美一些国家依然倾向于市场自律和间接的监管手段。基于本轮金融危机的教训，我国监管当局应继续坚持金融创新服务于实体经济的原则，审慎鼓励金融创新，防止过度创新导致"泡沫化"。金融创新应当建立在以下原则上：资产证券化交易以及衍生金融产品不能过于复杂，要大幅度提高透明度；监管机构应评估新型金融产品的风险种类和性质；要限制杠杆率；在金融市场尚未成熟前，不进行资本账户自由化，并应加强对跨境资本流动的监管。

8. 重视激励机制对金融机构风险承担的影响。本轮危机表明，薪酬制度不合理导致的激励错配同时导致了风险的不断积聚；虽然薪酬问题不是此次危机的唯一诱因，仅改革薪酬制度并不足以降低系统性危机出现的机会，然而如果不改变现有的薪酬制度，其他的改革也将事倍功半。鉴于此，2009年4月金融稳定理事会发布了《稳健的薪酬机制原则》，要求金融机构建立薪酬机制的管理制度，薪酬应体现风险估计的结果，利益相关者应参与和监督薪酬机制的设计和实施。从我国情况来看，通常情况下监管机构不应关注金融机构的薪酬的绝对水平和具体的实施机制，但如果薪酬机制鼓励金融机构过度承担风险，损害了金融稳定性，监管当局应当适度介入。

9. 加强对跨境机构的联合监管。危机表明，各国金融监管当局加强跨境监管合作，才能维护全球金融稳定。但是，由于主权国家仍在金融监管中处于主导地位，全球监管当局又面临着信息交流和合作的实际困境。金融危机之后，各国监管当局同时出现了两种相反的倾向。一方面是创造性地探索加强信息交流和监管合作的有益方式。在可能范围内，加强信息交流与合作。如，20 国集团提出了所有具有全球范围影响的机构建立监管联席会议机制的建议。另一方面由于缺乏足够的信任，许多国家又积极构筑保护本国金融体系的政策和规则。监管联席会议机制是加强跨境监管合作的有益尝试。但由于监管联席会议机制缺乏法律约束力，同时缺乏正当的决策机制、合作有效性，尤其是危机时期合作的有效性难以保证，我国监管当局除积极参与监管联席会议机制建设外，应重视双边监管合作，重点放在加强信息交流和东道国与母国责任的划分上。跨境合作的另一方面是建立全球性的破产清算机制。发端于美国的金融危机，掀起全球领域内新一轮破产浪潮。雷曼兄弟等金融机构倒闭引起的各国"栅栏"式的做法，引起全球对保护本国金融利益的担忧。各国监管当局普遍认为应在全球范围内统一金融机构跨境破产清算标准。不过，在现实中，建立全球统一的跨境破产清算制度面临着法律和政治上的重大障碍，预计在短期内难以推进。我国当前应当首先从完善本国的破产程序、加快签订有关"跨境破产"的司法合作协议，保护本国存款人和投资者的利益。

（四）有效实施新资本协议

1. 新巴塞尔协议与国际银行业监管。2004 年 6 月，10 国集团的中央银行行长和银行监管当局负责人举行会议，一致同意公布《资本计量和资本标准的国际协议：修订框架》，即新资本充足率框架，称为"巴塞尔新协议"（现称为《第二版巴塞尔协议》）。巴塞尔委员会计划新协议于 2006 年年底在成员国开始实施，实际上协议实施时间与步骤差异很大。

与 1988 年的资本协议相比，2004 年的巴塞尔新协议更好地反映了银行业面对的风险，并且更加鼓励改进风险管理。新协议借鉴了 1988 年协议的基本构架，提供了一套新的标准来确定银行的最低资本要求，提高了资本要求对银行面对的实际风险的敏感度。新协议一方面把资本要求与信用风险更加紧密地联系起来，并且为操作风险（由操作失败造成损失的风险暴露）设定新的资本要求。巴塞尔委员会维持整体最低资本要求水平不变，同时鼓励采用新协议中风险敏感度高的高级法。巴塞尔新协议的总体目标是促进银行保持充足的资本，努力完善风险管理，从而提高金融体系的稳定性。此目标将通过相辅相成的三大支柱实现，即最低资本要求、监管当局的监管以及市场约束，为银行提高内部管理水平提供动力。新资本协议监管方法的创新主要体现在第一、二支柱的监管要求上。第一支柱对 1988 年资本协议所提出的最低资本要求进行了完善，第二支柱和第三支柱则代表着资本监管的创新。

2. 各国实施新资本协议的基本做法。按照新巴塞尔协议，十国集团中央银行和监管当局鼓励其他国家的有关当局考虑实施巴塞尔新协议在监管方面的准备情况，并且建议根据本国各自的工作重点来决定跟进新协议的步骤。事实上，各国家或地区实施新资本协议政策要求、时间表等方面存在较大的差异①。就实施新资本协议而言，监管当局主要考虑以下几个方面的因素：（1）协议实施的成本问题。实施新资本协议，特别是高级方法（高级内部评级法和高级计量法）成本很高。为建立符合新资本协议要求的风险管理体系，商业银行需要投入相当的人力资源和财力资源②。从长期来看，采用先进风险管理技术，实现风险和回报紧密结合，有助于提升银行价值和促进银行体系持续稳定，但短期内必须支付巨额的合规成本。由于大型商业银行具备规模经济的特征，实施高级方法符合成本效益的原则。因此，各国监管当局一般要求或鼓励大型银行实施高级方法；（2）实施的技术准备和外部条件。按照新资本协议的规定，商业银行执行高级方法必须满足一系列条件。这些条件涉及公司治理、内部评级框架、风险计量模型、数据观察期要求、使用测试等方面。这些方面既为商业银行改进风险管理提供了方便，也对商业银行和监管当局提出了严峻挑战；（3）资本充足率水平问题。新资本协议的目标是保持银行体系总体资本要求不变，促进单个银行保持审慎的监管水平。但定量影响分析的结果表明，实施新资本协议对不同银行体系以及单个银行资本充足率影响差异很大，各国监管当局对此都持谨慎态度；（4）风险敏感性和可操作性。新资本协议允许使用的各种方法的风险敏感性都有所提高，同时也对商业银行提出不同的技术要求。各国监管当局普遍对资本监管风险敏感度的提高持赞成态度，并积极推动新资本协议的实施，但在实践过程中都结合本国/地区做了调整。

3. 金融危机后对新资本协议的修订。金融危机暴露出新资本协议（第二版巴塞尔协议）仍存在明显的漏洞。按照 20 国集团领导人金融峰会和金融稳定委

---

① 巴塞尔委员会要求成员国的国际化大银行在 2007 年开始实施新资本协议，但实施新资本协议高级方法技术复杂，准备工作涉及面大，对商业银行和监管当局都提出很大挑战。目前巴塞尔委员会老成员中美国至今未开始实施新资本协议，新成员中印度、巴西等今年刚开始实施信用风险的标准法，尚不具备实施内部评级法的条件。

② 研究表明，欧洲银行业为实施新资本协议已投入 60 亿美元；亚洲银行家（2005）估计，韩国银行 IT 系统建设投入 3.35 亿美元，香港银行业花费了 3.23 亿美元。英国 FSA 的典型调查结果（2006）表明，5 家大银行（资产超过 1 000 亿英镑）实施新资本协议初始成本高达 1.13 亿英镑。

员会确定的金融监管改革方向，巴塞尔委员会对银行资本监管制度进行了全方位改革。2010 年 11 月，20 国集团领导人"首尔峰会"批准了巴塞尔委员会提交的商业银行资本和流动性监管改革方案。2010 年 12 月 16 日，巴塞尔委员会发布了第三版巴塞尔协议的正式文本。要求国际银行业从 2013 年 1 月 1 日开始实施新的监管标准，2019 年 1 月 1 日全面达标。第三版巴塞尔协议是加强监管资本框架的重要组成部分，旨在达到以下三个目标：提高压力时期可提取的缓冲资本储备；提高银行资本的质量；引入杠杆率作为新资本协议的最低保障机制。此次资本监管改革包括扩大资本覆盖风险的范围；提倡用更具前瞻性的方法计提准备金，修改资本定义；引入杠杆率监管标准；采取措施降低最低资本要求的过度周期性波动，建立反周期资本监管框架，对大型银行提出额外资本要求、提高资本充足率监管标准等。

2011 年 5 月，为了贯彻实施巴塞尔协议Ⅲ，中国银监会发布了《中国银行业实施新监管标准指导意见》，其中关于资本充足率监管内容的调整，被称为 2011 年资本监管新政，内容包括，一是明确三个最低资本充足率要求，即核心一级资本充足率、一级资本充足率和资本充足率分别不低于 5%、6% 和 8%。二是引入逆周期资本监管框架，包括：2.5% 的留存超额资本和 0 ~ 2.5% 的逆周期超额资本。三是增加系统重要性银行的附加资本要求，暂定为 1%。新标准实施后，正常条件下系统重要性银行和非系统重要性银行的资本充足率分别不低于 11.5% 和 10.5%；若出现系统性的信贷过快增长，商业银行需计提逆周期超额资本。

第八章

证券业和资本市场监管

第一节　证券业和资本市场监管体系的建立

伴随着我国经济的改革开放，我国证券业和资本市场快速发展，上市公司稳步扩大，多层次资本市场体系基本形成，市场信息披露制度、法规体系和诚信文化建设成效显著，我国股票市场已经发展成为全球第二大规模的市场，在我国国民经济中发挥着非常重要的作用，与此同时，证券期货监管体系逐步完善，经历了由分散监管、多头监管再到集中统一监管的制度创新和发展历程，为我国证券业和资本的稳定健康发展提供了有力的保障。

一、资本市场建立初期的分散监管

1981～1985 年，我国证券市场的主要业务是国债发行，股票和企业债券发行很少。在这一时期，对证券市场的监管是分散的、不成体系的。1986 年以后，以柜台交易形式存在的股票交易市场开始起步，国债二级市场也逐步形成，特别是 1990 年上海、深圳两家证券交易所相继成立，股票交易开始有了集中的场所，市场规模有了一定程度的扩大。与此相适应，市场监管体系也初见雏形。其主要特征表现为：逐步形成以人民银行为主、多部门介入的监管格局；地方政府在证券市场监管中扮演着重要角色，如证券市场监管主要由上海、深圳地方政府和人

215

民银行当地分行进行；证券交易所的自律监管发挥了重要作用。

二、资本市场快速发展时期的多头监管

1992年5月至1997年年底，证券市场的规模逐步扩大，并迅速从地方性市场发展为全国性市场。全国性统一市场的发展必然要求中央政府担负起证券市场监管职责。1992年5月，人民银行成立证券管理办公室，同年7月，国务院建立证券管理办公会议制度，对证券市场行使日常管理职能。同年8月10日，深圳发生了抢购股票认购权证抽签表的风潮，即"8·10事件"，进一步表明了我国需要按国际惯例设立专门监管机构对证券市场实行集中统一监管。为此，国务院总结了区域性证券市场试点的经验教训，同年10月，决定成立专门的国家证券监管机构——国务院证券委员会（以下简称证券委），及其执行机构——中国证监会（以下简称证监会），行使对证券业的日常管理职能。证券委和证监会的成立标志着中国证券市场的管理重心从地方政府转移到中央政府。同年12月，国务院发布《关于进一步加强证券市场宏观管理的通知》，确立了中央政府对证券市场统一管理的体制，明确证券委是国家对全国证券市场进行统一宏观管理的主管机构，证监会是国务院证券委的监管执行机构，并将发行股票的试点由上海、深圳等少数地方推广到全国。同时，国务院赋予中央有关部门部分证券监管的职责，此外，地方政府在证券管理中仍发挥着重要作用，从而形成了国务院各部门和地方政府共同参与管理的体制。这一时期监管体系的主要特点：一是证券委是国家对全国证券市场进行统一宏观管理的主管机构，证监会是证券委的监管执行机构。二是国务院其他部委具有相当一部分的证券监管权力，国家计委根据证券委的计划建议进行综合平衡，编制证券发行计划；人民银行负责审批证券经营机构，审批和管理各类债券市场；财政部负责管理国债市场，归口管理注册会计师和会计师事务所；国家体改委负责拟订股份制试点的法规，并组织协调有关试点工作。三是地方政府和行业主管部门负责选拔推荐公开发行股票的企业，会同企业主管部门审批地方企业的股份制试点，上海、深圳市政府归口管理上海、深圳证券交易所。四是上海、深圳证券交易所作为我国当时最主要的自律机构，担负了对证券交易市场的日常管理工作，包括监管各类上市股票、债券的交易活动，监管会员机构和上市公司等。

三、初步建立集中统一的监管体制

1997~2004年，随着我国证券市场的迅速发展，为加强对证券市场的规范

化建设，防范和化解市场风险，对证券市场进行集中统一管理成为大势所趋。1997 年 8 月，国务院决定将上海、深圳证券交易所统一划归证监会管理。同年 11 月，党中央、国务院鉴于亚洲金融危机的严重形势，适时召开了中央金融工作会议，决定对银行业、证券业、保险业分业管理，决定"建立全国统一的证券期货监管体系，理顺中央和地方监管部门的关系"，由"证监会统一负责对全国证券、期货业的监管"。1998 年 4 月，国务院决定撤销证券委，将其全部职能和人民银行履行的对证券经营机构的监管职能划入证监会，使证监会成为全国证券市场的统一监管部门。1998 年 12 月通过《中华人民共和国证券法》（以下简称《证券法》），进一步明确了国务院证券监督管理机构（证监会）对市场进行集中统一监管的职责。1999 年 7 月 1 日，证监会 36 个派出机构统一挂牌，从而逐步建立了集中统一的证券监管机构体系。2000 年，根据稽查工作需要，经国务院批准，证监会在天津、沈阳、上海、济南、武汉、广州、深圳、成都、西安 9 个证券监管办公室，分别设立稽查局，以加强执法力度。2002 年，国务院将原上海金属交易所、上海粮油商品交易所和上海商品交易所三家期货交易所合并为上海期货交易所划归证监会管理。在此时期，证监会坚持市场化的用人导向，监管队伍得到逐步加强。

这一阶段是我国证券市场监管体系适应市场发展要求的改革完善阶段，监管体系也顺利实现了从地方到中央、从分散到集中、从多头到统一的跨越，集中统一的监管体系得以建立。该时期监管体系具有几个显著特点：一是证券监管机构的地位得到进一步强化，增强了证券监管机构的权威性，为我国证券市场的有效监管提供了更好的组织保证；二是由证监会垂直领导地方证券监管机构，提高了证券监管工作的效率，确保了监管措施的统一性，减少了地方政府对证券市场不必要的干预；三是改革后根据监管工作需要设置派出机构，精减了人员，提高了机构运转效率；四是通过统一监管加强了对证券期货经营机构、上市公司和中介机构等市场参与主体的监管力度；五是加强了对交易所的监管，增强了交易所等自律组织的一线监管和自律监管作用，从而形成了由证监会统一领导、交易所等自律组织参与的多层次监管体系。

四、集中统一监管体系的进一步完善

2004 年，根据国务院机构改革方案，国务院又一次重新核定了证监会的三定方案，进一步对证监会的职能进行了调整和强化，将原中央金融工委承担的管理部分证券公司领导班子、领导成员及国务院派驻证券公司的监事会监事的职责划入证监会。增加证监会部分职能，具体包括：根据公司法和证券法的规定，经国务院授权，负责监管证券公司债券的发行审核和上市交易，监管证券资信评级机构；归口管理期货业协会；与银监会共同审批证券投资基金托管机构的资格等。此外，证监会不再承担审批律师事务所、律师从事证券期货中介业务资格的职责。同时证监会的内设机构也进行了调整，在 1998 年三定方案的基础上，将稽查局调整为稽查一局和稽查二局，增加派出机构工作协调部、党委宣传部和监察局。此外，证监会在全国的 11 个监管办和 25 个特派办均调整为证监局，保留上海和深圳证券监管专员办事处。同年，国务院决定将郑州商品交易所和大连商品交易所划转证监会管理。

2006 年 1 月 1 日起施行的修订后的《证券法》再次明确证监会为我国证券市场监管机构。2007 年，为健全证券执法体制，国务院批准证监会对证券执法机构进行调整，在证监会设立行政处罚委员会，合并稽查一局、二局为稽查局，设立证监会稽查总队，充实证监会派出机构稽查力量。此后，根据市场发展和监管工作需要，国务院又陆续批准证监会设立非上市公众公司监管部、将期货监管部调整增设为期货监管一部和期货监管二部，设立创业板发行监管部等。

经过近年来的发展和强化，证监会的机构、职能和监管队伍更加适应市场发展和监管的需要。目前，证监会设主席 1 名，副主席 4 名，纪委书记 1 名，主席助理 3 名；会机关下设 19 个职能部门，4 个直属事业单位，4 个专门委员会。证监会在全国各省、自治区、直辖市和计划单列市设立 36 个证券监管局和上海、深圳证券监管专员办事处。同时，证监会不断创新选人用人机制，开拓人才引进渠道，整合和优化监管系统人力资源。截至 2010 年年底，证监会系统共有工作人员 2 613 人，其中会机关 703 人，派出机构 1 910 人，占比分别为 26.9% 和 73.1%。会机关和派出机构人员的平均年龄分别为 36.1 岁和 36.2 岁。证监会系统拥有博士和硕士学位的人员占全体人员的 53.6%。一支高素质、专业化和年轻化的监管队伍已经逐步建立起来。

近年来，证监会系统在落实党中央、国务院关于积极扩大直接融资，加强市场监管，促进市场发展等战略部署以及防范和化解金融风险、应对国际金融危机冲击等方面做了大量工作，维护了市场总体稳定，实现了市场的新发展，已成为我国证券期货市场健康稳定发展的重要保证。

五、行业协会的自律管理

证券业协会。中国证券业协会立于 1991 年 8 月 28 日，是证券业的自律性组织，是依法注册的非营利性社会团体法人。中国证券业协会的会员队伍，随着证券业的发展不断扩大。截至 2010 年年底，协会共有会员 337 家。其中，证券公司 106 家，基金管理公司 62 家，证券投资咨询公司 95 家，金融资产管理公司 3 家，资信评估机构 5 家，基金评价机构 10 家，特别会员 61 家（其中，地方证券业协会 36 家，基金托管银行 22 家，证券交易所 2 家，证券登记结算公司 1 家）。近 20 年来，中国证券业协会，团结和依靠全体会员，切实履行"自律、服务、传导"三大职能，逐步建立了一整套包括自律管理组织体系、自律规则体系、会员管理体系、从业人员管理体系、场外交易市场管理体系等多层次的自律管理体系，发挥了行业自律组织的应有作用，成为市场监管的重要组成部分。

期货业协会。中国期货业协会成立于 2000 年 12 月 29 日。成立以来，伴随着期货市场的不断发展，协会积极贯彻落实国家关于"稳步发展期货市场"的方针政策，紧密围绕"自律、服务、传导"三项基本宗旨，积极开展各项相关工作，取得了不错的成绩，行业地位和影响力明显提升，在促进期货市场持续、稳步、健康发展的过程中发挥了积极而重要的作用，逐步成为期货市场"五位一体"监管体系的重要组成部分。

第二节　证券业和资本市场监管制度的改革与完善

在不断完善集中统一的资本市场监管机构体系的同时，我国从"新兴加转轨"的资本市场实际出发，注重研究借鉴国际资本市场监管经验，不断强化市场基础制度建设，不断改革完善监管制度体系，坚定不移地推进资本市场创新发展，为发挥资本市场功能、促进国民经济发展以及应对这次国际金融危机的严峻挑战，发挥了非常重要的保障作用。

一、发行上市监管制度

目前，以落实核准制为核心，资本市场已经建立比较完备的发行管理制度、上市保荐制度、发行审核委员会制度、定价承销制度和再融资制度，发行上市的规范化和市场化程度不断提高。

（一）发行管理体制

自证监会成立至今，发行管理体制大体经历"总量控制"、"总量控制和家数控制相结合"以及核准制三个阶段。在核准制下，由公司提出发行申请，保荐机构根据市场需要向证监会推荐，证监会进行合规性初审后，提交发行审核委

219

员会审核，最终经证监会核准后发行。核准制不仅强调企业信息披露，同时还要求须符合一定的实质性条件，如企业盈利能力、公司治理水平等。核准制的核心就是监管部门进行合规性审核，强化中介机构的责任，加大市场参与各方的行为约束，减少新股发行中的行政干预。

（二）主板、中小企业板发行上市制度

主板、中小企业板的发行上市制度，是最基础的发行上市制度，对其他的发行上市制度起着示范的作用。主要包括如下方面：

1. 证券发行上市保荐制度。中国证监会于 2003 年年底颁布《证券发行上市保荐制度暂行办法》，正式推出了证券发行上市保荐制度。保荐制度核心内容是对企业发行上市提出了"双保"要求，即企业发行上市必须由保荐机构进行保荐，并由具有保荐代表人资格的从业人员具体负责保荐工作。2005 年两法修订时，保荐制度被当做一项制度安排明确写入了新修订的《证券法》，得到了市场的普遍认同和支持。中国证监会于 2006 年 5 月出台了《保荐人尽职调查工作准则》，于 2008 年 10 月修订并出台了《证券发行上市保荐业务管理办法》，进一步完善了证券发行上市保荐制度。作为证券发行上市市场化约束机制的重要制度探索，保荐制度有力地推动了保荐机构及其保荐代表人牢固树立责任意识和诚信意识，发挥了市场对发行人质量的约束机制，保荐机构及其保荐代表人尽职推荐企业发行上市，从源头上提高了上市公司的质量。证券公司与上市公司之间的权责相对明确，保荐代表人被赋予相对的独立性和特殊的地位，在项目运作中更能得到上市公司的尊重，也更有利于发挥其独立的专业判断能力。

2. 发行审核委员会制度。发审委成立于 1999 年 9 月，是对申请发行股票的公司资质进行审核的专业机构，旨在解决发行审核权力过度集中问题。发审委的建立，是证券市场发审制度改革的起点，但由于其运作一直处于不公开、不透明的状态，发审会参会人员名单保密、无记名投票等规定也容易引发腐败行为，因此遭受市场质疑。2003 年 12 月，中国证监会公布《股票发行审核委员会暂行办法》，对发审委制度作出改革。以提高审核工作质量和效率。每次会议由 7 名委员参加，5 票赞成为通过，投票表决方式由无记名改为记名投票，建立了发审委委员的问责机制和监督机制，强化委员的审核责任。发审会前，证监会向社会公布发审委会议时间、参会委员名单、审核企业名单，会后公布审核结果，全面提高发审委工作的透明度。2006 年 5 月，针对股权分置改革后市场发行量增大的新情况，发审委委员在组成上做了相应调整，总人数不变，专职委员由 13 名增加至 17 名。2009 年 5 月，根据创业板市场特点，设立了单独的创业板发审委。创业板发审委委员设 35 名，较主板 25 名增加 10 名，同时在组成结构方面，在

会计、法律等专业人士基础上，适当吸收熟悉行业技术和管理的专家。发审委制度的建立和改革，是不断提高发行审核专业化程度和透明度、增加社会监督和提高发行效率的重要举措。

3. 定价承销制度。我国资本市场是伴随着经济体制改革的进程逐步发展起来的，新股发行定价制度的改革和完善始终围绕逐步放松行政管制、不断提高市场化程度的目标开展。1993年的《公司法》和1998年的《证券法》均规定，新股发行价格须经证券监管部门批准。在2005年以前，受各方面条件的限制，主要采用限定发行市盈率上限的方式管理新股价格。2004年修订的《证券法》删除了新股发行价格须经监管部门核准的规定。证监会依据法律调整，对股票发行方式进行了重大改革，于2005年年初推出了询价制度，向市场化迈出重要一步。2009年6月10日，中国证监会发布《关于进一步改革和完善新股发行体制的指导意见》，启动了新一轮新股发行体制改革。本次市场化改革紧紧围绕定价和发行承销方式两个关键环节，完善制度安排，强化市场约束。在发行定价方面，完善询价和申购的报价约束，强化买方、卖方的内在制衡机制，增强价格形成的市场化力度；进一步淡化对新股定价的指导（窗口指导），使定价更能反映买卖双方的真实意愿。在发行承销方面，增加承销与配售的灵活性，逐渐改变完全按资金量配售股份；优化网上发行机制，适当向中小投资者倾斜，缓解巨额资金申购新股状况。同时，增强风险揭示，强化风险意识。总体来看，改革的方向是通过完善制度进一步强化市场约束，推动发行人、投资者、承销商等市场主体归位尽责，重视中小投资者的参与意愿，使新股价格更能反映市场选择，市场主体的行为更加慎重自律，从而促进长期理性投资。在具体实施上，本次改革按照分步实施、逐步完善的原则，分阶段逐步推出各项改革措施。

4. 首次公开发行A股并上市制度。2005年10月修订的《证券法》第13条在法律层面原则规定了在境内公开发行新股需具备的基本条件，即：（1）具备健全且运行良好的组织机构；（2）具有持续盈利能力，财务状况良好；（3）最近三年财务会计文件无虚假记载，无其他重大违法行为；（4）国务院证券监督管理机构规定的其他条件。2006年5月证监会发布的《首次公开发行股票并上市管理办法》及其后发布的配套规则，对首次公开发行A股的条件、发行程序及信息披露要求进行了规范。首次公开发行股票需符合主体资格、独立性、规范运行、财务与会计、募集资金使用等五个方面的条件。

5. 上市公司再融资制度。上市公司再融资一般是指境内上市公司在境内证券市场进行再次融资的行为。目前上市公司可通过增发、配股、非公开发行股票、可转债、分离交易的可转债以及公司债进行再融资。此外，发行境外上市外资股的境内股份有限公司可在境内证券市场发行公司债，上市公司股东可申请发行可交换债。证监会发布了《上市公司证券发行管理办法》、《公司债券发行试点办法》、《上市公司股东可交换公司债券试行规定》及上述规章规范性文件的配套规则，对再融资的发行条件、发行程序及信息披露等进行了规范。上市公司需达到一定的收益率指标和净资产指标，并符合其他的规定才能实行再融资。

6. 创业板发行上市制度。创业板市场是我国多层次资本市场的重要组成部分。推出创业板市场，有利于促进创业投资的发展和企业创新机制的形成，是实现我国自主创新国家战略的重大举措。创业板定位于促进自主创新企业及其他成长型创业企业的发展。创业板在制度设计应区别于主板：一是要与创业板服务对象的特点相符合；二是要充分体现市场化原则，进一步发挥中介机构作用，加大市场约束；三是要以信息披露为本，并加大风险提示力度。为此，根据有关法规规定，证监会于 2009 年 4 月发布《首次公开发行股票并在创业板上市管理暂行办法》，对首次公开发行股票并在创业板上市的企业应具备的条件、发行申请与审核程序、信息披露等作出了规定。同时，证监会还完善了与创业板发展相适应的保荐人制度、发行审核委员会制度、信息披露制度、发行与承销制度、创业板投资者适当性管理制度等。此外，为了更好地做好创业板发行监管工作，保证创业板的独立性，2009 年 11 月 25 日，经中央编制办公室批准，证监会设立创业板发行监管部，负责审核创业板证券发行的申报材料，监管创业板证券发行活动和相关的保荐业务，拟定创业板发审委员会规则，负责创业板发行审核委员会组建及运行。创业板发行监管部成立后，进一步完善各项制度，有序推进发行审核和监管工作；努力落实创业板的功能定位，加强对保荐机构的监管；着手研究创业板再融资办法，完善创业板监管规则体系。从创业板发行上市制度的实施成效来看，创业板成立后企业申报踊跃，截至 2010 年年底，证监会共受理申报企业396 家，召开发审委会议 135 次，审核企业 244 家次，其中通过企业 202 家，通过率 83.47%；已发行 163 家，已上市 153 家。

二、证券公司监管制度

证券公司作为中介机构，对资本市场的健康发展具有举足轻重的作用。经过20 余年的发展，我国证券公司规模发展壮大，业务不断创新，合规和风险意识增强，经营管理日益规范，综合竞争力迅速上升，已经成为我国金融机构体系的重要支柱。

（一）证券公司发展概况

从 1987 年 9 月改革开放后第一家专业证券公司——深圳特区证券公司成立

至 2010 年年底，全行业共有证券公司 106 家，总资产 19 665 亿元，净资产 5 664 亿元，净资本 4 319 亿元。2010 年累计营业收入 1 911 亿元，累计净利润 776 亿元。依据《证券法》第 125 条的规定，证券公司可以经营的业务主要有：证券经纪、证券承销与保荐、证券自营、证券资产管理、证券投资咨询、与证券交易、证券投资活动有关的财务顾问以及其他证券业务。一直以来，证券经纪业务收入是证券公司的主要收入来源，所占比重长期居高不下，一般为 70% ~ 80%，有时甚至高达 90% 以上。近几年来，中国证监会不断推动证券公司积极开展创新业务。到目前为止，证券公司可以从事的主要创新业务包括直接投资业务、融资融券业务和为期货公司提供中间介绍（IB）业务。

（二）证券公司分类监管和风险管理制度

2009 年 5 月，中国证监会发布《证券公司分类监管规定》。根据该规定，中国证监会以证券公司风险管理能力为基础，结合公司市场竞争力和持续合规状况来确定证券公司的类别。类别共分 5 大类 11 个级别。2007 年，中国证监会首次完成证券公司分类评价工作。2010 年，中国证监会首次公开披露证券公司分类评价结果。

2006 年 7 月，中国证监会发布《证券公司风险控制指标管理办法》。确立净资本、风险资本准备等一系列风险控制指标，规定相应的预警和监管标准，将证券公司经营风险控制在净资本覆盖范围内，通过风险资本准备比例的调整，间接调节证券公司业务规模上限，同时起到风险提示作用。

（三）证券公司合规管理和信息披露制度

2008 年 7 月，中国证监会发布《证券公司合规管理试行规定》。明确证券公司合规管理的责任主体和基本框架，要求公司根据自身情况健全内部合规制度、设立合规组织体系，实施与合规管理实际状况密切互动的监管措施，激励证券公司加强自我管理。

要求证券公司定期向监管部门报送公司日常信息和年报信息。日常信息报送包括监管报表及其他日常信息。监管报表主要反映证券公司财务、业务、管控等各项信息。要求证券公司公示基本信息、披露年度报告，以增强透明度，接受社会监督。对公司披露的信息进行严格审查，发现信息不真实、不准确或不完整的，严肃处理。

（四）证券公司客户资产安全监管和投资者适当性制度

包括客户交易结算资金由商业银行存管、证券资产由结算公司集中存管、委托理财资产第三方独立存管，从制度上维护客户资产安全，防止证券公司风险扩散为客户风险。

要求证券公司准确了解客户，如实披露信息，充分揭示风险，坚持诚信营销，建立客户分类和金融产品风险评估制度，向客户提供适当的产品和持续服务，使之与客户的风险认知和承受能力相适应。设立投资者保护基金，按政策收购被处置证券公司的客户债权。

（五）创新证券公司监管制度和强化外部激励约束机制

只要与法律法规不冲突，风险可测、可控、可承受，证券公司均可根据市场需要、客户需求和自身能力，探索新业务、新产品。创新方案需经监管部门和业内专家评价，按"先试点、后推开"、内控与监管同步落实的原则进行，保障创新与风险控制的均衡。

证券公司净资本等风险控制指标不符合标准，因违法违规行为被采取监管措施、行政处罚或刑事处罚，或者其他评价指标存在问题的，将会在分类评价中被扣分，进而影响到分类评价的结果。分类评价低的公司，要多缴纳证券投资者保护基金，调高风险资本准备计算比例，分类结果还作为申请增加业务种类、新设营业网点、发行上市、开展创新业务等事项的审慎性条件。

三、上市公司监管制度

（一）上市公司发展概况

上市公司是资本市场重要的参与主体，是资本市场健康稳定发展的基石，是投资价值的源泉。20年来，我国上市公司不断发展壮大，成为推动企业改革和带动行业增长的中坚力量。截至2010年年底，我国在上海和深圳两家交易所的上市公司数量达2 063家，2009年上市公司实现利润超过全国规模以上企业总额的50%。

（二）上市公司信息披露监管

1999年后，上市公司监管从行政审批为主逐步向以信息披露为主过渡，中国证监会结合资本市场发展实践，对上市公司信息披露进行了持续而全面的规范。（1）颁布《信息披露管理办法》。为配合新的《公司法》、《证券法》对上市公司信息披露提出的更高要求，提高上市公司运营的透明度，适应全流通形势下对上市公司监管的要求，于 2007 年 1 月 30 日发布《信息披露管理办法》，规范发行人、上市公司及其他信息披露义务人的信息披露行为，进一步完善信息披露规则和监管流程，提高上市公司信息披露质量及监管的有效性。（2）更加关注股价异动监管。2007 年 8 月 15 日，证监会发布《关于规范上市公司信息披露及相关各方的通知》，维护证券市场秩序，打击内幕交易和市场操纵行为。首次明确了以上市公司敏感股价重大信息披露前是否存在股价异动作为监管部门审核行政许可申请的审核审核重点之一。首次提出了信息披露前股价异动上市公司负有"自我举证"责任，针对股价异动澄清公告"澄而不清"的问题，明确要求如果公司在澄清公告中披露不存在重大事项的，应同时承诺一定期限内不再筹划同一事项。（3）监管关口前移。针对全流通市场环境下内幕交易多样化、虚假信息传播网络化、市场操纵短线化的趋势，进一步完善建立信息披露与市场监管联动的快速应对机制，促进监管关口前移，加强股价异动的监管，力求信息披露及时性、完整性有明显的提高。同时，严厉打击信息披露方面的违法违规行为，强化上市公司信息披露责任，加大违规成本。建立起证监会上市部、市场部、稽查局和地方证监局、证券交易所之间的相互协调、相互配合的监管联动机制和快速反应机制，做到"及时发现、及时处置、及时查处"。

（三）上市公司并购重组监管

2006 年 7 月 31 日，证监会发布新的《上市公司收购管理办法》，这是贯彻落实《国务院关于促进资本市场改革开放和稳定发展》和《关于提高上市公司质量的意见》，完善我国证券市场基础性制度建设的又一重大举措。2008 年 5 月 18 日，证监会颁布《上市公司重大资产重组管理办法》。上述两部法规依据《证券法》，在总结我国证券市场 10 多年发展经验的基础上，借鉴国外成熟市场的做法，适应股权分置改革后中国证券市场的新形势和新要求，对上市公司收购、重大资产重组做了重大的制度调整。为适应股权分置改革后市场发展的需要，提高并购重组审核工作的质量和透明度，2007 年 7 月 17 日，证监会发布《关于在发行审核委员会中设立上市公司并购重组委员会的决定》，并制定《中国证券监督管理委员会上市公司并购重组审核委员会工作规程》，成立上市公司并购审核委员会，专门负责对上市公司并购重组申请事项进行审核，从而进一步规范了审核制度。资本市场已成为中国企业重组和产业整合的主要场所。

（四）上市公司治理结构监管

中国证监会着力推动上市公司加强制度建设，调整和完善治理机制，并采取相应的监管措施，从而提高了上市公司的治理水平。

1. 建立上市公司治理结构框架。为完善公司治理规则，中国证监会陆续出台了一系列相关规章，包括《上市公司章程指引》、《上市公司治理准则》、《关于在上市公司建立独立董事制度的指导意见》等。在股权分置改革开始后，中国证监会修订了《上市公司章程指引》、《上市公司股东大会规则》等规章，使上市公司治理结构的框架和原则基本确立，上市公司治理走上了规范发展的道路。

2. 加强上市公司治理专项活动。2007年，在"股改"和"清欠"的基础上，为切实贯彻落实全国金融工作会议和全国证券期货监管工作会议精神，加强资本市场基础性制度建设，进一步提高上市公司质量，在全体上市公司中开展了为期一年的"加强上市公司治理专项活动"。此次活动是对近年来上市公司治理情况的一次全面摸底调查，是适应新环境下促进上市公司规范运作、提高上市公司质量的重要措施，也是固本强基，推进资本市场持续稳定健康发展的重要举措，其标志着上市公司基础性制度建设工作向纵深发展。上市公司治理专项活动从2007年至2008年，经公司自查、公众评议、整改提高三个阶段，现场检查1 714家次，参加专项活动的1 475家上市公司共发现治理问题10 698个，整改各类问题1万多个，完善了公司治理、内部制衡与激励约束机制。进一步促进了上市公司提高规范运作意识，完善内部控制制度和有关规章制度，全面查找公司治理方面的问题，并对大部分问题进行了整改，有力地推进了"公司自治、股东自治"的文化和机制建设。

3. 完善上市公司股权激励制度建设。在《公司法》、《证券法》修订，股权分置改革全面推进的情况下，国内实施股权激励的法律环境和市场环境不断完善，引入股权激励的时机逐渐成熟。为此，证监会于2005年12月31日发布《上市公司股权激励管理办法（试行）》，2007年12月26日发布《关于上市公司股权激励备案工作有关问题的通知》，促进上市公司建立、健全激励与约束机制，规定股权激励的主要方式为限制性股票和股票期权，并从实施程序和信息披露角度对股权激励机制予以规范，明确上市公司股权激励备案工作，对上市公司的规范运作与持续发展产生了深远影响。

（五）着力提高上市公司质量活动

为全面深入贯彻落实《国务院关于推进资本市场改革开放和稳定发展的若干意见》，切实保护投资者合法权益，提高上市公司质量，国务院于2005年10月19日发布了《国务院批转证监会关于提高上市公司质量意见的通知》。随后，中国证监会陆续推出了一系列有利于提高上市公司质量的改革，切实保护投资者的合法权益，促进了资本市场健康稳定发展。《关于提高上市公司质量的意见》主要内容有：提高认识，高度重视提高上市公司质量工作；完善公司治理，提高上市公司经营管理和规范运作水平；注重标本兼治，着力解决影响上市公司质量的突出问题；采取有效措施，支持上市公司做优做强；完善上市公司监督管理机制，强化监管协作；加强组织领导，营造促进上市公司健康发展的良好环境。

为切实落实国务院批转的《关于提高上市公司质量的意见》大股东占用上市公司资金"务必在2006年底前偿还完毕"的要求和温家宝总理做的"清理上市公司资金占用，是提高上市公司质量的一项重要工作，必须按照国务院的要求，切实做好"、"请各有关方面积极配合，抓紧解决清欠问题，以进一步提高上市公司质量"的重要批示，在前两年工作的基础上，中国证监会在2006年初做出了"落实责任，严格执法，群策群力，深入开展清欠攻坚战"的具体部署，先后出台一系列严格限制控股股东及其他关联方占用上市公司资金的规定，实行"以股抵债"试点，会同地方政府和有关部门全面开展"清欠"攻坚战；与此同时，立足建立长效机制，防止前清后欠，推动在《刑法》中增加"侵占上市公司资产罪"的规定，加大了对大股东和实际控制人侵占上市公司资产行为的责任追究力度。经过各级政府、各有关部门的共同努力，清理大股东占用上市公司资金工作取得显著成效，基本达到预期工作目标。

（六）构建上市公司综合监管体系

2004年3月，《上市公司辖区监管责任制工作指引》发布，开始推行上市公司辖区监管责任制，形成了证监会机关、各地证监局和证券交易所之间分工负责的多层次监管网络，进一步强化了对上市公司运作情况的及时监控。在上市公司监管系统推行的监管任务量化到岗、监管责任分解到人的工作体制，总体要求是属地监管、职责明确、责任到人、相互配合。充分动员全系统监管资源，提高监管的针对性、有效性、协调性，减少内耗，形成监管合力，实现科学监管，是开创上市公司监管工作新局面的重大改革。辖区监管责任制进一步明确了中国证监会派出机构的工作职责和定位，有效地发挥了派出机构的一线监管优势，提高了监管工作的及时性、针对性和有效性，整合了系统监管力量，提升了监管深度和力度。

在落实辖区监管责任制的基础上，针对我国上市公司运作中普遍存在的问题，在国务院的支持下，形成了由证监会牵头、多部门和地方政府共同参与的上市公司综合监管体系，为解决影响上市公司质量的突出问题提供了有力保障。2005年4月，证监会与国资委、公安部、税务总局、工商总局、海关总署、银监会等部委成立跨部门的上市公司规范运作专题小组，确定《上市公司规范运作专题工作小组工作方案》和《上市公司规范运作专题工作实施方案》。

同时，积极推进上市公司协会成立工作，在已确定50家具有市场影响力、行业覆盖面上市公司作为发起主体的基础上，建立上市公司协会的组织机构，制定协会章程，明确职能定位，初步建立外部监管与自律监管相结合的监管体系。

四、基金管理公司监管制度

（一）基金管理公司发展概况

1997 年《证券投资基金管理暂行办法》出台后，我国基金业的发展开始步入规范化轨道。伴随这一历史转变，基金管理公司逐渐发展壮大。截至 2010 年年底，我国共有基金管理公司 63 家，基金管理公司总资产为 487 亿元，净资产为 374 亿元，净利润为 112 亿元。十几年来，基金管理公司业务发展创新，公司治理和内控制度不断完善，专业人才不断集聚和积累，促进了基金业的发展。1998 年基金管理公司成立之初只进行封闭式基金的募集和管理，2001 年 9 月，第一只开放式基金华安创新诞生，标志着基金业实现了从封闭式基金到开放式基金的历史性跨越。此后，我国基金品种日益丰富，债券基金、系列基金、保本基金、货币基金、ETF、LOF、QDII 等基金相继推出，更好地满足了不同投资人的需求。目前，我国基金管理公司除进行公募基金的募集、管理之外，还开展了社保基金管理、企业年金管理、QDII 基金管理以及特定客户资产管理等其他委托资产管理业务，基金管理公司的业务发展日益多元化。

（二）基金管理公司行业准入监管

1998 年，在清理整顿"老基金"的基础上，借鉴国际市场基金发展的经验教训和制度安排，中国证监会开始推动基金业的发展。发展初期，由于起步晚，运作尚不成熟，市场投机气氛较浓。从 2000 年起，中国证监会提出"起常规发展机构投资者"，与促进基金业市场化发展的监管制度不断完善，基金业也获得快速发展。

在超常规发展机构投资者的思路指导下，2001 年"好人举手"制度的实施开启了基金管理公司审批的市场化改革之路。"好人举手"制度的实质是"自律承诺"，即各类机构在参股基金管理公司之前，必须置于社会各方的监督之下，自觉规范投资行为。对于基金管理公司来说，"好人举手"制度放宽了基金管理公司发起人的范围，有利于提高和强化基金公司发起人的守法意识，使规范运作和自律诚信成为自觉行为。从监管者角度来说，该制度能提高审核工作的透明度，根据"三公"原则将商业机会和申请人的行为规范结合起来，从而促使监管对象将规范和诚信落到实处。该制度实施后，基金管理公司数量大幅增加。2002 年 7 月，《外资参股基金管理公司设立规则》生效，中外合资基金管理公司的设立正式提上了议事日程，一时间，国内多家金融机构纷纷同海外知名外资洽谈合资事宜，外资的加入在产品开发、风险控制、人才培养、市场营销与客户服务等方面带来了新的理念和经验，促进了行业竞争，也推进了机构审批的市场化步伐。2004 年《基金法》、《行政许可法》及相关配套法规实施后，机构审批的准入标准和审批程序更加明晰，符合法律法规规定条件的机构都可以申请设立基金管理公司。随着基金管理公司设立审批机制的日益市场化，越来越多的机构将加入到基金管理行业中来，为行业发展贡献力量。

（三）基金产品审核监管

随着基金行业的发展，基金产品的审核制度不断完善，审核程序不断简化，审核效率日益提高，有力地促进了基金业的发展。具体措施有：（1）简化基金产品评审会程序。取消了货币市场基金、债券基金等固定收益类基金和指数基金的产品评审会程序，简化了成熟产品和 QDII 产品的评审程序。（2）减少基金募集申请材料，缩短了基金公司的产品准备周期。（3）对特定资产管理合同实行备案程序。考虑到专户理财业务属于私募性质的业务，对特定资产管理合同实行了备案程序，并在收到备案材料后的 10 个工作日内完成备案手续。经过几年的基金产品审核实践，上述措施减少了基金审核的工作环节，减轻了基金产品募集申请的工作量。从实施的效果来看，基金产品的审核效率也大幅度提高。

（四）基金管理公司治理和内控机制监管

《证券投资基金法》及一系列配套法规、规章和规则的出台，明确了基金业运作各个环节的制度安排和运作机制，为基金行业及基金管理公司的大力发展奠定了坚实的基础。同时，基金行业也在逐步探索适应行业特点的公司治理架构及内部控制机制。主要包括以下两方面：

1. 建立以保护基金投资人利益为核心的治理架构。公司治理问题是关系到公司经营运作、业务发展、股东及相关当事人利益的重大问题。国际先进经验和我国基金市场的实践均表明，良好的治理结构是基金管理公司健康运作和持续发展的制度基础。但基金管理公司的治理有其一定的特殊性，既要符合《公司法》中对公司治理的一般要求，又要体现《证券投资基金法》中对基金投资人利益的保护。2006 年《证券投资基金管理公司治理准则（试行）》（以下简称《准则》）颁布实施，从基金管理公司基金投资人利益最大化前提下的股东利益最大化的运作特点出发，将《公司法》中强化中小股东利益保护及控股股东责任等规定与《证券投资基金法》中基金持有人利益保护等规定进行融合，形成了具有基金行业特点的治理方面的监管要求。《准则》明确了基金管理公司在治理方面应当遵循的十大基本原则，即基金持有人利益优先原则、公司独立运作原则、强化制衡机制原则、维护公司统一性和完整性原则、股东诚信与合作原则、公平对待原则、业务与信息隔离原则、经营运作公开透明原则、建立长效激励约束机制原则、人员敬业原则。《准则》实施后，基金行业逐步树立了持有人利益优先、公司独立运作等治理理念。

2. 建立以防范风险为目标的内控机制。随着基金管理公司管理资产规模的增加，业务范围的拓宽，行业风险也在逐渐集聚。十几年来，在监管部门的督促和引导下，各基金管理公司完善了合规管理制度，加强了风险控制和监察稽核部门的力量，健全内部责任追究机制，及时纠正了一些经营管理中的违法违规问题，公司风险控制和规范运作能力有所提升。近年来，面对突如其来的特大自然灾害和百年一遇的国际金融危机，基金行业齐心协力，不畏艰难，实施了一系列强有力的措施，全力维护了资本市场的健康平稳运行。一是各基金管理公司认真落实关于维护市场稳定运行的部署，建立健全维稳方案和应急机制，为基金业的平稳运行提供制度保障。二是建立风险准备金制度和赔偿机制，确立了责任分明的损失承担机制，为基金管理公司应对突发事件提供经济保障。三是加强信息安全防护能力建设，强化了基金业平稳运行的技术保障。

（五）基金管理公司业务创新发展监管

十几年来，基金管理公司的业务发展顺应市场需求，坚持在探索中求发展，在发展中求创新，不论是开展非公募资产管理业务、投资咨询业务，还是开展境外资产管理业务，都得到了快速发展，提升了行业的整体竞争力。

1. 非公募业务。基金管理公司在稳步做好公募基金业务的基础上，积极探索特定客户资产管理业务，逐步拓宽了业务范围。2001年国务院设立全国社会保障基金，作为国家重要的战略储备，主要用于弥补我国人口老龄化高峰时期的社会保障需要。社保基金的投资，包括直接投资和委托投资两种方式。根据《全国社会保障基金投资管理暂行办法》的规定，股票的投资主要是采用委托投资方式，其国内投资管理人主要是基金管理公司，截至2010年6月底共有博时、长盛、国泰、南方、招商、华夏、嘉实、鹏华和易方达等9家基金管理公司成为社保基金国内投资管理人。2004年《企业年金基金管理试行办法》实施，并逐步推进市场化运作，聘请专业机构进行投资管理。基金管理公司是企业年金投资管理的主要力量，截至2010年6月底，全国共有21家企业年金投资管理人，其中12家为基金管理公司，包括海富通、易方达、南方、华夏、嘉实、招商、富国、博时、银华基金、工银瑞信、广发和国泰。2008 年 1 月 1 日起实施的《基金管理公司特定客户资产管理业务试点办法》，标志着基金管理公司专户理财业务正式开闸。而 2009 年 6 月 1 日实施的《关于基金公司开展特定多个客户资产管理业务的规定》，则标志着专户理财正式开启了"一对多"业务时代。截至 2010 年 6 月底，我国共有 35 家基金管理公司取得专户理财资格，管理特定客户资产规模达 882 亿元。

2. 投资顾问业务。为了更好地发挥基金管理公司专家理财作用，适当扩大基金管理公司的经营范围，自 2006 年开始，监管部门开始允许基金管理公司向合格境外机构投资者、境内保险公司及其他机构等特定对象提供投资顾问服务。截至 2010 年 6 月底，已有 19 家基金管理公司为 QFII 提供投资顾问服务。

3. 境外投资及资产管理业务。为了鼓励公司"走出去"，积累国际化投资经验，2007 年，证监会允许有条件的基金管理公司进行境外投资。截至 2010 年年底，有 31 家基金管理公司获得 QDII 业务资格，28 只 QDII 基金资产规模达到 734 亿元。2008 年 4 月，证监会发布了《关于证券投资基金管理公司在香港设立机构的规定》，允许具备条件的基金管理公司到香港地区及其他与我国签署了监管合作备忘录的国家和地区设立或参股资产管理机构，开展海外资产管理业务。截至 2010 年年底，已有 12 家基金管理公司获批到香港设立独资或者合资子公司，开始管理境外基金。为此，基金管理公司从人员、技术系统、制度等方面进行了认真的准备，包括招聘境外投资研究人员、搭建交易平台、选择投资顾问、完善技术系统和建立投资管理制度等，初步熟悉了海外证券市场的业务规则及监管环境，积累了宝贵的海外投资经验，促进了行业人才队伍的建设。

五、投资者保护制度

投资者保护是国际证监会组织（IOSCO）提出的证券监管三大目标之一。我国证券市场自诞生以来，一直十分重视投资者保护制度的建设和完善，已基本形成投资者立法保护、行政保护、司法保护、行业自律保护、社会监督与自我保护相结合的多层次投资者保护机制。证券投资者保护基金制度是保护投资者的一项重要制度安排，在市场遇到困难的转折时期，发挥了保护投资者利益、稳定投资者信心的作用。

（一）多层次投资者保护机制

经过 20 年的发展，我国投资者保护的参与主体逐渐增多，形成了投资者自我保护、立法保护、行业自律保护、行政保护、社会监督与司法保护相结合的多层次投资者保护机制。帮助投资者树立正确的投资理念、建立投资的风险意识、解决投资者实际问题，可有效地防范资本市场风险、引导投资者保护自身利益。

（二）投资者保护的法律法规体系

1993 年 4 月，《股票发行与交易管理暂行条例》发布，这是我国证券市场第一个全国性正式成文法规，首次将保护投资者利益作为立法宗旨。1999 年 7 月 1 日，《中华人民共和国证券法》（以下简称《证券法》）正式颁布实施，通过规范证券发行与交易保护投资者权益，成为我国证券市场走向法制化、正规化的一个里程碑，对我国的资本市场和金融业的持续、健康发展乃至我国经济的发展与改革产生了重要的作用和深远的影响。2005 年 10 月 27 日，第十届全国人民代表大会常务委员会对《证券法》进行修订。新《证券法》进一步完善了证券交易的各项制度，加强了对投资者权益的保护，强化了证券监管的措施和手段。1993 年 12 月 29 日，《中华人民共和国公司法》（以下简称《公司法》）颁布，2005 年 10 月 27 日，第十届全国人民代表大会常务委员会通过《公司法》的修订。《公司法》通过规范公司的设立、分立、合并、增减注册资金、公司股份的发行、转让、公司组织结构和治理、董事、监事、高级管理人员的资格、义务等事项，完善公司治理，保护投资者的合法权益。

目前，我国初步建立起了以《证券法》、《公司法》为核心，包括法律、行政法规、部门规章和规范性文件在内的证券市场法律法规体系，内容涵盖了证券发行与交易、证券经营与服务、上市公司、信息披露、机构投资者以及监督管理法律责任等法律制度，与《行政处罚法》、《刑法》、《企业破产法》等法律法规相结合，为保护投资者利益、维护证券市场秩序、证券市场长期稳定健康发展提供了基本保障。

（三）证券投资者保护基金制度

借鉴成熟市场的通行做法，我国资本市场引入了证券投资者保护基金制度。这一制度的确立，是投资者利益保护的重要举措，标志着投资者保护进入了一个新阶段。

1. 证券投资者保护基金制度的确立。2005 年 6 月 30 日，经国务院批准，证监会、财政部、人民银行联合发布了《证券投资者保护基金管理办法》，设立证券投资者保护基金（以下简称保护基金），用于在防范和处置证券公司风险中保护证券投资者。2005 年 8 月 30 日，中国证券投资者保护基金有限责任公司（以下简称"保护基金公司"）注册成立。新《证券法》第 134 条规定："国家设立证券投资者保护基金。证券投资者保护基金由证券公司缴纳的资金及其他依法筹集的资金组成，其筹集、管理和使用的具体办法由国务院规定。"这一规定，再次确立了保护基金制度的法律依据，明确了保护基金的资金来源，并授权国务院制定保护基金的筹集、管理和使用的具体办法。

保护基金制度是证券投资者保护体系的重要组成部分。保护基金制度的确立：一是可以在证券公司出现关闭、破产等重大风险时依据国家政策规范地保护投资者权益，通过简捷的渠道快速地对投资者特别是中小投资者予以保护；二是有助于稳定和增强投资者对我国金融体系的信心，有助于防止证券公司个案风险的传递和扩散；三是对现有的国家行政监管部门、证券业协会和证券交易所等行业自律组织、市场中介机构等组成的全方位、多层次监管体系的一个重要补充，将在监测证券公司风险、推动证券公司积极稳妥地解决遗留问题和处置证券公司风险方面发挥重要作用；四是有助于我国建立国际成熟市场通行的证券投资者保护机制。

2. 证券投资者保护基金偿付制度的运行。根据《证券投资者保护基金管理办法》，证券投资者保护基金主要用于按照国家有关政策规定对债权人予以偿付。保护基金公司成立五年多来，严格按照《证券投资者保护基金管理办法》等法律法规的要求，执行保护基金偿付政策，有效地保护了证券投资者。

一是积极稳妥审查拨付保护基金，严格执行国家政策，收购被处置证券公司的个人债权和弥补客户证券交易结算资金缺口。截至 2010 年年底，保护基金公司审查拨付的收购资金 229 笔，拨付资金 133.51 亿元。此外，由人民银行拨付后划转保护基金公司承贷的收购资金 90.91 亿元，其中，个人债权 62.29 亿元、客户证券交易结算资金缺口 162.13 亿元。保护基金收购工作已涉及 6 万多名个人债权人以及 900 多万正常经纪客户，有效维护了资本市场和社会稳定，已拨付收购资金无一笔错漏，无一笔反复，有效化解了社会矛盾。

二是积极参与风险处置中重大问题和疑难账户的公开论证。证券监督管理部门在实践中逐步形成了"行政清理组—专员办（工作组）—风险办—五人小组—三部委"的五级论证机制，公开研究论证证券公司风险处置中的重大问题和疑难账户问题。截至 2010 年年底，保护基金公司共参加 18 次"五人小组"会议，会议共研究讨论了 356 个疑难账户，涉及被处置证券公司 17 家，收购资金 13.78 亿元。目前，已基本解决了重大疑难账户的定性问题。

三是建立健全保护基金受偿债权管理机制，依法履行债权人职责，积极参与破产清算工作。截至 2010 年年底，保护基金公司向 26 家证券公司破产管理人正式申报债权总额为 251.33 亿元，其中债权本金 245.05 亿元，利息 6.285 亿元；预申报债权总额为 56.008 亿元，已经被指定为 19 家破产证券公司债权人会议主席，被选举为 25 家债权人委员会委员。

四是全面开展以拟收购债权、保护基金使用情况和休眠账户、单资金账户为重点的专项审计检查，确保保护基金安全合规使用。截至 2010 年年底，保护基金公司已组织完成对 24 家被处置证券公司 92 项次的审计检查，共聘请 64 家次中介机构 600 多人次参与检查；检查内容涉及账户清理、客户证券交易结算资金缺口及个人债权专项审计情况、紧急救助资金使用情况、已拨付保护基金使用情况、资产负债情况、存疑事项、重大疑难事项、休眠账户和单资金账户清理等多个方面。

证券投资者保护基金偿付制度的运行有效地保护了投资者合法权益，保证了风险证券公司的顺利退出，维护了投资者信心、稳定了证券市场。其成效主要体现在五方面：一是促进了法规体系的完善；二是实现了"花钱买机制"的目标；三是建立了证券公司市场退出机制；四是实现了证券公司分类监管与保护，基金市场化筹集相结合的机制；五是重树了行业信誉，提振了投资者信心。

3. 证券投资者保护基金的筹集与管理。保护基金按照取之于市场、用之于市场的原则筹集资金。根据《证券投资者保护基金管理办法》规定，保护基金的来源为：（1）上海、深圳证券交易所在风险基金分别达到规定的上限后，交易经手费的 20% 纳入基金；（2）所有在我国境内注册的证券公司，按其营业收入的 0.5% ~5% 缴纳基金；经营管理、运作水平较差、风险较高的证券公司，应当按照较高比例缴纳基金。各证券公司的具体缴纳比例由保护基金公司根据证券公司风险状况确定后，报证监会批准，并按年进行调整，证券公司缴纳的基金在其营业成本中列支；（3）发行股票、可转债等证券时，申购冻结资金的利息收入；（4）依法向有关责任方追缴所得和从证券公司破产清算中受偿收入；（5）国内外机构、组织及个人的捐赠；（6）其他合法收入。

保护基金公司设立时，财政部专户储存的历年认购新股冻结资金利差余额，一次性划入，作为保护基金公司的注册资本；人民银行安排发放专项再贷款，垫付保护基金的初始资金。专项再贷款余额的上限以国务院批准的额度为限。根据防范和处置证券公司风险的需要，保护基金公司可以多种形式进行融资。必要时，经国务院批准，保护基金公司可以通过发行债券等方式获得特别融资。

截至 2010 年年底，保护基金公司历年累计从市场筹集保护基金 384.62 亿元，其中，交易经手费 84.79 亿元，证券公司上缴基金 125.63 亿元，申购冻结资金利息 153.82 亿元，接受捐赠 0.07 亿元，有关责任方追偿收入和破产财产清偿收入 20.31 亿元。按照证券监督管理部门批准的再贷款偿还方案，保护基金公司从 2008 年开始，按照"五年平均"还款的方式，使用市场筹集基金偿还再贷款。截至 2010 年年底，保护基金公司历年累计承借人民银行再贷款本金 228.95 亿元，偿还人民银行再贷款本金 170.60 亿元，偿还人民银行再贷款利息 18.43 亿元。

根据《证券投资者保护基金管理办法》，保护基金的资金投资范围限于银行存款、购买国债、中央银行债券（包括中央银行票据）和中央级金融机构发行的金融债券以及国务院批准的其他资金运用形式。保护基金公司按照"以委托投资为主、自主投资为辅"的原则，积极探索保护基金委托投资试点工作，通过专业投资机构对委托资产进行专业化管理，最大限度维护资金安全，稳步实现保护基金的保值增值。

第三节　证券业和资本市场监管改革发展的思考与建议

近年来，我国金融快速发展，"十一五"期间金融资产规模增长一倍以上，其中上市公司市值增加 5 倍以上，但我国直接金融发展滞后，直接融资比重偏低、难以适应经济发展需要的现象将在较长一段时期持续存在。"十二五"及今后一段时期，是我国全面建成小康社会和向中等发达国家迈进的关键时期。在这一阶段，加快建设多层次资本市场体系，显著提高直接融资比重，积极发展债券市场，稳步发展场外交易市场和金融期货市场，是我国资本市场发展的重要任务，与资本市场发展相适应的金融监管应不断加强，使金融监管体制改革和监管力量的发展能够跟得上市场发展的步伐，以切实防范和避免金融危机的发生，确保经济可持续发展。资本市场监管的主要目标是放松管制，鼓励竞争，提高市场效率，服务经济发展。随着资本市场的不断发展，除加强系统风险监管外，要不断加强对投资者的保护，研究对债券市场、场外市场、私募股权投资基金、创业投资以及对冲基金的监管，有效促进经济发展方式的转变。

一、证券业和资本市场监管面临的挑战

在分业经营、分业监管原则基础上建立的集中统一的监管体系，基本上能够适应我国资本市场发展的需要，也正是在其有力保障下，我国以证券期货交易所市场为核心的资本市场体系，经过 20 年的发展，取得了巨大的成绩——建立了相对完善的法律法规体系，初步形成了多层次场内股票市场交易体系，进行了股权分置改革，上市公司质量得到有效提高，证券基金及期货经营机构取得规范发展，成功经受住了美国金融危机的严峻考验；与此同时，我国市场规模跃居全球第二位，成为全球市场规模最大的新兴市场，商品期货交易量亦跃居全球第一位。尽管如此，要使资本市场适应国民经济持续健康发展需要、显著提高直接融

资比重以改善金融结构以及取得较突出的国际竞争力，市场监管仍面临巨大的挑战，主要是如何构建基于防范系统风险、确保金融稳定的资本市场监管新体系。

（一）完善资本市场监管体系：防范我国金融系统风险、确保金融稳定发展

回顾 20 年资本市场发展历史，我国金融系统风险主要来自于银行的间接金融体系。但展望未来，我国金融系统风险很可能将来自于以资本市场为主体的直接金融体系。因此，从市场发展的前瞻性角度考虑，资本市场监管面临的最大挑战，就是要从既往的基于防范金融局部风险、促进市场发展的监管体系，转变到基于防范金融系统风险、确保金融稳定、服务经济发展方式转变的资本市场监管新体系。

这主要是因为在未来一段时期，我国资本市场发展的边界将不断扩展，市场功能将不断深化，对市场监管提出新的要求，带来新的挑战。具体包括以下几个方面：一是在我国未来金融结构中，资本市场在金融资本配置中将发挥基础性作用，要求市场监管时刻关注金融系统风险。截至 2010 年年底，我国银行业资产总额为 95.30 万亿元，股票市场上市公司市价总值为 26.5 万亿元，在银行间债券市场登记托管的债券市值为 18.88 万亿元，在证券交易所登记托管的债券市值为 2.89 万亿元。从目前状况来看，以银行为主的间接金融体系仍占据我国金融结构的主体地位，但从今后 5 年或者更长时间的角度来看，直接金融体系占主体地位则是必然趋势。这就要求市场监管要更加关注金融系统风险，在维护金融系统稳定中发挥更大的作用。二是资本市场的广度和深度在不断扩展，要求市场监管不断创新方式方法。资本市场发展，要在目前以交易所内部包括主板、中小板和创业板在内的多层市场体系的基础上，建立和发展场外柜台交易市场；要在股票市场为主体的证券市场体系的基础上，加快发展债券市场；要在以公募证券为主体的基础上，规范发展私募股权基金、创业投资基金、私募证券基金、对冲基金以及金融衍生产品等。相应地，市场监管要适应这种发展变化，对私募股权基金、创业投资、对冲基金等的监管作出前瞻性监管制度安排。三是从金融全球化角度看，我国资本市场国际化程度将快速提高，需要更宽阔的监管视野和更完善的监管法规。目前我国资本市场国际化程度还不高，主要是我国资本市场的国际竞争力还比较弱，我国大部分市场机构还难以适应国际市场的激烈竞争。而随着我国资本市场国际化的不断推进，资本市场风险来源也会从国内市场扩展到国际市场，对国际市场风险的监管需要更宽的视野和更完善的监管体系的保障。

（二）完善资本市场监管体系：应从美国金融危机中汲取哪些教训

美国金融发展的阶段、条件与我国有较大差异，金融风险的来源也有根本性区别，但美国这次自 20 世纪 30 年代以来最严重的次贷危机以及危机后的金融监管改革，仍对我们有重要启示。金融危机是通过破坏性的强制作用来校正金融制度的缺陷，推动金融制度的完善与资源配置的优化。我国不应等发生金融危机以后再做深刻的反省，而应借鉴美国危机的教训与监管改革中一些好的做法，对金融监管体系改革与完善做出具有前瞻性的安排。

1. 关注系统风险之源：金融领域的"海绵效应"。美国次贷危机以及泰国危机、日本危机等，都源自房地产业的周期性调整。那么，房地产如何引发金融危机？在什么条件下会引发金融危机？我们认为，这主要是基于房地产业的金融本质：房地产作为大型资产，其价格的周期性波动，易于引发巨额金融资源的流动——当房价持续上涨时，大量信贷资金通过房屋贷款进入房地产需求领域；当房价持续下跌时，购房人还款违约增加，易于造成银行呆坏账或者证券化产品投资者的损失，特别是在金融制度安排不当的情况下，则会造成金融秩序混乱、金融机构破产、社会消费水平下降及经济衰退。在此，我们将房地产业周期波动带来的巨大资金吞吐现象，或者房地产业的金融本质，称为"海绵效应"。但我们也知道，房地产价格周期波动并不会必然引发金融危机，较高的首付款比率、良好的金融监管和必要的周期调控措施，都可有效避免危机的发生。

"海绵效应"如何诱发金融危机。危机前美国历史上最长的房地产周期：房价指数长期持续上涨。自 20 世纪 70 年代中期至此次危机爆发前，期间尽管发生过储贷危机，但从全美住房价格指数来看，一直呈现长期上涨态势，且持续时间之长、上涨幅度之大都是美国历史上罕见的。以 1991 年第一季度为基数 100%，到 2007 年第二季度，美国房价指数涨幅达到 224%（2010 年第一季度调整至193%）。2005～2007 年，美国住宅价格相对于历史通货膨胀水平、重置成本、租金以及消费者收入，大约达到其应有价值的 2 倍以上。

这次房地产经过较长周期的主因是基于人口规律。这次美国房地产价格之所以经历了长期上涨过程，主要是基于美国的人口增长，特别是战后"婴儿潮"成员长大成人后，成为美国房地产消费的主力，形成长期持续、规模巨大的房地产需求。人口增长要成为房地产价格周期波动的主要因素，必须具有相应的条件，包括经济持续发展、人均收入增长、房屋产能较高及房地产市场制度相对完善等，而这些条件在美国都是具备的。统计表明，美国人一生中大致经历 4 次购房高潮。第一次是购买起点住宅，平均年龄 31 岁；第二次购置改善型住宅，换购更好、更大的住房，平均年龄 42 岁；第三次购置度假房产，平均年龄 48 岁；

第四次购置退休住房，平均年龄 58 岁。在这四次购房高潮中，第二次置业支出最大，对房地产周期最具决定性影响。美国"婴儿潮"成员出生于 1946～1964 年，是美国历史上人数最多的一代人，出生率比正常年份平均高 40%～50%，总计约 7 800 万人，占目前美国成年人口 35%，占劳动人口 41%。婴儿潮成员在 1976～1990 年结婚买房，出现第一次置业高峰，1993～2006 年期间进入第二次置业高峰。根据美国住房经纪人协会（NAR）调查统计，婴儿潮成员中 97% 的家庭拥有住宅，47% 的家庭还拥有主要住宅以外的土地、出租房、商业地产等不动产，远超过 2007 年美国 68% 的平均房屋自有率。婴儿潮成员的两次置业高峰，成为推动房价在 1976～2007 年之间长达 31 年持续上涨的主要原因。在危机前的 2007 年，婴儿潮成员第二次置业高峰结束，这成为房地产价格下调的主要原因。由此可见，即使不发生危机，房地产价格仍会下调，美国经济也会相应调整。但可以肯定的是，如果没有危机的发生，美国经济调整绝不会对世界经济产生如此巨大的影响。

房地产业"海绵效应"与金融危机密切相关。这次美国房地产业的长周期，加大了财富效应的影响力。房地产是大型资产，不管是作为消费品还是投资品，购房者往往涉及抵押贷款，形成全社会金融资产的重要投放标的。房地产价格的周期波动，则易于引发金融资产的大规模流动和金融问题。据统计，2008 年美国共有永久性住房 1.282 亿套（另外还有 0.044 亿套季节性住房），其中 0.804 亿套是独立住房（相当于我国的别墅），占比 63%。从长期来看，随着经济的发展，房价会持续上涨，但在经历一定阶段的上涨后，往往会持续下跌一段时间，形成周期性调整。从每套房屋的平均价格来看，1970 年为 6.53 万美元，1980 年为 9.34 万美元，1990 年为 10.11 万美元，2000 年为 11.96 万美元，2007 年为 19.15 万美元。假定按照 2008 年总套数估计，2000 年美国住房总值为 12.96 万亿美元，2007 年则升至 24.55 万亿美元。危机爆发以来，美国房价指数下跌约 15%，对应的房屋价值下降约 3.7 万亿美元。如果加上商业地产价值下降，美国不动产总值下降约 5 万亿美元。2008 年 6 月，美国仅 14 家政府担保的住房融资机构提供的房屋贷款就达 6.6 万亿美元，占全美房屋贷款总额约 11 万亿美元的一半多。这些政府担保机构提供或担保了 80% 以上的新住房抵押贷款。当房地产价格持续下跌时，大量贷款人不能按期还款甚至形成负资产，进而引发金融市场动荡、金融机构破产和金融危机。

美国金融危机前 5 年，主要发达国家房价均持续攀升，房屋总值随之从约 30 万亿美元升至 70 多万亿美元。这次楼市泡沫，也超过 20 世纪 80 年代后半期的日本房地产泡沫、80 年代至 90 年代的泰国房地产泡沫以及 30 年代美国部分地区的房地产泡沫，成为历史上规模最大的一次房地产泡沫。这几次房地产周期波动均引发当事国局域性甚至全球性的金融危机。

美国金融危机的其他成因。美国金融危机起源于房地产价格的周期性波动。在相当长一段时期，金融活动的失当和监管的不足，导致房地产价格在长期持续上涨过程中，助长了对房地产的过度需求；在房价调整下跌时，大量金融机构难以承受市场波动的考验，纷纷破产倒闭。在房地产周期之外，还有多个因素的共同作用，助推了危机的发生。这些原因主要有：证券化产品的过度发行，影子银行的作用，金融机构运用过高的杠杆率，长期低利率政策，过度消费，持续高速的经济增长环境，存在缺陷的金融制度，监管存在一定的漏洞与空白，以及有关政策措施的顺周期性质等。

关注"海绵效应"，防范金融危机。美国金融发展的阶段、条件与我国有较大差异，美国金融危机的发生也有非常广泛的原因和深刻的经济政治原因，美国金融风险的来源也与我国有很大的不同。但是，密切关注"海绵效应"现象，特别是对具有"海绵效应"的房地产业、证券市场、大宗商品、资金密集型产业等进行跟踪分析，重点监控对系统风险有较大影响的金融机构和产业机构，始终都是防范金融风险的有效手段。

2. 注重防范系统风险。美国总统奥巴马于 2010 年 7 月 21 日签署的《多德－弗兰克华尔街改革与消费者保护法》（简称金融监管改革法或《2010 年金融稳定法》），是美国试图结束危机的重要标志。该法旨在重塑美国金融竞争力，也是继 1929 年大危机后颁布的《格拉斯－斯蒂格尔商业银行法》后，对美国金融改革影响最深远的一部法案。尽管这次危机不可能停止美国发展的步伐，但在一定程度上，它会改变美国金融发展的方向和世界的未来格局。

美国金融监管改革法案包括 16 条主要标题、38 条次级标题以及 1 412 小节，全文按照较长排版有 2 319 页，按照较短的排版也有 848 页。该法案实际上是对这次金融危机教训的全面总结，对未来金融监管做出的前瞻性规划。该法案涉及内容较为广泛，包括金融稳定、金融研究、交易清算、货币管理机构、对冲基金、银行和存款机构、华尔街透明度、投资者保护、住房抵押改革等诸多方面，但就其核心内容来讲，主要包括金融稳定监管、完善监管体系和加强投资者保护等方面。就其效果来看，短期可能会加大金融机构的运作成本，在一定程度上限制金融创新与金融发展，但从长期来看，仍具有较强的前瞻性，将进一步提升美国金融的国际竞争力。

在加强金融稳定监管、防范系统性风险方面，主要措施有：一是设立金融稳定监督委员会（FSOC），负责发现、分析、化解金融体系中的系统性风险，向监管部门建议修改监管法规，对大型金融机构实施更严格的监管。二是化解金融机构"大而不倒"风险，FSOC 有权对具有系统重要性的机构在资本金、杠杆率等方面提出更高的要求，建立有序的破产清算机制，并要求定期上报破产清算预案（即所谓的"葬礼计划"），防范破产清算风险。三是调整美联储监管权限，美联储将负责监管资产规模超过 500 亿美元的银行控股公司，新设一位专职副主席负责银行监管事项，并规定未来美联储的任何紧急贷款计划须获得美国财政部的批准。

3. 建立国家金融研究机构。根据美国金融监管改革法案规定，美国将设立多个新的金融监管相关机构或部门，负责加强对金融活动的监管，以重塑金融竞争力。其中有一个是与美国证交会和美国期交会具有同等行政级别的机构——金融研究办公室。金融研究办公室设在美国财政部，拥有相对独立的预算。金融研究办公室的目标是协助金融稳定监督委员会实现其职能，对其会员机构提供支持。具体职责包括：代表金融稳定监督委员会收集数据，提供给委员会及其会员机构使用；对收集和上报的数据类型和格式进行标准化处理；开展应用性研究和前瞻性、战略性研究；开发风险测量和监控工具；提供其他相关服务；及时向其他金融监管机构通报金融研究办公室的工作进展；协助会员机构选择符合法案规定的数据。

为保障金融研究办公室研究工作的独立性，美国金融监管改革法案中明确规定："金融研究办公室每年所做的工作，须向参、众两院报告并作证，并规定在做出正式报告之前，美国任何官员或者机构均无权力以批准、建议或者审查之名提前查看。"同时，还建立了专门的研究基金，明确了长期的资金来源，以确保研究办公室的长期持续发展。尽管美国社会拥有大量的民间智库，但这次金融危机表明，金融业的创新发展与金融产品的多样化、复杂化，需要建立专门的政府金融研究机构，提供独立、客观和公正的研究意见，以便对系统风险和金融稳定进行跟踪研究，供国家相关机构决策参考。

二、研究建立我国金融稳定监管机构和金融研究机构

我国建立金融稳定监管机构及国家级金融研究机构，防范和避免未来金融危机，保持金融、经济、政治的繁荣与稳定，具有非常重要的意义。

美国金融发展的阶段、条件与我国有较大差异，但其在总结危机教训的基础上加强金融稳定监管，对我国仍有较大启示。这次美国危机以及 20 世纪末的亚洲金融危机、30 年代美国大危机等，都与马克思《资本论》中揭示的资本主义工业革命初期生产过剩、有效需求不足引发的危机有所不同。这次次贷危机以及近几次危机，总体上看，是因为金融创新助推了对房地产的过度需求，扩大了"海绵效应"，再加上金融制度存在缺陷、金融监管存在漏洞，最终引发金融危机。

长期以来，我国经济面临的主要问题是有效供给不足，在传统计划经济情况下短缺经济特点较为明显。经过改革开放30年的发展后，目前的情况有所改善，但从社会总供求情况看，特别是从"海绵效应"特征较为突出的房地产业及证券市场看，总体上仍是有效供给不足，而不是需求过度。此外，我国金融管制较为严格，金融创新较为滞后，特别是经过近年来金融市场的快速发展和监管体系的完善，使得我国能够成功地经受住美国金融危机的"压力测试"，并取得非常稳健的发展。

但从未来发展看，我国人均GDP要从目前相当于美国、日本的十几分之一，向其5/10、8/10的方向增长，我国资本市场供求规模也会保持相应的快速增长。同时，我国"婴儿潮"成员比美国晚十多年，但每年新增人口大体上是美国的5倍以上，其对房地产业和金融市场的影响要比美国更加深刻、更加长远。

我国应该从美国的金融危机中吸取教训，建立金融稳定监管机构和相对独立的金融研究机构，以防范未来可能发生的金融风险，避免危机的发生。金融稳定监管机构和金融研究机构可考虑作为国务院的下属机构，由国务院有关领导、国家发改委、财政部、一行三会等领导组成领导成员。其常设机构采取事业编制，为增强其独立性和对高端人才的吸引力，应允许其向金融行业收费，不作为参照公务员管理单位。其主要职责是监管金融资源流动，特别是对具有"海绵效应"的房地产业、证券市场、大宗商品、资金密集型产业等进行跟踪分析，重点监控对系统风险有较大影响的金融机构和产业机构，出版金融稳定分析报告，完善金融风险预警体系。

三、加快建立场外市场监管制度

场外市场是多层次证券市场体系的重要组成部分，其主要功能是满足广大未上市中小企业股权转让和融资需求，为场内市场培育有发展潜力的上市公司资源。我国广大中小企业、非上市公众公司以及广大科技创新型企业对场外市场服务有巨大的需求，我国应在证券交易所市场发展经验的基础上，加快推进场外市场建设步伐。为此，应建立相应的监管机构，并尽快研究建立适应我国场外市场快速发展的监管制度体系，包括市场发展路径、市场准入标准、信息披露标准、报价要求、转板制度、投资者适当性制度以及做市制度等。

四、加快研究建立股权投资基金监管制度

国际经验表明，股权投资基金市场是多层次资本市场的重要组成部分，为公

募股票市场尤其是各国的创业板市场提供了大量的优质上市公司。美国等西方国家曾坚持不对股权投资基金进行监管，而更多地依靠自律监管。随着对冲基金和股权基金的快速发展，其弊端也逐步显现。2000 年美国对冲和股权投资基金的规模还很小，但现在已与美国的养老金规模相当。并且对冲基金的高杠杆对金融系统产生了一定的威胁，特别是在这次次贷危机中，对冲基金在危机发生演变过程中起到了推波助澜的作用；此外，以杠杆收购为主的并购基金也存在内幕交易等问题。危机发生后，世界主要发达国家都开始加强对对冲基金和股权投资基金的监管。近年来，我国股权投资基金快速发展，特别是创业板建立后，全社会的投资热情极其高涨，基金规模迅速扩大。这更需要我们在借鉴国际经验的基础上，尽快研究制定与其发展相适应的监管制度，包括基金管理机构监管制度、基金募集制度、信息披露制度等，在促进股权基金和对冲基金规范发展的同时，不使其丧失投资交易的灵活性，使其在发现优质企业、培育上市资源方面，发挥更加积极的作用。

五、明确发展目标，进一步加强期货监管

美国期货市场以其严格的监管、较高的透明度、较强的风险管理能力以及较好的服务经济的能力，经受住了这次金融危机的考验，并获得更大的发展空间。美国金融监管改革法案扩大了期货监管机构的职责和期货市场边界，美国期交会获得了标准化场外衍生产品交易和结算的监管权，并将负责监管场外衍生品交易商，提高场外衍生品市场透明度和增强定价能力，降低公众风险等。美国期交会将制定一系列新规则，将新法案赋予的监管职责落到实处。为完成新的使命，美国期交会在现有职工 600 多人的基础上，提出了再增加 600 人的人力资源倍增计划，以增强监管力量，维持美国在国际期货业的领导地位。

我国期货市场肩负争取国际大宗商品定价权的历史重任，并且我国具有作为大宗商品主要消费市场的有利条件。但是，期货市场要取得国际竞争优势，更好地服务于我国在国际贸易中取得公平的市场地位，仍须经历一段较长的发展道路。加快制定期货法、积极发展机构投资者、完善期货品种和清算体系、推进交易所改制、稳步推进期货市场国际化、深化期货监管和增强监管力量等，都是我国期货市场发展与监管亟须解决的问题。

六、研究建立覆盖全市场的投资者适当性制度

对投资者进行分类保护，要求资本市场经营机构在金融产品销售活动中遵循

投资者适当性制度，是发达资本市场的通行做法，是保护投资者的重要手段。我国可建立健全投资者分类制度和投资者适当性制度，尽快建立覆盖全市场的投资者适当性制度，即要求证券期货经营机构在销售证券产品与服务时，都必须遵守相应的投资者适当性制度，确保将"适当的"金融产品销售给适当的投资者或者金融消费者，不断完善投资者保护的制度体系，为资本市场的长远发展奠定更加坚实的基础。

在我国资本市场上，目前还没有对投资者进行统一明确的分类。从广义资本市场的角度来看，在金融分业监管体制下，相应监管部门针对定向发行的金融产品的销售分别制定了相应的合格投资者制度；针对不同的金融产品，相应的监管部门及自律组织已经或者正在健全相应的投资者适当性制度。具体来看，我国已在上市公司定向增发、国际证券业务（QFII 及 QDII）、信托公司信托计划及商业银行个人理财产品等方面建立了合格投资者制度，在证券公司的证券交易、创业板市场投资、证券投资基金销售、商品期货和金融期货产品建立了投资者适当性制度。需要指出的是，由于理财产品、固定收益类产品等投资者的分类标准不统一，在一定程度上导致证券销售人的"监管套利"行为，使得监管标准相对较低的理财产品获得更为快速的发展。

七、改革监管机构管制体制，壮大监管力量

证券业和资本市场监管的加强与完善，依赖于建立一支能够紧跟市场发展步伐、不断学习进取、勇于创新奉献的监管队伍。但是，我国现行的资本市场监管机构参照公务员管理体制，难以吸引和留住行业优秀的监管人才，使得监管力量的发展难以紧跟市场快速发展的步伐，监管队伍的成长不能适应市场发展和履行监管职责的要求。随着资本市场规模的扩大和功能的拓展，我国应尽快改革参照公务员管理的现行证券监管体制，研究按照法定特设机构的管理原则，进一步完善监管机构体制，优化监管资源配置，显著增强监管机构力量特别是监管机构总部的力量，明晰管制与监管之间的界限，确保市场监管能够紧跟市场步伐，为资本市场可持续快速发展创造良好的监管条件，使之更好地服务于我国经济发展方式的转变。

第九章

保险业及保险市场监管

第一节 国际保险监管体系

保险监管是政府对保险业的监督管理。具体来说，是指保险监管机构依法对保险人、保险市场进行监督管理，以保障被保险人合法权益，促进保险业持续健康协调发展。由于世界各国的社会状况不同，保险市场结构和发达程度不一样，各国在保险监管方面也存在很大的差异。研究成熟保险市场国家在保险监管方面的经验，对于完善我国的保险监管制度具有重要的现实意义。

一、国际保险监管制度

（一）保险监管机构

国际保险监督官协会（International Association of Insurance Supervisors，IAIS）于 1994 年在瑞士成立，是与巴塞尔银行监管委员会和国际证券监督官协会并驾齐驱的全球三大金融监管核心组织之一，其目的在于促进保险监管合作以及同其他金融监管部门的合作，制定国际权威保险监管规则，影响国际保险业发展方向。目前已经有来自 180 多个国家和地区的保险监管机构成为其会员。

（二）保险监管目标

具体而言，IAIS 的目标是：第一，通过合作来改善一国国内乃至国际层次上的保险监管，以此来促进保险市场的效率、公平、安全和稳定，并最终保护投保人的利益。第二，推动被良好监管的保险市场的发展。第三，维护全球金融稳定。

（三）保险监管内容

IAIS 采用了全面的保险监管原则。除了有效的保险监管的基础条件外，IAIS 还采用了六类保险监督管理的 28 项核心原则，包括保险监管体系、保险机构监管、连续监管、审慎监管原则、市场和消费者、反洗钱和打击对恐怖组织的资金支持等，这些原则全面保证了一个保险市场的健康运行和发展。其监管的主要内容包括：

1. 市场准入监管。通过执照授予的要求、执照授予程序和执照的撤销，建立严格的市场准入制度。

2. 公司治理监管。要求公司高管人员都是能够履行职责的合格人员；建立内控制度，使董事会和高管人员可以监督和控制公司的运行；及时准确披露公司的重大事项等。IAIS 把董事会作为治理结构的重点，要求董事会对保险公司的经营和行为负最终责任。当董事长和首席执行官是同一人时，监管机构通过检查该公司是否有合适的控制手段，来保证公司的经营管理对董事会负责。

3. 资本充足性和偿付能力监管。通过技术准备金原则、其他负债准备金原则和再保险准备金原则，要求充足、可靠、客观地提取各类准备金，并实现风险转移的有效性；通过资产原则和匹配原则，控制资产规模的合理性，强调资产负债匹配管理；通过资本金最低限额原则和损失吸收原则，解决资本充足性问题；通过偿付能力控制线，为监管机构在保险公司偿付能力降到控制水平以下时，提供干预公司业务的政策依据；通过信息披露原则，为消费者评价保险产品的风险和适用性提供条件。此外，还制定了保险公司资产管理的监管标准和投资风险管理规定，对保险公司在识别、监控、衡量、报告和控制与投资活动相关的风险方面提供了制度保障。

4. 现场监管和信息披露。通过现场检查，评估资产和负债，分析产品定价合理性以及运营的平衡性；评价业务技术行为；确定是否有损害被保险人利益的非法或不正确行为；评价会计和内部控制制度；发现内部交易引发的问题。

信息披露是保险监管的重要补充。IAIS 要求保险公司比其他公司披露更多的信息，至少包括财务状况、财务表现、风险暴露程度及管理，会计政策以及基

245

本业务、公司治理等方面的信息。此外，还要求保险公司对压力测试假定情况的实际财务结果进行公开披露。

5. 再保险监管。IAIS 通过对保险主体的再保险监管，充分实现保险公司的风险控制。通过监管再保险公司的技术准备金、投资、流动性和资本金以及公司治理等规定，严格实行对再保险人的风险控制，进而控制原保险人的风险。

二、世界主要发达国家的保险监管制度

（一）美国的保险监管

1. 保险监管机构。美国对保险的监管是由联邦政府和州政府共同完成。联邦政府与州政府的职能范围较为清晰：联邦政府主要进行宏观经济政策的调控、直接的行政监管、保险计划的制订等；而各州设立的保险监管部门——州保险监管署（State Insurance Department）主要侧重于对保险公司的偿付能力和资产负债比例等业务的监管，以及维护投保人的公平、平等的待遇。由于各州均有立法权调整州内的保险业，因此，为减少各州保险监管法规政策与准则的差异以及加强各州政府监管的协调性，美国于 1871 年成立国家保险监督官协会（NCIC），后更名为美国保险监督官协会（National Association of Insurance Commissioners，NAIC），由美国各州所有最高级别的保险监理专员组成，其主要职责是讨论保险立法及相关问题并拟定出全国保险监管模型法案供各州作立法参考。经过保险监督官协会 100 多年的努力，各州法律已趋于一致。1999 年通过的《金融服务现代化法》改变和扩充了 NAIC 的职责，使其成为联邦一级的保险监督机构。

2. 保险监管目标。简单地说，美国的保险监管目标是：保护被保险人的利益；确保保险公司的偿付能力；防止破坏性竞争。其中对保护消费者最重要的措施是偿付能力的监管。

3. 保险监管内容。美国是"判例法系"国家，其保险监管的主体有立法机关、司法机关和专门的保险监管机构。专门的保险监管机构包括州保险署、NAIC、联邦政府。正如美国保险监管体制所体现出来的，美国没有全国统一的保险法律，各州都分别制定了本州的保险法律法规。纵观美国各州保险监管法律，其监管内容主要包括以下几个方面：

（1）市场准入监管。各州的保险法都对公司成立条件，如法律条件、财务实力、技术条件和其他一些必备的条件作出严格规定，保险公司经营许可的要求和标准比其他行业的公司要严苛很多。

（2）保险费率监管。各州都规定保险费率必须符合充足、适度且不存在不

公正区别待遇等原则。对人寿保险的费率，只要保险公司没有收取歧视性费率，美国大多数州政府都只会通过规定死亡表和设定的利率计算准备金的方法，间接进行控制。对财产保险费率监管则比寿险费率严格得多，美国大约 1/3 州政府采取"竞争性"价格制度，允许保险公司自由竞争，以确定最佳费率；2/3 州采取"预先核准制"，即实行事先批准的费率监管方式。"9·11 事件"发生后，大多数保险产品的价格都呈现不断上涨的趋势，为此，部分州政府正在解除公司业务的费率管制。

（3）保险合同监管。保险合同属于专业性格式化文件，为避免合同中的不公正规定对消费者的不利影响，美国大多数州要求保险合同在使用前必须经过保险监管机构的审批，采用规范格式。各州大多从标准保单、法定条款、保单审批和可读性标准四方面对保险合同加以监管。

（4）保险投资监管。美国对保险资金运用的监管通常包括四个内容：投资项目的审批权；允许投资的项目；禁止投资的项目；投资评估。投资项目一般由保险公司董事会批准，但有些法律也允许投资委员会予以批准。对所允许投资的项目包括了投资的形式和数额。NAIC 采用两套示范法规来监管保险公司的投资。第一个是 1996 年采用的《保险公司的投资示范法（规定限制版）》详细规定了对 10 种不同的投资形式的质量和数量限制，包括债务证券、投资组合、动产、不动产等，规定了细分的投资类别的投资质量，保持一定的灵活性。第二个是 1997 年采用的《保险公司的投资示范法（规定标准版）》规定：如投资金融的价值等于或超过保险公司的负债和最低资本金的盈余总额，则必须投资于某些指定的允许的投资，但超过最低额的投资金额可依据"谨慎"标准和禁止投资项目表进行投资。以上两个示范法都包括了一张禁止投资的项目表，任何未被明确允许的投资都是被禁止的。投资法通常规定：所有投资都要根据评估标准，在保险公司的年报和季报中进行估价。

（5）偿付能力监管。20 世纪 90 年代以前，美国没有对保险公司的资本金充足性进行相应的规定。80 年代，美国保险业受到当时经济大幅波动的影响，一些规模较大的保险公司出现了破产的情况。保险业的偿付能力引起公众的密切关注，保险监管因未能有效地识别具有潜在风险的保险公司而备受指责。为应对新的发展形势，NAIC 于 90 年代初研究并提出了专门用于监管保险公司资本金充足率的体系，进一步加强偿付能力的监管。

一是最低资本标准。美国的最低资本标准是固定的，各州不一。但固定的资本金标准没有考虑规模不同、风险不一的保险公司的情况。于是一种更合理有效的标准——风险资本金（Risk-Based Capital，RBC）出台了。

RBC 是根据每个保险公司面临的风险状况衡量资本和盈余的充足性。风险资本是确认保险公司是否需要采取纠偏措施的监管工具，而不是对保险公司进行评级的工具。RBC 监管包括风险资本模型、风险资本报告，以及后续措施程序三大部分。

人寿保险公司的风险资本模型包括四种主要风险：资产风险、承保风险、利率风险和经营风险。风险资本模型根据资产的风险状况给每种资产规定一个风险资本系数。风险资本模型把四种风险结合起来，计算出保险公司的授权管制标准值。RBC 的值等于保险公司调整后的总资本与 RBC 授权管制标准值之比。

风险资本报告是在日历年度末以前保险公司必须向当地监督官递交的关于其风险资本级别的报告。保险公司上报的风险资本报告不公开，目的在于防止保险公司或其竞争者对风险资本信息的不正当使用。

后续措施程序是指 NAIC 在《保险公司行动范本》中根据对保险公司的授权管制标准值和调整后的总资本的比较，规定的保险公司和州保险局的监管者应当采取的行动，即监管措施。

二是责任准备金的提存规定。保险公司要为未来的支付建立损失准备金，也要为损失调整费用建立准备金（与索赔相关的所有成本的准备金）。损失调整费用是由分配损失调整费用和未分配损失调整费用组成。分配损失调整费用指保险公司用来支付特殊索赔的费用项目。

三是保险监管信息系统（Insurance Regulation Information System，IRIS）。NAIC 的 IRIS 是监管者实施偿付能力监管的工具之一。IRIS 由两个阶段组成：统计阶段和分析阶段。统计阶段对从年度报表中获取的主要财务资料进行分析，并计算出若干个比率。分析阶段由来自几个州保险局的有经验的财务检查人员和财务分析专家对符合一定标准的保险公司（4 个或更多的比率落在 NAIC 规定的正常区间外）的年度报表和保险监管信息系统比率进行检查。根据检查结果建议保险公司所在州的保险局再实行进一步的财务报表分析和现场财务检查，这时只需常规的检查办法。

四是财务分析偿付能力跟踪系统（Financial Analysis and Solvency Tracking System，FAST 系统）。IRIS 是确认有问题的保险公司的工具，但确认的时候保险公司已经出现了问题。因此需要一个更及时的预警系统，在保险公司出现偿付能力不足前发现偿付能力的不良发展趋势。20 世纪 90 年代前期 FAST 应运而生。它由一套自动分析工具组成，这套自动分析工具向州保险监管部门提供审核和分析保险公司财务状况的方法。FAST 系统协助州保险监管部门确认使保险公司面临未来破产风险的财务问题。

（6）信息披露制度。美国在保险市场实行强制性信息披露制度。其依据是保险市场存在严重的信息不对称，投保人处于信息劣势地位。为了保护投保人的利益，必须让投保人享有知情权，投保人只有掌握足够的信息才能做出理性的选择。为此，美国制定了《消费者保险信息和公平法案》以保护投保人的知情权。同时，在美国境内营业的保险公司每年必须向保险监管机构提交公司财务审计报告和精算报告。保险监管部门定期公布保险公司的经营状况并提供查询服务。此外，美国还设有评级机构，评级机构把保险公司的财务信息转变成各种易于理解的等级以反映保险公司的财务情况。这些服务对于保险公司和投保人来说都是至关重要的。这些资料可供保险公司用于营销也可供消费者参考。公开信息制度的实施在相当程度上解决了保险市场信息不对称的问题。

（7）保险保障基金。20 世纪 70 年代起美国破产的保险公司数量开始增加，市场退出问题受到越来越多的重视。最早的财产/责任保险保障基金在 20 世纪 70 年代产生，作为市场退出的实施机制。美国的保险保障基金分为人寿/健康保险保障基金和财产/责任保险保障基金。保险保障基金旨在缓解保险公司破产后果的严重性，主要用于支付对丧失偿付能力保险公司的索赔超过资产的那一部分，是对保险公司丧失偿付能力时的事后补救，最终目的是保护受损被保险人及其他债权人的利益。

（二）英国的保险监管

1. 保险监管机构。英国保险监管体制是随着该国国内经济以及欧洲和全球经济发展变化而变化。1998 年以前，英国实行由贸工部根据议会立法全面监管与保险行业自律机构自我管理相结合的管理体制。随着经济全球化的发展，银行、证券和保险业之间界限开始变得模糊，金融融合成为新的历史潮流。为适应这一变化，英国于 2000 年通过新法案《金融服务及市场法案》设立了金融服务监管局（Financial Service Authority，FSA）对金融业实行统一的监管。金融服务局下设保险监管部，专门负责日常保险监管工作，主要侧重于改善行业经营状况，维护消费者权益。

2. 保险监管目标。英国保险监管的法定目标是：市场信心，保持对保险系统的信心；公众知情权，增强公众对保险系统的理解；消费者保护，保证对于消费者的合理保护；减少金融犯罪，减少与某个受监管人进行违法交易所带来的金融风险的可能性。

英国保险监管的目标与其他国家不同的是保护公众的知情权及减少金融犯罪。正是由于监管目标的不同，英国保险监管制度的正式制度及实施机制有其特色。

3. 保险监管内容。英国保险监管制度的主体包括了立法机关、司法机关和金融服务监管局（FSA）。FSA 由过去分别监管银行、保险、证券等 9 个行业的监管机构组成。FSA 目标是确保金融市场的高效、有序和公正，帮助消费者获得

249

公平的交易。其中一个重要特征是创造激励机制，促使金融机构提高其风险管理水平，从而减少监管的负担。英国的保险市场是完全开放的市场，在市场准入方面国内外申请人受到公平的对待。在管理上 FSA 对于国内保险公司和外国保险公司也是采取一致的做法。在英国对保险合同的签订没有任何规定。市场行为主要是通过保险行业自律组织规范实施的。英国的保险监管有不少有特色的内容值得我们借鉴，其保险监管内容主要有：

（1）保险合同监管。英国对保险公司的保险条款和费率均不予审批，但对违反法律和社会标准的保险条款有权要求公司予以纠正。在放开对条款费率管理的同时，金融服务局加强了对保险投诉的管理和处理。

（2）信息披露制度。英国政府每年都向社会公开保险公司报送的保险监管报表，凡是需要了解保险公司信息的单位和个人都可以自行查阅。

（3）偿付能力监管。英国的保险监管以偿付能力为核心。1982 年通过的《保险公司法》赋予保险监管机构监督所有在英国营业的保险公司均保持足够的偿付能力，要求保险公司定期向监管机构提交和向公众公布其详尽的财务信息，并审核保险公司的主要高级管理人员，以确保他们的"适宜与恰当"。监管机构通过分析保险人提交的业务报表和年度报告，对公司的偿付能力作出评价。没有满足偿付能力额度法定要求的，监管机构就会向社会进行公告，而这种公告对保险公司产生的负面影响将是致命的。

此外，英国于 1975 年建立了指定精算师的做法。目前，这种做法是保险业发达国家针对寿险公司偿付能力所普遍采用的实时监控方法。指定精算师是专门对保险公司（主要是寿险公司）的偿付能力负责的精算师。指定精算师由 FSA 指派给保险公司，对所在公司的偿付能力进行监督。当公司的偿付能力指标不能达到或预计将来不能达到法定要求时，指定精算师有责任向公司董事会和 FSA 提交报告。

从这个意义上说，指定精算师担任了类似监管者的角色。同时，指定精算师的薪水由保险公司支付，他们为保险公司提出保险产品的运作和风险管理方面的建议。指定精算师的责任和工作难度与普通精算师相比，更为重要和复杂。作为偿付能力监管制度的实施机制，指定精算师发挥的是实施机制的激励效应。指定精算师由监管当局指派给保险公司的，其薪水由保险公司支付。保险公司接受监管当局指派来的精算师的时候是要付出一定的成本的，但保险公司从指定精算师处得到的是保险产品的运作和风险管理方面的建议，对公司提高应对风险能力以及公司发展有益。执行偿付能力制度虽然使保险公司付出了一定的成本，但得到的收益大于付出的成本，执行指定精算师的做法是划算的，因而保险公司是被激励去执行的。

（4）保护保单持有人利益。1975 年《保单持有人保护法》保证：当保险公司不能履约时，有足够资金能向保单持有人支付本属于他们的费用。这是通过建立保单持有人保护局，以各保险公司和某些中介人向保护局提供税金的形式来实现的。保单持有人保护局在长期人寿保险和一般保险业务方面的支出，是依据从保险公司经营各种业务中收取的税款分别确定的。

当保险公司处于清算或是资金发生困难时就显示出保单持有人保护局的作用。人寿保险业务和一般保险业务财务纠纷的解决方法是有区别的。对于人寿保险业务，保单持有人保护局必须保证支付的金额相当于与保单相联系的债务的90%，或保单持有人保护局通过有效地把业务转让给另一家保险公司使人寿保险公司投保人获得连续的保障（同时90%的限制仍然适用）。对于一般保险业务，保单持有人保护局必须确保：对于私人投保人，在清算开始后，一旦切实有支付条件就马上支付总数相当于与保单相联系的债务的90%。在强制保险下的全部债务都要支付。这里较有特色的是保单持有人保护局的成立，作为监管保障基金的专门部门，使得保障基金的管理更有效。

（三）日本的保险监管

1. 保险监管机构。日本属于集中单一的监管体制，1998年以前大藏省是日本保险业的监管部门，下设银行局，银行局下设保险部，具体负责保险监管工作。20世纪90年代后期，日本金融危机加剧，金融机构倒闭频繁。为了消除泡沫经济的消极影响，摆脱金融危机，日本政府进行了一系列金融改革，建立起跨行业的金融监管机制。1998年6月日本成立了金融监督厅，接管了过去由大藏省对银行、保险和证券的监管工作。金融监督厅下设保险监管课，具体负责对保险业的监督管理。2000年7月，金融监督厅改名为"金融厅"。

2. 保险监管目标。日本保险监管确立了以放宽限制和扩大自由化来促进竞争、提高效率的方针，保险监管的目标有三项内容：金融系统的稳定；保护消费者；确立并维持公正透明的金融市场。

3. 保险监管内容。

（1）市场准入与退出监管。在市场准入方面，日本实施严格的市场准入制。日本堪称世界上保险监管最严的国家，其保险业长期遵循着严格的市场准入约束。1996年以前，外国保险公司很难进入日本保险市场，外国保险公司所占的市场份额仅在3%左右。同时日本监管机构对已进入保险市场的外国保险公司的业务范围、经营种类及条款规章也加以严格限制。虽然1996年日本的改革促使保险市场由相对封闭转向相对开放，但由于长期受到严格监管的影响，外国保险公司在日本本土开展保险业务仍然比较困难。在市场退出方面，在1996年新《保险业法》实施前，大藏省采取"保驾护航"式的监管方案，对有问题的保险公司进行暗中协调，并强制要求其他保险公司接管，故未出现保险公司破产事件。新《保险业法》实施后，日本仿效美国对保险公司实行以偿付能力为中心的监管，引入早期改善措施，督促有问题的保险公司及时解决问题。由于新法案强调信息公开，客观上加速了有问题保险公司的破产。

（2）偿付能力监管。20世纪90年代以前，由于大藏省对保险公司采取保驾护航式的监管，偿付能力并未引起足够重视。在此之后，泡沫经济的破裂导致保险公司接连倒闭，保险公司的偿付能力逐渐引起有关当局的重视。主要通过以下途径实施监管。一是资本金要求。与美国一样，日本对于设立保险公司也有最低资本金的要求，《保险业法》还指出要提高保险公司资本金最低限额。二是建立偿付能力监管体系。与美国的风险资本相似，日本新《保险业法》引进了"标准责任准备金制度"和"偿付能力比率"以及"早期改善措施"；所谓"责任准备金制度"，是指保险监管机构根据保险公司的经营情况通过自己的判断而制定的新的必要责任准备金水平，并以此作为衡量保险公司经营是否稳健的依据。所谓"偿付能力比率"是指保险公司面临的各种超出正常预测风险的总和与各种可能的支付责任准备金的比率，是衡量保险公司经营稳健程度的重要指标。此外，根据"偿付能力比率"，日本保险监管当局还引进了"早期改善措施"，即保险监管当局在了解保险公司"偿付能力比率"进而了解保险公司的经营情况后，采取各种措施督促有问题的保险公司尽早解决这些问题。

（3）资金运用监管。日本有关法律规定了保险公司的投资原则、投资范围和投资额度等。按照规定，日本寿险公司可在股票、债券、贷款、不动产、海外资产等领域投资。

（4）监管信息披露制度。日本保险监管当局出于稳定保险市场的目的，往往不公开保险公司的内部信息，以防负面信息扩散引起市场混乱。同时，日本还在保险市场实行"比较信息管制"，限制保险公司过分宣传各种保险产品性质和差异。这不仅扼杀了保险公司创新的积极性，而且损害了消费者的知情权。由于"比较信息管制"的存在，信息披露也是"内部"的。由于这种信息披露制度与日本的金融自由化改革相抵触，大藏省及以后的金融厅对此进行了重大改革。新法规规定保险公司应将自己从事的业务内容、财务状况等编制成经济信息公开资料，并公之于众。

三、部分其他国家与地区的保险监管制度概况

研究发展中国家与地区保险监管制度发展历程，总结其经验与教训，对我国保险监管有着重要的启示和借鉴作用。

（一）韩国的保险监管

根据《金融监督机构设置法》，韩国在 1998 年 4 月成立了金融监管委员会（FSC），在其隶属的金融监督院下设保险监管局，负责依照金融监督委员会的指令实施具体的保险监管与检查活动。保险监管主要包括以下几项制度：保险产品报告制度、资产管理制度、保障存款制度、准备金制度、保险保证基金制度等。

韩国保险监管建立了以事后评估为主的保险监管体系，确立保险机构的责任经营体制，引进美国的 CAMEL 式评估制度，以提高信息化水平加强非现场检查；积极推进保险公司完善法人治理结构，采用标准责任准备金制度和标退保金制度，逐步实行保险产品价格自由化；颁布保险信息公告规程，改善保险公司经营公告制度和商品公告制度，对营销员提出教育、考核、登记要求，以切实保护被保险人利益。

（二）新加坡的保险监管

新加坡是最早实行统一监管的国家，也是最为统一的国家，即由新加坡金融服务局（Monetary Authority of Singapore，MAS）负责所有金融监管领域，履行相当于我国"一行三会"的职能。MAS 的主要监管机构是审慎监督司，下设保险监督署，负责保险业的监督管理。

MAS 以培育一个健全、富有竞争力以及不断追求进步的保险市场为宗旨，其主要目标：一是实施审慎、有效的监管政策，促进保险机构稳健运行，保障保单持有人利益；二是营造良好的法律、税务基础和经营环境，以利保险业的发展；三是促进保险业提升经营水平。

为适应市场发展需要，MAS 研究制定了风险资本管理等监管方法，实现由偿付能力监管向以风险为基础的监管方式（Risk-Based Supervision，RBS）转变，改变对市场行为管得过细的情况。以风险为基础的监管，主要是通过集中分析每个保险公司所面对的主要风险，对保险公司管理风险的能力和处理潜在危机问题的不足进行评定。监管部门重点关注如何评估保险公司管理和控制风险的能力，针对发现的问题，督促公司有效管理风险。这种监管方式的运用，重点监管高风险的活动，节省了监管资源，提高了监管效率。

（三）中国香港地区的保险监管

香港保险监管主要由香港保险业监理处负责，实行政府监管和行业自律相结合的监管体制。香港保监处成立于 1990 年，主要职能是通过对保险公司的审慎监管，促进保险业的整体稳定和保护现有及潜在的被保险人利益。政府对保险业的监管，主要是依据《保险公司条例》。由于历史原因，香港保险监管基本上沿袭英国的法规制度，监管主要是偿付能力监管。

香港保险监管的主要内容有三个方面：一是保险公司市场准入监管。对公司的实收资本、偿付准备金、董事及控权人任职条件以及再保险安排都有明确要求。香港保监处只负责保险法人机构的审批，保险分支机构设立无须审批。二是保险公司投资及偿付能力监管。要求保险公司资产减去负债后的余额不得低于法定的偿付能力水平。在资产价值评估方面，应该采取保守方法。三是市场行为监管。香港保监处基本不对市场行为进行干预，保险公司市场行为规范主要依靠保险公司内控和行业自律。

四、中国保险业的发展及监管现状

（一）中国保险业的基本情况

自新中国成立以来，我国保险业经历了一个坎坷曲折的发展历程，大致可以划分为三个发展阶段。第一阶段是创建时期，从 1949～1959 年，当时成立的中国人民保险公司，作为国有保险企业经营国内各类保险业务，有力地支持了国家建设和国民经济发展。第二阶段是发展停滞时期，从 1959～1979 年，受当时经济社会发展环境影响，国内保险业务基本上处于停办状态。第三阶段是全面恢复和快速发展时期，从 1979 年至今，随着国家实行改革开放政策，我国保险业开始迈进一个新的历史时期，得到了较快的发展。中共十六大以来特别是近年来，保险业发展速度明显加快、发展质量逐步提高、服务领域不断拓宽、发展环境更加优化、社会影响日益扩大，我国保险业踏上了发展的快车道。

1. 保费收入快速增长。自 2002 年以来，保险业保费收入年均增长超过 20%，高于同期全国 GDP 增长速度。2009 年全国保费收入首次突破 1 万亿元，2010 年保费收入达到 14 528[①] 亿元，同比增长 33%，保险覆盖面和渗透度进一步增大（见图 9-1）。

---

① 数据来源于中国保监会网站和各期《中国保险业发展蓝皮书》。

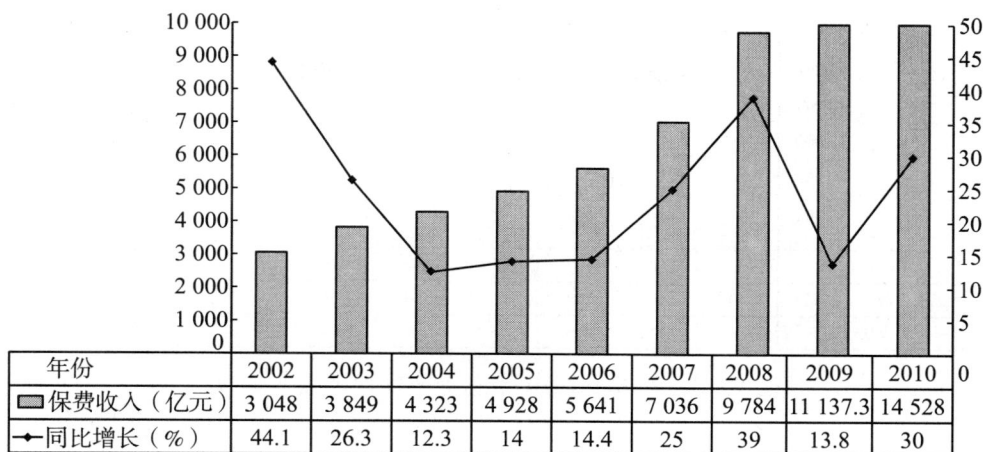

年份	2002	2003	2004	2005	2006	2007	2008	2009	2010
保费收入（亿元）	3 048	3 849	4 323	4 928	5 641	7 036	9 784	11 137.3	14 528
同比增长（%）	44.1	26.3	12.3	14	14.4	25	39	13.8	30

图 9 - 1　2002 ~ 2009 年保费收入和增长速度

2. 市场体系更加健全。截至 2010 年年底，全国共有保险公司 146 家，呈现出原保险、再保险、保险中介、保险资产管理相互协调，中外资保险公司共同发展的市场格局，我国已经成为全球最重要的新兴保险大国。一批资本充足、内控比较严密、服务和效益好的现代保险企业快速成长，在"十一五"初期 3 家保险公司资产过千亿元的基础上，经过几年的发展，目前 7 家保险公司资产超过千亿元、2 家超过五千亿元、1 家超过万亿元。

3. 保险的经济补偿作用得到更加充分的发挥。2010 年，保险业共支付赔款和给付 3 200 亿元（见图 9 - 2）。

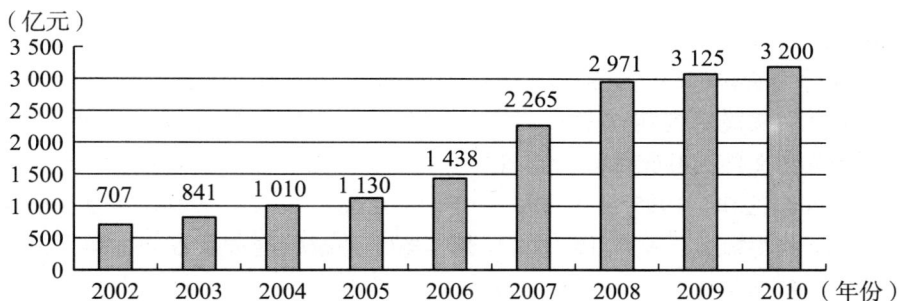

图 9 - 2　2002 ~ 2010 年赔付支出

4. 保险资产规模稳步扩大。2010 年年末，保险公司总资产规模共计 5.048 万亿元（见图 9 - 3）。

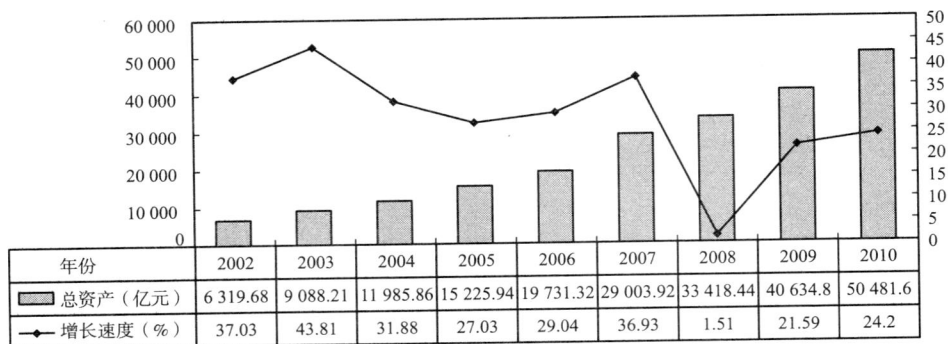

年份	2002	2003	2004	2005	2006	2007	2008	2009	2010
总资产（亿元）	6 319.68	9 088.21	11 985.86	15 225.94	19 731.32	29 003.92	33 418.44	40 634.8	50 481.6
增长速度（%）	37.03	43.81	31.88	27.03	29.04	36.93	1.51	21.59	24.2

图 9 - 3 2002～2010 年总资产规模及增长速度

（二）中国保险监管现状

保险监管的发展与保险业发展息息相关。1980 年我国开始恢复国内保险业务，在保险业务发展的过程中，我国保险监管也经历了从无到有、从有到专的发展过程。

1. 保险监管机构。1998 年以前，保险业由中国人民银行下属保险司进行监管。随着保险业的发展和银行业、证券业、保险业的分业经营，国务院于 1998 年 11 月 18 日批准设立中国保险监督管理委员会，专司保险监管职能。中国保监会的成立，标志着我国保险监管走向了专业化、规范化的新阶段。从 1999 年年底开始，保监会在各省、自治区、直辖市和深圳市设立派出机构，到 2001 年 4 月，派出机构全部设立，全国保险监管组织体系开始逐步形成。2003 年 3 月，十届人大一次会议通过了《关于国务院机构改革方案的决定》，将保监会升级为国务院直属正部级事业单位。

2. 保险监管法律体系。经过多年的立法努力，特别是随着《保险法》以及一系列配套的法规制度相继颁布实施，一个以《保险法》为主体，相关法规、规章和规范性文件为补充的较为完备的保险法律法规体系初步形成。

（1）保险法律。1995 年 6 月 30 日，《保险法》在八届全国人大常委会第十四次会议上获得通过，同年 10 月 1 日起实施，是新中国成立以来的第一部保险基本法。1995 年颁布实施的《保险法》共 8 章 152 条，将保险合同法和保险业法合二为一，对保险合同、保险公司、保险经营行为、保险监管、保险违法行为处罚等许多方面作出较为详细系统的规定。

2002 年，针对我国加入世贸组织承诺对保险业的要求，《保险法》作了第一次修订。共涉及原《保险法》中的 33 个条文，《保险法》增加到 158 条。修改的重点内容是《保险法》中的业法部分，对保险合同法部分未作实质性修改。

2009 年，针对保险业发展站在新起点进入新阶段的实际，《保险法》进行了第二次修订。这次《保险法》的全面修订，共涉及原《保险法》中的145个条款，使《保险法》从原来的158条增加到187条。新《保险法》在保险合同法律规范、保险行业基本制度、保险监管等方面进行了完善，对一些违法行为进一步明确了法律责任，加大了对违法行为的责任追究。

除《保险法》之外，《海商法》和《刑法》中设有关于保险方面的条文。其中《海商法》第12章"海上保险合同"部分共41个条文，主要内容包括海上保险合同的一般规定、海上保险合同的订立、解除和转让、被保险人的义务、保险人的责任、保险标的的损失和委付、保险赔偿的支付等几个方面。《刑法》第183条对保险公司工作人员虚假理赔骗取保险金，第198条对保险诈骗等保险犯罪行为规定相应的刑罚处罚。

除了专门的保险立法之外，保险作为一种民商事行为和社会经济活动，保险监管作为一种政府行政行为，还要受多种相关法律的规范和制约。如《合同法》对保险合同行为的规范作用，《公司法》对保险公司的规范作用，行政复议、行政处罚和行政许可等方面的法律对保险监管行为的规范作用等。

（2）保险行政法规。《中华人民共和国外资保险公司管理条例》于2002年2月1日实施。该条例是为了适应加入WTO以后的保险业发展，加强和改进对外资保险公司的监督管理，在中国人民银行1992年制定的《上海外资保险机构暂行管理办法》的基础上修订而成。条例共7章40条，对外资保险公司的设立与登记条件、业务范围、监督管理、中止和清算、法律责任等方面制定了详细的规定，是我国第一部关于外资保险公司监督管理的行政法规。

《机动车交通事故强制责任保险条例》于2006年7月1日正式实施。《条例》是落实《道路交通安全法》中关于建立机动车交通事故责任强制保险制度和道路交通社会救助基金制度的具体要求。《条例》明确了机动车交通事故责任强制保险制度的适用范围、各项原则、保险各方当事人权利义务以及监管管理机构的职责。

（3）保险行政规章。在保险法律法规框架下，针对保险业发展和监管工作中出现的新情况和新问题，保监会制定出台了一系列规章和规范性文件，奠定了依法经营和依法监管的法制基础。内容涉及保险公司的机构准入、高级管理人员、保险产品、偿付能力、市场行为、公司治理、资金运用、保险中介以及保险监管的规章制定程序、检查处罚程序、保险行政复议程序等，已经形成了相对完整的体系。

3. 保险监管目标。我国的专业保险监管已经走过了十余年历程，但还没有明确提出保险监管的具体目标。通过总结中国保险业改革开放以来的发展经验，客观分析保险业当前所处的环境，我们对我国保险监管部门的主要目标有了初步判断。一是保护被保险人的合法权益。这是保险监管的根本职责，也是以人为本在保险业的体现。二是促进保险业持续健康协调发展。这是由我国保险业所处的初级阶段决定的。我国保险业仍处于发展的初级阶段，主要矛盾仍然是发展水平与人民群众日益增长的保险需求不相适应。保险监管部门要通过发挥推动和调控作用，在鼓励行业不断拓宽服务领域的同时，广泛吸引劳动、知识、技术、管理和资本等各类社会资源参与到保险业中来。三是维护正常的保险市场秩序和公平竞争的环境。保险市场秩序的正常与否，对于公平竞争、行业发展、行业形象、行业竞争力等有着重要的影响，因此，通过整顿保险市场，维护正常的保险市场秩序是监管不可或缺的目标。

4. 保险监管内容。我国保险监管经历了从无到有，不断发展、不断完善的过程。目前，我国已经建立起了以偿付能力监管、市场行为监管和公司治理结构监管为三大支柱的现代保险监管体系框架，构建了以公司内控为基础，以偿付能力监管为核心，以现场检查为重要手段，以资金运用监管为关键环节，以保险保障基金为屏障的保险业风险防范五道防线。具体来说，我国保险监管主要有以下几个方面：

（1）市场行为监管。在我国保险业发展初期，市场主体少，国有独资保险公司占绝对主导地位，保险监管主要是市场行为监管，主要内容有：完善市场准入制度，规范准入程序，严格准入标准。加强精算制度建设，编制了更加精确的新生命表，建立了非寿险精算制度。制定并颁布了一批大型商业风险项目纯风险损失率表，以及保险标的危险单位划分指引等行业规范。建立和实行了行业协会条款和指导性费率制度，引入了寿险公司内含价值评估制度，逐步规范市场非理性竞争。重点检查保险公司业务财务基础数据真实性和条款费率执行情况、主要内控制度执行情况。着力解决销售误导和理赔难问题，

（2）偿付能力监管。随着市场主体的不断增加和市场竞争的日益激烈，防范风险和维护市场稳定成为保险监管的重要任务。中国保监会于 2003 年年初发布了《保险公司偿付能力额度及监管指标管理规定》，在偿付能力监管上迈出实质性步伐。2008 年发布了《保险公司偿付能力管理规定》。目前，已经建立了资产负债评估、动态偿付能力测试、内部风险管理等偿付能力监管评估标准，增强了偿付能力分析和评估的科学性。建立了偿付能力年度和季度报告制度及外部审计制度，逐步提高财务分析的质量和水平。借鉴国际经验，建立以风险为基础的动态偿付能力监管框架，将保险公司按照偿付能力状况分为三类：不足类公司、充足Ⅰ类公司和充足Ⅱ类公司。对于不足类公司，保监会可以采取责令增资、限制资金运用、调整负责人等 9 项监管措施；对于充足Ⅰ类公司，保监会可以要求公司提交和实施预防偿付能力不足的计划；充足Ⅰ类公司和充足Ⅱ类公司存在重

大偿付能力风险的，保监会可以要求其进行整改或者采取必要的监管措施。

（3）公司治理结构监管。借鉴国际保险监督官协会核心监管原则，保监会于2006年年初发布了《关于规范保险公司治理结构的指导意见（试行）》，引入了保险公司治理结构监管制度。随后制定实施了《保险公司合规管理指引》、《保险公司风险管理指引》和《保险公司内部审计指引》等规章制度。通过这些规定对主要股东义务、董事会职责、管理层运作、关联交易和信息披露管理作出明确要求，并且规定，保险公司董事、监事和高管人员怠于履行职责或存在重大失职行为的，中国保监会可以责令保险公司予以撤换或取消其任职资格。

（4）资金运用监管。保监会积极推进保险资金专业化、规范化、市场化运作，要求保险资金统一上划和集中管理。推行全面风险管理制度，建立了外部托管制度，推动保险公司开展全托管试点，并且要求保险公司安排外部独立机构定期审核内部管理状况，检验交易对手风险管理能力。坚持"渠道放开、制度先行"的原则，在拓宽保险资金运用渠道的同时，完善相关监管制度，规范了保险资金的管理模式、运作机制、操作流程和投资比例等。目前保险资金可投资于债券、股票、证券投资基金、股权、银行次级债务、投资性房地产以及间接投资基础设施债权投资计划等。

（5）保险保障基金。保监会与财政部、中国人民银行联合发布《保险保障基金管理办法》，要求对保险保障基金实行公司化管理，建立起了保险业的风险自救机制。保险公司被依法撤销或者依法实施破产，其清算财产不足以偿付保单利益的，或者中国保监会经商有关部门认定，保险公司存在重大风险，可能严重危及社会公共利益和金融稳定的，可以动用保险保障基金。保险保障基金的资金运用限于银行存款，买卖政府债券、中央银行票据、中央企业债券、中央级金融机构发行的金融债券，以及国务院批准的其他资金运用形式。

5. 保险监管手段。

（1）现场检查。完善了现场检查程序，根据不同业务领域的特点，分别制定了寿险、非寿险、中介和数据统计等方面的现场检查指导手册，明确现场检查的流程和方法。围绕保险市场存在的突出问题，有针对性地实施现场检查。

（2）非现场检查。一是建立了保险市场运行分析制度，跟踪研究经济金融形势变化和宏观调控政策对保险业的影响，定期分析保险市场运行情况，监测重点保险公司经营情况，及时掌握市场发展趋势和存在的问题。二是按季度对各公司的偿付能力状况进行评估，对偿付能力不足的公司进行重点分析，在精算制度、产品审批、保险投资等各个环节采取针对性措施。三是建立识别、评价、控制风险的监管预警机制，对市场苗头性问题和风险隐患做到早准备、早发现、早防范，增强监管的预见性和前瞻性。

259

（3）统计和信息化。出台了《保险统计管理暂行规定》等一系列规章制度，初步建立了保险统计指标体系。建成了中国保险统计信息系统，初步构建了保险监管机构的统计信息共享平台，基本实现了保险监管统计数据的标准化和集中化管理。开发了保险现场稽核系统。

（4）分类监管。从公司治理、内部控制、偿付能力指标、合规经营、准备金评估、财务管理、再保险管理、信息化管控、市场行为等多个方面，对保险公司进行分类监管，加强风险动态预警监测。

（5）国际保险监管合作。保监会先后加入国际保险监督官协会和国际养老金监督官协会，并当选为两个委员会的执行委员。2006年成功举办了国际保险监督官协会第13届年会，进一步扩大了我国在国际保险监管领域的影响。不断加强中美、中欧和亚洲地区的双边及多边保险监管合作。目前，我国保险业已与德国、新加坡、韩国、美国和中国澳门、中国香港签署了保险监管谅解合作备忘录，并以此为框架展开信息共享、人员培训和监管合作等广泛的双边合作活动。

第二节　国际保险监管改革最新趋势及对完善我国保险监管的启示

2007年8月美国次贷危机全面爆发，由此引发了自20世纪30年代大萧条以来最为严重的一次金融危机。这场百年罕见的金融危机已经对全球经济金融造成了巨大冲击，并将对未来全球金融的发展和监管模式产生重要影响。危机发生后，欧美等发达国家采取了一系列措施，挽救金融机构和市场，同时对金融监管体系改革提出了一些设想。

一、国际保险监管改革最新趋势

（一）国际保险监督官协会推进战略调整

2009年3月，为应对国际金融危机，国际保险监督官协会（IAIS）启动战略调整工作，旨在建立统一的国际保险监管规则，维护金融稳定。2009年6月，IAIS确立了战略调整的总体框架：一是建立全球统一的保险监管标准，从各个国家自行制定监管标准向逐步制定全球统一的监管准则转变，提高金融全球化适应能力和综合经营能力。二是开展宏观审慎监管，从注重个体机构的微观审慎监管向关注金融市场整体状况的宏观审慎监管转变，加强系统性风险防控。

发展战略调整的具体内容为：第一，加强保险领域的宏观审慎监管。IAIS 从保险监管的角度对宏观审慎监管提出了新的要求：一是宏观审慎监管不仅针对金融风险，还应扩展到自然灾害、社会重大事件等非经济领域的系统性风险因素。二是宏观审慎监管不能将金融稳定作为唯一目标，保护消费者利益和维护公平竞争也应成为金融监管的重要目标。三是改善金融机构的危机管理机制，加强事前防范和事中监管。第二，修订保险核心原则，统一保险监管规则。一是对保险核心原则进行修订。修改后，核心原则将由现在 28 条变为 24 条。偿付能力原则内容将进行扩充，并将建立独立的宏观审慎监管原则。在此基础上，IAIS 还将重新设置监管文献体系。二是研究建立全球统一的保险监管规则。2008 年 10 月，IAIS 建立"新重点"工作组，研究面向跨国保险集团的全球统一规则。6 月台北会议后，IAIS 正在研究对跨国保险集团监管设立统一监管规则的可行性与具体方案。第三，加强 IAIS 监管规则的全球实施与监管的跨领域衔接。一是注重监管规则的实施。重点开展自我评估和同行审议（即成员间的相互评估），改善成员的保险监管体系；发展监管联席会议和多边保险备忘录机制，改善跨境保险监管合作。二是加强监管的跨领域衔接。IAIS 战略调整决定，参照银行监管巴塞尔协议 II 的做法，建立全球统一的保险监管规则，对跨越不同金融领域的机构、业务和市场实施有效监管，降低跨领域风险传递造成的系统性风险。

（二）美国通过《多德－弗兰克华尔街改革和个人消费者保护法》，将全盘改革美国的金融监管制度

面对金融危机中各界对美国金融监管体系的改革呼声，奥巴马政府在 2009 年 6 月 17 日公布了《金融监管改革——新基础：重建金融监管》这一改革方案。美国改革方案关于保险业的内容，主要有六个方面：一是美联储有权对所有保险公司进行监管。尤其是对所有保险控股公司或设有任何类型存款机构的保险公司，美联储有权将其视同金融控股公司进行监管。二是美联储有权对定性为"金融控股公司"的保险公司，实行比现行州保险监管更为严格谨慎的监管措施。三是美联储有权采取与州保险监管、全美保险办公室不一致的措施，对定性为"金融控股公司"的保险公司的分支机构采取包括罚款、撤换管理者在内的强制措施。四是提出设立全美保险办公室（ONI），逐步将各州的保险监管权收归联邦。全美保险办公室（ONI）有权采取与州保险监管法规不一致的措施，美国国内的保险公司可能面临来自州和联邦两个层面相互冲突的监管要求。五是财政部长有权参加关于重大保险事务协商的国际会议。六是金融服务监督理事会不包括来自保险行业的代表，也没有安排州保险监管者、全美保险监督官协会甚至

261

全美保险办公室的席位。总体来看，该方案大大加强了联邦政府对保险监管的权力，美国保险监督官协会（NAIC）和州保险监管机构的权力有所削弱。

2010 年 7 月，美国总统奥巴马签署了《多德－弗兰克华尔街改革和个人消费者保护法》，这是 20 世纪 30 年代罗斯福新政建立现代金融监管体系后第一次大规模的改革，号称自大萧条以来改革力度最大、影响最深远的金融监管改革法案。法案全文共 15 部分，30 余万字，2 500 多页，具体条款超过 1 600 项，其对美国金融机构、金融产品、金融监管部门的改革规定极为详尽，被称为是"推土机式"的金融监管改革。美国保险监管也出现了一些新的变化和调整，主要有两方面的内容：

一是在财政部建立联邦保险办公室（FIO）。联邦保险办公室负责协调全国保险业的监管，消除系统性风险，并协助与全球各国监管部门的合作。它的具体职能包括：（1）跟踪保险行业，包括发现有可能导致系统性风险的监管漏洞；（2）跟踪包括弱势社区在内的一些地区的保险市场情况；（3）提名保险公司成为由美联储监管的非银行金融机构；（4）协助财政部管理恐怖主义保险；（5）制定有关国际性保险问题的联邦政策，代表美国保险业参加国际谈判；（6）确定国际协议与州保险立法的优先性；（7）就全国性及国际性保险问题咨询各州意见。

二是减少监管套利。美国金融监管改革法案对目前美国各州保险监管权限不明晰、监管政策不统一等问题进行了改革，目的是减少监管套利。主要有：（1）明确非认可保险公司跨州从事保险业务时，该业务要接受投保人所在州的监管。（2）要求各州在审核保险公司跨州经营的资格条件时，统一执行全美保险监督官协会颁布的样本法或今后可能颁布的全国性规定。（3）明确再保险公司的偿付能力由该公司所在州保险监管部门监管。

尽管美国保险监管改革方案总体而言较为温和，没有改变分州监管的模式，但有两点变化值得关注：一是当州立法与国际协议冲突时，联邦保险办公室可认定国际协议具有更高效力，这在美国的监管历史上是十分罕见的。传统上，美国国内的金融监管体系在相当程度上天然地具有国际规则的含义。二是法案还赋予了联邦存款保险公司接管和清算保险公司的权力。这反映了美国保险监管改革的实质是联邦和州针对保险监管权限的博弈，通过这个法案，联邦保险监管的权力有所增强，而州监管的权力被削弱了。

（三）欧盟金融改革关于保险的内容

相比于美国，欧洲金融监管改革进程更为坎坷。2009 年 6 月 19 日，欧盟理事会通过了《欧盟金融监管体系改革方案》，拟建立一套全新的泛欧金融监管体系。2010年7月5日欧洲议会全会上未能就此达成共识。9月2日，在成员国的讨价还价下，欧盟成员国代表与欧洲议会最终就加强一揽子金融监管措施达成协议，决定从2011年起欧盟将设立4个新的金融监管机构。从2011年起，新监管体系开始运行。

从已经掌握的资料来看，欧盟此次金融监管改革关于保险的内容不多，主要体现在新设立的欧盟保险监管局负责统一执行保险偿付能力Ⅱ标准，同时负责协调各成员国之间的保险监管政策。2009年3月26日，欧盟议会初步通过关于保险业的监管改革议案，拟更新保险公司提取损失准备金及保险监管的有关规定，并将14份现有保险监管文本整合成一份欧洲法律。

（四）英国保险监管体系改革的最新趋势

英国的金融服务局（FSA）于2009年3月18日发布以其主席名字命名的《特纳报告》，对英国以及全球如何进行金融监管改革提出建议。该报告的发布表明，FSA将摒弃所谓"轻触监管"，转向强化监管。涉及保险监管的主要有以下内容：

（1）加强资本充足率和流动性监管。引入逆周期管理机制，要求金融机构在经济回升时增加缓冲资本金，并在衰退时相应减少；设置总杠杆率上限，限制资本负债表规模的过度扩张等。此外，在会计准则方面，FSA将继续使用公允价值准则。（2）加强对类银行机构的监管。在确定是否将类银行机构作为银行进行监管时，应注重该类银行机构的实质，而非其法律设立形式，避免产生监管真空。（3）加强对评级机构的监管，要求评级机构依法注册，并接受FSA监管。（4）完善薪酬政策，将风险管理因素纳入薪酬体系。FSA已于2009年2月发布《薪酬准则》，要求薪酬政策的设计与风险管理目标相一致。（5）加强宏观审慎分析。英格兰银行和FSA应在宏观审慎分析方面加强合作，采取逆周期的资本金和流动性管理方式。国际货币基金组织应有足够的资源和独立性进行高质量的宏观审慎分析。（6）加强风险防范，完善公司治理。（7）加强欧洲和全球范围内的跨境合作。成立由其母国监管机构为主、主要东道国监管机构参加的监管者联席会议，以监管大型国际性金融机构；成立一家全新的欧洲监管机构，即所谓"监管者中的监管者"，制定最佳实践准则。

（五）近年来日本保险监管体制的主要变化

日本金融厅在2000年公布了《保险公司自查手册》，重点强化保险公司的自我管理和风险管理。2005年8月12日金融厅公布了《保险公司的综合监管指针》，此后多次对该指针进行了修订。该指针主要包括以下重要事项：一是保险监管的目的等基本原则。二是为确保保险公司具有稳健的财务状况和正确的经营方针而设定的监管评估项目。三是在审批保险产品方面需要注意的事项等。四是建立了投保人安全保护制度，由保险公司出资成立了寿险投保人保护机构和财险投保人保护机构，政府对寿险投保人保护机构提供财政补贴。针对危机对保险业的影响，日本金融厅也采取了一些措施。（1）2009 年 6 月 8 日，金融厅为了提高保险公司的风险管理水平，修改了监管方针。（2）为了防止再次出现保险公司申请破产类似的事件，金融厅将提高保险公司的偿付能力标准。2009 年 8 月 28 日，金融厅公开向社会征求关于修改偿付能力管理规定的意见。（3）对保险机构投资的金融产品风险进行更加严格的评估。

二、国际保险监管改革给我们的启示

通过上述对国际保险监管制度的研究，我们可以看出当前保险监管的一些发展趋势，这些为我国的保险监管提供了有益的启示与借鉴。

（一）保险监管应始终把防范化解风险摆在突出位置

从欧美改革方案来看，本轮改革的重点在银行和资本市场，保险监管改革涉及较少。一方面，这主要是因为国际保险业受到金融危机的冲击较小。虽然 AIG 在危机中险些破产，但这主要是由于其对综合经营中系统性风险控制不当造成的，其保险业务本身经营稳健，未受大的影响。另一方面，国际保险界普遍认为，在这场危机中，"保险业不是系统风险的制造者，而是系统风险的接受者"。保险的本质是提供风险保障，专长在于风险管理，因此保险业有条件具备比其他金融行业更强的风险意识和风险管理能力。但是，我们也应清醒地看到，保险业虽然躲过了此次金融危机，但并不能保证保险业今后不会发生系统性风险。金融危机为国际保险业敲响了警钟：风险防范是保险业发展的生命线，任何时候都不能放松防范风险。反观我国保险业，新形势下还面临很多不确定因素，特别是风险隐患随着行业的快速发展不断增加，而行业的整体抗风险能力还比较弱，保险监管识别、防范、控制风险的水平也亟待提高。这就要求我们把防范市场风险特别是系统性风险作为当前保险监管工作的首要任务，切实抓紧抓好。

（二）保险监管要更加重视对保险市场的全面监管

这次欧美金融监管改革方案把实行全面监管摆到突出位置。目前，我国监管机构对保险市场的监管基本实现了全面覆盖，但有效性和针对性还有待加强。我们认为，全面审慎监管的内涵是要覆盖全部机构和全部产品。监管机构应加强对各类保险机构和保险产品，尤其是新纳入监管范围的保险机构和保险创新产品的监管，防止出现监管盲区。加强对保险公司参与金融衍生品交易的监管。实行严格的市场准入监管，把资质低下的交易主体排除在衍生品市场之外，从总体上把握交易风险和交易总规模。同时建立严格的信息披露制度，增加保险公司参与衍生产品交易的透明度，促进公平竞争，防范市场风险。

（三）保险监管部门应当重视逆周期监管

此次金融危机验证，保险业的承保业务与经济周期存在紧密联系。即经济处于扩张期时，保费收入增速上升，而经济收缩时，保费收入增速出现下降。经验分析表明，我国保险业的发展与宏观经济周期密切相关。在经济扩张阶段，保险业发展增速加快；在经济收缩阶段，保险业发展增速下降。因此，我国保险监管部门在制定政策时，应加强对宏观经济形势的研究，根据不同的经济发展阶段，在保险产业政策制定和实施方面采取不同的措施，降低监管政策的顺周期效应，适应宏观经济形势发展的动态要求。

（四）保险监管更加重视加强保险机构的信息披露

市场信息的产生、传递与处理是现代金融体系运行的基础之一，对于金融市场的稳定具有重要的意义。一方面，对于监管部门来说，只有在充分掌握相关信息的基础上，才能有效开展监管活动。另一方面，对于市场主体来说，只有在充分获得交易对手、交易的金融产品或服务以及金融市场环境等信息的基础上，才能有效控制自身面临的风险。当前，要实现对保险业的有效监管，使保险监管的"三支柱"充分发挥作用，就必须加强我国保险机构的信息披露。通过对保险公司财务状况、经营业绩、产品信息、产权结构及公司治理等方面信息的披露，在提高保险公司透明度的同时，放大了保险机构的自我风险管理效应，同时也促进了对保险消费者利益的保护。

（五）保险监管要将保护被保险人利益放在首位

消费者的信心是金融业持续健康发展的基础。如果金融监管只关注金融机构的利益诉求而忽视了对消费者利益的切实保护，就会挫伤消费者的金融消费热情，从而使金融业发展失去广泛的公众基础和社会支持。此次欧美金融监管改革都将保护投资者与消费者利益作为推动改进的着力点之一。当前我国保险市场上还存在着一些损害被保险人利益的行为，如社会反映强烈的销售误导、理赔难等问题，削弱了社会大众对保险业的信心。因此，必须对保险产品和保险机构实行严格监管，增加保险市场交易行为的透明度，使保险消费者获得充分的产品和服务信息，明明白白消费。同时，及时查处各类损害被保险人利益的违法违规行为，使被保险人利益得到最大程度的维护。

（六）保险监管应当加强对大型保险集团公司的监管

大型金融机构的稳健经营在稳定金融市场、防范系统性风险中能够发挥重要作用，金融危机的爆发使人们更加深刻地认识到了这一点。在危机发生后各国公布的金融监管改革框架中，都纷纷提出要加强对重点公司的监管，以更好防范系统性风险，这也对中国保险监管提供了有益借鉴。

（七）保险监管要通过分类监管提高监管效率

欧美国家的金融分类监管理念对我国保险监管也有积极的借鉴意义。欧美金融监管虽然坚持全面覆盖的监管理念，但是其并不对所有的监管对象适用单一的标准，而是实行有针对性的分类监管，其目的在于提高监管效率。如在美国的金融监管改革方案中，对于具有"系统重要性"的金融机构，其适用的监管标准明显高于同类机构。我国保险监管体系的建设也需要强调监管的层次性，根据保险业发展的需要和保险市场、机构、产品的风险水平，采取不同强度的监管措施，完善多层次的监管体系。

（八）保险监管应当更加注重监管机构间的协调

随着金融综合经营以及金融全球化的快速发展，国内保险公司已经开始涉足银行、证券等其他金融行业，同时，跨国保险企业也在不断地增多。为更好地履行监管职责，保险监管必须进一步加强与银行业和证券业等国内金融监管部门以及国际保险监管部门的协调与合作，及时交流监管信息，避免出现监管真空。

第三节　对完善我国保险监管的思考和建议

通过对我国保险业和保险监管发展现状的研究分析，借鉴国际保险监管基本规则，我们对完善我国保险监管有着以下思考和建议。

一、加强保险资金运用监管

2004 年以来，保险资金运用渠道放开大体经历了三个阶段，第一阶段是
2004～2005 年，允许保险资金直接投资股票市场和进行境外投资；第二阶段是
2006～2008 年，允许保险资金间接投资基础设施项目和商业银行股权；第三阶
段是 2009～2010 年，新《保险法》实施后允许保险资金投资未上市企业股权和
不动产。几年来，还陆续增加了地方政府债券、银行次级债、可转换债券、无担
保债券、利率掉期等新的投资工具。

针对保险资金规模不断扩大、资金运用渠道逐步放开的情况，我国保险资金
运用监管采取了一系列有效的措施。一是集中管理。禁止保险公司分支机构运用
资金，由法人机构实行集中管理，统一调度、统一划拨、统一运作，防止保险资
金的"跑冒滴漏"。目前，全行业资金集中度已达 90% 以上。二是专业运用。要
求保险机构将投资与财务分开管理，统一配置保险资金，支持符合条件的保险公
司设立保险资产管理公司，通过培育专业的保险资金运用主体和合格的机构投资
者，推动单一财务性的资金运用向综合金融性的资产管理转变。目前，9 家保险
资产管理公司管理着全行业 80% 以上的资产，超过 70% 的保险公司设立了独立
的资产管理部门，其中有 10 多家公司采取资产管理中心模式，专业化管理水平
明显提高。三是规范操作。建立科学的保险资金治理结构，推动保险公司实行委
托、受托、托管三方治理模式，建立协作制衡、相互监督机制，保障保险资金运
用安全高效。

随着我国保险市场的快速发展，保险资金不断积聚，资金运用日益成为影
响金融保险市场安全的重要因素，保险资金运用面临着一些新的风险和挑战。
（1）风险跨市场传递。我国保险资产已经超过 5 万亿元，保险机构已成为金融
市场的重要机构投资者，保险市场与货币市场、资本市场、外汇市场关系日益密
切，不同金融市场的风险相互交织，风险跨行业传递的渠道和可能性不断增加。
（2）投资渠道拓宽带来的挑战。新的投资渠道也意味着新的风险因素。无担保
债券、不动产、非上市股权等新的保险资产投资渠道都是风险相对较高的领域，
流动性风险、市场风险和管理风险相对突出，并且具有一定的顺周期特性，对风
险管理的要求很高。（3）利率波动带来的挑战。保险资金具有较强的利率敏感
性。保险资金大部分投资于固定收益资产，对利率的变动非常敏感，特别是存续
期长的固定收益资产，对利率的敏感性更高，市场利率的微小波动会导致资产价
值的较大变动。（4）资产负债管理机制不顺畅带来的挑战。保险产品开发和资
产管理相脱节，资产管理部门不熟悉保险产品的开发和销售，产品开发部门也不

了解实际投资状况，加大了资产负债不匹配的风险。（5）保险资金运用监管还存在一些差距和不足，比如监管制度建设滞后，监管能力需要进一步加强，监管的信息化程度有待提高等。

针对这些风险和挑战，借鉴国际金融危机给我们的启示，我们有以下建议：

1. 加强保险公司风险控制。按照"分工明确、独立制衡"的原则，从投资决策、交易操作等方面入手，规范投资操作流程，全面修订和完善内部规章制度。提高风险管理信息化水平，推进信息系统的标准化建设，建立全面风险管理数据库，实现对资金运用风险的动态监控和自动预警，及时消除风险隐患。

2. 加强保险资产负债管理。树立积极的资产负债管理理念，开展资金运用业务，必须综合考虑负债、偿付能力以及整体风险收益状况，以稳健审慎的方式管理资产。建立资产管理和负债管理的联动协调机制，保险产品开发部门要加强与资产管理部门的沟通，根据金融市场条件和投资收益情况进行产品开发。对保险业务收入和支出的波动状况进行监测，对可能出现的异常情况进行研究分析，提前制订应对措施，尽可能减少资产负债不匹配对公司稳健经营造成的不利影响。

3. 加强监管基础建设。健全以投资能力标准、偿付能力约束、投资比例制约、托管机制规范及资产认可标准为主要内容的联动监管机制，对公司投资行为实施全程监督管理和全面风险监测。以在线监管和实时监管为目标，加快开发资产管理监管信息系统，提升监管的专业性和技术性，推动监管方式由事后被动监管向事前、事中的主动持续监管转变。同时，要把完善保险资金运用能力标准体系作为资金运用监管的重要手段。一方面，针对不断拓宽的投资渠道，对境外投资、基础设施、股权、不动产等创新型投资业务制定能力标准。另一方面，针对资金运用专业化趋势和风险防范的要求，对受托第三方业务以及技术系统、业务流程等制订基础性能力标准，推动保险机构提升投资能力。

4. 支持和鼓励业务创新。支持保险资产管理公司在风险可控、收益合理、依法合规的前提下，加快发展债权、股权、不动产等投资计划和投资组合产品，缓解金融工具不足、资产配置困难等现实问题，稳定投资收益。顺应金融市场发展趋势，推动保险资金运用模式由账户化向产品化转变，进一步理顺委托人、受托人的法律关系，提高保险资金运用的透明度和规范化。

二、加强对保险集团公司的监管

近年来，我国保险集团得到了快速发展，保险集团从无到有、从小到大，目前已经有中国人民保险集团公司、中国人寿保险（集团）公司、中国太平保险集团、中国再保险集团公司、中国平安保险集团、中国太平洋保险集团、阳光保险集团等 7 家保险集团。中国保监会是我国保险业的监督管理部门，在其主要职责中，明确规定"审批保险集团公司、保险控股公司的设立"。目前，我国对保险集团监管基本可以归为牵头监管模式。保监会负责对保险集团的监管，集团内涉及各不同金融业务领域的机构分别由各自的监管部门进行监管。监管部门之间有正常的信息沟通和工作协调机制，同时根据 2004 年保监会会同银监会、证监会出台的《在金融监管方面分工合作的备忘录》的约定，建立监管联席会议机制，定期讨论和协调有关金融监管的重要事项、已出台政策的市场反映和效果评估以及其他需要协商、通报和交流的事项。

在分业经营的大背景下，牵头监管模式基本符合实践发展的需要，有效地维护了保险集团的健康稳定发展。随着金融一体化的深入发展，银行、保险、证券等机构的业务边界不断延伸，相互之间的渗透趋于明显，分业监管模式逐步显示出一些缺陷和不足。一是增加了保险集团业务创新的成本。金融资产具有同质性的特点，这也是金融业综合经营的优势之一。正是由于这一特点，一项新业务的推出可能会涉及多个监管部门的审批，而当不同监管机构存在较大意见分歧时，就会增加保险集团的创新成本。二是存在重复监管的可能。比如集团下属的银行和保险公司之间的银保业务，可能要接受银行和保险监管部门的双重监管。三是监管套利。如果监管标准不一致，按照分业监管的模式，存在保险集团将资产、利润向监管较松领域转移的可能。四是监管部门之间的协调沟通不够。虽然目前已经建立起了监管部门之间的联席会议制度和信息沟通制度，但一些涉及行业机密内容信息的沟通仍然有待加强。各监管部门考虑到各自的监管目标和行业利益，很容易对保险集团的同一业务行为产生不同监管意见，监管协调难度较大。

针对上述不足，借鉴国际金融危机给我们的启示，我们有以下建议：（1）统一监管标准。对于涉及交叉业务领域的机构、产品和业务的审批及监管等，监管机构应制定统一的标准，客观上防止保险集团的监管套利冲动。标准实行后，只需获取某一监管部门的审批，其他部门即可当然认定其具有经营资格，一定程度上防止监管重复。（2）加强监管部门之间的沟通和协调。在坚持分业监管的前提下，强化现有监管信息共享机制的执行力。同时，按照牵头监管的原则，当监管机构之间出现监管意见分歧时，主监管机构负责与其他监管机构的协调，最终以主监管部门的意见为准。（3）制定对保险集团高管针对性的准入规定。目前，监管部门已经对保险公司高管人员任职资格有了明确规定，设置了比较严格的准入条件，对专业经历、管理经验、合法合规都有了具体要求。保险集团高管管理也比照保险公司高管的管理。但实际上，与保险公司相比，保险集团管理相对复杂，涉及业务范围广泛，集团运行中的风险种类相对较多，对集团管理人员提出了更高要求。因此，应该制定针对保险集团公司高管的任职资格标准，对集团高管实施更加严格的准入条件和考核标准。（4）建立对保险集团子公司之间的风险隔离机制。目前，保监会与银监会之间签署了《关于加强银保深层次合作和跨业监管合作谅解备忘录》，对银行和保险机构之间的相互投资进行了规范，建立起银行保险的防火墙机制。但就保险集团来说，针对其内部的各子公司之间资本流动、业务经营、风险传递的防火墙尚未有效建立。一旦某一子公司发生问题，有可能通过资本、业务、信誉风险外溢等渠道给集团内其他公司带来风险，构建起有效的风险隔离机制也是保险集团的当务之急。（5）进一步明确保险集团法律定位。面对近些年出现的保险集团，并没有专门的法律对集团设立条件、经营范围、法律地位以及监管机构等予以规范，保险集团经营面临较大的法律风险。因此，建议尽快出台金融保险集团（控股公司）相关法律，明确金融保险集团设立条件、经营范围、法律地位等必要条件，规范保险集团市场运作。

三、加强资本约束和偿付能力监管

1995 年，我国颁布的《保险法》第一次对偿付能力监管提出了明确要求：保险公司应具备与其规模相适应的最低偿付能力。1996 年中国人民银行发布了《保险管理暂行规定》，其中对保险公司的偿付能力标准和监管措施进行了规定。1998 年保监会成立后，提出了市场行为监管与偿付能力监管并重，逐步向以偿付能力监管为核心过渡的监管思路。2003 年发布了《保险公司偿付能力额度及监管指标管理规定》，标志着我国偿付能力监管迈出了实质性步伐。

美国《金融监管改革法案》、《巴塞尔资本协议》以及欧盟正在进行的偿付能力 II 改革，都更加注重强化对金融机构杠杆率和资本充足率方面的要求，通过资本约束鼓励金融机构加强风险管理。对我国保险监管来说，强化资本约束是一个十分紧迫的任务。目前，我国保险监管在资本约束方面还存在一些不足，主要是：偿付能力监管的刚性约束不够，对偿付能力不达标公司及其高管人员的监管力度需要进一步加强；偿付能力评估标准需要进一步完善，最低资本标准依然沿用欧盟偿付能力 I 的标准，不能充分反映保险公司的风险；专业化人才还比较缺乏。这些问题都影响了偿付能力监管的效率和效果，亟须在今后发展中解决。

2009 年新修订的《保险法》规定，"国务院保险监督管理机构应当建立健全保险公司偿付能力监管体系，对保险公司的偿付能力实施监控。"按照这一要求，保险监管需要在原有偿付能力监管的基础上，不断完善该制度。（1）进一步完善偿付能力监管制度。要全面深入研究欧盟偿付能力 II、国际保险监督官协会（IAIS）核心监管原则和美国的风险资本（RBC）等不同偿付能力监管制度发展的背景、主要内容、优缺点等，在此基础上，研究制定适合我国国情的偿付能力监管制度体系。（2）提高偿付能力监管对保险公司的约束力。对偿付能力不足的公司采取更严格、更有效的监管措施，对偿付能力预计不足的公司，要求公司提前采取改善措施。加强对偿付能力报告的审核、检查、分析力度。针对目前只对保险公司偿付能力报告进行非现场审核的不足，建立对季度偿付能力报告的现场检查制度，提高监管信息的真实性。在此基础上，加强偿付能力分析力度，提高分析的及时性和预测性。（3）通过改善监管手段规范偿付能力监管工作。研究开发偿付能力监管信息系统，将偿付能力监管机制、流程和要求固化在信息系统中，使监管工作更加规范化、精细化。（4）加强教育培训。对保险公司人员进行偿付能力培训，增强行业从业人员的偿付能力管理理念，推动公司建立健全资本管理机制和风险管理机制。

四、强化公司治理监管

此次金融危机，从微观层面上看实质上是一场公司治理的危机。在总结金融危机教训的基础上，各国基本在董事行为、薪酬制度等方面达成了共识，也为我们加强和改善保险公司治理监管提供了有益借鉴。（1）监管当局必须在公司治理中发挥更加重要的作用。监管当局应出台相应的指引或规则，要求金融机构建立健全有力的公司治理战略、政策和程序，定期对金融机构整体的公司治理政策和行为进行全面评估，并适时对银行公司治理状况进行干预。（2）应当对董事行为及有效履职提出更高要求。强调董事应当具备与职位相匹配的经验、能力与素质，董事会成员必须接受最基本的入职培训以及持续的金融专业知识培训；要求董事会成员履行对保险公司的"忠诚职责"和"照看职责"。（3）建立与公司业绩和风险状况真正匹配的薪酬制度和体系。合理匹配短期激励与长期激励、薪酬水平与经营业绩及风险的关系，确保高管和普通员工的薪酬与企业风险敞口实质性挂钩，增加薪酬政策和薪酬结构的透明度。（4）在公司治理结构中强化风险管理的职能。应当设置独立的风险管理部门，必须就所暴露的风险和风险管理情况进行充分的沟通，解决董事会与高管层之间的信息不对称问题，确保所有最真实的风险信息均能传递到董事会最高层。

五、改进监管手段和方式

（一）开展保险业的逆周期监管研究

我国保险公司偿付能力监管正在向以风险为基础的资本监管迈进；新会计准

则要求使用公允价值标准计量资产，并使用"已发生损失"计提资产减值准备；保险公司薪酬管理需要引入长期风险机制。这些都可能使顺周期效应在保险领域有所表现。因此，有必要加强研究经济周期对金融业的影响，完善逆周期监管政策和措施。一是在制定保险产业政策时，更多考虑宏观经济的变化和影响，建立保险产业政策与宏观经济政策之间的互动机制，结合保险业发展战略，主动、灵活、超前调整保险产业政策。二是通过制度规范和政策引导，在行业内全面推行资产负债匹配管理模式，制订有关规则、技术、报告、检查、评估等一系列标准，切实做到资产负债匹配管理，化解顺周期性效应对保险业可能造成的风险。要关注市场风险、信用风险的周期变化及关联情况，考察对实际资本和最低资本的影响，研究建立超额资本和应急资本可能性；监控利率变化对保险公司负债的显著影响，考虑使用更为灵活的评估利率计提技术准备金；密切关注国际会计准则在资产减值准备方面的最新进展，深入考察"动态准备金"的潜在影响；全面了解"公允价值"会计方法对保险长期资产计量的不利影响，寻找适应保险行业特点的解决办法。三是引导行业结构调整，转变发展方式。保险行业对传统业务的回归，将在一定程度上平滑经济周期波动，大力增强保险业抵御经济周期的能力。

（二）加强国际保险监管合作

随着我国金融体系的日益开放，我们应该加强国际保险监管合作。（1）要积极推进双边保险监管合作。通过建立定期会晤、定期信息交换等机制，达成实质性的监管合作协议，以约束性更强的协议形式来明确合作的责任和义务。（2）推动区域保险监管合作，提高在区域保险中的领导地位。我国应大力推进与东盟以及日本、韩国的保险合作，并以此增强我国在亚洲地区的影响力，为将来的国际保险监管合作争取更大的利益。（3）努力提高我国在国际保险监管合作中的参与度。通过参与国际保险监管标准的制定和与国外监管者的交流，在维护自身利益的同时，宣传我国保险业改革发展和保险监管改革的成果，树立我国保险监管的良好形象。（4）加强对跨国保险机构的监管。通过对在华外资保险机构和我国保险机构海外分支机构的监管，维护我国保险业的整体稳定。

六、保护被保险人利益

消费者的信心是金融业持续健康发展的基础。如果忽视对消费者利益的保护，就会使金融业的发展失去公众基础和社会支持。这次金融危机后，欧美等国家的金融监管改革，将保护消费者利益作为改革的一个重要着力点。美国提出建立消费者金融保护局（CFPB），新成立的消费者金融保护局整合了原来不同银行监管者的职能，专门致力于保护消费者金融权益，能自行拟定消费者保护法规，管理所有提供消费者金融服务的、资产规模超过 100 亿美元的银行、所有与消费者金融产品相关的金融机构以及这些机构发行的信用卡、按揭贷款等金融产品，以保证消费者在购买金融产品时，不受隐性费用、欺骗性条款和欺诈行为等的损害。CFPB 还将设立一条新的免费投诉热线，以方便消费者投诉有关金融产品和服务的问题。

从我国保险市场情况看，保监会对保护保险消费者利益工作一直十分重视。这几年在推动保单通俗化、保险服务标准化以及加强信访投诉方面做了大量工作，也取得了较好的效果。但是，销售误导和理赔难等群众反映比较突出的问题一直没有得到根本解决，保护消费者利益的任务仍然十分艰巨。保险监管要借鉴国际金融监管改革的有益做法，在保护保险消费者利益方面投入更大的力量，更好地维护保险消费者的合法权益。（1）切实加强行业诚信建设。研究和构建保险信用体系。大力培育诚信文化，倡导诚信理念，切实加强对全体保险从业人员的诚信教育，牢固树立诚实信用的道德规范。履行如实告知义务，严禁销售误导。启动社会监督机制，建立执业诚信档案，定期进行评价。（2）继续做好保险消费者教育工作。启动消费者教育网络专栏建设。征集消费者教育方面的政策宣传、知识普及、风险提示和典型案例等内容，通过宣传折页或在网络专栏等渠道公开，形成调动各部门积极性，参与消费者教育的长效机制。逐步建立保险监管机构、行业组织、市场主体和社会公众等多方参与的保险消费者教育工作机制。（3）继续认真做好信访投诉处理工作。加强对信访投诉处理工作的跟踪督办力度，严厉查处和打击损害保险消费者利益的行为。研究建立保险公司投诉处理工作评价指标体系及披露制度，提高公司处理投诉问题的有效性，将举报投诉多、解决不力的公司列为重点监管对象。定期对保险消费者的投诉进行分析，并针对保险服务过程中出现的问题及时加以改进，确保保险消费者的各类投诉得到及时妥善处理。（4）加强保险消费者权益保护制度建设。健全完善保险赔付程序公开制度，研究建立保险消费者个人信息保护制度等，保护消费者的公平交易权和知情权。发挥行业协会对其成员的教育作用，行业协会可以制定操作性较强的承保、理赔实务流程，从各个环节严格规范保险机构的基本业务行为。针对诉讼成本相对较高的保险合同小额纠纷，建立协商调解机制，通过有关方面专家学者的参与，实现程序简便、约束公司、方便消费者的目的。

第十章

农村金融监管

农村金融体系是中国金融体系的一个重要的组成部分。一个运行良好的农村金融体系，对农业、农村和农民以及国民经济的发展起着至关重要的支持作用。由于农村金融体系发育的滞后性，我们研究农村金融监管和建设的对象，重点是监管机构和在农村开展业务的银行业金融机构。

第一节　农村金融的发展历程和现状

经过 60 多年的曲折发展，我国农村金融体系不断成长壮大，为"三农"发展和社会进步做出了巨大贡献。

一、发展历程

（一）1949～1978 年农村金融体系初步形成阶段

这个时期，农村金融体系逐步形成，曲折发展。主要是农信社的成立和农业银行的"三起三落"。

1. 农村信用合作社的兴起与曲折徘徊。新中国成立之后，农村信用合作社纷纷成立，其任务是开展储蓄、存款、发放低利贷款等业务，为农业生产服务，业务由中国人民银行进行指导。1949～1958 年，是信用社普遍建立和大发展时期，全国绝大部分地区实现了"一乡一社"。1958 年之后，信用社被下放给人民公社和生产大队，导致正常的信用关系遭到破坏，许多信用社几乎破产。1977 年，中国人民银行营业所与信用社合并为一个机构，信用社完全成了国家银行的基层机构，走上了官办道路。

2. 农业银行的"三起三落"[①]。1951 年 8 月，中国农业合作银行成立，主要办理农业的财政拨款和农业长期贷款，1952 年由于精简机构而撤销。1955 年 3 月，为增加对农业合作化的信贷支援，中国农业银行第二次成立，主要办理财政支农拨款和农业长期贷款与短期贷款，1957 年 4 月再次被撤销。1963 年 11 月，在贯彻国民经济"调整、巩固、充实、提高"方针中，为强化农村资金管理，中国农业银行第三次恢复成立，但在 1965 年精简机构中再次被并入中国人民银行。农业银行"三起三落"的根本原因在于人民公社体制下对农村金融服务的要求相对单一。当时中国人民银行既执行中央银行职能，又兼办储蓄、信贷等具体金融业务，完全可以满足当时比较单一的金融服务需求。

（二）1979～1996 年农村金融初步发展阶段

这段时间是农村金融体系逐步恢复重建的时期，主要特征是：农业银行恢复并领导信用社；农业政策性金融与商业性金融相分离；合作金融成为农村金融的基础。

1. 农业银行恢复成立。1979 年 2 月，中国农业银行第四次恢复成立，主要任务是统一管理支农资金，集中办理农村信贷，领导农村信用社，发展农村金融事业。在业务上不仅办理农村各项存款和农业各项贷款，而且办理农村工业贷款、农副产品收购贷款和供销合作社系统贷款。此时的农业银行集财政拨款管理、商业性信贷业务经营和合作金融组织管理于一身，在农村金融中居于领导和垄断地位[②]。

2. 农村信用社合作金融性质的恢复与发展。改革开放后，农信社被交给中国人民银行管理，后来交给中国农业银行管理，使农信社既是集体金融组织，又是国家银行的基层单位。1984 年，农信社开始改革，设县联社，实行独立经营、独立核算、自负盈亏，其自主权有所扩大，机构和业务取得较快发展。截至

---

① 伍成基. 中国农业银行史. 经济科学出版社，2000；《中国农业银行行史钩沉》辑要，中国农业银行选宣传部，2005.

② 中国农村金融学会. 中国农村金融改革发展三十年. 中国金融出版社，2008：2.

1995 年年底，全国有县级联社 2 409 个，独立核算农村信用社 50 219 个，总资产 9 857 亿元①。但是，信用社的改革并不彻底，合作制原则和民主管理没有得到很好的贯彻落实。

3. 中国农业发展银行组建。为促进农业和农村经济健康发展，国务院于 1994 年 4 月决定以农行的农村政策性金融业务为基础，组建中国农业发展银行（以下简称农发行），实行政策性业务与商业性业务相分离。农发行的主要任务是承担国家规定的农业政策性和经批准开办的涉农商业性金融业务。1994 年 6 月，农发行接受中国农业银行和中国工商银行划转的 2 592 亿农业政策性信贷业务。1995 年 4 月底，农发行完成了省级分行的组建工作。

4. 中国工商银行、中国银行、中国建设银行等国有专业银行进入农村金融市场。为了发展"有计划的商品经济"，1985 年中国人民银行出台了专业银行业务可以适当交叉和"银行可以选择企业、企业可以选择银行"的政策措施，鼓励四家专业银行之间开展适度竞争。中国工商银行、中国银行、中国建设银行等国有专业银行开始将触角伸向农村金融领域，在农村地区大量设点，为当时蓬勃发展的乡镇企业提供贷款。

（三）1996～2002 年农村金融调整阶段

这段时间是农村金融的调整时期，主要特征是：农信社与中国农业银行脱离行政关系，国有银行收缩战线，国家对农村金融机构进行清理。

1. 农信社与中国农业银行脱钩及探索独立发展之路。1996 年 8 月，国务院对农信社进行改革，核心是把农信社逐步改为合作性金融组织。改革的步骤是：农信社与中国农业银行脱钩，对其业务管理和金融监管分别由县联社和中国人民银行承担，然后按合作制原则加以规范。这次以产权调整为核心的改革，初步形成了农信社自我约束、自主决策的经营机制，基本理顺了与中央银行及中国农业银行的关系。

2. 农发行机构增设及业务调整。1996 年 8 月～1997 年 3 月末，农发行增设了省以下分支机构，同时为适应新一轮粮食流通体制改革，国务院于 1998 年 3 月决定将农发行承办的农村扶贫、农业综合开发等贷款业务划转到有关国有商业银行，农发行主要履行粮棉油收购资金封闭管理职能。2002 年，为适应农业经济结构调整和粮棉流通体制改革要求，农发行开始办理粮食购销企业与加工企业联营业务试点等业务。经过一系列调整，农发行资产负债结构逐步改善，业务状况总体良好。

---

① 中国农村金融学会. 中国农村金融改革发展三十年. 中国金融出版社，2008：5.

3. 国有商业银行从农村金融市场收缩。1997 年爆发的亚洲金融危机警示了我国银行业金融风险问题，同年召开的全国金融工作会议明确了"国有商业银行收缩县（及以下）机构"的基本策略，包括中国农业银行在内的四大国有银行开始收缩县及县以下机构，业务重点向城市集中。1998～2002 年，四大行共撤并县及县以下机构 3.1 万个。此后农村金融资源日益向农信社和邮政储蓄集中。在经过信用社与中国农业银行脱钩、农发行成立并承担农业政策性业务以及收缩县以下机构后，农业银行由专业银行向商业银行转变的进程加快。

4. 清理整顿农村合作基金会等非正规金融机构。农村合作基金会是 20 世纪 80 年代中期家庭联产承包责任制导致人民公社解体后，各地在对集体资产清理过程中实行"清财收欠，以欠转贷"的背景下产生的。90 年代开始，农村合作基金会以代管金名义吸收存款并向乡镇企业提供贷款，违反金融法规，隐藏着很大风险。1997 年 11 月国家开始进行全面整顿，1999 年 1 月宣布全国统一取缔。到 2000 年年底，农村合作基金会或者并入当地信用社，或者由地方政府负责清盘关闭。这一时期，针对部分农村地区的高利借贷现象，中国人民银行于 2002 年发文要求严格规范民间借贷行为，依法取缔非法金融机构和业务活动。

（四）2003～2010 年农村金融体系的改革完善阶段

这段时间是农村金融的改革发展时期，主要特征是：新一轮农信社改革全面展开，新型金融机构及邮储银行成立，中国农业银行股改明确"服务三农"战略，农发行职能和支农领域不断拓宽，适应"三农"特点的多层次、广覆盖、可持续的农村金融体系初步形成。

1. 深化农信社改革全面展开。2003 年 6 月，国务院选取 8 个省开展深化农村信用社改革试点[①]，核心是明晰产权关系，改革管理体制，把信用社逐步办成由农民、农村工商户和各类经济组织入股，为"三农"服务的社区性地方金融机构。2004 年 9 月又增加 21 个省（区、市）深化试点，改革在全国普及。这次改革将地方政府纳入改革主体，并推动了省联社的大规模建立。同时，部分地区农村信用社开始向农村股份制和合作制商业银行演变。截至 2007 年年末，全国改制组建农村商业银行 17 家，农村合作银行 113 家，以县（市）为单位统一法人的联社 1 818 家。农村信用社法人机构由改革前的 35 527 家降至 8 348 家[②]。

2. 中国农业银行股改过程中明确"服务三农"方向。2007 年，全国金融工作会议确立了中国农业银行"面向三农"的股改方针，要求中国农业银行充分

---

① 深化农村信用社改革试点方案. 2003.

② 中国农村金融学会. 中国农村金融改革发展三十年. 中国金融出版社，2008：14.

利用在县域的资金和网络等优势，发挥在农村金融中的骨干和支柱作用。同年，中国农业银行提出了"三农"和县域蓝海战略，组织 8 个省市开展服务"三农"试点。2008 年 3 月，中国农业银行开始进行三农金融部改革试点。2010 年 7 月，中国农业银行成功实现"A＋H"股上市，创造了当时全球最大的 IPO。股份制改革以来，中国农业银行扩大支持"三农"力度。截至 2010 年年底，中国农业银行涉农贷款余额达 1.47 万亿元，农户小额贷款余额 989 亿元，惠及 583 万农户。

3. 农业发展银行实现从单一职能向多方位、宽领域支农转变。自 2004 年以来，国务院调整农发行职能，要求农发行拓宽业务范围，强化支农作用。经银监会批准，农发行陆续开办了农业农村基础设施建设和农业综合开发贷款等业务，形成了以粮棉油收购信贷业务为主体，以农业产业化经营和农业农村中长期贷款业务为两翼，以中间业务为补充的业务发展格局。到 2010 年年末，贷款余额达到 1.65 万亿元，比 2004 年年末增长了 1.3 倍。

4. 中国邮政储蓄银行成立。2007 年 3 月，邮政储蓄银行挂牌成立。2008 年 7 月，全国 36 家一级分行，312 家二级分行，20 089 家支行已经全部挂牌成立，邮储银行组织机构基本建立。邮储银行拥有横跨城乡的最完备的金融网络，几乎在全国的每个乡镇都有网点，对完善我国农村金融服务产生了重大而深远的影响。

5. 新型农村金融机构纷纷设立。银监会 2006 年 12 月发文公布农村金融市场开放的试点方案[①]，其基本原则概括为：低门槛、严监管、增机构、扩服务、先试点、后推广。方案允许各种组织和个人进入农村金融市场，通过投资、收购、新设方式建立多种多样的农村银行业金融机构。以村镇银行、农村资金互助社、贷款公司为代表的新型农村金融机构纷纷设立。

二、发展现状

（一）农村金融服务基本情况[②]

截至 2010 年年底，我国农村金融体系中包括政策性银行 1 家，大型商业银行 1 家，农村商业银行 43 家，农村合作银行 196 家，农村信用社 3 056 家，邮政储蓄银行 1 家，村镇银行 349 家，贷款公司 9 家以及农村资金互助社 37 家，小

---

① 银监会. 关于调整放宽农村地区银行业金融机构准入政策 更好支持社会主义新农村建设的若干意见. 2006.

② 中国人民银行. 中国农村金融服务报告（2010），银监会 2010 年报.

额贷款公司 2 451 家。截至 2009 年年末，全国县域金融服务网点 12.7 万个，占全国银行业金融机构网点总数的 65.7%。

表 10 - 1   主要农村金融机构网点和从业
                  人员情况（截至 2009 年年末）   单位：个，人

机构名称	法人机构数	从业人员数	营业网点
农村金融机构合计	3 467	715 216	75 935
农村信用社	3 056	570 366	60 325
农村商业银行	43	66 317	7 259
农村合作银行	196	74 776	8 134
村镇银行	148	3 586	193
贷款公司	8	75	8

资料来源：中国人民银行. 中国农村金融服务报告. 2010.

截至 2010 年年末，涉农贷款余额达 11.77 万亿元，占各项贷款余额的 23.1%，比 2007 年年末增长 92.4%。其中农村贷款余额 9.8 万亿元，占金融机构全部涉农贷款余额的 83.3%；农村贷款中农户贷款余额为 2.6 万亿元，比 2007 年年末增长 94%，占全部涉农贷款余额的 22.1%。新型农村金融机构存款余额 752.7 亿元，贷款余额 600.9 亿元，实现利润 9.5 亿元，86.7% 的资金投向"三农"和小企业，累计发放小企业贷款 3.1 万笔、贷款余额 313.8 亿元，占比 52.2%；农户贷款累计 23.7 万笔、贷款余额 207.4 亿元，占比 34.5%。

在业务和客户覆盖上，我国的农村金融组织体系全面覆盖了大、中、小型企业客户与高、中、低端个人客户，涵盖了政策性业务（如粮棉油收购贷款、林业贴息贷款、扶贫贴息贷款）、商业性业务（农村基建贷款、农业产业化贷款、农村中小企业贷款、农村商业贷款、特色资源开发贷款、农村城镇化贷款、农户贷款）和公共基础金融服务（储蓄、汇兑结算等代理业务）。

（二）农村金融体系的环境建设

1. 信用环境建设。随着市场经济体制不断健全，农村地区信用环境建设日益被各方重视。一些省份相继提出建设良好信用环境省，如"信用湖北"、"诚信湖南"，在县市中建设"信用村"、"信用乡镇"、"信用县"，在农户中建设"诚信农户"、"守信家庭"。同时，建立个人信用基础数据库，通过在农村地区广泛采集和使用个人信用信息基础数据库，引导金融机构建立健全电子信用档案，设计客观、有效的信用信息指标体系，建立信用公示制度等，客观上推动了

农村信用环境的改善。

2. 政策环境。随着国家对"三农"发展投入的加大，对农村金融发展的政策支持也不断加强。（1）实施差异化的货币政策。主要是对农村信用社和村镇银行实施差异化的存款准备金政策，发放支农再贷款，扩大贷款利率浮动上限，鼓励县域金融机构新增存款用于当地。（2）实施财政补贴和奖励扶持政策。剥离农业银行不良资产，采取发行专项票据和专项借款两种方式化解农信社历史包袱。对农村金融机构发放涉农贷款给予财政补贴奖励。（3）实施差异化的税收优惠政策。对农信社营业税按 3% 征收；所得税中西部地区全免，东部地区减半。对农户小额贷款利息收入免收营业税。表 10 - 2 是根据现有政策进行的详细梳理。

表 10 - 2   **现有主要农村金融扶持政策**

财政扶持政策	涉农贷款贴息	国定、省定贫困县和非重点县贫困村	中央每年预算安排扶贫贴息资金 5.3 亿元，到户扶贫贷款贴息 5%，项目扶贫贷款贴息 3%
	涉农贷款风险补偿	鼓励有条件的地方政府试点	2008 年，浙江省各级财政拨付 3 089 万元风险补偿资金
	涉农贷款增量奖励	黑龙江、山东、河南、湖南、云南、新疆等 18 个省（区）	2009 年起，对涉农贷款余额同比增幅超过 15% 的金融机构，对增量部分给予 2% 的奖励
	新型农村金融机构定向费用补贴	新型农村金融机构	对上年贷款平均余额同比增长且达到银监会监管指标要求的贷款公司和农村资金互助社，以及上年贷款平均余额同比增长、上年末存贷比高于 50% 且达到银监会监管指标要求的村镇银行，按其上年贷款平均余额的 2% 给予补贴
税收优惠	农信社减征营业税和所得税	改革试点区域农信社	对西部地区试点机构免征所得税，其他试点机构减半征收所得税；对所有试点机构按 3% 征收营业税
	农户小额贷款	全部金融机构	对金融机构农户小额贷款的利息收入，免征营业税。对金融机构农户小额贷款的利息收入在计算应纳税所得额时，按 90% 计入收入总额

差别货币政策	差别准备金	农信社	农信社执行的存款准备金率比大型商业银行低6%
	支农再贷款	西部地区和粮食主产区农信社、农村合作银行	截至2009年3月，全国支农再贷款限额1 492亿元
	专项票据置换	农信社、农村合作银行	定向发行期限2年，年利率1.89%的专项票据

3. 担保体系建设。为了建立政府扶持、多方参与、市场运作的农村信贷担保机制。政府着手建立和完善信用担保的行业准入、风险控制和补偿机制，加强对信用担保机构的监管，建立健全担保业自律性组织；鼓励有条件的农村地区建立中小企业信用担保基金和区域性信用再担保机构，扩大农村有效担保物范围，发展农村保险事业，健全政策性农业保险制度，加快建立农业再保险和巨灾风险分散机制。农村担保体系建设能有效缓解农民"贷款难"问题，扩大贷款规模，提高贷款效率，降低了贷款成本。

第二节　现行农村金融监管体系评价

"三农"的特殊性和重要性，决定了农村金融体系建设的重要性。而整个农村金融体系的发展，又取决于农村金融监管的理念和手段。本节首先从农村金融监管目标二重性出发，据此对我国近年来的农村金融改革进程进行再审视，并对我国当前的农村金融监管框架和政策进行了评价。

一、农村金融监管的特殊性

（一）农村金融监管目标二重性

金融监管既包括针对金融机构业务活动和交易行为制定规则，以实现监管目标，同时也包括对业务活动本身和交易行为进行监督，使之合乎规则要求。金融

281

的监管从来不会脱离监管规则进行，而监管规则恰恰体现了监管机构对于金融体系发展的整体规划和看法。它既包括对一般金融风险的控制，同时也包括对金融业发展趋势作出研究并制定前瞻性政策措施，确保金融活动在最优或较优水平上运行。

对于农村金融监管来说，这一点体现得尤为明显。相比较于城市金融所拥有的完备的市场经济运行机制、服务对象是实力强大的市场竞争主体，农村金融所服务的恰恰是市场经济中的最薄弱环节，其服务的农村是弱势区域，农业是弱势产业，农民是弱势群体。从各国实践来看，金融资本的趋利性使得资金一般聚集在城市当中，农村金融尤其是直接服务于小农户的乡村金融主要依靠着民间金融、微型金融和合作性金融。对于拥有大规模资金的商业银行资本来说，服务"三农"中小客户尤其面临着成本高、风险大、收益低的难题。这些因素导致农村金融天然发育不足，这要求政府更多地负起发展的职责。因此，农村金融监管存在着特殊性，突出体现在"二重目标"：一方面它要遵循一般监管的目标，即"防控风险"这个共性要求；另一方面，还要服从和服务于公共利益，即引导农村金融机构加大对"三农"的投入，服务好"三农发展"。由于"三农"的弱势性质，在大多时期和大多服务领域，这两个目标实际上存在冲突和矛盾。过度追求风险控制，必定会对农村金融体系的发育形成压抑。而过度追求经济发展，也很可能会形成系统性的风险。同时，二重目标在不同时期和不同地域存在着不同的内涵。在农村金融发育初期，如我国的中西部落后地区，总体表现是农村金融供给严重不足，此时的监管首先要考虑的是如何增大金融供给，助力"三农"发展。但同时由于这一时期的"三农"风险较高，对风险控制也不能掉以轻心。在农村金融发育成熟时期，如我国的东部沿海发达地区，城乡一体化进程高度发展，农村金融与高度发达的城市金融无异，此时完全可以对农村金融和城市金融实施统一的监管框架。

（二）目标二重性下的农村金融改革与监管历史

以下我们将从监管目标二重性角度对农村金融改革历史进行分析。在这里，我们首先要对"农村金融改革"与"农村金融监管"的关系进行界定。按照字面理解，"改革"是指对旧有的体制机制进行的调整变动，而"监管"指的是监督管理，似乎前者包含的范围更为宽广，而后者只是前者的一部分。我们认为，由于农村金融体系发育的滞后性，政府在农村金融体系发展完善中承担起了极其重要的责任，因此，我们不能将改革与监管割裂开来，而是应当以一种延续的、统一的观点来看。从主体来说，农村金融改革和监管的主体存在一致性。当前我们对农村金融的监管主体主要是银监会，此外还有中国人民银行等有关部门。而银监会于 2003 年才从中国人民银行中脱离成立，在此之前对农村金融的监管主要是由中国人民银行进行，历次改革基本上也是由中国人民银行牵头设计方案并统筹推进。从内容上来说，以对农村信用合作社改革为例，银监会的监管延续了先前改革的内容，并进一步细化。从当前整体态势来看，我国的农村金融发展尚处于发育阶段。为了兼顾好"防控风险"与"三农发展"的二重目标，农村金融监管不仅仅是监督、管理和规范，还更多承担着规划、设计、保护、引导、支持等角色。可以说，过去的农村金融改革同样是对农村金融的一种监管，而现在的农村金融监管也是推进农村金融改革的重要内容。如果我们把改革与监管生生割裂开来，就必定无法对农村金融发展作出合理的判断。

过去十几年中，大多数改革措施都是在"防控风险"与"三农发展"这二重目标之间进行。如果对农村金融改革历程进行审视，2007 年以前可以称之为存量改革阶段，其主要着眼于农村金融机构的分工定位、明确目标、开展竞争、防止农村金融体系的系统性风险，采取了财务重组、集中权限做大做强、消化历史包袱的策略。2007 年以来可以称之为存量改革与增量改革并重，并侧重于增量改革的阶段，主要目标是构建多层次、广覆盖、可持续的农村金融体系，措施上采取了规范民间金融、组建新型农村金融机构的策略。整体来看，前期改革的出发点更多地偏向防控风险，而后期改革则更多地偏向了"三农"发展。

1. 2007 年以前的存量改革。新中国成立以来尤其是近十几年来，国家一直试图建立起以官方主导的自上而下的农村金融体系，这个农村金融体系应当是"以合作金融为基础，商业性金融、政策性金融分工协作的农村金融体系"[1]。在这一过程中，改革同时针对农村信用社、农业银行和农业发展银行进行，但农村信用社改革是这一段时间农村金融改革的主体。从国务院的《关于农村金融体制改革的决定》（1996 年）开始，到《深化农村信用社改革试点方案》、《关于进一步深化农村信用社改革试点的意见》，改革的核心都在实现农村信用社产权明晰化，建立法人治理结构，并通过改制、合并、扶持来改善经营绩效，消化历史包袱，增强其风险抵抗能力。这一时期的改革特征是地方政府的介入与信用社的不断向上联合，大规模组建市联社和省联社。

然而，这一时期的改革有三个值得关注的地方：

第一，以产权改革为核心的风险管控机制与合作制原则存在背离。认真研究历次改革文件，我们可以发现，从"按合作制原则重新规范农村信用社"、"建立农村合作银行"（1996 年）到"有条件的地区可以进行股份制改造；暂不具

---

[1]　国务院. 关于农村金融体制改革的决定. 1996.

备条件的地区，可以比照股份制的原则和做法，实行股份合作制"（2003 年），贯穿于信用社改革始终的便是产权改革。某种意义上，我们可以说，政府期望通过产权改革来引入多方利益主体，强化预算约束，盘活信用社资产，进而达到改善经营状况、提升金融效率、降低金融风险的目的。然而，信用社改革逐步向着商业化的方向进行，逐步背离了合作制原则。这使得很多农村客户在金融服务尤其是贷款可获得性上出现困难，农村金融体系的基础并不牢固。

第二，作为改革和监管主体之一的地方政府对金融控制渴求导致信用社向着做大做强的方向发展。在农村信用社改革的过程中，为了分担改革成本，改革由金融主管部门与地方政府共同承担，信用社也被交给地方政府管理。而地方政府出于控制金融资源的渴望，在改革中更多的是鼓励信用社朝着做大做强和商业化的方向，走大联合、建省联社为主的道路。一方面，任何金融机构都具有在辖内调动资源最优化和最大化自身收益的本能，这样必定会造成新一轮的权限上收。另一方面，地方政府也需要控制金融资源，投入到符合其偏好的具有高附加值的非农项目上去。虽然改革一再要求"要从农村经济发展和农民的实际需要出发……面向"三农"，拓宽服务领域，创新服务品种，增加服务手段……适当增加为农民服务的金融业务品种。"（2004 年），农信社改革在财务表现上也确实有所改观，但是在服务"三农"的功能上、在合作制原则的贯彻上，却未出现同步加强，甚至出现了离农化的倒退现象。

第三，不完全监管特征：改革对微型农村金融机构尤其是民间金融存在着忽视。2007 年以前的改革仅集中于当时已有的三大农村金融机构——政策性的农发行、商业性的农行和合作性的农信社，而对微型农村金融机构和民间金融一直处于官方不承认，甚至打压抑制的态度。

整体来看，2007 年以前的存量改革，一直致力于改善农村信用社的经营绩效，并通过界定商业性、政策性和合作性金融的范畴，期望达到一个对农村金融需求做出积极反应的农村金融体系。然而，以农信社改革中产权改革和地方政府介入两大因素为主的推动力量，促进了农信社的不断联合与做大做强，进而将资金更多投向非农产业和地区。这客观上一定程度地改善了农信社的财务表现，但同时农信社也出现了离农化倾向。也就是说，这一时期对农村金融的监管与改革更多的是放在了"防控风险"上，而"三农发展"尤其是农村地区的农村金融建设则发展滞后。

2. 2007 年以后的增量为主改革。2007 年之前的改革一定程度上改善了农村信用社的经营绩效，但是与此同时，农村地区资金外流的现象仍旧没有得到根本改观。据人民银行的统计，2007 年，农户储蓄余额达到 3.9 万亿元，通过县域金融机构流入 1.41 万亿元，流出 3.63 万亿元，全国县域信贷资金净流出 1.22

万亿元，出现了"村里资金进乡镇"、"乡镇资金进县城"、"县城资金进城市"的资金流向，最需要资金的农村地区一直处于"源头失血"状态。在之前的分析中，我们指出这种现象的出现源于"防控风险"导向与监管主体之一的地方政府逐利性下的金融制度安排，这种改革与监管孵育的是大银行和中银行，而缺乏社区型小银行尤其是适合农村地区的微型农村金融机构。自2007年以来，国家开始新一轮的农村金融体系改革，这次改革更多偏向"三农发展"，突出的表现是建立防止农村地区资金外流的机制，并开始大量建设面向农村地区金融服务需要的新型金融机构。

这一时期的改革有三个值得关注的地方：

第一，建立防止农村地区资金外流的机制。这里的改革与监管对象主要是商业性金融机构和农村合作金融机构。在当前的经济形势下，如果不对城乡实施一定程度的资金隔离，商业化经营原则将促使资金从乡到城流动，进一步加剧农村金融的失血状况。因此，对于农业银行，国家采取了以事业部制管理"三农"业务的思路，建立起城乡之间的防火墙，要求"将县域新增存款原则上都要运用于县域"。对于农发行，则要求逐步扩大业务范围，增加金融资源投入。建立邮政储蓄银行，终结其抽水机功能并开始向农业和农村进行贷款，增加金融供给。但在农村信用社改革方面，却仍旧延续着以往的思路。

第二，建设大量新型农村金融机构。自2005年以来，国家逐渐认识到新型农村金融机构的活力①。在历次改革下，我国并不缺乏大中型金融机构，而缺乏的是众多以服务社区为主的微小型金融机构。大中型金融机构在服务小客户方面并无优势，而众多的以村镇银行、农村资金互助社、贷款公司为代表的新型农村金融机构，则有利于发挥灵活优势，就地服务农户。银监会也计划从2009～2011年在全国设立1 027家村镇银行，大规模推动金融供给。

第三，这轮监管虽然更多偏向了"三农发展"，但在"管控风险"方面也做出了相应的制度安排。新型农村金融机构在四个方面可能存在风险。一是新型农村金融机构本身是服务很小范围内的农民和农村经济。由于"三农"本身具有弱质性，盈利能力相对较低，这些新型农村金融机构的抗风险能力自然相对较低；二是这些新型农村金融机构属于新鲜事物，还没有经历过完整的经济周期，缺乏检验；三是新型农村金融刚刚被纳入政府监管，在历史上政府曾经一度对这

---

① 2005年的中央一号文件《关于进一步加强农村工作提高农业综合生产能力若干政策的意见》提出"可以探索建立更加贴近农民和农村需要、由自然人或企业发起的小额信贷组织"；2008年十七届三中全会首次提出建立"现代农村金融制度"，要求创新农村金融体制，放宽农村金融准入政策，加快建立商业性金融、合作性金融、政策性金融相结合，资本充足、功能健全、服务完善、运行安全的农村金融体系。

些机构采取打压甚至敌视的态度，在监管层也存在这些金融机构风险较高的顾虑；四是对数目庞大的新型农村金融机构监管存在一个成本问题。总体来看，监管部门对新型农村金融机构采取了严格的风险监管措施。

需要指出的是，上述的改革是在现有监管框架下做出的个别领域的改革，也在一定程度上活跃了农村金融体系。

二、对现行农村金融监管框架的分析

目前，对农村金融机构的监管，主要是对商业银行（农业银行）、政策性银行（农发行和邮储银行①的监管）、农村合作金融机构（农村商业银行②、农村合作银行、农村信用社）以及新型农村金融机构的监管。

（一）监管体制

农村金融机构实际上存在着多个监管主体。从广义范围来说，主要有中国人民银行、银监会、财政部等部门，但主要是银监会。人民银行承担了包括货币政策、支付结算等在内的监管权，银监会承担了对农村金融机构的日常监管，财政部主要体现为作为国有出资人（如作为农业银行的股东）行使权力以及对农村金融机构的财政补贴政策制定与执行等。从银监会内部来看，农业银行由监管一部负责监管，农村商业银行、农村合作银行、农村信用社和新型农村金融机构由合作金融监管部监管，农发行、国开行和邮储银行由监管四部负责监管。此外，地方政府也是农村合作金融机构的重要监管者之一。农村信用社改革引入了地方政府，对农村信用社的监管责任实际上由银监会和地方政府共同承担，金融监管的效力主要通过联社体制贯彻。

（二）监管框架

从农村金融机构监管的主要内容或范围来看，主要分为市场准入监管、业务运营监管、市场退出监管。现行的监管法律法规主要覆盖三种农村金融机构，即针对农业银行的监管、针对农村信用社的监管和针对新型农村金融机构的监管。主要监管框架如表10-3、表10-4所示。

---

① 目前在银监会内部分工上，对政策性银行的监管和对邮储银行的监管属于同一部门。
② 严格意义上说，农村商业银行是股份制地方性金融机构，其合作性质已经十分淡化。

表 10 – 3 　　　　　**商业银行和主要农村金融机构监管框架对比**

（截至 2008 年 6 月末）

		设立门槛			资产结构设置		经营限制	
		注册资本金	股东资格	股权结构规定	（核心）资本充足率	存款准备金率	存款利率	贷款利率
商业银行	全国性商业银行	≥10 亿元	—	—	资本充足率≥8%	17.5%（2008 年 6 月，下同）	浮动区间是 0 至央行公布的基准利率之间	央行基准利率的0.9～4 倍之间
	城市商业银行	≥1 亿元	—	—				
农村合作金融机构	农村商业银行	≥5 000 万元	由农村信用社、联（合）社或农村合作银行改制	地方政府财政资金不能入股				
	农村合作银行	≥2 000 万元	由农村信用社或联（合）社改制			16.50%		央行基准利率的0.9～2.3 倍之间
	农村信用合作社	≥ 100 万元	—		—	15%（其中涉农贷款比例较高、资产规模较小的 1 379 个县市农村信用社 12%）		
	县（市、区）农村信用合作联社	≥1 000 万元	—		核心资本充足率≥2%			

续表

		设立门槛			资产结构设置		经营限制	
		注册资本金	股东资格	股权结构规定	(核心)资本充足率	存款准备金率	存款利率	贷款利率
新型农村金融机构	村镇银行	县（市）≥300万元	须由银行业金融机构发起	最大银行业金融机构持股比例≥20%；其他单一股东持股比例≤10%	资本充足率≥8%	参照当地农村信用社执行	浮动区间是0至央行公布的基准利率之间	央行基准利率的0.9～4倍之间
		乡（镇）≥100万元						
	贷款公司	≥50万元	须由商业银行或农村合作银行全额出资			—		
	农村资金互助社	乡（镇）≥30万元 村≥10万元	自愿入股的农民和农村中小企业	单一股东持股比例≤10%		—		
非金融机构	小额贷款公司	有限公司≥500万元 股份公司≥1 000万元	任何合法资本		—	—		

资料来源：中国人民银行．中国农村金融服务报告．有删节。

表 10 - 4   监管目标二重性下对主要农村金融机构监管措施的分解

	风险控制（审慎性监管）	"三农"发展（带有发展考虑的监管）
农业银行	总计 3 类 13 个指标中的 5 个指标（如不良率、拨备覆盖率等）用以体现审慎经营情况	利用 5 个指标（如增量贷存比、存量贷存比等）约束"三农"金融部的发展；要求建立起单独的会计核算、信贷管理、资本管理、拨备核销、资金管理、考评激励管理，确保体制上服务"三农"
农村信用社	从资本监管、资产质量监管、公司治理、内部控制监管、信息透明度监管、持续审慎监管等方面做出专门安排。此外还构建了农村合作金融机构风险评价和预警指标体系	设置专门的服务"三农"约束性条款，由股东大会或监管机构规定贷款用于支持"三农"发展的比例
新型农村金融机构	在准入监管、公司治理、资产风险控制、审慎经营等方面实施监管，资本充足率都要求不低于 8%	设置专门的服务"三农"约束条款：村镇银行应首先充分满足县域内"三农"发展的需要，农村资金互助社的资金应主要用于发放社员贷款，贷款公司贷款投向主要用于支持"三农"发展

结合上述表格，以及银监会发布的各类监管指引和规章规定，我们系统梳理了农村金融监管的政策措施，可以看出以下几点：

第一，对资本充足率实施共同的严格控制。资本充足率监管是非常有效的控制风险的工具，银监会要求大部分农村金融机构（含新型农村金融机构）都满足新巴塞尔协议，但同时也针对存在历史包袱的农村信用社降低监管要求。银监会制定了可行的时间表，对于县（市）联社，要求核心资本充足率在任何时点不低于 2%[①]，但最终目标仍旧是按照商业银行监管标准来实现监管，这反映了监管的首要考虑仍旧是风险控制。

第二，针对不同的金融机构实施差异化管理。首先是准入门槛，对不同的金融机构在注册资本金、股东人数、股东资格、股权结构上实施不同的规定，确保

---

① 关于农村信用社以县（市）为单位统一法人工作的指导意见.

金融机构符合其设立性质；其次在存款准备金率上实施差异化监管，以照顾那些以服务"三农"为主要业务的中小金融机构，确保它们能够有更多的可用资金。再如，对农商行"统一标准、一步到位"的基本原则，按照商业银行的监管标准与要求实施准入监管和持续监管。对农合行"明确目标、区别对待、分步提高"的基本原则，从2007年起，在风险监管领域，按照商业银行监管标准与要求实施监管；在部分监管指标及监管指标计算口径方面，考虑农合行金融服务的特殊性，实施有效监管。

第三，在服务"三农"问题上，均设置了专门的约束性条款。其中对农村信用社由股东大会或监管机构规定贷款用于支持"三农"发展的比例，对新型农村金融机构要求贷款主要用于支持"三农"发展。

三、对现行农村金融监管体系的有效性评价

总体来看，我国已经初步建立起了一个针对农村金融的监管体系，出台了一系列制度，基本涵盖并实现了对主要农村金融机构的差异化监管，农村金融机构的绩效表现和服务能力较以往也有了相当程度提高，但目前农村金融体系发育仍旧存在一系列问题（如银行业金融机构空白问题；保险、担保、投资体系不健全问题；金融服务尤其是融资服务与新兴农村金融需求满足度存在矛盾等问题）。从构建更高要求的农村金融体系角度来说，目前的农村金融监管还存在着一系列深层次的矛盾。

（一）监管目标不够清晰

回顾历次改革，各类措施都是在二重目标间摇摆。2007年之前的改革以"风险管控"为主要考虑，2007年后开始偏向"三农发展"。一方面，监管部门针对农信社及新型农村金融机构虽然也设置了服务"三农"约束条款，但不像针对农业银行那样有量化的刚性约束，而实践中屡屡出现农信社"非农化"和新型农村金融机构"脱镇入县"，反映了监管部门在具体监管手段上的欠缺，在监管目标上的缺失。另一方面，当前的监管目标和改革落脚点存在偏差。目前的增量改革虽然发展迅速，但是占比很小，起到的其实更多是"鲶鱼效应"。到2010年年末，全国新型农村金融机构贷款余额为601亿元，占全部涉农贷款的0.5%。如果加上小额贷款公司贷款为2 576亿元，也仅占2.2%。农村金融的服务主体还是农村信用社，如何按照"三农发展"的目标导向推动存量改革，才应当是农村金融监管与改革的着力点所在。可以说，监管目标的不清晰来自于建设目标的不清晰。监管部门虽然出台了包括《新型农村金融机构2009～2011年

总体工作安排》在内的一些分项的农村金融发展规划，但尚不存在一个包括商业性、政策性、合作性、新型机构和民间金融在内的完整详细的农村金融体系发展规划。对于建设怎样的农村金融体系，监管部门虽然在不同场合有所表述，但并没有一个清晰的路线图。

（二）监管体制不尽合理

主要体现在三个方面：一是多头监管问题。针对农村金融的监管，目前除银监会负有主要监管职能外，中国人民银行、财政部乃至工商部门也都不同程度负有一定的监管职责。不同的部门有不同的监管目标，这导致在政策制度设计上存在着不一致甚至相互冲突的问题。比如，中国人民银行目前仍旧掌管支付结算信息监管和信贷政策制定权，银监会不含这两项十分重要且基础的监管权限。再以对小额贷款公司的监管为例，目前小额贷款公司在工商部门注册成为工商企业。在监管部门的确定方面，作为特殊的企业，中国人民银行只在内控制度建设、信息披露等方面进行指导，政府确定的部门都可以对其进行监管。二是监管部门内设机构监管存在一定的割裂。以银监会为例，农业银行由监管一部负责监管，农村商业银行、农村合作银行、农村信用社和新型农村金融机构由合作金融监管部监管，农发行和邮储银行由监管四部负责监管。表面上看实现了不同性质的机构由不同部门负责监管，实际上将隶属统一的农村金融监管体系进行了割裂，并没有实现按照业务进行监管。此外，对于中国工商银行、中国银行、中国建设银行、中国交通银行等行在农村金融领域的行为，银监会并没有相关的监管办法。三是各部门和各级政府之间未形成高效的监管合力。目前，我国各大金融监管机构在省域、县域之间的协调机制滞后，导致监管信息难以共享，监管政策措施往往相互重叠或抵触。

（三）监管政策不够健全

从整体上看，由于没有一个明晰完整的农村金融监管政策体系，对不同领域、不同性质机构的监管显得十分零散。一是存在监管空白。目前大量的民间金融仍旧游离在金融监管之外，一直处于非法的灰色地带，既不利于监管部门掌握情况，制定和实施具有体系性的监管政策，也不利于金融秩序的良好运转，甚至对国家的货币政策的传导都不利。同时，针对非政府的小额信贷机构的监管、针对政策性银行的监管都没有专门的办法，作为监管的政策体系不够健全。二是监管政策设计共性考虑得多，而特殊政策考虑略显不足。例如，针对农村信用社的监管参照《中华人民共和国商业银行法》进行，并未对富有特色的合作性金融

291

做出相应的法律安排。再以新型农村金融机构（尤其是作为主体的村镇银行）为例，从设立门槛来看，有不少核心监管指标（如资本充足率）直接参考对商业银行的严格监管，本质上是将大型银行缩微化，其实并未能根据新型农村金融机构的实际做出实质性调整。三是监管政策存在着漏洞和套利空间。如对村镇银行要求必须是银行业金融机构控股，表面上是为了控制风险的需要，实际上是将村镇银行变成了控股母银行的一个分支网点。因此，我们看到包括外资银行、各地农村商业银行在内的各家银行纷纷在异地设立村镇银行，且不少村镇银行设在县城。有的村镇银行由农村商业银行完全控股，本质上是变相规避"不准异地设点"①。

（四） 扶持政策不够系统

目前对农村金融体系的扶持政策有财政、税收、货币等政策，这些政策一方面分布零散，并不是按照一个统一体系和框架来进行的统筹设计，而是更多地服务于改革试点，具有短期效应。对于扶持政策所能达到的量化效果和激励路径，也没有详细的规划设计。另一方面，扶持措施的临时性、地域性和特定机构享有的属性，不具有普惠性。例如，对于特定机构所享有的优惠政策措施，实际上辖内其他农村金融机构面临的是不公平竞争。

第三节 建立多层次农村普惠金融体系

普惠金融也称包容性金融，其核心是有效、全方位地为社会所有阶层和群体提供金融服务，尤其是那些被传统金融忽视的农村地区、城乡贫困群体、微小企业。普惠金融为弱势群体提供了一种与其他客户平等享受金融服务的权利，普惠金融能够有效地帮助贫困群体脱贫，普惠金融体系是构建和谐社会的重要推动力。

目前，在广大农村地区针对农民、农户提供的小额信贷应当被视为普惠金融的一部分。小额信贷是指向低收入群体和微型企业提供的额度较小的信贷服务，其基本特征是额度较小、服务于贫困人口，无担保、无抵押。小额信贷投放到农村，就是农村金融的重要组成部分。小额信贷与一般农村金融的服务目标有相当

---

① 目前银监会表示在资本条件充足的情况下，允许农村商业银行设立异地机构，http://www.cfi.net.cn/p20100208000563.html.

的重合，基本目标都是促进增长、增加收入和减缓贫困。过去 20 多年，小额信贷的概念不断地被拓宽，从小额度信用贷款到微型金融，再到建立服务于穷人和低收入人群的完整的金融体系被称为"普惠"金融体系。普惠金融体系认同的是只有将包括穷人为对象的金融服务有机地融于微观、中观和宏观三个层面的金融体系，才能使过去被排斥于金融服务之外的大规模客户群体获益。

要解决农村农户、低收入人群及微型企业的发展问题，应该建立一个完善的农村普惠金融体系。在农村建立多层次的金融机构来进行小额信贷和其他的农村金融服务是完全必要的。

一、继续发挥农村信用合作社在发放小额信贷中的作用

实际上到目前为止，农信社还是为农户提供金融服务的主要力量。农信社成立时间很长了，而且网点也非常丰富，也有很多的经验，所以应该继续发挥它们为农村金融服务的作用。

目前，农信社是存在一些问题的。农信社存在的问题就是，它越办越大，已经完全或者部分失去了农信社的性质，它是国有、官办、贪大、求洋，所以农信社在相当程度上已经主要不为农村经济服务了。

现在应该还要发挥它的作用，让它更多地为农村经济和金融服务。应当解决以下几个问题，一是必须明确农村信用合作社为"三农"服务的思想，二是农村信用合作社必须办成一个真正的农村合作金融组织，现在应该真正的恢复农信社真正的合作经济组织的性质。实际上我们最初的农村信用合作社就是社员入股，社员存款，然后贷款给社员，信用社是社员自己的金融组织。后来实际上把它发展成银行了，我们现在发展县联社、省联社，广泛吸收存款，广泛发放贷款，甚至把在农村吸收的存款转放到城市，这实际上就是银行。我们调查发现，很多的农户并没有得到信用社的贷款，因为贷款手续非常繁杂，有的地方信用社贷款时，要求贷款户交 10% 的股金。农民入股入社是好事，但入股、入社应当是自愿的，应当把这件事同客户贷款分开处理。不能说要贷款就必须要入社，因为信用社现在已经是一个类银行组织了，银行是一个中介组织，主要贷款不应贷给股东。所以要把入股和贷款分开。信用社增资扩股是可以的，但是必须要自愿。

要想进一步发挥农信社在发放小额贷款和其他农村金融服务的作用，还应解决以下问题：（1）农信社开展服务创新，多渠道筹集资金；（2）坚持小额农贷的市场运作，增强农信社开展小额农贷业务的可持续性；（3）明晰商业性业务和政策性业务界限；（4）允许农信社根据成本制定合理的小额贷款利率水平；

（5）加强农村信用工程建设，完善农信社小额农贷的管理和监管体系；（6）大力发展农业保险和农户小额保险。

二、发挥村镇银行服务农村金融的作用

村镇银行是银监会批准的解决农村金融问题的金融机构。村镇银行的优势在于：（1）存款准备金率较低；（2）3~5年免税期；营业场地租金给予一定补贴；（3）存款利率按照中国人民银行下达的基准利率执行；贷款利率不超过中国人民银行下达的基准贷款利率的4倍；（4）机构设置十分便利；（5）运行成本相对较低，竞争压力较小，盈利能力有保障。但是村镇银行目前批的也不多，大概到目前为止才批了14家，所以这种村镇银行又很难发挥作用。

目前村镇银行存在的主要问题是：优惠政策落实不够。虽然当地政府在面上给予了大力支持，但一些具体政策、税收优惠仍然停留在口头上，没有落实到位。加上未获得中国人民银行认可，到目前尚未享受到中国人民银行相关的金融扶持政策，如支农再贷款等。结算渠道有待完善，风险救助机制不全。按照银监会的规定，对统一借款人的贷款余额不得超过本行资本净额的5%；对单一集团企业客户的授信余额不得超过本行资本净额的10%。因村镇银行注册资本太少（200万元），按此比例计算，其同一借款人贷款余额不得超过10万元，单一集团客户授信余额最高不得超过20万元，无法满足中小企业的融资需求，使银行在业务拓展方面受到了很大的限制。市场认知度较低，资金来源受限。村镇银行的资金来源主要靠注册资本金、各方股金和吸收的存款等。村镇银行属新设金融机构，公众对其认识不够，主动上门办理的客户较少，部分居民甚至认为村镇银行是"私人银行"，其可靠性不如以往有主管部门的农村基金会，不愿到村镇银行办理存贷款业务。因此，村镇银行的资金来源非常有限。另外，村镇银行有非农化倾向。村镇银行的服务"三农"的宗旨主要是以农户、农村工商业等为服务对象，吸收他们的存款并向他们发放贷款。但是从目前全国现有的村镇银行的设置来看，它们基本上都设置在县城，这些村镇银行限于服务半径，没有真正"下乡"，在服务县域经济上有一定成绩，但服务"三农"的作用还没有真正发挥。

我们认为，村镇银行一定要找准市场定位，重点为农村金融服务，应多对农户和农村微型企业发放小额贷款；加大宣传力度，创造村镇银行发展的大空间；加强金融合作和准入政策供给，彰显村镇银行的制度优势；建立金融监管部门的协调监管机制，加强村镇银行的风险防范，建立和健全村镇银行内控机制。

三、发挥小额贷款公司在发放农村小额贷款中的作用

（一）小额贷款公司运营现状

中国人民银行 2005 年规定小额贷款公司试点的基本框架为：一是"只贷不存"，规定小额贷款公司的主要资金来源为股东缴纳的资本金、捐赠资金以及来自不超过两个银行业金融机构的融入资金；二是开放小额信贷利率上限，但不能超过法定利率的 4 倍，下限为人民银行公布的贷款基准利率的 0.9 倍，具体浮动幅度按照市场原则自主确定；三是在服务"三农"的原则下自主选择贷款对象，规定 70% 以上的贷款要用于"三农"，同时限定小额贷款公司只能在县域内经营。在政策的引导下，2006 年，山西平遥的"晋源泰"、"日升隆"，四川广元的"全力"，贵州江口的"华地"，陕西户县的"信昌"、"大洋汇鑫"和内蒙古东盛的"融丰"等 7 家试点小额贷款公司应运而生。2007 年 10 月，经国务院批准，银监会决定扩大调整放宽农村地区银行业金融机构准入政策试点范围，将试点省份从 2006 年的 5 个省区推广到 31 个省区。2008 年，全国批准了 100 多家小额贷款公司，进入 2009 年，小额贷款公司发展势头更为迅猛：各省市相继出台关于开展小额贷款公司试点工作的实施意见和暂行管理办法，使小额贷款公司如雨后春笋般发展起来。目前，全国有 100 多家的小额贷款公司。我们到山西永济富平小额贷款公司去参观，受到很大的启发，它们就是为农户服务的、为农村服务，对农村经济的发展确实起到一定促进作用。我们走访了贷款户，这些贷款户有用贷款搞化肥、种高粱、种玉米、养羊、养猪，实际上解决了他们大问题。而且他们的回报率大概是这样的，就是说除了还贷款以外，实际上他们可以得到翻倍的收益，就是说借了两万块，除了还这两万块的本金和支付息之外，他还可以收益两万块，如果这些小额贷款公司发挥作用的话，那么对农村、农户解决生产，包括生活的一些问题，应该说是很好的。

（二）小额贷款公司发展面临的主要问题

（1）"只贷不存"资金来源问题；（2）利率限制问题；（3）监管体制和风险控制问题；（4）日常经营和协调股东之间利益的问题。目前真正为农村服务的小额贷款公司是非常之少，相当一部分还是为城镇，实际上越做越大，相当部分已经或准备变成村镇银行了。

（三）小额贷款公司发展的政策建议

拓宽融资渠道，扩大资金来源；逐步放开利率管制，实行市场利率；减轻小额贷款公司税负过重，实现财务可持续；完善法律法规，明确小额贷款公司的合法地位。解决资金来源问题。不允许小额贷款公司吸收存款是对的，但必须解决它的资金来源问题。完全靠自有资本去贷款是不行的。就是允许它们向大银行拆借，而且放款拆借比例，或者成为大银行的零售商。也可以向其他金融组织借款。

有人说，小额贷款公司贷款利率比较高，是不合理的。应该辩证地来看这个问题。小额贷款公司客观上起到扶贫作用，但它毕竟不是扶贫机构，它本质上是一个商业金融机构。它必须能够有利润才能生存和发展。小额贷款成本和风险都是比较高的，尤其是在农村资金供应短缺的情况下，高利率是必然的。高利率不等于传统意义上的"高利贷"。过去的高利贷主要用于直接消费，还款能力差，现在的小额贷款主要用于生产，是产生投资回报的。小额贷款公司必须有它的风险覆盖面，它必须首先生存，然后才谈得上发展。

所以在政策上面要支持小额贷款公司，包括给小额贷款公司进行担保等政策，使小额贷款公司能够更好地生存、发展，为农业发展服务。

四、大力发展农村资金互助社

（一）农村资金互助社的发展现状

按照银监会 2007 年年初出台的《农村资金互助社管理暂行规定》，农村资金互助社是指经银行业监督管理机构批准，由乡（镇）、行政村农民和农村小企业自愿入股组成，为社员提供存款、贷款、结算等业务的社区互助性银行业金融组织。

农村资金互助社可视为合作或股份合作金融，分村级和乡镇级两类。《暂行规定》明确农村资金互助社在乡（镇）设立的，注册资本不低于 30 万元；在行政村设立的，注册资本不低于 10 万元，注册资本应为实缴资本。目前，按照银监会的规范和要求正式成立注册的农村资金互助社共有 10 家。

（二）农村资金互助社小额信贷存在的问题

（1）市场准入"门槛"仍然偏高；（2）融资困难；（3）业务管理水平落

后，内部管理混乱；（4）缺乏专门的针对合作金融的法律；（5）政府引导和支持不足。

（三）农村资金互助社小额信贷业务发展的政策建议

找准自身发展定位，适当调低市场准入标准；加大宣传力度，拓宽融资渠道；加大培训力度，规范内部管理；制定《合作金融法》加强监管。政府应加大对农村资金互助社的扶持力度。

我们认为，农村资金互助社作为合作组织是可以发展的，但是把它按银行业进行管理是否恰当？农村资金互助社不是银行，而是由社员自己入股成立的合作金融组织。不对外吸收存款，而是社员存款，为社员贷款。如果按银行来做的话，那么又是广泛的吸收存款，广泛的贷款，实际上失去了真正合作金融的意义。

在国外，实际上合作金融是发展非常好的，包括其他的合作组织，包括生产合作社、消费合作社，还有金融服务合作社，真正的是农民自愿的一些合作组织，这样才能发挥作用。

农村资金互助社完全是吸收社员的存款，给社员贷款，是等于定向筹资、定向贷款，不对非特定人吸收存款和发放贷款，是自己的钱自己花，自己管理。因此没必要审批，只要备案即可。村镇银行是向非特定人募集资金的，向非特定人贷款的，村镇银行与农村资金互助社是不一样的。

五、发展和规范农村民间金融组织

新中国成立 60 年，一直封杀民间金融组织，把民间金融组织视为高利贷，所以民间金融组织一直没有发展起来。

解决农村金融问题，最好的办法就是搞真正的农村合作金融组织。可将农村广泛流行的标会、摇会等民间金融组织合法化，国家只需将其合法化并实行备案制，由其自律监管。

标会、摇会等民间金融组织实际是一种农民自发的合作金融组织。标会、摇会组织不对外吸收存款和发放贷款，而是吸收"会员"存款和对"会员"发放贷款的组织。这类组织有自己管理和运作章程。标会、摇会的资金是会员自己的资金，积聚资金后由会员轮流使用（标会是在章程上规定顺序使用，而摇会是用抽签的办法来决定使用顺序）。标会、摇会在历史上是消费信贷组织，现在可以将资金用到生产上。其资金是定向运用，利率则根据会员意愿通过协商协议自定，定高了不行，定低了也不行。

297

标会、摇会是一种古老的民间金融组织，在改革开放过程中在发达地区农村起了作用。例如，在温州、宁波和福建等地的农村都发挥了促进生产发展的作用。

要允许这类金融组织存在，要使它阳光化、规范化。这类组织只要章程健全，经营合法合理，在监管部门备案即可。利率可完全放开，但应规定不得使用复利。如果违法可追究法律责任。

事实证明，标会、摇会的章程很严格，不守信用和规矩的农民将被拒之门外。鉴于这些章程的严厉性，国家不妨考虑将标会、摇会组织合法化，规定其必须注册备案，将向特定对象募集的资金用于特定用途。

标会和摇会的会员都是相互熟悉的村民，组织者是较有信誉的村民，利于互相监督。同村的，跑也跑不了。若不将标会、摇会合法化，它就转入地下，势必会出现"地下钱庄"或其他非法的高利贷组织现象。

六、利用非政府组织小额信贷

新中国的非政府小额信贷起源于 20 世纪 90 年代中期利用国际援助资金开展的一系列小额信贷扶贫项目。这些项目不但在扶贫事业中做出了很大贡献，而且为我国扶贫模式创新、农村金融产品和制度创新都做出了重要的示范和促进作用。由于这些小额信贷机构的资金基本上来源于捐赠（包括国际发展机构、非政府组织和私人等），采用非政府组织的形式，而且将扶贫作为宗旨和目标，所以，一般被称为非政府小额信贷，以区别于正规金融机构开展的小额信贷。

目前，我国非政府组织小额信贷主要存在以下问题：（1）非政府小额信贷法律地位不明确；（2）资金产权不明晰；（3）治理结构和管理体制存在很大问题；（4）很难进行市场化运作；（5）缺乏非政府小额信贷的中介服务机构。

综上分析，我们对非政府小额信贷发展提出以下政策建议。（1）可以发展成强壮的非政府组织小额信贷机构；（2）可以转变为社区资金互助组织；（3）可以转变为非银行金融机构；（4）转变为小额信贷银行；（5）可以与正规金融机构合作；（6）转型绕不开解决当前非政府组织小额信贷机构所面临的各种问题，需要政府在政策法规上予以支持；（7）明确非政府小额信贷机构的合法地位；（8）建立完善的监督和评级机构；（9）加强风险控制和成本管理，提高非政府小额信贷机构的运行效率。

当农村生产和消费组织重新实现合作化和企业化，当农业生产逐步实现产业化，当农村逐步变成城镇化，很多与"三农"相关的重大项目开始增多时，除了上述的一些微型金融机构在农村发挥作用之外，还要发挥农村其他金融组织的作用，应吸引大型银行和金融机构如农业银行、邮政储蓄银行承担"三农"项目，其他投资性机构如创业投资机构、私募股权投资机构等也应逐步投资"三农"项目。这样就会形成完善的农村普惠金融组织体系和融投资体系，就会极大地促进农村金融和农村经济的发展，从根本上解决"三农"问题。

第四节 农村金融监管体系的改革与完善

从前面的分析中，我们指出当前的农村金融监管框架存在着一系列问题。为了统筹设计新的农村金融监管框架，必须首先建立一个符合我国国情的农村金融体系，并以此为目标，从当前农村金融实际出发，构建与之相符的监管框架。在这一节，我们就完善我国的农村金融监管提出意见建议。显然，由于农村金融监管的特殊性，我们对农村金融监管的概念和内涵进行了扩充，从而更加丰满。

一、建设现代农村金融制度

2008 年出台的《中共中央关于推进农村改革发展若干重大问题的决定》明确提出了建设现代农村金融制度，要求加快建立商业性金融、合作性金融、政策性金融相结合，资本充足、功能健全、服务完善、运行安全的农村金融体系。这与我国的国情是切合的。我国经济发展的城乡差距、区域差异都很大，"三农"客户也是千差万别。构建适合我国国情的农村金融体系，就必须对我国的"三农"客户进行整体分析。我国"三农"客户种类及其金融需求种类繁多。在客户类型上，既有企业客户，也有个人客户。其中企业客户中既有占据 500 强的大型农业产业化龙头企业，也有乡镇和农村的中小企业；而个人客户既有大量的高资产个体户，也有处于贫困线上需要脱贫致富的农户。在金融需求上，既有存贷汇等基本金融需求，也有融资服务（商业性的中短期融资需求、政策性的中长期融资需求）、投资、保险、理财、上市等高级金融需求。所以，符合我国国情的农村金融体系应当是多层次、广覆盖、全功能、可持续的（见表 10－5）。所谓多层次，指的是既有全国性的大型商业银行、政策性银行，也有区域性的中小银行、合作性金融机构，以及社区性的新型农村金融机构和民间金融。所谓广覆盖，指的是既覆盖发达地区和落后地区（包括金融服务空白地区），也覆盖各类客户。所谓全功能，就是全部农村金融机构所能提供的金融服务可以从整体上全面覆盖"三农"客户的各类金融需求。所谓可持续，指的是农村金融机构可以实现财务可持续，部分农村金融机构通过扶持政策的补贴也可以实现可持续盈利。

299

表 10 - 5　　　　多层次、广覆盖、全功能、可持续的农村金融体系

	政策性银行	商业性银行	合作性 金融机构	新型农村 金融机构	民间金融
大型企业与项目	●	●	—	—	—
中型企业	●	●	●	—	—
小型企业	●	●	●	●	●
微型企业	—	●	●	●	●
工薪阶层	—	●	●	●	●
个体工商户	—	●	●	●	●
农户	—	●	●	●	●
政策性业务	●	—	—	—	—
商业性业务	—	●	△	●	△
互助性业务	—	—	△	△	●
基础性非融资服务	—	●	●	●	—

注：●表示有此项业务；△表示有部分业务；—表示无此业务。

二、构建面向未来的农村金融监管体系

由于农村金融体系建设的滞后性，更需要政府干预以促进快速发展。与此相适应，我们需要构建包含更为丰富内涵的农村金融监管体系。

（一）监管理念

与强调政府干预对促进经济快速发展的发展型政府概念相似，我们认为农村金融监管也应当树立起"发展型监管"理念①。所谓发展型监管，就是以提升供给与发育总体不足、服务较为落后的农村金融的服务能力和发展能力为出发点，围绕构建现代农村金融制度，兼顾农村金融发展的"防控风险"与"三农发展"二重监管目标，统筹设计、整体规划、通过系统性包括扶持政策在内的监管体系，实现农村金融的又快又好发展。

1. 发展型监管与传统监管的区别。传统意义上的监管主要是对金融机构和

---

① 本质上中国的金融体系整体仍旧处于进一步的改革发展之中，中国的金融监管应当是一种"发展型监管"，但农村金融体系由于整体发育更为不足、改革任务更为艰巨、改革进程仍在进行，我们认为用"发展型监管"来描述农村金融监管更为贴切。这个词语是我们将"发展型政府"的内涵借用到农村金融监管上创新的。

金融市场实施全面的管理、经常性的检查与监督，督促金融机构合法经营，促进金融市场健康发展，维护金融稳定。而发展型监管更加强调"发展"，它适用于金融市场发展较为落后、需要进一步培育的弱势金融领域。发展型监管将监管目标与农业和农村经济的发展有机结合起来，致力于构建促进良性循环的体制机制。它强调的不是就监管而监管，是规划服务与扶持培育，它的要求更高，在监管理念和体制机制设计上也需要进行特殊考虑。

2. 发展型监管的主要特征。主要有以下几个：一是把发展放在突出位置。把农村金融的发展作为主要目标，借此统筹安排监管体系的构成。二是把监管作为推动改革发展的主要手段。明确建设目标，统筹设计监管框架，将改革的各项措施以监管的规划、规章、制度等形式确定下来，以监管手段推动农村金融体系的改革发展。三是重视农村金融机构的内控制度建设。通过监管部门的外部力量推动农村金融机构内部体制机制建设和改善，进而形成自我控制机制。四是重视外部环境建设。通过出台一系列扶持政策，使得农村金融机构获得更高的财务可持续能力。

3. 发展型监管的具体理念。确定农村金融发展型监管的具体理念，应当统筹考虑以下因素。一是考虑风险因素。长期以来，由于农村经济的发展远远落后于城市地区的发展，农业生产附加值较低，农民资金需求量小且缺乏抵押物，农村金融尤其是乡村金融始终面临着财务表现不佳甚至难以持续的难题。历史上农村金融机构积累了大量坏账，以及一些农村金融机构运作不规范造成的区域性和系统性风险，使得监管机构对农村金融机构监管始终把风险控制放在首要位置。即使是发展型监管，也必须把风险控制放在重要的位置。二是考虑社会效益，也就是经济发展和社会福利因素。这包含两层含义：一方面，一直以来的监管部分程度上形成金融压抑，并由此造成了资源配置的效率损失。在广大农村地区，信贷资金的可获得性大大高于其价格水平，这反映了农民融资权利的丧失。同时，在对民间借贷的监管问题上，也一直存在歧视性和打压性政策，至今尚未纳入监管范围。发展型监管要确立公平公正的理念，解除不合理的约束，尽可能吸引各类资本的投入。另一方面，要允许适度竞争。农信社部分垄断的现象使其可以通过提高利率获得收益，这既在某种程度上不利于经济发展，也不利于农信社自身的改革意愿。三是要顾及区域差异性。我国区域经济发展不平衡，各地的资源禀赋、发展结构与发展阶段不尽相同，进而导致各地的农村金融及其监管也具有不同的内涵。四是要有前瞻性和动态性。按照构建现代农村金融制度的思路，从当前实际出发，在监管上要先行几步，进而指导监管体制改革和监管措施跟进。同时也要结合我国城镇化、工业化和城乡一体化进程进行动态修正，确保符合"三农"实际。

（二）监管体制

在监管体制上，发展型监管特别强调围绕统一目标进行监管筹划。首先，它要求对农村金融业务进行清晰地界定，对不同的农村金融机构进行明确定位。其中，针对既有农村金融业务，也有非农村金融业务的金融机构的监管，要按照定位，从体制上建立起城乡资金防火墙，推动事业部制的实施，将对金融机构整体的监管内化为对其专司农村金融业务的事业部的监管。其次，它要求有一个统一的监管主体，也即建立一个包括对商业银行、政策性银行、农村合作金融机构和民间金融在内的统一监管主体，将割裂的监管统一为涵盖包括银行、保险在内的多层次、系统性的监管。最后，它要求建立与地方政府联合监管的格局。由于不少农村金融机构与地方政府关系密切，在设计监管体制上，必须也将地方政府纳入考虑。

（三）监管政策

根据发展型监管的要求，需要统筹设计监管政策，主要考虑以下几个方面：

1. 量化监管指标。首先必须将目标构建的"多层次、广覆盖、全功能、可持续"的农村金融体系进行指标量化，围绕农村金融服务的深度、广度和财务可持续性，规划设计多维度的监管指标体系。

2. 同步实现全监管与差异化监管。第一，解除对民间金融不合理的歧视性与打压性政策，调动一切金融资源来支持"三农"发展，实现"全监管"。第二，针对不同定位的农村金融体系，采取不同的指标考量。比如针对以扩大农村金融服务广度为主要考量的微型农村金融机构，就应当在财务可持续性上予以适当放宽，并通过优惠政策予以扶持。而针对那些以提升农村金融服务深度为主要考量的商业银行，则应当实施严格的监管。第三，在风险管理、资本充足率方面，针对农村金融机构总体上要予以区别对待，不能照搬照抄对普通商业银行的监管模式。

3. 优惠政策。统筹设计涵盖财政、税收、货币等各项政策在内的优惠政策体系。一要坚持扶持性，通过政策扶持提升农村金融机构的财务可持续性，运用商业化手段长久可持续地推动农村金融及其机构的健康发展。二是坚持普惠性，针对农村金融业务开展无差异的普遍优惠。三是体现社会责任性。明确扶持农村金融的发展是包括全体金融机构在内的责任，每一个金融机构都应当通过不同方式实现对农村金融发展的支持。

三、完善我国农村金融监管的政策建议

（一）统筹设计农村金融体系改革及实施路径

1. 明确包括正规金融、非正规金融，银行、保险、证券，政策性、合作性、商业性金融机构在内的现代农村金融制度的合理分工定位。

2. 推动实施存量改革与增量改革并重的建设路径。在存量改革方面，一是可以考虑参照农业银行的事业部改革经验，对邮政储蓄银行实施事业部制改造，在邮储银行内部建立起城乡资金防火墙，增加农村金融供给。二是对农村信用合作社不再推行以股份制改造为方向的改革，严禁继续做大，确保贴近"三农"。在增量改革方面，一是继续大量培育新型农村金融机构。鼓励村镇银行、农村资金互助社、贷款公司和小额贷款公司的发展，引导和鼓励更多的民间资本进入农村金融领域。二是给予民间金融合法的法律地位。加快制定"放贷人条例"，将民间金融纳入现行监管体系，规范民间金融的发展。三是大量培育贷款零销商，加强与大型金融机构的合作。充分发挥大型银行的资金优势和微小型金融组织、微型零售商贴近客户的优势，将农村金融服务主动脉与毛细血管联结起来，提高农村金融供给效率。

（二）建立发展型的农村金融监管体系

1. 制定多维度的农村金融监管评价体系。根据不同目标导向有重点地突出某一方面的监管。将监管效果进行量化，并与有关奖励性政策挂钩。

2. 革新监管体制。短期内，要建立健全上下协调沟通和农村金融监管机构内部的协作机制。一方面，因地制宜，在监管协调上必须充分考虑各地实际，构建起上下沟通协调的体制机制。另一方面，依据对农村金融监管隶属不同部门的实际，建立起横跨部门的监管机构内部农村金融监管委员会，统筹协调农村金融的监管问题。中期来看，要统筹实现对农村金融业务的统一监管，比如成立跨部门的国家农村金融发展办公室（委员会），负责跨部门协调推进工作，推动金融资源向"三农"的流动。长远来看，随着现代农村金融体系的不断成熟完善，发展型监管要逐步实现向普通监管转变。

3. 统筹设计差异化的监管政策。建立全监管制度，对不同执牌类别机构（如吸收存款的银行业机构和不吸收存款的小额贷款公司）、不同的风险程度（如不同的资本充足率和不良率）、不同的机构类别（如政策性银行、涉农大型

303

商业银行、地方中小法人农村银行业金融机构、邮政储蓄银行、新型农村金融机构等)、不同的区域(东部、中部、西部)实施差别化的分类监管。其中对商业银行侧重于建设城乡隔离的防火墙,对政策性银行出台专门的监管办法,制定《农村金融合作法》,将信用社办为真正的合作性金融机构。

(三) 着力完善农村金融扶持政策体系

一是系统梳理当前针对农村金融体系的优惠政策,明确适用范围、时限。根据现代农村金融制度建设要求,统筹设计农村金融扶持政策,加大担保机制、风险补偿机制、存款准备金与利率政策、信用体系、保险体系、农业期货市场等一系列扶持政策建设。二是考虑建立普惠基金。本着"以城补乡、以强持弱"的理念,从境内银行业金融运营机构征收运作资金,用于补贴和支持农村地区尤其是欠发达农村地区金融机构网点增设、开展小额农户信贷及布设金融电子机具等,引导金融资源更多投向农村地区,提升农村金融服务质量和水平,促进城乡金融和区域金融平衡、协调发展。

第十一章

金融衍生品市场的监管

第一节 我国金融衍生品市场发展现状

1984 年，中国银行率先开始了代为客户进行境外外汇期货的交易，这被公认为新中国金融期货的开端。26 年来，我国曾先后出现过外汇期货、商品期货、国债期货、股票指数期货、认股权证、可转换债券、融资融券业务，目前，商品期货、股指期货、可转换债券和融资融券业务的顺利开展，为我国金融衍生品市场监管实践提供了借鉴。

一、我国金融衍生品市场上市交易品种

目前，我国金融衍生品市场上市交易品种包括商品期货、股指期货、可转换债券、认股权证、融资融券等五大类。

截至 2011 年 2 月末，我国商品期货市场共有 23 个上市交易品种。其中，上海期货交易所上市交易的品种包括铜、铝、锌、黄金、天然橡胶、燃料油、螺纹钢、线材，其交投最活跃的品种为铜和铝；郑州商品交易所上市交易的品种包括硬麦、强麦、棉花、白糖、PTA、菜籽油、早籼稻，其交投最活跃的品种为棉花和白糖；大连商品交易所上市交易的品种包括黄大豆 1 号、黄大豆 2 号、豆粕、玉米、豆油、LLDPE、棕榈油、PVC，其交投最活跃的品种为豆油和黄大豆 1 号。

中国内地资本市场首个金融期货品种，沪深 300 股票指数期货从 2010 年 4 月 16 日在中国金融期货交易所上市交易。

截至 2011 年 2 月末，我国共有新钢转债、博汇转债、双良转债、歌华转债、海运转债、国投转债、石化转债、澄星转债、中行转债、工行转债、唐钢转债、美丰转债、中鼎转债、铜陵转债、燕京转债、塔牌转债等 16 只可转换债券上市交易。

2005 年，为配合股权分置改革，我国再次启动了认股权证。截至 2011 年 2 月末，我国只剩下长虹 CWB1 最后 1 只权证上市交易。

二、我国金融衍生品市场交易规模

2010 年，全国期货市场交易情况如表 11 - 1 所示。

表 11 - 1　　　　　全国期货市场 2010 年交易情况

交易所	成交总量（手）	同比增减（%）	成交金额（亿元）	同比增减（%）	成交金额所占份额（%）	同比增减（%）
上海期货交易所	1 243 796 430	43.01	1 234 794.76	67.41	39.94	- 29.32
郑州商品交易所	991 809 968	118.35	617 998.46	223.35	19.99	36.52
大连商品交易所	806 335 502	- 3.27	417 059.02	10.79	13.49	- 53.22
中金所	91 746 590	—	821 397.53	—	26.57	—
全国期货市场	3 133 688 490	45.25	3 091 249.79	136.85	100	0

资料来源：中国证监会网站，http：//www.csrc.gov.cn/pub/newsite/.

截至 2011 年 3 月 7 日，我国可转债市场交易规模如表 11 - 2 所示。

表 11 - 2　　　　2011 年 3 月 7 日我国可转债市场交易规模

代码	简称	市价	股价	成交量	纯债价格	纯债收益率	剩余年限	转股价	转股比例
110003	新钢转债	112.98	6.52	58 650	103.63	9.02	2.45	8.10	12.30
110007	博汇转债	116.53	8.13	1 398	98.76	17.99	3.55	10.34	9.60
110009	双良转债	119.20	16.48	224	91.10	30.84	4.16	21.11	4.70
110011	歌华转债	118.01	13.12	1 105	89.24	32.23	5.72	15.09	6.60
110012	海运转债	124.44	0.00	13 749	89.69	38.75	4.84	4.58	21.80
110013	国投转债	119.82	0.00	250 775	90.60	32.25	5.88	7.29	13.70

代码	简称	市价	股价	成交量	纯债价格	纯债收益率	剩余年限	转股价	转股比例
110015	石化转债	108.20	0.00	5 308 653	89.94	20.30	5.96	9.73	10.20
110078	澄星转债	119.39	8.84	1 798	101.96	17.09	1.17	10.54	9.40
113001	中行转债	107.84	3.33	751 746	92.02	17.20	5.24	3.74	26.70
113002	工行转债	119.12	4.40	284 363	89.47	33.13	5.48	4.15	24.00
125709	唐钢转债	106.84	3.97	1 130 328	108.30	−1.35	1.77	9.36	10.60
125731	美丰转债	121.50	7.13	151 061	94.28	28.87	4.24	7.36	13.50
125887	中鼎转债	128.51	0.00	82 420	92.71	38.61	4.93	25.31	3.90
126630	铜陵转债	199.99	31.70	665 422	91.21	119.27	5.35	15.68	6.30
126729	燕京转债	120.84	19.32	5 181	88.51	36.53	4.61	21.86	4.50
128233	塔牌转债	143.60	17.95	60 962	97.64	47.07	4.47	13.31	7.50

资料来源：中国证监会网站，http：//www.csrc.gov.cn/pub/newsite/.

2011 年 3 月 7 日，长虹 CWB1 权证交易规模如表 11 − 3 所示。

表 11 − 3   2011 年 3 月 7 日长虹 CWB1 权证交易规模

代码	权证名称	开盘价	最高价	最低价	收盘价	前日收盘价	涨跌幅（%）	成交量（份）	成交金额（万元）
580027	长虹CWB1	2.632	2.698	2.632	2.674	2.662	1.83	538 798 200	143 623.08

资料来源：中国证监会网站，http：//www.csrc.gov.cn/pub/newsite/.

经中国证监会批准的融资融券业务开闸以来，2011 年 2 月 14 日，融资融券总规模达到 147.97 亿元，中国平安以 10.77 亿元位居两市融资规模首位。其中沪市融资融券余额为 97.32 亿元，比上一交易的 97.81 亿元略减，深市余额为 50.64 亿元，比上一交易日的 50.43 亿元略增①。

三、我国金融衍生品市场发展趋势

随着我国商品期货市场越来越成熟，股指期货交易也逐步规范化。可转债市

---

① 燕赵都市网，www.yzdsb.com.cn.

场、权证市场以及融资融券业务的开展，使得金融衍生品市场交易品种越来越丰富。但是，作为金融衍生品市场规避风险的主要品种，股票期权交易尚在探索和研究过程中。

我国现阶段的股票市场状况，已基本上适合建立和发展股票期权市场。

第一，股票市场风险的存在，是产生金融衍生产品的根本驱动力，也正是这种驱动力才促使金融衍生市场的发展。第二，"金融工程"学科的研究和投资银行业务的拓展，使股票期权等衍生工具的供给成为可能。第三，截至 2011 年 3 月 9 日，沪深两市的 A 股、B 股流通市值已达到近 20 余万亿元的规模，交易品种也逐渐增多，在这种市场状况下，要设计或选择适当的个股品种作为开展股票期权交易的基础。第四，我国股票市场已基本成熟，大的投资机构已达到一定的数量，并且还在日益增多，这为股票期权交易提供了潜在的参与者和市场旺盛的动力。第五，设施先进的交易系统为开展股票期权交易提供了所需的硬件环境。第六，认股权证和可转换债券的有益尝试为开展股票期权交易提供了宝贵的经验。

建立和发展我国股票期权市场，一要注意交易品种的开发，二要注意市场的构造，三要注重监管体系和法规建设。在监管体系方面，应建立全国性的期权市场交易委员会，对各交易场所、做市商、结算中心等进行严格监管，定期对监管对象的业务进行审查，对操纵市场、违反交易规则、欺诈等行为要严肃处理。同时还应建立起各交易所和结算公司的自律性管理，提高各机构的自身建设，逐渐形成自我约束、自我激励、规范发展的运行机制。在法规建设方面，应与行政监管体系相配套，实行市场立法，以法制市。既要制定全国性的期权交易法，作为整个行业的大法，又要制定各交易所、结算公司的自律性规则和条文，还要有各种职业道德规范、操作制度等，在全方位的监管体系和法规体系控制之下，股票期权市场才能平稳健康地发展，为金融衍生产品的进一步开放创造条件。

第二节　我国金融衍生品市场监管现状

一、商品期货的监管

中国证监会期货监管部是对期货市场进行监督管理的职能部门。主要职责有：草拟监管期货市场的规则、实施细则；审核期货交易所的设立、章程、业务规则、上市期货合约并监管其业务活动；审核期货经营机构、期货清算机构、期货投资咨询机构的设立及从事期货业务的资格并监管其业务活动；审核期货经营机构、期货清算机构、期货投资咨询机构高级管理人员的任职资格并监管其业务活动；分析境内期货交易行情，研究境内外期货市场；审核境内机构从事境外期货业务的资格并监督其境外期货业务活动。期货监管部下设综合处、交易所监管处、经纪公司监管处、境外期货监管处和市场分析处五个处。

中国期货业协会（以下简称协会）成立于 2000 年 12 月 29 日，协会的注册地和常设机构设在北京。协会是根据《社会团体登记管理条例》设立的全国期货行业自律性组织，为非营利性的社会团体法人。协会接受中国证监会和国家社会团体登记管理机关的业务指导和管理。中国期货业协会成立以来，在行业自律、从业人员管理、服务会员、宣传教育、内部建设等方面做了大量的工作，为建立有效的自律管理体系，推动期货市场的稳步发展做出了积极的努力。

期货交易所在维持正常交易秩序的同时，也通过制定相关的交易规则对期货交易进行自律监管。在三级风险管理体系中，期货交易所直接面对众多的会员和成千上万的交易者，负有一线风险监管的责任。在期货交易长期发展过程中，交易所根据业务发展的需要并针对运行过程中出现的种种问题，对已有的交易规则和管理方式及时做出修改和补充，保证其能够适应形势发展的需要。这使交易所的风险监管在期货市场管理体系中最具适应性，成为该体系的基础和核心部分。

近年来，我国期货市场的法规建设不断加强。《期货交易管理条例》、《期货交易所管理办法》、《期货公司管理办法》、《期货公司金融期货结算业务试行办法》、《期货公司风险监管指标管理试行办法》、《证券公司为期货公司提供中间介绍业务施行办法》经中国证监会颁布，已经于 2007 年 4 月开始执行（张玉智，2008）。

应该说，自我国期货市场规范发展以来，期货市场的监管体系在不断完善中发挥着重要作用，其效果也显而易见。但是，相对于期货市场本身的迅猛发展，监管体系的弊端也在不断显现，因此，重构期货市场的监管体系尤为必要。

二、股指期货的监管

股指期货上市以后，在中国证监会的直接监管下，中国金融期货交易所积极履行一线监管职责，坚决制止违法违规交易行为，加强股指期货交易盘中监控，跟踪分析客户交易行为，及时发现盘中异动情况，并积极采取相关监管措施，持续开展适当性制度检查，力争将市场违规行为消除在萌芽状态中。对此，会员单位普遍表示，将紧密配合股指期货严格监管措施，加强对客户交易的管理，呵护来之不易的金融创新，致力于推动行业长期受益和发展。

第一，实时监控异动。股指期货实行"有异动必报告，有违规必查处"，及时发现、及时制止、及时查处；对引起股指期货市场波动的各种谣言进行及时跟踪分析。第二，坚决制止违规。对于异常交易现象，中金所迅速通过电话提醒、下发书面警示函，会员公司高管约见谈话、现场检查等手段，及时纠正客户行为，强化会员监管责任，督促客户合规理性参与股指期货。第三，实行跨市场监管。2007 年 8 月，在中国证监会统一部署和协调下，沪深证券交易所、中金所、中证登和中国期货保证金监控中心公司等五方共同签署了股票市场和股指期货市场跨市场监管协作系列协议。第四，从源头上防范风险。除了加强交易所一线监管工作，中金所还从会员单位入手，加强投资者管理和教育，未雨绸缪，从源头上防范风险事件的发生。第五，持久督导开户检查。股指期货上市以来，中金所在前期工作的基础上，继续投入监管力量，在北京、上海、浙江等地继续开展现场督导检查工作，确保股指期货适当性制度标准不降，程序不减，贯彻始终。第六，配合监管长期受益。股指期货严格监管得到了各大会员单位的积极配合，严格的监管措施保证了股指期货平稳运行。

三、其他金融衍生品市场的监管

我国权证的发行、上市、交易、行权、风险均需在中国证监会的监管下有序进行。目前，深圳证券交易所实行权证主交易商制度①。上海证券交易所于 2005 年 7 月 18 日发布了《上海证券交易所权证管理暂行办法》②。上海证券交易所和深圳证券交易所对权证的发行、上市、交易、行权和风险进行监管。

2001 年 4 月，中国证监会颁布了《上市公司发行可转换公司债券实施办法》和 3 个配套的相关文件，正式将可转换债券定位为上市公司再融资的又一种常规模式（徐涛、徐元彪，2006）。2006 年 5 月 8 日，中国证监会正式发布实施《上市公司证券发行管理办法》。为规范上市公司发行可转换公司债券的行为，保护投资者的合法权益，根据《公司法》、《证券法》、《可转换公司债券管理暂行办法》及其他有关法律、法规的规定，中国证监会对中国境内的上市公司申请在境内发行以人民币认购的可转换公司债券，并在证券交易所上市交易进行规范。中国证监会依法对上市公司可转换公司债券发行上市等活动进行监督管理（徐萍，2006）。

我国远期市场的监管是伴随着远期市场的发展而来的。一般而言，我国的远期市场仅限于金融远期市场，因此，对远期市场的监管，也就集中在央行、银监会、国家外汇管理局等机构。2005 年 5 月 16 日，中国人民银行发布《全国银行

---

① 深圳证券交易所网站，http：//www.szse.cn/.
② 上海证券交易所网站，http：//www.sse.com.cn.

间债券市场债券远期交易管理规定》，2006 年 7 月 21 日，中国外汇交易中心全国银行间同业拆借中心发布《关于发布人民币外汇远期及掉期交易主协议的通知》，对人民币外汇远期及掉期交易主协议进行了规范。2007 年 10 月 8 日，中国人民银行发布公告，推出远期利率协议业务。2008 年 6 月 16 日，中国外汇交易中心全国银行间同业拆借中心根据《中国人民银行关于开展人民币利率互换业务有关事宜的通知》、《全国银行间债券市场债券交易规则》等有关规定、规则，制定发布了新版《人民币利率互换交易操作规程》。

2001 年以来，中国央行参加的东盟 10 国加中日韩（10 + 3）之间建立的货币互换网络。2005 年 11 月以来，为调节本外币流动性，中国人民银行与商业银行开展的人民币外汇货币掉期交易。2007 年年末以来，为应对金融危机，解决有关国家美元短期流动性问题，美联储与多个央行开展的货币互换。需要指出的是，目前我国互换自由交易尚未实现，互换市场的形成尚需时日，对互换市场的监管仍然由央行统一负责，因而其监管体系重构问题也无从谈起。

融资融券业务的监管根据中国证监会发布的《证券公司融资融券业务试点管理办法》执行。上海证券交易所、深圳证券交易所、中国证券登记结算公司和中国证券业协会分别公布了相关实施细则和自律规范文本，确定了我国融资融券交易制度的基本模式、交易结算规则和风险控制制度。不过，由于融资融券试点业务只是在几家大型券商中展开，难以构成系统性风险。从长远看，融资融券的推出为新型金融衍生品的推出创造了条件，有利于发挥股票的定价功能。

第三节　发达国家和地区金融衍生品市场监管体系

目前，在美国、英国、日本以及我国香港特别行政区，金融衍生品市场的监管体系很发达，这些不同的监管理念对我国金融衍生品市场的监管具有深刻的启示。

一、美国金融衍生品市场监管体系及启示

美国对金融机构的监督管理是健全和有效的。美国自 1999 年《金融服务现代化法》和《金融服务改革法案》（即 GLB 法）颁布后，在改进原有双线多头监管的基础上，形成了伞式监管 + 功能监管的模式，如图 11 - 1 所示（陈向阳、林健斌，2008）。

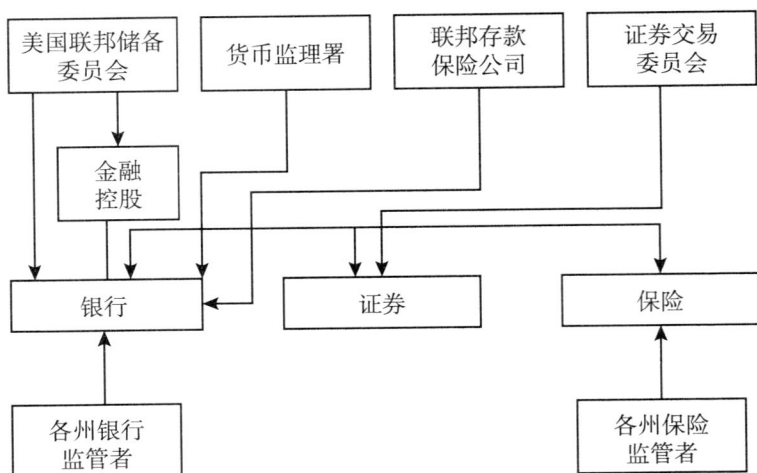

图 11-1　美国新的金融监管体制

伞形监管模式存在着效率问题。伞形结构实际上只有伞骨而没有伞布，机构之间的沟通更多的是依靠个人关系，因此该模式远未达到设计时的理想状态。总体说来，其监管体制仍然存在着监管机构过多、体系过于庞大、信息沟通时间过长、监管成本过高的问题。

在美国，行业自律一直是期货市场的主要监管力量，交易所自行制定规章制度，对场内期货交易进行管理。1922 年，美国国会通过《谷物期货法》构建了当今期货监管体系的核心。1974 年，联邦政府通过了一项新的法规《商品期货交易委员会法》，宣布成立"商品期货交易委员会"（CFTC），负责对整个期货市场的监管。到了 20 世纪 80 年代，金融期货开始出现并迅猛发展，不受交易所约束的场外交易大量涌现，原来的交易所 + CFTC 管理模式已不适应期货市场发展的需要了。1981 年 9 月，CFTC 根据 1974 年《商品交易法》第 17 条，正式批准成立全国期货业协会（NFA），负责整个期货市场的行业管理协调。至此，美国期货市场的三级监管体系（期货交易委员会统一管理、全国期货业协会行业自律、期货交易所自我监管并以自我监管为主）已基本确定，并随时间的发展而日趋完善。

因此，借鉴国外先进经验，改革和完善中国期货行业自律体系，便成为当务之急（张玉智，2006）。第一，对政府来说，国家要明确金融衍生品市场在市场经济中的重要地位和作用，对市场进行立法监管，向证监会下放宏观管理权。第二，对于中国期货业协会来说，要解决法律性质不明确的问题，完善组织制度、加强内部职员培训，明确 CFA 的主导地位。第三，对于期货交易所来说，要增强期货交易所的独立性。第四，中国期货业协会与期货交易所之间还应就自律监管建立一种协调的关系，以便于自律监管体系的顺畅。第五，大力发展基础金融工具。

二、英国金融衍生品市场监管体系及启示

英国在近几年加强了对金融衍生产品的监管并且成效显著，形成了更趋统一的监管模式，英国金融服务局进一步规范了对金融衍生产品长期投资性账户以及交易性账户的处理规程等。这些经验对我国的金融衍生产品市场及其监管具有重要的借鉴意义（王勇，2005）。2001年3月15日，英国政府颁布了《金融服务及市场法案》（FSA）。《金融服务及市场法案》付诸执行后，FSA成为英国金融服务业惟一的立法者。FSA监管的对象不只是原有的金融机构，还包括从事金融服务的企业、信用机构、保险市场、交易所以及清算机构等（董斌、赵红平，2005）。

英国金融服务局对于衍生品交易的风险防范机制通常是通过以下几方面的监管措施来实施的：一是对市场准入的监管；二是健全风险管理制度；三是要求商业银行或其他金融集团加强内控，规范运作；四是加强衍生品交易的信息披露力度；五是妥善处理市场退出；六是加强各国衍生品市场监管部门的合作。除政府组织以外，各个交易所内也设有相应的部门来控制市场风险和监管交易会员。

从英国金融衍生品监管机制来看，有以下经验值得借鉴，一是监管模式统一；二是监管措施得力；三是监管项目细化；四是监管法规健全（王勇，2005）。

三、日本金融衍生品市场监管体系及启示

日本的期货市场最早起源于1730年日本大阪进行大米远期合同交易的"米相场"，1893年日本政府通过了《期货交易所法案》，确立了近代期货交易制度。日本期货市场处在一个较为复杂的法律和监管环境当中，受到多部法律和多家管理者、自律组织的约束及管理。总体来说，日本期货市场在《商品交易所法》的框架下运作，金融衍生品则在《金融期货交易法》下运作。日本期货市场的监管机构包括农林水产省、经济产业省、金融厅、证券交易等监视委员会等监管机构及各证券期货交易所、行业协会等自律性组织。目前，日本期货市场按品种所属范围分别由不同的部门监管，即证券、金融期货、期权由金融厅和证券交易监督委员会监管；商品期货和期权业务由经济产业省和农林水产省监管。另外，日本期货市场还成立了相应的行业协调组织，主要自律约束机构有日本证券业协会、日本商品期货交易协会（日商协）、商品交易受托债务补偿基金协会等。这些行业自律组织的主要作用是保证期货交易正常有序地进行、协调各交易所之间利益、维护投资者利益、保持期货行业的良好信誉。

在监管主体多元化的体制下，一家经纪公司要从事金融期货、农产品期货和工业品期货的交易，就要同时取得金融厅、农林水产省和经济产业省的许可。这一监管体制与中国、美国都有较大的差异（陈向阳、林健斌，2008）。在监管权限方面，日本的金融厅和证券交易监督委员会各有分工。证券交易监管委员会是个相对独立的调查机构，它负责对市场日常的监督检查以及违规违法行为的调查，但检查或者调查结束后不具有处罚权，只能将调查结果提交金融厅，由金融厅依法作出行政处罚，或者提起刑事公诉。

商品期货交易所的运营受农林水产省或经济产业省的监督。其监管范围分为许可、报告和监督三个层次。

通过对比发现，日本期货市场与我国期货市场在市场监管工作中存在较多相似之处，但也有明显的区别。综合来看，有以下启示：第一，充分发挥交易所的一线监管职能。第二，加强监察系统建设力度。第三，促进监管信息的整合。目前，我国期市也面临着监管信息整合的问题，日本市场的成熟经验值得我们借鉴。

四、中国香港金融衍生品市场监管体系

我国的香港特别行政区金融衍生品市场比较发达，这主要得益于其有效的监管体系与富有成效的监管经验。

香港证券及期货市场的主要监管者是证券及期货事务监察委员会（证监会）。证监会是1989年根据《证券及期货事务监察委员会条例》（《证监会条例》）成立的独立法定监管机关（洪治刚，2007）。《证监会条例》及另外九条与证券及期货业相关的条例已经集成为《证券及期货条例》，并于2003年4月1日生效。根据法例，任何人士于香港经营证券买卖业务，或经营期货合约买卖业务，均须获证监会发牌又或符合其中一项发牌豁免规定。联交所交易权及期交所交易权分别由联交所及期交所按各自不时订定的程序有偿发出。

香港交易所作为在本身证券市场上市的上市公司，须由证监会监管，以免出现任何利益冲突，并确保香港交易所与受其主板及创业板的《上市规则》监管的其他上市公司均拥有平等的市场机会（张晖，2007）。证监会的监管乃透过两套条文实施：（1）《主板上市规则》第38章及《创业板上市规则》第36章与其他若干条文特别载有关于香港交易所上市的部分，并订明香港交易所证券于联交所上市须符合的规定，以及在有利益冲突时证监会的权力及职能。（2）由证监会、香港交易所及联交所在2001年8月22日订立的谅解备忘录，载列有关订约方彼此之间在下列事宜上的关系：香港交易所以及其他申请人及发行人遵守《上市规则》的情况；联交所就香港交易所的证券以及其他申请人及发行人的证

券执行规则的情况；证监会对作为上市公司的香港交易所以及（倘出现利益冲突）其他申请人及发行人的监察及规管；香港交易所（作为上市公司）及由香港交易所作为控制人的公司的利益，与该等公司恰当地履行监管职能的利益之间，可能出现的利益冲突。

在香港，《公司条例》以披露为本，且具有法律效力。简单地说，投资者需受最高披露限制保障，但参与者一方也有责任运用所有资料作独立投资决定。而以评审为本的监管方式是以筛选出不受欢迎的参与者以及不受欢迎的发售为宗旨。在这种监管方式规定限制的市场中，投资者一般是不会投资那些可能由"不受欢迎人士"发起的所谓"不受欢迎发售"。然而，由于以披露为本和评审为本的监管方式之间并无清晰的界线，实际上两者多有重复。香港证监会在解释其监管制度时，还会经常用到"以风险为本"一词，这种监管制度基本上着重监管对市场参与者构成的最大风险的领域。

第四节　金融衍生品市场多层次监管体系重构

我国金融衍生品市场目前实行的是政府统一监管、行业自律监管及交易所一线监管的三级监管体系（曹凤岐，2008）。之所以说重构，是因为目前我国金融衍生品市场监管体系存在一定的弊端，已经不能适合金融衍生品市场日益发展的需要（王伟，2008）。因此，在国际金融危机尚未结束之时，重构我国金融衍生品市场监管体系已是当务之急。

一、金融衍生品市场多层次监管体系重构的思想

由于目前的三级监管体系无法涵盖一切监管行为，因此重构我国金融衍生品市场监管体系就显得必要而紧迫（张玉智、戚欣，2005）。从实践角度看，我国金融衍生品市场多层次监管体系重构的指导思想是实现一元二阶三维动态无缝监管，基本原则是统筹规划、解决矛盾、协调关系、注重效率、发挥优势、循序渐进。

所谓一元，是指我国金融衍生品市场的统一监管模式，即成立中国金融监督管理委员会，实现银行、证券、债券、期货、保险业统一监管，结束目前我国金融业由央行、银监会、证监会、保监会、财政部、发改委等多头分散监管的格局。

如图 11 - 2 所示，球体 S 作为金融衍生品市场，其运行是始终置身于正三棱锥 ABCD 中的，正三棱锥 ABCD 即为政府统一监管的一元模式。

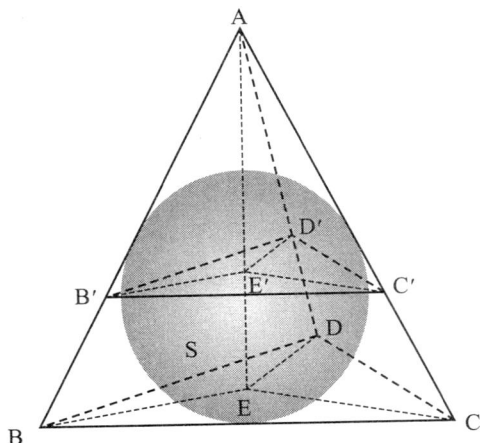

图 11-2　我国金融衍生品市场一元二阶三维无缝监管目标示意

　　所谓二阶，是指在金融衍生品市场运行过程中，常态监管以市场自身体系维持，此为一阶；当市场本身的监管力量不足以解决市场风险的时候，政府监管的作用将自动发挥，以使金融衍生品市场有序合规运行，此为二阶。

　　如图 11-2 所示，三角形 B′C′D′ 作为一个横截面，其面积是不固定的，同样，正三棱锥 AB′C′D′ 的体积也是不固定的，是随着市场运行情况的改变而减小或增大的，也就是说，当市场常态运行时，三角形 B′C′D′ 的面积为最小，正三棱锥 AB′C′D′ 的体积也最小，此时，政府监管的空间为最小，监管市场的力量主要体现在市场体系本身，是为一阶。

　　同理，当市场异常运行时，三角形 B′C′D′ 的面积将逐渐增大，甚至与三角形 BCD 等同，而正三棱锥 AB′C′D′ 的体积也逐渐增大，甚至与正三棱锥 ABCD 等同，此时，在市场体系自身监管的同时，政府监管的空间也为最大，是为二阶。

　　所谓三维，是指监管层、交易所和投资者三个维度的渗透式监管，即宏观上由监管层统一监管、中观上由交易所即时监控、微观上由投资者自我约束，三个维度彼此渗透，互为补充。

　　如图 11-2 所示，在正三棱锥 ABCD 中，底 BCD 中有一个点 E，其与 B、C、D 分别连线，再与 A 连线，这样就会形成 ABCE、ABDE 和 ACDE 三个正三棱锥。这三个正三棱锥分别代表宏观上的监管层常态监管维度、中观上的交易所即时监控维度和微观上的投资者自我约束维度。

　　需要着重指出的是，E 点不是固定不变的，是随着市场运行状况的变化而动态变化的。以正三棱锥 ABCE 亦即宏观上的监管层常态监管维度为例，当市场常态运行时，E 点距离直线 BC 为最近，此时正三棱锥 ABCE 的体积也最小，表明宏观上的监管层常态监管维空间也最小。而当市场异常运行时，E 点将向 D 点运动，市场越异常，E 点向 D 点运动越快，直至与 D 点重合。此时，正三棱锥 ABCE 与 ABCD 的体积接近相同，表明宏观上的监管层常态监管维空间为最大。

同理，正三棱锥 ABDE 和 ACDE 中的 E 点也会随着市场运行状况的变化而变化。必须说明的是，三个维度之间并不是独立存在的，是可以相互交叉和渗透的，甚至是部分或完全重合的，唯此，才能达到动态无缝监管。

二、我国金融衍生品市场多层次监管体系重构的架构

重构我国金融衍生品市场监管体系，必须在总结国际金融危机给金融衍生品市场带来巨大负面影响的基础上，按照指导思想和基本原则，有针对性地设计出科学、有效、实用、超前的架构。

我国金融衍生品市场的螺形扇面多层立体架构如图 11 - 3 所示。

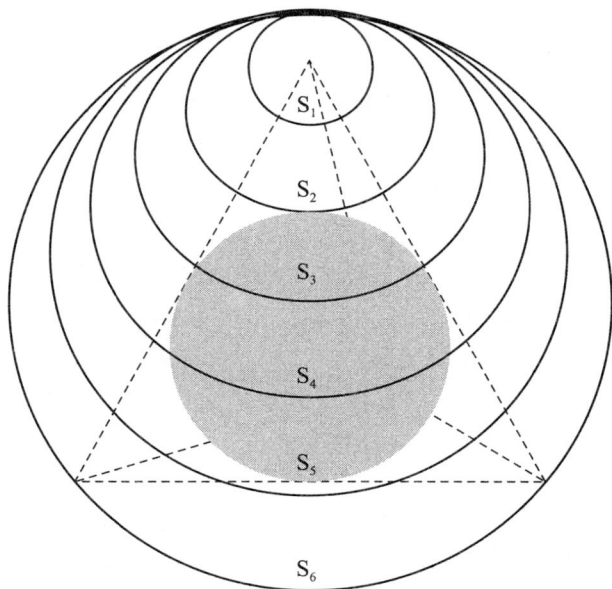

图 11 - 3　我国金融衍生品市场螺形扇面多层立体架构

如图 11 - 3 所示，我国金融衍生品市场多层次监管体系似海螺形状，以扇面散开，分多个层次，呈立体结构。

所谓螺形，是指在正三棱锥 ABCD 空间内外，存在着一个由 A、B、C 和 D 点组成的球体 S′，球体 S′ 涵盖了图 11 - 2 设计的正三棱锥 ABCD 代表的整个政府统一监管的一元模式。当金融衍生品市场非常态运行时，球体 S′ 的边界为最大。

这是由于金融衍生品市场本身的监管力量不足以维护市场秩序的正常运行，因此需要政府统一监管的一元模式不断发挥作用，直至在整个监管过程中占据主体地位。此后，随着市场由非常态向常态运行的过渡，以正三棱锥的 A 点为切点，球体 S′将由 B、C、D 点向 A 点收缩，当市场完全常态运行时，政府统一监管的一元模式无论是范围、力度还是空间都最小。由于收缩过程呈海螺状，因此称为螺形。

所谓扇面，是指当球体 S′收缩到最小状态后，一旦市场发生异常波动，球体 S′将迅速做出反应，呈扇面状向 B、C、D 点扩散，直到与 B、C、D 点相切。此时，政府统一监管的一元模式无论是范围、力度还是空间都在逐渐增大。

所谓多层，是指在金融衍生品监管体系中，存在着六个层面的监管分支体系，分别是核心层——政府统一监管分支体系，即图 11 - 3 中的 S_1；主体层——行业自律监管分支体系，即图 11 - 3 中的 S_2；基本层——市场一线监管分支体系，即图 11 - 3 中的 S_3；中介层——社会公众监管分支体系，即图 11 - 3 中的 S_4；基础层——法律规范监管分支体系，即图 11 - 3 中的 S_5；协调层——国际合作监管分支体系，即图 11 - 3 中的 S_6。这六个层次构成我国金融衍生品市场的新型监管体系。这样，在球体 S′的涵盖下，作为金融衍生品市场的球体 S 的各个角落、各个方位、各个层面、各个空间将始终处于螺形扇面多层立体监管体系之中。

在图 11 - 3 中，表面上看球体 S_1 最小，且位于球体 S′的最上部，事实上，作为我国金融衍生品市场多层次监管体系的核心层，球体 S_1 的体积仍然是不固定的，也是随着市场风险状态的变化而动态变化的，这表明，当其他层面的监管无法应对金融衍生品市场风险时，以球体 S_1 为代表的国家政府统一监管分支体系将承担起监管的最重任务，其体积将逐渐扩大，甚至与球体 S_6 重合，说明政府统一监管分支体系的职能空间也越来越大。当然，当市场越来越规范时，球体 S_1 的体积也将由与 S_6 重合向 A 点动态收缩。

与此相类似，球体 S_2、S_3、S_4、S_5 和 S_6 的运动轨迹亦是随着市场风险度的升降而伸缩的，也就是说，其他分支体系的监管空间也不是一成不变的，也是随着金融衍生品市场的发展变化而动态调整的，所不同的是，由于这些层面监管的职责不同，因此伸缩的幅度也就不完全一样。

三、金融衍生品市场多层次监管体系重构的思路

我国金融衍生品市场多层次监管体系重构，是指有计划、有思路、有内容、有方法地重新构建核心层的政府统一监管分支体系、主体层的行业自律监管分支体系、基本层的市场一线监管分支体系、中介层的社会公众监管分支体系、基础

层的法律规范监管分支体系和协调层的国际合作监管分支体系。

（一）重构政府统一监管分支体系

政府统一监管分支体系，是我国金融衍生品市场多层次监管体系的核心层，如图 11-3 中的 S_1 层面所示。

按照我国金融业的发展现状，将图 11-3 中的球体 S_1 进行切割细分，将得到如图 11-4 所示的政府统一监管分支体系。

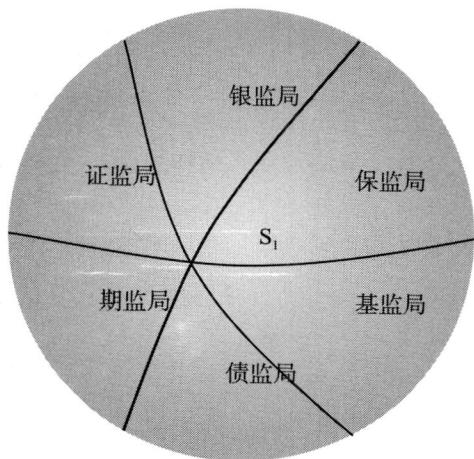

图 11-4　我国金融衍生品市场政府统一监管分支体系

这一核心层面关键是借鉴发达国家和地区对金融衍生品市场监管的经验，结合我国金融衍生品市场的发展与监管实际，成立中国金融监督管理委员会，将我国金融市场监管职能划归该委，对金融衍生品市场实行统一集中监管，即图 11-4 中的球体 S_1。目前，我国金融业混业经营的趋势越来越清晰，证券公司兼并期货经纪公司（如东北证券兼并渤海期货经纪公司）、银行开办证券公司（如广发银行开办广发证券）、保险公司设立银行（平安保险设立平安银行）等屡见不鲜，分业监管的难度越来越大，很难适应全面监管的需要。因此，有必要实行统一监管。

在中国金融监督管理委员会内，整合原"一行三会"的监管职能，重新设置银监局、证监局、期监局、债监局、基监局和保监局，分别监管银行、证券、期货、债券、基金和保险业的金融衍生品投资与管理业务，并由中国金融监督管理委员会统一管理。由于有中国金融监督管理委员会统一管理，一方面可以避免多头监管、交叉监管、重复监管和分散监管的现象；另一方面，由于银监局、证监局、期监局、债监局、基监局和保监局在球体 S_1 中均呈球瓣状，其 6 瓣组合，

正好是整体的球体 S_1，即中国金融监督管理委员会，因此，各方之间不会出现监管盲区和监管空白现象。

（二）重构行业自律监管分支体系

行业自律监管分支体系，是我国金融衍生品市场多层次监管体系的主体层。之所以称其为主体层，是因为这一层面肩负着金融衍生品市场日常监管的艰巨而繁杂的任务。发达国家和地区的经验表明，金融衍生品市场的监管，最重要的是行业自律监管作用的有效发挥（张玉智、靖继鹏，2006）。

科学、健康、高效的行业自律监管体系是一个国家金融衍生品市场全面、协调和可持续发展的关键。就我国金融衍生品市场监管体系而言，行业自律监管在整个三级监管体系中所起的监管作用并不大，事实上，行业协会在很大程度上只是担当了行业从业人员资格考试的管理机构的责任，在对金融衍生品市场的监管方面，有许多职责没有履行（张维、张建刚，2005）。

因此，在重构和梳理了银监局、证监局、期监局、债监局、基监局和保监局后，下一步的重点工作就是改组和重构银行业协会、证券业协会、期货业协会、债券业协会、基金业协会和保险业协会，并赋予其权威的、充足的、高效的监管权限，重构金融衍生品市场的行业自律监管分支体系。我国金融衍生品市场的行业自律监管分支体系如图 11 - 5 所示。

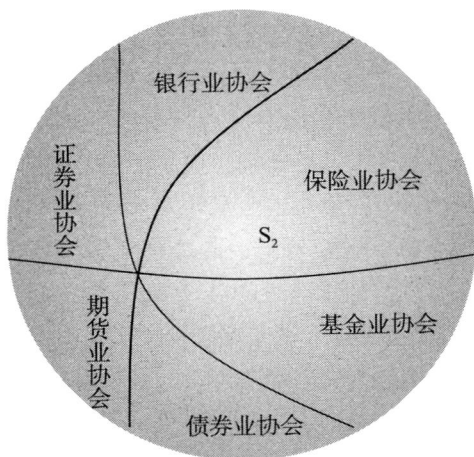

图 11 - 5　金融衍生品市场行业自律监管分支体系

图 11 - 5 表明，金融衍生品市场的行业自律监管分支体系与政府统一监管分支体系的构成大体相同，所不同的是各个协会的职责分工不同，他们在整个分支体系中的份额也不尽相同。

金融衍生品市场的行业自律监管分支体系中，与银行、证券、期货、债券、基金和保险业相对应，银行业协会、证券业协会、期货业协会、债券业协会、基金业协会和保险业协会等六个行业协会根据《社会团体登记管理条例》设立，属非营利性的社会团体法人。

各协会在中国金融监督管理委员会的指导下，接受银监局、证监局、期监局、债监局、基监局和保监局以及国家社会团体登记管理机关的业务指导和监督管理，认真贯彻执行国家有关方针、政策和法规，遵守国家法律，依社团法人的行为规范独立开展活动。

各协会将努力发挥政府与金融衍生品经营机构之间的桥梁和纽带作用，促进金融衍生品市场的开拓发展，加强金融衍生品市场的自律管理，维护会员的合法权益，建立和完善具有中国特色的金融衍生品市场体系。

在中国金融监督管理委员会的指导下，银行业协会、证券业协会、期货业协会、债券业协会、基金业协会和保险业协会与银监局、证监局、期监局、债监局、基监局和保监局分工协作，各司其职。

（三）重构市场一线监管分支体系

市场一线监管分支体系，是我国金融衍生品市场多层次监管体系的基本层。金融衍生品市场的投资者首先接触的是市场，其各种投资行为首先要受到市场的约束（许凌艳，2008）。因此重构我国金融衍生品市场一线监管分支体系，就必须结合交易所、结算所、会员以及投资主体的实际，形成我国金融衍生品市场一线监管分支体系。

我国金融衍生品市场一线监管分支体系如图 11-6 所示。

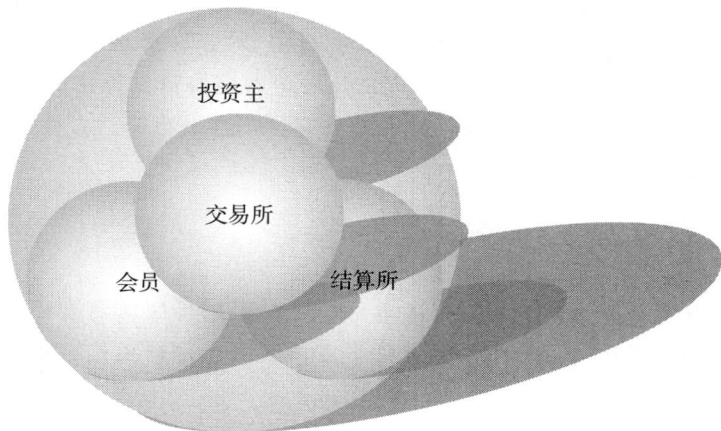

图 11-6　我国金融衍生品市场一线监管分支体系

在这一体系中，金融衍生品交易所、金融衍生品结算所、会员[①]以及投资主体相互依存，共同组成一线监管分支体系。

交易所处于整个金融衍生品交易过程的中心地位，这不仅是因为交易所处于交易成交的撮合地、交易信息的会聚地和发散地，更重要的在于交易所是交易环境的直观代表，是对交易风险进行监管的第一道防线（宋劲松、付晓健，2008）。交易所对交易风险的监管主要体现在具体交易制度的建立和实施方面（唐波，2005）。一般而言，交易所的具体交易制度大致有市场准入、信息交换、联合监管以及会员的业务报告等方面。主要的交易制度以具体的交易规则来体现，交易规则就是市场公开、公平、公正"三公"得以保证的最直接的制度环境。

结算所对于金融衍生品交易的监管主要体现在具体清算交割制度的设立和实施方面。一般而言，结算所的具体清算制度包括登记结算制度、保证金制度、每日结清制度、交易限额制度和风险处理制度（徐毅，2008）。需要说明的是，在股指期货类金融衍生品交易过程中，由于并无具体实物可供交割，股指期货交易必须采用现金清算方式。在此过程中，结算所实际承担着交易双方中介的职能[②]，同时还承担着未平仓合约的财务责任。

会员对于金融衍生品交易的监管主要体现在投资者交易资格的审查、交易风险的揭示、交易信息的传达、交易规则的执行、交易主体的培训方面。无论是经纪会员还是非经纪会员，对于金融衍生品市场均具有不可推卸的监管责任。

投资主体对于金融衍生品交易的监管主要体现在提供监管漏洞、依照授权行事、自我约束和绝对的纪律性等方面。由于投资者直接参与交易，因此对于监管漏洞极为敏感。对于接受授权从事交易的人员来说，只能在授权的范围内才能自由发挥自己的聪明才智。自我约束则体现为对贪婪与恐惧的克服方面。而只有绝对的纪律性才能在翻云覆雨、物欲横流的市场上做到适可而止（张玉智，2007）。从纯粹的角度看，金融衍生品交易只是人类自身设计出的一种游戏，风险永远与机遇并存。从这个意义上说，监管是一门涉及市场、人性、经济运行等多方面的极其复杂的艺术。

（四）重构社会公众监管分支体系

社会公众监管分支体系，是我国金融衍生品市场多层次监管体系的中介层。在金融衍生品市场运行过程中，会计师事务所、资产评估机构、审计师事务所、

---

① 包括经纪类会员和非经纪类会员。
② 由结算所充当交易双方的对手方，作为买方的卖方、卖方的买方。

律师事务所、金融衍生品投资咨询机构、媒体、科研机构以及对金融衍生品市场给予关注的群体将不约而同地承担着场外监管的责任，从而形成我国金融衍生品市场社会公众监管分支体系。

这八个方面的监管力量正是我国金融衍生品市场社会公众监管的主干力量。需要说明的是，会计师事务所、资产评估机构、审计师事务所、律师事务所肩负着市场运行资料与信息的核实、查证与发布的任务，这些机构不但要对金融衍生品市场运营实施监管，还要保证自身信息发布和披露的权威性、准确性、及时性；金融衍生品投资咨询机构、媒体、科研机构以及对金融衍生品市场给予关注的群体则是从咨询、调查、研究以及观察的角度对金融衍生品市场践行场外监管的职责。

（五）重构法律规范监管分支体系

法律规范监管分支体系，是我国金融衍生品市场多层次监管体系的基础层。由于我国开展金融衍生品业务之初的政策是严禁投机，与其有关的绝大部分法规也是以禁止、限制性规范为主。这样，导致在立法取向方面，禁止、限制性的规范居多，支持、鼓励性的规范较少。立法的层级效力方面，层次低，效力差，主要是行政规章和部门立法，发布形式又多是通知、暂行办法等行政规范性文件形式，执行效力差，容易产生法律冲突，司法效力差。对于金融创新的加快和金融衍生品业务的翻新，立法相对滞后，现有法律、法规不能适应金融深化和金融创新的需要。

到目前为止，我国没有一部专门的《金融衍生产品交易法》或类似的法律规范，立法滞后。因此，重构我国金融衍生品市场法律监管分支体系对重构金融衍生品市场监管体系乃至多层次资本市场体系都显得极为重要。

我国金融衍生品市场法律监管分支体系如图 11 - 7 所示。

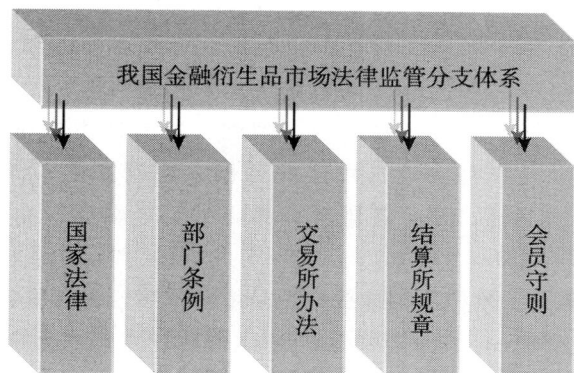

图 11 - 7　我国金融衍生品市场法律监管分支体系

图 11 - 7 显示，我国金融衍生品市场法律监管分支体系由国家法律、部门条例、交易所办法、结算所规章以及会员守则等组成。

由于法律监管必须要对风险的发生做出迅速反应，而金融衍生品的交叉使法律监管需要在不同部门之间协调，有可能会使风险得不到及时处理而造成严重的后果。

目前我国金融监管方式主要还是单纯的风险防范，重视防范风险的同时忽视提高金融效率。

我国传统的金融监管主体比较常用的是市场准入审核、报送稽核等方法，对于现场稽核或利用外部审计、并表监管、信息披露、紧急处理措施等方法未能给予足够的重视，以致法律对这些方法的具体运作都缺乏明确的要求。

因此，我国金融衍生品市场法律监管分支体系中，目前需要制定的国家法律将重点集中在《金融衍生品交易法》上面。

部门条例主要是制订和完善《金融衍生品交易所条例》、《金融衍生品结算所条例》、《金融衍生品会员条例》方面。

交易所办法主要是指《金融衍生品交易所章程》、《金融衍生品交易管理细则》、《金融衍生品交割管理细则》、《金融衍生品风险管理细则》以及基本的交易制度方面的相关办法。

结算所规章主要指《金融衍生品结算所章程》、《金融衍生品保证金制度》、《金融衍生品分级结算会员制度》、《金融衍生品结算担保金制度》、《金融衍生品涨跌停板制度》、《金融衍生品限仓制度》、《金融衍生品强制平仓制度》、《金融衍生品强制减仓制度》、《金融衍生品大户报告制度》等。

会员守则主要是指会员方面的一些监管守则。

（六）重构国际合作监管分支体系

国际合作监管分支体系，是我国金融衍生品市场多层次监管体系的协调层。随着金融衍生产品在国际金融市场上的作用越来越大，并且在多次国际金融危机中都有金融衍生品交易参与，因此，各国日益重视金融衍生产品的国际监管合作，并且在每次危机后这种合作也得到加强，尤其是 2008 年全球金融危机的加速蔓延，使得各国都竞相寻求对金融衍生品市场的国际合作监管。

在这样的背景下，重构我国金融衍生品市场国际合作监管分支体系越发显示出强烈的需求。

我国金融衍生品市场国际合作监管分支体系如图 11 - 8 所示。

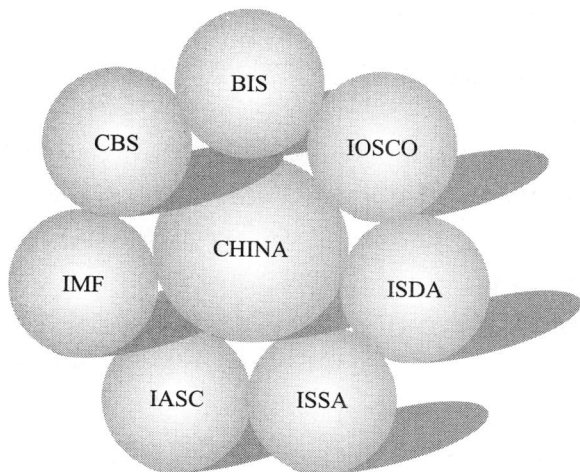

图 11 - 8　我国金融衍生品市场国际合作监管分支体系

图 11 - 8 显示，我国金融衍生品市场国际合作监管分支体系由我国与巴塞尔委员会（CBS）、国际清算银行（BIS）、国际证券事务监察委员会组织（IOSCO）、国际货币基金组织（IMF）、国际会计准则委员会（IASC）、国际证券服务协会（ISSA）、国际互换和衍生产品协会（ISDA）以及其他一些机构构成，我国与上述机构应进一步建立更加密切的合作监管和协调磋商关系。

目前对世界金融衍生产品市场进行调查研究，并发布各类指导性文件的国际组织主要有上述机构。

1988 年签订的《巴塞尔协议》已表达出国际社会在控制金融衍生产品风险方面的共识：通过制定国际性银行的资本和资产间的比例，定出计算方法和标准，以达到加强国际银行体系稳定和健康发展的目标；制定统一的国际标准，使各国银行在同一监管水平上进行公平竞争（徐苏江，2006）。

1991 年 9 月，国际会计准则委员会（IASC）针对金融衍生产品交易计量和披露的复杂性，发表了"'金融工具准则'第 40 号征求意见稿"，对金融衍生产品的概念、确认、计量和披露等作了详细的规定。根据 1994 年开始生效的主要针对金融衍生产品的财务会计准则委员会 105 号文件，金融衍生产品交易的净值应该在表内反映，而不再完全是"表外业务"了，这推动了金融衍生产品交易的风险衡量，为具体实施金融监管扫除了许多障碍（陶修明，2001）。

1994 年 7 月，《衍生工具风险管理指南》文件颁布，号召各国敦促本地金融机构在内部建立一套完善的衍生工具风险管理制度，并对衍生工具的风险计算作出修正，对各国如何实施衍生工具监管提出权威性指导。

1995 年 4 月，国际清算银行（BIS）为了了解金融衍生产品交易在国际金融风险转移中扮演的角色，对 26 个国家的金融衍生产品交易市场进行了彻底的调查。根据金融衍生产品交易飞速发展的现实，BIS 决定修改现行银行资本充足率规定，要求银行增加资本量，通过抑制金融衍生产品交易的规模来维持金融体系的安全。同时 BIS 还提出应加强风险管理体制的灵活性。为了解决金融衍生产品交易风险的衡量和评估，巴塞尔委员会和《欧洲联盟资本充足性条例》提出实行基本因素法，对每一种证券及有关金融衍生产品的风险分别度量，然后将风险加总起来与资本进行比较（刘娜、谭艳芝，2008）。

1995 年 5 月世界上最主要的 16 个期货与期权市场的监管者在英国温莎签署《温莎宣言》，国际证券委员会组织（IOSCO）的秘书长和技术委员会主席也是与会者，各方都同意推动宣言所提倡的国际合作。

因此，加强与各个国际组织的合作，共同监管金融衍生品市场的风险，将是我国金融衍生品市场多层次监管体系不可缺少的一环。

四、我国金融衍生品市场多层次监管体系重构的措施

我国金融衍生品市场多层次监管体系重构，应按照先场外、后场内，先基础市场、后衍生市场，先期货、后期权，先商品期货、后金融期货，先远期、后互换的步骤，逐步完善市场监管体系。

第一，以优化政府监管资源配置为根本，推动核心层的政府统一监管分支体系的重构。由于金融衍生品涉及多个金融领域，系运用多种技术的"金融合成物"，因此，对其实施有效监管的法律制度就必然具备跨市场、跨行业的综合特征，那些将"混合物"分拆成"基本元素"分别进行监管的传统方法必然会损耗金融监管效率（李东方，2002）。金融衍生品创新经验表明，统一监管模式已成为金融衍生品市场发展的现实选择。我国目前采用的监管模式是一线多头监管模式，即金融监管权集中在中央政府一级，由中国人民银行、银监会、证监会、保监会等多个中央级的金融监管机构及其派出机构负责对金融衍生品市场实施监管。随着我国金融衍生品市场的加速发展，特别是跨国银行的进入，金融市场的一体化进程不断加快，这种分业监管模式的根基已经松动。因此，为了优化政府监管资源的合理配置，应当建立以维护金融安全为统一目标，多部门、多层次、多环节、权利互动与制衡的金融衍生品市场统一监管体系。就政府监管而言，可以借鉴德国的做法，建立金融产品从现货、期货到衍生品的统一市场监管机构。为此，应尽早成立中国金融监督管理委员会，由国家金融监管局通过立法对金融衍生品市场监管的整体决策、市场准入、信息披露、检查监督等方面进行监管，从而保障整体金融市场的安全和稳定，保证金融衍生品市场的现实存在和有效、

协调发展，严格限定在市场失灵的领域，防止单方面、单一性风险蔓延、转化为多层面、多群体、多品种的系统性风险。

第二，以创新行业监管细分职能为重点，促进主体层的行业自律监管分支体系的重构。行业协会是行业自律组织，其会员包括券商（经纪公司）、交易所、从事金融衍生品研究及业务工作的人员（郑瑞琨，2001）。但是，由于我国行业协会的职权与职责没有到位，其地位不够独立，其自律功能未能很好地发挥。因此，应当通过立法明确行业协会自律监管属性和具体监管职能，有必要将国家金融监管局和本行业监督管理委员会对自律组织的行政监管机制用法律文件的形式固定下来。可借鉴香港的做法，由前二者与行业协会签署《谅解备忘录》，在划定行政监管和自律监管边界的基础上，明确前二者对自律组织进行行政监管的机制和程序。与此同时，还要进一步完善各项措施：（1）完善各行业协会的组织建设。建立统一的行业自律体系作为全国性的行业自律组织，应按经济区划设立或将现在的区域性行业协会转为国家协会的分支机构。（2）明确各行业协会的自律性。协会的会长、副会长和理事由选举产生。限制政府官员兼任，特别是要限制国家金融监管局、各监督管理委员会官员的兼任。同时，规范会员结构，使同样具有监管功能的交易所有序退出。（3）加强监管职能的行使。制定自律规则，加快制定统一规则和纠纷处理规则；强化对从业人员的管理和培训制度，如建立和完善从业人员资格考试、管理人员在职培训、专业人员持续培训等制度。（4）接受国家金融监管局和本行业监督管理委员会的监督。各行业协会要执行国家金融监管局和本行业监督管理委员会的规定和决定，应国家金融监管局和本行业监督管理委员会的要求报告工作和提供资料，接受国家金融监管局和本行业监督管理委员会调查。

第三，以理顺市场监管分级责任为主线，实现基本层的市场一线监管分支体系的重构。交易所、结算所、会员以及投资主体作为金融衍生品市场的最直接参与者，对金融衍生品市场负有一线监管的重任。对于交易所来说，一是应适应国际潮流，将会员制的证券交易所改变成公司制，让它变成一个追求利润的商业机构，因为无论从动机上还是能力上，公司制的交易所都能够较好地起到监管作用。二是应在合适的时候把交易所推向证券市场上市，使其变成一个公众公司，纳入公众公司的监管框架之中，以政府的证券市场执法机关的强制性监管、证券业协会的自律性监管以及投资者的"货币选票"来约束交易所的行为，使得其运作更透明、更具有可解释性。三是应通过竞争形成一种约束机制，促使其加强监管。对于结算所来说，每日结清制度和交易限额制度是风险监管原则最直观的应用（马震宇，2007）。对于会员来说，既要对投资主体的投资活动进行监管，又要针对市场发展制定相应的监管制度。对于投资主体来说，其肩负的市场监管

327

责任除了自身的激励机制中约束和控制机制的建设以及风险管理制度执行过程中的严格和细化外，还要建立金融衍生品交易风险识别机制、预警机制、评估机制，以其第一参与人的身份第一时间将市场异动上报给会员和交易所，由会员、交易所以及行业协会甚至是行业监督管理委员会乃至中国金融监督管理委员会在第一时间采取有效措施，将市场风险控制在萌芽状态。

第四，以开发中介监管辅助渠道为补充，优化中介层的社会公众监管分支体系的重构。社会公众监管对于金融衍生品市场监管体系来说是一个有益的补充。一方面，会计师事务所、资产评估机构、审计师事务所、律师事务所等中介机构应根据章程和相关法律制定明确的服务规范，在监管金融衍生品市场运作的同时，自身也置于相关法律的监督管理之内，形成监管与被监管的良性互动；另一方面，金融衍生品投资咨询机构面对的是金融衍生品投资主体，在提供咨询服务过程中既能够发现市场的监管弊端，本身也可能成为市场风险的策源地，因此投资咨询机构应制订并执行职业操守和行业道德，除了及时向市场主管部门如实报告监管弊端外，还应该主动规避制造虚假报告、参与市场操纵以及纵容过度投机等行为。作为广泛的传播媒介，媒体的形式多种多样，其对金融衍生品市场监管的力量不可小觑，因此，在发挥媒体监管作用时，应注意新闻导向的作用，既不能隐瞒不报，使监管错过最佳时机，也不能过分渲染，使市场发展投鼠忌器。科研机构和对金融衍生品市场给予关注的群体是金融衍生品市场的良师益友，他们在日常的科研和生活中对金融衍生品市场的运行给予极大的关注，因此，市场本身应赋予他们特约监管员的责任，以发挥他们对于金融衍生品市场的监管局外人冷眼观察的作用。

第五，以提高法律监管综合水平为保证，强化基础层的法律规范监管分支体系的重构。国家应逐步完善我国金融衍生产品的法律规范体系，尽快着手制订国家层次的、统一的《金融衍生品交易法》，对金融衍生品交易中的市场准入、风险监控、信息披露、风险处理、法律责任等相关制度以及实施细则做出比较全面的规定，提高金融衍生品法律规范体系的权威性。《金融衍生品交易法》中应明确法律监管的有关内容，即确定监管的原则和目标、监管的模式、监管者和被监管者的权利和义务以及责任的承担、监管的程序等，以保证监管体系框架的一致性、稳定性和持续性。针对不同功能的金融衍生产品分别制定相应的法律、法规，强化各类法律、法规的操作性。在完备金融衍生产品交易配套立法的同时，及时废止与金融衍生产品发展状况不相适宜的法律、法规和部门规章等，消除法律、法规之间冲突、重复、不协调的现象，以降低由于法律不完备而带来的风险。在《金融衍生品交易法》出台前，先由中国金融监督管理委员会下发《金融衍生品交易管理暂行条例》，辅之以必要的《金融衍生品从业人员管理办法》、

《金融衍生品交易所管理办法》等行业法规，积极推进《期货法》、《期权法》、《衍生证券法》的出台，为金融衍生品交易提供法律依据和保障。另外，还应当对现有的如《中国人民银行法》、《商业银行法》、《证券法》、《基金法》、《公司法》等法律、法规依据金融衍生品的有关规则进行修改和补充，使之能够适应现实中金融衍生品发展的需要。

第六，以迎接国际监管现实需要为契机，加速协调层的国际合作监管分支体系的重构。2008年国际金融危机的蔓延，给国际间合作监管金融衍生品市场提供了有利契机。进一步加强国际监管的合作，应该在以下几个方面做出努力：（1）加强市场管理机构间的合作。建立各国监管组织在双边或多边基础上共享信息的机制，加强对重大交易的监督，加强对国际化运作的金融集团的监管措施。（2）协调清算违约的处理方式。制订出现清算违约时处理投资持有、客户资产和资金的最佳处理方法；建立清算违约下向市场参与者传达信息的渠道；确定清算违约下向客户披露信息的标准；确定当清算违约威胁到市场稳定时的安排措施等。（3）协同突发事件下的监管合作。制定当金融中介、会员机构和市场出现重大的业务混乱时的处理机制和控制方式；确定出现国际性金融衍生产品交易事件的磋商机制等。（4）借鉴发达国家和地区的监管模式和监管措施。参考国际性组织和机构发布的文件和公告，将我国的金融衍生品市场发展实际与国际性的指导性文件相结合，制定合理有效的经营管理体制等。只有这样，才能保证我国金融衍生品市场全面、协调、可持续发展。

329

第十二章

混业经营与金融控股公司监管

第一节　混业经营与金融控股公司的发展

一、商业银行与投资银行的分与合

纵观世界金融发展史，金融业的发展实际上就是一个由混业经营转向分业经营，然后又回归到混业经营的这样一个分合过程。其中，主要以美国、英国、日本等国的"单业经营→混业经营→分业经营→混业经营"发展路径模式为代表。金融业作为现代经济发展的重要支持，其业务经营方式的变化反映了不同国家和地区在不同时期的社会经济的发展变化、金融机构的经营策略和金融监管部门的监管思路的变化。一般而言，分业经营是以一国经济发展水平、金融监管水平、金融机构规模和法律制度处于较低层次相适应，强调金融体系的安全和可控性；而混业经营则是与一国市场经济发展成熟、金融监管水平较高、金融机构规模较大、法律制度健全相适应，注重金融业内的竞争和金融体系的运作效率。在目前世界经济一体化，金融趋于全球化的浪潮之下，金融混业经营的趋势也日益明朗，混业经营与分业务经营已经不再是争论的重点，而一国选择怎样的混业经营模式和分业务经营模式（或者说在两者之间寻找最合适的模式）才能够更好地保证金融机构和国家金融体系的相对安全才是该国考虑的首要问题。

（一）商业银行与投资银行的历史性分离

　　早期的金融机构是以商业银行为主，金融业处于自由银行状态，而随着银行极大地推动经济和贸易的发展，金融业进行自然分工和演进，逐步形成不同的金融机构，并伴随有关金融立法和金融监管机构的出现，金融监管才出现。而1929 年全球范围内发生的经济金融危机，使得金融业发展的巨大外部性受到广泛重视，金融业成为各国监管的重点行业，并从混业经营向分业务经营的转变，是金融体制转变的一个重要的分水岭。

　　1. 大危机之前商业银行与投资银行的混业经营。由商人银行家转变而来的商业银行在其发展的早期阶段并不涉足证券业务，主要是对贸易活动提供短期资金，一方面是因为当时银行的主流经营理念是"真实票据论"，认为商业银行的资金来源多为活期存款，流动性较高，因而其资金投向应该集中在以真实的商品交易为基础而发行的票据，避免将资金投向长期贷款，尤其是债券和股票等高风险投资，则不会因"短借长贷"而导致资金来源和运用在期限结构上的不匹配，出现一旦存款人集中要求提款而发生支付困难的风险；另一方面是当时工业革命尚未开始，生产过程中还不需要大量的长期资本，商业银行很少对工业融资。

　　从各国的金融业发展来看，投资银行同商业银行一样，都是由国际商人转变而成，早期的投资银行业务也是源于国际贸易中的汇票承兑和贴现业务（也即所谓的商人银行业务），而随着 18 世纪的工业革命完成，传统手工业被大机器工业所替代，随着股份公司的开始涌现，为投资银行的兴起和发展提供了广阔的空间，真正从事股票承销和经纪业务的投资银行才开始发展起来。

　　伴随着第一次产业革命的开展，经济迅速发展，欧洲各国政府对资金的需求大幅增加，由此引发了欧洲银行业的"金融革命"，各国政府放松了对银行业的管制，银行开始开展证券业务，并在第二次产业革命期间得到大规模发展。特别是进入 20 世纪以后，随着铁路、采矿、汽车、钢铁和石油等大型工业的兴起和繁荣，股票、债券等有价证券在一级市场上的承购包销和二级市场上的交易活动也空前高涨，获利机会层出不穷；同时，银行业由于自身规模的迅速扩大，存款余额也急剧增长，挤兑现象并不多见，银行存款似乎也相当稳定。于是，银行界的风险意识开始淡薄，不少商业银行为了分享巨额利润，开始利用其雄厚的资金实力跻身证券市场，积极开展投资银行业务；另一方面，投资银行不但通过证券业务不断发展，同时也向商业银行业务渗透，融通短期资金。结果，商业银行和投资银行在业务经营范围方面的界限被彻底打破，合业经营模式得以确立。

　　从英国的发展来看，英国最早进行工业革命，英国的商业银行也最早向工业

331

领域提供融资服务。19世纪早期，英国北部地区的纺织工业较为发达，但生产季节性强，为生产储备而必须向银行融资，而且是以短期名义去融长期资金。到19世纪后半期，工业革命已完成，股份制公司开始出现，公司对资金的需求大幅度增加。由此，1826年，英国政府颁布法令，允许6个以上的合伙人开设股份制银行，到1843年，英国的股份制商业银行达到了117家。1862年以后，商业银行纳入了普通公司法的规范内，政府放松了对银行业的管制，英国银行业自由化程度大大提高，更多银行涉足投资银行业务。

在19世纪初期，德国的私人银行为数不多，且缺乏规模较大的银行，从1835年后才开始逐渐出现了比较集中的银行与金融系统。而到19世纪50年代，当时德国正处于工业迅速高涨的时期，银行既对企业贷款，也对企业投资；由于德国没有反托拉斯法，也没有禁止银行董事兼职的法律，因此银行通过直接持股并派出董事，与工商企业建立起密切的关系，许多工商企业在资金上高度依赖银行，由此开始了银企的结合。银行从给企业贷款、帮其发行债券、直至对其投资，对企业的资金融通进行了全方位的服务，同时，银行也通过持有非银行部门的公司股份来取得较大的收益，为此又增强银行提供服务的能力，并形成德国混业银行的雏形。这样的金融服务非常有助于钢铁、煤矿、电气、机械和重化学工业等需要大量资金的工业行业的发展，为德国国民经济的发展发挥了重要的作用，而银行业也由此得以迅速地扩张。在这样的背景下，19世纪中期，许多综合性的股份银行相继成立，同时，合作银行和储蓄银行也相继产生和发展，而到19世纪60年代，还产生了抵押银行。在以后的几十年里，德国银行业也一直是沿着上述四条路径发展的，并成为德国经济发展的主要支柱：股份制银行和个体私营银行主要服务于工业经济领域，合作银行和储蓄银行主要服务于中小型加工业企业和商业企业以及农业领域，抵押银行主要服务于作为工业中心的城市建设。因此，德国工业发展的使德国的混业经营得到了发展，从一开始就既从事商业银行业务，又从事投资银行业务，即商业银行没有业务范围的限制而可以全面地经营各种金融业务，如经营存放款、贴现、证券买卖、担保、投资信托、租赁储蓄等全方位的商业银行及投资银行业务。值得注意的是，德国从来就没有独立的投资银行，证券市场相对落后。

在19世纪80年代的美国，投资银行家是指那些经营抵押债券和房地产证券的经纪人，也包括从欧洲到美国来经营铁路和地产证券交易的商人。美国内战以后，铁路建设的发展带动了煤炭、钢铁等制造业的发展，并逐步促成一些大的投资银行的产生和发展，而且当时一些如J. P摩根（J. P Morgan）大通国民银行和国民城市银行等美国老牌的投资银行，既从事证券承销和经纪业务，又从事吸收存款、外汇买卖等商业银行业务。而商业银行大规模介入证券业务是20世纪初期资本市场快速发展的产物（Peach，1941）。在 20 世纪 20 年代，美国经济持续增长，许多企业进入证券市场融资，进一步推进了证券市场的发展。随着股票和债券发行量的增大，商业银行在经营表内业务的同时也积极向表外业务扩展，希望能够从证券市场中分一杯羹，由此形成混业经营的格局。从表 12 - 1 中可以看到美国经营证券业务的商业银行数量变化。可以看出，1922 ~ 1933 年，经营证券业务的美国国民银行和州银行总数由 277 家上升至 379 家。其中，多数银行都以在内部设立证券业务部门的形式直接经营证券业务，只有受法律限制较多的一些国民银行和信托机构购买了持有州银行执照的金融机构作为子公司，通过子公司开展证券业务，国民银行设立子公司的数量在 1931 年达到最高值，共有 114 家国民银行设立了证券子公司，远远超过了 1922 年的 10 家。随着越来越多的商业银行进入证券市场，商业银行在美国证券承销市场的份额迅速增加，到 1929 年，商业银行和信托公司在全国的债券发行的市场份额达到 45.4%。

表 12 - 1　　　1922 ~ 1933 年美国经营证券业务的商业银行数量　　单位：个

年份	国民银行		州银行		总数
	直接经营证券业务	设立证券子公司	直接经营证券业务	设立证券子公司	
1922	62	10	197	8	277
1923	78	17	210	9	314
1924	97	26	236	13	372
1925	112	33	254	14	413
1926	128	45	274	17	464
1927	121	60	290	22	493
1928	150	69	310	32	561
1929	151	84	308	48	591
1930	126	105	260	75	566
1931	123	114	230	58	525
1932	109	104	209	53	475
1933	102	76	169	32	379

资料来源：Peach, W. N. The Security Affiliates of National Banks. Johns Hopkins University Press, 1941: 83. 转引自 Kroszner, R. and R. G. Rajan. Is The Glass-Steagall Act Justified? The American Economic Review, 1994, 84 (4): 810 - 832.

总之，在 1929 年大危机发生以前，欧美国家的金融市场基本上处于自由发展状态，政府监管部门对金融机构的管理相对较松，商业银行不仅可以从事表内的存、贷、汇、兑等业务，还可以运用信托机制、担保机制、租赁机制从事相关业务，而且可以自由地经营证券承销、自营、代理买卖和咨询等业务，这既是银行业发展的内在要求，也是金融市场发展和金融业竞争的必然结果。

2. 商业银行与投资银行的分离。由于商业银行在高额利润的驱动下过多地涉足投资银行业务，显然是严重背离了"真实票据论"的"古训"。在当时的美国，商业银行不仅自身动用巨资购买证券，同时还为客户购买证券提供大量融资，推动了证券行情的迅速飙升，成为诱发泡沫经济的直接导因，增大了整个金融体系的不稳定性。终于在 1929 年，纽约股市的崩溃引发了全球性的最严重的经济和金融危机，并一直持续到 1933 年。在 1929~1933 年，商业银行持有的股票价格严重下跌，这造成它们的资产锐减，受此打击，一大批商业银行因不能清偿到期债务或资不抵债而倒闭或被兼并。据统计，1929~1933 年，美国大约有 11 000 家银行倒闭或被兼并，占银行总数的 40%，银行总数由 25 000 家减少到 14 000 家（夏斌，2001）。

危机爆发之后，1931 年美国国会责令成立专门委员会调查大危机的原因，调查结果表明，无论是政府部门、经济学界还是工商业人士均普遍认为，商业银行从事证券业务有违稳健经营的原则，助长了股市投机，是导致证券市场崩溃，并进而引发经济"大萧条"的主因之一。为此，民主党参议员卡特·格拉斯（Carter Glass）提出了存款保险的构思，众议员亨利·斯蒂格尔（Henry Steagall）又倡导商业银行与投资银行的分业经营；最后，两人共同起草的《1933 年银行法》并提交美国国会，并促使美国国会于 1933 年通过。该法案第 16、第 20、第 21 和第 32 条严格限制商业银行直接或通过关联交易方式间接从事股票和债券的承销和买卖业务，而投资银行则不能吸收存款和发放贷款。这些条款组成了著名的《格拉斯-斯蒂格尔法》，确立了美国商业银行和投资银行分立的金融格局，在金融史上开创了一个典型的分业时代。与这种分业经营模式相对应的是分业管理模式，即投资银行业务由证券交易委员会统一管理，而商业银行业务则由联邦储备银行管理。后来，美国国会又陆续通过了《1933 年证券法》、《1934 年证券交易法》、《1939 年信托契约法》、《1940 年投资公司法》、《1956 年银行控股公司法》和《1970 年银行控股公司修正法》等法规对分业经营模式又作了进一步的补充和完善。于是，各大商业银行或是转让拍卖，或是另建专门的公司，纷纷剥离办理投资银行业务的部门和业务，美国银行业进入稳定发展阶段；而商业银行的撤出，为美国专营证券业务的投资银行的发展创造了空间，高盛、雷曼兄弟等国际大型投资银行就是那个时候发展壮大起来的。可以说，自 1933 年以后的几十年间，美国金融业是在日益严格的分业务经营以及与此对应的监管框架下发展的。

受美国分业务经营和分产业监管理念的影响，日本在第二次世界大战以后制定《1947 年禁止垄断法》禁止金融控股公司成立，原有的巨型财团被分解，财团下属的银行、证券和保险业务必须以各自独立的机构开展业务，同时，禁止公司管理人员兼任一家以上企业的高级管理人员职务。1948 年，日本参照《格拉斯－斯蒂格尔法》制定了《1948 年日本证券交易法》，该交易法第 65 条规定禁止银行从事证券交易，而由证券公司承销公司债券和股票；禁止银行持有证券公司 5% 以上的股份。此后，日本金融体系中不同业务，即长期信贷业务与短期信贷业务、信托银行与普通银行业务、银行与证券及保险公司业务之间确立了明显的界限。这种体系一直持续到 80 年代。

对于在传统上实行专业银行制度的国家，继美国于 1933 年实施"格拉斯－斯蒂格尔法"以后，英国也在商人银行和零售银行之间竖立起金融防火墙，与美国、日本对证券市场实施全面立法管制不同，英国在"大爆炸"金融改革之前，其证券市场实行的自律管理模式，是靠证券交易方面的严格规范以及传统惯例的方式，在法律上是找不到相应的依据的。

实行全能银行制度的德国，在 20 世纪 30 年代银行危机以后，其银行业形成了"三大银行"（即德意志银行、德累斯顿银行和德国商业银行）主导市场的局面。政府应对银行危机的主要措施并不是美国式的分业管理，而是提高了银行业的进入壁垒，并通过购买股权的方式直接控制大银行。第二次世界大战后，盟军曾强制性地分拆了"三大银行"，但是，不久它们又各自重新集中到了一起。

总的来看，20 世纪 30 年代的经济危机对欧美其他国家也产生了重要影响。但由于各国的具体国情不同，其金融业的产业组织形式的变化也有所不同，但大部分国家还是选择了分业经营。无疑，分业经营体制的确立，比较有效地解决了金融行业之间的风险传递，从而对美国乃至世界经济的平稳发展做出了贡献。

（二）国际金融业的混业经营的新开始

在第二次世界大战以后，世界经济贸易迅速发展，这对金融服务业也提出了更高的要求。经济的全球化必然要求金融的全球化，而金融业务的分业经营状态无疑不能满足全球化金融发展趋势的要求；同时，严格的业务划分使投资者失去了方便、快捷而又综合化的服务机会，投资者不得不与多家不同的金融机构往来以满足其多种金融需要，在一定程度上损害了投资者的利益。于是各个国际性的大银行纷纷朝着业务综合化的方向发展，他们通过金融创新，开发设计一系列的金融新产品，绕开法律的壁垒，达到综合经营的目的。60 年代末期出现的新型金融工具，如定期存单、NOW 账户、现金管理账户等一系列金融衍生工具都是这一环境中的产物。

　　进入20世纪70年代，西方主要工业化国家经济从第二次世界大战后的高速增长转入"滞胀"，经济增长速度的放慢使企业对资金的需求相对减少，客观上要求商业银行突破传统的存贷业务，寻求新的利润增长点。自20世纪80年代以来，美国单一经营的商业银行饱受不良贷款之苦，大约已有1 000多家银行破产倒闭，其主要原因之一就是银行业务过于单一化。正因为如此，面对激烈的市场竞争，商业银行逐渐突破了与其他金融机构之间分工的界限，不断推出新业务品种，从专业化逐步走向多样化，走上了业务经营全能化的道路。

　　1971年，英国实施"竞争与信用控制政策"，"鼓励银行在更广泛的领域里展开竞争。商业银行同时经营短期信贷、消费信贷、单位信托、投资银行、保险经纪、住房抵押贷款等业务；投资银行不仅办理长短期存款、承兑票据，还组织和认购新发行证券、进行贸易融资等"（谢平，2004）。1986年10月，英国率先进行了被国际金融界称之为"大爆炸"的金融改革措施。其中包括：允许商业银行进入交易所进行证券交易；允许外国银行进入交易所从事证券交易，并向外国银行开放周边证券市场；打破证券经纪人与交易商的界限，两者可兼而任之，所有的金融机构都可以参加证券交易所的活动，废除各项金融投资管制等，促进商业银行与投资银行的融合。在这次改革中，英国全面改革了原有的金融分业经营体制，实行更大程度的金融自由化。

　　日本也自20世纪80年代中期开始逐步实行对分业管制的改革。1985年5月，日本大藏省发表了《金融自由化与日元国际化》的报告，日本金融自由化正式启动。20世纪90年代中后期，"日本废除了分业管理体制，包括取消银行、证券、信托子公司的业务限制；允许寿险、财产险以及保险业和其他金融业相互渗透；允许普通银行、信托银行等吸收存款的金融机构发行金融债券；放宽销售金融产品的限制；取消租赁信用公司筹措资金时在发行公司债券、商业票据、债权流动方面的限制；对非存款金融机构开放清算服务系统；为金融控股公司解禁；放宽、取消资产运用及金融商品的设计限制等"[①]。1997年日本金融大改革，修改《禁止垄断法》，对金融控股公司实行解禁。

　　与英国、日本等金融体制改革的进程相仿，美国也逐步放松了对金融机构进行混业经营的限制。20世纪80年代初到90年代初期，是美国金融业逐步融合的阶段。随着金融国际化趋势的不断加强，外资银行大举进入美国的金融市场，一些发达国家的所谓"金融百货公司"以先进的技术手段、良好的经营信誉、优质的金融服务以及种类繁多的金融产品对美国金融市场进行着前所未有的冲击。为了保护本国银行业的利益，确保金融市场不出现大的动荡，美国政府在

① 夏斌. 金融控股公司研究. 中国金融出版社，2001：162 – 163.

1980 年和 1982 年先后通过了《取消存款机构管制和货币控制法案》和《高恩 – 圣杰曼存款机构法案》等有关法律，放开了存款货币银行的利率上限，从法律上允许银行业和证券业的适当融合。1987 年 4 月，美联储批准银行通过银行控股公司的证券子公司经营票据、抵押担保证券、特定财源地方债、消费者信用担保证券的承销、分销及买卖业务；1988 年 1 月，美联储批准大银行的证券子公司可以经营公司债券承销、买卖业务；1990 年，美联储准许 JP 摩根银行经销企业股票。

从 20 世纪 90 年代中后期开始，美国金融业开始进入完全意义上的"混业经营"时期。经过"80 年代金融改革"，美国金融业"分业经营"的经济基础逐步消失，"分业经营"的制度也已经不断被现实所突破。例如，证券商让客户利用证券交易账户开支票、汇款及使用信用卡；银行、证券商在国外注册，然后再回到国内开展金融综合业务。到 90 年代初，国际金融业并购浪潮席卷全球，大规模、高额金额、跨行业合并的银行业的并购浪潮大大改变了国际银行业的整体格局，促使美联储于 1997 年初修改了《银行持股公司法》中的个别条例，建立更有效率的银行兼并和开展非银行业务的申请和审批程序，取消了许多对银行从事非银行业务的限制，商业银行能够更加自由地从事财务和投资顾问活动、证券经纪活动、证券私募发行以及一些其他非银行业务。

最终，在 1999 年 10 月，美国国会通过《金融服务现代化法案》，美国总统克林顿于当年 11 月正式签署发布。至此，标志着由美国创立、而后被许多国家认可并效仿的金融分业经营、分业监管的时代宣告终结，同时也表明混业经营已成为国际性发展潮流，世界金融业进入了一个崭新的历史时期。

（三）商业银行发展投资银行业务的动因

金融业自诞生以来，其业务范围及机构设置并没有自动的划分开来。但是在 20 世纪 30 年代全球经济危机以后，美国率先立法要求分业经营，随后，许多国家纷纷效仿，这主要是因为，一方面分业经营能够使各金融机构更加专注于自己所擅长的优势业务，避免盲目开发新产品、新服务，可以降低金融机构（当时主要是银行）的风险并使其收益更加稳定和有保障；另一方面，分业经营也更有利于政府的有效监督和管理并使其经营风险得到有效控制。然而，在现实生活中，分业经营的立法规定却并未达到其预想的效果，这与社会，经济的发展状况以及这一立法规定本身的局限性都有着十分重要的关系。分业经营的业务划分使投资者失去了方便，快捷而又综合化的服务机会，投资者不得不与多家不同的金融机构往来以满足其多种金融需要；同时，它也削弱了银行业的实力，因为业务范围的严格限制使许多银行丧失了盈利机会；特别是随着经济全球化的发展，分业经营反而加剧了银行业的风险，使其生存能力受到限制。为此，面对激烈的市场竞争，20 世纪七八十年代以来，西方商业银行不断推出新业务品种，从专业化逐步走向多样化，全能化，从分业走向合业。综合来看，国际金融业从分业又走向混业有其内在的动因和外在环境变化的影响，图 12 – 1 列出了主要的影响因素。

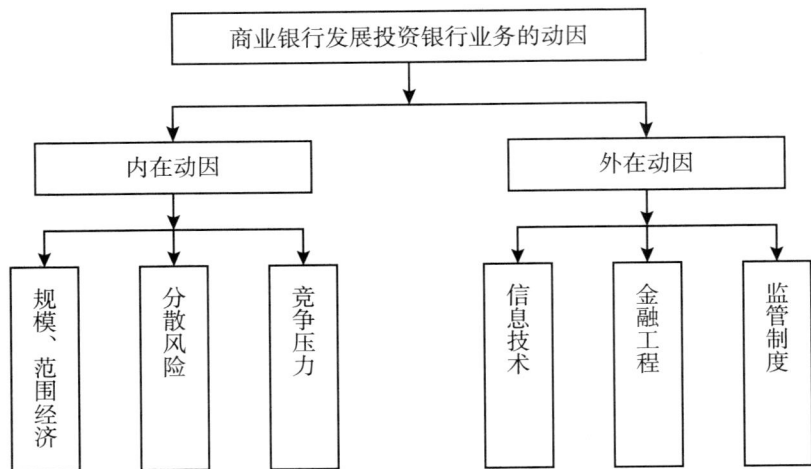

图 12 – 1　商业银行发展投资银行业务的主要因素分析

1. 规模、范围经济。从金融行业的资产来看，银行、证券、保险等金融产业的资产由非人力资产和人力资产组成。其中，非人力资产包括金融资产、固定资产和其他实物资产等，都是以货币资产为基础，资产专用性较低，而资产的同质性较高，主要差别表现在数量方面；人力资产中，各行业从业人员的专业技能和经验积累具有较强的相关性。因此，银行、证券、保险等金融产业各自经营的资产类型具有相当的一致性，资产的同质性成为金融机构跨行业经营的最基本条件，降低了金融机构采取混业经营战略的成本。同时，从银行、证券、保险等产业各自的经营要素和产品的关联度来看，它们之间保持着比较紧密的产业关联，产业的运作技术具有相似性和互补性，产品和服务在一定程度上具有可替代性。资产的同质性、产业的紧密关联和客户群体的一致性，成为金融机构以较低成本实施跨产业经营，增加产品和服务，实现规模经济。

在金融机构混业经营中获得规模经济效益的同时，金融机构在横向并购中也获得了所谓的范围经济，即金融机构可以进入更广阔的市场，接触更多的客户群体，并促使一些相关金融产品的交叉销售成为可能。商业银行通过开展投资银行服务，通过其广阔的网络和客户基础，扩展了业务领域，为客户提供更为全面的服务，能够获得更多的范围经济效益。

20 世纪 80 年代以来，通过银行业的并购. 在西方银行业中将形成一批超级银行。这些银行都具有资本充足、资产雄厚、业务范围广和国际化程度高等特点，并能满足客户的多方面需求。从表 12 – 2 中可看出，1980 ~ 1995 年，各国银行机构数量逐步减少，大部分国家最大 5 家银行占银行总资产比例上升，银行的资产规模逐步增大，银行的集中度在提高。

表 12 – 2　　20 世纪 80 年代以来部分国家银行机构数和集中规模

国家	银行机构数（个）				最大 5 家银行占银行总资产比例（%）		
	1995 年	1980 年以来最高值（%）	年份	变化率（%）	1980 年	1990 年	1995 年
比利时	150	163	1992	− 8	64	58	59
芬兰	352	631	1985	− 44	63	65	74
法国	593	1 033	1984	− 43	57	52	47
德国	3 487	5 355	1980	− 35	—	—	17
意大利	941	1 109	1987	− 15	26	24	29
荷兰	174	200	1980	− 13	73	77	81
西班牙	318	378	1982	− 16	38	38	49
瑞典	112	598	1980	− 81	64	70	86
英国	560	796	1983	− 30	63	58	57
美国	23 854	35 875	1980	− 34	9	9	13
日本	571	618	1980	− 8	25	30	27
加拿大	1 030	1 671	1984	− 38		55	65
澳大利亚	370	812	1980	− 54	62	65	67
挪威	148	346	1980	− 57	63	68	58
瑞士	415	499	1990	− 17	45	45	50

资料来源：宗良，朱汉江. 国际银行业并购的历史、现状和发展前景. 国际金融研究，1999（4）.

2. 分散风险。20 世纪 60 年代以来，固定汇率制度瓦解，全球金融市场步入高度动荡的时期，市场风险急剧加大，使许多金融机构开始有进行多元化、分散化经营的动机。在 20 世纪 80 年代，美国金融界对 30 年代大危机的成因进行了反思，不少学者认为，30 年代初期的银行倒闭并不是由于银行过度从事投行业务造成的，银行倒闭的原因：一是货币供给减少了 1/3；二是银行被迫停止办公，助长了挤兑之风；三是单一银行制资本充足率过低——倒闭或被兼并银行中有

80%是单一银行，分支行制的银行倒闭占极少数（夏斌，2001）。此外，没有任何证据说明由银行机构购买证券就比其他投资者具有更大的风险，也没有任何证据表明商业银行的投资技巧或承销证券的水平比投资银行差。White（1986）研究了在1930～1933年的银行危机中，活跃在证券领域的207家国民银行中只有15家倒闭，比例大约为7.3%，而在这3年间倒闭的国民银行占全部国民银行的26%，这15家银行的倒闭不可能是当时发生银行危机的主要原因。对其他国家的研究中，Canals（1997）对20世纪德国经历的3次银行危机进行分析，发现其全能型银行体制和银行危机之间并没有必然联系。Barth等（2001）选取经济发展水平和政府质量作为控制变量，采用多种计量经济学方法，对1970～1999年60个发生银行危机的国家进行研究，结果发现对银行经营范围的管制越严，发生银行危机的概率越高。因此，反思认为，当时的商业银行并没有过度追逐风险，取消管制可以促进金融制度稳定。

3. 竞争压力。金融市场特别是资本市场的迅速发展，使过去以存贷款为主的比较单一的社会金融资产结构发生了重要变化——向多元化资产方向转变。这使得以经营存贷款业务为主的商业银行在金融体系中的主体地位，不仅受到了来自投资银行、信托公司甚至是储贷协会的挑战，而且受到来自资本市场发展的挑战。为了化解由"金融脱媒"引致的经营风险，商业银行不得不将经营业务向表外扩展，为客户提供包括财务顾问、证券承销、资产管理、金融咨询等在内的多元化产品和服务。同时，随着经济全球化和金融自由化的进一步发展，那些实行混业经营和在全球范围内拓展业务的大型金融机构可以逐步通过独有的市场势力，调控产品定价而获得巨额利润，将使市场份额向少数大型机构集中。

4. 信息技术因素。信息技术进步是金融业转向混业经营的关键性因素之一。20世纪70年代以来，信息技术突飞猛进的发展极大改变了经济增长的方式、市场竞争格局乃至人们的生活方式，也影响了金融业的发展。特别是20世纪90年代以后，以互联网为代表的信息技术逐步发展起来，并广泛应用于金融业，形成网络金融，这种新的金融服务方式不仅极大地降低了金融机构组建营销网络的成本，加快了信息传输和处理的速度，大幅度地提高金融机构的运作效率和风险控制能力，为金融跨业经营和扩张创造了条件，而且还使金融机构通过现代信息网络向客户提供更为便捷、全方位（"一站式"）的服务。如网络证券、网上保险、网络银行的发展均对传统金融服务产生了冲击，ATM机、电子结算、网上银行、网上证券交易、网上投保等信息交换技术在金融业中的广泛应用也迅速促进了金融机构经营范围和服务区域的扩大，并为银行通过网络进行综合性金融服务打下了基础。

5. 金融工程。推动金融机构进行混业经营的另一个技术性因素是金融理论和金融工程技术的迅速发展。以资本资产定价（CAPM）模型和布莱克－斯克尔斯期权定价模型为代表的现代金融理论崛起，为金融机构设计和推出新的金融产品奠定了坚实的理论基础。20 世纪 70 年代以来，利率和外汇期货、期权，股指期货、利率互换等新型金融衍生产品不断问世，不仅使金融业的交易更加方便，交易费用大大下降，而且这些产品对于金融机构进行高效资产管理和控制风险具有重要意义。同时，金融工具的创新使各种金融机构之间原有的分工界限变得越来越模糊，如投资联结保险，其本身就是银行、证券和保险等产业共同合作的产物，各行业之间本已十分密切的联系，促使金融机构作出了混业经营的选择。

6. 制度因素。自 20 世纪 70 年代以来，随着银行产品的不断创新，各国金融监管当局的监管理念有了变化，改进了监管体系，对金融混业经营逐步放松管制。20 世纪 80 年代后期开始，一些发达国家开始整合金融监管，先后成立了一个独立于央行的超级监管者，如挪威、丹麦和瑞典分别于 1986 年、1988 年和 1991 年建立了统一监管银行、证券和保险三大金融行业的超级监管机构。特别是在 1997 年，英国成立金融服务局，将英伦银行（英国央行）的货币政策职能与其银行监管职能分离，并且还负责证券和保险的监管；1998 年，日本也设立了金融检察局，分管三大金融行业。受英国、日本等国的影响，美国 1999 年出台《金融服务现代化法》，结束了分业经营的局面，这标志着金融监管由原来的安全性从优转向效率优先转变。之后，各国先后出台了一批鼓励金融机构跨产业经营的法律，为金融机构实施混业经营策略创造了较为宽松的制度环境。

二、金融控股公司的发展

（一）金融控股公司发展的背景

1929 年前各国金融业大都实行混业经营，美国的银行控股公司始建于 20 世纪初，由于 1927 年的《麦克弗登法案》中有对跨州设立分行的限制性条款，引发了多家银行成立银行控股公司。1929 年大危机爆发后和 1933 年《格拉斯－斯蒂格尔法》的通过，在 1933～1947 年间多家银行控股公司的发展非常缓慢。直到 20 世纪 40 年代末，银行控股公司才开始有了长足的发展，特别是《1956 年银行控股公司法》的颁布，对多家银行控股公司有限制性的规定，美国许多大银行则利用该法案中没有对单一银行控股公司的限制性条款而大力发展单一银行控股公司。到 1970 年，美国 1/3 的银行都转变成单一控股银行公司。

20 世纪 70 年代后，随着金融自由化？经济全球化、金融管制放松及信息技术的不断发展，金融结构和客户结构发生了巨大变化，不同金融机构间的界限逐渐模糊，金融功能趋向融合；1999 年美国的《金融服务业现代化法》通过后，混业经营重新成为当前国际金融业的发展趋势，金融控股公司作为与金融多元化、国际化发展相适应的新金融组织形式，也得到了飞速发展。2007 年 2 月英国《银行家》杂志公布了按照一级资本额（为银行核心资本，包括股本金和已披露准备金）排序的世界 1 000 家最大银行（以下简称世界 1 000 家大银行）排行榜资料。其中，名列世界 1 000 家大银行排行榜前六名的是以花旗集团为首的世界六大金融集团，其实力得到进一步增强。这六大金融集团中，花旗集团、汇丰控股、美洲银行和摩根大通四家银行的一级资本大于 700 亿美元，另外两家银行（三菱日联金融集团和法国农业信贷集团）的一级资本也在 600 亿美元以上。这六大金融集团目前在 1 000 家银行一级资本、资产和利润总额中所占比重分别为 15% 、13.1% 和 17.2% 。

（二）金融控股的特征

从各国金融发展的实践来看，金融控股公司不外乎两种类型，即纯粹型控股公司和经营性控股公司。纯粹型控股公司母公司不直接从事金融业务，但同时控股商业银行、证券公司或保险公司，设立的目的只是为了掌握公司的股份，从事股权投资收益活动；经营性控股公司则是以某个金融机构作为投资主体，投资设立独立的其他类型的金融机构，指即母公司除了从事一定范围的金融业务之外，还通过控股从事其他金融业务，母公司兼有经营和管理的双重职能，既要直接进行某一具体行业具体业务的经营活动，又要对所控制的子公司的经营活动进行监控。

纯粹型控股公司在美国比较多见，是由美国的银行控股公司发展而来。1999 年美国国会正式通过《金融服务业现代化法》，并在涉及银行持股公司组织结构的条款中，创立了"金融控股公司"这一新的法律范畴。同时，允许银行持股公司升级为金融控股公司，允许升级的或新成立的金融控股公司从事具有金融性质的任何业务，即银行、证券和保险业务，即混业经营，但其混业经营是通过分别来自不同业务的子公司来实现的，各子公司在法律和经营上相对独立的公司。该模式的主要特征是：

1. 母公司不经营具体业务，主要可以通过资本的调度和不同期限综合发展计划的制订，调整集团在各个金融行业中的利益分配。

2. 各子公司在法律和经营上相对独立，但子公司之间可以签订合作协议，实现客户网络、资信、营销能力等方面的优势互补，共同开发多样化的金融产品，进而降低整体经营成本。

3. 各金融行业既自成专业化发展体系，彼此之间没有利益从属关系，但可以互相协作，从一定程度上实现了专业化与多样化的有效统一。

4. 通过频繁的并购，金融集团的规模更容易摆脱单个金融机构资金实力的局限，向超大型发展。

根据母公司的行业属性，可分为纯金融性的控股公司和实业性的控股金融公司。前者的母公司是金融机构，如美国的花旗和大通曼哈顿；后者的母公司是非金融机构，如英国的汇丰集团。

（三）金融控股公司的优劣分析

西方国家的发展实践已经证明，与从事单一经营的金融机构相比，金融控股公司在成本、信息、风险控制、资金筹措、跨地区经营、综合金融服务、合理避税和金融创新等方面都具有明显优势。但另一方面，由于控股公司与子公司及子公司间复杂的控股关系和内部关联交易，金融控股公司也可能在资本充足率、内部风险传递、关联交易、金融垄断和金融监管等方面存在一定的风险。

1. 金融控股公司的优势。

（1）规模经济和范围经济效应。金融控股公司的优势在于通过整合集团内部信息、后台、客户、品牌及渠道，有效地利用集团内部资源，进行低成本的业务开发平台和强大统一的销售平台后，一方面节约成本；另一方面，通过交叉销售实现收入创造，从而形成规模经济和范围经济。（2）风险的降低和分散。一方面，金融控股公司进入多个业务领域，形成更加丰富的资产组合，利用不同资产的风险特性和收入来源之间的不相关性，可以对冲有关风险，降低收益波动幅度，减少依赖单个业务和单个盈利地区的风险；另一方面，金融控股公司各子公司分别是独立法人，独立核算，有利于风险防火墙的设立与维护，抑制风险在集团内部的传递。（3）经营效率提高。从事多个业务的金融控股公司拥有更多的信息渠道和更强大的信息处理能力，从而有着提高经营效率的巨大潜力空间。这些信息和能力又为金融产品和服务的创新提供了强力支持，就有可能以更快的速度开发出更新的金融产品，尤其是那些跨业务、跨市场的产品。（4）实现集约化经营。金融控股公司的资本经营在收购或出售其名下的子公司的股权，这种便捷的资本经营方式有利于控股公司对子公司资产进行集约化管理。（5）具有资本扩张效应。金融控股公司的母公司通过投资控股子公司，子公司可以继续控股孙公司，形成多重资本杠杆，使得金融控股公司的资本扩张具有较大的空间。（6）合理避税效应。一方面，金融控股公司内各子公司盈利状况不一，可能有些子公司盈利，而一些子公司亏损。在这种情况下，在金融控股公司集团内合并报表，就可以用盈利部分的利润冲销一部分亏损，减少纳税额。另一方面，在子公司单独纳税的前提下，由于各子公司面临的税制和税负各不相同，控股公司通过在子公司之间的关联交易，通过合并报表，也有可能降低整个控股公司的税收支出，获得最佳的纳税成本。

2. 金融控股公司的特有风险。

（1）关联交易风险与利益冲突。金融控股公司各子公司实体间的关联交易，使得各公司的经营状况相互影响，一方面在关联交易中，可能会由于存在着不少不等价交易及虚假交易、变相违法违规交易、风险隐藏与转嫁交易等，隐藏着巨大的金融风险；另一方面，由于利益驱动及信息不对称，系统内可能出现滥用职权进行交易，并产生部门间利益冲突。（2）系统安全与稳定性问题。由于资本金重复计算及控股公司的资本杠杆较高，会影响到金融控股公司整体财务安全；而各子公司会计制度不同，存在财务信息披露风险；当一子公司财务出现困难，另一子公司动用资金救济时，可能引起共同倒闭风险。（3）内部过度控制风险或超级垄断风险。金融控股公司下设各类不同金融子企业，引诱高度集中的金融资源，这就会形成权力的集中和权力的滥用。并且一旦发展到对市场的过度控制与超级垄断，也会受到国家政策及法律的影响，严重影响公司的经营。如英国巴林银行 1995 年的倒闭就是金融控股公司经营失败的典型案例。（4）可能会出现管理盲区。由于金融控股公司涉及多个行业，在不同国家和地区开展众多业务，容易产生监管盲区。

三、中国混业经营与金融控股公司的发展

混业经营是国际金融业的发展趋势。中国加入 WTO 后，按照承诺要逐步开放中国金融业，率先进入中国金融市场的将是业务范围广泛、实力雄厚的大型跨国金融集团，可以为客户提供"一揽子"金融服务。相比之下，中国银行业的经营业务范围较单一，难以获得"范围经济"优势，如何应对来自外资金融机构的竞争压力？虽然在现有金融分业监管体制下，我国金融机构在金融业混业经营方面已进行了积极探索，且与混业经营相适应的金融控股公司在我国事实上已经存在，但在中国银行业如何发展混业经营，选择何种经营模式，是为适应国际金融市场竞争、应对世界经济一体化无法回避的问题。

（一）中国金融混业经营与金融控股公司的发展状况

我国金融业经历了一个从分业到混业到分业的一个过程。20 世纪 90 年代中期以前，受国内经济高涨气氛的影响，各银行都提出了全方位、多功能发展的口号，四大国有银行都相继介入了证券、信托、租赁、房地产、投资、保险等非银行业务，形成了金融业混业经营的局面，出现了类似全能银行的国有银行。1993

年下半年开始，中国政府大力整顿金融秩序，对中国的银行、保险、证券提出了分业经营的要求，1995 年的全国金融工作会议正式提出了中国金融分业经营的原则和精神，而随后《银行法》、《证券法》、《信托法》的颁布实施，我国金融业便开始了严格分业经营和分业管理。

近年来，随着市场发展，又有一些银、证、保之间边缘业务合作与创新，突破了分业界限。主要有：允许证券公司和基金管理公司进入银行同业拆借市场进行拆借、债券回购；券商可以股票质押从商业银行取得贷款，金融资产管理公司从事债转股等业务，实际也是商业银行与投资银行连接起来；允许保险公司进入银行间债券市场进行回购交易，允许保险资金通过证券投资基金进入股市；银行代理人寿保险业务等。

此外，虽然我国的相关法律文件中规定分业经营，不允许金融业投资于其他金融机构，但是中国并没有任何一部法律禁止其他的一个实体同时持有保险、证券、银行的股份，所以，金融控股公司在我国有一定的空间。目前，国内存在四种金融控股公司类型（见表 12 - 3）。

表 12 - 3　　　　我国金融控股公司及其跨市场经营情况

	公司名称	银行业务	证券、基金业务	保险业务	信托业务
金融集团类	中信集团	中信实业银行、中信嘉华银行	中信证券、中信建投、中信基金、华夏基金	信诚保险	中信信托
	光大集团	光大银行	光大证券、申银万国	光大永明	
	平安集团	平安银行、深圳商行	平安证券	平安寿险、平安产险	平安信托
银行类	中国银行	中国银行、南洋商行	中银国际	中银集团保险	
	中国工行	工商银行、华比银行	工银亚洲、工银瑞信	太平人寿	
	中国建行	建设银行	中金公司、中投证券、宏源证券、建信基金		远东租赁公司
	招商银行	招商银行、新江南财务	国通证券、招商基金		

续表

	公司名称	银行业务	证券、基金业务	保险业务	信托业务
企业集团类	招商集团	招商银行、深圳商行	招商证券、国通证券、招商基金	华泰保险、招商保险、海达远东保险	
	海尔集团	青岛商行、海尔财务	长江证券	海尔纽约人寿保险	
	山东电力	华夏银行	蔚深证券、湘财证券		英大信托
	宝钢集团	兴业银行、建设银行、宝钢财务	华宝兴业基金	华泰财险、新华人寿、太平洋保险	华宝信托
	泛海集团	民生银行	海通证券、民生证券	民生人寿	
	东方集团	民生银行、东方财务	海通证券、民族证券	新华人寿	
	新希望	民生银行		民生人寿	联华信托
	明天控股	华夏银行、兴业银行、交通银行、温州商行、宝鸡商行、包头商行	长财证券、新时代证券、恒泰证券		北京信托、浙江租赁
	雅戈尔	宁波商业银行	中信证券	浙商保险	
	其他如金信集团、爱建集团分别均持有证券和信托的股权				
地方类	地方政府的国资部门分别投资了区域内的银行、证券、保险、信托、担保等公司				

第一类是由非银行金融机构形成的金融控股公司，如中信、光大、平安等集团。经过改制，目前的光大集团、中信控股公司和平安集团，都不再是单一的经营机构，而只是一个纯粹的投资控股机构，是在一个金融控股公司下的商业银行、保险公司、证券公司、信托公司等金融机构分业经营、分业管理，同时又实现了在同一利益主体下混业经营的金融控股公司。

第二类是纯金融性的控股公司中的经营性控股公司，主要有银行金融控股公司，是最近几年发展起来的，如中国银行、中国建设银行和中国工商银行。

第三类是由企业集团形成的金融控股公司。由于企业集团对金融机构投资不受限制，这类金融控股公司会发展较快。其中既包括国有企业集团，也包括民营企业集团的投资。前者如招商集团、山东电力、海尔、宝钢集团等。

第四类是一些地方政府通过对控股的地方城市商业银行、信托公司、证券公司进行重组组建的金融控股公司。

总的来看，我国现有的金融控股公司尚未发挥这种新型金融组织形式的经营优势，与发达国家相比存在较大差距和不足。

（二）混业经营和建立金融控股公司是中国金融业发展的方向

混业经营已成为国际金融业的主流趋势，而目前中国金融业则实行分业经营。加入 WTO 之后，海外部分综合性的金融集团已通过各种渠道分别进入我国的保险、证券、银行等金融领域，利用其在人才、数据、产品及混业经营方面的优势，为国内客户提供综合性的金融服务。面对国外混业经营的强烈冲击和严峻挑战，如何在分业经营的法律框架下寻求突破，这是一个摆在有关部门以及立法机构面前的一个共同问题。

近年来，中国金融业进一步加速改革。国有银行股份制改革进展顺利，利率市场化进程将不断加快；金融市场进一步完善，货币市场和资本市场进一步连接，外汇衍生市场逐步开展，发展金融期货市场的时机已经成熟，市场品种不断增加；对金融混业经营的探索已经展开，银行、证券、保险相互渗透的局面已经出现。

目前，我国已经对外开放银行业市场，而在完全开放之前，觊觎中国庞大金融市场的外资金融机构不断通过设立分支机构、参股中资银行和其他金融机构，不断扩大经营的业务品种，以各种方式扩大在中国市场的份额，逐步完成其战略部署，其在投资银行、资产管理、银团贷款、贸易融资、零售业务、资金管理和衍生产品等业务方面服务的优势进一步显现，吸引了大批国内的高端客户。

因此，中国金融业面临的市场结构、竞争格局和经营环境已发生了前所未有的变化，实力强大的外资金融机构不断进入市场，使国内金融机构，特别是国内的中小银行在规模与业务创新方面具有强大的竞争压力，在竞争中处于不利地位。面对国外混业经营的强烈冲击和严峻挑战，如何在分业经营的法律框架下寻求突破，是摆在金融企业、监管部门和立法机构面前的一个共同问题。

金融控股公司"母公司混业、子公司分业"的特殊性给我们提供了由分业经营逐步向综合经营过渡的有效途径。从实践上看，作为综合经营的一种有效模式，金融控股公司在规模经济、范围经济、协同效应及降低单一业务所产生的行业风险等方面，具有其他金融企业组织形式无可比拟的优势，并成为美、英、日

347

等西方发达国家大金融机构选择的主要组织形式。从形式上来看，金融控股公司有以下几点好处：一是集团控股保证了不同金融部门的协同优势，各子公司仍然是分业经营；二是集团内部的法人分业规避了不同金融部门的风险相互传染，适应了分业监管的现行体制；第三，集团层面上充分发挥资源配置、风险管理以及在客户信息资源共享等往来的综合经营优势，便于推进金融创新。

因此，借助金融控股公司推进金融业综合经营，由有多元化经营需求的金融机构组建金融控股公司执行资本运作，通过并购或投资控股独立的子公司分别从事银行、证券、保险等业务，是中国银行业的明智选择，是一个重要的开端。

（三）关于发展金融控股公司的建议

金融控股公司作为一种新型的混业经营模式，实际上是在分业经营的法律框架下银行业和其他金融企业为了绕过法律障碍、拓展业务领域而积极进行组织创新的结果。在我国现实中也同样存在着各种形式的准金融控股公司。

尽管依据中国现行的《公司法》、《商业银行法》、《证券法》、《保险法》以及其他法规，均没有对金融控股公司提出过明确的定义。但是，现行法律对金融控股公司模式也并没有明确的禁止性规定。同时，由于金融控股公司本身并不直接从事交叉金融业务，而是以各子公司作为业务平台，子公司之间仍然保持分业经营，从而与分业监管的制度也无抵触。但是，针对目前国外金融控股公司的两种发展模式——经营性的金融控股公司和纯粹性金融控股公司，存在一些相关的法律规障碍需要修改解决。如对于成立经营性的金融控股公司，这种类型的母公司自身应以经营某类金融业为主，然后再控股其他的金融业，而从目前我国的《商业银行法》、《证券公司管理办法》、《保险法》等分别明确规定商业银行、证券公司、保险公司不得投资各法及其他法律、行政法规规定以外的业务。因此，除信托投资公司外，我国的商业银行、证券公司、保险公司都难以在国内直接发展成为这类控股公司。而对于成立纯粹性金融控股公司，虽然在金融立法上对大部分金融机构的对外投资进行了严格的限制。但是，其他非金融企业对金融机构的投资限制则宽松了许多，经过相关监管部门批准后，比例是可以提高的，这就为我们成立纯粹性金融控股公司留下了法律空间。

总的来看，由于国家政策和法律也没有给出金融控股公司的定义和解释，对金融控股公司的设立、组织结构、管理等方面缺乏必要的法律规范和依据，使得我国新的金融控股公司难以降生，综合经营难以开展。同时，现有缺乏规范的准金融控股公司不仅难以实现金融控股公司本应有的效率优势，而且还带来了过快过度混业的弊端，造成了新的风险，大大增加了金融监管的难度。因此，急需通过立法规范我国的金融控股公司的各种行为，建议尽快制定并实施金融控股公司试点管理办法，修改相关法律规定，推进金融业综合经营的发展。

在经济全球化、金融全能化的趋势下，以及我国目前实行"分业经营，分业监管"的金融体制下，我国的金融业走向适度混业经营，成立金融控股公司必将成为我国金融企业未来发展之路。因此建议：

1. 尽快出台关于金融控股公司的试点管理办法。从目前金融控股公司的发展状况来看，一个比较突出的现象是过多的产业资本通过成立控股集团控制了金融资源，而且这种情况还有愈演愈烈之势，如果金融业过早地被产业资本所控制，失去其自我发展空间，其结果可能是灾难性的；同时，面对国外综合金融机构强有力竞争的情况，许多金融机构也想"跃跃欲试"成为金融控股公司，开展综合经营，在没有有关法律法规的指引下，发展会受到阻碍，还会面临控制风险，对金融业的安全也是极为不利的。

因此，需要人民银行、银监会、证监会、保监会等有关监管部门共同制定金融控股公司试点管理办法，一方面明确金融控股公司的定义，对其设立方式、组织形态、经营规则和风险控制等进行规范；另一方面明确金融控股公司的主监管部门，建立对金融控股公司的监管制度，正确引导控股公司的健康发展。同时，选择一批管理规范、创新能力较强、资产规模较大、有一定混业基础的金融企业进行试点。

2. 在试点的基础上进一步出台关于金融控股公司的立法。可以说，法律地位的确定问题不是成立金融控股公司的必要条件，目前我国现实中存在着一定数量的准金融控股公司就说明了这一问题。但是，没有明确的法律地位，金融控股公司就很难名正言顺地开展相关工作，同时政府部门也难以在具体的行政行为中给予相应的支持和配合，监管部门也难以恰当地履行职责，一旦出现风险，也无法获得法律的保护。所以，应该在金融控股公司试点的基础上总结经验，同时逐步修改《公司法》、《商业银行法》、《证券法》、《保险法》以及其他法规，出台关于金融控股公司的立法，确保金融控股公司健康、规范发展，实现综合经营，并向真正的金融混业经营过渡。

第二节　金融控股公司监管的主要依据

金融控股公司通过合理的组织模式设计，以及金融监管当局所允许的各种金融业务互动，可以分散单个金融机构或单一金融业务风险。但是，分散风险并不等于消除了风险。金融控股公司由于金融业务的多元性和业务之间的互动关系，使风险监管和风险控制变得更为复杂，需要通过严格的监管制度进行监管以及金融机构加强内部风险管理来防范和化解这些金融风险。

一、金融控股公司的含义及特征

金融机构专业化与多元化战略的实施，直接导致金融机构的多样性，形成"寡头主导，大、中、小共生"的产业组织结构。金融控股公司是产生于金融分业向混业转变过程中的，并因各国金融市场背景、政府监管水平、对设立金融控股公司的具体要求等的不同，表现形式也不同。有关金融控股公司的概念，不同的国家和地区迄今为止仍没有形成完全统一的理解。

虽然各国对金融控股公司还没有一个统一的概念，但一般都不否认金融控股公司是专门经营金融类业务或以金融类业务为主的控股公司企业集团。当然，有关情况在中国会变得复杂一些，在中国也有很多例外。美国是金融控股公司发展的源头，但其 1999 年 11 月通过的《格莱姆·里奇·伯利里法案》，也没有给出金融控股公司的明确定义，而只是给出了一个约束条件和经营范围。金融控股公司可以是银行控股公司、保险控股公司以及投资银行控股公司，只要经营不同金融业务的机构符合控股公司结构，即可当做被该法称之为金融服务集团的金融控股公司。

1999 年，由巴塞尔银行监管委员会、国际证券联合会、国际保险监管协会发起成立的"多元化金融集团联合论坛"所下的定义为：金融控股公司是指在同一控制权下，完全或主要在银行业、证券业、保险业中至少两个不同的金融产业中，以子公司为载体大规模提供服务的金融集团。该定义，突出了金融控股公司必须控制两个以上不同金融行业的机构，控股公司推行的是经营不同金融行业的多元化战略，这也显示出了金融控股公司的金融混业特征。

2001 年欧盟发布《金融集团审慎监管统一指引》，将金融控股企业集团定义为：主要业务活动在金融领域，至少包括银行、证券、保险行业中的两个以上金融机构的集团。日本没有对金融控股公司进行统一定义，而是在《银行法》、《保险业法》、《证券交易法》中分别定义了银行控股公司、保险控股公司和证券控股公司，并将这些控股公司统称为金融控股公司。2001 年我国台湾地区颁布的《金融控股公司法》规定，金融控股公司是指"对一银行、保险公司或证券商有控制性控股，并依本法设立的公司。其中，控制性控股是指对于持有银行、保险公司或证券商之股份或资本总额之比例超过 25%，或直接、间接、选任或指派一银行、保险公司或证券商过半数之董事者"。

我国法律、法规尚未对金融控股公司作出定义。结合上述观点，可以认为，金融控股公司是以银行、证券公司、保险公司等两个或两个以上金融机构为子公司的一种纯粹型金融控股公司或经营型的集团控股公司，并至少在不同的两个或两个以上金融行业提供大规模金融服务。其本质特征有三：首先，纯粹型金融控股公司不从事具体的金融业务，而专事整个集团的战略管理和风险控制，主持和协调各子公司的合作；其次，作为纯粹型金融控股公司是以股权控制为纽带组建的金融集团，由于母公司没有具体业务，作为现代金融混业经营的一种企业制度，控制着巨大的资金和其他经济金融资源，因此其在资本运作方面具有较高的效率；最后，经营型集团控股公司其下属公司业务范围至少要涵盖两个不同的金融行业。金融控股公司之所以被称为金融控股公司，而不是银行控股公司或保险控股公司，就是因为它至少在不同的两个金融行业提供大规模金融服务。主要在一个金融行业提供金融服务的金融公司即使采用控股公司的组织形式也只应以单一业务命名，如称为银行控股公司或保险控股公司等，它们是向金融控股公司模式、金融混业经营制度过渡的形态。

二、金融控股公司的主要风险

金融控股公司具有的优势是毋庸置疑的，主要是协同效应、规模效应、范围经济、合理避税以及有利于资本运作。由于金融控股公司面对复杂多变的经济条件、市场环境以及监管制度会产生一些不可避免的外来风险，与传统金融企业相比，金融控股公司组织制度自身存在的局限以及日常管理运作上可能出现的不足，也会使其产生内部风险。这些风险是研究金融控股公司监管问题所必须重视和考虑的。

金融控股公司的风险主要缘于法律完备性、控股股东资质以及公司自身资产规模、组织体系复杂性、风险控制程序有效性、资本充足率水平、内部关联交易控制、内部资源共享程度和管理人才的合格性与充足性。从金融控股公司风险生成及其控制看，控股母公司不仅要监控集团公司整体风险，还要监督各子公司的业务运行和内部控制。随着持股层次和控股子公司的增加，控股公司的组织和管理构架更趋繁杂，管理难度显著增加，并容易出现资本不实、关联交易、金融风险内部传递甚至共同倒闭的风险。尤其是产业实体主导的产融结合型金融控股公司，对其所控股经营的金融行业既缺乏金融专业管理经验和人才，又缺乏科学的长远发展规划，更容易产生不审慎、不规范甚至违法违规的高风险经营行为。

1. 不正当竞争风险。金融控股公司内部风险的形成与金融控股公司的组织结构和治理结构是紧密相关的。金融控股公司分为金融型控股公司与非金融型控股公司。金融型控股公司由一家大金融企业组成，其他小型银行或其他小型金融机构则从属于这一金融企业。非金融控股公司是由主要业务不在金融领域的大企

351

业组织起来的并控制某些金融企业股份的控股公司。金融控股公司由于组织结构及持股关系的影响，其业务经营权受控股公司甚至受同一持股公司的控制，组成一个强大的金融集团。金融控股公司的设立不仅仅是为了对某一金融领域进行控制，更多的情况是为了扩张业务范围。因此，金融控股公司可能引起的问题是：一是一家控股公司拥有若干家银行或其他金融机构的股权可能导致金融资源的集中；二是一个非银行性质的控股公司可能导致金融业与其他行业间的不正当关系。

由于金融控股公司的组织及股权关系的特殊性，决定了其参与市场竞争的行为不同于普通的金融机构，具有间接性、复杂性与非典型性。所谓间接性，是指控股公司可能并不直接通过自己的经营活动影响公平与有效的竞争秩序，而是通过其所控股的银行或其他金融机构间接地达到不公平竞争的目的与结果。所谓复杂性，是指金融控股公司的竞争行为往往是控股公司、被控股的银行及其他金融机构在其经营活动中合作完成的，比单一的银行及金融机构的竞争行为在法律关系上更为复杂。所谓非典型性，是指由金融行控股公司控制完成的竞争行为与通常的竞争模式并不直接吻合。这三个特点决定了金融控股公司在经营过程中会形成不正当竞争风险。具体可能有三种情况：一是金融控股公司中的金融机构可能对其关联企业进行信贷倾斜，这种倾斜可以体现为以低于市场的价格向其关联企业提供资金融通，也可以体现为不向关联企业的竞争对手提供信贷；二是金融控股公司可能采用搭售行为，迫使其客户购买其关联企业提供的服务，并造成竞争损害；三是与另外的金融控股公司之间明示或默示地达成瓜分市场的协议，以消除竞争的行为。而如果金融控股公司间订立的协议所占市场份额小于25%的，通常不视为不正当竞争，除非协议涉及固定价格问题。

2. 公司治理风险。金融控股公司的组织模式，易产生治理结构以及经营决策方面的风险。金融控股公司作为"战略决策、财务控制、人才资源配置"中心，对各子公司进行控制管理，这可能影响到各子公司的决策自主权。金融控股公司与子公司在法律上都是独立的法人主体，作为子公司在人格、财产、人员及经营管理上都是独立的。但由于存在控股经营关系，这种独立性又具有相对性，各子公司的自主经营权必然受到限制甚至剥夺，子公司独立法人的经营能力将受到影响，将增加由此带来的利益冲突风险。这既包括金融控股公司母公司整体利益与子公司个体利益的冲突，也包括各子公司间在资源分配和业务经营上的利益冲突，还包括金融控股公司及子公司与外部投资者、客户和监管者的利益冲突。因为在金融控股公司架构下，不论从股权控制角度，还是从对各子公司董事和管理人员的选用等方面看，各子公司的董事会和管理层，都受到母公司的影响和控制，容易产生"内部人控制"问题，或有自主权丧失风险。由于集团成员机构没有足够的自主权，不能根据市场和价格的变化调整资产分布，不能自主决策执行监管当局的要求，这不仅会由于自身经营管理无效而产生风险，而且可能因为不及时采取纠正措施导致风险进一步恶化。

另外，金融控股公司内部法人结构、业务结构和管理结构复杂化也会给经营决策带来风险，降低决策质量和效率。如果金融控股公司将注册地和经营地分离，且控股公司间的主营业务和附营业务各不相同时，会带来经营决策的难度从而导致风险；再如控股公司内部不同子公司分散在不同的国家和地区，从事不同的业务，执行不同的会计准则，将会给控股公司提供其需要的会计信息增加难度，从而形成因会计信息质量不够引起的经营决策风险。这同时也增加了监管部门掌握整个集团的会计财务信息以及其经营管理和风险控制能力的难度。

3. 内部关联交易风险。金融控股公司关联交易是指作为关联方的母公司与子公司以及子公司之间的交易。金融控股公司产生的根本目的是通过利用公司内部结构和合作关系实现协同效应、降低运营成本、增加盈利、提高效率。因此，金融控股公司的建立本身就蕴涵着内部关联交易动机。换言之，之所以有金融集团，除了概念和品牌上的意义外，就是因为要实现内部交易；否则，各种业务以法人形式独立经营便可，不必组成集团。否定了内部交易就是否定了可以得到的潜在效率，从而等于否定了金融集团。然而，这种交易的效果取决于控制股东的资质以及董事会和高管层的专业化水准。如果超出一定的"度"，则会造成风险在公司内部传播，尤其是在缺乏有效的"防火墙"或"防火墙"失效时，集团内部大量关联交易极易增加集团的整体风险，甚至危及整个金融控股公司。关联交易容易导致的负面效应主要表现在：

（1）由于关联交易的存在，使母公司和子公司之间的经营状况相互影响，不同金融业务所引致的风险可能会在公司内部传递。关联交易会导致集团成员内部运营风险转嫁和传递，即当其中一个公司出现经营困难或者倒闭情况时，其他集团成员可能受到不良影响，使得风险管理更加复杂化。在市场上，投资者和相关利益主体是将经营多种金融业务的控股公司看做一个整体，即便在集团内部子公司之间建立了"资金、法律防火墙"，也无法成为市场的"信心防火墙"。如果一个成员子公司经营不善或倒闭，难免不会造成"多米诺"效应，引发其他子公司的流动性困难或影响其他子公司的业务。

（2）关联交易容易受行政力量干预，从而可能使交易价格、交易方式等在非竞争的条件下出现不公正，导致利益冲突的产生。一般来说，控股公司的关联交易包括资金、产品和信息的相互划拨与传递，相互担保、抵押，为了避税或逃避监管目的而相互转移利润等。如银行子公司可能通过关联证券子公司为其信用和业绩不好的客户发行债券，以抵偿无法收回的贷款。

（3）集团成员间的交叉持股将使金融控股公司集团组织结构更加复杂化，

353

也将导致内部关联交易可能变得规模更加庞大、频繁。如集团内一个公司向另一个公司进行的交易或代表另一个公司进行的交易、集团内短期流动性的集中管理、集团内一个公司提供给另一个公司或从其他公司获得的担保、贷款或承诺、集团统一的后台管理、在集团内部配置客户资产、集团内部资产的买卖等。规模庞大、频繁的内部关联交易，不仅使监管当局难以了解其风险，甚至也会导致金融控股公司自身也可能不完全掌握其总体效果及其潜在风险。

4. 资本充足率不足风险。在金融控股公司体制下，母公司采取控股形式进入多个金融领域，公司治理结构复杂，特别是由于各子公司分布在资本充足率要求不一的不同国家和行业，容易出现整个公司资本的重复计算，掩盖资本充足率不足问题。资本重复计算可能有两种情况：一是总公司拨付子公司的资本金，如果初始是从集团外注入的，将在母子公司的资产负债表中同时反映，造成资本金重复计算。如果子公司继续用该项资本投资集团内部其他公司，则该笔资本金将被多次重复计算。二是子公司间相互持股，造成资本金重复计算。资本重复计算极易引起金融控股公司整体资本金的虚增，隐匿资本充足率不足风险。特别是不同监管主体如果出现沟通协调不畅，金融控股公司将有机会也有能力实施资本套利，即通过将资本金在充足率要求不同的金融机构和资产风险权重不同的金融业务领域转移。这种运作可能造成的后果是，虽然各个子公司都能够满足监管部门的监管要求，但却不能保证金融控股公司整体上保持恰当的资本充足率水平，也影响金融控股公司的整体财务安全。

另外，资本重复计算可能侵害投资人、债权人权益。一个企业集团的全部资本可以分为来自集团内原有及后期累积的资本、集团外部投资者的资本注入两部分，而由于重复使用带来的虚增资本则不应计算在内。当公司发生偿付困难时，只有来自集团内部原有及后期累积的资本、集团外部注入的资本才能抵补集团的整体风险，而重复使用或重复计算带来的资本将在事实上反映为泡沫，无法运用到解决偿付困难问题上。而且资本金的重复计算也会夸大子公司的报告利润和资本水平，使整个金融控股公司的净资本（外部资本）低于所有子公司的资本之和；即使集团当中每个金融子公司都满足本行业的单一监管资本要求，但在集团水平上的资本可能是不足的。这样，公开信息的准确度将大打折扣，投资人、债权人及其他利益相关者无法从中准确判断面临的风险。

5. 透明度风险。信息透明度是现代金融机构保持良好信誉的重要环节，是衡量信息披露充分与否的重要标准。其影响因素主要涉及控股公司内部子公司和控股公司整体的财务状况、组织和管理机构的复杂程度等。由于金融控股公司及其子公司的财务状况和控股结构较一般企业复杂，涉及多种金融业务又使经营复杂化，特别是在信息不对称的情况下，信息生产和披露周期更长，容易产生信息披露不充分带来的风险。金融控股公司不透明的组织结构会使得公司内部各个分公司之间的协调和沟通存在时滞，在危机发生的初期无法事先预警，最终造成不可挽回的后果。金融控股公司不透明的组织结构可能使外部监管者和那些希望评估金融控股公司真实风险的利益主体无法明确被监管对象或分析主体，不能确定金融控股公司相关业务和经营活动的真正执行者，难以进行准确的外部监管和市场约束。缺乏有效的内部控制，使从业人员发生道德风险的可能性增加，甚至利用职务之便牟取私利，从事经济犯罪活动，给银行控股公司带来损失。

6. 内部风险传递。从现有的金融控股公司的内部风险管理机制看，尚不能建立完善的"防火墙"制度，来有效阻止风险的内部传递。防火墙制度主要包括资金防火墙、资讯防火墙、人员和机构防火墙等，其中首要的是资金防火墙。从目前一些金融控股公司的实践看，普遍缺乏完整、统一、规范、有效的"防火墙"制度体系，如未制定金融子公司对母公司或其他子公司的授信规则、限制关联公司从证券子公司购买证券，难以防止控股公司从子公司过量提取利润，限制资讯在集团公司内部的非正当流动，以及限制高管人员相互兼职等。

7. 国别风险。除了跨业经营外，金融控股公司特别是大型金融控股公司还会出于战略考虑，追求跨境经营和发展。但是，由于对他国或地区经济、政治和社会稳定情况相对陌生，资产配置、人员招募等方面容易产生国别风险。当某一国家或地区发生经济政治、社会变化及事件，导致该国家或地区借款人或债务人没有能力或者拒绝偿付金融控股公司债务，或者使金融控股公司在该国家或地区的商业存在遭受损失等。金融领域跨境发展速度加快和资产配置规模扩大，国别风险将越来越值得关注。

三、金融控股公司不同模式的效率与风险

不同模式的金融控股公司将会将具有不同的效率，同时其风险也会有所差异。从形成机制看，经营型金融控股公司通常是以一家规模较大的商业银行或保险公司为母公司，对规模较小的银行控股并控股其他金融机构。混合型金融控股公司通常是一家企业集团控股中小金融机构，其中包括银行。从效率看，经营型金融控股公司对附属机构的战略规划和管理不够专业化，但业务互补性大于纯粹型金融控股公司，子公司容易利用母公司品牌很快进入市场。混合型控股公司母子公司不存在业务互补性，品牌溢出效应不大，集团整体业务互补性低于经营型金融控股公司。从风险看，经营型金融控股公司的利益冲突最高，风险传染也最易发生。在混合型控股公司中，作为母公司的工商企业与下属银行内部关联交易通常较多，往往对银行形成巨大风险（见表 12-4）。

表 12 - 4　　　　　　金融控股公司三种模式的效率与风险比较

要素	母公司	纯粹型控股公司	经营型控股公司	混合型控股公司
效率	管理专业化程度	高	中	低
	产品互补性	中	大	小
	范围经济	明显	明显	不明显
	规模效应	明显	明显	不明显
	协同效应	明显	明显	不明显
风险	不正当竞争风险	中	中	高
	公司治理风险	中	低	高
	内部管理交易风险	中	中	高
	资本充足率不足	中	中	高
	透明度风险	中	高	高
	风险传递风险	低	高	中
	法律风险	中	中	高

从效率看，纯粹型金融控股公司与经营型金融控股公司效率相当，混合型金融控股公司效率最低；从风险看，纯粹型金融控股公司风险最低，经营型金融控股公司居中，混合型金融控股公司风险最大。因此，无论是研究设计一国的金融控股公司发展的主导类型，还是研究设计金融监管制度，都要根据上述不同类型金融控股公司进行权衡比较。即发展金融控股公司，应鼓励纯粹型金融控股公司；在研究设计监管制度及具体实施时，应重点关注混合型金融控股公司。

第三节　金融市场全球化下我国金融控股公司监管的问题和对策

纵观国际上金融控股公司的发展轨迹不难发现，其发生发展的历程，就是金融机构在竞争力与风险之间的权衡过程，也是监管者在效率与公平甚至是从维护本国金融业国际竞争力角度出发默许直至在适当时机大力推动的过程。目前，国内高层在金融控股公司发展方面所表现出的审慎，主要是出于对目前国内金融机构的管理能力、金融创新能力、风险管控能力以及监管能力等方面心存疑虑，恐过早过快推进综合经营，将会酿成新的严峻的风险问题，甚至危及国内金融安全，危害目前经济社会发展难得的良好势头。但是在大的趋势面前，应该按照经济金融转型发展特别是金融发展战略层面，来研究设计金融控股公司的监管问题。

一、我国金融控股公司发展特点及现行金融监管体制的挑战

我国银行控股公司的发展特点，可以从法律依据、数量结构、运作成熟度等方面进行分析。

（一）无统一法律约束规范下探索发展

我国目前没有专门的金融控股公司法。以银行业为例，在原有监管法律框架中，只有对银行的控股比例要求及对投资入股商业银行的股东资质要求，并分布在各监管主体的部门规章和规范性文件中。同时，对于已经控股商业银行的企业，其权利义务等方面的约束也仅限于对一般性工商企业要求，如《公司法》等法律约束的层面。前文已述，商业银行具有高财务杠杆率、金融安全网保护等一般工商企业所不具备的优势，加上目前相对空白的法律制度，现实中工商企业投资入股银行控股公司的积极性非常高，而且有的企业是利用监管漏洞来达到控股商业银行的目的。如会同一致行动人共同入股以实现在商业银行占有绝大多数表决权的方式。这种形式在中小商业银行的发生比例和将来发生的概率比较大。但可以预料，如果政策稍有松动，或者政策预期比较明了，部分创业投资公司将会整合聚集大量民间资本，在中国掀起投资控股银行热潮。

（二）总体数量不多，大型企业集团控股金融企业的比例较高

受金融企业入股比例限制，目前一般的工商企业要直接达到控股金融企业的难度较大。虽然部分企业利用法律漏洞来控股金融机构，但由于自身实力、对外投资占资本金比例要求等方面的制约，中小型工商企业控股金融机构的难度很大。而对于大型企业集团而言，由于资本实力、原有股权整合以及国务院特批等原因，无论是现有银行控股公司数量，还是投资入股资金总量，都占据绝对比例。当然，这种情况也与目前我国大中型商业银行基本为国家控股、大型企业集团绝大多数为国有企业的原因相关。

（三）先控股市场壁垒较低的金融企业并进一步谋求控股商业银行

这种情况目前比较多见。这类工商企业一般实力较强，其涉足金融业的目标

357

是打造综合化的金融控股集团。按照目前的法律框架，也比较容易实现。如在未充分吸引监管者注意力的情况下，先行控股或相对控股保险公司、信托公司等，在利用问题银行机构处理时机或在某一特殊领域如"三农"领域特殊政策，控股银行机构或投资设立银行机构。并在后续资本支持下，通过规范经营发展，获取异地设立分支机构的监管批准，完成银行机构建设。在此基础上再行对自身控股的金融企业进行整合，打造金融综合经营平台。虽然这条路径需要的时间可能较长，但这是在现有法律框架下有意涉足并做大金融业的工商企业所可以采取的为数不多的渠道之一。

（四）现有发展层次较低并强烈渴求综合经营

受自身认知能力以及控股金融企业市场地位和法律限制等方面因素影响，目前已有的金融控股公司对自身发展的战略定位和资源整合的能力有限，更多的是谋求先布局，积累综合经营经验并待相关政策明确后，再行力图快速发展。2009年，有关部门批准交通银行、北京银行投资入股保险公司。还有部分商业银行也在积极争取相关试点，甚至拟组建以投资银行功能为核心的资产管理公司。四家资产管理公司也有意在承担原有资产处置功能前提下，向投资银行转化，并重新接受原有大型银行的控股，助推四大商业银行实现综合化经营。

《国民经济和社会发展第十一个五年规划纲要》指出，要"完善金融机构规范运作的基本制度，稳步推进金融业综合经营试点"。2007年年初召开的全国金融工作会议以及会后下发的《关于深化改革促进金融业持续健康安全发展的意见》也对金融综合经营试点工作进行了部署。当前，中国银行业正步入国内外两个市场战略布局调整和国内城乡两个市场功能细化的关键阶段。我国银行控股公司的发展趋势，除了市场化的重组并购外，可能在更大程度上取决于未来政策导向。这种政策导向大致可分成四个层面。

第一个层面是，目前财政部门所持商业银行股份特别是中小股份制商业银行是否应逐步退出，转由产业资本持有。由于商业银行外部效应大且金融控股权是涉及金融安全的重大事项，同时国有银行股权收益也将是未来增加财政收入和弥补社保基金缺口的重要来源，国家对国有银行控股权可能在今后相当一个时期内不会退出。而对于中小股份制商业银行，可能将发生地方财政、地方国有企业以及民间资本的角逐，情况会比较复杂。目前地方财政对通过投资公司平台入股商业银行的积极性比较高，而且具有体制优势。民间资本参与角逐的难度虽然较大，但可能性依然存在。

第二个层面是，现有商业银行能否大范围并购重组其他商业银行，当然也包括海外并购，同时能否允许商业银行投资控股证券公司、保险公司、信托投资公司、投资银行、基金公司等。从中国商业银行的市场结构看，这项政策管制将逐渐放开。这其中既有推进综合经营试点和优化金融市场结构的总体考虑，也有商业银行的集体游说作用。

第三个层面是，非银行金融机构能否控股商业银行。这项政策可能是工商企业非常期盼的。由于非银行金融机构与商业银行的经营理念、管理模式、外部性等具有较大差别，从政策层面放宽的可能性较小，但不排除在处理危机机构时，如果非银行金融机构出价较高而有可能获得特别准许，而且这种可能性将比产业资本获得的可能性高。

第四个层面是，产业资本能否投资设立新的商业银行，并以此为平台逐步发展为银行控股公司。近年来，此类情况尚未出现过。从中国银行业的总量和市场分布以及风险控制要求看，这项政策出台的可能性基本没有。

对于未来综合经营趋势，学界和实业界的观点基本类似，即综合经营是未来的金融业发展的趋势。从国外经验看，即使处于此次全球性金融危机核心的美国，也从未打算放弃综合经营体制，相反却是日益强化。同时，产融结合是产业资本转向金融资本，导致金融资本规模迅速增加并沉淀发展的重要渠道。这条渠道在中国这一特殊经济体制下也将会发生一定作用。我国金融控股公司发展可能需要走中国特色道路，一是国有资本控股的大型银行将积极开展境外银行和境内相关金融企业参股并购，借此实现综合经营；二是产业资本和财政部门对中小商业银行控股权争夺会日趋激烈，同时现有入股银行的产业资本也可能发生集聚整合，被控股的商业银行将会经历较长时期发展才可能实现综合经营的战略构想。但根据前面分析，我国应该鼓励发展纯粹型或经营型银行控股公司，产业资本可以参股但不能控股。对于目前业已存在的混合型银行控股公司，或责令向金融机构转让股权，或逐步撤出工商业并完全转入金融业。

二、我国金融控股公司对金融监管的挑战

对金融监管的挑战一般来自三个渠道。一是来自政府，在两者目标冲突时会对监管机构的监管政策实施干预。二是来自市场，包括被监管对象和社会公众。综合经营改变了传统银行的业务领域和边界，也改变了传统金融市场的运行特点，并催生新的金融市场，同时社会公众的金融意识将大幅提高，将对监管形成挑战或因社会公众监督作用的发挥而导致监管压力加大。三是来自国际，特别是国际金融监管组织。综合经营的发展，对金融监管的国际标准、规则及跨境监管行为的一体化都提出了更高的要求。

（一） 对金融法制建设的挑战

我国关于金融业发展的法律法规整体上是不完善的，尚不能满足金融业发展的需要，尤其是银行控股公司方面。2004 年 2 月 1 日开始实施的《商业银行法（修订）》和《银行业监督管理法》，仍然明确规定了金融分业经营制度。《商业银行法》明确规定："商业银行在中华人民共和国境内不得向非银行金融机构和企业投资。"这使得我国商业银行通过投资控股其他金融业子公司遇到了法律障碍，无法在境内通过直接对外投资成立银行控股公司，只能采取利用"国外的子公司投资国内的非金融业务"来绕过法律障碍的方式。但另一方面，对其他非金融企业对金融机构的投资限制则宽松了许多。《商业银行法》虽然限制了单位和个人对商业银行的控股比例，但经批准后，比例是可以提高的。对其他金融机构的投资也是"为法律所允许的"或"非法律所禁止的"。这样，就为成立纯粹性银行控股公司留下了法律空间，完全可以在银行、证券、保险等金融机构之上成立一个银行控股公司乃至金融控股公司。法律的不完备性、不平衡性以及银行控股公司发展和监管的重要性，都需要全面修订原来的金融分业经营法律，或制定新的金融控股公司法律制度，为迅速确立金融控股公司主体地位提供强有力的法律支持和保障。

（二） 对监管理念的挑战

这方面的挑战主要来自两个方面：一是机构监管观不足以应对市场形势。银行控股公司的发展，加快了金融创新步伐，金融产品的复杂化，而且这些复杂产品带来的风险需要引起监管重视。这就需要引入功能监管观，在原有机构监管基础上，嵌入功能监管。二是审慎监管观不足以应对市场形势。复杂的金融产品和银行控股公司销售搭便车行为，容易引发不公平竞争、销售误导等侵害消费者等行为，需要切实加强对消费者保护问题的监管。监管理念的调整，将对监管部门原有的机构设置产生冲击，需要综合机构监管、功能监管乃至借鉴目标监管理念，在加强原有对机构审慎监管的基础上，强化对消费者利益保护，维护公平竞争。

（三） 对监管体制的挑战

随着综合经营的发展，我国分业监管体制所特有的不同监管机构间的监管目标冲突、监管标准不一、监管重叠和监管空白问题将愈演愈烈，分业监管难以操作。这一方面会造成监管部门间的内耗，包括增加协调成本，降低监管合力，加剧监管失灵等；另一方面也不利于市场明晰监管政策，阻碍实现将监管要求向金融机构内部转移的最高监管境界。与此同时，原有监管协调机制运作的有效性也会接受考验和挑战。一旦遭遇市场失败，容易引发社会公众和市场对监管的指责，降低监管权威。

（四）对监管技术方法的挑战

金融控股公司所特有的公司结构复杂问题，公司治理风险、关联交易、内部人或大股东控制、资本充足率不实、内部风险转移和传染等，使传统的现场检查和非现场监管显得苍白无力。为保持金融稳健，需要金融与经济发展反周期，虽然事实上两者总是在同步。同样越是在没有金融风险、金融业发展速度较快甚至过度繁荣的时期，越是要加强监管。金融控股公司的出现、产业资本向金融资本转移冲动爆发、金融企业并购和跨业经营事件频繁时期，金融监管的技术方法必须跟上，以实现超前预警并采取监管措施，防范单体机构风险并引发区域性甚至系统性风险的发生。

（五）对监管人员素质的挑战

对复杂金融形势做出科学判断，创新并应用先进的监管技术和方法，都需要高素质的监管人才。传统形势下积累起来的监管经验，需要根据新的形势予以调整充实。但现实情况是，与这种监管要求相比，将有相当比例的监管人员难以胜任。这既可能导致监管政策的信息传递衰减问题，也有可能提高监管成本并因监管寻租或者对新风险的监管不到位，而降低监管有效性。

（六）对金融发展战略的挑战

监管部门拥有市场准入的审批权，从一定程度上也是一国金融发展战略的具体实施者。一个有效的监管体系，不仅能够适应一国金融产业现状的需要，也要能够引领该国金融产业发展的趋势。如果对金融机构的机构创新和业务创新缺乏清晰的认知和目标导向，盲目批准则可能增加金融风险，盲目否决则可能限制金融发展。

三、监管制度及机制设计

监管体制直接影响一国金融监管的效率，但监管体制本身并不能保证监管有效性。从国外经验和这些年我国监管实践看，监管制度和监管机制的建设及应用效果，对监管有效性的影响更大、更直接。

361

（一）宏观层面的制度及机制设计

1. 研究制定金融控股公司法。其中包括对金融控股公司的法律规范。立法的滞后性不但体现在监管无法可依并造成部门冲突，而且还将阻碍银行控股公司的发展。借鉴其他国家和地区的先进经验，明确金融控股公司的公司性质、设立条件及审批程序、监管权归属及持续监管和处罚措施等。为确保金融控股公司的健康发展和有效监管，该法需要重点明确以下几个问题：

（1）金融控股公司的性质。对任何对金融企业有控制权的企业都应被认定为金融控股公司，并须接受金融监管。这样可以避免对国有股股东持股问题的限制。同时，应要求工商企业控制的金融控股公司向两个方面改制：转让部分控制权给金融机构，设立独立的纯粹型金融控股公司；或者母公司逐步撤出工商业，完全转入金融业而设立专门的控股公司。关于后一种转制方式，美国《金融服务现代化法》规定，选择变为金融控股公司的机构应该在 10 年内转让所有不允许的工商业务。

（2）金融控股公司股东的资质要求与合格性审查措施。要特别关注最终控股股东和距离金融控股公司最近一层的控股公司的资质。监管机关有权对控股股东经营稳健性，董事会成员及高管层金融专业素养及品德操守、对子公司影响及团队金融人才合格性、充足性进行审查。在必要时，有权对控股股东财务状况进行检查。

（3）控股认定口径。该公司直接或间接经由一人或多数人而拥有、控制或具有该银行或公司具有投票权股的 25% 以上的；该公司以任何方式控制该金融控股公司的大多数董事或受托人（高级管理人员）的人选的；经审慎监管机构认定该公司对该金融控股公司的管理或政策有直接或间接影响力的，上述三种情形都应被认定为控股股东。同时也要明确金融控股公司准入的资本金门槛。

（4）危机管理机制。包括解散、破产清算以及控股权被迫转移的相应措施。由于金融企业外部性问题较为严重，所以在对金融企业专门立法时，必须要提前考虑到这些问题，防止在发生危机时无法可依。

（5）控股公司对子公司的责任。由于金融企业的特殊性，控股公司对其银行子公司所承担的不应仅为有限责任，与社会责任对应的应该是无限责任。具体包括在子公司资本不足时补充资本，以提高子公司的风险抵御能力；子公司被出售或解散时应事先获得监管部门的批准，防范控股股东通过资金转移等方式向其他子公司转移利益、对其实施破产而侵害存款人利益的问题。

（6）子公司交叉持股比例限制。防止银行控股公司大量采取母子公司间、子子公司间交叉持股方式虚增股本，并增加外部监管和社会监督困难。

（7）资本充足率适用口径。可授权由审慎监管机关制定具体的资本充足率监管比例要求、衡量范围及计算办法并监督落实。随着市场化改革的推进，资本金监管已经成为一项重要的监管政策，并在引导贷款结构调整进而支持经济结构调整等方面发挥重要作用。同时，国际监管机构也经常会调整相关口径。采取向审慎监管机构授权方式，能适当增加灵活性和弹性。

（8）关联交易限制。主要是防范关系人的关联交易。如我国台湾控股公司法规定，金融控股公司及子公司不得对金融控股公司的负责人及大股东、负责人为法人代表的集团、有半数以上董事与金融控股公司或其子公司相同的公司、该金融控股公司的子公司与该子公司的负责人及大股东提供授信或担保。如从事授信以外交易事项，对单一关系人交易金额不得超过银行子公司净值的 10%，对所有利害关系人的交易总额不得超过银行子公司净值的 20%。

2. 建立监管协调机制。即前文所述的金融监管委员会。重点是要前瞻性地研究国际国内经济金融形势，推动统一监管标准和规则，研究分析监管重点，协调处理危机事项，促进信息共享和形成监管合力。

3. 加快改进金融安全网。加强风险隔离体系的建设，完善防火墙机制，增强风险隔离的可操作性。加强对金融机构建设防火墙机制的引导和监督检查。加强对跨市场产品的风险监测，增进行业监管部门的协调合作，积极推动跨境金融监管合作。加快建立覆盖所有存款类金融机构的存款保险制度。其中有三点比较重要：第一，要改变过去拟对存款人存款实行限额赔付的理念，转而改变为在金融机构发生危机甚至破产时，对存款人存款提前予以全额赔付，以切实发挥存款保险制度的作用，维护社会公众对金融体系的信心。第二，实行差别费率政策。根据监管机构审慎监管评级实行差别费率政策，培养金融机构自觉加强经营管理及风险控制的意识和能力，努力提高自身监管评级档次，促进将外部监管要求内部化。第三，不赋予存款保险机构监管权。相关监管信息可由审慎监管机构提供，减少重复监管。第四，不层层设立机构，考虑到存款类机构的破产毕竟是小概率事件，因此存款保险公司在全国设立一个总部即可，以减少费用支出。对于法人机构在地方的金融机构的监管评级，一并由审慎监管机构提供。另外，还要加快金融机构破产法的立法进程，确保问题机构按市场原则平稳有效退出市场，提高整个金融体系的健康度。

4. 强化国际金融监管合作。这是经济全球化尤其是金融全球化对各国和地区政府提高联合"监管"全球化金融市场的能力和有效性的必然选择，从维护世界性的金融安全角度来讲，这也是重塑金融市场自我调节、管理与政府监管关系的需要。此次处于金融危机漩涡的美国并没有主动及时向其他国家和地区的监管当局提供有关信息，但其监管不力所造成的问题以及道德风险却在一定意义上让其他监管当局不可抗拒的承担了。这说明在国际金融监管合作中，一国地位及影响力十分关键。改进国际金融监管交流，首先，就是要努力提升自身国际金融规则制定过程中的话语权。其次，就是要继续推动签署双边监管合作备忘录，主动加强对其他国家先进监管实践的学习和跟踪。最后，就是要认真开展跨境银行监管合作。

5. 注重把握宏观经济发展变化。金融危机所暴露出的一个监管教训就是近些年注重微观审慎监管而忽视了宏观审慎监管。传统微观审慎监管制度不能有效解决系统性风险，无法有效解决风险的时间维度问题。因此，在研究制订和组织实施微观监管制度时应更加注重宏观经济发展变化。如资本监管制度，对于资本充足率的计算应考虑银行贷款量的变化率和相关行业的资产价格变化率。另外，在对贷款实施五级分类时，要关注贷款所属行业及行业周期特点。

6. 完善对监管者的监督机制。由国务院有关部门牵头，组织监管机构以外的专家和金融消费者，对监管机构履行监管职责情况进行定期评价，提出改进措施，并向社会公布，推动落实监管责任，促进解决监管者的监管失职渎职问题。

（二）微观层面的制度及机制设计

设计金融控股公司的微观监管制度，需要根据金融控股公司的风险特点，并结合对金融控股公司的整体审慎监管要求，统筹研究设计，力求对重点风险实现全覆盖，不留监管空白和死角。

1. 尽快实施并表监管制度。对金融控股公司实施并表监管，是识别、度量和监控其总体风险状况的一项重要制度安排。并表监管不是局限于会计意义上的并表，而是更为广义的监管并表，包括定量和定性两个方面。定量监管主要是针对银行集团的资本充足状况、信用风险、流动性风险、市场风险等各项风险状况进行识别、计量、分析和监测，进而在并表的基础上对银行集团的风险状况进行量化的评价。定性监管主要是针对银行集团的公司治理、内部控制、风险管理等因素进行审查和评价。其中涉及的重要问题有两个：一是并表范围问题。应遵循"实质重于形式"，以控制能力为主，兼顾风险相关性的原则，规定并表范围的确定不仅依据所有权比例，还要注重母公司对附属公司的实际控制力，注重附属公司对母公司的风险影响程度。据此可采用金融控股公司向下并表方式。其中，对金融控股公司股东可采取股东资格审查、要求提交财务报告等方式，纳入市场准入和持续监管。二是并表要素问题。根据金融控股公司风险特点，并借鉴英国FSA和香港金管局的做法，应将资本充足率、大额风险暴露、内部交易作为并表监管的主要风险内容。三是牵头监管机构应与相关监管机构共享并表监管信息。

2. 建立统一标准的金融控股公司评级体系。监管评级是监管机构对监管相对人的风险表现形态和内在风险控制能力进行的科学、审慎的评估和判断，通常用于存款保险的保费缴纳及后续监管措施的确定。从发达国家监管实践看，无一不是及时建立了统一标准和语言的监管评级体系，并以此促进金融控股公司加强内部风险控制。一是要更关注金融控股公司对主要风险领域风险控制过程和控制有效性的评估。二是更注重评级结果的运用，如与监管费缴纳比例挂钩、与存款保险保费费率挂钩、与后续监管措施挂钩、与机构市场准入事项审批挂钩，以此来促进被监管对象将外部监管要求内部化。三是将被评估公司破产后对我国金融系统的影响纳入评估范围，以此来加强对金融控股公司股东的激励和限制。

3. 建立金融控股公司主监管制度。实施主监管制度是明确审慎监管机构内部部门间职责分工和落实监管责任的重要举措。应根据审慎监管机构的内部机构设置，按照机构监管思路，明确牵头监管部门，并由牵头监管部门确定金融控股公司的主监管员。每一家大型金融控股公司的主监管员应为2名以上，并要保持适当稳定。牵头部门要负责与其他内部相关监管部门的信息共享，牵头合作实施并表监管以及控股公司层面的资本充足率、风险集中度、大额风险暴露等更为广泛的风险监管措施。此项制度安排不仅有利于发挥机构监管部门和功能监管部门的合力作用，而且还有利于融合监管文化，培养综合性监管队伍。特别是在实施监管机构整合后，主监管制度的重要性会更加突出。

4. 加强对金融控股公司控股股东的监管。金融企业的高杠杆率和信息不对称性导致经营风险通常较高，所以各国对金融企业特别是银行股东的监管都比较严格。除了在《金融控股公司法》中明确相关原则性要求外，审慎监管部门应该加快制定出台《金融控股公司控股股东监管办法》，按六大原则的思路强化控股股东监管。第一，按照实际控制力原则，确定控股股东范围。第二，按照远离破产原则，明确市场准入条件。实行内外资适当有别、金融企业与非金融企业适当有别，特别是对非金融企业控股银行机构的，提出更高的准入门槛。如公司治理良好，组织架构间接清晰，业界声誉高，投资资金真实合法，债务清偿能力充分，原有产业发展战略与拟控股银行发展战略有所契合，具备符合条件的高管和经营管理人才队伍等。第三，按照力量来源原则，在加强资本充足率监管基础上，强制要求其在控股的子公司资本不足时及时补充资本。同时，也应该要求控股股东及时向监管部门报告其重大事项，并按年度向监管部门报送其组织架构、关联机构、公司治理、财务会计报告、风险管理状况、全部关联交易等情况。第四，按照揭开法人面纱原则，对于沦为母公司控制傀儡的子公司，否认子公司的法人资格，将母子公司视为一体，要求母公司对子公司的债权人负责。第五，按照深石原则，在子公司因母公司干预而出现支付危机或破产时，母公司债权人地位应次于其他债权人。第六，按照控股股东诚信义务原则，要求母公司必须对子公司负有诚信义务，不能有任何损害子公司小股东的行为。

5. 加强对金融消费者合法权益的保护。客观地讲，金融消费者合法权益的保护工作，在我国一直比较滞后。根据市场发展需要和保护金融消费者合法权益的重要性，笔者已在监管模式框架中做出了总体考虑，但具体工作将会十分艰巨。加强对金融消费者合法权益的保护，应该系统性地予以规划和推动。首先，要加强对普通金融消费者的金融知识培训。在这方面可以借鉴美国的做法，即制定为期十年以上的金融知识培训规划，并将金融知识纳入中小学国民教育体系，相关费用由中央财政承担。其次，要对金融机构、面向公众融资的公司、金融服务中介机构提出明确的信息披露要求，保护知情者较少的知情权，减少信息不对称问题。再次，要加强对市场参与主体的市场行为监管，治理市场欺诈行为。最后，要解决市场主体争端，包括服务提供商的不正当竞争问题以及金融消费者投诉问题。要建立专门的市场投诉渠道，完善受理和处置机制，及时快捷解决消费者投诉，维护市场信心。

第十三章

中国金融国际化过程中的金融监管体系

据美国财政部的资本流动统计（Treasury International Capital，TIC）[1]，从中国持有外汇储备中的美国资产构成看，其长期国债约占50%，中长期金融债约占35%，股份、企业债以及短期债券约为15%。2008年9月，中国持有的美国国债为5 870亿美元，超过日本跃居世界首位。2009年9月，中国持有美国国债规模更上升为9 383亿美元[2]。中国仍属发展中国家，这种由最大的发展中国家向最大的发达国家进行超巨额融资的现象，在世界经济史中尚属首次，令世人瞩目。从包括贸易流量与资金流量的国际资金循环的角度看，中美之间存在着一种非稳定对称性的镜像关系：美国高消费，中国高储蓄；中国大规模地向美国出口物美价廉的中国商品，美国消费者得到了的超前消费；美国持续巨额贸易逆差，中国持续贸易顺差；中国外汇储备持续激增，美国高负债递增；中国运用巨额外汇购买美国债，美国的资金不足得到了中国的融资。2008年8月在华尔街爆发的金融危机更带来了世界性的经济恐慌，其后中国仍持续购买美国国债，中国的外汇储备及资金流向引起了世界的关注。2006年年底中国外汇储备达到1.07万亿美元，跃居世界首位，2010年9月底更激增至2.65万亿美元，是全球排名第二的日本约1万亿元外汇储备的2倍有余。美元走向贬值趋势，中国的巨额外汇储备所伴随着巨大风险似乎成为了一把达摩克利斯之剑[3]。现

---

[1]　U. S. Department of the Treasury. Treasury International Capital System，http：//www. ustreas. gov/tic/.

[2]　美国财政部，http：//www. ustreas. gov/tic/mfh. txt.

[3]　达摩克利斯之剑——比喻临头的危险，源于希腊传说。

实需要我们冷静地审视中国对外资金循环的流向，评估持有巨额外汇储备与美国债对中国经济发展的风险，思考应如何对待在国际资金循环中与美国形成的这种镜像关系。

关于导致中国与美国产生对外失衡原因的研究已经有很多，主要观点可归纳为以下五点。一是中美国内经济增长的结构失调，即中国长期的消费不足与高储蓄的经济结构促使了美国国内的消费过剩与低储蓄生活方式的持续。二是中国国际收支的双顺差（经常收支顺差与资本收支顺差）支撑了美国经济的双逆差（财政收支逆差与经常收支逆差）。三是人民币汇率的刚性管理造成中美贸易逆差加大。四是美国的扩张的财政金融政策以及美元的霸权主义导致了世界性经济失衡①。五是金融市场体系的发展成熟程度不同导致了中美间的对外失衡。Willen（2004）的研究认为，一国的金融市场的成熟度越低，该国的储蓄将越高，进而会导致对外收支的失衡。上述五点尽管对中美经济对外失衡的原因观点不一，但有一点是共同的，即为防范金融危机政策当局应加强对资金循环的监管。中国尚属发展中国家，在 1996 年 12 月已经加入 IMF 协定第 8 条②，即实现了经常交易项目的自由化，但至今尚未开放金融市场，仅对部分资本交易项目允许其自由交易。随着中国经济在整个世界经济中比重的增大，中国的对外资金流量日益融入国际资金循环。因此中国经济面临着的一个不可回避的问题就是如何对资本项目实施监管及制度操作，实现中国金融的国际化。

本章的研究包括三部分：第一节根据金融国际化的一般概念，参考世界主要国家的金融监管制度，特别是日本在实现资本交易自由化过程中的事例，结合我国金融国际化的实际，探讨我国金融国际化过程中的资本交易项目的自由化与人民币国际化的问题。第二节基于加强国际化过程中的金融监管的目的，从国际资金循环的分析视角，重点考察对外资金循环对宏观经济的持续增长以及对金融体系稳定安全的影响，参考国际金融组织以及美国对资本流出入统计监测方法，建立国际资金循环的统计监测体系。第三节根据国际资金循环分析的理论框架，从动态的系统将实体经济与金融经济相联系，国内资金流量与国际资本流动相结合，建立国际资金循环分析模型，考察在循环系统中导致国际资本流入及国内流出的机制以及所存在的结构性问题，加强对资本流动的宏观金融监管。

---

① 中国经济增长与宏观稳定课题组. 全球失衡、金融危机与中国经济的复苏. 经济研究，2009.

② IMF 协定第 8 条规定：（1）参加国不能对贸易等经常交易（商品的买卖，提供劳务）支付有所限制；（2）回避歧视性的货币措施；（3）维持其他国家本国货币余额的可交换性。

第一节 中国金融国际化风险

一、何谓金融国际化

按照金融交易的实际状况从金融政策的视点看，所谓的金融国际化意味着在金融交易中对外交易活动的增加，可以概括为以下六个方面：一是居住者（IMF，1993）[①] 与非居住者之间的金融交易的扩大；二是居住者之间使用外汇的金融交易的扩大；三是非居住者使用人民币金融交易的扩大；四是中资与外资金融机构的相互换位（中资金融机构的走出去与外资金融机构的走进来）；五是中国境内的国际金融市场的创建与发展；六是人民币的国际化。

从居住者立场来看的金融国际化指的是如同从事国内金融业务一样，可以与非居住者开展国际金融交易。此种意义上的国际化是以改革国内的金融制度为前提的国际化。开放国内的金融市场，与金融交易市场化的配套进程相适应，逐步实现金融的国际化。促进此种意义的国际化的一个重要环节就是人民币汇率管理制度的改革，使得不但有利于居住者进行外汇交易，而且也应有利于非居住者自由地用外币与人民币交换。

从非居住者角度来看的金融国际化与居住者有两点不同，应加以区分。一是对非居住者而言的金融国际化意味着与居住者享有相同的条件，即可以得到国民待遇参与国内的金融交易；二是意味着非居住者与在本国同样，可以在该国自由从事金融交易。但由于各国金融制度有所不同，所谓的金融国际化也不是单一模式，存在一些差异。比如在 20 世纪 90 年代初期的日本，由于与美国一样其银行业与证券业是分业经营的，所以在日本与美国的居住者之间的金融交易不存在国际化的问题。但按照德国与英国的金融制度，其银行业与证券业是可以混合经营的，所以对于德国与英国而言，在日本从事金融交易活动就存在是否允许银行业与证券业混合经营的问题。这种意义上的国际化也就是将本国的金融制度与非居住者的金融制度相适应的过程。在此过程中，本来尚未存在所谓国际化标准的金

---

① 按照国际货币基金组织制定的国际收支统计手册，有关居住者的定义如下：在某国经济领域内拥有居住，生产活动的场所或土地及建筑物，无限期或一定期间（超过一年）持续地从事相当规模的经济活动以及交易的个人或法人。

融制度，也没有国际化的具体目标，而是在与非居住者进行金融交易时被非居住者所要求，逐渐达到金融交易的自由化。因此，金融的国际化实质上也就意味着金融交易的自由化。

作为金融国际化的一个必然结果就是国际金融中心的产生，比如在我国建立上海金融交易中心。所谓国际金融交易中心就是集中进行国际金融交易集的市场，比如著名的伦敦市场、纽约市场、新加坡市场，我国的香港市场等被称为国际金融交易中心。国际金融中心与国内的金融中心是相对应的概念，国际金融中心兼有国内金融交易中心功能。此外，在某国形成国际金融中心并不一定等于该国货币的国际化。比如英镑不是国际硬通货，但伦敦具有国际金融中心的地位。

随着我国经济的进一步发展，人民币国际化的问题将很有可能提到政策当局的议题。人民币的国际化与以上所述的居住者或非居住者而言的国际化具有不同的含意。人民币成为国际货币需要具备若干条件。让我们分析一下作为国际货币的作用。如表 13 - 1 所示，作为一种国际货币需要具有六种功能。

表 13 - 1　　　　　　　　　　　**国际货币的功能**

	民间	公共（中央银行）
交换手段	媒介	介入
计价单位	交易	本位
储藏手段	流动资产	国际储备

首先，就民间部门来说，将何种货币作为媒介货币使用，对外交易所使用的票据是按何种货币单位计价，另外民间部门（特别是金融机构）按照何种货币保有流动资产等方面国际货币具有不同的功能。对公共机构（中央银行）而言，使用何种货币介入外汇交易市场，使用何种货币确定黄金或美金与本币的交换比率，使用何种货币资产作为国际储备等国际货币也将发挥不同的功效。所以，着眼于人民币的国际化也要从上述六个方面分别判断在何种程度上实现了国际化，从而在整体上决定人民币国际化的程度。

从长期来看，要加速人民币国际化的步伐。2008 年金融危机后美国之所以能以逼迫人民币升值为武器对中国施压，主要原因在于中美两国在国际收支中存在着镜像关系，根源还在于人民币与美元捆绑、中美两国宏观经济政策捆绑在一起，美元贬值取向的货币财政政策也通过美元向中国传递，限制中国加息抑制通胀的空间。从这个意义上讲，人民币必须国际化，与美元汇率彻底脱钩，才能从根本上理清美国通过国内经济政策搞乱中国经济的机制。其次应加大外汇资产去美元化进程，美元说穿了没有美国政府的担保就是一堆废纸，而美国政府的日益升高的债务危机已使其信用越来越低，应善于动用外汇资产多买一些实体经济类资源，比如知名国际品牌、企业、资源能源等。

从以上的金融交易的实际状况可以看出，所谓金融的国际化也就是意味着在金融交易中对外交易量的增加与交易形式的多样化，从政策导向的视点看有必要观察把握以下四个方面，即从居住者视点的国际化；从非居住者视点的国际化与自由化；国际金融中心化；人民币的国际化。

二、中国金融国际化的现状

金融国际化是一个循序渐进的过程。参考世界发达国家的经验，为了实现金融国际化，首先要做到贸易的国际化，其次是汇率与资本交易的国际化，最后达到金融的国际化。中国在 1996 年 12 月了加入 IMF 协定第 8 条，已经实现了经常交易的国际化。到目前为止允许外资自由地进行直接投资，但对股票债券等的证券投资以及其他投资（银行融资等的资金信贷交易）等的资本交易则采取了部分限制的措施，尚未对资本交易完全开放，原则上还不能从事按照人民币结算的资本交易以及居住者使用人民币购入外汇对外投资等交易。目前开始试行跨境贸易人民币结算，但人民币结算规模与中国贸易结算总规模相比仍显偏小。因此从金融国际化的进程看，我国正处在向汇率与资本交易国际化过渡的历史阶段。

自 1996 年以来，中国资本市场走了一条以引进国际资本为主线的渐进式开放之路，最先发端于外商直接投资（FDI）和外国政府与国际金融机构的中长期信贷，随后是债券市场的国际化、股票市场的国际化。股票市场的国际化先是经历了 B 股发行、海外上市、外资参股等开放历程，2002 年以 QFII 机制的启动使得投资开放步伐加快，2006 年 QDII 机制启动及不断出现的海外购并、2007 年以 QDII 境内个人直接对外证券投资业务试点等举措改变了长期以来以资本流入为主的开放模式，开始拓展资本流出渠道。

截至 2009 年年底，中国证监会共批准了 94 家外资机构的合格的境外机构投资者（Qualified Foreign Institutional Investors，QFII）。较年初增加 18 家。截至 2009 年年底，QFII 总资产规模达 2 899 亿元，其中证券资产 2 370 亿元，约占总资产的 82%，QFII 持股市值约占中国 A 股流通市值的 1.4%。在中国证监会鼓励境外长期资金入市政策的引导下，长期投资机构家数占 QFII 总数的比例继续上升。在已批准的 94 家 QFII 中，共有基金管理机构 49 家，商业银行 21 家，证券公司 11 家，保险公司 2 家，其他机构投资者 11 家；其中，共同基金、保险资金、捐赠基金等长期投资机构所占比例已达 66%①。

外资证券类参与中国证券市场的规模不断扩大，截至 2009 年年底先后有中金公司等 10 家证券合资公司获准成立。其中长江巴黎（长江证券和法国巴黎银行合资）已终止合资变更为内资证券公司，目前合资证券公司共 9 家。目前还没有外资战略入股上市证券公司的情况。此外，根据合格境外机构投资者（QFII）管理办法，外资还可以依法通过 QFII 购买上市证券公司股权。截至 2009 年年底，先后有 34 家合资基金管理公司获准设立，其中 2009 年有一家内资公司转为合资公司（11 月 6 日，中国证监会批准意大利忠利集团受让国泰基金 30% 的股权），其中 16 家合资基金公司的外资股权已达 49%。

中国银行业对外开放也取得了巨大的发展，在华外资银行营业性机构资本和拨备充足、资产质量良好，流动性和盈利状况较好。截至 2009 年年底，共有 13 个国家和地区的银行在华设立了 33 家外商独资银行、2 家合资银行、2 家外商独资财务公司，有 24 个国家和地区的银行在华设立了 71 家分行，有 46 个国家和地区的 194 家银行在华设立了 229 家代表处。截至 2009 年年末，在华外资银行资产总额 1.35 万亿元，同比增长 0.3%，占全国金融机构资产总额的 1.71%。各项贷款余额 7 204 亿元，同比下降 1.03%，占全部金融机构各项贷款余额的 1.7%；各项存款余额 7 018 亿元，同比增长 23.3%。在华外资法人银行平均资本充足率为 21.22%，核心资本充足率为 20.76%。②

外资也积极参与了中国保险业。截至 2009 年年末中国共有保险集团公司 8 家，保险公司 122 家，保险资产管理公司 10 家。其中，外资保险公司 53 家，包括外资财产险公司 20 家，外资寿险公司 27 家，外资再保险公司 6 家。截至 2009 年年末，外资保险公司总资产为 2 052 亿元，较年初增加 527 亿元，增长 34.56%，占全部保险公司总资产的 5.05%。截至 2009 年年末，共有 15 个国家和地区的 53 家境外保险公司在华设立 990 余家营业性机构18，另有 8 家境外保险中介机构也已在华开展业务③。在华各外资保险公司运转正常，尤其是英杰华、保诚等欧洲保险公司在华业务稳步增长，市场影响力逐步形成。

外资银行在银行间人民币外汇市场的交易量继续增长，但低于整个市场的增长速度；在外币对现货市场的交易规模和市场份额都明显下降，但在外币对衍生品市场的交易大幅增长。2009 年，外资金融机构在银行间人民币外汇市场交易比较活跃，但市场份额继续下降。在人民币外汇市场上，外资金融机构交易规模同比增长 2.1%，但低于整个市场的增长速度，其市场份额继续下降，占比为

---

① 国家外汇管理局．

② 中国银监会．

③ 中国保监会．

25%，较 2008 年下降 6 个百分点。其中，外资做市商的市场份额下降 5 个百分点，为 21%。截至 2009 年年底，银行间人民币外汇市场共有外资会员 111 家，占市场会员总数的 40%，比上年年末下降 9 个百分点。

在外币对现货市场上，外资金融机构的交易规模和市场份额都明显下降。2009 年外资金融机构在外币对现货市场的交易规模同比下降 35.8%，市场份额为 41%，较 2008 年大幅下降 16 个百分点。外资金融机构在外币对衍生品市场的交易大幅增长 111%。截至 2009 年年底，外币对市场共有外资会员 43 家，占市场会员总数的 46%[①]。

另一方面，中资也积极地参与了国际金融市场。QDII 投资规模不断扩大。截至 2009 年年末，国家外汇管理局共批准 69 家 QDII 共计 650.3 亿美元的投资额度。此外，截至 2009 年，中国证监会共批准了 31 家基金管理公司，9 家证券公司的 QDII 业务资格。已有 10 只 QDII 基金、1 只证券公司设立的 QDII 资产管理计划成立，资产净值约 738 亿元人民币。由于制度框架较为合理、技术准备比较充分、投资运作相对审慎，2009 年，QDII 产品经受了国际金融危机的考验，主要表现为：一是投资运作平稳；二是随着美国、中国香港等市场行情快速反弹，QDII 产品净值快速增长；三是提高了风险防范意识和风险管理能力；四是增强了海外投资管理能力，提升了跨国运作水平[②]。

截至 2009 年年末，中国保监会共批准 23 家保险机构的 QDII 资格，保险 QDII 的投资额度合计达 155.05 亿美元。中国平安的 QDII 投资额度最大，为 88.9 亿美元，占保险 QDII 总额度的 57.3%，中国人寿股份、中国人寿集团和泰康人寿的投资额度分别为 17.5 亿美元，15 亿美元和 13.85 亿美元。根据有关投资规定，目前保险资金 QDII 可以通过自有外汇资金以及购汇形式投资中国香港 H 股、红筹股[③]。

由以上列举的现状可知，从中国的证券业，银行业以及保险业对外开放的程度看，中国正在向金融国际化的方向努力，已经处在向资本交易国际化发展的过程中。作为促进金融国际化的主要原因可归纳为以下 5 点：一是对外贸易交易规模的扩大；二是外汇管理限制的缓和；三是国内金融交易限制的缓和；四是离岸金融市场的建立；五是以及相应的税制改革。

从居民个人角度来看，从 1997 年起我国允许个人开立外汇账户，境内居民外汇存款，存款人可以将外汇汇出境内，允许居民持有外币现钞，可以向银行出

---

① 中国外汇交易中。
② 中国证监会。
③ 中国保监会。

售外汇，也可以在银行做各种外币之间的买卖①，2001 年 6 月开始允许境内居民利用手中的外汇买卖 B 股等（已经存入境内商业银行的现汇存款和外币现钞存款，不得使用外币现钞和其他外汇资金②），2007 年 8 月国家允许境内居民 B 股购汇收益结汇，2010 年 6 月国家外汇管理局公告，B 股资金的收益等值 5 万美元以内（同时遵循个人经常项目年度总额管理）可以直接办理结汇③等，以上都表明人民币资本项下的管制正在放松，人民币正逐步走向完全自由兑换。

三、中国金融国际化过程中的风险

随着中国经济逐步地国际化，中国面临着资本市场国际化的压力，为此中国需要为资本交易国际化作出相应的完善市场交易制度，资本市场监管的准备，以及对人民币汇率政策作出调整。中国人民银行在 2010 年 6 月宣布"进一步推进人民币汇率形成机制改革，增强人民币汇率弹性"④ 已经扩大了对美元汇率变动的幅度。国家外汇管理局也已经对外汇管理作出了"五个转变"，即从重审批转变为重监测分析，从重事前监管转变为强调事后管理，从重行为管理转变为更加强调主体管理，从"有罪假设"转变到"无罪假设"，从"正面清单（法无明文授权不可为）"转为"负面清单（法无明文禁止即可为）"⑤。

中国在实现了经常收支项目的可兑换后，国外直接投资增加，伴随着加入WTO 所带来的金融服务等的对外开放以来，围绕着资本收支的环境已经发生了很大的变化。如同资本逃避的增加，人民币在海外流通规模的不断增加等的现实表明，持续以往的对资本项目的限制管理已经越来越难。根据国际货币基金组织统计，一般的国家，从经常项目可兑换到资本项目可兑换的时间，平均用时大概是 7 年到 10 年左右。中国从 1996 年实现经常项目可兑换至今已经是 15 年了，这已经长于国际上的平均值了。从 1997 年的亚洲金融危机以及 2008 年美国金融危机的经验来看，我国不能短期内没有准备地开放资本市场，而是应该有步骤地、渐进地、有秩序地实行资本交易的国际化。资本项目的对外开放在使一国享受到许多现实利益的同时也要付出一些代价。从其他发展中国家资本账户下货币自由兑换的进程来看，当一国资本账户下实现货币自由兑换后，很容易引起大量资本流入，导致国内经济过热，出现通货膨胀，最终引发经济危机。或者一国资

---

① 中国人民银行 . 境内外汇账户管理规定 . 1997 – 10.
② 中国证监会和国家外汇管理局 . 境内居民个人投资境内上市外资股的有关问题联合通知 . 2001 – 02.
③ 国家外汇管理局 . 关于调整部分资本项目外汇业务审批权限的通知 . 2010 – 06.
④ 中国人民银行新闻公告 . 2010 – 06 – 19.
⑤ 引自国家外汇管理局新闻公告，http：//www. safe. gov. cn/model_safe/index. html.

本账户下货币可以自由兑换后，引起国际炒家大量热钱频繁进出该国，对该国金融市场造成严重影响。我国为了有步骤地、循序渐进地开放我国的资本市场，实现资本项目自由化至少需要满足以下三个前提条件。

1. 从宏观上看，保持健全的宏观经济政策的运营与健全的国内金融体系。也就是说要保持有力的宏观调控能力，运用财政政策、金融政策、税收政策、对外贸易政策使得宏观经济得以持续稳定增长。同时健全完善国内金融市场交易制度，加强对国内金融机构的资本充足水平、资产质量、管理状况、盈利水平和质量、流动性水平，市场风险的承受能力以及对存款机构的评估与监控。资本账户下货币自由兑换使国内金融市场与国际金融市场连接更紧密，必然带来国际游资对国内金融市场（特别是证券市场和外汇市场）的冲击，同时国际的各种金融危机可以通过金融市场很快地传导到国内。如果国内金融市场广度和深度足够，金融体系比较健全，金融机构比较成熟，对外部竞争和冲击反应灵敏，那么就可以较好地吸收冲击，高效地应对短期资金大量流入或者流出，将资本账户开放的不利影响减到最少。

2. 汇率与利率的变化反映市场需求。通过这些变动调节资本交易的规模。为了满足这一条件需要实行更加灵活的汇率制度，强化间接的金融政策手段（公开市场操作），以及逐步实施存贷款利率的市场化。其中，特别是汇率制度的调整尤为重要。根据蒙代尔·弗莱明模型引申出来的"三元悖论"，一国的货币政策独立性、汇率稳定和资本自由流动三者不能同时实现，只能择其二作为政策目标。大部分国家在资本账户自由化时都是采用浮动或管理浮动汇率制度，即放弃汇率稳定换来资本自由流动和货币政策的独立性。由此可见，一国要实现资本账户下货币自由兑换，至少要实行有管理的浮动汇率制度。在采用固定汇率制时，如果实施资本项目的自由化会失去金融政策的独立性。金融政策为了维持固定汇率就不能对经济景气变动产生作用。因此，为了维护金融政策的独立性就必须采取更为灵活的汇率制度。综观各国的汇率制度，也都可以看到伴随着资本项目的可兑换而采取了更为灵活的汇率制度的倾向。从目前中国的证券业、银行业以及保险业对外开放的程度看，中国资本项目的可自由兑换已经是一个不可避免的发展趋势，所以有必要实施更为灵活的汇率制度。具体来说，由于对美贸易占了中国对外贸易的很大比重，阶段性地扩大人民币与美元的变动幅度是一种很现实的做法。当然汇率变动幅度扩大了，随着对外贸易以及资本交易会发生汇率风险，因此有必要建立企业及银行的防范汇率风险的管理制度，进一步完善外汇市场的交易制度及其监管。

3. 建立完善对资本市场的监管制度。从国际收支的状况看，汇率幅度的扩大有可能引发人民币的升值，一定程度上会不利于出口以及外国对华直接投资。

另一方面，汇率制度的变更会促进资本项目可自由兑换。因此，在资本自由流动的过程中建立以及完善将各种风险控制在最低，保证最大收益的市场运行及监管机制是至关重要的。参考各国在开放资本项目可自由兑换的经验，资本账户开放可取的排序是：先放开长期资本，再放开短期资本；在长期资本范围内，先放开直接投资，再放开证券投资；在证券投资范围内，先放开债券投资，再放开股票投资；先放开对金融机构的管制，再放开非金融机构和居民个人的管制；在所有形式的资本流动中，先放开资本流入，再放开资本流出。

资本账户下货币自由兑换必然带来国际游资对国内金融市场的冲击，建立健全的金融监管也是不可或缺的一个前提条件。具体来看，在银行监管方面，当资本管制解除之后，随着外国资本的大规模流入，银行体系的可贷资金将迅速膨胀。如果没有有效的银行监管，结果将是灾难性的。因此，为了防止银行系统的风险加大，在决定开放资本账户之前，我国必须健全和强化对银行的各项监管措施。在证券监管方面，当外国证券资本大量流入时，如何防止市场过度投机将成为金融监管部门面临的艰难课题，加强证券市场监管，无疑是解决这一难题的主要出路。

四、中国概念股风波

随着中国经济的发展与国际化的深入，许多企业谋求海外上市。加上国内IPO审核严格，且有节奏控制，这一趋势越来越明显。早期的海外上市主要集中在中国香港市场。后来，很多中国公司通过首次公开发行（IPO）或反向并购等方法到美国、加拿大等地上市。中国海外上市企业越来越多，形成大量的中国概念股公司。到2011年3月底，香港主板市场有H股138家，红筹股102家，占总市值的44.89%。香港创业板市场有H股29家，红筹股5家，占总市值的10.58%。到2012年6月20日，在纽约股票交易所上市的中国概念股有91家，纳斯达克143家，美国股票交易所10家。仅2010年一年，就有45家中国公司赴美上市。

由于许多中国公司并不熟悉海外市场的法制环境与会计准则，加之一些企业缺乏保护投资者的主观动机，使得海外投资者越来越关注中国概念股的投资者保护问题。在这种背景下，2010年6月以来，一些名不见经传的研究机构，特别是浑水公司、香橼公司和Alfred Little三家公司，通过发布中国概念股作空报告，指责许多中国概念股公司存在舞弊行为，形成了引人瞩目的中国概念股风波。这些做空公司本不是有研究实力与重要影响的机构，浑水公司2010年刚刚成立，Alfred Little则连人员、办公地址和电话都没有公布。但它们的攻击在市场上却产生了巨大反响。到 2011 年年底，浑水公司对 7 家中国概念股公司发起攻击，大部分成功。香橼公司的攻击时间较长，从 2006 年 2 月到 2011 年 8 月，它共对 18 家中国概念股公司发起攻击，其中 7 家公司被强制摘牌。不仅被做空的中国公司大多损失惨重，中国概念股整体上也跌跌不休，许多股票被腰斩。由于股价太低，有许多公司选择了私有化退市。新公司赴美上市的步伐也大大放缓。2011 年 6 月以来，很少有公司在美国上市。

其实，并非所有的中国概念股都存在严重的舞弊问题。即使是被攻击的公司，也并非一定会一败涂地。展讯通信、哈尔滨泰富、分众传媒、奇虎 360 等公司，就是在受到攻击后分别组织了有效反击，并成功地躲过了猎杀。这里，分众传媒的例子颇有代表性。从 2011 年 11 月 21 日到 2012 年 2 月 9 日，浑水公司 5 次质疑分众传媒。质疑的内容主要围绕在分众传媒的 LCD 屏幕数与实际不符，存在重复计数，继而质疑其夸大营业收入。分众传媒则以理据争。第三方机构出面支持分众传媒后，浑水公司在 2011 年 12 月 9 日第三次攻击分众传媒时，报告的题目竟然是 FMCN：Is "Independent" Verification in China Better Than Toilet Paper?（分众传媒：中国的独立调查报告比得上厕纸吗？）显示出对中国市场一切都表示怀疑的极端态度。

这次中国概念股风波，有许多问题值得我们反思。许多中国公司蜂拥到海外上市，之后又叫苦连连，悔之晚矣，说明事先对美国市场了解明显不足。同时，中国概念股的大跌，与投资者的信心明显相关。香橼公司早在 2006 年 2 月就开始攻击中国概念股，为什么到 5 年多后才会形成中国概念股的风波？在国际经济与金融市场的多事之秋，中国经济的一枝独秀难免引起猜忌和攻击。

五、中国金融国际化的监管策略

根据国际货币基金组织的统计，中国已经放松或部分放松管制的资本项目就有 20～30 项，剩下的主要是部分项目的逐步探索开放问题。参考国际经验接下来可以考虑采取以下步骤：在资金流入方面，对于外商直接投资可逐渐实行外国直接投资的汇兑自由；可逐步适当放宽外国投资者在我国金融市场上的投资，加大证券资本的流入。中国资本市场尤其是股票市场开放已经达到了一定规模，开始吸引国外资金的持续流入，为此应进一步完善对资本流动的统计监测，增加资本市场的服务性开放程度。另一方面，逐步放松境内企业向境内外资银行融资的限制。在资本输出方面，应放松对境内居民机构对海外直接投资的管制，对境内居民对外证券投资的放松要谨慎有序；适当允许境内金融机构向非居民融资；谨慎对待非居民金融机构在我国境内筹资。

这里简介日本在实施金融国际化过程中的一些主要措施。日本在实施金融国际化的过程中采取了相对保守稳定的策略，首先是从贸易自由化开始，逐步开放汇率及资本交易的市场化，最终实现了金融国际化。日本在 20 世纪 80 年代也曾有过抑制日元过快升值以扩大出口为主导的高速经济增长模式，在此过程中形成了过剩的生产能力与内需不足的经济结构。此后日本的贸易顺差的递增超过了国际社会所能容忍的程度，在美国压力下日元不断被迫升值，迫使日本不得不做出经济结构的调整。但为此日本经济出现了两个深层次的问题，导致自 20 世纪 90 年代以来的长期经济低迷。

其一是由于日元升值，带来了以出口为主的日本企业竞争力的下降，迫使日本企业与雇佣向海外迁移，减弱了经济增长的活力。

其二是金融缓和政策对提高内需基本无效，只能用扩大财政支出来刺激每年的内需不足，形成了没有一定规模的财政支出就不能维持景气的经济增长模式。扩大公共投资修建公路铁路的基本设施固然对日本经济的增长有一定作用，但随着公共投资的效用递减，产生了大量的没有飞机起飞的机场，没有轮船靠岸的码头等，及扩张的财政政策造成了大量固定资产的闲置。与此同时，政府的长期负债占 GDP 比率递增，在 2009 年达到 218.6%。具体情形参照表 13 - 2。

表 13 - 2　　　　　　　G20 主要国家的财政负债占 GDP 比率　　　　　单位：%

	2007 年	2009 年	2014 年
日本	187.7	218.6	245.7
美国	61.9	84.8	108.2
英国	44.1	68.7	98.3
德国	63.4	78.7	89.3
G20 发达国家	78.2	98.9	118.4
中国	20.2	20.2	20
印度	80.5	84.7	78.6
巴西	66.8	68.5	58.8
俄罗斯	7.4	7.2	7.2
G20 新兴国家	37.4	38.9	36.2

资料来源：IMF. World Economic Outlook . 2010.

日本在 20 世纪 60 年代开始试行汇率与资本项目的自由化，在 70 年代到 80 年代积极推进资本项目的自由化，1992 年开始金融制度改革，1993 年实行定期存款利率自由化，1994 年实行流动性存款利率化，在 1999 年停止了对长期与短期金融分离制度，对普通银行也开放了以往只由长期信用银行及信托银行所能从事的公司债券发行业务，在 90 年代完成了金融的国际化。日本对资本市场采取了按资本项目逐步有序的开放过程。在 1964 年随着日本加盟 OECD，受到来自欧美的对资本市场开放的压力。1967 年日本政府决定对内直接投资有限的开放（第 1 次资本自由化），在 1969 年 3 月年实施了第 2 次资本自由化（对内直接投资完全自由），即按照具有较强国际竞争力的行业逐渐进行自由化的方针，在 160 个行业中采用 50% 的对等合并方式，在 44 个行业实行100% 的资本交易自由化。之后日本的资本项目的自由化逐步推进，在 1971 年对汽车行业的开放单独作了规定，到 1973 年 5 月止先后 5 次制定了对内直接投资开放的制度（第 5 次资本自由化），除了农林水产业、矿业、石油、皮革以及皮革制造业 5 个行业之外，原则上 100% 开放资本市场，到 1976 年完成了对内直接投资的自由化。

同时，日本在 1972 年 6 月开始实施了对外直接投资的开放。对外证券投资的开放比较晚，以往是完全禁止本国居住者购买外国证券。在 1970 年 4 月首先允许对外的投资信托，在 70 年代中叶逐步地开放对生命保险公司、证券公司等的机构投资家以及一般投资家（通过证券公司）的对外证券投资。综上所述，日本是首先开放了对资本流入的项目，其后才开放了对资本流出的项目。对不能特定的居住企业用途的对外借贷，以及在国外的证券发行，以及非居住者在国内的证券发行采取了分别按个案审查的做法。对这些个案根据不同时期不同情况采取了鼓励性，或抑制性，或禁止性的不同处理。①

此外，日本在开放资本市场的另一个重要特点就是外汇银行始终发挥着外汇管理机构的作用。所谓的外汇银行指的是得到日本财政部批准的专门从事外汇交易以及贸易金融业务的银行。在 1954 年公布外汇银行管理法后，东京银行是唯一的得到政府批准可以经营外汇业务的外汇银行。1998 年日本废止了外汇银行法，专业的外汇银行也就不存在了。根据外汇管理法，外汇银行要掌控对外交易的实际状况，以及判断对外交易的合法性，负责面广，责任重大。在 20 世纪 60 年代末至 70 年代，外汇银行对于控制短期资本流动以及实施外汇政策的运营发挥了重要的作用。

通过总结日本在开放资本市场前后的经验，我们可以从中得到一些参考。我国也通过对人民币汇率保持稳定不使其升值的政策达到了以扩大出口为主导的经济高速增长，但 2008 年美国金融危机发生以来的事态表明，我国以往的以外需

---

① 东洋经济新报社、大藏省财政史室编. 昭和财政史－昭和 27－48 年度－18 资料（6），国际金融·对外关系事项，1992；昭和财政史－昭和 27－48 年度－19 统计，1998.

为主导的经济增长模式不能持续。央行在 2010 年 6 月 19 日宣布恢复了参考一篮子货币进行调节，有管理的浮动汇率制度，并对其解释为"浮动汇率可灵活调节内外部比价，有助于引导资源向服务业等内需部门配置，推动产业升级，转变经济发展方式，减小贸易不平衡和经济对出口的过度依赖"[1]。与此同时，央行也明确表明目前不存在人民币大幅度升值的客观依据，谨慎地对人民币汇率浮动进行动态管理和调节。按现行规定，银行间外汇市场的人民币兑美元交易价的日浮动幅度为美元交易中间价上下千分之五，银行对客户挂牌的美元对人民币现汇买卖价差不得超过美元交易中间价的百分之一，现钞买卖价差不得超过美元交易中间价的百分之四[2]。这样做的好处是可以维护宏观经济和金融市场的稳定，但汇率在如此狭小的范围浮动失去了随着市场灵活变化的汇率本来所能发挥的调节经济结构的功能，当经济结构调整不能按预想进行时，可能会出现以下三个问题。

第一，旺盛的生产能力与内需不足的矛盾不会缩小，中美间的贸易失衡不会有明显的改善，根据以往日本的经验，美国会不断地要求人民币升值。

第二，会拖延人民币与上海金融市场的国际化的进程。如以上所述，所谓的人民币国际化就是在自由资本流动的状态下人民币可成为国际贸易支付手段的可交换货币。目前的人民币还处在必须要对资本项目作相应限制以及要市场介入才能保持其基本稳定，所以人民币的国际化还有一段路要走，上海金融市场还不能成为国内外市场交易者可以自由买卖人民币的国际金融中心。

第三，有可能形成惯性地对财政政策的过度依赖。2008 年美国金融危机后中国的 4 万亿元的扩张性财政政策取得了预期的效果。但从长期看即便有很强的财政支撑，如果没有解决出口与内需平衡问题，没有转换经济增长结构，中国经济很可能变得像日本经济那样，即形成没有财政支出就没有经济增长的僵化模式的经济结构。

这些问题的根本解决只能通过适当的经济结构调整。通过减少乃至废除对特定出口产品的政策性出口补贴，逐步提高工资收入以扩大居民消费等综合政策手段减少对汇率的压力。逐步扩大汇率变动的幅度。只有汇率变动能起到调节经济增长结构的作用，才能实现金融的国际化。

日本经济长期处于低迷的一个原因在于日元的自由浮动汇率。从 20 世纪 80 年代后期开始日元变动急剧，从 1985 年的 1 美元兑 240 日元急速上升至 1995 年 4 月的 80 日元，之后下跌至 2007 年的 120 日元，到 2010 年 8 月又升至 85 日元。

① 中国人民银行新闻发言人．进一步推进人民币汇率形成机制改革，增强人民币汇率弹性．2010 - 06 - 19，http：//www. pbc. gov. cn/xinwen/index. asp? page = 5&keyword.

② 中国人民银行新闻发言人就进一步推进人民币汇率形成机制改革答记者问，2010 - 06 - 20.

日本除了被动地接受由汇率急剧波动所带来的产业结构调整外没有其他的选择。而我国采用的是有管理的浮动汇率制，既可以保持人民币的基本稳定，也可以主动实施经济结构的调整。我国如果能从以往的外需主导性转换为出口与内需均衡的增长模式，无疑将很助于我国经济的持续稳定发展。

在资本市场不断开放的同时，我国的外汇体制进行了相应的改革，汇率制度改革和外汇市场建设也在同步推进。回顾改革历程，可以看出中国资本市场的发展和开放与人民币自由兑换和汇率制度改革是一个相互促进的过程：资本市场开放要求人民币可自由兑换和富有弹性的人民币汇率制度，通过对资本流动管制的不断放松和人民币汇率制度的配套改革，会促进资本市场的更快发展；而资本市场的发展又反过来为加快人民币自由兑换和汇率改革进程创造了有利条件。最终使三者在相互协调、共同促进中步入互动的良性发展轨道。

2008 年源于美国的金融危机暴露出金融监管存在多方面问题，此次危机通过各类金融产品、金融机构和金融市场等渠道，迅速在全世界蔓延。有效的金融监管是防范金融风险最有力的外部约束力量，除了树立正确的金融监管理念、完善监管制度，加强国际监管合作体系之外，另一个重要的问题就是要及时准确地掌握金融信息，为对应瞬息万变的市场提出科学决策的事实根据。

第二节　国际资金循环的统计监测体系

金融国际化也是一个将国内金融交易制度与国际金融交易制度相接轨的过程。要反映国内资金流动与国际资本流动的收益性、风险性，需要建立一个可以结合国内实际又可以兼顾国际比较的统计监测体系。自 1997 年的亚洲金融危机到 2008 年由美国次贷危机引发的国际金融危机的现实表明，在世界范围内的金融领域里不断出现各种形式的危机。金融风险既可由国内金融体系本身产生，也可能是在房地产等实体经济领域出现，也可能由国际资本流动传染导入，形成了各种社会经济问题在金融体系的镜像反映。为避免这种系统性金融风险对金融体系和宏观经济带来的灾难性冲击，我们需要建立防范金融风险的统计监测体系与事后的对应机制。衡量金融体系是否存在风险有微观与宏观两个层面，微观的层面是对个体金融机构风险的统计监测，称之为金融监管统计。金融监管统计是以"巴塞尔协议"为指导的，用于单个金融机构监管的统计方法。反映在宏观层面则是统计监测各个金融机构的资金筹措与使用对整个国民经济金融体系的安全性所造成的影响，用 IMF 的专业术语称之为金融稳健统计。由于篇幅限制，本书参考金融稳定统计的基本观念，从国际资金循环的角度重点考察对外资金循环对宏观经济的持续增长以及对金融体系稳定安全的影响，建立国际资金循环的统计监测体系。

以美国为代表的发达经济体，在过去近十年，受益于全球化的大趋势，经济不断繁荣，但这种繁荣的基础其实比较脆弱。这些经济体自身的储蓄相对不足，消费不断增长，经济的金融化趋势不断加强，其集中的表现就是家庭利用已有的金融资产，尤其是房地产为抵押，向银行借款来支持其日益高涨的消费。这一格局发展的必然结果就是消费信贷链的破裂，集中的表现就是美国的次级房贷危机。次级房贷危机导致美国的金融机构必须重新估计金融风险的成本，也使这些金融机构必须重新分配自己的资产，以降低风险。反过来看，新兴市场经济国家在过去十年的发展过程中，吸引了大量发达国家的资金，以墨西哥、俄罗斯、印度等国为例，其证券市场上一半以上的资金来自于国外。日益高涨的海外资金不仅推动了本地资产价格的高涨，也推动了本地经济的繁荣，同时也带来了本地货币实际汇率的不断升值。这一系列过程为这些经济体发生金融危机埋下了种子。综合考虑发达国家以及新兴市场国家的一些经济情况，我们不难得出一个结论：在未来数年内，国际资金循环中很可能发生资金流动逆转的情形，那就是几年前从发达经济体争先恐后涌入新兴市场国家、追求高风险高回报的资金，在发达国家重估风险的情况下，纷纷逆转涌回发达国家，加强发达国家金融机构的稳定度。这种趋势的形成无疑会对发展中国家带来直接的影响，并最终导致新兴市场国家金融危机的形成。

随着信息技术的不断进步，国际资本流动的规模和速度日益变化，使得监测金融体系的稳定性及其对资本波动适应能力的重要性进一步增加。金融部门通常在全球金融市场和国内借款人之间起传导作用，而且正因如此而对外部资本市场和国内市场条件的变化很敏感。另外，国内银行的缺陷会对消费者和投资人的信心、资本流动、公共财政以及国内金融中介产生普遍影响。20 世纪 90 年代以来随着资金流动的全球化，国际资本流动的规规模急剧扩大，占 GDP 比重越来越高，从国际资金循环的角度把握国内资金的流量及流向日趋必要。如图 13－1 所示，中国的国内资本流出与国际资本流入总量占 GDP 比率从 1998 年的 6.8% 上升到 2007 年的 23.3%，在 2008 年也保持 17% 的水平。因此研究国际资金循环的变化以及建立统计监测体系具有很现实的意义，也是对资金循环分析理论方法的创新与发展。本书试图将国内部门与海外部门结合起来，将国内资金流量与国际资本流动衔接起来，从储蓄投资流量、对外贸易流量、对外资金流量三方面建立国际资金循环分析的理论框架。根据国际组织公布的国际金融统计，探讨适用于国际资金循环分析的统计监测体系。

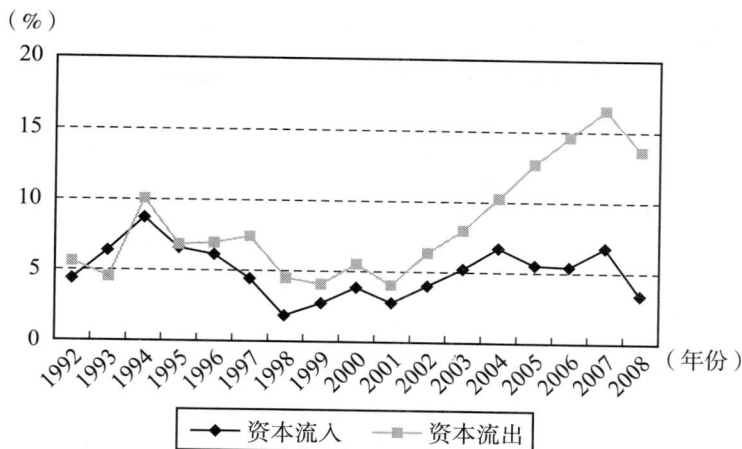

图 13 - 1　中国对外资金循环的变化 （占 GDP 比率）

资料来源：中国人民银行统计季报．资金流量统计，2009.

一、国际资金循环分析的先行

关于国际资本流动的研究可追溯到 17 世纪重商主义的文献。重商主义的代表人物托马斯麦（Mun，1644）认为，国际收支的顺差是一国财富增加的源泉，但只有对外贸易顺差才与真正的财富增加有直接关联，国际资本的流入不会给国际收支带来顺差，也不会形成真正的财富增加。在 20 世纪 60 年代，经济结构主义论者切那利和斯瑞德（Chenery and Strout，1966）提出了"双缺口模型"，认为发展中国家普遍存在着国内储蓄不足与贸易赤字这两个缺口，为了满足国家发展目标，有必要引入外资弥补投资需要。受此理论的影响以及经济发展的需要，拉美国家以及东亚国家在 20 世纪 80 年代大规模引入外资，实现了经济的起飞。但双缺口理论只考虑到国际资本流入对本期国际收支的正面影响，却忽视了外资流入的风险。1997 年的亚洲金融危机表明，大规模外资流入，既会成为经济起飞的机会，也会带来金融危机的风险。

将国内资金流动与国际收支相结合，开展短期财政金融政策效果分析时，蒙代尔·伏莱明（Mundell-Fleming，1968）模型很有参考价值。该模型包括货币供给、利息、所得、外汇储备、税收、预算赤字、经常收支、资本流动以及外债等变量，将对外贸易引入到 IS - LM 分析中，观察利率与汇率的变化对各国宏观经济的影响，分析由于国际资本流动对各国之间利率差的变化。该模型所显示的政策意义如下：根据外汇汇率与国际资本流动的管理制度的差异，财政金融政策的效果是不同的。在浮动汇率制度条件下，实施财政政策的扩张效果会与货币汇率

383

增值的效果相抵消，只有金融政策会对经济增长产生影响。在固定汇率条件下，金融政策虽然对国际收支平衡的调整有作用，但由于要通过调整货币供给维持固定汇率的水平，所以失去了金融政策的效果，只有财政政策对经济增长发挥作用。但在将国内资金流动与国际收支相结合展开国际资金循环分析时，蒙代尔·伏莱明模型存在着以下的局限性：第一，该模型假定物价水平是一定的，因此，具有短期分析的性质，不适用于长期财政金融政策分析。第二，该模型并未考虑到汇率预期的变动，因此假定国际资本流动仅受各国利息差变动的影响。第三，该模型忽视了对外资产负债存量的变化（支付利息）对该国所得的影响。第四，该理论是以经常收支为分析对象，没有考虑到类似资金流量表中设置的居民、企业、金融、政府等经济主体部门的消费投资等的经济行为及决策，也没有明确国内各部门资金流动与国际资本流动的均衡关系。

在使用各国的资金流量及国际收支等统计数据，将各国模型连接起来以探讨国际资本流动传递机制的文献中，可举出由克来因教授主持研究（K. Marwah & L. R. Klein，1983）的多国资本流动分析模型。该模型包括美、加、法、德、英、日等国，旨在解释六国间的国际资本流量与汇率的关系。在国际资本流动分析模型中表示净资本流量的交易项目有九个，这些交易项目与资金流量统计交易项目一致。分析模型的结构方程式中列举了各种金融交易所引起的资金流量与汇率的相关变量，研究结果表明一国的资金流量对组合资产存量变动的影响基本是由国内与海外的证券投资收益的差，通货膨胀率的差以及经常收支项目的差异所决定的。但是，旨在反映资金流量变化的宏观模型中，对建模因子投资收益以及通胀率的推测却使用了期货交易、风险管理、远期汇率变动等类似金融工程分析的复杂性因素，模型拟合的效果不是很理想。同时，由于数据处理方法的不当，使模型推测的结果失去了许多有用的信息。模型综合使用六国的 1972～1979 年的数据进行了实证研究，但对各国数据的综合处理意味着六国的资产行为方程是恒等的，长期国际资本的相互流入与流出所包含的大量有价值的信息被忽略掉了。

石田定夫教授在 1993 年的研究提出了国际资金循环分析的理论构想，论述了国际资金循环的研究对象极其分析范围。他将国内储蓄投资差额与资金余缺联系起来，将经常收支与国际资本流动相衔接，归纳出了国际资金循环分析的理论框架。他提出了国际资金循环的概念，将国内资金流量分析扩展到国际资金循环分析，将国际资本流动纳入国际资金循环的范围。他并对日本、美国及德国的储蓄投资平衡关系，资金交易流量作了系统性的统计观察，探讨了各国的资金流量与国际资本收支的关系，从国际视野的角度考察了国际硬通货美元对外供给的渠道、机制以及对国际资金循环的影响。但是，该研究虽然提出了理论构想及其分析的范围，却并未对国际资金循环给出明确的定义，未对国内资金流量与国际资本流动的关系做较严谨系统的理论说明，其实证研究也只停留在尝试性的记述分析阶段。

张南（2006）的著作中提出了国际资金循环分析的理论体系，归纳整理了展开国际资金循环分析的统计信息源，并以此为依据建立了结构方程模型，对中美日以及东亚地区展开了实证分析。

二、国际资金循环分析的理论框架

根据以上对先行研究文献的追溯及分析，我们可将有关国际资金循环的相关概念整理归纳如下：国内储蓄投资差额引起经常收支出现顺差或逆差，导致国内部门的资金盈余或不足，为调整经常收支平衡的对外资金筹集或运用所引起的国际资本流动称为国际资金循环。国际资金循环将国内资金流动与国际资本流动联系起来，表示了国内部门对外资金运筹以及各国在经常收支与资本收支方面的相互依存关系。从统计观察来看，资金流量表中的国内部门的资金盈余或不足与国际收支的经常收支账户相对应，是通过其海外部门的净金融投资调整的。而资金流量表中的对外资金流出入与国际收支的资本收支账户相对应。由此可知，国际资金循环分析将国内储蓄投资差额与海外部门的资金余缺相联系，观察为调节经常收支所引起的国际资金流动，从储蓄投资流量，对外贸易流量以及对外资金流量的变化考察实物经济与金融经济的联系，国内资金流量与国际资本流动的相互影响以及各国在经常收支与资本收支方面的相互关系；根据国际资本流动的机制从动态的角度反映资金流量从不均衡向均衡状态发展变化的连续调整过程。国际资金循环分析是资金流量分析中对外资金流量分析的延伸，由国内资金循环向国际资本流动的分析视野的扩展。国际资金循环分析根据研究对象与目的可将世界经济划分为若干特定地区，从全球角度系统地观察国内与国际地区间的贸易流量与资金流量的变化。根据这种理解，从国际资金循环分析的角度，将经济增长、储蓄投资流量、对外贸易流量以及对外资金流量的关系归纳为如下的理论均衡式。

我们将开放经济体制下的对外资金循环过程所存在的"事后"的均衡，即国内的储蓄投资差额，资金盈余或不足，对外收支，金融市场平衡以及对外金融资产增减变化的关系，归纳为以下 4 个基本均衡关系式：

储蓄投资差额与经常收支：$S - I = \Delta FA - \Delta FL = CA$ （13.1）

对外贸易流量均衡：$CA = (FO - FI) + CRA$ （13.2）

将上式变形得到如下均衡式：$CA + (FI - FO) = CRA$

对外资金流量均衡：$FO - FI + CRA = \Delta FA - \Delta FL$ （13.3）

对外资金流量与资本收支：$(FO - FI) = DI + PI + OI + CAA$ （13.4）

其中：S 为总储蓄，I 为总投资，ΔFA 为金融资产增减，ΔFL 为金融负债增减；CA 为经常收支，FO 为资金流出，FI 为资金流入，CRA 为外汇储备增减；DI 为直接投资，PI 为证券投资，OI 为其他投资，CAA 为资本项目。

上述第（13.1）式表明了储蓄投资与国内资金流量与经常收支的关系，当 $S > I$ 时，$\Delta FA > \Delta FL$ 为资金盈余，有 $CA > 0$，即经常收支为顺差；反之，当 $S < I$ 时，$\Delta FA < \Delta FL$，为资金不足，有 $CA < 0$，即经常收支为逆差。由第（13.2）式可知，国际间为资本运作的资金流动和国际间物品与劳务的流动是同一枚硬币的两面。当经常收支为顺差，以资本流出（$FO > FI$，资本收支逆差）或外汇储备增加的形式使该国对外债权得以增加。反之，当国内投资大于国内储蓄时，经常收支为逆差，只能通过对外借债增加资本流入（$FO < FI$，资本收支顺差）或减少外汇储备来填补其逆差从而使得该国对外债务增加。通过对第（13.2）式变形得到的外汇储备构成均衡式表明，同时出现经常收支与资本收支双顺差的状况下会使外汇储备增加。即当经常收支持续顺差仍有国际资本净流入，在账户体系上表现为资本收支顺差时，导致的结果只能是外汇储备的急剧增加，这种经济现象将导致对外资金循环出现结构性问题。从第（13.2）式可知，影响外汇储备增减变化的主要原因在于经常收支与资本收支，由于经常收支的变化又取决于储蓄投资差额，所以外汇储备的增减实际上取决于资金循环的结构变化。而影响经常收支变化的人民币汇率，影响资本收支变化的国际市场利率与央行基准利率等也是决定外汇储备增减变化的基本因素。

第（13.3）式表明了广义金融市场的均衡，反映了国内资金流向与国际资本流动的关系，这一过程也就是国际资金循环的变动。第（13.3）式的右方表示为国内部门金融资产净增，是资金流量账户的资金盈余或不足项目，等于国际收支的经常收支项目（参见第（13.1）式）。而左方表示为对外资金净流量加上外汇储备增减，其中的对外资金净流量则与国际收支的资本收支相对应。当 $S > I$ 经常收支为顺差时，对外资金净流量显示了一国增加财富积累的一个渠道。反之，当经常收支为逆差时，只能由减少对外资产或增加对外负债来填补其逆差，导致对外净资产减少，显示此过程的也就是资本收支的运作。另外，当经常收支为零时，无论资本收支的操作如何活跃，与对外净资产的增减没有任何影响。由此可知，一国对外净资产的增加是由经常收支顺差的累计而形成的，仅靠活跃金融交易则与该国财富的积累没有直接关联。

由国际收支的定义可知，其资本收支由金融项目｛直接投资（DI）+ 证券投资（PI）+ 其他投资（OI）｝与资本项目（CAA）构成，所以对外资金净流量与其流量形式的关系可表示为第（13.4）式。由第（13.4）式可知，对外资金流量的规模与流向主要取决于直接投资、证券投资、其他投资以及资本项目的变化。上述均衡式可表明储蓄投资缺口与资金盈余或不足与国际收支的均衡关系，以及对外资金流量的循环结构，并由此构成了国际资金循环的分析框架。下面我们就根据这一理论分析框架，建立对外资金循环的统计监测体系。但首先需要解决统计数据来源问题。

三、国际资金循环分析的统计监测体系

根据上述理论框架，开展国际资金循环可以使用的统计数据有资金流量统计（Flow of Funds Account，FOF）、国际收支统计（Balance of Payments，BOP）、国际货币基金组织的国际金融统计（International Financial Statistics，IFS）与世界经济展望（World Economic Outlook，WEO）、国际决算银行（Bank for International Settlements，BIS）统计、国际金融协会（The Institute of International Finance，IIF）统计、世界银行的世界开发金融统计（Global Development Finance，GDF）、经济合作开发组织（The Organization for Economic Co-operation and Development，OECD）统计以及美国的资本移动统计（Treasury International Capital，TIC）。下面探讨资金流量统计与国际收支统计的特点极其相互关系，以及国内资金流向与国际收支的互动机制，建立国际资金循环分析的统计监测体系。

（一）资金流量与国际收支的统计监测

资金流量统计与国际收支统计是进行国际资金循环分析的基础数据。国际收支统计是把握一国在一定时期对外交易的统计，将有关商品服务及海外收益等交易记入经常账户，将对外的金融交易，资本转移等记入资本账户，此外还设有国际储备增减项目。资金流量统计则是包括对外交易在内的侧重把握宏观经济金融方面的统计。在资金流量统计体系里既包括国内的实物交易，也包括国内的金融交易，既反映国内各部门的资金交易及流量，也反映国内与国外的资金流量及流向；既有记录某一时期交易流量的金融交易表，也有反映某时点交易结果的金融资产负债表，在先进国家统计中还有记录由于物价等变化所产生的流量与存量差异的调整表。资金流量统计体系中的各种表均以矩阵方式表示，其"列"由经济主体的各个部门（居民、非金融企业、政府、金融机构、国外等）构成，其"行"由通货、存款、贷款、证券、保险、对外债务债权、国际储备等排列。各部门按照复式记账法分为资产方与负债方，左侧的资产方计入资金运用或资产余额，右侧的负债方计入资金筹集或负债余额。因此，按部门观察金融交易表的交易项目就可知道在该期间何种资金从哪个部门流向哪一部门；按交易项目观察，既可以知道各部门对哪种金融资产做了资金运用，另外也可以知道用何种手段筹集了资金。此外，也还可明确各部门是以何种金融商品为媒介所形成的债务债权

关系。在金融交易表中的"资金余缺"项目是各部门在某一时期内资金运用与筹集的差额，该项目与实物经济的各部门储蓄与投资差额相对应的。

资金流量表中的国外部门是与国际收支相关联的部分，站在国外的立场表示国际收支的变化。国内部门整体的资金余缺项目是通过与国外部门的金融交易来调节的，这个与国外的金融交易是通过国际收支的资本收支（金融项目）与外汇储备反映的。具体地讲，资金流量表中的国外部门的资金余缺与国际收支的经常收支净值相对应；本国资本收支的"负债"项目记入资金流量表国外部门的"资产"，本国的"资产"项目记入资金流量表的国外部门的"负债"。之所以"资产"与"负债"相反记入的原因在于：国际收支统计是站在居住者的立场来处理对外资产与对外负债，而资金流量统计则是从国外部门的立场来处理的。因此，本国的对外资产从国外部门来看则成为对本国的负债。

本国与国外的实物交易以及金融交易的关系如图 13 - 2 所示（假定统计误差项为零）。即本国的"对外债权增加"与"对外债务增加"的差额等于"海外部门的资金余缺"，用以下关系式表示。

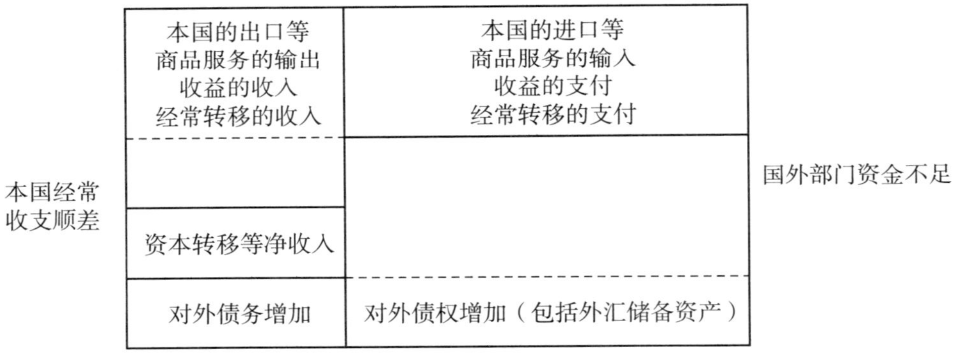

本国经常收支顺差	本国的出口等商品服务的输出收益的收入经常转移的收入	本国的进口等商品服务的输入收益的支付经常转移的支付	国外部门资金不足
	资本转移等净收入		
	对外债务增加	对外债权增加（包括外汇储备资产）	

**图 13 - 2　资金流量表的国外部门与国际收支，
对外资产负债余额统计的关系**

海外部门的资金盈余（不足）＝对外债权增加 - 对外债务增加

　　　　　　　　　　　　＝对外净资产的增减

　　　　　　　　　　　　＝经常项目逆差（顺差）+ 资本项目逆差（顺差）

　　　　　　　　　　　　＝金融项目顺差（逆差）+ 外汇储备减少（增加）

$$(13.5)$$

将第（13.5）式按照国际收支表细分[①]并引入动态过程，我们可以统计监测

---

① 　按照国际收支统计定义，经常收支 + 资本收支 + 外汇储备 + 误差 = 0

到国际资本流动的规模、方式、流向以及产生国际收支危机的因果关系。所谓的国际收支危机指的是在采用固定汇率的国家由于经济基本面恶化时国际资本投机交易剧增，带来外汇储备急剧减少，该国不得不对其汇率制度进行调整，转而实行浮动汇率制，而由市场决定的汇率水平远远高于原先所刻意维护的水平（即官方汇率），其汇率的变动幅度超出了该国可承受的范围的现象。我们把可以承受国际投机资本攻击的外汇储备存量的下限设为 R^*，t 期末的外汇储备存量为 R_t，所谓的国际收支危机就是 $R_t < R^*$ 这种状况。按照第（13.5）式，将经常项目、资本项目、外债支付利息的动态过程表示，则国际收支危机的状况则如（13.6）式所示。

$$(B_t - B_{t-1}) - \quad R_{t-1} \quad - r_{t-1}B_{t-1} + (X_t - M_t) + TR_t < R^* \qquad (13.6)$$

资本流入　外汇储备　外债利息　贸易收支　转移收支

由第（13.6）式可知，如果不等式右边 R^* 小于其左面部分，该国将发生国际收支危机。其危机产生的原因在于：本期新增的资本流入；外汇储备不足；支付外债利息；贸易逆差；海外经常转移收入不足等。反过来说，在新增资本流入无限制可持续的状态下，因为经常能确保在外汇储备的下限以上的资本流入（即 $R_t > R^*$），所以不会发生国际收支危机。应用第（13.6）式可以说明 1997 年亚洲金融危机前后的国际资本流动所带来的不同结果。从 20 世纪 80 年代后期至 1997 年，随着资本交易自由化的进行大量的国际资本流向东亚地区，此时期的新增资本流入（$B_t - B_{t-1}$）规模很大，可以满足 $R_t \geqslant R^*$ 这个制约条件，所以在 1997 年之前出现了所谓的"东亚奇迹"。但在 1996～1997 年期间，大量国际资本同时急剧外流，形成了 $B_t - B_{t-1}$ 为负值，央行的外汇储备下降超过了外汇储备下限临界值 R^*，所以爆发了东亚金融危机。

因此，从国际资金循环的动态角度看，建立防范国际收支危机的统计监测体系应考虑如下内容。国际资本流动适度规模，汇率浮动临界值，适度储备规模，健全的金融体制，开放市场程度，有效控制利用外资，控制外债规模，稳健的财政体制。

（二）美国对国际资本流动的统计监测

自 20 世纪 90 年代以来的国际资本流动是以美国为中心循环的，为了观察国际资本流动，除了上述国际组织公布的有关国际资金流量统计以外，由美国财政部及美联储编制并每月公布的资本流动统计（Treasury International Capital，TIC）是很有参考价值的。

TIC 统计始于 1935 年，是反映美国的居住者（包括在他国有公司本部，在美国设有分公司的机构）与外国居住者（包括美国企业的海外分公司）的越境

389

金融资产的流动及证券投资变化的统计。该统计根据交易主体的不同区分为五部分，按月、按地区、按投资种类发布统计信息。其统计范围有异于国际收支，既不包括与海外分公司交易等企业内部的国际资本交易，也不包括美国政府的资本交易。就按地区统计分类而言，是按直接发生地原则处理。比如证券买卖仅仅是按照直接买卖当事者的国籍·居住地进行地区分类，并不一定会反映本来实际交易主体的国籍·居住地。（比如从美国预购法国的股票在伦敦的证券公司得以交易时，投资对象地区并不是法国，而是记录为英国。）该统计信息可以在因特网上检索，其统计数据按照交易主体分为以下五部分：①银行·信贷金融机构、证券公司等的对外负债的变动。②银行·信贷金融机构、证券公司等的对外资产的变动。③上述①与②的按美元交易的补充信息（仅在每年的 6 月及 12 月公布）。④进出口商、工商业者、其他金融机构（银行·信贷金融机构、证券公司等以外的部门）的对外资产·负债的变动。⑤长期（契约期超过 1 年以上、短期证券投资不在统计对象之列）的对国内外投资（新发行债券及已往发行债券都包括在内）。

TIC 统计系统包括月度、季度、年度的统计数据，不仅可以反映长期证券投资的趋势，也可以观测短期对美投资的变化，而且可以掌握按地区，按投资商品等较详细的统计数据。与只能得到年度或季度数据的国际收支相比，TIC 统计可以及时观察资本市场及国际资金循环的变化。在以美国为中心的变化激烈的国际资金循环中，为了准确地把握美国的资本流入及流出的动向，以及对汇率市场的影响，滞后 2 个月可以详细反映国际资本流量的 TIC 统计，当然是利用价值较高的统计信息源。

（三）国际资金循环分析的统计监测体系

在我们明确了国际资金循环的基本概念、分析的理论框架、危机产生的机制以及重要数据来源的关系后，我们可以建立从国际资金循环的角度防范金融危机的统计监测体系。从图 13 - 2 可以观察出从 2004 年开始我国的对外资金流量发生了异常变化，资本净流出占 GDP 比率从 1999 年的 1.43% 递增到 2008 年的 10.2%，隐含着我国经济中的逐渐累积的结构性问题。国际资金循环的统计监测范围比较广泛，它不仅涉及国际市场，也包括国内的各制度部门，既以存款机构部门为核心的同时，还包括银行金融机构、企业部门、住户部门、海外部门、房地产市场等。为系统地监测从储蓄投资的结构变化，对外贸易收支失衡，国际资本流动，金融市场风险，我们设计了如下的指标体系。

1. 宏观经济风险分析的基本指标体系：

①储蓄投资差额占 GDP 比率；②对外贸易收支占 GDP 比率；③对外资金流

入占 GDP 比率；④对外资金流出占 GDP 比率；⑤各制度部门净资金流量占 GDP 比率；⑥外汇储备与进口比率；⑦外汇储备中币种资产比率；⑧主要汇率波动幅度；⑨国际市场利率；⑩进出口价格指数。

2. 金融体系风险的指标体系如表 13 - 3 所示。

表 13 - 3   **金融体系风险的指标体系**

	国内控制跨境合并数据（用于稳健性分析）	国内观察与宏观经济的联系
存款吸收机构（1）		
基于资本的比率（2）		
监管资本与风险加权资产比率（3）		
一级监管资本与风险加权资产比率（3）		
资本与资产比率		
扣除准备金后的不良贷款与资本的比率		
股本回报率		
大额风险贷款与资本的比率		
（大额风险贷款的数目）		
（对大型居民实体）（4）		
（对关系债务人）（5）		
外汇净开放头寸与资本的比率（6）		
金融衍生工具总资产头寸与资本的比率		
金融衍生工具总负债头寸与资本的比率		
股本净开放头寸与资本的比率		
基于资产的比率		
流动资产与总资产的比率		
流动资产与短期负债的比率		
客户存款与（非银行间）总贷款的比率		
资产回报率		
不良贷款与总贷款的比率		
部门贷款与总贷款的比率（占总贷款的百分比）（7）		
存款吸收机构		
中央银行		

续表

	国内控制跨境合并数据（用于稳健性分析）	国内观察与宏观经济的联系
广义政府		
其他金融公司		
非金融公司		
国内其他部门（8）		
非居民		
住宅房地产贷款与总贷款的比率		
商用房地产贷款与总贷款的比率		
地区贷款与总贷款的比率（占总贷款百分比）（9）		
国内		
国外		
外币计值贷款与总贷款的比率		
外币计值负债与总贷款的比率		
基于收入和支出的比率		
利息与总收入的比率		
交易收入与总收入的比率		
非利息支出与总收入的比率		
净收入与平均资本金比率		
其他金融公司		
资产与金融体系总资产的比率		
资产与 GDP 的比率	不适用	
非金融公司		
总债务与股本的比率		
股本回报率		
收益与利息和本金支出的比率		
外汇净风险与股本的比率		
破产保护的申请数量	不适用	
住户（10）		
住户债务与 GDP 的比率	不适用	
住户还本付息与可支配收入的比率		

	国内控制跨境合并数据 （用于稳健性分析）	国内观察与宏观 经济的联系
房地产市场		
住宅房地产价格（年百分比增长率）	不适用	
商用房地产价格（年百分比增长率）	不适用	
证券市场流动性		
证券市场平均买卖差价（占中间价的百分 　比）		
证券市场每日平均周转率		

注：（1）以粗体显示的序列均为核心金融稳健指标。（2）对除了监管资本金融稳健指标以外的所有与资本相关的指标来说，既可采用狭义资本指标，也可采用总资本指标。如果适用，应以一级资本作为狭义指标。（3）在多数情况下，这类数据可能只适用于注册的存款吸收机构。（4）指最大的存款吸收机构对包括政府在内的最大居民实体的债权与资本的比率。（5）指对包括非居民实体在内的关联实体以及其他相关实体的债权与资本的比率。（6）公布数据时应列明所用的净开放总头寸指标或资产负债表项目净开放头寸指标。（7）还可按行业类别提供补充信息。（8）包括住户和为住户服务的非营利机构。这些部门可以单列。（9）还可按管辖范围提供重大的补充信息。（10）按居民住户总数编制。

按照国际资金循环的机制，其统计监测体系由两部分构成。一是外生途径，主要是宏观层面，来自实体经济，国内资金循环，国际收支，市场波动，价格变动等不稳定因素。二是内生途径，主要是微观层面，来自金融机构风险积累，金融市场动荡和金融基础设施不完备。通过宏观外生途径的国际资金循环统计监测体系，首先我们可以观察发现实体经济的结构性问题。宏观经济政策的失误，经济结构的失调，高通货膨胀等因素会给金融体系的稳定性带来冲击。其次还可以观察各经济制度部门的资金盈亏状况，国内各部门资金筹措以及对外金融投资的风险。还可以监测国际资本流动的规模、方式、流向、外汇储备的安全性。最后，国内的经济结构失调必然会带来该国的国际收支失衡，通过统计监测体系，我们可以分析国际收支危机的因果关系，监测在国际热钱冲击下可能引发的货币危机与银行危机。

微观层面的风险观测主要表现在对金融体系的观察，分别对存款机构、其他金融公司、非金融公司、住户、房地产市场、证券市场的资本充足状况、资产质量、收益状况、流动性和对市场风险的敏感程度作出统计监测。此数据资料的主要部分可以从资金流量统计取得。其中反映资本充足的主要指标有：监管资本与风险资产的比率，核心资本与风险资产的比率，外汇净开放头寸与资本比率。反映资产质量的主要指标有：不良贷款与总贷款的比率，扣除准备金后的不良贷款与资本金的比率，流动资产与短期负债的比率，客户存款与总贷款的比率，以及资产回报率，外币计值负债与总贷款的比率等。反映收益状况的指标有：利息与总收入比率，交易收入与总收入的比率，非利息支出与总收入比率，资本收益率等。反映流动性的指标有：流动资产与总资产比率，流动资产与短期负债比率等。反映对市场风险敏感度的指标有：大额风险贷款与资本比率，外汇净开放头寸与资本比率，住宅房地产价格、金融衍生工具总资产头寸与资本的比率，金融衍生工具总负债头寸与资本的比率，股本净开放头寸与资本的比率等。

第三节　中国金融国际化过程中的对外资金循环以及宏观监管

在上两节我们讨论了金融国际化的一般概念，我国金融国际化过程中的资本交易项目的自由化与人民币国际化的问题，以及从金融监管的分析视角建立了国际资金循环的统计监测体系。本节将根据国际资金循环分析的理论框架，从动态的系统将实体经济与金融经济相联系，国内资金流量与国际资本流动相衔接，结合 2008 年美国金融危机后我国金融国际化环境的变化，建立计量模型。探讨国际资本流入及国内资金流出的循环机制，如何加强对资本流动的金融监管，并提出对外资金循环结构性调整以及完善经济发展模式的政策建议。

一、中美对外资金循环中的镜像关系

首先让我们统计性观察中美两国对外资金循环的长期变化趋势。图 13－3 显示了 1980～2010 年美国与中国经常收支变化的走势。自 1980 年以来的 30 年间，美国的经常收支基本处于逆差状态，有过两次巨大的下跌起伏周期变化。第一次周期变化是 1980～1991 年。1980 年美国经常收支为顺差 23.17 亿美元，但在 1987 年经常逆差达到 1 607 亿美元，占 GDP 比率也达到 3.4%。在此期间美国与日本贸易摩擦频繁，为解决美日间不断扩大的经常收支逆差问题，1985 年 9 月在纽约召开了发达国家 5 国会议，并通过了一个所谓"广场协议"，旨在协调发达五国介入市场，降低美国贸易逆差，促使日元升值。其后日元兑美元汇率由 1984 年的 252 日元急速上升至 1987 年的 122 日元。作为对日元汇率急剧升值的市场预期反映，日本对外资金流动规模剧增，包括海外热钱流入在内的向日本的资金流入从 1984 年的 6.21 万亿日元迅速扩大到 1988 年的 43.03 万亿日元，仅仅在 5 年之间海外资金流入增加了 7 倍[1]。而从日本流出的资金则由 1984 年的

---

[1]　日本银行："资金循环账户"。

15.2 万亿日元增至 1988 年的 52.9 万亿日元。受到日元升值等影响，日本出口企业受到很大打击，被迫转回日本国内经营，带动地价股价上升成为引发泡沫经济的原因之一。但与此对应，美国经常收支逆差得到显著改善。如图 13-3 所示，在 1991 年美国经常收支转为顺差，与 GDP 比率也上升为 0.048%。

（10亿美元）

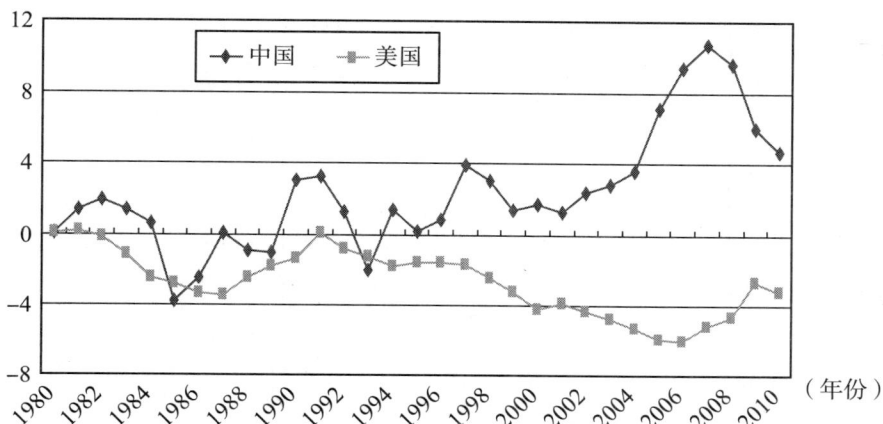

图 13-3　美国与中国的经常收支

资料来源：IMF. World Economic Outlook. 2009.

美国经常收支另一个大的周期变化是 1992～2008 年。1991 年美国的经常项目转为顺差为 29 亿美元。但好景不长，仅一年后又重新回到 501 亿美元的逆差，而经常收支逆差呈现出急剧扩大的趋势，在 2006 年达到最大值 7 881 亿美元，占 GDP 比率为 6%。但时过境迁，此次中国取代日本成为美国最大的贸易逆差国。这里我们根据第二节推导出的公式（13.1）及公式（13.4）表现的均衡关系，从美国内及海外两方面重点讨论自 1990 年代以来的美国经常收支逆差持续扩大的原因及结果。

1990 年代以后美国经常收支逆差的持续扩大意味着美国经济中存在着结构性的问题。根据第二节第（13.1）式可知，经常收支的变化取决于储蓄投资差额以及资本流动，所以我们需要首先从储蓄投资平衡来分析美国经常收支的问题。1990 年以后美国储蓄率逐渐降低，特别在 2002 年以后储蓄不足占 GDP 比率达到 6%[①]，其主要原因是在此期间美国增大了对 IT 产业的设备投资以及民营部门的住宅消费。国内供给不足必然导致对进口商品的需要，因此，经常收支逆差增大。我们使用美国的资金流量统计，将国内储蓄投资差额分为民营部门与政府部门观察其变化趋势可看出（见图 13-4），民营部门净储蓄率持续下降，由 1985

[①]　IMF. World Economic Outlook Database. 2008.

年的 9.8% 下降到 2008 年的 3.1%。但另一方面，除了克林顿执政的 1998～2001年以外，政府净储蓄率基本为负数，在 2008 年更跌至 -4.1%。

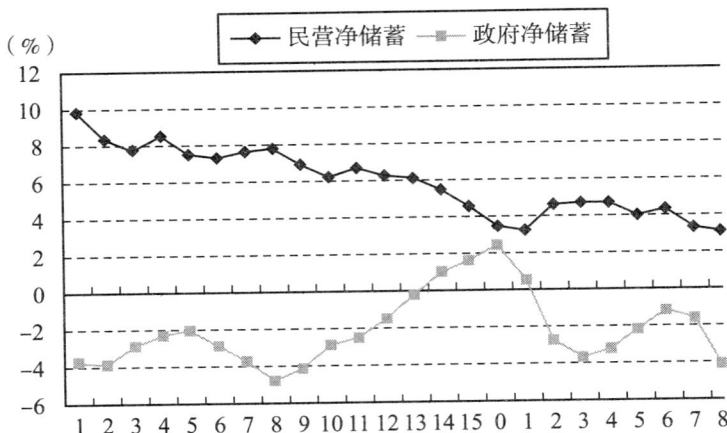

图 13-4　美国民营部门与政府部门的净储蓄率（占 GDP 比率）

资料来源：Flow of Funds Accounts of the United States.

政府部门的净储蓄率为负意味着政府部门的投资过剩。2002 年以后，随着民营部门净储蓄率的持续下跌，政府部门的投资缺口大大超过民营部门的净储蓄，导致美国储蓄不足剧增，在 2008 年政府部门的投资缺口达到最大值 5 815亿美元。政府负储蓄主要依靠外国融资，特别是外国政府的融资。美国国内严重的储蓄投资失衡所造成的缺口只能靠扩大从国外进口来弥补。另外，1990 年以来中国处在经济高速增长期，而且采取了出口导向的外向型经济政策，其商品物美价廉。所以在此历史阶段，美国为扩大进口满足国内需求的首选之地当然非中国莫属，而中国在增加出口带动经济的政策导向下的最大海外市场当然也以美国为首选之邦，这样历史性地形成了中美两国在对外贸易上的镜像关系。但是由于美国与中国国内经济发展的结构失衡（在下一节将讨论中国经济发展结构失衡的问题），在此基础上形成的镜像关系逐渐导致了两国之间贸易失衡的增大。

统计数据表明美国对中贸易逆差由 1999 年第 1 季度的 132 亿美元增至 2008年第 3 季度的 762 亿美元[①]。2008 年对中贸易逆差占美国对外贸易逆差总额比率达到 35.7%，远远超过日本的 8.4%。但是根据第二节第（13.2）式，由于储蓄不足所带来的经常收支逆差需要从海外筹措资金流入以保持平衡，结果是大规模的海外资金流向美国。由于美国具有世界一流的科技研发能力，美元作为国际基准货币的优势，同时美国资本市场与金融系统可以提供具有不同风险水平的证券

①　U. S. Bureau of Economic Analysis, BOP.

投资品种以及大量金融衍生工具，能满足投资者的不同需要，加之政局稳定，使得美国很容易从世界筹集资金诱导国际资本流入美国。巨额海外资金流入美国不但弥补了经常收支逆差的资金不足，而且美国还将筹集到的超过平衡经常收支的余额部分转向海外投资，客观上使得美国贸易失衡具有持续性。

为观察美国对外资金循环状况，我们使用了美国资金流量账户中的海外部门表①。海外部门的金融资产增加，则意味着海外资金对美国的流入，如果是海外部门的金融负债增大，则为美国国内资金的流出。

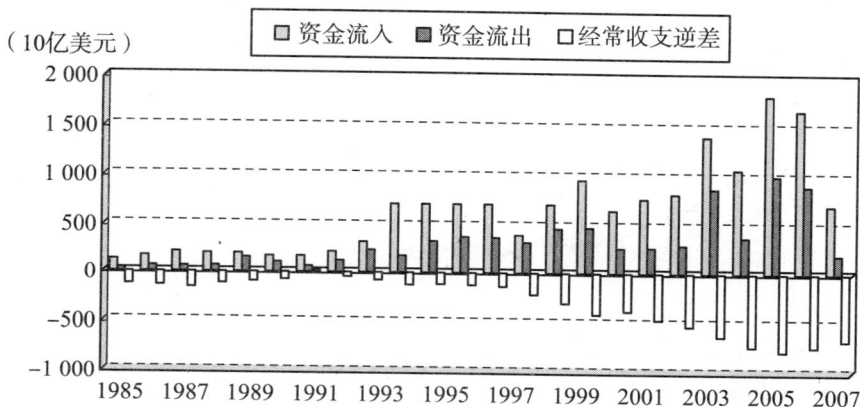

（10亿美元）

图 13 - 5　美国对外资金流量

资料来源：FRB. Flow of Funds Accounts of the United States.

图 13 - 5 表示了美国对外资金流量与经常收支的变化。从 1990 年起海外向美国的资金流入与美国的资金流出都有了飞跃性增长。首先观察海外资金流入的情况：1990 年美国从海外资金流入为 906 亿美元，到 2007 年增至为 1.525 万亿美元，18 年间海外资本流入总额为 12.46 万亿美元，为同期经常收支逆差总额的 2.12 倍。美国巧妙地利用了巨额海外资金流入，不但长期维持了经常收支逆差的非均衡，创造出了股价及债券价格的高涨，还运用海外流入资金转而对新兴市场等世界各地积极开展了证券投资及直接投资。从美国对外资金流出看，美国的资金流出也从 1990 年的 487 亿美元增长到 2007 年的 8 477 亿美元，加之运用先进的金融商品创新手段，尽管美国的经常收支逆差不断扩张，但却长期保持了良好的对外投资收益。由此可见，美国确实在国际金融舞台上长袖善舞。图 13 - 5 表示了美国在 20 世纪 90 年代以后得以持续巨额贸易逆差的异常现象。

根据第二节第（13.2）式的对外贸易流量均衡可知，一国如果持续经常收支

---

① 资金流量统计表中的海外部门是站在国外的立场所设置的部门，包括与国内机构单位发生金融交易的所有非常住单位。

逆差，则该国的对外负债也应持续增加，但从 2001 年以后，美国的经常收支与对外净头寸出现了异常的现象。图 13 – 6 的左轴表示经常收支比率（CA），右轴表示对外净头寸比率（Net International Investment Position，NIIP），通过对比两指标变化可知，尽管从 2001 年以后经常收支逆差比率持续下降，由 2001 年的 – 3.8% 下滑到 2006 年的 – 6%，但同期对外净头寸比率却稳定地处于低位的 20% 左右，并没有随着经常收支逆差比率扩大而进一步下降，而且在 2005 年以后还略有回升。由此可推测美国对外资产与负债之间产生了很大的资本盈利，使得其贸易失衡具有持续性。但为什么美国能在长期经常收支逆差的状况下，还能保持良好的对外投资收益，使得巨额贸易失衡得以持续呢？我们将在本节第三部分探讨其中的奥秘。

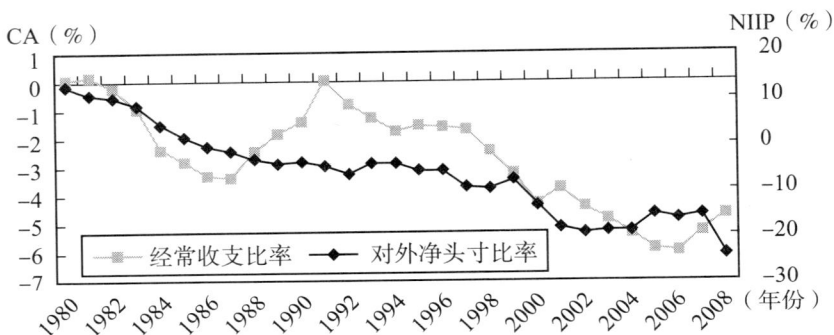

图 13 – 6　美国的经常收支与对外净头寸（占 GDP 比率）

资料来源：Bureau of Economic Analysis（BEA）.

二、中国对外资金循环的结构性问题及风险

20 世纪 90 年代以来，我国投资逐年递增，但储蓄增长超过投资。除 1993 年净储蓄为负数外，储蓄大于投资的净储蓄由 1992 年的 276 亿元增长到 2007 年的 2.34 万亿元①，年均储蓄净差额为 4 386 亿元，2004 年以后储蓄率高达 45%，2006 年以后超过 50%。净储蓄占 GDP 比率由 1992 年的 1% 增长到 2007 年的 9%。特别是从 2004 年开始储蓄投资缺口扩大，净储蓄额急剧大幅增加，2007 年比 2004 年度竟然增长近 6 倍，2007 年净储蓄额达到 2.34 万亿元，而净储蓄率由 2004 年的 2.5% 迅速增至 2007 年的 9%。从人民币汇率与净储蓄率的变化看，除了 1994 年人民币实行单一汇率制引起的人民币贬值对净储蓄有刺激作用外，其后很长期间二者依存程度并不高，净储蓄率与人民币汇率的相关系数仅为 0.27。所以很难说人民币汇率对储蓄率有何调整作用。而 2004 年以后净储蓄的

---

① 根据支出法 GDP 统计推算，中国统计年鉴。

急剧性变化反映出了我国在经济增长中结构性的问题。

另外，由第二节均衡式（13.1）可知，经常收支与净储蓄的变动方向一致。如图 13 - 3 所示，中国除 1993 年外经常收支持续顺差，由 1992 年的 64.01 亿美元增长到 2007 年的 3 718.3 亿美元，年均经常收支顺差为 666 亿美元。特别是 2004 年以来经常收支顺差急剧增加，到 2007 年年均增长了 76%。由第二节所提示的对外资金循环过程的 4 个均衡式可知，由于实物经济方面的储蓄投资差额，经常收支顺差的急剧增加，根据资金循环过程所存在的"事后"的均衡关系，将形成资本收入逆差或外汇储备增加。但中国的实际情况是在持续经常收支顺差的同时，也持续了资本收支的顺差（资本流入），这样必然导致外汇储备的急剧上升。

统计数字表明，外汇储备存量由 1992 年的 194 亿美元增长到 2009 年 6 月的 2.13 万亿美元，17 年间增长 100 倍，2006 年起跃居世界首位。让我们观察一下其巨大变化的原因及构成。

根据第二节第（13.1）式与（13.2）式，笔者对资金流量表的数据以及国际收支等数据以 2004 年为时间界限作了统计分组，其整理的结果如表 13 - 4，从中可观察出我国对外资金流量在 2004 年前后发生了异常的结构性变化。

表 13 - 4　　　　中国对外资金流量的变化（年均值）　　　单位：10 亿元

	A 1992～2004 年	B 2005～2008 年	B/A
储蓄投资差额	209	1 860	8.9
经常收支顺差（USD）	22	303	13.8
资金流入（a）	465	1 272	2.7
资金流出（b）	213	3 539	16.6
资金净流入（a-b）	251	269	1.1
外汇储备增减（USD）（c）	-46	-2 460	53.5
误差与遗漏（d）	-48	-76	1.6
对外净金融投资（NFI）	-175	-2 267	13.0
GDP	8 739	24 507	2.8

注：NFI = (a-b)+c+d；外汇储备的增加记为负数；净金融投资为负意味着资金流出；为便于资金流量数据比较，经常收支与外汇储备按当年汇率换算为人民币。

资料来源：中国人民银行. 中国人民银行统计季报；国家外汇管理局. 国际收支.

如以 1992～2004 年均值为 A，2005～2008 年均值为 B，从表 13 - 4 的各项指标的对比结果可知，我国在 2004 年以前年均国内净储蓄额为 2 086 亿元，但 2004 年以后年均值至为 1 860 亿元，二者对比（B/A）增加了近 9 倍。在净储蓄逐年增大的同时，经常收支顺差也呈现了异常的增长趋势，2004 年前后年均值

比例为 13.8 倍。海外资金流入量亦是大规模连续增长，由 1992～2004 年均值的
4 650 亿元增长到 2005～2008 年均值的 1.27 万亿元，年均值规模增长近 3 倍，
17 年间流入资金总额为 10.2 万亿元。从资金流出看，中国对外的资金流出也呈
现出强势递增，17 年间国内资金流出总额达到 5.83 万亿元，2004 年前后年均值
比例为 16.6 倍。从国外资金流入扣除国内资金流出的净流入看，基本保持了资
金净流入的状态，即持续资本收支顺差，虽然 1998 年后有所下降，但在 2001 年
恢复到了东亚金融危机前的规模，2004 年达到最高值 9 263 亿元，2004 年前后
年均值比例为 1.1 倍。由第二节第（13.1）式与第（13.2）式可知，这些统计
数字表明了一个超乎经济常规的现象，即我国在持有大规模净储蓄及经常收支顺
差的情况下依然每年有巨额的资本净流入。从整体看，17 年间通过直接投资与
证券投资及银行信贷等形式的资金净流入规模达到 4.38 万亿元，年均净流入量
为 2 575 亿元。在年均储蓄净差额为 4 836 亿元的情况下，依然持续保有大规模
的经常收支与资本收支的双顺差，结果会是如何呢？根据第二节给出的基本均衡
关系式的第（13.2）式，数据提示的结果只能是一种可能：外汇储备流量的猛
增，2004 年前后年均值比例为 53.5 倍。

由于外汇储备的激增以及误差遗漏项的存在，使得表 13-4 的净金融投资为
负数，即意味着中国对外资金供给的净增，由 1992～2004 年均值的 -1 750 亿元
增至 2005～2008 年均值的 -2.27 万亿元，其对外资金净流量的规模不断扩大。
20 世纪 90 年代以来中国一方面在大力引进外资，但另一方面，由于外汇储备的
增加以及误差遗漏项的影响，中国对外资金循环最终呈现出资本输出型的资金循
环模式，对外金融净投资在 2004 年前后年均值比例为 13 倍。尽管对外资金流量
的各项指标如此猛增，但是表 13-4 最下行所反映经济增长最终效果的 GDP 却
只增长 2.8 倍。由此可见，从储蓄投资——经常收支——海外资本流动这一资金
循环的过程看，意味着 20 世纪 90 年代以来的经济高增长从 2004 年开始出现明显
的结构失调问题，对外资金输出型的资金循环模式已经显示出其局限性。而美国金
融危机的爆发改变了美国超消费的经济模式，图 13-6 所示的美国经常收支将步入
自 80 年代以来的第三个回复期，中国也必须作出经济发展的宏观政策调整。

表 13-4 也显示了我国外汇储备的结构变化。如表 13-4 下半部分所示，在
净储蓄猛增，经常收支与资本收支持续双顺差的同时，外汇储备流量由 1992～
2004 年的年均 460 亿美元增加至 2005～2008 年均值的 2.46 万亿美元，2004 年
前后年均值比例超过 53.5 倍。但如上节第（13.2）式所示，外汇储备构成可由
$CA + (FI - FO) + e = CRA$[①] 表示，在 2004 年以前，同期年均外汇储备增长中的

---

① e 为误差遗漏项。

47.6%来自经常收支顺差，约66.7%是来自资本收支顺差，是通过金融项目下的直接投资与证券投资实现的，误差遗漏项占其-12.7%。但在2004年以后，年均外汇储备来源中经常收支顺差占其87%，而资本收支顺差约占其16%，误差遗漏项只占其1.8%。这里应当强调的是，由经常收支顺差而增加的外汇储备与资本收支顺差而增加的国际储备在性质上是完全不同的。前者是实在的金融资产的增加，后者则是包括大量国际游资在内的，对国内金融市场具有很大风险的国际资本对华投资。应该说我国外汇储备积累的构成还是比较安全的。

图13-7显示了中日对外资金流量占GDP比重的走势变化。日本的对外资金流量占GDP比重在1987年达到最高值的23%，其后随着泡沫经济的破灭，其比重在1990年骤然跌至-3%，导致了日本经济衰退的10年。而中国从1992~2007年，对外金融净投资总额为8.21万亿元，年均资金净输出为5 131亿元。特别是在2004年以后，中国的对外净金融投资呈大规模的增长趋势，2007年对外资金流量占GDP比重达到了最高值24%。虽然我们还不能断言中国会重蹈日本泡沫经济破灭的覆辙，但其隐藏着的巨大风险是显而易见。

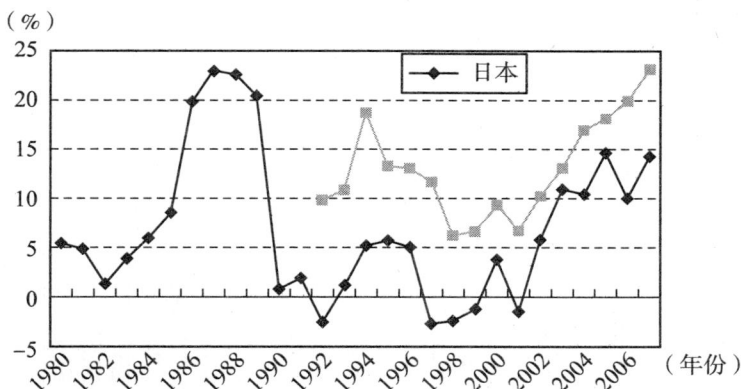

图13-7　中日对外资金流量占GDP比重的变化

资料来源：中国人民银行．中国人民银行统计季报；日本银行．资金循环勘定．

三、对外资金循环中隐藏的奥秘——投资收益的比较

由以上分析可知，自20世纪90年代以来，中美两国在国内储蓄投资结构失调的状况下，对外贸易相互依存，对外资金流量双向大规模增长构成双方的镜像关系。亚洲金融危机后，特别是中国等新兴市场国家增加了向美国的金融净投资。海外向美国的金融净投资由1990年的538亿美元增至2007年的6 773亿美

401

元，其金融净投资总额为 5.9 万亿美元，增长约 12 倍。从海外对美国金融净投资的构成看，在 2000 年以前主要以直接投资与证券投资为主，但在 2001 年"9·11 事件"之后，直接投资与其他投资减少，购买美国债以及金融债券激增。特别是以证券投资的资金流入在 2003 年以后激增，在 2007 年达到最大值 1.14 万亿美元[1]，占资本流入总额的 56%。在此背景下，中国购买美国债显著增长。

中国在 2004 年 1 月持有美国债 1 576 亿美元，此后呈现急剧上升趋势，尽管美国在 2007 年 9 月发生了住房次级信贷危机，在 2008 年 9 月由雷曼兄弟破产引爆了美国的金融危机，但中国仍然继续了对美国债的投资，在 2009 年 5 月增至 8 015 亿美元。如此巨额对外投资，当然要考虑安全性、流动性和稳定增值，更要考察其投资收益。但是，当我们比较一下中美对外投资收益，我们不能不承认我国的对外投资收益[2]不是很理想。由本节第一部分的分析可知，尽管美国长期经常收支逆差，尽管在 2007 年发生了住房次级信贷危机，但由于美元作为国际基准货币的优势以及美国开发的大量新型金融衍生工具等因素，使得美国很容易从世界筹集资金诱导国际资本流入美国，并运用流入美国的资金转手投资于国外。在金融危机爆发的 2008 年，美国依然取得最高值 1 256 亿美元的对外投资净收益。由图 13-8 可知，美国对外投资净收益一直持续增长，由 1990 年的 308.4 亿美元增加到 2008 年的 1 256 亿美元。

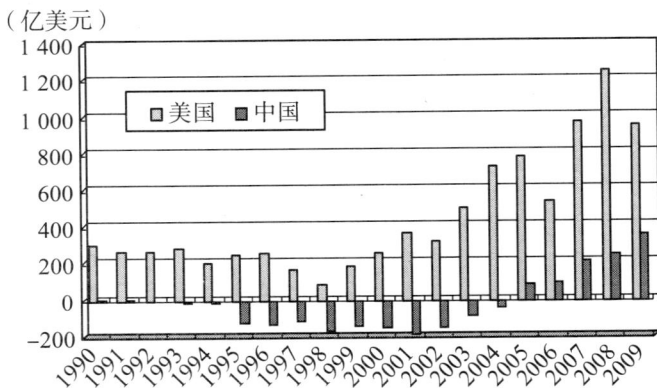

图 13-8　美国与中国的投资净收益

资料来源：U. S. International Transactions Accounts Data；中国外汇管理局. 国际收支统计.

反观中国，由于缺乏对外金融投资的经验，中国对外投资净收益截至 2004

---

[1]　以上的数据均来自：FRB, Flow of Funds Accounts of the United State.

[2]　按照国际收支定义，投资收益指的是持有对外金融资产所产生的收益。包括利息收入，持股分红，海外子公司返回给本国总公司的收益，海外直接投资者的再投资收益等。具体项目可分为直接投资收益，证券投资收益，其他投资收益。

年基本是负值。而且在 1995～2004 年呈现出巨额亏损，在 2001 年对外投资亏损高达 183 亿美元，仅仅是在 2005 年以后才转为盈利，在 2007 年中国投资净收益达到 250.38 亿美元的水平。也就是说，对美最大债权国中国的对外投资收益在美国发生惨重金融危机的 2008 年也还不到其投资净收益的 1/5。两国对外投资收益的巨大差异的主要原因有两点。

原因之一在于中美两国对外金融资产负债的构成不同。中国对外金融净资产规模在世界上仅低于日本为世界第二位，但观察其对外资产的构成可知，投资收益率较低的外汇储备占有约六成；但从负债方看，外国对华直接投资占有主要比重，其投资收益率远远大于中国对外债券投资，即中国处于一个对外收益远远小于对外支付的状态。反观美国尽管是净债务国，但持有的资产中以收益率较高的证券投资与直接投资为主；从负债方看主要以发行国债为主，负债余额尽管巨大但所付利息较低。由于中美两国的对外资产与负债的构成完全相反，所以造成了对外投资净收益的巨大差异。

另一个原因主要在于美国利用汇率变化对债务与债权采用了不同的货币计价标准组合。美国持有对外资产的 54% 是直接投资（FDI）与股票投资，而且对外资产的 65% 是按照外币计价。但美国的对外债务中，直接投资（FDI）与股票投资只占 32%，其他的多采取了债券的形态或银行融资，而且 100% 是按照美元计价[①]的。也就是说，美国的对外债权主要投资在按照外币计价的有风险的证券，而美国的对外债务则是按照美元计价的无风险的债券形式。因此美国可以用较低的利息发行国债等债券，从中国等国家筹集资金，同时将筹集到的资金运用到高收益率的股票投资。从 1990 年以来，由于美元兑人民币、日元、欧元等持续贬值，这样用外汇计价的资产由于美元的贬值给美国带来很高的投资收益。

分析结果表明，从外汇储备激增及构成来看，中国对外资金循环中存在着影响经济稳定增长及资源最优配置的问题。而美元贬值的趋势构成了中国外汇储备的巨大风险。中国对外资金循环中存在着的结构性失衡既有净储蓄规模过大等国内问题所导致的结果，也有如人民币汇率等外部环境变化对中国资金循环的影响。为了系统地解释对外资金循环的结构性问题，有必要从储蓄投资流量、对外贸易流量、对外资金流量三方面，建立国际资金循环分析的计量模型，进行更深入完整的探讨。

---

① 以上的数据均来自：U. S. Bureau of Economic Analysis，BOP.

四、国际资金循环计量模型的建立及其分析

(一) 模型的基本结构

国际资金循环模型是参考 $IS-LM$ 理论，一般均衡论模型建立的。由于对外资金循环受国际资本流向及流量、利息、股价、汇率等变量的影响而变动频繁，所以该模型并非要反映一国短期资金循环的均衡，而是基于动态之中观察对外资金循环的长期变化趋势。此外，模型的设计即要注重国内因素的影响，也要考虑国际市场的变化，同时还要注重反映对外资金流动的收益性及风险。基于这些考虑，建立国际资金循环模型旨在从储蓄投资、对外贸易流量、对外资金流量三个侧面，从整体来观察对外资金循环体系中的各经济变量依存因果关系以及资金循环中的结构问题。根据第二节的对外资金循环分析的理论框架，结合第三节统计描述中国对外资金循环的特点以及与美国的镜像关系，建立了如下的动态分析模型。

结构方程式：

储蓄函数：$S_t = b_{11} + b_{12}DI_t + b_{13}C_{t-1} + b_{14}R_t + \varepsilon_{1t}$

投资函数：$I_t = b_{21} + b_{22}Y_t + b_{23}G_t + b_{24}R_t + \varepsilon_{2t}$

进口函数：$IM_t = b_{31} + b_{32}IPI_t + b_{33}Y_t + \varepsilon_{3t} + \varepsilon_{3t}$

出口函数：$EX_t = b_{41} + b_{42}REER_t + b_{43}WGDY_t + USCE_i + \varepsilon_{4t}$

国际资本流入函数：$FI_t = b_{51} + b_{52}YR_t + b_{53}PER_t + b_{54}FDI_t + b_{55}NR_t + b_{56}D_t + \varepsilon_{5t}$

资本流出函数：$FO_t = b_{61} + b_{62}CRA_t + b_{63}PI_t + b_{64}RCB_t + b_{65}FFR_t + b_{66}D_t + \varepsilon_{6t}$

外汇储备函数：$CRA_t = b_{71} + b_{72}CA_t + b_{73}FI_t + b_{74}REX_t + b_{75}RCB_t + b_{75}rbus_t + \varepsilon_{7t}$

人民币汇率决定函数：$REX_t = b_{81} + b_{82}NR + b_{83}PER_t + b_{84}NFI_t + b_{85}EX_t + \varepsilon_{8t}$

定义式：

对外资金净流量恒等式：$NFI_t = FO_t - FI_t$

经常收支恒等式：$CA_t = NFI_t + CRA_t$

GDP恒等式：$Y_t = C_t + I_t + G_t + CA_t$

在中国的国际资金循环模型中，首先从国内储蓄投资平衡的视角设定了储蓄及投资方程式。由于中国的资金循环呈现经常收支与资本收支双顺差以及对外资金净输出模式，从对外贸易流量视角看经常收支顺差的原因在于贸易流量，在建立结构方程式时为明确这一特征设置了进口与出口函数。此外，为了从对外资金循环的视角观察资本收支顺差以及对外资本净输出的原因，国际资金循环的非均衡向均衡连续调整转化的过程，双向分别设置了国际资本流入与资本

流出函数。同时在 1992～2008 年，中国外汇储备激增、为推测经常收支与资本流入对外汇储备的影响设置了外汇储备函数与外汇汇率决定函数。最后，为了观测对外贸易流量，对外资金流量以及国内经济增长的变化以及做模拟分析，在结构方程式之后设置了对外资金流量恒等式，经常收支恒等式以及国民所得恒等式3 个定义式[①]。

（二）模型推测的特点及数据

国际资金循环模型可以系统地观测收益因素与风险因素对资本流动的影响，可以观测资金循环体系中的结构性变化因素与循环性变化因素以及对外资金流量的变化对经济增长的影响。如设定央行利率及财政支出等外生变量可以调节储蓄投资差额，影响进出口，控制资本流入的规模，最终可观测金融政策及财政政策对经济增长的综合影响。设定市场利率的变化、汇率的涨幅、经常收支的增减、央行基准利率及美国金融市场利率的变动，可以模拟预测外汇储备的规模，国际资本流入与资本流出的规模，为实施相应经济政策作参考。

为了在一个循环的系统中完整地观测国际资金循环的结构关系，在构筑中国的对外资金循环模型时，应用联立方程式同时推测各个结构方程式的参数。考虑到同时推测所产生内生变量与误差项的相关问题，本模型推测采用了 3 阶段最小2 乘法（Three Stage Least Squares Method，3SLS）。在用 2 阶段最小 2 乘法（2SLS）推测联立方程式体系的结构型参数时假定 2 个联立方程式的误差项 μ_1 与 μ_2 之间不相关。但在用 3SLS 推测时认为联立方程式的误差项 μ_1 与 μ_2 之间存在相关，首先用 2SLS 方式推测各个结构方程式，之后利用推测结果所得到各方程式的协方差矩阵，用一般最小 2 乘法推测各方程式，这样推测出的各个方程式的自由度为 1。可以证明 3SLS 推测值是一致推测量，在各个结构方程式的误差项存在相关时，3SLS 是比 2SLS 更为有效的推断统计量（William H. Greene，2000）。在进行中国的对外资金循环模型推测时，由于使用 2SLS 方法得到的各个方程式的协方差矩阵不为零，所以采用 3SLS 对联立方程式的各个结构方程式进行了推测。

由于中国目前只有资金流量统计年度数据，所以建立模型时主要采用的是1992～2008 年的中国资金流量统计与国际收支统计的年度数据与 GDP 统计。此外，还使用了 IMF 的国际金融统计（International Financial Statistics，IFS）等。同时由于样本不是很大，而且是年度数据，可以认为不需要做单位根检验。在做数据处理时使用了 SAS 软件。

---

① Y 表示按照支出法计算的 GDP。

（三） 推测结果及计量分析

使用国际资金循环模型所做的推测结果的信赖度的评估指标如下：联立方程式的加权平均标准误差值为 0.7951，加权平均误差值较小，可以认为所推测的模型基本是可信赖的。表示联立方程式模型整体拟合程度的加权测定系数为 0.9987，应该说模型整体的拟合程度是比较高的。其中加权测定系数的权重取自各个内生变量偏差平方与所有内生变量偏差平方和之比。为分析在结构式联立方程模型中所反映出各主要经济变量的依存关系，揭示对外资金循环中的结构性问题，同时限于篇幅，我们重点讨论储蓄投资流量，对外贸易流量，对外资金流量以及外汇储备变化的推测结果。

从储蓄函数的推测结果看，可支配收入对储蓄的弹性系数为 0.67，既可支配收入增长 1 亿元时，国内储蓄率相应增长 0.67 亿元。因为 t 检验值为 12.7，可支配收入对储蓄的弹性系数的推测应该是可信赖的，反映了我国较强的储蓄倾向。前期最终消费对储蓄的影响表现为 -0.33，即上一期最终消费增加 1 亿元时，本期总储蓄将减少 0.33 亿元。由此可推测上期中国最终消费增加对本期储蓄的弹性影响不是很强，反映了我国的储蓄偏好倾向。由此可认为对外资金循环失衡的源头在于净储蓄增长过大以及国内消费不足，成为产生资金循环结构失衡的内部因素。此外，市场利率对储蓄的弹性系数为 828，利率上升 1% 时，总储蓄相应增加约 828 亿元，利率变化对储蓄的影响较强。但 t 检验值较低，仅为 1.38，说明我国的储蓄与利率变化并没有显著因果关系。

从投资函数的推测结果看，Y_2 为 1 期滞后 GDP 的阶差 $（Y_{t-1} - Y_{t-2}）$，当 GDP_{t-2} 期比 GDP_{t-1} 期增加 1 亿元时，会带动投资增长 0.48 亿元。此推测结果表明，1 单位最终需要的增长仅可带动 1 单位以下的投资，中国最终需求的增长对投资的刺激效应并不是很大。为考察财政政策对投资的影响，引入财政支出为投资的外生解释变量。其对投资的弹性系数为 1.95，表明财政政策对投资增长影响较强。此外，市场利率对投资的弹性系数为 945.5，根据开放经济体制中的投资与利息的理论关系，利息上涨意味着金融紧缩，政策意图为控制投资扩张。但此推测结果与经济理论相反，而且 t 检验值较低，可以认为此分析期间的市场利率变动对中国投资增长也没有显著影响。实际表明，20 世纪 90 年代中期作为拟制投资过热的措施，曾调高贷款利率至 11%，但并没有起到抑制投资膨胀的作用。

在观测对外贸易流量的变化时，从价格因素，汇率变化，国内最终需求以及美国因素等方面推测了对进口与出口的影响，从中可观测到中国经常收支续顺差的原因。从商品价格因素看，我们使用进口价格综合指数（IPI）来观察价格变化对进口的影响。推测结果表明当进口价格综合指数上涨 1% 时，会增加从国

外的进口，其弹性值为 29.43[①]。我们还使用了实质有效汇率（REER）观察其
对出口的影响。推测结果显示，实质有效汇率增值 1%，会影响中国出口降低
73.8 亿美元，由此可估计人民币升值对出口的影响程度。

推测参数表明，相关变量对中国的进口弹性与出口弹性的效应不同，中国对
其他国家的出口弹性效应大于其他国家对中国进口的弹性效应。从进口函数推测
结果可知，当中国 GDP（Y）增长 1 单位时，从他国进口商品的弹性系数为
0.048；但出口函数推测表明，当世界经济（WGDP）增长 1 单位时，对他国出
口商品的弹性系数为 0.037。同时，美国居民最终消费（USCE）增加 1 单位时，
中国的出口弹性将增大 0.1，而且各说明变量均通过 t 检验值。其中，世界经济
增长量是仅按照中国主要贸易国的美日欧的购买力平价计算的 GDP 的合计。由
此可认为，中国 GDP 在增长 1 单位时，中国从国外进口弹性会增长约 4.8%；但
中国以外的世界经济增长 1 单位以及美国居民最终消费增加 1 单位时，中国的出
口弹性会增长 13.7%。此推测结果显示了国外需求的影响，特别是来自美国的
需求因素对中国出口的显著作用[②]，而且也可看出自 20 世纪 90 年代以来中国的
对外贸易流量中存在着结构性的问题。由于这种结构性因素的影响，中国长期保
持了贸易顺差，经济增长偏重于依赖国外需求。

从国际资本流入的推测结果看，同期 GDP 增长率对国际资本流入影响的估
计值为 670.1，且 t 检验值为 2.85，故可以认为同期 GDP 增长率对国际资本流入
有显著影响。从股市投资收益率的推测看，股市收益率对国际资本流入的弹性系
数为 627.72，但未通过 t 检验，表明股市收益率对国际资本流入没有显著影响。
此推测结果表明，从 20 世纪 90 年代以来流入中国的国际资本的主要动因在于看
好中国经济的长期增长，并非在于追求证券投资等的短期收益。从国外直接投资
（FDI）的估计值看，FDI 流入增加 1 亿元，会影响国外资本流入增加 1.94 亿元。
在此分析期间 FDI 占了国际资本流入的主要部分，对国际资本流入中国有显著影
响。此外，也观察了国内外的相对利率差对国际资本流入的影响。根据利率与资
本流动的市场原理，本国利率高于国外利率会诱使国外资本流入[③]，此推测的统
计估计值为 15.47，但未能通过 t 检验，t 值仅为 0.07，所以此估计值不能被接
受。原因在于在此分析期间中国利率变动尚未完全市场化，还不能按照市场原理
来解释国内外相对利率差对国际资本流动的影响。此推测结果反映了 90 年代至
今的国际资本流入的基本特征，对中国经济长期稳定增长的期待，直接投资递

---

① 此推测值的符号为正，不符合一般经济理论，且 t 统计量为 1.63，进口价格变动对商品进口没有
显著影响，可认为此分析时期的商品进口基本不受价格变动影响。

② 经计算，相同分析期间的美国居民最终消费与中国出口的相关系数为 0.87。

③ N. Gregory Mankiw. Macroeconomics. Worth Publishers, Inc., 1992: 195－205.

增是决定国际资本流入增大的主要因素，而短期波动较大的投机资本对中国的资本流入尚未有显著影响，同时中国的利率变动尚未对国际资本流入产生诱导作用。

接下来讨论资本流出的推测结果。这里使用了外汇储备，国外资本在华投资收益流出，央行基准利率以及美联储利率来测定对国内资本流出的影响。外汇储备增加对国内资本流出的弹性系数为 11.69，t 检验值为 12.41，即当外汇储备增加 1 亿美元时，会形成约 11.69 亿元的资本流出。此推测结果显示了中国对外资本流出的循环性因素。如第三节统计描述分析中所阐明的那样，中国外汇储备增加的 30% 来自国外资本流入，但同时又通过购买美国国债等方式构成了国内资本流出的主要部分，形成了中国对外资金流量中的循环性因素。国外资本在华投资收益流出的弹性系数为 0.67，但未通过 t 检验，可以认为投资收益流出与资本流出没有显著性影响。由于弹性系数较低，也可以认为目前投资收益流出的问题还不严重。但由于每年投资收益实际流出较少，意味着实际留存可以汇出的投资收益存量将是一个不小的数额。同时我们还考察了央行基准利率对资本流出的影响。推测结果显示，央行基准利率上升 1 个百分点，会抑制资本流出减少约 207亿元，但同样此推测值未通过 t 检验，显示了在分析期间金融政策对调控资本外流的局限性。此外，20 世纪 90 年代以来，以购买美国国债等形式中国资本大规模流入美国，但推测结果显示美联储利率对中国资本外流的弹性系数为 1 568，即美联储利率上升 1 个百分点会诱发中国资本流出约 1 568 亿元，t 检验值为2.61，这意味着从理论上讲美国利率变动对中国资本流出有显著影响。

在第三节第一部分的统计描述分析时，我们曾指出了由于经常收支与资本收支双顺差的存在，导致中国的外汇储备的结构变化及存量激增的结果。在运用模型作计量分析时，我们考察了经常收支、海外资本流入、人民币汇率、央行利率以及美国国债利率变动对外汇储备增加的影响。经常收支顺差对外汇储备增加的效应为 0.22，即经常收支顺差增加 1 亿美元，外汇储备会增加约 0.22 亿美元。海外资本流入对外汇储备增加的弹性系数为 0.19，海外资本流入 1 亿元，使得外汇储备增加约 0.19 亿美元。经常收支顺差与资本流入对外汇储备增加的弹性效应与我们在统计描述性分析的结果很接近。

我们还用人民币汇率以及央行基准利率对外汇储备的影响变化作了统计推测。人民币汇率对外汇储备增加的弹性值为 430.1，即人民币升值 1% 时，会使外汇储备减少约 430 亿美元。此推测没有通过 t 检验，但符合经济学理论。第一，人民币升值导致净出口减少，从而使中国的外汇储备来源下降；第二，人民币升值刺激了向海外投资，这意味着资本项目盈余减少，这也会导致外汇储备减少；第三，人民币升值，美元贬值，将会导致中国外汇储备缩水。这就是所谓的价值效应[①]。此推测结果没有通过 t 检验，但这也恰恰表明了人民币汇率并没有起到调节对外贸易流量及对外资金流量趋于均衡的功能，导致了近年来的中国外汇储备的急剧扩大，形成了对外资金循环中的结构性问题。从对外资金循环的角度看，人民币均衡汇率应取决于贸易流量与资金流量对人民币与美元的需求。如在统计描述性分析的结果显示的那样，1992～2008 年，中国经常处于经常收支与资本收支双顺差的状态，外国购买中国商品大于中国购买的外国商品，海外对中国投资大于中国对海外投资。中国商品出口的不断扩大，形成流入外汇市场的美元多于流出的美元，海外对中国投资的增加，导致外汇市场上对人民币需求上升，按照市场原理自然会要求人民币升值。所以长期来看，人民币汇率的变动最终应是符合市场波动，在开放经济中取得贸易流量与资金流量供求平衡的浮动回归。

为了考察金融政策对外汇储备的影响，我们选择央行基准利率将其作为一个外生变量来推测储备的变化。推测结果显示基准利率对外汇储备的弹性值为 -1.4，即基准利率上调 1 个百分点，外汇储备会减少 1.4 亿美元。按照利率平价条件：利率上升，人民币汇率应升值，外汇储备会减少。所以此推测结果符合利率平价条件，但 t 检验值仅为 -0.06，表明中国的基准利率对外汇储备增减没有影响作用，也就是说央行金融政策对储备增减的调控作用很有限。

此外，由于中国持有的美国国债激增，在 2008 年跃居世界首位，为考察美国国债利率对中国外汇储备变化的影响，选取了美国国债利率对中国外汇储备作了推测。推测显示，美国国债利率对中国外汇储备的弹性值为 -194.5，即美国国债利率下降 1 个百分点，中国的外汇储备会降低约 195.5 亿美元，且 t 检验值为 2.98。价值效应告诉我们，美国国债利率下跌，美元会贬值，作为连锁反应，所以会影响中国外汇储备的缩水。这种推测结果显示了美国国债利率下跌以及美元贬值对中国外汇储备的巨大风险。

第四节　结论与建议

在金融国际化的过程中，金融交易方式不断创新，国内金融经济与实物经济比例不断加大，国际资本流动的规模扩大且呈现为全球化的趋势下，将国内资金

---

① Obstfeld, Maurice, and Kenneth Rogoff. Global Current Account Imbalances and Exchange Rate Adjustments. Brookings Papers on Economic Activity, 2005 (1): 67 – 146.

流量与国际资本流动结合起来从国际资金循环的视野分析宏观经济的发展日趋必要。为此，利用现有的资金流量统计，国际收支统计以及国际金融统计建立国际资金循环分析的统计体系实施金融监管有着很现实的意义。本章探讨了中国金融国际化过程中的风险及金融监管策略，针对金融国际化所带来的对资金循环的影响，提出了国际资金循环分析的理论框架，建立了有关国际资金循环分析的统计观测体系，构筑了国际资金循环分析的计量模型。其中资金流量统计与国际收支统计是开展本国的对外资金循环以及国际资金循环分析的基础数据。参考美国的TIC统计可以了解以美国为中心的国际资本流动的基本态势，分析国际资本流动变动对汇率市场的波及效应以及对全球经济的影响。利用模型推测，可发现对外资金循环中存在着的结构性问题。

统计分析表明，对外资金循环的结构性问题，实质上也就是国内经济结构失衡在对外资金循环的反映。对外资金循环失衡的起因在于国内需求不足，消费边际效用递减，导致净储蓄过大，进而形成出口压力。在有巨额净储蓄及经常收支持续顺差的情况下，仍有资本收支顺差的存在，而对外资金循环失衡所导致的结果只能是被动的外汇储备的急剧扩大。

计量分析表明，市场利率对储蓄与投资变动以及央行基准利率对外汇储备的调节功能较弱。在出口创汇的外贸政策导向下，对外贸易流量中的出口与进口的边际效用存在着结构性差异，形成经常收支顺差过大，导致外汇储备激增。而当来自以外部需求骤然下降时，中国的经济增长会马上受阻。同时，利率与汇率等市场杠杆也没有充分发挥调节对外资金流向及流量的均衡作用，市场杠杆功能不充分，导致2004年以来资金循环中的结构性问题日益突出。

计量分析的结果还显示，我国的外汇储备增加基本不受中国的利率与汇率以及政策调控变动的影响，反而美国因素对中国外汇储备增减的影响日趋加大，导致外汇储备很被动的急剧扩大，政策当局的调控手段显得束手无力。为此有必要对20世纪90年代至今的对外资金循环进行结构性的政策调整。分析表明。中国对外资金循环所产生的问题既有国内经济发展的结构失衡所导致的结果，也有国际环境变化对中国的影响。中国的对外资金循环已融入国际资金循环的轨道，对外资金流量在相当程度上受到以美国等国际资本流动的影响，特提出建议如下：

第一，解决对外资金循环的失衡问题需要从对内与对外两方面着手。对内即是从资金循环的源头入手，即扩大国内需求，降低储蓄，进而缩小储蓄投资差额，缓和出口压力，解决对外贸易流量中存在着结构性的问题，从结构上调整对外资金循环的失衡状态。

第二，对外即时逐步调整人民币汇率，增加与市场变化相适应的弹性，能起到调节对外贸易流量与资金流量均衡的功能，解决经常收支长期顺差的问题，取得国际收支平衡，达到资金循环的均衡。这种汇率形成机制改革要求需要与资本自由流动配套进行。同时法律法规需要加强到足够确保新体系运作。使得中国经济持续稳定增长，国际社会和谐发展。

第三，应从国际资金循环角度，把握国内资金的流向及流量，在有较充裕的国内储蓄的条件下，应更加注意提高包括利用外资在内的资金使用效率。资金大规模流进与流出，既带来了经济发展的机会，也会带来相应的金融安全问题，为此应加强对国际资本流动的统计监测，监控资本逃避，加强国际中的金融协调，提高金融安全程度。

第四，应从外汇储备的收益性、流动性、风险成本以及持续稳定发展的长期战略调整外汇储备存量及构成，应逐步降低美元因素在中国对外资金循环的影响比重。从目前急增的外汇储备来源与运用的构成看，美元因素比重过大。通俗地讲："鸡蛋不可放在一个篮子里"。无论从对外投资的安全与收益的视点来看，或是从政治角度而言，目前外汇储备的存量过大，而且其构成偏重于美元资产，处于一种风险极大的状态。

第五，从中长期看，要想保持对外资金循环的稳定持续性，相对国家的经济规模而言，一国的外汇储备也不可能无限制的增加。为此的对策只能是调整经济发展模式，对国民收入做结构性调整，提高居民的收入。以此调整长期以来的"双顺差型"的资金循环模式，扩大对医疗、教育、社会保障以及环境保护等有关国计民生的基础设施的消费支出。使中国经济的发展由追求量的增长转变为质的提高。

在金融国际化过程中的金融监管体系研究中有待于继续探讨的课题如下：在国际合作方面，由于缺乏统一的监管标准和信息交换的平台与机制，监管者对国际性金融机构的跨境活动，尤其是国际资本流动，缺乏了解。这是一个全球性普遍问题。相关国际组织一直以来只是主要针对发展中国家进行宏观经济监测，特别关注新兴市场国家的汇率问题，但在监管全球资本流动上的作用差强人意。迄今为止，我们尚未查明跨境资金的流动渠道和流动机制，特别是新兴市场国家资金流入与流出的渠道和机制，而且也还没有充分了解在经济不景气时，这些资金流动是如何逆转的。

为此，我们认为应该从国际资金循环的动态分析视角，建立起将实体经济与金融经济相衔接，将国内与国外相联系的统计监测体系，以此观察研究在国内资金流量与国际资本流动时引发金融危机的机制。进而将此统计监测体系作为全球风险预警工作的重要组成部分，加强对国际资本流动的监管和监测。2008年次贷危机还表明，仅在某个国家加强对金融机构的监管远远不够，各国需要共同行动，建立共同标准的统计监测体系，防范金融危机的发生及传染。

411

第十四章

金融监管法律体系与国际合作

第一节　金融监管法律体系

金融监管法律是监管主体实施监管行为的依据，在金融监管国际化的进程中，监管主体采取各种法律行动也需要依据一定的规则来进行，这些规则进而被国际社会视为进行金融监管的法律渊源，因而在金融监管国际化中占据着极为重要的地位。自 20 世纪末以来，全球范围、区域范围以及双边范围内各个层面上的国际金融监管合作都得到了较快地发展。巴塞尔委员会、欧洲联盟和国际证券会委员会组织和国际保险委员会等全球性组织和区域性组织制定颁布了大量的监管法律文件，各国也加强了彼此之间的合作，以合作谅解备忘录等形式签署了大量双边、三边甚至多边的监管合作协议，国际金融监管法律体系正在逐步形成和丰富。

一、监管国际法律体系的渊源

国际监管法律按不同的标准划分可以分为不同的类别，按有无约束力划分，可分为对成员国有约束力的规范和对成员国没有约束力的规范；以地域为标准来划分，可以分为国际性监管规范和区域性监管规范；按调整对象可分为调整跨国的金融活动主体及其金融活动的规范、调整国际金融市场和资本流动的规范、调整国际金融监管组织的规范以及调整各国国际金融活动的监管关系的规范等。国际监管法律体系的渊源包括国际条约、欧盟制定的监管规范和专业性国际金融组织制定的监管规范。

（一） 国际条约

根据 1969 年《维也纳条约法公约》和 1986 年《关于国家和国际组织间或国际组织相互间条约法的维也纳公约》两个条约中的有关规定，条约是指国际法主体之间以国际法为准所缔结的确定其相互间权利和义务关系的书面协议。在当代的国际交往与合作过程中，国际社会越来越多地直接运用条约的法律形式来确定彼此间的权利义务关系，在实际上已成为当代国际法的最主要渊源，"条约必须信守"也成为国际法上的一项准则。但作为国际金融监管法律渊源的多边国际条约是极其匮乏的，目前只有 WTO 协定中关于金融服务《服务贸易总协定》关于金融服务的附件、《关于金融服务承诺的谅解》和《全球金融服务贸易协定》等，上述国际条约对在成员国之间逐步放松金融管制，消除各国长期存在的银行、证券和保险等金融业的贸易壁垒，实现金融自由化起到了巨大的推动作用，《全球金融服务贸易协定》在 1999 年生效时就有 104 个成员方作出了金融服务部门开放市场的承诺。实际上，上述国际条约中只有部分内容涉及金融监管，还不能算是严格意义上的金融监管法律规范。在巴塞尔委员会起草的第一个条约草案流产以后，在国际金融监管领域还没有一部严格意义上的国际性金融监管多边条约。在实践中，还有大量的金融监管合作协议以双边互惠条约的形式签署，这种条约只对签署条约的两个国家有效。目前以签署双边条约为基础的合作形式已经被世界各国广泛应用。

（二） 欧盟制定的监管规范

欧盟是由欧洲共同体演变而来，总部设在比利时首都布鲁塞尔。目前是世界上最大的区域性一体化组织。欧盟作为一个超国家主权的组织，其所制定的一些法律规范可以直接适用于成员国，这些法律规范既不同于国内法也不同于国际条约，因此有学者将其称为"自成一类的法律体系"（曾令良，姚艳霞，2001）。为协调欧洲区域内的金融监管，欧盟制定了一系列的金融监管规则，为欧盟范围内的金融监管合作机制的建立提供了良好的前提。目前，欧盟制定的金融监管法规包括：（1）有关银行监管的《第一银行指令》和《第二银行指令》，其中前者确定了共同体银行监管合作机制，为各成员国在监管方面的协调提供了条件；后者创设了单一银行许可制度、确立了关于银行许可和监管的最低标准和对跨国信用机构的母国控制原则；（2）证券监管规则，如 1993 年《关于证券领域投资服务业的指令》、《关于投资公司和信用机构资本充足率的指令》、《对内幕交易进行规制的理事会指令》、《协调有关内幕交易规范的指令》、《关于内幕交易与市场操纵的指令》等；（3）金融服务行动计划涵盖下采取的包括批发业务、零售业务、审慎监管等各个方面的内容极其宽泛的种种规定等。

（三）专业性国际金融组织制定的监管规范

在金融监管国际化的过程中，国际社会成立了巴塞尔委员会、国际证券委员会组织和国际保险委员会等众多的专业性的金融监管组织，这些组织在各自的领域内制定专业的监管标准、原则和规则，组织颁布的相关法律文件也是国际金融监管的重要法律渊源，这对于指导国际社会正确实施金融监管起到了不可低估的作用，同时这些规范性文件的数量也是金融监管法律体系中最多的一类。在专业性国际金融组织制定的监管规范中，最著名的当数巴塞尔委员会制定的系列规则，从 1975 年 9 月发布《对银行外国机构的监督原则》即通常所说的第一个《巴塞尔协议》开始，巴塞尔委员会制定了若干具有代表性的国际金融监管规则，其中比较重要的有《关于统一国际银行资本衡量和资本标准的报告》、《关于监督国际性银行集团及其跨国分支机构的最低标准的建议》、《资本协议市场风险修正案》、《有效银行监管的核心原则》、《银行表外业务管理风险》等，这些监管法律文件相互补充、一脉相承，为国际金融监管的合作提供了有力的基础。

国际证券监管委员会自成立以来先后制定了关于相互提供援助的《里约宣言》、《证券公司资本充足率标准》、《跨国证券公司资本金要求》、《证券公司及其监管机构风险管理与控制指南》、《证券监管的目标与原则》、《外国发行人跨境募集和初次上市信息披露的国际标准》等一系列的正式协议。这些协议的达成不仅消除了各国对于外国证券进入本国证券市场的多重壁垒以及促进有关证券的国际统一法律制度的形成，而且还为各国证券监督机构统一监管标准，为国家之间合作和协调监管跨国证券活动提供了依据和途径。

作为协调各国保险监管政策与行动的国际组织，国际保险监管组织自 1992 年成立以来，先后制定了一系列各国协调一致的保险业监管准则文件，如被称为"保险协定"的《监管国际保险机构和保险集团及其跨境业务的适用原则》以及《集团监管协作标准》等。

二、金融监管国际法律规定的主要内容

（一）管辖权的确定与协调

管辖权的确定与协调是金融监管国际合作的前提与基础，也是国际金融监管

法律所规定的一项重要内容。如巴塞尔委员会在 1975 年 12 月通过的《巴塞尔协定》中，提出了包括东道国负责银行国外机构流动性监管、母国负责分行的偿付能力的监管等在内的划分银行国外机构监管责任的若干原则。1983 年巴塞尔委员会又在《对银行国外机构的监管原则》中对上述原则进行了完善，把国外机构的范围进行扩充和分类，并重新将东道国与母国的监管责任进行了划分，同时还要求二者要加强合作与联系。欧盟在《第二银行指令》中也明确了对跨国信用机构的母国控制原则。

（二）确立金融监管的国际标准

国际监管标准的确立是制定国际金融监管法律的主要目的，也是金融监管法律中一项不可缺少的内容。相关的国际金融监管组织针对不同的专业领域制定了不同的国际监管标准。如巴塞尔委员会通过系列协议在银行监管领域建立的监管的最低标准；国际证监会组织在《外国发行人跨境募集和初次上市信息披露的国际标准》中确立了外国发行人在东道国进行证券募集和上市时进行信息披露的国际标准；国际保险监管组织在《监管国际保险机构和保险集团及其跨境业务的适用原则》中确立了对国际保险机构和保险集团跨境业务的监管标准，在《集团监管协作标准》中确立了对从事保险业务的国际金融集团进行监管的合作标准。

（三）确立了金融监管方式

监管方式的确立也是国际金融监管法律中一个重要内容，如 1997 年《有效银行监管的核心原则》明确了现场监管与非现场监管方式并重、合规性监管与风险性监管并重、对银行管理层的监管与整个机构运作的监管并重的监管方式。在《新资本协议》强调采取现场检查与非现场检查二者并用的监管方式。在以巴塞尔委员会为主导组成的"金融集团联合论坛"颁布的《集团内部交易和风险控制原则》提出了监管者应通过被监管实体提供报告的方式加强监管等原则。

（四）金融监管中的信息交流与共享

国际社会在长期的监管实践中逐渐认识到，获得和拥有充分的信息是有效实施监管的重要条件，为此在监管法律文件中对此加以明确的规定。巴塞尔委员会还专门针对监管信息的交流与共享制定了《银行监管当局之间的信息交流》，并且在《对国外银行的监管原则》、《跨境银行监管》等文件中对信息交流作出了

415

多方面的安排。国际保险监管组织在 1995 年专门发布了《关于双边援助、合作与信息共享的建议》中，要求签署国要在互惠的基础上提供协助，帮助获得市场监管方面的信息，以保护市场不受欺诈性交易的破坏。

三、部分国家的国内金融监管法律体系[①]

（一）美国的金融监管法律

1. 银行业法律体系。制定于 1863 年的《国民银行法》是美国金融管理体系的第一部法典；在 1913 年通过的《联邦储备法》中，确立了联邦的储备体系。1933 年通过了《格拉斯－斯迪格尔法》，建立了美国的存款保险制度，同时在这部法律中规定，银行业禁止从事证券投资业务，从而在美国最早确立了金融机构分业经营的原则。1978 年通过了《国际银行法》，在这部法律中对美联储、货币监理署、联邦存款保险公司对外国银行在美国分支机构的监管分工进行了规定，这也是美国国内最早对金融国际化做出回应的金融监管法律。为进一步对外国银行进行监管，美国在 1991 年制定了《外国银行的强化监控法规》，对大量的外国银行视同美国本土银行进行同样的监管。1999 年《金融服务现代化法》通过，允许美国的银行、证券、保险业可以联合经营，是美国金融业由分业经营向混业经营转变的标志，还规定美联储为银行控股公司的伞形监管人，负责银行控股公司的综合监管。在 2008 年金融危机发生后，为稳定金融市场、增加市场流动性，美国于当年 10 月通过了《紧急经济稳定法》，授权财政部从金融机构购买问题资产，同时成立由美联储主席、证监会主席等人员组成的金融稳定监督委员会，对财政部的实施报告进行审阅。

2. 证券业监管法律。美国早期的证券监管法律主要包括 1933 年的《证券法》、1934 年的《证券交易法》、1939 年的《信托证券法》、1940 年的《投资公司法》，分别从规范证券交易、确立市场公开和信息披露原则，确立证券交易规则和证券监管制度，确立企业债券的发行和交易、投资基金公司的组建、运营和监管管理等方面对证券交易市场进行了规范和监管。1970 年制定了《证券投资者保护法》，设立了证券投资者保护公司（SIPC），为符合一定条件的证券经纪商和自营商的顾客提供保险保护。1984 年《内幕人士交易制裁法》规定了对于内幕交易行为的制裁措施。2002 年《沙氏法案》提高了公司会计信息透明度，防止公司的欺诈行为。

---

① 参考了姜建清．国际商业银行监管环境与体制．中国金融出版社，2006．

3. 保险监管法律。美国对保险业实行联邦政府和州政府双重监管制度，其中各州保险局以保险公司偿付能力和保护投保人利益为主要监管内容。在全美保险监督官协会（NAIC）的努力下，美国各州保险法的内容已无太大差别。

（二）德国的金融监管法律

自 1874 年开始起草并于 1934 年生效的《帝国银行法》是德国早期最有代表性的金融监管法律，这部法律在制定后曾作过多次修改，对金融监管的各个方面均作出了详细的规定，是德国对金融业进行监管的重要法律依据。随后于 1961 年的《联邦银行法》和 1962 年修改的《信用制度法》进一步建立了德国金融监管的法律基础：《联邦银行法》规定了联邦银行在金融监管方面的权力，并规定银行的证券业务要接受《有价证券交易法》管辖，同时接受证券存款审计；《信用制度法》实际上是规定了从事信用活动的金融机构，需接受金融监管机构监管的范围。这部法律还规定，对商业银行业务主要监管者为联邦金融监管局和德国联邦银行。联邦银行必须与金融监管局密切合作，共同完成对银行业的监督和管理。1999 年欧洲中央银行体系确立之后，德国中央银行失去了独立制定货币政策的功能，2002 年 4 月 30 日新颁布的《德意志联邦银行法》在未改变联邦银行的基本职能的前提下，确立了新的德国联邦银行体系。

2002 年 1 月，《证券收购和兼并法》生效，第一次将企业兼并监管纳入联邦证券交易监管局的职责范围。2002 年 6 月 2 日，颁布《第四部金融市场促进案》，该法案涉及 22 部法律或相关法律的修正案，其中最核心的内容是颁布新的《交易所法》和颁布《有价证券交易法》修正案。该法案使德国证券市场的监管再次得到重大改革，主要体现在以下几方面：将市场操纵监管纳入联邦金融监管局监管职责范围；对企业内幕人员的交易实施报告制度并对其信息披露实施监督；加重对滥用即时信息披露和不实信息披露的处罚等。2004 年 10 月 28 日，再次修改《有价证券交易法》和《交易所法》，涉及许多方面，其中最重要的有两个方面：一是扩大监管机关职能，特别是扩大联邦金监局、州政府交易所监管机关和交易所交易监控部门的调查权；二是修改市场操纵禁令，该禁令的修改有多处，其中最重要的是对市场操纵构成要件的修改。在欧洲经济一体化的大环境下，为使证券监管和执法与欧盟的要求相协调，德国一直按照欧盟的法律理念进行监管体系和执法制度的改革（陈柳钦，2008）。

除了上述法律以外，欧盟对成员国统一适用的金融监管法律也构成了德国金融监律框架的一部分，并且不断以修改案和新的规章制度的形式对其进行补充和完善。

（三） 日本金融监管法律

日本最早的金融监管法律是在 1872 年模仿美国制定的《国立银行条例》，1881 年颁布了《日本银行条例》，并于次年建立了类似英格兰银行的中央银行——日本银行。第二次世界大战后期，日本出于战争的需要，于 1942 年颁布了《日本银行法》，明确地规定了日本银行在金融管理和监督方面的内容，由此形成了集中监管的体制。第二次世界大战结束以后，日本在美国的扶持下逐步恢复了经济金融体制，金融监管带有明显的美国特色，采取的模式是分业经营和分业监管。大藏省为实际上金融监管的最高机构，大藏省还设立国际金融局、证券局和银行局，负责对国际金融行政、证券发行、银行和保险行政的监管。1998 年 4 月日本国会通过的《新日本银行法》规定，金融控股公司可在控股 50% 以上的条件下设立经营银行、证券、保险、信托等业务作为独立法人的子公司，鼓励金融集团的出现，打破了原有的金融机构分业经营的局面，而监管对象和手段也走向了以金融控股公司为中心的综合性监管模式。

第二节　金融监管的国际合作

20 世纪末的亚洲金融危机过后，国内有学者在研究后认为："一场危机之所以能够从一个经济爆发并迅速传染到其他经济必然有其共同的外因，全球经济的一体化和国际金融市场的内在不稳定性便是其中最主要的原因"（林毅夫，2001），这个结论毫无疑问地也可用于解释此次国际金融危机的迅速蔓延。20 世纪 90 年代以来，以资本流动自由化、金融市场一体化、金融资产和收益国际化为特征的金融全球化成为国际经济发展的主流，金融全球化在促进国际金融机构的竞争、提升生产国际化和资本国际化水平，推动经济增长的同时，也使得金融市场系统风险在全球的扩散变得更为容易和迅捷，从而大大增加了国际金融机构的脆弱性。可以毫不夸张地说，金融全球化深入发展的过程就是金融风险联动性日益增强的过程[①]，在这个过程中没有一个国家的金融体系和实体经济能够做到独善其身。

由于受主权管辖原则的约束，一个国家只能在本国行使金融监管权，以单一国家为范围的金融监管面对国际化的金融市场往往是鞭长莫及，加强金融监管的

---

① 姜建清. 国际商业银行监管环境与体制. 中国金融出版社，2006：4.

国际合作变得日益迫切。为此，各国不得不改变原来内向型的金融监管策略，在主权原则基础上考虑在某些领域建立统一动作的法律反应机制、采取综合的国际化监管策略，把金融监管对象由国内金融机构扩大至国内金融机构的海外分支机构及本国境内的外国金融机构，在监管手段、监管规则上趋向于确立一个共同的标准。同时，加强各国彼此在金融监管领域的合作和法律协调，以共同应对金融危机、维护和恢复国际金融秩序。可以说，建立金融监管国际合作机制是国际社会防止金融全球化进程中国际金融市场系统风险，应对金融危机的客观和迫切需要；另外，这也是由各国金融监管的局限性和管辖冲突所决定的。早在 1991 年 7 月，成立于 1972 年的国际商业信贷银行（BCCI）因大规模欺诈并为贩毒从事集团洗钱活动而被美国、英国、法国、瑞士、西班牙等多国的监管当局同时勒令该行在当地停业，而被视为国际社会最早进行金融监管合作的典范之一。

一、金融监管国际合作的主要内容

所谓金融监管国际合作是指各国内金融监管主体，以及有关的金融监管国际组织基于保持国际金融体系的稳定、维持金融机构的国际公平竞争的目的，就金融监管标准、监督检查活动、信息的交流反馈等内容所进行的协调和联系等协力行为。金融监管国际合作机制应包括以下要素。

（一）金融监管合作主体

对金融监管国际合作的参加主体应作广义的理解，其中不仅包括各国家和地区的监管当局，还应包括一些区域性、全球性的国际金融组织以及具有金融监管职能的综合性国际组织，如巴塞尔银行监管委员会、国际货币基金组织、美洲银行监管者协会、欧盟等，但后者一般不会就具体的监管行为进行直接操作，其监管作用更多地体现在为政府间监管当局合作的、提供合作的机制和平台，以及主持制定相关的行业监管标准、监管做法上。

（二）金融监管合作内容

金融监管合作的内容是金融监管合作中最核心的部分，金融监管合作的内容主要包括：

1. 管辖权的确定与协调。这是金融监管国际合作的前提与基础，也是国际金融监管规则所规定的一项重要内容。如巴塞尔委员会在 1975 年《巴塞尔协定》中提出的包括东道国负责银行国外机构流动性监管、母国负责分行的偿付能力的监管等在内的划分银行国外机构监管责任的若干原则。1983 年巴塞尔委员会又在《对银行国外机构的监管原则》中对上述原则进行了完善，把国外机构的范围进行扩充和分类，并重新将东道国与母国的监管责任进行了划分，同时还要求二者要加强合作与联系。目前，在管辖权确定与协调方面，已经由最初的对金融监管管辖权进行双边协议发展到不断加强对监管管辖权的国际协调，尤其是信用风险的监管上来。

2. 确立金融监管的国际标准。国际监管标准的确立也是部分金融监管国际合作尤其是通过国际组织进行监管合作的一项不可缺少的内容。如巴塞尔委员会通过系列协议在银行监管领域建立的监管标准；国际证监会组织在《外国发行人跨境募集和初次上市信息披露的国际标准》中确立的外国发行人在东道国进行证券募集和上市时进行信息披露的国际标准；国际保险监管官协会在《监管国际保险机构和保险集团及其跨境业务的适用原则》中确立的对国际保险机构和保险集团跨境业务的监管标准，在《集团监管协作标准》中确立的对从事保险业务的国际金融集团进行监管的合作标准。目前金融监管的国际标准也已经由倾向于寻找和推荐国际趋同的监管标准转向注重确立和推行国际认同的最低标准。

3. 金融监管中的信息交流与共享。国际社会在长期的监管实践中逐渐认识到，获得和拥有充分的信息是有效实施监管的重要条件，为此在监管合作中必须对此加以明确规定。如巴塞尔委员会专门针对监管信息的交流与共享制定了《银行监管当局之间的信息交流》，并且在《对国外银行的监管原则》、《跨境银行监管》等文件中对信息交流作出了多方面的安排。国际保险监管组织在 1995 年专门发布了《关于双边援助、合作与信息共享的建议》中，要求签署国要在互惠的基础上提供协助，帮助获得市场监管方面的信息，以保护市场不受欺诈性交易的破坏。

4. 确定并表监管的原则。并表监管原则要求母行和母国监管当局除了根据银行或银行集团全球业务规模控制资本充足率外，还应当在合并资产负债表的基础上，按照审慎原则对银行或银行集团在全球范围内的所有业务进行风险和资本充足性管理[①]，通过实施并表监管可以达到使一家银行不论在何处经营都能得到有效监管。目前并表监管已经成为国际社会所普遍承认的一项国际金融监管合作内容。

---

① 李成. 金融监管学. 高等教育出版社，2007：180 – 181.

（三）金融监管国际合作形式

由于各国金融监管模式不一，监管制度千差万别，多数国际金融监管组织对成员没有强制约束力等原因，目前金融监管国际合作形式大多为通过国际金融组织的"联合论坛"平台，向各成员方以"建议性指南"等方式来推行相应的监管规范来实现监管合作。只有部分区域性监管合作（如欧盟）和双边监管合作通过区域性立法或双边条约的形式实现了有强制约束力的监管合作。

二、国际金融监管合作的分类

按照参与合作的主体的地域为标准，金融监管的国际合作可分为三个层面：第一个层面是全球性的金融监管合作，这个层面的合作是指由不同的参与主体在全球范围内进行的监管国际合作，它既包括在全球性金融组织、经济组织框架下所进行的金融监管合作，也包括由部分国家尤其是发达国家所主导进行的对全球经济有重大影响的金融监管合作与协调，如巴塞尔委员会、国际证监会组织框架内的金融监管合作以及 20 国集团框架下的金融监管合作等。

第二个层面是区域金融监管合作，这个层面的合作是指一定区域内的有关国家和地区在金融监管领域所进行的合作。随着区域经济全球化的不断发展以及各国对地区主义的重视，区域性金融监管合作的重要性日益体现，欧盟金融监管一体化的实施就是其中的成功典范。目前，区域性的金融监管国际合作现状和效果呈现出优于全球范围内金融监管合作的态势。

第三个层面为双边的金融监管合作，即两个国家、地区的金融监管当局之间就金融监管的一些法律性、技术性问题开展交流与协作，双边金融监管合作是最为常见的国家间的监管合作方式，这种合作一般是通过签订相互法律协助条约和谅解备忘录等双边协定来实现的。

从合作覆盖的范围为标准，金融监管的国际合作可以分为两类：一类是综合性的金融监管合作，这是指监管合作涉及金融领域的各个方面，如银行、证券、保险、投资及金融衍生产品等各个方面，WTO 和国际货币基金组织框架下的金融监管合作就属于这个类型；另一类是指专门化的金融监管合作，这是指监管合作只涉及金融业务的某一领域，如银行监管合作或保险监管合作等，巴塞尔委员会、国际证监会组织框架下监管合作就属于这种类型。但是随着金融业务分工的模糊和混业经营的发展趋势，专门化的金融监管合作也出现了向综合性金融监管合作发展的趋势。另外，以合作框架的法律地位为标准，金融监管国际合作还可分为两类，一类是对成员方没有法律约束力的金融监管国际合作，如巴塞尔委员会、国际证监会组织、国际保险监管官协会框架下的金融监管合作等，另一类是依据多边国际条约成立的政府间国际组织框架下的金融监管合作，其签署监管合作决议、决定对成员方具有国际法意义上的约束力，如欧盟、WTO 等框架下的金融监管国际合作。但这些组织成立的主要宗旨往往并不是针对金融监管的，但有部分职能涉及金融监管，从而在客观上对金融监管的国际合作起到一定的促进作用。

三、国际金融组织在监管合作中的作用

（一）巴塞尔委员会

20 世纪 70 年代，美国和欧洲先后爆发了严重的银行危机，国际上著名的联邦德国时期的 Herstatt 银行和美国的 Franklin National 银行先后倒闭，在此期间，美国大约有 1 100 家商业银行倒闭，630 家资不抵债的储贷协会要求政府的救助，商业银行的数目下降了 14%。欧洲的瑞典、丹麦等国都经历了严重的金融危机，几乎所有的大银行都因巨额贷款损失而陷入困境（付正辉，2005）。这一切使得原来一直认为金融监管为国内事务的各国监管者开始全面审视金融监管的国际合作问题。

1974 年年底，经十国集团①的中央银行行长倡议，十国集团央行高级官员和瑞士银行监管当局官员坐到了一起，最终在瑞士成立了"巴塞尔银行业务条例和监管委员会"，而后又更名为"巴塞尔银行监管委员会（The Basel Committee on Banking Supervision，BCBS）"简称为"巴塞尔委员会"，委员会由十国集团及瑞士银行监管当局和央行高级代表组成，其常设秘书处设在国际清算银行总部。巴塞尔委员会每年召开四次会议，委员会主席由成员方代表轮流担任。巴塞尔委员会的重要意义就在于它开创了金融监管国际合作的先例。它表明西方发达国家政府之间在对金融市场尤其是对银行业进行国际监管的主要方面已经形成初步的协调和一致，并为将来对国际金融市场进行更加广泛、全面的监管合作创立了一个良好的开端。巴塞尔委员会的成立标志着国际社会进行金融监管合作正式拉开了帷幕。

巴塞尔委员会成立的最初目的是为成员方提供联系的渠道，为其成员方在银行监管问题上的合作提供条件，但随着银行业国际化的不断推进，委员会的工作

---

① 目前十国集团事实上有 11 个成员：比利时、加拿大、法国、（联邦）德国、意大利、日本、荷兰、瑞士、瑞典、英国、美国，但仍沿用原来名称。

重点转移为堵塞国际监管中的漏洞，提高监管水平，改善全球监管质量。巴塞尔委员会在开展工作的过程中始终遵循两个基本原则：一是没有任何境外银行机构可以逃避监管；二是监管必须是充分有效的。巴塞尔委员会的成立以来发布的许多监管原则和建议基本上体现了这两个基本原则。

巴塞尔委员会成立以来，在金融监管特别是银行监管领域内进行了积极的活动，其先后制定了一系列重要的监管规定，需要明确的是，巴塞尔委员会本身只是发达国家之间的国际银行监管机构，并不是政府间国际组织，也不具备任何凌驾于国家之上的金融监管权力，其文件从不具备也从未试图具备任何法律效力。不过它制定了许多监管标准和指导原则，提倡最佳监管做法，期望各国采取措施，根据本国的情况通过具体的立法或其他安排予以实施。委员会鼓励采用共同的方法和共同的标准，但并不强求成员方在监管技术上的一致。巴塞尔委员会的成员也只有区区 11 个国家，但这些国家国际银行业务量的比重占到了全球的 90% 以上，正是由于巴塞尔委员会成员的巨大影响力和所制定规则的合理性、科学性和可操作性，许多非十国集团的国家和地区的监管当局和银行以立法的形式自动引进这些协议和协定，并在监管实践中普遍采用，从而使其具有"国际标准"和国际惯例的性质。目前，巴塞尔委员会实际上已经被国际社会视为全球性的国际银行风险监管机构。巴塞尔委员会还关注并研究过大量的银行业监管的具体问题，如银行国际贷款管理、银行表外风险的监管、大额风险的管理、衍生产品的风险管理等，甚至在防止犯罪分子利用银行系统洗钱活动的也有所涉及。

近年来，随着金融机构业务分工的日益模糊和混业经营的发展潮流，以及金融监管的复杂和广泛性，巴塞尔委员会日益认识到，单靠某一组织的努力根本无法做到对银行业、证券业和保险业的有效监管。为此有意识地开始致力于与国际证监会组织、国际保险监管组织彼此之间的联系、合作与协调。例如，为了控制衍生金融工具的风险，国际证监会组织和巴塞尔委员会从 1993 年 1 月起开始开展了长期的密切合作，共同制定和发布了《场外衍生交易运行风险及金融风险控制机制指南》等一系列文件，双方的合作顺应了国际金融业由分业经营向全能业务转变的发展趋势，对衍生工具监管的国际合作与协调起到很大的积极作用。

1993 年上半年，为了加强对多元化金融集团的监管，在巴塞尔委员会的倡议之下，巴塞尔委员会、国际证监会组织和国际保险监管组织成立了一个由银行、证券和保险三方面人士组成的"三方小组"，三方小组是这三个国际组织利用银行、保险和证券业的监管机关和人士在各自领域的监管经验，而成立的共同探讨对金融集团进行监管的专门组织。三方小组在 1993 年公布了一个研究报告，从联合监管的角度对金融集团进行了研究，并从银行、证券、保险三种监管机关各自的角度对金融集团进行监管的问题进行了分析，指出了它们之间的区别，探讨了对金融集团监管过程中可能出现的问题。

1996 年年初，巴塞尔委员会、国际证监会组织和国际保险监管组织又成立了"金融集团联合论坛"，取代了原来的三方小组，把合作工作往前又推进了一步。联合论坛由每一个监管地区的银行、保险和证券业的监管机关各派出一个代表组成。经过三年的研究讨论和征询意见，联合论坛于 1999 年 2 月发布了《多元化金融集团监管的最终文件》，对金融集团的监管提出一系列最低原则和实施标准。该文件包括《资本充足性原则》、《资本充足性原则的补充》等七个专题文件，提出了金融集团架构下保证金融机构安全稳健运营的标准，确立了金融集团监管的国际标准（邱永红，2006）。在实践中，巴塞尔委员会还采取了相当灵活的方式，与欧洲、拉美、东南亚等地区性金融监管组织保持着紧密的工作联系。巴塞尔委员会的工作轨迹以及相关成果的形成本身就在很大程度上反映了国际监管合作的进程。同时，巴塞尔委员会在广大范围内征集意见的活动也表明，它也在主动寻求扩大影响范围，推进监管的国际合作。

（二）国际证监会组织

国际证监会组织（International Organization of Securities Commissions，IOSCO）是证券监管领域最重要的国际组织。其前身是成立于 1974 年的泛美证监会协会。在该协会 1983 年会上，与会成员决定将该组织转化为一个更具有国际性的实体。随着证券市场国际化的发展，欧亚各国和地区的证券监管机构不断加入国际证监会组织，在 1984 年，英国、法国、印度尼西亚和韩国的证券监管机构成为第一批加入国际证监会组织的美洲以外的成员。在其 1986 年的巴黎年会上，国际证监会组织又决定在蒙特利尔设立永久的秘书处。

20 多年来，国际证监会组织不断发展壮大，截至 2008 年 9 日，共有 186 个会员机构，其中普通会员 109 个，联系会员 11 个，附属会员 66 个，这些会员机构监管着全世界 90% 以上的证券市场（邱永红，2006）。现在，该组织已经成为国际证券业监管者合作的中心，几乎所有成立股票交易所的国家和地区都已经是其成员，从这点说，它比巴塞尔委员会更具有广泛性。根据国际证监会组织章程的规定，其宗旨是：证券监管机构共同合作，确保从国内市场和国际层次更好地监管市场，以保持公正和有效的市场；根据各自的经验交换信息，以促进国内市场的发展；共同努力设立标准和建立对国际证券交易的有效监管；相互间提供协助，通过有力地执行各项标准和对违规的有效监管来确保市场的完善。此外，国际证监会组织 1994 年 10 月通过的《关于遵守国际证监会组织相互合作协助最高标准的基本原则义务的决议》，对这一宗旨做了重申（IOSCO，2005）。

国际证监会组织自成立以来，主要通过以下几方面的措施来推进国际证券监管的合作与协调，从而实现其宗旨：第一，国际证监会组织为各国证券监管者创造了一个进行交流协商的平台，为各国监管者提供了达成国际合作的机会，以国际证监会组织确立的有关原则为基础，许多国家的监管当局之间达成了双边或多边的谅解备忘录。第二，国际证监会组织及其各个委员会通过、制定并发布了一系列有关国际证券监管的决议、标准、准则、原则、建议、指南和报告等规范性文件，内容涉及国际会计标准、清算与结算、跨国证券与期货欺诈、对金融集团的监管及洗钱等事项，为国际证券市场提供了统一的监管标准、原则与方法。第三，制定并颁布信息共享机制。ISOCO 在 1986 年和 1996 年相继出台了《相互协助协议》（里约宣言）和《国际信息共享协议》，前者要求签字国监管当局为他方获取本国市场保护监督有关的信息提供协助，后者允许交易所和清算所共享成员的市场和金融信息。第四，ISOCO 为打击国际证券与期货领域的各种违法犯罪行为制定了有关准则和指南，并推动各国和地区联合打击这些违法犯罪行为，对抑制和惩治证券期货欺诈违法犯罪活动的国际合作起到了巨大的推动和促进作用。第五，ISOCO 通过进行发放调查问卷、制定供各会员进行自我评估而使用的评估标准等措施，监督其会员执行国际证监会组织的决议、标准、准则等；同时，对不执行上述决议、准则、标准等的会员进行道义上的劝导，敦促其予以执行（邱永红，2006）。

（三）国际保险监管组织

国际保险监管组织（International Association of Insurance Supervisors，IAIS）是一个旨在推动全球各国保险监管国际合作的组织，于 1994 年在瑞士成立，其秘书处最初设立在位于华盛顿的美国全国保险监管者委员会，1996 年，国际保险监管组织通过决议，将秘书迁往国际清算银行。这样可以在更大范围上便利各监管组织之间广泛及时的合作。国际保险监管组织目前由 129 个国家和地区的保险监管机构组成，另有 98 家公司或组织为其观察员。国际保险监管组织的领导机构由来自不同地区的代表组成的执行委员会组成，下面有 3 个委员会协助工作，即技术委员会、新兴市场委员会和预算委员会。IAIS 自成立以来已经得到越来越多的国际认可，人们已习惯上把其与巴塞尔委员会以及国际证监会组织相提并论。

依据国际保险监管组织的章程细则，其保险监管理念为：为维护投保人的利益，保持保险市场的有效、公正、安全和稳定，保险监管者们将共同协作，保证不仅在国内层次上而且也在国际层次上，对保险业进行完善的监督；组合集体的力量，发展一套可供成员选择适用、操作性强的标准。其基本宗旨为：（1）促进保险监管当局间的合作；（2）设立保险监管的国际标准；（3）对成员提供培

425

训；（4）与其他金融部门及国际金融机构的监管者协调工作。

IAIS 通过三个方面的努力来推进保险监管方面的合作：第一，制定国际保险监管规则，IAIS 通常以成员方表决的方式通过保险监管规则和标准，这些规则具有较高的权威性，被当做国际保险监管文件的范本，影响着国际保险业的发展方向。监管规则体系主要由 24 个保险监督管理文件构成，包括 9 个保险监管指导文件、6 条保险监管原则和 9 条监管标准。在这个以保险机构风险控制为核心的监管体系中，上述监管文件，从保险监管的总体指导方针到监管保险公司的经营管理风险，从监管保险主体的市场准入到监管保险公司的偿付能力，从单一的传统保险业务到金融一体化形势下的综合监管，都予以了尽可能清晰的指导思想和基本操作原则、标准（李晓林，2007）。第二，发布国际保险业最新动态。IAIS 汇集世界各国保险业信息，掌握各国保险监管情况，能够在第一时间发布国际保险行业动态信息，预测国际保险发展趋势。其各技术委员会搜集掌握的情况成为了解国际保险业各专门领域最新趋势的指南。第三，搭建国际保险界交流平台。IAIS 每年在全球组织近 60 场各种研讨会及会议，为成员方搭建沟通交流的平台。各国保险监管当局和国际保险业界代表可借助这个平台发表看法，密切联系，增进了解（林铁钢，2007）。

随着金融机构业务分工的日益模糊和混业经营的发展潮流，以及金融监管的复杂和广泛性，巴塞尔委员会、国际证监会组织和国际保险监管组织也日益认识到，单靠某一组织的努力显然无法做到对银行业、证券业和保险业的有效监管，为此三大国际专业监管组织开始致力于与彼此之间的联系、合作与协调。例如，为了控制衍生金融工具的风险，国际证监会组织和巴塞尔委员会从 1993 年 1 月起开始开展了长期的密切合作，共同制定和发布了一系列文件：《场外衍生交易运行风险及金融风险控制机制指南》（1994 年 7 月）、《关于银行和证券公司衍生行为监管信息的框架》（1995 年 5 月）、《银行和证券公司的交易行为和衍生活动的公开披露》（1995 年 11 月）、《银行和证券公司衍生交易信息披露概览》（1996 年 9 月）、《关于衍生交易行为监管信息的框架》（1998 年 9 月）、《银行和证券公司衍生交易信息披露：1997 年信息披露概览的结果》（1998 年 11 月）、《对于银行和证券公司衍生交易公开信息披露的建议》等，双方的合作顺应了国际金融业由分业经营向全能业务转变的发展趋势，对衍生工具监管的国际合作与协调起到很大的积极作用。

（四）世界贸易组织（WTO）

世界贸易组织是经过成员方政府和立法机构批准的国际条约为基础创建的常设经济组织。WTO 在金融领域的两大支点是自由化与监管，WTO 有关规则在允许成员方在削减金融服务贸易壁垒和逐步实现金融自由化的同时，允许其采取审慎监管措施。在其制定的《服务贸易总协定》（General Agreement on Trade in Service，GATS）及其附件《关于金融服务的附件》和《全球金融服务协议》等多边规则都在倡导金融业自由化的同时，赋予各国强化金融监管的权力。

尽管 WTO 是一个旨在消除或减少贸易障碍，推进贸易自由化的国际组织，而不是一个旨在促进金融监管国际合作的组织；《服务贸易总协定》（GATS）及其后达成的金融服务贸易多边规则的目标在于推进金融服务业的自由化，而并非是要制定一个全球适用的金融监管法律规范，但 WTO 以及 GATS 其后达成的金融服务贸易多边规则从客观上对国际金融监管合作起到了巨大的推动作用，对金融业而言，WTO 不仅意味着金融市场标准的国际趋同，也意味着市场监管标准的趋同，笼统地可称为增加金融体系的透明度和使金融监管符合国际惯例，其主旨是极力敦促发达国家和新兴市场国家采用并有效实施良好的监管方法（朱孟楠，2003）。

WTO 内部的金融服务贸易制度协调机构从高到低，分别由部长会议、总理事会、服务贸易理事会以及金融服务贸易委员会组成。其中，部长会议是最重要的协调机构同时也是 WTO 的最高决策权力机构，它由 WTO 各成员方部长代表组成，部长会议至少每两年召开一次会议，会议决议由全体成员代表一致表决通过。许多涉及金融服务贸易的规定都是通过部门会议表决通过的，如《服务贸易总协定》（GATS）及其金融附件、《金融服务承诺谅解》《全球金融服务协议》（FSA）等。总理事会（及秘书处）作为部长会议的代表机构，负责处理 WTO 的日常事务，其下设贸易政策核查机构和争端解决机构，负责对成员间发生的分歧进行仲裁。服务贸易理事会及其下设的金融服务贸易委员会负责监督 GATS 金融领域措施的实施及对 GATS 重要原则的实施进行评价。其中，作为具体负责金融服务贸易方面的金融服务贸易委员会，在金融监管法律制度协调中起着重要的作用，其主要就影响金融服务贸易的监管措施进行技术探讨及审查。

WTO 在促进金融监管国际合作的工作机制主要是通过举行的多边谈判，达成多边国际协议的方式来进行协调。WTO 已先后成功地举行了八轮多边谈判，取得了包括实现金融服务贸易自由化在内的众多成果。正如 GATS 在序言伊始所指出的"期望在给予国家政策目标应有尊重的同时，通过连续回合的多边谈判，在互利基础上促进所有参加方的利益，并保证权利和义务的总体平衡，以便早日实现服务贸易自由化水平的逐步提高"，进一步明确了"多边谈判"在 GATS 中的重要地位。

（五）欧盟

区域金融合作对于有关各国实施金融互动、优势互补，加快金融创新，改善的金融生态，提升金融整体竞争力，有着深刻的现实意义，但在加强区域金融合作的同时，也必须增强区域金融监管的合作与协调。正如联合国在 1999 年 12 月 22 日通过的第 54/197 号决议中所强调的那样，要进一步发挥国际区域和分区域金融机构在及时、有效的防范、管理和解决国际金融危机方面的作用，进一步加强区域和分区域金融机构在金融监管、防范金融危机方面的稳定作用。在区域金融监管合作的实践中，欧盟无疑是最成功的，作为一个超国家组织，欧盟所制定的关于金融监管合作协调和机制对成员方具有法律约束力，这可以保证在运行上富有成效，并且随着欧盟金融一体化的不断推进，欧盟的金融监管合作也在不断深化，欧盟金融监管合作已经取得了很大的成绩，并在金融监管合作的形式、内容、范围上好于其他国家和国际金融监管组织（陈启清，2008）。

与单一国家的金融监管相比，欧盟金融监管是建立在统一金融市场的基础上，由欧盟理事会和欧洲议会通过立法程序规定金融监管框架，由欧盟委员会协调各成员方监管当局具体负责实施。欧盟作为一个区域经济组织，其金融监管具有部分超国家的性质，在许多方面都要求合作和协调。事实上，也正是欧盟区域内经济金融一体化程度的加深，促使各成员方寻求在金融监管方面的最大化收益。其实，在欧盟内部并不存在一个完全统一的金融监管机构，其金融监管的具体职能很多是由各成员方金融监管机构承担。欧盟理事会和欧洲议会通过立法程序规定欧盟金融监管框架，由欧盟委员会协调各成员方金融监管机构负责实施。欧盟承担金融监管职能的机构主要有：

1. 银行监管方面的委员会。包括：（1）银行业咨询委员会，成员包括成员方的财政部长、银行监管当局、中央银行以及欧盟委员会的高级代表，欧洲中央银行、挪威、列支敦士登和冰岛派观察员参与，为欧盟决策提供咨询服务；（2）欧洲银行监督官委员会，成员包括欧盟成员国银行监管当局高级代表以及欧盟成员国中央银行代表，它的主要职责是负责统一欧盟银行监管实践和促进欧盟各国银行监管当局的合作；（3）联络小组，由成员方监管当局的中层管理代表组成，欧盟委员会、挪威、列支敦士登和冰岛派观察员参加。

2. 证券领域的多边监管委员会。包括：（1）欧洲证券监管委员会，为独立的咨询机构，其任务在于准备技术执行措施并通过增强监管合作，确保共同体法规在证券领域里的有效执行；（2）欧洲证券委员会，其职责是向欧盟委员会提出关于证券监管的政策性建议，并可以经由共同决策程序获得对市场的监管执行权。

3. 保险行业方面的监管委员会。主要有：（1）保险监管者委员会，实际上是一个监管合作与信息交流的论坛，每年召开两次会议；（2）保险委员会，它不仅是一个讨论有关共同体法规问题的论坛，而且还可以协助欧盟委员会行使权力。

此外，欧盟还成立了两个跨部门的监管协调机构：一是跨部门监管者圆桌会议，每年定期召开会议，其主要任务是就不同论坛之间的跨部门问题进行非正式的信息交换；二是混合技术小组，是一个就审慎监管问题开展准备工作的跨部门技术论坛，对适用于金融集团的审慎监管框架提案提出建议，以便利欧盟委员会制定有关的共同体法令。相对于以上正式的多边机构安排，欧盟还运用一种较为松散的金融监管方式，即由成员方监管当局或中央银行之间签署双边协议或多边谅解备忘录的形式，作为跨国金融监管的工具或平台。以非正式的安排来对金融市场进行监管，无疑是对欧盟金融监管的有益补充。

4. 欧洲中央银行设立的金融监管机构。欧洲中央银行主要负责欧盟货币政策的制定与实行，但它也承担了一部分欧盟金融监管的职能。欧洲中央银行参与金融监管的一个重要机构是1998年成立的银行监管委员会。其职责是协助欧洲中央银行审查监管领域和金融稳定领域有关法令的执行，加强中央银行与欧盟各监管机构间的相互关系。

目前，欧盟在金融监管合作上已经建立了四个层次的合作机制：第一个层次是以欧盟委员会、欧盟理事会和欧洲议会为主的框架原则，这个层次仅就指令或条例的框架原则予以确定，同时规定了第二层次的实施权。第二个层次是具体的立法过程，其由快速精减的立法程序和相应委员会的技术协助组成。从程序上可以分为以下几步：（1）欧盟委员会咨询了欧洲银行委员会的意见，责成欧洲银行监督官委员会提出具体的实施措施；（2）欧洲银行监督官委员会向外部公开征求意见，制定实施措施，向欧盟委员会提交；（3）欧盟委员会评价相关措施，向欧洲银行委员会提出建议；（4）欧洲银行委员会就实施措施进行投票；（5）如果投票通过，欧盟委员会接受实施措施。在此过程中，欧洲议会可以保持实时跟踪，如果监督官委员会提出的措施超出了实施权限，欧洲议会可以通过决议。第三层次是对第二层次措施的实施过程，欧盟银行监督官委员会认真评价相关措施，在措施没有涉及的领域制定相应的标准和指引，对各国的监管做法进行比较以推动监管统一。第四个层次是执行，欧盟委员会检查各成员国遵守欧盟立法的情况，加大指令力度，对违反共同体法律的成员国可提起诉讼。这个程序和方法保证了在欧盟指令和标准的制定中极高的透明度，能够涵盖各方利益，确保制定出来的指令能够为各方所接受。目前，欧盟正在对上述合作机制进行补充和完善（陈启清，2008）。

（六）20 国集团（G20）

20 国集团并不是一个国际组织，而是关于国际经济合作的论坛，于 1999 年

9 月 25 日成立于柏林，属于布雷顿森林体系框架内非正式对话的一种机制，由八国集团成员和 11 个重要新兴工业国家及欧盟组成。2008 年全球金融危机使得金融体系成为全球的焦点，G20 领导人于当年 11 月在华盛顿举行首次峰会，之后于 2009 年 4 月、9 月和 2010 年 6 月，分别在伦敦、匹兹堡和多伦多举行第二次、第三次、第四次峰会。作为在全球经济金融中作用最大的高峰对话之一，G20 峰会对应对全球金融危机、重建国际金融新秩序，同时对国际金融监管体制改革也起到了重要的推动作用。如在 2008 年首次峰会上通过的《华盛顿声明》中确立了加强金融市场和金融监管机制的五个原则，即增强透明度和问责制；加强稳健监管；推动金融市场的公正；加强监管国际合作，制定监管规定时保持一致性，加强监管机构的合作；改革国际金融体系。在伦敦峰会上，G20 领导人就加强国际金融监管问题达成了建立金融稳定委员会、扩大对金融机构及产品和市场的监管范围、加强对国际评级机构的监管等共识。匹兹堡峰会"领导人声明"指出 G20 应就制定银行监管规则达成普遍共识、加强场外金融衍生品市场的监管等（张炜，2010）。

第三节　我国的法律应对

自新中国成立至 20 世纪 80 年代之前的很长一段时间，我国国内没有形成真正的金融业，当然也就无所谓现代意义上的金融监管[①]，更遑论金融监管法律体系等问题了。80 年代初，我国开始对金融体制和监管体制进行改革，中国人民银行于 1984 年 1 月 1 日起开始专门行使中央银行职能，成立中国工商银行，经营人民银行过去承担的工商信贷和储蓄业务，在金融体系上初步实现了中央银行与商业银行的分离。1986 年 1 月，国务院发布了《中华人民共和国银行管理暂行条例》，随后《金融信托投资机构管理暂行规定》和《城市信用社管理暂行规定》、《银行管理暂行条例》、《现金管理暂行条例》等行政法规和规章相继颁布，现代化的金融监管法律体系随之开始构建。90 年代后，随着金融体制改革力度的逐步加大和国家对金融监管工作重视程度的逐步提高，国内金融监管立法进程也逐渐加快，立法机关先后制定颁布了《中国人民银行法》、《商业银行法》、《保险法》、《票据法》、《银行业监督管理法》、《证券法》和《反洗钱法》等法

[①]　自 1948 年 12 月 1 日成立直至 20 世纪 70 年代末，中国人民银行不仅是国家金融管理和货币发行的机构，而且也是管理金融的国家机关和全面经营银行业务的唯一银行，既是监管者又是被监管者。

律。以这几部法律为基础，众多的金融监管行政法规和规章也纷纷出台，围绕市场准入、公司治理和内部控制、任职和从业资格、业务运营、市场退出等方面规范金融监管。金融监管法律体系的构建，为我国金融监管提供了基本的法律依据，为维护金融业的稳定、促进金融业的健康发展提供了必要法律保障。90 年代以来，我国先后重返国际货币基金组织和世界银行，加入了亚洲开发银行、国际清算银行、金融特别工作组（FATF）等国际金融组织，尤其是在 2009 年 3 月正式被巴塞尔委员会吸收为正式会员，在银行业监管方面实现了从规则"接受者"到"制定者"角色的重大转变（牛娟娟，2009）。同时，拓展并巩固了与其他国家和地区的监管当局的双边或多边合作关系，为国内和国际经济金融的稳定和发展作出了积极的贡献。

一、我国金融监管法律体系

（一）纵向结构分析

从纵向分析，我国银行监管法律体系是由不同效力层次的法律规范构成的，大致可分为五个层次：

1. 我国缔结或参加的国际金融监管条约，从国际法理上讲，我国缔结或参加关于金融监管的国际条约是我国金融监管法律的一个重要渊源，并且要在效力上要优于国内普通法律。目前在我国缔结的多边国际条约中，只有 WTO《服务贸易总协定》（GATS）及其两个《金融服务附录》和《关于金融服务承诺的谅解》以及《金融服务贸易协议》（FSA）中有部分条款对金融监管作出了规定。

2. 基本金融法律规范，主要包括《中国人民银行法》、《商业银行法》、《银行业监督管理法》、《保险法》、《证券法》、《反洗钱法》、《票据法》等，这些法律是我国金融监管法律体系的核心内容，也是制定金融行政法规、部门规章和规范性文件的基本法律依据。

3. 行政法规，由国务院制定的行政法规包括《国家金库条例》、《金银管理条例》、《国库券条例》、《外汇管理条例》、《外资金融机构管理条例》等，行政法规的效力仅次于基本法律。在 1995 年金融监管系列基本法律出台前，行政法规在金融监管领域具有最高效力，监管部门主要依据行政法规对金融业进行监管。在目前的金融监管法律体系中，行政法规起着拾遗补缺的作用。

4. 部门规章，主要由中国人民银行、中国银监会、中国保监会、中国证监会等监管部门制定，如《商业银行资本充足率管理办法》、《商业银行次级债券发行管理办法》、《金融机构反洗钱规定》、《人民币利率管理规定》等，部门规章也是金融监管法律体系中数量最多的一种，部门规章明确了金融监管的具体要求、内容、方法和程序，具有较强的适用性和可操作性，对于及时规范金融经营行为，防范和化解金融风险起着重要的作用。

5. 金融司法解释，司法机关在适用部分金融法律法规过程中对有关法律问题所做出的解释，如《最高人民法院关于审理存单纠纷案件的若干规定》、《最高人民法院关于审理票据纠纷案件的若干规定》等，金融司法解释丰富和完善了我国的金融监管法律体系，是金融监管法律的重要补充形式。由于司法解释只是弥补法律漏洞的手段，其本身没有创设法律，所以并不是立法活动，但司法解释往往由最高司法机关作出的，它对司法实务的约束力不言而喻。

（二）横向结构分析

从横向分析，我国金融监管法律体系从横向上看由不同监管内容的法律规范构成，主要包括以下几方面：

1. 规定市场准入监管的法律规范。金融市场准入包括机构准入、业务准入和高级管理人员准入，规定市场准入的法律规范有《商业银行法》中关于商业银行设立条件的规定以及高管人员任职资格的规定，以及《金融许可证管理办法》、《在华外资银行设立分支机构暂行办法》、《商业银行设立同城营业网点管理办法》等。

2. 规定金融市场运行规则的法律规范，包括对金融机构运作全过程进行监管的法律规范，如《票据法》中关于票据发行、转让的规定，关于贷款管理监管的《贷款通则》，关于银行支付结算监管的《支付结算办法》，关于银行卡业务监管的《银行卡业务管理办法》等。

3. 规定市场退出的法律规范，金融机构市场退出监管是现代金融监管体系中不可或缺的内容。我国的金融监管法律体系对此也作了规定，如《商业银行法》中关于商业银行破产、解散的规定和《保险法》中关于保险公司撤销、破产的规定，以及《金融机构撤销条例》等。

4. 规定金融监管宏观调控的法律规范。如《中国人民银行法》中关于货币政策工具的规定、《中国人民银行货币政策委员会条例》等。

二、我国参加国际金融监管合作现状

（一）中国银监会与银行监管国际合作

为加强银行监管国际合作，中国银监会成立了"国际咨询委员会"并已经成功召开六次会议，委员会成员包括英国英格兰银行前行长爱德华·乔治、国际清算银行前总经理安德鲁·克罗克特等人，该委员会在促进国际银行监管组织和各国监管当局与中国银监会的技术合作、互助互补方面，发挥了重要的促进作用①。截至 2008 年 5 月，中国银监会还先后与美国、英国、加拿大、新加坡等31 个国家和地区的金融监管当局签署了监管合作谅解备忘录或监管合作协议，就双方在银行监管信息交换和有关监管行动合作作出制度性的安排②。

（二）中国证监会与证券监管国际合作

中国证监会于 1995 年加入国际证监会组织，并于 2002 年当选为该委员会的副主席。上海证券交易所、深圳证券交易所于 1996 年 9 月加入国际证监会组织咨询委员会。自 1993 年 6 月中国证监会与香港证监会签署《监管合作备忘录》以来，已先后与美国、新加坡、英国、法国、德国、瑞士等 39 个国家和地区的证券（期货）监管机构签署了监管合作备忘录③，在信息共享、跨境执法协助和经验交流等方面进行了有效的合作。

（三）中国保监会与保险监管国际合作

中国保监会分别于 2000 年 10 月和 2005 年 12 月正式加入国际保险监管官协会和国际养老金监督官协会。2005 年 5 月 23 日，中国保监会与中国香港、日本、新加坡等 14 个国家和地区的保险监督当局通过了《亚洲区域保险监管合作北京宣言》，确定开展多层次、多领域的保险监管合作活动。在双边监管合作方面，中国保监会已与德国、新加坡、美国等国家和地区的保险监管当局签署了保险监管合作谅解备忘录，并以此为框架展开信息分享、人员培训和监管合作等广泛的双边合作活动④。

（四）中国人民银行与金融监管国际合作

目前，中国人民银行与世界上所有发达国家和主要发展中国家的中央银行建立了合作关系，在国际货币基金组织和"非行集团"派有常驻代表，还在境外设立了东京代表处、欧洲代表处和美洲代表处。中国人民银行通过双边渠道和东

---

① 银监会国际咨询委员会召开第六次会议. 证券日报，2008 - 06 - 19；卫新江. 金融监管学. 中国金融出版社，2005：486.

② 中越签署跨境银行监管备忘录. 上海证券报，2008 - 05 - 15.

③ 统计自中国证监会官方网站.

④ 中国保监会官方网站.

433

盟"10＋3"机制多次为俄罗斯、朝鲜等国家和地区的中央银行官员提供过培训。中国人民银行还积极推动了我国反洗钱的国际合作，如透过欧亚反洗钱组织等积极参与反洗钱的区域合作，并开展了双边金融情报业务的国际合作。我国在2007年6月成为FATF正式成员，反洗钱多边合作和双边合作进一步向纵深发展。

三、存在的不足

（一）金融监管法律体系和监管体制未能及时反映国际化潮流

目前国际金融业发展呈现出机构全能化、业务综合化的发展趋势，而我国现有的金融监管法律体系明显滞后于金融发展国际潮流。以混业经营为例，在1999年美国废止《格拉斯－斯蒂格尔法案》，以此为标志，全球金融业务进入混业经营发展的模式，我国的金融业务也随之出现混业经营的趋势。但我国目前仍实行分业监管的法律制度和体制，人民银行、银监会、证监会、保监会等监管部门根据法律授权，在各自的职权范围内行使金融监管权，带有明显的行业色彩。这种监管法律体系和监管体制既不适应我国加入WTO后对众多外资综合性金融机构进行监管的实际要求，也与国际金融监管的发展趋势不符，对推进我国金融业务的现代化和国际化极为不利。

（二）金融监管法律的国际化程度不够

我国在监管立法的过程中缺少规划性和前瞻性，对国际金融监管立法和做法研究借鉴较少，不能将国际先进的监管理念反映到我们的金融立法中，很多监管法规都是监管部门闭门造车的结果或在计划经济惯性思维指导下的产物，结果导致部分监管法律基本精神、基本原则与国际监管规则、WTO法律制度的原则、精神存在较大的差距，如在监管法律体系中对金融市场整体的安全和秩序强调有余，而对于公平竞争、金融企业的自主效益关注不足；监管法律体系在市场准入、退出、存款保险制度、信息披露等方面存在不足。

（三）国际监管合作的国内法律依据不足

进行金融监管的国际合作需要有明确的国内法律作为依据。而目前我国尚没有比较系统和完备的专门规定金融监管国际合作的法律法规，只有《银行业监督管理法》、《证券法》中有个别条款简单地规定了监管机构可以和其他国家或者地区监管当局建立监督管理合作机制，实施跨境监管等内容。而欧盟、美国、日本等金融业发达的国家和地区都在本国金融法律中对国际金融监管合作的程序、内容等进行了明确的规定，如美国的《国际证券执行合作法》等。在金融监管合作方面缺乏相应的法律依据，直接影响了相关国际金融监管合作的开展。

（四）参与金融监管国际合作仍不充分

虽然我国近年来在积极参与国际金融监管的协调与合作方面有了很大进步，但与迅猛发展金融经济现状和日益上升的国际经济地位相比，我国在参与金融监管国际合作方面还不够充分和全面，金融监管机构与其他国家监管机构合作机制不完善，跨境监管水平不高，仍然是现阶段我国金融监管的薄弱环节之一，作为母国监管当局的监管有效性，特别是跨国监管能力受到国际质疑，已经使我国金融机构在开展跨境业务、设立境外机构时遇到很多障碍，在一定程度上影响了我国金融机构的国际化进程（付正辉，2005）。

四、我国的法律应对

加入 WTO 后的五年过渡期结束以后，我国金融业进入全面开放时期，外资银行和金融机构大举进入中国，我国金融市场和国际金融市场融为一体，我国的金融监管面临着多方面的考验与挑战，如何更好地借鉴国际监管经验，进一步改进行完善我国的金融监管，加强与国际监管组织和其他国家监管机构的合作与协调，提高监管效率，保证我国的金融安全运行，是我们必须面对的重要课题。为此，我国应从以下几方面着手：

1. 立足金融监管国际化，大力推动我国的金融监管立法工作。众所周知，完善、健全金融监管法律制度体系是金融机构实施监管职能的主要保障，这既是金融监管工作自身的要求，也是国际社会的共同经验。我国加入 WTO 以来，金融市场的扩大和全方位的国际竞争已经拉开序幕，全球金融市场的竞争迫切需要我国金融监管法律体系与国际接轨。为此，立法机关和金融监管部门必须认真研究国际监管规则和国际惯例，准确把握国际金融监管法律的发展方向和趋势，使在充分考虑其社会背景、经济基础、法律环境和中国国情等因素的基础上，修改、废止过时、不适用和违反 WTO 规则的监管法律法规，补充制定新的法律法规，使我国的金融法律和金融监管手段符合国际通行做法，进一步推进我国金融业的国际化进程。

2. 积极参与国际金融规则的制定。国际金融规则的制定和调整蕴涵着巨大的利益空间，争夺对金融规则制定的主导权和参与权一直是世界各国战略角逐的目标。为了应对近年发生金融危机，目前以欧盟为代表的有关方面正积极推动重新建立类似"布雷顿森林体系"的新的规则体系，包括制定金融市场的宏观经济规则、货币规则和市场规则等。为此，我国作为一个发展中大国，应抓住这个有利时机更加积极参与新金融规则的制定，掌握国际金融规则的修改和修正权力，力争在金融全球化的潮流中占据有利的地位，这也是我国扩大开放和积极稳妥参与金融全球化的必然选择，也是维护我国和广大发展中国家在多边金融事务中权益的客观要求。

3. 积极参与国际、区域以及双边等多层面的金融监管合作。作为银行、证券和保险等金融监管组织的"新兵"，我国应积极通过巴塞尔委员会、国际证监会组织、国际保险监管组织加强与其他成员方的合作与交流，及时了解和把握金融监管规则的最新进展。同时随着经济区域化的发展，我国还应积极加强与东亚邻国、东盟等区域组织及其成员的金融监管合作，把参与区域金融监管合作作为我国进一步推进金融监管国际化的路径。在双边合作方面，要积极加强与他国尤其是互设金融机构的国家和地区的监管机关的合作，促进双方监管当局的信息共享，互相学习监管经验。通过各种层面的合作，不仅可以为我国金融业的对外开放创造一个环境，同时又可以使我国金融监管队伍从中得到历练，促进我国金融监管能力特别是跨境监管能力的提高，使我国的金融监管逐步迈入国际化的轨道，以不断适应金融全球化所带来的新形势的需要。

4. 建立实体化、法治化的协调机构，逐步推行统一监管。综合经营不仅是国际金融业发展的大势所趋，同时也是我国已经客观存在的现实。同时，在此次全球金融危机中，金融监管当局协调配合不力是导致危机产生和蔓延的主要原因之一，从这两方面而言，我国都有必要加强国内监管机构的协调，设立实体化、制度化的监管协调机构。按照我国目前实际情况，可考虑借鉴法国将四大监管部门合并成立"全国金融委员会"的尝试①，在银监会、保监会和证监会的基础上成立金融监管委员会，将原来由三家监管机构行使的监管权力集中到一个综合性监管机构，实施统一监管。

---

① 李成. 金融监管学. 高等教育出版社，2007：54.

金融市场全球化下的中国金融监管体系改革

第十五章

中国金融监管体系改革总体思路与方案

第一节　宏观金融审慎性监管与金融监管体系改革

一、加强宏观金融审慎性监管的必要性

第二次世界大战以后的相当一段时间，金融系统在布雷顿森林体系的框架之内相当稳定。布雷顿森林体系解体之后，金融资产的价格（例如利率、汇率）变动幅度增大，金融市场变得更加复杂，各种管理风险的金融工具不断涌现，金融机构管理风险的难度加大，金融系统变得更加脆弱和不稳定，因此，各国政府开始加强对不同类别的金融机构的监管。

原巴塞尔协议正是在总结以往金融危机的教训基础之上在全世界范围之内推广实施的，单个金融机构的资本充足率需要达到监管资本的要求，这样单个金融机构的破产风险大大降低。针对原巴塞尔协议所产生的监管资本与经济资本不一致以及金融机构随之而来的监管套利问题，新巴塞尔协议提出了改进措施，使得金融机构的监管资本与经济资本趋于一致，既能继续保证单个金融机构的稳定性，又能有效避免监管套利。欧洲一些国际性银行已经率先于 2007 年实行新巴塞尔协议。在欧美一些比较大的金融机构风险管理是比较健全的，它们采用一些

风险管理模型对不同类型资产的信用风险、市场风险与操作风险进行评估，这确实大大提高了银行的稳定性。

但恰恰是在发达国家微观审慎性监管，即着眼于单个金融机构的监管水平以及金融机构自身的风险管理水平不断提高之时，金融危机爆发了。2008 年席卷全球的金融危机给各国的金融系统以及实体经济都造成了很大的冲击。与以往金融危机不同的是这次危机发端于经济高度发达，金融机构风险管理相对健全的美国。过去拉美国家的金融危机、亚洲金融危机一定程度上来源于外部的冲击，再加上这些国家金融机构自身的风险管理并不健全，很容易产生金融系统的动荡。而这次的金融危机完全不同，而且造成的影响达到了百年不遇的程度，很多学者将这次金融危机与美国 1929～1933 年的危机作对比。因此，对于这次金融危机起因的考察是值得我们思考的，这次金融危机的教训也值得我们好好总结的。

关于这次金融危机的起源有很多学者进行的分析：有人认为美国的宏观经济政策有失误的地方；有人认为是由于金融机构的高杠杆放大了这次危机的影响范围；还有人认为金融创新过度，已经脱离了实体经济的发展等。这些分析都有一定的道理，应当说都是这次金融危机发生的原因，但是上述种种最终都与金融监管的不完善有关系。金融监管体系的不合理、金融监管机构内部以及与其他宏观政策部门协调的缺乏是这次金融危机更深层次的原因，更具体地说是由于宏观审慎性监管比较脆弱有关。

二、宏观审慎性监管是与微观审慎性监管的区别

宏观审慎性监管是与微观审慎性监管相对应的一个概念，两者从概念的界定以及实践当中的应用都有很大的不同。

首先，两者的目标不同，宏观审慎性监管的目标是控制金融系统不稳定对于整个经济带来巨大损失的风险，微观审慎性监管则主要关注单个金融机构不稳定所带来的损失，并不关注该损失对整体经济的影响。微观审慎性监管主要着眼于单个金融机构的监管，而宏观审慎性监管则着眼于整个金融系统的稳定。原有的监管逻辑过分重视微观审慎性监管，当然这也有其存在的历史原因。以美国为例，20 世纪 90 年代末美国《金融服务现代化法》颁布之前，不同性质的金融机构界限比较明显，它们之间的联系也不是很紧密。银行作为比较特殊的金融机构处于美联储比较严格的监管之下；而投资银行等其他金融机构由于不具有系统性风险，主要通过市场纪律来对其进行约束，证监会的主要职责是确保信息的透明与准确；保险公司比较独特，主要由州一级的机构进行监管。各类不同的监管机构按照金融机构进行划分，各司其职。具有确保金融系统稳定职能的美联储并不

担心来自于投资银行、保险公司以及除同业拆借之外的金融市场的冲击，因为这些冲击还不足以影响金融系统的稳定。美联储只要能够加强银行的微观审慎性监管就能基本确保金融系统的稳定，自然对于系统性风险的评估以及系统性风险积聚的缓解的要求就没有那么急切。

随着金融混业以及金融创新趋势的加强，不同的金融机构界限开始模糊，互相之间的联系也开始变得紧密。一个很明显的例子就是金融创新产品 CDS① 市场的发展迅速提高了金融机构之间的依赖性。在这种情况之下，投资银行、保险公司等金融机构也开始具有系统性风险，也就是说它们的倒闭可能会引起包括银行在内的整个金融系统的动荡。而各类金融机构继续受到不同监管机构的监管，原有的监管逻辑就出现了问题，美联储已经无法通过保证商业银行的稳定来保证金融系统的稳定，投资银行雷曼兄弟公司倒闭之后所发生的一切就是很好的证明。在这样的情况下，宏观审慎性监管就需要作为一个单独的监管目标提出来，通过对于各类金融机构、各种金融市场的系统性风险的评估，找到具有系统性风险的金融机构或者金融产品，通过加强微观审慎性监管来消除威胁。

其次，两者对于风险的理解不同。宏观审慎性监管认为对金融机构造成冲击的外部变量，比如信贷、利率、汇率等，都会受到整体金融机构状况的影响，也就是说，金融机构与金融市场是一个有机的整体，金融市场的状况受到金融机构的影响，又会对金融机构的稳定性造成影响；宏观审慎性监管还认为金融系统与实体经济也是一个有机的整体，金融系统能够感受到实体经济造成的冲击，反过来金融系统又会对实体经济造成影响。而微观审慎性监管则只关注单个金融机构，认为金融市场的冲击是外生的，同时金融系统对实体经济也是没有影响的。由于对于风险的理解不同，那么在指导金融机构的实践当中也就会有很大不同，例如在金融危机过后，从单个金融机构的角度来讲收缩信贷可以降低风险，减少预期的损失，但是如果所有的金融机构都收缩信贷则会造成大规模的信贷约束，不利于实体经济的复苏。

过分强调微观审慎性监管，保证单个金融机构的稳定，这种监管理念是存在

---

① CDS 即信用违约掉期，是一种由两方签订的信用衍生合约。买卖双方以某一种金融工具（如债券）作为参照物，交易双方均并不一定拥有或持有此金融工具，A（买方）、B（卖方）两方对此金融工具的信用观点不同，A 方从 B 方购买保险，例如投资金额为 1 000 万美元，保险价格双方议定，A 方每年向 B 方缴纳保费，一旦参照的金融工具违约，双方交易即终止，办理退赔手续，B 方偿付 1 000 万美元给 A 方。CDS 产品作为金融机构管理信用风险的一种工具发展速度非常快，2008 年 11 月负责 CDS 交易结算的美国托管信托和结算公司（Depository Trust & Clearing Corp.，DTCC）公布，CDS 市场全球交易规模为 33.6 万亿美元，参考债券包括各国国债、企业债券、资产抵押债券等。以前的 CDS 市场规模均由国际掉期和衍生产品协会（International Swapsand Derivatives Association，ISDA）公布，该协会从 2001 年起开始调查 CDS 市场规模，当时为 9 190 亿美元，到 2007 年年底达到顶峰 62 万亿美元。

问题的，仅仅保证个体金融机构的稳定，并不能必然确保整体金融系统不出现问题。从监管的理念来说，宏观审慎性监管也意味着一种变革，它代表着一种自上而下的监管理念，不同于微观审慎性监管自下而上的监管理念。经济学当中有一个很有名的"囚徒困境"理论，每个个体选择对于自己来说最优的行为，最终得到的结果却是最差的。有人总结了过去发生的多次金融危机的原因，归结于"人性的贪婪"，这是有一定道理的。宏观审慎性监管正是针对这种个体行为与整体行为的矛盾而提出的，它将单个金融机构、金融市场以及实体经济看做一个整体，从对整体经济的影响来考虑金融监管的问题，更能够保证金融系统的整体稳定。

三、宏观审慎性监管的任务

历史经验已经表明，金融萧条更多的来源于金融机构对于宏观经济和金融的不平衡的共同风险暴露，而不是单个金融机构的个体风险，将视角建立在整个金融体系之上，并且考虑它和宏观经济的联系。因此，加强宏观审慎性监管是十分必要的。

宏观审慎性监管有两个方面的任务，一方面是防止系统性风险随着时间的积聚而变得不可控制，这是宏观审慎性监管在时间序列方向上的任务；另一方面在每一个时点都要密切关注系统性风险的变化，对其做出评估并找到潜在的威胁，这是横截面上的任务。上述两个方面互相联系，互相影响，当横截面上的系统性风险评估显示系统性风险有所上升的时候，例如在经济过热的时候银行可能会降低资本充足率，扩大贷款的发放，金融体系会变得脆弱，对于负面冲击的抵御能力变弱，这就需要采取措施减少系统性风险。可能的措施包括加强微观审慎性监管，对于那些对系统性风险影响大的金融机构增加管理费用的收取；或者提高新巴塞尔协议监管资本计算公式中的置信破产概率；或者加强对于评级机构的评级以及银行内部评级标准的监管，迫使金融机构对于资产违约率的计算具有一定的前瞻性。

第二节　我国金融监管体系改革的思路与方案

一、中国金融监管体系改革总体思路

由于金融体系和金融结构的变化，各国金融监管体系也不断变化与改革。在

整个发展过程中，因各国的经济、政治、金融制度等方面的不同，通过各方博弈产生的监管模式也有所不同。经历全球金融危机后，主要典型国家的金融监管模式趋同迹象明显。美国、英国先后作出大幅度调整，而澳大利亚和德国的模式则成为了它们学习借鉴的榜样。虽然我国尚处于综合经营的早期阶段，但原有的金融监管模式也已经逐渐显示出不适应金融业发展和监管需要的问题，需要加以变革。借鉴发达国家的成功之处，对于更好地设计金融监管体系改革是十分有益的。

世界上没有完美的监管制度，监管体制改革也是一个不断探索实践的过程，再科学的监管框架，也需要在实践中检验并需不断予以完善。一是现代金融体系内的风险产生和传递完全呈现出了新的特征，即金融市场和金融机构的高杠杆率、高关联度、高不对称性。这就决定无论风险管理手段多么先进、体系多么完善的金融机构都不能避免因为机构内部原因或市场外部变化而遭受风险事件的影响。二是监管体制和监管规则调整涉及各国利益，要在世界范围内达成具体共识并形成统一政策绝非易事。对此，中国应积极参加国际金融规则制订工作，切实增加话语权，维护发展中国家利益，防范不当政策出台而引发政策风险。三是金融监管视野绝不可仅限于本国或实体经济范围内，要密切关注国际经济金融以及实体经济的发展变化，主动调整金融政策，保持宏观经济稳定，维护金融安全。四是金融监管范围的确定，要注重机构业务实质，而不在于机构的法律形式。同理，在金融监管和金融机构内部管理时，积极使用但不能过度依赖风险计量模型。五是再科学理想的监管框架，也离不开人这一最重要的因素，监管框架需要在实践中不断检讨、发展和完善，监管者素质的提高也应纳入持续性工程。六是金融机构在日常业务经营过程中，要保持相当的独立性，更多地依靠自身力量进行内部尽职调查和评级分析。

综观其他国家和地区的综合监管体制和实践，基本上都是参照美国、英国和澳大利亚三种模式并结合本国国情进行的细化和完善，其中也不乏值得我们学习借鉴和吸取教训总结的内容。如日本将金融监管权和金融政策制定权统一划归金融厅（FSA）后，模糊了政治与监管的界限，不同程度地受到政治利益集团的影响，同时也没有对金融监管行为安排足够的监督制约机制，削弱了监管有效性。又如我国台湾适应国际金融发展趋势先后在2001年和2004年通过金融监管三法草案和《行政院金融监督管理委员会组织法》，构建一元化金融监管体制，但由于相关机制建设的滞后性和政治约束，金融监管绩效还未充分显现。

一个合理的监管结构应该在既尊重传统与现实的同时，又要充分考虑到未来的金融发展趋势。金融控股公司监管改革，从框架上要纳入对综合经营和金融集团化实施有效监管的总体框架中来考虑，同时也要从监管技术方法上研究设计针对性政策安排。

按照监管思路的不同，世界各国（地区）现有金融监管机制可以分为三类，即机构监管、功能监管和目标监管。所谓机构监管是指不同类型的金融机构的所有业务由不同的监管机构按照不同的标准和体系进行监管。所谓功能监管是指各类金融机构的同一类型业务统一由一个监管机构监管，不同类型业务由不同监管机构分别监管。目标监管则按照金融监管的不同目标（审慎监管和市场行为监管）分别设立监管部门，对各种类型金融机构统一监管。

从各国实践情况看，上述三类监管思路各有利弊。机构监管的主要问题是不同监管机构对于不同金融机构相类似的金融业务可能采取不同的监管体制和标准，造成过度监管或监管缺位现象的产生，并导致监管套利的出现。同时，随着混业经营的日益普遍，机构监管模式与金融市场和金融机构的发展趋势日益显出明显差距，造成金融监管与金融市场发展的脱节，不利于金融市场的稳定发展。功能监管可能产生的主要问题包括混业经营的金融机构（尤其是金融控股公司）不同类型的业务受到不同监管机构的监管，但公司作为整体缺少必要的监管。同时，一个金融机构通常由一个监管部门作为主要监管机构牵头监管，不同牵头部门对混业经营的金融机构可能采取的监管思路、监管侧重各不相同，造成不同的监管成本。目标监管是按照不同监管目标（如审慎监管、市场行为监管、市场竞争监管等）对金融机构从各个角度进行监管。与功能监管类似，目标监管造成一个金融机构需要同时接受几个监管部门的监管，容易造成监管成本的上升和监管效率的下降。

选择何种监管思路，可能要有几个维度的判断标准：一是一国金融的综合经营程度及未来发展趋势，特别是政府对金融发展战略的考虑；二是监管成本与效率的问题，特别是要确保实现审慎监管目标；三是金融市场发展情况，特别是社会公众对金融市场的参与程度以及金融机构与消费者争议程度；四是何种思路才能更好地将外部监管要求内部化给金融机构。澳大利亚当初设计改革方案时所争论的问题，可能也会对我们有所启发。

现代金融监管体制改革的动因有三个：金融自由化及对传统监管模式的挑战、金融行业的边界日益模糊、金融机构集团化与功能非专业化。总的来看，从"一行三会"体制确立以来，中国金融业改革发展迎来前所未有的快速发展时期，已经步入转型发展阶段，其突出的特点是金融体系历史包袱问题大幅化解，市场结构趋于优化，现代金融企业制度初步建立，金融创新步伐加快，金融为经济社会发展服务的功能明显增强。与此同时，新的风险正在积聚，消费者利益保护问题也日益突出。

从银行业看，银行体系的风险抵御能力显著提高，全球化战略加速实施，产品和服务创新加快。截至 2010 年年底，银行业金融机构总资产突破 95 万亿元，是 2003 年的 3.4 倍；总负债 89.5 万亿元，是 2003 年的 3.4 倍；所有者权益 5.8 万亿元，是 2003 年的 5.5 倍；不良贷款余额 1.2 万亿元，不良率 2.4%；商业银行资本充足率 12.2%，核心资本充足率占 10.1%。截至 2010 年年底，5 家大型商业银行共设有 89 家一级境外营业性机构，收购参股 10 家境外机构，6 家股份制商业银行在境外设立 5 家分行。这些境外机构分布在亚洲、欧洲、美洲、非洲和大洋洲，业务范围涵盖商业银行、投资银行、保险等多种金融服务领域。商业银行设立租赁公司、参股信托公司等取得重要进展。银行卡、电子银行和衍生产品交易业务等稳健发展。截至 2010 年年底，银行业金融机构共发行银行卡 24.1 亿张，个人理财产品存续数量 7 049 款，账面余额 1.7 万亿元。2010 年，银行卡交易金额 5.1 万亿元，电子渠道交易 628.5 万亿元。

从证券业看，上市公司股权分置改革和证券公司综合治理取得突破性进展，资本市场筹资功能显著增强，机构投资者发展迅速，社会公众参与程度明显提高，中国资本市场逐步成为全社会重要的财富管理平台。2008 年境内股票市场筹资额达 3 535 亿元，其中首次公开发行筹资额 1 034.4 亿元，是 2003 年的 34 倍。截至 2008 年年末，A 股总市值 12.1 万亿元，是 2003 年的近 3 倍；全国共有证券公司 107 家，总资产 1.2 万亿元；投资者开户数达 1.5 亿户，其中机构投资者达 53.4 万户，持股市值占流通股票市值的 54.6%；79 家境外机构获得 QFII 资格，批准投资额为 134 亿美元；共有 61 家基金公司，基金资产净值达 1.9 万亿元，商品期货市场成交金额 71.9 万亿元。

从保险业来看，已经成为国民经济发展最快的行业之一，经济补偿功能和社会管理功能明显增强。截至 2010 年年底，全国共有保险公司 146 家，保险业总资产 5.1 万亿元，是 2005 年的 3.3 倍；保险资金运用余额 4.6 万亿元，是 2003 年的 3.5 倍；养老保险公司为 2.7 万家企业的 288.4 万人提供了企业年金受托管理服务，受托管理资产 473.6 亿元，投资管理资产 377.4 亿元，较年初分别增长 4.2 倍和 3.7 倍。经过保险公司自身发展和保险保障基金制度的建立，历史包袱明显化解，公司偿付能力严重不足问题逐步解决。保险产品和服务创新大量涌现，一大批保险产品从无到有，保险功能从主要集中在经济补偿功能，向资金融通和社会管理拓展。

国际金融发展经验表明，越是金融市场快速发展的时期，对监管的要求越高。监管改革时机的把握，也就决定一国金融的可持续发展性。澳大利亚在金融自由化政策实施后金融业出现了快速发展，该国主动结合市场形势变化采取重大监管体制改革措施，避免了在这次全球金融危机中遭受重创。而目前美国则是在

443

此次金融危机后才开始反思并着手对金融监管体制作出调整。发生在我国的"海发行倒闭"事件以及"德隆系风险"事件，虽然不足以触动监管体制改革问题，但其带来的教训不能漠视忘记。目前中国金融业发展速度很快，特别是银行资产负债表扩张速度过快蕴涵着巨大风险。当然，这其中既有中国经济结构转化所释放巨大发展力量的原因，也有近年来实施金融业重大改革措施的改革效应因素。特别是近年来金融企业改革集聚了大量资本，这些资本的注入以及索取回报的要求，也促进了金融规模的快速增长，其中原委及导致的潜在风险绝不容忽视。另外，国内金融创新大量涌现，金融产品边界日益模糊，金融消费者数量快速增加。考虑到上述两大方面因素，我们应该主动思考加强金融风险防范和强化金融消费者权益保护的问题。

由于我国真正意义上的分业监管体制是在 2003 年年初成立银监会后才正式确立的，到现在才运行不过 10 年时间，同时考虑到整合机构涉及原有机构的人员安排和新机构的职责定位、监管文化融合、监管专业分工、内部决策程序设计等方面的现实困难，这种格局在短期内不宜改变，不应简单效仿部分国家的监管改革而反复调整我国的金融监管模式。监管体制的改革也是一项复杂的、风险很高的系统工程，不是简单、技术性的机构调整。更重要的是，如果监管能力没有变化，简单地将几个监管机构合并在一起并不能从根本上解决问题。分业监管体制在中国总体上还是适应的，其适应性也会续存一个阶段。当前我国金融监管体制改革的重点应在于，大力加强银行、证券、保险三大行业监管的专业性和有效性，同时做实金融监管协调机制和信息共享，增强协调机制的权威性和有效性。

从长期来看，对于金融监管体制改革这一重大问题，有必要进行提前深入研究，确保在适当时机推出。至于改革的具体时间，还需要根据实际情况来判定。但在模式选择上，应该提前出具一个系统性框架，并结合金融形势发展作出符合性测试。

从前面对美国、英国和澳大利亚等三种典型监管模式的研究，以及对我国金融控股公司发展现状及趋势的判断，我国金融监管模式应由原有注重风险防范的单一导向，向注重风险防范和金融消费者利益保护的双重导向转变。具体就是应以目标监管为导向，并在监管机构包括内部部门和分支机构设计上分层体现目标监管、机构监管和功能监管思路。从总体上说，我国应当从"一行三会"（即中国人民银行、中国银监会、中国证监会、中国保监会）体制向"一行一会"（即中国人民银行、中国金融监管委员会）体制过渡，从对机构监管向功能监管过渡。

二、中国金融监管体系改革的原则与目标

（一）中国金融监管体系改革的原则

1. 加强金融监管的独立性和权威性，将金融监管职能统一到一个独立的机构中，改变"一行三会"分业监管的局面。

2. 金融监管体系改革要以提高监管效率为出发点。

3. 着力加强宏观谨慎性监管。

4. 做到通过金融监管达到稳定金融的作用。

5. 把保护投资者合法权益为改革的落脚点。

6. 有力打击各种金融犯罪事件，维护正常的市场秩序。

7. 实现功能性金融监管。建立适应我国国情的金融监管体制，实现功能性金融监管。在金融自由化和全球化的国际大背景下，混业经营成为全球金融业发展的大趋势。如果我国依然坚持分业经营，不仅无法维护金融体系的安全，还将丧失金融业运行的效率，束缚我国金融业的发展。因此，取消人为的限制，实行适度混业经营，为国内金融机构创造平等的竞争环境，是我国金融业未来改革与发展的必然趋势。金融业要实行混业经营，就必须对现有的金融监管体制加以改革，以功能性金融监管取代传统的机构监管。实行功能性金融监管的好处在于：一是可根据经济功能来分配法律权限。如证券监管更强调公开性和透明度；银行监管关心的是公众对银行的信心需要，因此更倾向于保密；保险监管则是注重发生风险后的赔付能力。二是可根据各监管机构最熟知的金融业务来实施监管。三是可以大大减少金融监管职能的冲突、交叉重叠和监管盲区。

8. 适应金融国际化的要求，加强涉外金融与国际金融监管。

（二）中国金融监管体系改革的目标

从长远来看，中国应当走金融统一监管或综合监管之路，变分业监管为统一监管。建立统一监管、分工协作、伞形管理的金融监管体系。中国金融监管体系的改革目标应当是，建立一个统一的金融监管机构——中国金融监督管理委员会（以下简称"中国金监会"），进行综合金融管理，负责统一制定我国金融业的发展规划，通盘考虑和制定金融法律、法规，协调监管政策和监管标准，监测和评估金融部门的整体风险，集中收集监管信息，统一调动监管资源。通过统一的监管机构，对银行业、证券业、保险业和其他金融部门和金融市场进行监管，以维

护金融业的稳定发展。中国金监会可以针对金融监管的真空及时采取相应措施，划分各金融监管机构的职责范围，协调各监管机构的利益冲突以及划分监管归属等。

三、中国金融监管体系改革的方案设计

从分业监管向统一监管转变并不是一蹴而就的事，要根据金融发展的实际情况逐步转变。成立中国金融监管委员会是一种较为理想的选择，必须经过若干过渡才能实现。

1. 现阶段（第一阶段）应当进一步改进和完善现行的金融监管体系。中国目前实行"一行三会"的分业管理体制，总体上还是适应现阶段金融市场发展需要的。但存在职责不清、监管重叠、监管漏洞、监管套利、监管成本高和监管效率不高的问题。尤其是对金融控股公司的监管职责不清和监管不到位的问题。各监管机构之间的信息交流、资源共享、协作和合作也存在问题。应该进一步地改革或完善监管体制。

第一，进一步明确各监管机构的职责，加强信息交流，强化监管协调，各监管机构充分合作与协作。完善和强化银监会、证监会、保监会"监管联席会议机制"。遇到重大综合监管问题，应及时协商并作出各监管部门的统一决策。

第二，目前主要是对金融机构的监管，应当逐渐转变为功能监管。实行机构监管与功能监管相结合的管理办法。

第三，将合规性监管与风险性监管相结合，以合规性监管为前提，风险性监督为主，二者并重；建立银行和金融机构信用评级制度，进行合规性和风险性评级，以强化银行和金融机构对其经营和风险程度的识别和管理，增强自我约束力。

第四，最重要的是明确金融控股公司的法律地位，明确金融控股公司的监管主体，制定对金融控股公司的监管办法。金融监管机构可以通过对金融控股公司的母公司（总公司）进行直接监管，对其下属的金融企业进行业务和功能监管，也可通过金融控股公司总公司对集团下属公司进行内部管理。现阶段可以将金融控股公司总公司指定一个金融监管机构进行监督管理，为了对金融控股公司的总公司（母公司）进行统一管理，建议当前可以指定银监会作为金融控股公司总公司（无论是纯粹型金融控股公司，还是银行型、证券型或保险型金融控股公司）的主管机构，对其进行监督管理（包括注册管理和日常监管），而银监会、保监会和证监会分别对金融控股公司的银行子公司、保险子公司和证券子公司及不是控股公司的单个银行、保险公司和证券公司分别

进行监督与管理。

2. 第二阶段，在条件具备时，成立金融管理协调委员会，协调各监管部门的关系。前面已经指出，中国目前的"三会一行"的金融监管架构，由于几家监管机构是平行的"部级"单位，对重大问题的自身协调能力甚至沟通能力都较差，容易出现监管真空、监管重叠和监管不到位问题。为了增强监管协调的有效性，加强对金融控股公司的管理，应该在现有的"三会"协调基础上，在国务院层面建立金融监管协调机制，即建立最高层级的监管协调机构——中国金融管理协调委员会，该委员会直属于国务院，负责对金融监管领域所有重大问题进行协调。该机构还应具有货币和金融监管政策之间协调功能。以便在金融突发事件处置、金融稳定和风险预警、信息共享等方面形成长效机制和制度。

金融管理协调委员会在一些重大金融监管政策等方面协调中央银行和"三会"的关系。中央银行、金融监管部门和其他政府部门之间应当协调监管政策和手段，加强信息共享，建立防范跨行业、跨市场金融风险的长效协调机制，完善跨行业、跨市场金融风险的监测、评估、预警和化解系统。

监管部门可以建立对控股公司的集中监管信息平台，创造条件实现监管部门与监管对象业务系统的信息联网，改善信息传递的方式与速度。借此监控技术，监管主体可以重点对混业经营单位的资金流动进行监控，特别是那些将对集团财务健康带来不利影响的内部交易，及时、全面获取各金融子公司的财务、资产状况及经营动态，防止内部资金违规流向实业部门。

此阶段仍由银监会作为金融控股公司的主管机构，而三大监管机构仍然对金融控股公司的子公司及单个银行、保险公司、证券公司和其他金融机构进行功能监管。同时，金融控股公司总公司（母公司）对其银行、保险公司和证券公司子公司进行内部风险管理。

3. 第三阶段，在条件成熟后，建立具有政府管理职能的中国金融监督管理委员会（以下简称"中国金监会"）。中国金监会对中国金融机构和金融市场进行统一监管。现在的银监会、证监会和保监会变成金监会的下属的单位，分别对银行业、证券业和保险业进行监管。金监会制定金融监管政策和法规，协调各监管机构之间的关系。中央银行仍然担任部分金融监管职能。即中央银行除了制定和执行货币政策外，还负责监管货币市场和外汇市场。形成金监会为主与中央银行共同进行金融监管的格局。

中国金监会是直属于国务院的中国金融监管的最高机构，其负责人应当由国务委员或国务院副总理兼任。中国金监会主要通过对金融控股公司总公司进行直接监管实现对金融业的监管。

一是对金融控股集团设立和准入进行监管。明确市场准入资格、控股范围、模式、比例等方面的要求。

二是明确集团的财务要求。对资本构成、资本充足率、资产负债计算方法等问题进行规定，明确各项考核均要以合并报表为基础的技术性要求，准确评估集团实际的财务杠杆和经营风险。

三是加强对关联交易的认定和处理。中国金监会要细化银行控股公司内部、关联交易的定义和分类，对控股公司集团内部关联交易类型、交易方式、金额等作出限制性规定；密切关注集团内部大额的商品、资金等项目的往来，并要求控股公司集团对可疑交易项目进行解释。

四是在金融控股公司内部建立"防火墙"制度。银监会、证监会和保监会在中国金监会的统一领导下，对金融控股公司的子公司及单个银行、证券公司和保险公司进行功能监管。同时，发挥金融控股公司对下属子公司（银行、证券公司、保险公司）的内部管理作用。金融控股公司规模庞大，业务范围广泛，如果缺乏良好的公司治理结构和完善的内部控制机制则公司内部可能出现相互持股、贷款互保、资金违规拆借等问题，这些问题将导致公司的发展潜伏着较大关联交易风险、高财务杠杆风险和系统性风险。为了保证金融控股公司健康、稳定的发展，应当对现有的金融控股公司按照规范的现代企业制度重新进行整合，实现产权制度的深层次变革，制定一系列制度安排来维护公司治理，并关注跟踪银行控股公司试点整合的全过程，在公司内部形成如内部交易制度、风险预警及管理制度等严密的内部管理制度。

四、中国未来金融监管体系的格局与组织结构框架

中国如何改革金融监管体系是应当研究的重大问题。走集中统一监管之路是毫无疑问的。有人认为，中国应当学习美国的改革经验，美国把美联储打造成一个"超级监管者"，一切金融监管权都归于美联储。中国应当扩大中国人民银行权力，把中国人民银行也打造成一个超级监管者，既进行宏观金融监管也进行微观金融监管。我们认为，中国与美国是不一样的，美联储实际一直作为一个超级监管者存在的，1999 年 11 月《金融服务现代化法》经国会和总统批准后，美联储又增加了作为金融控股公司伞式监管者的职能。此次美国金融监管改革是进一步加强了它的监管权力而已，而且美联储能否对所有的金融机构及金融行为实行有效监管，还值得观察。中国在相当长的历史时期里，都是由中国人民银行一家进行金融监管，但是那是在几乎没有金融市场，除了银行机构之外没有其他金融机构的情况下进行统一监管的。而当金融机构多元化、金融市场多元化以后，中

国人民银行把对银行、保险、证券、信托等机构的监管权及对金融市场的直接监管权转移到后来成立的银监会、保监会和证监会手中，中国人民银行与"三会"是平等机构，它们之间是协调与合作的关系。中国人民银行主要职责是通过货币政策进行宏观调控，而不是具体监管。如果把这些监管权再重新收回来，等于剥夺了"三会"的权力，可能性不大，另外，中国人民银行很难承担起既进行宏观审慎监管又进行微观审慎管理的职责，中国人民银行下属的金融稳定局也很难做到稳定金融的作用。

我们认为，中央银行只应该担任部分金融监管职能。即中央银行除了制定和执行货币政策外，还负责监管货币市场和外汇市场。其他对金融机构和和金融业务的监管均由中国金监会承担。形成以中国金监会为主与中央银行分工协作共同进行金融监管的金融监管体系与格局。

为了更好地发挥中国金监会的作用，建议在金监会下设立三个委员会，一是成立金融审慎监管委员会，将原来"一行三会"的宏观与微观审慎性监管职责转到该委员会，该委员会更多的负责起着宏观审慎性监管职能。二是成立投资者保护委员会，负责业务运作与投资者保护，该委员会对金融衍生产品进行审查，对投资者进行提示与告知，协助投资者的投诉的仲裁甚至诉讼。三是成立金融稳定委员会（原来在中国人民银行下有一个金融稳定局，但从目前的情况看，它很难担当起金融稳定的职责，可考虑将其合并到金融稳定委员会中），负责金融体系的整体稳定性，同时制定金融监管的各项法规和政策。金融监管体系改革结构见图 15 - 1。

从图 15 - 1 可以看到，改革后的金融监管体系，由中国金监会和中国人民银行共同进行宏观审慎性监管，而以中国金监会为主。金监会内部，三个委员会分别行使金融稳定、金融审慎监管和保护投资者职能。原来的银监会、保监会和证监会通过金融控股公司分别对银行业务、保险业务和证券业务及各专业金融市场进行监管。而中国人民银行继续通过货币政策调节金融与经济。这样的金融监管体系与格局，可能会有利于金融体系的发展与稳定。

从图 15 - 1 可以看到，监管体系由目前的三个审慎性监管机构变为由金融监管委员会领导的按照监管目标划分的三个分委员会，级别可以与原来相同，这样可以减少改革的阻力。同时由于证券业监督管理委员会的专业人力资源更多是负责保证市场信息公开透明以及投资者保护的，因此该委员会的大部分人员可以转为投资者保护委员会的成员，负责对证券公司等金融机构进行微观审慎性监管的人员可以转到金融审慎监管委员会负责对金融机构证券类业务的监管；保险业监督管理委员会的大部分成员可以到金融审慎监管委员会负责对于金融机构保险类业务的监管；银监会当中负责宏观审慎性监管的成员以及原来中国人民银行金

```
                              ┌─────────┐
                              │  国务院  │
                              └─────────┘
                                   │
             ┌─────────────────────┴──────────────────────────┐
     ┌──────────────┐                          ┌──────────────────────┐
     │  中国人民银行  │                          │  中国金融监督管理委员会  │
     └──────────────┘                          └──────────────────────┘
             │                         ┌────────────────┴────────────────┐
     ┌──────────────┐         ┌────────────────────────────────────────────────┐
     │   货币政策    │         │ ┌──────────┐  ┌──────────┐  ┌──────────┐        │
     │   委员会     │         │ │  金融稳    │  │  金融审慎  │  │  投资者   │        │
     └──────────────┘         │ │  定委员会  │  │ 监管委员会 │  │ 保护委员会 │        │
             │               │ └──────────┘  └──────────┘  └──────────┘        │
                             └────────────────────────────────────────────────┘
     ┌──────────────┐
     │   货币市场    │         ┌──────────┐    ┌──────────┐    ┌──────────┐
     │  与外汇市场   │         │  银监会   │    │  证监会   │    │  保监会   │
     └──────────────┘         └──────────┘    └──────────┘    └──────────┘
                            ┌──────────────┐  ┌──────────┐  ┌──────────┐
                            │ 纯粹金融控     │  │ 证券类控股 │  │ 保险类控股 │
                            │ 股公司和银行类  │  │  公司     │  │  公司     │
                            │ 金融控股公司    │  └──────────┘  └──────────┘
                            └──────────────┘
                            ┌──────────────┐  ┌──────────┐  ┌──────────┐
                            │  银行业务     │  │  上市公   │  │  保险     │
                            │  与银行市场   │  │ 司业务与   │  │ 公司与    │
                            └──────────────┘  │ 证券市场   │  │ 保险市场   │
                                             └──────────┘  └──────────┘
```

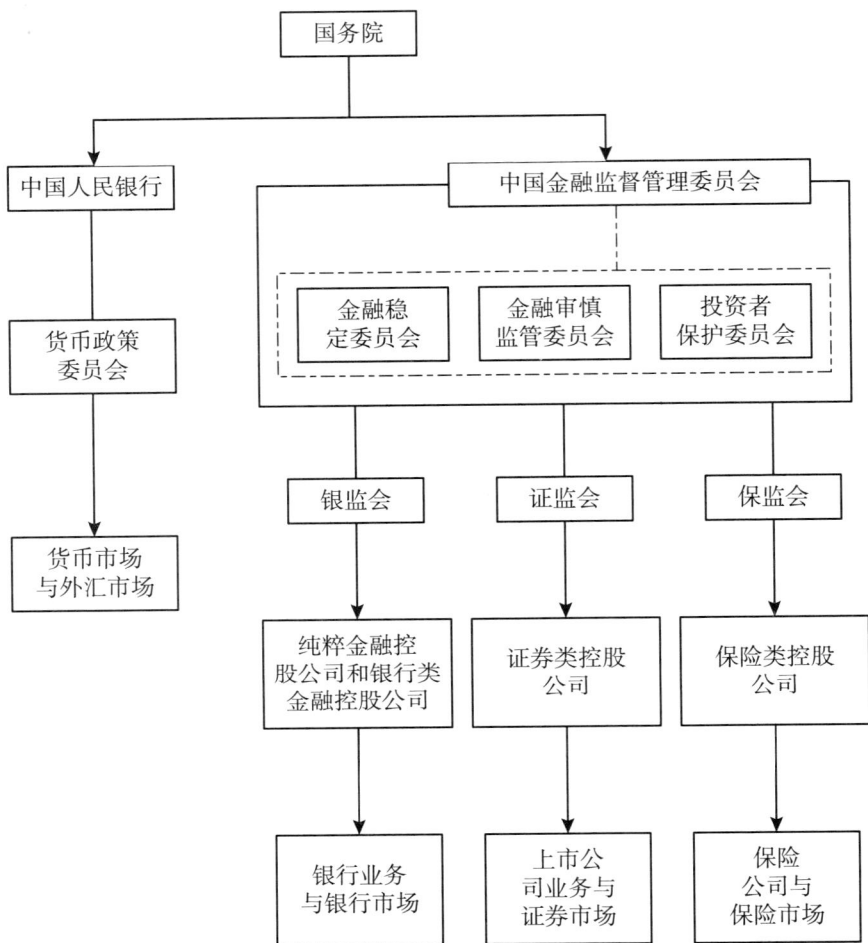

图 15 - 1   中国金融监管体系改革示意

融稳定局负责宏观审慎性监管的成员可以到新成立的金融稳定委员会，银监会当中负责微观审慎性监管的成员可以转到金融审慎监管委员会负责银行类业务的微观审慎性监管。总之，经过过去以及未来一段时间的分业监管，各类业务的专业性监管人才比较完备时，特别是宏观审慎性监管方面的人力资源储备比较多时，可以进行该项改革。同时，该项改革应当与金融体系的发展密切联系，如果金融体系发展较快，各类金融机构拓展多种业务的步伐迈得很大，那么这项改革的推进就要加快；如果受这次金融危机地影响，各个金融机构变得比较保守，开始收缩业务集中在自己的核心业务方面，那么这项改革就可以暂时搁置。但是无论如何，当前最紧迫的任务是加强审慎性监管的宏观取向，特别是银监会以及中国人民银行的金融稳定局应当建立完善的系统性风险评估体系，并且在适当的时候实行相机抉择措施，因为中国实行新巴塞尔协议的日期已经逐渐临近，新巴塞尔协议的顺周期效应的影响会逐渐显现，监管机构应当未雨绸缪，在实行新巴塞尔协议之前建立一套完整的应对其顺周期效应影响的措施框架。

第三节　完善金融监管体系的配套改革

金融监管体系总体改革固然重要，但必须建立和完善与之相适应的制度、规章、法律法规并辅以其他实施措施，才能提高金融监管效率。

一、健全我国金融机构的内部控制制度

我们通常讲金融监管是指对金融机构的外部监管。但外因只能通过内因发挥作用。金融机构必须有一个完善的内控机制，合理的规章制度，建立起信息管理系统，才能真正防范金融风险。

我国金融机构基本上都制定了一套内部控制制度，但随着我国金融市场化程度不断提高，必须进一步健全和完善内控机制。这对有效防范金融风险，保证金融业安全稳健运行会起到积极作用。金融机构内控制度是金融机构为实现经营目标，对风险进行事前防范、事中控制、事后监督和纠正的动态过程和机制。建立一个完善和有效的金融机构内部控制体系，不仅可以确保国家法律法规和监管规章的贯彻执行，防范各类案件发生，而且有利于促进金融机构查错防弊、堵塞漏洞、消除隐患，将各种风险控制在规定的范围之内，保证各项业务稳健运行，实现自身发展战略和经营目标。但是，在具体的实际操作过程中仍不同程度地存在着一些问题。

应当从以下几个方面完善金融企业的内控机制和制度：

1. 进行业务管理制度、方法、措施、程序的梳理归纳，深入研究分析，完善内部控制制度体系，推进内控体系标准化。通过对现有制度的重新整合，剔除重复矛盾、过时滞后的内容，在加强调查研究的基础上，建立分类科学、内容全面、检索方便的开放式内部控制制度信息库。对于没有制度规定的内控盲点，则应加紧研究落实，明晰制约关系和措施，防患于未然。

2. 建立科学的内部控制流程和风险管理预警系统。内控体系应覆盖到所有机构、所有岗位、所有产品、所有人员，在管理框架标准化的基础上，建立明确的风险映射关系，制定一套完整的业务岗位说明书，优化业务流程，明确各岗位

的职责和操作规程。

3. 完善法人治理结构，创造良好的内部控制环境。银行内部控制环境的优劣，取决于其经营理念、组织结构、决策程序、用人机制、分配机制、文化氛围等诸方面的规范与公正。

4. 提高风险识别与评估的适时性与全面性，大力推行全面风险管理。从控制和管理信贷业务风险向全面控制和管理各类业务风险转变，从制度防范风险向程序防范和技术防范方面转变，风险管理技术由定性分析向定性、定量分析相结合转变，真正从组织机构和技术上保障风险评估活动的连续性和完整性。

5. 完善自我评估和监控体系，加强职能部门的相对独立性和相互制衡性，达到内部控制制度所要求的双重控制和交叉检查效果。加强内控制度的检查和评价，根据业务处理流程的需要，及时发现问题纠正错误。强化稽核体系的相对独立性，针对不同组织层次设立相应的监督机构，监督和评价内部控制制度的执行。

6. 加强文化建设，建立先进的风险管理文化。内控的过程实际上也是一种"艺术"，文化建设能在很大程度上提升内部控制的成效。良好文化形成的强烈示范效应和相互影响的效应，构成了物化的内控制度之外的隐性软约束力量，并能在一定程度上弥补内控制度的缺漏。

7. 严格责任追究制度，加大责任追查力度。一是重点追究在内控制度执行过程中的失职、渎职行为，追究有关领导人的责任。二是高度重视一般违规行为的蔓延，要从小处着手，大处着眼，警钟长鸣，常抓不懈，要把隐患解决在萌芽状态，防微杜渐，形成内控的严密防线。

8. 完善商业银行内部信用评级系统。内部评级系统是商业银行信贷风险管理的基础。目前我国商业银行在具体业务信用风险的度量方面采取的是主观评价方法，主要是由信贷主管人员在分析借款企业财务报表和近期往来结算记录后进行信贷决策。在整个银行层面采用将贷款划分为正常类、关注类、次级类、可疑类、损失类的五级分类法。由于商业银行尚未完全建立起有关信用资产的历史数据库，缺乏对信用风险进行量化的分析能力。虽然建设银行和中国银行已经建立了内部风险控制的系统，但在实用性和相关数据整理方面还不完善，商业银行内部信用评级体系尚不成熟。国内独立的信用评级机构处于发展初期，还没有建立符合中国国情的评级标准和评级方法。从目前我国商业银行的实际情况来看，离直接运用西方先进的信用风险管理方法还有很大的差距。主要商业银行应根据自身情况加强对信贷相关基础数据的收集和整理，对西方现存的信用风险管理计量模型和方法结合自身特点进行必要的改进、调整和尝试，加深对信用风险管理和控制手段的认识，逐步向运用计量方法管理信用风险过渡。

二、建立和完善金融同业自律机制

从世界各国金融同业自律制度建设的实践看，同业公会或协会是适应金融行业保护、行业协调与行业监管的需要自发地形成和发展起来的。发挥自律组织的自律管理职能，是发达国家完善金融监管体系的重要经验。当前，我国面临着加强金融监管的重要任务。强化银行业自律管理，是加强我国金融监管的重要保证，也是我国加入WTO后银行业维护竞争秩序、适应金融创新、顺应管制潮流的需要。

中国加入WTO后，加强有效金融监管的重要性日渐凸显。加强金融监管被列为今后金融工作的重中之重。而加强金融监管是一个系统工程，金融同业组织在有效监管体系中的作用是不可替代的。考察国外经验不难发现，凡金融业发达的国家或地区，其发展都离不开行业协会的协调与业务管理，如中国香港银行公会、美国基金联合会、中国台湾证券投资顾问商业同业公会等行业组织，都对其所在国（地区）金融的发展起到过良好的促进作用。

行业自律，最早出现在封建社会的行会中。当时的行会组织一般采取自愿结合的方式、组织较为松散，其职责多局限于制定本行业产品的最低价格，以防止出现损害本行业利益的"价格大战"。而现代经济中的众多同业组织，大多为自我规范监管的本行业非营利性社团法人，其职责一般为制定本行业的行业标准，举办本行业的各种活动，召开本行业的研讨会等。在大多数国家，行业组织多代表本行业同政府交涉，同时亦对本行业成员进行规范并向社会负责。行业组织的存在及其自律行为对行业的稳定发展必不可少，它能够防止过度竞争，减少社会的交易成本，降低政府的监管费用，在保护生产者与消费者的利益方面发挥着积极的作用。西方各国对商业银行的监管尽管模式有别，但一般对其行业自律都相当重视甚至过于倚重，而我国香港地区在这方面尤为典型。中国香港银行公会作为香港银行业的同业组织，是由香港政府专门依据《香港银行公会条例》成立的。长期以来，该组织一直很受香港政府的重视，并被单独作为一个层次纳入香港银行业监管体系。香港政府的许多政策意图都通过银行公会组织向社会披露，并将若干事务交由银行公会处理，利用银行公会加强银行业自身调节和自律，从而达到协助监管的目的。香港银行公会的权力相对较大，例如执行利率协议，禁止公会会员银行从事任何非指定业务，为会员银行提供票据清算服务等。

金融自律与监管一般有三种类型：（1）"自律为主"型，如英国。英国在资本主义商品经济发展初期，银行融资与证券筹资就是经济发展的重要依托。在自由资本主义时期，政府对经济各领域的干预很少，银行业与证券业也不例外。随着英国金融市场的成熟发达，客观上需要有一套健全、完善的制度作保证，因而自我管理的高水平与自我约束规章的严格就是形势所需。在英国经济发展的过程中，这一市场及其制度已经锻炼与培养出一批又一批素质高、技术好的专门人才，这一切使得自律管理成为可能。近年来，英国这种金融业行业自律不是在减弱，而是在不断增强。（2）"他律与自律结合"型，也可谓"半自律"型，如美国对证券业的管理。1929 年股市大崩溃后，美国制定了一系列的法律，并成立了专门的监管组织 SEC（证券和交易委员会）。SEC 并不办理具体的业务，但它建立在自律机构之上，将自律机构发展培育成贯彻、执行自主管理政策的工具。SEC 在依赖自律组织对金融市场作一线监管的同时，对这些自律组织的市场运作和自我监管行为作严密的监视，以保证自律组织能有效地行使责任和权力，保证自律组织不会伤害公众利益。（3）"他律主导"型，完全排斥自律，实行高度的集权式监管，如过去的高度集权式的计划经济体制国家，大多属此类型。

考察发达国家的金融业，普遍存在着各种类型的自律管理组织，较为著名的有美国的银行业协会、基金联合会，新加坡的银行业协会，我国香港特区的银行业公会等。比较世界各国（地区）的银行行业自律组织，可以发现它们存在着许多共同特征：

一是自律组织的成立及存在一般有法律上的依据。二是自律组织一般为非营利性团体，其主要目标是以金融市场的整体利益即公共利益为前提，在社会利益、组织利益与个体利益相冲突时，以社会整体利益为重。三是自律组织一般包容该行业的所有参加、参与者，并有权监督全体成员。四是自律组织有较严密、详尽、方便、可操作的自律规章，包括组织纪律、市场规范、道德准则及自我监察的程序规则。五是自律组织有能力推行自律规章，确保会员依章运行，规章的强制性和有效性表现在对违规违章者的检查、监督程序及合理的惩戒措施上。

我国已经建立了若干金融行业自律性组织。

1. 中国银行业协会。中国银行业协会成立于 2000 年 5 月，是经中国人民银行和民政部批准成立，并在民政部登记注册的全国性非营利性社会团体，是中国银行业自律组织。2003 年中国银监会成立后，中国银行业协会主管单位由中国人民银行变更为中国银监会。凡经中国银监会批准成立的、具有独立法人资格的全国性银行业金融机构以及在华外资金融机构，承认《中国银行业协会章程》，均可申请加入中国银行业协会成为会员；凡经银行业监视治理机构批准，在民政部登记注册的各省（自治区、直辖市）、计划单列市银行业协会，承认《中国银行业协会章程》，均可申请加入中国银行业协会成为准会员。

会员单位包括政策性银行、国有商业银行、股份制商业银行、城市商业银行、资产管理公司、中心国债登记结算有限责任公司、中国邮政储蓄银行、农村商业银行、农村合作银行、农村信用社联合社、外资银行；准会员单位包括各省（自治区、直辖市）、计划单列市银行业协会。

根据工作需要，中国银行业协会设立了6个专业委员会，包括法律工作委员会、自律工作委员会、银行业从业职员资格认证委员会、农村合作金融工作委员会、银团贷款与交易专业委员会、外资银行工作委员会。

中国银行业协会以促进会员单位实现共同利益为宗旨，履行自律、维权、协调、服务职能，维护银行业正当权益，维护银行业市场秩序，提升银行业从业职员素质，提高为会员服务的水平，促进银行业的健康发展。

2. 中国证券业协会。中国证券业协会是依据《中华人民共和国证券法》、《中华人民共和国证券投资基金法》和《社会团体登记管理条例》的有关规定设立的证券业自律性组织，属于非营利性社会团体法人，接受中国证监会和国家民政部的业务指导和监督管理。

中国证券业协会成立于1991年8月28日。20年来，协会认真贯彻执行"法制、监管、自律、规范"的八字方针和《中国证券业协会章程》，在中国证监会的监督指导下，团结和依靠全体会员，切实履行"自律、服务、传导"三大职能，在推进行业自律管理、反映行业意见建议、改善行业发展环境等方面做了一些工作，发挥了行业自律组织的应有作用。

截至2010年6月，协会共有会员332家，其中，证券公司106家，基金管理公司60家，证券投资咨询公司95家，金融资产管理公司3家，资信评估机构5家，基金评价机构5家，特别会员58家（其中地方证券业协会36家，基金托管银行19家，证券交易所2家，证券登记结算公司1家）。

协会的宗旨是：在国家对证券业实行集中统一监督管理的前提下，进行证券业自律管理；发挥政府与证券行业间的桥梁和纽带作用；为会员服务，维护会员的合法权益；维持证券业的正当竞争秩序，促进证券市场的公开、公平、公正，推动证券市场的健康稳定发展。

3. 中国保险行业协会。中国保险业协会成立于2001年2月23日，是经中国保险监督管理委员会审查同意并在国家民政部登记注册的中国保险业的全国性自律组织，是自愿结成的非营利性社会团体法人。

截至2010年，中国保险行业协会共有会员176家，其中保险公司105家、保险中介机构36家、地方保险行业协会35家。

中国保险行业协会的宗旨是：遵守国家宪法、法律、法规和经济金融方针政策，遵守社会道德风尚，深入贯彻科学发展观，依据《中华人民共和国保险法》，在国家对保险业实行集中统一监督管理的前提下，配合保险监管部门督促会员自律，维护行业利益，促进行业发展，为会员提供服务，促进市场公开、公平、公正，全面提高保险业服务社会主义和谐社会的能力。

保险行业协会的基本职责为：自律、维权、服务、交流。

4. 中国银行间市场交易商协会。中国银行间市场交易商协会是银行间债券市场、拆借市场、票据市场、外汇市场和黄金市场参与者共同的自律组织，协会业务主管单位为中国人民银行。协会经国务院同意、民政部批准，于2007年9月3日成立，协会为全国性的非营利性社会团体法人，其业务主管部门为中国人民银行。协会会员包括单位会员和个人会员，银行间债券市场、拆借市场、外汇市场、票据市场和黄金市场的参与者、中介机构及相关领域的从业人员和专家学者均可自愿申请成为协会会员。

协会单位会员涵盖政策性银行、商业银行、信用社、保险公司、证券公司、信托公司、投资基金、财务公司、信用评级公司、大中型工商企业等各类金融机构和非金融机构。

目前，中国银行间市场已成为一个以合格机构投资者为主要参与者，以一对一询价为主要交易方式，囊括债券、拆借、票据、黄金、外汇等子市场在内的多板块、有层次的市场体系，市场规模稳步增长。据介绍，从国外银行间市场发展经验看，全美证券交易商协会、日本证券交易商协会、韩国证券交易商协会等自律组织在推动市场创新和发展、规范市场行为、维护行业利益、防范市场风险等方面发挥着重要作用，是所在国金融市场管理体系不可或缺的重要组成部分。

银行间市场交易商协会宗旨是：（1）自律：遵守宪法、法律、法规和国家政策，对银行间市场进行自律管理，维持银行间市场正当竞争秩序。（2）创新：推动金融产品创新，促进市场健康快速发展。（3）服务：为会员服务，组织会员交流，依法维护会员的合法权益；为政府服务，贯彻政府政策意图，更好地促进政府和市场的双向沟通。

我国应当进一步发挥这些行业自律组织的作用，弥补金融监管当局监管相对不足问题。创造一种维护同业有序竞争、防范金融风险、保护同业成员利益的行业自律机制。在金融监管当局的鼓励、指导及舆论的倡导下，在自发、自愿的基础上建立和完善金融业同业公会。可根据金融机构的不同类型、不同地区建立不同的金融同业公会，并在此基础上形成全国金融同业公会的联系机制，赋予金融业同业公会的行业保护、行业协调、行业监管、行业合作与交流等职能。

三、建立存款保险制度

(一) 建立存款保险制度的必要性

存款保险制度作为金融安全网中不可或缺的组成部分，有效维护了公众对银行体系的信心，促进了金融体系的稳定。当然，世界上不存在适用于任何国家的存款保险制度，必须从各国自身具体情况出发，结合他国的实践经验，建立适合本国国情的存款保险制度，并进行不断的补充和完善。

我国至今为止还没有建立存款保险制度，对银行业的稳定发展和保护存款者的利益构成很大威胁。中国应当建立存款保险制度，因为美国和其他经济发达国家的经验表明，存款保险体系的建立对于维护金融体系的稳定具有极为重要的意义。美国在 1921～1933 年经济大萧条期间，先后有 1 200 多家银行倒闭，存款人平均要等 6 年左右的时间才能得到其存款额约 60% 的清偿，致使挤兑经常会波及许多经营正常的银行。FDIC 成立以后，公众信心得到迅速恢复，目前美国各地存款机构的 FDIC 标志已成为存款人市场信心的象征。

为稳定金融市场、控制金融机构破产的不利影响，中国有必要尽快建立存款保险制度。

(二) 建立存款保险的制度框架与争议

存款保险制度的构建主要涉及存款保险机构在国家金融体系的自身地位、保费及其分担、保险范围、赔偿标准等方面。中国要建立怎样的存款保险制度？在借鉴国外成熟做法的同时，从务虚到转入实质性操作的细节上，一些争论至今仍然存在。

在组织方式上，美国联邦存款保险公司最初启动的资金由美国财政部划拨了1.5 亿美元贷款，通过收取参保金融机构的保费，至今已还清。其他国家存款保险机构的资金来源，则既有公立的，也有私立的，还有公私共同设立的。保险费率方面，美国从 1933～1993 年一直实行统一的费率，通过银行的规模而不是依据风险收取保费，其他多数国家也是如此。但也有国家根据存款风险度的不同确定不同费率标准，风险高就高费率，风险低就低费率，相应的赔付标准也不同。

在保险范围方面，美国实行存款保险制度时，所有联邦储备体系的成员是强制参加的、各州注册的银行则是自愿参加的；同时，美国存款保险机构只对银行存款人提供保险，不保护非存款债权人和倒闭银行股东的利益。

457

在赔偿标准方面，理论上所有存款都应当得到全部赔偿，但实际进行的都是限额赔偿，即让存款人自己承担部分风险。并不是所有款项都是银行支付。国际上对存款保险的赔偿有两种标准：一种是保险偿付最高标准为人均 GDP 的倍数，国际货币基金组织推荐的标准为 3 倍，由此得出国内的偿付金额是两万多元，不能保障中小储户的日常生活；另一种国际上比较认同的标准是使 90% 的存款人得到存款全额偿付。而在具体操作中，各国做法又不尽一致：譬如有的国家确定了最高赔偿 70%～80% 的标准，美国确定的最高赔偿标准为 10 万美元；还有一些国家根据不同存款额确定不同赔偿标准，譬如 2 万～3 万美元赔 80%、3 万美元以上赔付标准又有变化等。

具体到中国，如何构建存款保险制度的各个环节都还存在不同程度的争议。譬如，存款保险机构仅履行保险职能？或者除了承担存款保险，还应借鉴其他国家的经验担负起适当的监管职能，比如应当配合银监会、证监会组成较完善的监管体系。包括四大国有商业银行的所有银行都要参加存款保险，还是仅要求那些存款余额有限、信用较差的中小金融机构参保？一旦金融机构发生支付危机或破产，对投资者或存款人的存款是全额兑付还是部分兑付？兑付部分又以多少为限度？毕竟从外围环境上来说，中国与国外成熟市场经济国家相比，金融机构的市场化运作程度、资本充足率状况等都有很大不同。设计中的费率标准及最高保险金储备规模，既不能定制过高，避免改革中的银行承担过重负担，又要保证一旦有金融机构出现支付风险甚至倒闭，存款保险基金能够赔付得起，发挥保护金融安全的作用。

（三）现实路径选择

中国建立存款保险制度条件不可能一蹴而就，当前的首要目标是形成一个以市场原则为基础的、规范的金融机构退出机制。在初期组建存款保险机构时，考虑到商业银行出资有困难，国家可考虑使用央行再贷款垫付资金、中央财政专项资金等设立存款保险基金，以谋求形成存款保险制度的基础性框架。在存款保险基金的运营管理上，既可由央行直接管理，也可另行设立存款保险基金理事会。存款保险基金正式运营后，央行再贷款、财政资金可通过保费收入的逐步偿还，期间政府色彩逐渐淡出，逐步建立一个相对独立于央行、政府部门的非营利性存款保险公司。

因中国的特殊情况使然，在存款保险的投保方式上，应当采取强制性原则，即采取国家为主导、银行类金融机构全都参与的方式。因为如果采用自愿投保方式，则必将出现"逆向选择"和"软约束"问题。即低风险的机构嫌保费过高而不愿加入；而高风险的机构即使不加入，一旦出现支付危机国家还得救助。

至于保险费率，则宜实行差别存款保险费率，即存款保险机构根据成员银行不同的风险等级，确立不同的存款保险费率档次，成员银行缴付存款保险费率的高低与反映其风险状况的资本充足水平和监管评级挂钩，资本充足率和监管评级越高，保险费率就越低；反之亦然。

在问题金融机构的保险赔付上，考虑到保护绝大多数中小存款人的利益，我国存款保险制度将以覆盖面为主考虑偿付限额，以使90%以上的存款人得到全额偿付。

四、完善金融机构评级制度

完善金融机构评级制度最为重要的是完善商业银行评级制度。

所谓银行评级制度是对银行的整个资信度、整个经营能力的综合评价。通过银行评级可以分出好银行、坏银行。对银行进行评级，按照评定级别进行管理。对信用、能力、资产状况都非常好的银行，可以对它放松管制。但是对差的银行，必须加强管理，或者对一些最差的银行要采取一些处理办法。银行评级在国际上是非常重要的管理手段。银行评级制度是金融监管当局在对金融机构进行全面综合的审计检查之后的一项重要措施，在金融监管当局整个监督过程中具有十分重要的意义。目前，世界上主要国家的银行评级制度基本上都来源于美国的银行评级体系。该体系产生最早，指标比较完善，作用也比较突出。

美国是一个信用制度高度发达的国家，美国三大联邦监督管理部门都使用同一个标准评估体系对商业银行的经营状况进行全面、综合评估，即对商业银行和其他金融机构的业务经营、信用状况进行监督管理，形成了一套规范化、制度化、指标化的综合经营等级评定制度，这一制度正式名称是"联邦监督管理机构内部统一银行评级体系"，俗称为"骆驼评级体系"。

美国银行评级制度之所以称为"骆驼评级体系"，是因为这个评级制度主要从五个方面考察评估银行的经营管理，即资本状况、资产质量、管理水平、收益状况、流动性。这五个部分的英文词的第一个字母分别是C、A、M、E、L连起来为CAMEL，即英文的"骆驼"。故此，美国银行评级制度被称为"骆驼评级体系"。

中国商业银行原来没有评级办法，2004年中国银监会发布了《股份制商业银行风险评级体系（暂行）》，具有很重要的意义。

股份制商业银行风险评级是银行监管框架的重要组成部分，是监管机构对股份制商业银行的风险表现形态和内在风险控制能力进行的科学、审慎的评估与判

459

断。监管机构对股份制商业银行的风险评级，既不同于股份制商业银行自身的评价，也不同于社会中介机构对股份制商业银行的评级。它是以防范风险为目的，通过对股份制商业银行风险及经营状况的综合评级，系统地分析、识别股份制商业银行存在的风险，实现对股份制商业银行持续监管和分类监管，促进股份制商业银行稳健发展。中国的国有商业银行正在改造成为股份制商业银行，所以股份制商业银行的风险评级体系代表着中国现在和将来对商业银行的评级。

股份制商业银行风险评级主要是对银行经营要素的综合评价，包括资本充足状况评价、资产安全状况评价、管理状况评价、盈利状况评价、流动性状况评价和市场风险敏感性状况评价以及在此基础上加权汇总后的总体评价。评级结果将作为监管的基本依据，并作为股份制商业银行市场准入和高级管理人员任职资格管理的重要参考。

根据股份制商业银行的综合评分，对应取得股份制商业银行的综合评级等级。股份制商业银行的综合评价分为5级：1级为良好。2级为一般。3级为关注。4级为欠佳。5级为差。

评级结果将作为规划监管工作和配置监管资源的主要依据。运用评级结果时，监管人员应当针对评级结果，深入分析银行风险及其成因，并结合银行单项运作要素的评价和综合评级的结果，制订每家银行的综合监管计划和监管对策。对评级结果为3级以下的单项运作要素，应当加强对该要素的监管，并视情况对该要素进行专项现场检查；对任何单项运作要素评级结果为4级以下的银行，应当对银行高级管理人员进行质询，要求其降低风险水平；对任何单项运作要素评级结果为5级的银行，应当督促其制定改善风险状况的计划，并在监管机构监督下予以实施。

同时，应对不同评级级别的银行采取分类监管政策：对综合评级为1级的机构，应积极支持其发展，可以在现场检查的频率上相应放宽；对综合评级为2级的机构，应指出其存在的薄弱环节，督促其做出相应的调整和整改，在现场检查时应重点关注其存在风险的领域；对综合评级为3级的机构，应适当加强对其非现场分析与现场检查，督促股份制商业银行加强经营管理与内部控制，改善财务状况；对综合评级为4级的机构，应增加现场检查频率，加大现场检查力度，密切关注其经营态势，督促其加大经营调整力度，积极降低风险，同时建议在机构市场准入和新业务审批方面进行限制，必要时应对其高级管理人员进行谈话，责令整改；对综合评级为5级的机构，应对其业务活动的开展作出一定的限制，限制其高风险经营行为，要求其改善经营状况，调整其高级管理人员，必要时进行重组或实施接管。

五、完善我国相关法律法规体系

我国现行的金融法规主要包括《中国人民银行法》、《银监法》、《商业银行法》、《证券法》、《保险法》和《信托法》等法律。这些法律构成的法律体系确立了我国金融机构的分类经营体制和业务范围，但金融控股公司的法律地位及性质并不明确，既无明确禁止性条款，也无明确设立性条款，"无法可依"使金融控股公司的发展缺乏法律保障。应当尽快制定《金融控股公司法》。确定银行控股公司准入和退出的条件与方式，界定银行控股公司的权利和义务，明确监管主体，为我国金融机构发展建立良好的外部环境，进而规范和推动金融控股公司的发展奠定基础。

六、加强金融监管的国际合作

随着金融国际化的发展，跨境金融监管和国际金融监管合作变得越来越重要。为了促进我国金融监管能力特别是跨境监管能力的提高，使我国的金融监管逐步迈入国际化的轨道，以不断适应金融全球化所带来的新形势的需要。我国要积极参与国际、区域以及双边等多层面的金融监管合作。作为银行、证券和保险等国际金融监管组织的一员，我国应积极通过巴塞尔委员会、国际证监会组织、国际保险监管组织加强与其他成员方的合作与交流，及时了解和把握金融监管规则的最新进展。同时随着经济区域化的发展，我国还应积极加强与东亚邻国、东盟等区域组织及其成员的金融监管合作，把参与区域金融监管合作作为我国进一步推进金融监管国际化的路径。在双边合作方面，要积极加强与他国尤其是互设金融机构的国家和地区的监管机关的合作，促进双方监管当局的信息共享，互相学习监管经验。

参 考 文 献

[1] 布坎南，詹姆士．寻求租金和寻求利润．经济社会体制比较，1988 (6).

[2] 曹凤岐，高培道．美国次贷危机及对中国金融监管的启示．河北学刊，2009 (3)：154 - 160.

[3] 曹凤岐．超主权货币体系与人民币国际化．国际金融，2010 (6).

[4] 曹凤岐．改革和完善中国金融监管体系．北京大学学报（哲学社会科学版），2009 (4).

[5] 曹凤岐．货币金融管理学．北京大学出版社，2008.

[6] 曹凤岐．建立多层次农村普惠金融体系．农村金融研究，2010 (10).

[7] 曹凤岐．经济发展与资本市场管理．北京大学出版社，2003：346 - 364

[8] 曹凤岐．美国经验与中国金融监管体系改革．国际金融，2011 (1).

[9] 陈柳钦．德国金融混业经营及其监管．上海金融学院学报，2008 (8).

[10] 陈启清．欧盟金融监管合作成效显著．经济日报，2008 - 09 - 02.

[11] 陈文汉．中国金融业监管体系现状、问题及其重构．生产力研究，2007 (18).

[12] 陈向阳，林健斌．各国金融监管体系的对比及对我国的启示．广西金融研究，2008 (5).

[13] 陈学彬，邹平座．金融监管学，高等教育出版社，2003.

[14] 邓泽辉．我国银行业开放后的农村合作金融监管对策．华南理工大学学报（社会科学版），2007 (2).

[15] 丁玲华．基于成本—收益分析的金融监管效率研究．区域金融研究，2009 (6).

[16] 董斌，赵红平．西方学者关于可转换公司债券融资动因研究综述．东南大学学报（哲学社会科学版），2005 (6).

[17] 杜金富．国际金融统计制度比较．中国金融出版社，2009.

［18］付正辉．商业银行资本管理与风险控制．经济日报出版社，2005．

［19］高鸿桢．国家金融安全的统计分析．中国统计出版社，2005．

［20］高伟．日本农协金融的早期发展概况及启示．济南金融，2004．

［21］高西庆．警惕立法崇拜．法人，2004（5）．

［22］官兵．分工、制度与农村金融发展：来自经济史的思考．中央财经大学学报，2009（8）．

［23］郭田勇．金融监管学．中国金融出版社，2009．

［24］国家外汇管理局．合格境内机构投资者（QDII）投资额度审批情况表，2010．

［25］韩俊，罗丹，潘耀国．信用合作社在农村金融体系中具有不可替代的作用．国研调查研究报告，2006（152）．

［26］洪治纲．国际金融衍生品监管法基本原则探析．湖北社会科学，2007（2）．

［27］胡晓红．金融监管国际合作的法制现状及其完善．法学，2009（5）．

［28］黄驰．韩国金融监管的改革模式以其借鉴．上海综合经济，2002（5）．

［29］黄海林，谢元态．发达国家农村合作金融的发展及监管的经验借鉴，海南金融，2007（3）．

［30］黄毅．银行监管与金融创新．法律出版社，2009．

［31］贾守乔．原则导向与市场纪律——我国实施有效银行监管的思考．金融发展研究，2009（3）．

［32］贾斯廷·福克斯．银行业改革文化是关键．金融时报，2010－04－01，http：//www.ftchinese.com/story/001032007．

［33］江先学．欧盟偿付能力Ⅱ对完善我国偿付能力监管制度的启示．中国金融，2010（23）：40－41．

［34］姜建清．国际商业银行监管环境与体制．中国金融出版社，2006．

［35］姜万军．研究型大学的结构治理与生产率提升机理：基于知识生产者个人视角的理论思考．清华大学出版社，2010．

［36］金中夏．国际金融监管体制比较与启示．经济社会体制比较，2001（4）．

［37］柯健．金融自由化产生的风险及其防范对策．哈尔滨商业大学学报（社会科学版），2010（1）．

［38］奎立双，冯平涛．国外农村合作金融发展的外生性特征及借鉴．金融理论与实践，2005（8）．

［39］蓝庆新．韩国金融监管体制改革及对我国的启示．上海金融，2003（2）．

［40］黎和贵．英国金融监管体制的改革及启示．金融时报，2003－09－29.

［41］李成．金融监管学．高等教育出版社，2007.

［42］李成．金融监管学．科学出版社，2006.

［43］李东方．证券监管法律制度研究，北京大学出版社，2002：44－45.

［44］李光红，杨晨．金融自由化趋势下的金融监管——经验评析与应用创新．山东社会科学，2007（2）.

［45］李沛霖．机构监管与功能监管的比较分析及对我国金融监管的思考．北京市经济管理干部学院学报，2008（2）.

［46］李晓林．解读国际保险监督官协会监管思路．中国金融，2007（2）.

［47］李扬，黄金老．金融全球化研究．上海远东出版社，1999.

［48］廖岷．改革，但避免仓促行动．转引自财经网2008－04－02.

［49］林宝清，施建祥．论西方保险监管模式变革与我国保险监管模式选择．金融研究，2003（6）.

［50］林俊国．金融监管的国际合作机制．社会科学文献出版社，2007.

［51］林铁钢．国际保险监督官协会：监管应适应全球保险发展．中国金融，2007（2）.

［52］林毅夫，蔡昉，李周．中国的奇迹：发展战略与经济改革（增订版），格致出版社、上海三联书店、上海人民出版社，2009.

［53］林毅夫．金融一体化和亚洲金融危机的原因与教训．中国经济研究中心简报，2001－01－20.

［54］刘冀广，李敏．国际保险集团监管的经验和分析．保险研究，2010（6）：95－100.

［55］刘冀广．保险集团监管的国际经验和我国的实践．中国金融，2010（21）：49－50.

［56］刘冀广．我国保险集团特殊风险的分类及建议．上海保险，2010（5）：5－8.

［57］刘莉亚．河北省农村金融监管的现状、问题及对策．河北大学学报（哲学社会科学版），2009（12）.

［58］刘民权等．中国农村金融市场研究．中国人民大学出版社，2006.

［59］刘牧晗．完善我国农村金融监管的法律分析．经济研究导刊，2009（23）.

［60］刘娜，谭燕芝．国际金融衍生产品交易风险的契约诠释．中南大学学报（社会科学版），2008（2）.

［61］刘晓宏．外汇风险管理战略．复旦大学出版社，2009.

［62］刘宇飞．美国金融监管哲学的转向及影响．美国研究，2009（3）.

［63］刘媛．金融领域的原则性监管方．法学家，2010（3）.

［64］鲁比尼．2009. Nouriel Roubini. www. roubini. com（ROUBINI GLOBAL ECONOMICS 2009）.

［65］陆明祥．金融服务一体化和中国金融业的综合经营．金融论坛，2006（7）.

［66］罗伯特·普利格，尼克·卡夫．各国如何管理储备资产．张伟等译．中国金融出版社，2010：44－45.

［67］骆瑞刚．金融监管寻租与遏制对策．中国审计，2005（14）.

［68］马险峰，汪珺．独立见解是知库机构的价值所在——美国金融监管改革法案中的金融研究办公室．中国证监会研究中心研究报告，2010a.

［69］马险峰，汪珺．美国期货市场：何以在危机中“独善其身”？证券市场导报，2010b（9）.

［70］马险峰．“海绵效应”：美国房地产周期与次贷危机．中国证监会研究中心研究报告，2010.

［71］马险峰．境外投资者分类、合格投资者制度、投资者适当性制度及其对我国的启示与借鉴．中国证监会研究中心研究报告，2009.

［72］马险峰．英国模式，单一的金融监管机构．英国金融服务监管局（FSA）工作实习调研报告．中国证监会，政研简报，2003（115）.

［73］马震宇．我国应建立完善金融衍生品市场监管体制．经济视角，2007（9）.

［74］毛泽东．矛盾论．毛泽东选集．第一卷．选自中文马克思主义文库．http：//www. marxistsfr. org/chinese/maozedong/marxist. org-chinese-mao-193708. html.

［75］美国政府问责局．更新美国金融监管体系的建议框架．常皓编译．转引自和讯网 2009－03－19.

［76］孟昭亿．国际保险监管文献汇编（IAIS 卷）．中国金融出版社，2006.

［77］孟昭亿．国际保险监管文献汇编（欧盟卷）．中国金融出版社，2006.

［78］孟昭亿．国际保险监管文献汇编（专题卷）．中国金融出版社，2008.

［79］孟昭亿．国际保险监管文献汇编 NAIC 卷（上下册）．中国金融出版社，2008.

［80］莫易娴，余秀江，程昆．农村非正规金融的监管方式刍议．华中农业大学学报（社会科学版），2007（4）.

［81］年志远，马宁．浅析我国新型农村金融机构制度安排的缺陷及其完善．经济纵横，2009（9）.

［82］聂巧平，韩晶．韩国金融监管体制改革及启示．地质技术经济管理，2004（2）．

［83］牛娟娟．加入巴塞尔委员会为我国银行业发展提供了新契机．金融时报，2009 - 03 - 20．

［84］农村金融发展的财政补偿机制研究课题组．我国农村金融发展现状研究．中国农业银行武汉培训学院学报，2009（6）．

［85］皮毅．金融监管成本效益分析．行政论坛，2004（4）．

［86］祁斌．各国金融监管体系研究报告．当代金融家，2006（10）．

［87］祁斌．中国资本市场改革的方向．中国证监会研究中心研究报告，2009．

［88］钱小安．金融监管体制，效率与变革．中国金融出版社，2006．

［89］乔海曙．金融监管体制改革，英国的实践与评价．经济学家网站，2003．

［90］邱永红．国际证监会组织（IOSCO）若干法律问题研究．经济法学评论．2006，6．

［91］尚福林．证券市场监管体制比较研究．中国金融出版社，2006．

［92］时辰宙．国际金融监管理念的最新演进——基于原则监管方法的分析和思考．金融发展研究，2008（12）．

［93］史永东，陈日清．资产市场泡沫、热钱流动与金融自由化．东北财经大学出版社，2010．

［94］斯文．印度金融监管改革浅析．南亚研究季刊，2000（1）．

［95］宋劲松，付晓建．沪深300指数期货投资策略与风险管理．中国经济出版社，2008：204 - 205．

［96］宋彤，唐岫立．农村金融：统一监管框架下的分类监管．中国金融，2009（18）．

［97］谭元戎．对农信社改革中提高资本充足率的思考．经济师，2005（6）．

［98］唐波．交易所对金融衍生品市场的自律监管——兼评新修订的证券法相关规定．法学，2005（12）．

［99］唐双宁．学习借鉴《核心原则》，进一步提高银行监管水平，《有效银行监管核心原则》学习纲要（中国银行业监督管理委员会）．中国金融出版社，2005．

［100］陶修明．国际金融衍生交易的相关法律问题．国际金融研究，2001（1）．

［101］王胜邦．国际金融监管改革的进展与启示．银行家，2010（12）．

［102］王松奇．全球化与中国金融．经济管理出版社，2010.

［103］王伟．对我国多层次资本市场监管体系建设的思考．财会研究，2008（7）．

［104］王颖．农村金融体系形成过程与改革路径．农业经济，2007（8）．

［105］王勇．英国金融衍生产品监管机制分析及启示．国际金融研究，2005（12）．

［106］王志诚，张涤新，熊德华．上海 A 股市场风险分散能力的实证研究．经济科学，2001（3）：70－77.

［107］温铁军．农村合作基金会的兴衰：1984～1999. http：//www. ptext. cn/home4. php？id＝2238.

［108］闻岳春，范薇．我国金融综合经营趋势下监管体系的构建．上海金融学院学报，2008（2）．

［109］吴崇伯．从严格管制——放松监管——加强监管，澳大利亚金融改革试析．南洋问题研究，2002（3）．

［110］吴定富．中国保险业发展蓝皮书（2004～2005）．中国广播电视出版社，2006.

［111］吴定富．中国保险业发展蓝皮书（2006）．新华出版社，2007.

［112］吴璟．金融全球化及其对策思考．湖南大学学报（社会科学版），2001（2）．

［113］吴晓俊，谢金楼．国外农村金融发展模式及借鉴．现代金融，2009（33）．

［114］伍成基．中国农业银行史．经济科学出版社，2000.

［115］夏斌等．金融控股公司研究．中国金融出版社，2001.

［116］项卫星，李宏瑾．当前各国金融监管体制安排及其变革：兼论金融监管体制安排的理论模式，世界经济，2004（9）：68－76.

［117］谢伏瞻．金融监管与金融改革．中国发展出版社，2002.

［118］谢平，蔡浩仪．金融经营模式与监管体制研究．中国金融出版社，2003.

［119］谢平等．金融控股公司的发展与监管．中信出版社，2004.

［120］谢震．被逼出来的巴西金融改革及其启示．南方金融，2003（5）．

［121］邢桂君．我国金融控股公司监管研究．金融与经济，2008（6）．

［122］徐孟洲．金融监管法研究．中国法制出版社，2008.

［123］徐萍．发展我国可转换债券市场的若干建议．对外经贸财会，2006（6）．

[124] 徐苏江．金融衍生品市场监管：国际经验及启示．河南金融管理干部学院学报，2006（6）．

[125] 徐涛，徐元彪．国内外可转债市场发展状况与特征分析．特区经济，2006（1）．

[126] 徐义国．金融自由化路径及其效应．中国经济出版社，2008.

[127] 徐毅．期货市场结算风险管理研究．经济科学出版社，2008.

[128] 许凌艳．金融监管模式的变革及资本市场统合法的诞生．社会科学，2008（1）．

[129] 杨文武．印度证券市场．南亚研究季刊，2000（2）．

[130] 姚亮．完善我国农村金融监管的构想．商业研究，2009（4）．

[131] 银监会合作金融机构监管部．农村合作银行监管法规手册．中国金融出版社，2005.

[132] 袁春振．我国金融监管体制发展趋势研究．山东科技大学学报（社会科学版），2007（5）．

[133] 曾令良，姚艳霞．欧盟法律研究在中国：过去、现在与未来．法学评论，2001（4）．

[134] 翟伟．国际保险监管发展趋势及我国保险监管模式选择．上海保险，2005（12）．

[135] 张宝宇．巴西金融动荡对经济的影响．世界经济，1999（4）．

[136] 张晖．香港权证市场发展给内地的启示．南方金融，2007（6）．

[137] 张骏．谈谈有效金融监管．经营管理者，2010（8）．

[138] 张明．当前热钱流入中国的规模与渠道．Working Paper No.0811，中国社科院国际金融研究中心，2008.

[139] 张维，张建刚．中美期货市场自律管理体系比较研究．哈尔滨工业大学学报（社会科学版），2005（5）．

[140] 张炜．2009、2010年银行业法制年度报告．中国金融出版社．

[141] 张永辉，赵晓峰．德国的金融监管体系改革及其对我国的启示．西安财经学院学报，2003（6）．

[142] 张玉智，靖继鹏．期货投资信息对期货市场效率的影响．商业时代，2006（12）．

[143] 张玉智，刘克．金融工程．中国铁道出版社，经济科学出版社，2006.

[144] 张玉智，戚欣．农产品期货投资策略．南海出版公司，2005.

[145] 张玉智．基于生态信息的新型期货投资主体的培育．经济师，2007（2）．

[146] 章奇，何帆，刘明兴．金融自由化、政策一致性和金融脆弱性：理论框架与经验证据．世界经济，2003（12）．

[147] 赵伟荣，黄龙．西方保险监管制度的比较与启示，经济纵横，2011（9）：38－39．

[148] 赵雪梅．巴西金融业的并购重组及其启示．拉丁美洲研究，2004（4）．

[149] 郑瑞琨．完善中国证券商自律管理制度的思考．北京科技大学学报（社会科学版），2001（1）．

[150] 中国保监会博士后科研工作站、北京交通大学中国产业安全研究中心博士后科研工作站．中国保险市场发展报告（2009）．中国广播电视出版社，2009．

[151] 中国保险监督管理委员会．2003 国际保险监管研究．中国金融出版社，2003．

[152] 中国人民银行．中国人民银行年报．2009．

[153] 中国人民银行金融稳定分析小组．中国金融稳定报告 2009．中国金融出版社，2009．

[154] 中国人民银行金融稳定分析小组．中国金融稳定报告 2010．中国金融出版社，2010．

[155] 中国人民银行上海总部，国际金融市场分析小组．二〇〇九年国际金融市场报告，2010．

[156] 中国人民银行上海总部．中国金融市场发展报告（2008～2009），2010－06．

[157] 中国社会科学院金融研究所．主要国家与地区金融监管改革分析与评价．金融论坛，2009．

[158] 中国银监会．2009．关于印发《商业银行资产证券化风险暴露监管资本计量指引》的通知．http：//www．cbrc．gov．cn/chinese/info/zcfg/index．jsp．

[159] 中国证监会研究中心．世界转弯进行时——全球金融危机的解析与影响．中信出版社，2010．

[160] 中国证监会研究中心．中国资本市场战略性问题研究．2010．

[161] 中经网统计数据库．http：//202.121.135.11：90/．

[162] 周道许．中国保险业发展若干问题研究．中国金融出版社，2006．

[163] 周汉华．监管制度的法律基础．比较（第 26 辑）．中信出版社，2006．

[164] 朱孟楠．金融监管的国际协调与合作．中国金融出版社，2003：117－118．

［165］宗良，朱汉江．国际银行业并购的历史、现状和发展前景．国际金融研究，1999（4）.

［166］Black, J. . 2007. Making a Success of Principles-based Regulation. Law and Financial Markets Review, 191 – 206. 转引自刘媛．金融领域的原则性监管方式．法学家，2010（3）：83 – 97.

［167］Gart, A. . 1994. Regulation, Deregulation, Reregulation, 陈雨露，王智杰等译．经济科学出版社，1999.

［168］Smith, A. . 1776. An Inquiry into the Nature and Causes of the Wealth of Nations. 郭大力，王亚南译．上海三联书店出版，2009.

［169］貝塚啓明，1986「金融の国際化について」大蔵省財政金融研究所『フィナンシャル・レビュー』1986年12月.

［170］東洋経済新報社、財務省財務総合政策研究所財政史室編，1999年，「昭和財政史—昭和49~63年度—6金融」東洋経済新報社、財務省財務総合政策研究所財政史室編，2003年、「昭和財政史—昭和49~63年度—11資料（4）国際金融？対外関係事項・関税行政」.

［171］東洋経済新報社、大蔵省財政史室編，1992年「昭和財政史—昭和27~48年度—18資料（6）国際金融？対外関係事項」；1998年，「昭和財政史—昭和27~48年度—19統計」.

［172］東洋経済新報社、大蔵省銀行局，2003年，「銀行局金融年報」各号、金融財政事情研究会、「大蔵省証券局年報」各号.

［173］荒巻健二，2004「資本取引自由化のsequencing—日本の経験と中国への示唆—」国際協力銀行『開発金融研究所報』2004年11月第21号。

［174］日本銀行，1999.「BIS統計からみた国際金融市場 – 90年代における国際資金フローの変化 – 」、『日本銀行調査月報』1999年5月号、23.

［175］深尾京司，1989「金融国際化と最適金融政策」大蔵省財政金融研究所「フィナンシャル・レビュー」1989年7月.

［176］辻村和佑，辻村雅子，2008.『国際資金循環分析 – 基礎技法と応用事例』慶應義塾大学出版社.

［177］石田定夫，1993.『日本経済の資金循環』東洋経済新報社.

［178］張南，2006，国际资金循环分析的理论模型与统计观测体系" 统计研究" No.173，12 – 21。—，2009，「中国的对外资金循环与外汇储备的结构性问题」『数量経済技術経済研究』Vol.26，No.9，pp.18 – 31。

［179］張南，1996『資金循環分析の理論と応用』ミネルヴァ書房—，2005『国際資金循環分析の理論と展開』ミネルヴァ書房—，2010「中国と米

国の対外資金循環における鏡像関係—国際資金循環分析の視点を中心として」、『統計学』No. 99、1 – 19.

［180］中国経済増長与宏観穏定課題組，2009，「全球失衡、金融危機与中国経済的復蘇」『経済研究』第 5 号，pp. 4 – 19.

［181］A Staff Team Led by Shogo Ishii and Karl Habermeier. 2002. Capital Account Liberalization and Financial Sector Stability. IMF Occasional Paper 211.

［182］Adrian, T. and H. S. Shin. 2008. Financial Intermediaries, Financial Stability and Monetary Policy. in Maintaining Stability in a Changing Financial System, Federal Reserve Bank of Kansas City, 287 – 334.

［183］Allen, F. and D. Gale. 2000. Financial Contagion. Journal of Political Economy, Vol. 108: 1 – 33.

［184］Allen, F. and D. Gale. 2001. Comparing Financial Systems. The MIT Press.

［185］Arestis, P. and M. C. Sawyer. 2007. Handbook of Alternative Monetary Economics. Edward Elgar Publishing.

［186］Arestis, P. and S. Basu. 2003. The Levy Economics Institute of Bard College. Working paper, No. 397.

［187］Ashcraft, A. , N. Garleanu and L. H. Pedersen. 2010. Two Monetary Tools: Interest Rates and Haircuts. Working Paper.

［188］Awrey, D. . 2010. Regulating Financial Innovation: A More Principles-Based Alternative? Brooklyn Journal of Corporate, Financial and Commercial Law, Forthcoming.

［189］Bakker A. and B. Chapple. Advanced Country Experiences with Capital Account Liberalization. IMF Occasional Paper 214.

［190］Baltensperger, E. . 1980. Alternative Approaches to the Theory of the Banking Firm. Journal of Monetary Economics, Vol. 6: 1 – 37.

［191］Bank for International Settlements. 2009. Quarterly Locational International Banking Statistics. – 2009. Quarterly Consolidated International Banking Statistics.

［192］Barth, J. R. , G. Caprio Jr. and R. Levine. 2001. The Regulation and Supervision of Banks around the World: A New Database. World Bank Working Paper, 2588.

［193］Basel Committee on Banking Supervision (BCBS). 1999. A New Capital Adequacy Framework. Basel, BIS.

［194］Basel Committee on Banking Supervision (BCBS). 2004. International

471

Convergence of Capital Measurement and Capital Standards: A. Revised Framework. Basel, BIS.

[195] Bekaert, G., H. R. Campbell and C. Lundblad. 2005. Does Financial Liberalization Spur Growth? Journal of Financial Economics, Vol. 77: 3 – 55.

[196] Bekaert, G., H. R. Campbell and C. Lundblad. 2006. Growth Volatility and Financial Liberalization. Journal of International Money and Finance, Vol. 25: 370 – 403.

[197] Bekaert, G., H. R. Campbell and C. Lundblad. 2009. Financial Openness and Productivity, NBER WP No. 14843.

[198] Bekaert, G., H. R. Campbell, C. Lundblad and S. Siegel. 2007. Global Growth Opportunities and Market Integration. Journal of Finance 62 (3): 1081 – 1137.

[199] Berger, A. N., G. F. Udell. 1994. Did Risk-based Capital Allocate Bank Credit and Cause a "Credit Crunch" in the United States? Journal of Money, Credit, and Banking 26, 585 – 628.

[200] Bernanke, B. and M. Gertler. 1989. Agency Costs, Net Worth, and Business Fluctuations. American Economic Review, Vol. 79: 14 – 31.

[201] BIS. 2010. Central bank governance and financial stability. A report by a Study Group.

[202] BIS. 2010. Central bank governance and financial stability. A report by a Study Group.

[203] Bliss, R. and M. Flannery. 2001. Market Discipline in the Governance of U. S. Bank Holding Companies: Monitoring versus Influence, pp. 107 – 143, in R. Mishkin, ed., Prudential Supervision: Why is it Important and What are the Issues? National Bureau of Economic Research.

[204] Bliss, R.. 2001. Market Discipline and Subordinated Debt: A Review of Some Salient Issues. Economic Perspectives, Federal Reserve Bank of Chicago, issue QI, 24 – 45.

[205] Board of Governors of the Federal Reserve System and United States Department of the Treasury. 2000. The Feasibility and Desirability of Mandatory Subordinated Debt. http://www. treas. gov/press/releases/reports/finalpaper. pdf.

[206] Borio, C.. 2003. Towards a Macroprudential Framework for Bank Supervision and Regulation. CESifo Economic Studies, Vol. 49: 181 – 215.

[207] Brash, D. T.. 1996. A New Approach to Banking Supervision. Reserve

Bank of New Zealand. http：//www. rbnz. govt. nz/speeches/0031085. html .

［208］Canals, J.. 1997. Universal Banking：International Comparisons and Theoretical Perspectives. Clarendon Press.

［209］Caouette, J., Altman, E. and Narayanan, P.. 1998. Managing Credit Risk. John Wiley & Sons Press.

［210］Caprio, G. and D. Klingebiel. 2003. Episodes of Systemic and Borderline Financial Crises. Working Paper, World Bank.

［211］Chang, R. and G. Majnoni. 2002. Fundamentals, Beliefs, and Financial Contagion. European Economic Review, Vol. 46：801 – 808.

［212］Chant, J., A. Lai, M. Illing and F. Daniel. 2003. Essays on Financial Stability. Technical Report, Bank of Canada, No. 95.

［213］Chari , V. V. and P.. 1997. Kehoe, Hot Money. NBER working paper 6007, April 1997.

［214］Chenery, H. B. and A. M. Strout. 1966. Foreign Assistance and Economic Development. American Economic Review 56：679 – 733. Cohen, J.. 1987. The Flow of Funds in Theory and Practice. Kluwer Academic Publishers, 79 – 93 and 181 – 195.

［215］Dawson, J.. 1996. Flow of Funds Analysis：A Handbook for Practitioners, M. E. Sharpe, 253 – 263 and 571 – 587.

［216］Demirguc-Kunt, A. and E. Detragiache. 1998. Financial Liberalization and Financial Fragility. World Bank：Annual World Bank Conference on Development Economics, Working Paper.

［217］Diamond, D. W. and P. H. Dybvig. 1983. Bank Runs, Deposit Insurance, and Liquidity. Journal of Political Economy, Vol. 91：401 – 419.

［218］Diamond, D. W.. 1984. Financial Intermediation and Delegated Monitoring. Review of Economic Studies, Vol. 51：393 – 414.

［219］Dowd, K.. 1996. Competition and Finance：A New Interpretation of Financial and Monetary Economics. Basingstoke and New York, Macmillan Press & St Martin's Press.

［220］Edgeworth, F. Y.. 1988. The Mathematical Theory of Banking. Journal of the Royal Statistical Society, Vol. 51：113 – 127.

［221］Financial Service Authority. 2007. Principles-based Regulation：Focusing on the Outcomes that Matter, April.

［222］Financial Services Roundtable. 2007. The Blueprint for U. S. Financial Competitiveness. http：//www. fsround. org/cec/pdfs/FINAL Competitiveness Report.

pdf.

[223] Flannery, M. J. and S. M. Sorescu. 1996. Evidence of Bank Market Discipline in Subordinated Debenture Yields: 1983 – 1991. Journal of Finance, Vol. 51: 1347 – 1377.

[224] Goetzmann, W. N., Li, L., Rouwenhorst, G. K.. 2005. Long-Term Global Market Correlations. Journal of Business, 71: 1 – 38

[225] Goodhart, C.. 1995. Price Stability and Financial Fragility. edited by K. Sawamoto, Z. Nakajima in Financial Stability in a Changing Environment. St. Martins Press.

[226] Gorton. 2010. Questions and Answers About the Financial Crisis. Oxford University Press.

[227] Greene, W. H.. 2000. Econometric Analysis. Prentice-hall, Inc.

[228] Greenspan, A.. 2001. Harnessing Market Discipline. The Region, Federal Reserve Bank of Minneapolis.

[229] Greenspan, A.. 2005. Adam Smith. At the Adam Smith Memorial Lecture, Kirkcaldy, Scotland.

[230] Gupta, K. L. and R. Lensink. 1994. Financial Liberalization, Foreign Aid, and Private and Public Investment, Public Finance, Vol. 49: 373 – 384.

[231] Hamalaimen, P., M. Hall and B. Howcroft. 2005. A Framework for Market Discipline in Bank Regulatory Design. Journal of Business Finance and Accounting, Vol. 32: 183 – 209.

[232] Hardin, G.. 1968. The Tragedy of the Commons. Science, Vol. 162: 1243 – 1248.

[233] Hellmann, T. F., K. C. Murdock and J. E. Stiglitz. 2000. Liberalization, Moral Hazard in Banking, and Prudential Regulation: Are Capital Requirements Enough? American Economic Review, Vol. 90: 147 – 165.

[234] Hoelscher, D. S. and M. Quintyn. 2003. Managing Systemic Banking Crises. Occasional Paper of the International Monetary Fund, 224.

[235] IIF. 2010. Capital Flows to Emerging Markets Economies. http://www. iif. com/press/pressrelease. quagga.

[236] IMF. 1993. Balance of Payments Manual, 5th ed., IMF. – 2006. Compilation Guide on Financial Soundness Indicators; – 2007. Spillovers and Cycles in the Global Economy. World Economic Outlook April. – 2008. Global Financial Stability Report Financial Stress and Deleveraging Macrofinancial Implications and Policy, 73 –

105; - 2009a. Global Financial Stability Report Responding to the Financial Crisis and Measuring Systemic Risks, 73 - 146; - 2009b. Crisis and Recovery, World Economic Outlook April 2010.

[237] IMF. 2007. Global Financial Stability Report-Market Developments and Issues. World Economic and Financial Surveys, Washington, DC.

[238] IOSCO. 2005. Resolution on Commitment to Basic IOSCO Principles of High Regulatory Standards and Mutual Cooperation and Assistance. http: //www. iosco. org/resolutions/pdf/IOSCORES11. pdf, September 29, 2005.

[239] Jensen M., W. Meckling. 1994. The nature of Man. Journal of Applied Corporate Finance, 7 (2): 6 - 19.

[240] Jia, C., S. Ding, Y. Li and Z. Wu. 2009. Frauds, Enforcement Actions, and the Role of Corporate Governance: Evidence from China. Journal of Business Ethics, 90 (4): 561 - 576.

[241] Kane, E. J.. 1997. Ethical Foundations of Financial Regulation. Journal of Financial Services Research, Vol. 12: 51 - 74.

[242] Kane, E. J.. 2002. Using Deferred Compensation to Strengthen the Ethics of Financial Regulation. Journal of Banking and Finance, Vol. 26: 1919 - 1933.

[243] Kerr S.. 1975. On the Folly of Rewarding A, While Hoping for B. The Academy of Management Journal, 18 (4): 769 - 783.

[244] Kohn, M.. 1991. Money Banking and Financial Markets. Dryden Press.

[245] Krishnan, C. N. V., P. H. Ritchken and J. B. Thomson. 2005. Monitoring and Controlling Bank Risk: Does Risky Debt Help? Journal of Finance, Vol. 60: 343 - 378.

[246] Kroszner, R. and R. G. Rajan. 1994. Is the Glass-Steagall Act Justified? A Study of the U. S. Experience with Universal Banking before 1933, The American Economic Review 84 (4): 810 - 832.

[247] Laffont, J. J. and J. Tirole. 1991. The Politics of Government Decision-Making: A Theory of Regulatory Capture. Quarterly Journal of Economics, Vol. 106: 1089 - 1127.

[248] Lane, T.. 1992. Market Discipline. IMF Working Paper, Available at SSRN: http: //ssrn. com/abstract = 884774.

[249] Levine, R.. 2012. The Governance of Financial Regulation: Reform Lessons from the Recent Crisis, International Review of Finance , 12 (1): 39 - 56.

[250] Marwah, K. and L. R. Klein. 1983. International Capital Flows and Ex-

change Rates. Flow of Funds Analysis: A Handbook for Practitioners, M. E. Sharpe, 468 – 485.

[251] Mauro, P., Sussman, N., Yafeh, Y.. 2002. Emerging Market Spreads: Then Versus Now. Quarterly Journal of Economics, 117: 695 – 733.

[252] Mishkin, F. S.. 2000. Prudential Supervision: Why is it Important and What are the Issues. NBER Working Paper Series, 7926.

[253] Mundell, R. A.. 1968. International Economics. the Macmillan Company, 239 – 321.

[254] Nakaso, H., M. Hattori, T. Nagae and H. Hamada. 2000. Changes in Bank Behaviour during the Financial Crises: Experiences of the Financial Crises in Japan. Paper presented at the IMF Central Banking Conference, Washington D. C..

[255] Norris, F.. 2001. An Executive's Missing Years: Papering Over Past Problems. New York Times, July 16.

[256] Obstfeld, M., Taylor, A. M.. 2003. Globalization and Capital Markets, in: Bordo, M. D., Taylor, A. M., and Williamson J. G. (Eds.), Globalization in Historical Perspective. University of Chicago Press.

[257] Obstfeld, M., Taylor, A. M.. 2004. Global Capital Markets: Integration, Crisis, And Growth. Cambridge University Press.

[258] Oosterloo and de Hann. 2004. Central Banks and Financial Stability: A Survey. Journal of Financial Stability, Jan. 2004.

[259] Park, S.. 1997. Risk-taking Behavior of Banks under Regulation. Journal of Banking and Finance, Vol. 21: 491 – 507.

[260] Paulson, H. M., Steel, RK and Nason, DG 2008: Blueprint for a modernized financial regulatory structure. US Treasury Department, available at www. treas. gov/press/releases/reports/Blueprint. pdf.

[261] Peach, W. N.. 1941. The Security Affiliates of National Banks. Johns Hopkins University Press.

[262] Posner, R. A.. 1974. Theories of Economic Regulation. The Bell Journal of Economics and Management Science, 5 (2): 335 – 358.

[263] Prasad, E., K. Rogoff, S. Wei and M. A. Kose. 2003. Effects of Financial Globalization on Developing Countries: Some Empirical Evidence. IMF Occasional Paper 220.

[264] Quinn, D. P.. 2003. Capital Account Liberalization and Financial Globalization, 1890 – 1999: A Synoptic View. International Journal of Finance and Econom-

476

ics，8：189－204.

［265］Quintyn，M.，Taylor，M. W.. 2002. Regulatory and Supervisory Independence and Financial Stability. IMF Working Paper.

［266］Quirk，P. J.，Evans O.. 1995. Capital Account Convertibility – Review of Experience and Implications for the IMF Policies. IMF Occasional Paper 131.

［267］Sprague，O. M.. 1968. History of Crises under the National Banking System. Augustus M Kelley Pubs.

［268］Sprenkle，C. M.. 1985. On the Precautionary Demand for Assets. Journal of Banking and Finance，Vol. 9：499－515.

［269］Stein，J. C.. 2011. Monetary Policy as Financial-Stability Regulation（March 8，2011）. Available at SSRN：http：//ssrn. com/abstract = 1781306.

［270］Stigler，G. J.. 1971. The Theory of Economic Regulation. The Bell Journal of Economics and Management Science，2（1）：3 – 21.

［271］Stigler，G.. 1971. The Economic Theory of Regulation. Bell Journal of Economics，Vol. 2：335 – 358.

［272］Stiglitz，J. E. and A. Weiss. 1981. Credit Rationing in Markets with Imperfect Information. American Economic Review，Vol. 71：393 – 410.

［273］Stockman，A. C.. 1993. Short-Run Independence of Monetary Policy Under Pegged Exchange Rates And Effects of Money On Exchange Rates And Interest Rates. National Bureau of Economic Research，WP. No. 4517.

［274］Tchana，F.. 2008. The Welfare Cost of Banking Regulation. Available at SSRN：http：//ssrn. com/abstract = 1104605.

［275］The World Bank. Global Development Finance 2009. http：//www. worldbank. org/data/.

［276］Thornton，H.. 1802. Paper Money-Great Britain：An Enquiry into the Nature and Effects of the Paper Credit of Great Britain. Farrar & Rinehart，1939.

［277］u Mun，T.. 1664. England's Treasure by Foreign Trade；or，The balance of our foreign trade is the rule of our treasure. London，早稻田大学图书馆藏书，EB5771.

［278］U. S. Treasury Department. 2010. Treasury International Capita.

［279］Wagner，W. B.. 2006. The Broadening of Activities in the Financial System：Implications for Financial Stability and Regulation. Discussion Paper 2006 – 72，Tilburg University，Center for Economic Research.

［280］White，E.. 1986. Before the Glass-Steagall Act：An Analysis of the Investment Banking Activities of National Banks. Explorations in Economic History 23 (1): 33 – 55.

[281] Wilcox, J. A. . 2005. The Increasing Integration and Competition of Financial Institutions and of Financial Regulation. Research in Finance, Vol. 22: 215 – 238.

[282] Willen, P. . 2004. Incomplete markets and trade. Federal Reserve Bank of Boston, Working Papers Series, paper no. 04 – 08.

[283] Yuan, K. . 2005. Asymmetric Price Movements and Borrowing Constraints: A Rational Expectations Equilibrium Model of Crisis, Contagion, and Confusion. Journal of Finance, Vol. 60: 379 – 411.

后 记

　　教育部哲学社会科学研究重大课题攻关项目《金融市场全球化下的中国金融监管体系研究》（项目批准号：07JZD0010）最终成果《金融市场全球化下的中国金融监管体系改革》一书终于完稿了。

　　本书是本项目的主要成果和最终成果，是项目研究的集大成。本书最重要的创新在于详细和深入地分析了金融国际化、金融危机背景下对国际和中国金融监管体系提出的挑战和要求；研究了金融创新、金融混业经营条件下金融监管发生的新变化；对中国现行金融监管体系进行了客观评价与评估；提出了改革与完善中国金融监管体系的目标和可实施的方案。

　　本书的完成花费了课题组成员的大量心血。为了完成此项目，我们进行了大量调查研究，召开了多次研讨会，发表了几十篇与项目有关的学术论文，在此基础上撰写成书。

　　本书是集体力量的产物。我们的课题组中不但有北京大学的教授、副教授、博士后、博士，还有中国人民银行、中国银监会、中国证监会、中国保监会、中国农业银行等单位的人员。我们做到了理论与实践相结合，学术研究与实际部门相结合。参与本课题研究的人员30多人，参加本书执笔的人员也有20人。本书的具体分工（执笔）如下：前言、第十五章、后记，曹凤岐；第一章，王志诚、高培道；第二章，姜万军、田利辉；第三章，朱乾宇；第四章，贾春新、高培道；第五章，周晴；第六章，周晴、刘晓宏；第七章，刘晓勇；第八章，马险峰；第九章，周道许、刘冀广；第十章，曹杰存、陆建新；第十一章，张玉智；第十二章，邢桂君、袁宏泉；第十三章，张南；第十四章，郭雳、王宝杰。陈煦、鹿波也参与了本书的编写工作。朱乾宇作了大量组织协调工作。贾春新对全书的体例、章节、文字、参考文献、注释等进行了修订、规范。曹凤岐对全书的结构、章节、段落作了重大调整和文字增删，并最后定稿。

　　本项目的研究和本书的编写还得到了蔡洪滨、徐信忠、刘力、龚六堂、姚长辉、单忠东、张圣平、王东等同志的支持和帮助，项目的完成得到了教育部社科司、北京大学社科部、北大光华管理学院的支持；得到中国人民银行、中国银监会、中国证监会、中国保监会、中国农业银行、香港金管局、香港联合交易所、香港银行公会等单位的帮助。在此一并表示感谢！

教育部哲学社會科学研究重大課題攻関項目
成果出版列表

书　名	首席专家
《马克思主义基础理论若干重大问题研究》	陈先达
《马克思主义理论学科体系建构与建设研究》	张雷声
《马克思主义整体性研究》	逢锦聚
《当代中国人精神生活研究》	童世骏
《弘扬与培育民族精神研究》	杨叔子
《当代科学哲学的发展趋势》	郭贵春
《面向知识表示与推理的自然语言逻辑》	鞠实儿
《当代宗教冲突与对话研究》	张志刚
《马克思主义文艺理论中国化研究》	朱立元
《历史题材创新和改编中的重大问题研究》	童庆炳
《现代中西高校公共艺术教育比较研究》	曾繁仁
《楚地出土戰國簡册［十四種］》	陳　偉
《中国市场经济发展研究》	刘　伟
《全球经济调整中的中国经济增长与宏观调控体系研究》	黄　达
《中国特大都市圈与世界制造业中心研究》	李廉水
《中国产业竞争力研究》	赵彦云
《东北老工业基地资源型城市发展接续产业问题研究》	宋冬林
《中国加入区域经济一体化研究》	黄卫平
《金融体制改革和货币问题研究》	王广谦
《人民币均衡汇率问题研究》	姜波克
《我国土地制度与社会经济协调发展研究》	黄祖辉
《南水北调工程与中部地区经济社会可持续发展研究》	杨云彦
《产业集聚与区域经济协调发展研究》	王　珺
《京津冀都市圈的崛起与中国经济发展》	周立群
《金融市场全球化下的中国金融监管体系改革》	曹凤岐
《中国民营经济制度创新与发展》	李维安
《中国现代服务经济理论与发展战略研究》	陈　宪
《中国转型期的社会风险及公共危机管理研究》	丁烈云
《面向公共服务的电子政务管理体系研究》	孙宝文

书　名	首席专家
《人文社会科学研究成果评价体系研究》	刘大椿
《中国工业化、城镇化进程中的农村土地问题研究》	曲福田
《东北老工业基地改造与振兴研究》	程　伟
《中部崛起过程中的新型工业化研究》	陈晓红
《全面建设小康社会进程中的我国就业发展战略研究》	曾湘泉
《自主创新战略与国际竞争力研究》	吴贵生
《转轨经济中的反行政性垄断与促进竞争政策研究》	于良春
《我国民法典体系问题研究》	王利明
《中国司法制度的基础理论问题研究》	陈光中
《多元化纠纷解决机制与和谐社会的构建》	范　愉
《中国和平发展的重大国际法律问题研究》	曾令良
《中国法制现代化的理论与实践》	徐显明
《生活质量的指标构建与现状评价》	周长城
《中国公民人文素质研究》	石亚军
《城市化进程中的重大社会问题及其对策研究》	李　强
《中国农村与农民问题前沿研究》	徐　勇
《中国边疆治理研究》	周　平
《中国大众媒介的传播效果与公信力研究》	喻国明
《媒介素养：理念、认知、参与》	陆　晔
《创新型国家的知识信息服务体系研究》	胡昌平
《数字信息资源规划、管理与利用研究》	马费成
《新闻传媒发展与建构和谐社会关系研究》	罗以澄
《数字传播技术与媒体产业发展研究》	黄升民
《教育投入、资源配置与人力资本收益》	闵维方
《创新人才与教育创新研究》	林崇德
《中国农村教育发展指标体系研究》	袁桂林
《高校思想政治理论课程建设研究》	顾海良
《网络思想政治教育研究》	张再兴
《高校招生考试制度改革研究》	刘海峰
《基础教育改革与中国教育学理论重建研究》	叶　澜
《公共财政框架下公共教育财政制度研究》	王善迈
《中国青少年心理健康素质调查研究》	沈德立

书　名	首席专家
《处境不利儿童的心理发展现状与教育对策研究》	申继亮
《WTO 主要成员贸易政策体系与对策研究》	张汉林
《中国和平发展的国际环境分析》	叶自成
＊《改革开放以来马克思主义在中国的发展》	顾钰民
＊《西方文论中国化与中国文论建设》	王一川
＊《中国抗战在世界反法西斯战争中的历史地位》	胡德坤
＊《近代中国的知识与制度转型》	桑　兵
＊《中国水资源的经济学思考》	伍新林
＊《转型时期消费需求升级与产业发展研究》	臧旭恒
＊《中国金融国际化中的风险防范与金融安全研究》	刘锡良
＊《中国政治文明与宪法建设》	谢庆奎
＊《地方政府改革与深化行政管理体制改革研究》	沈荣华
＊《知识产权制度的变革与发展研究》	吴汉东
＊《中国能源安全若干法律与政府问题研究》	黄　进
＊《农村土地问题立法研究》	陈小君
＊《我国地方法制建设理论与实践研究》	葛洪义
＊《我国资源、环境、人口与经济承载能力研究》	邱　东
＊《产权理论比较与中国产权制度变革》	黄少安
＊《西部开发中的人口流动与族际交往研究》	马　戎
＊《中国独生子女问题研究》	风笑天
＊《当代大学生诚信制度建设及加加强大学生思想政治工作研究》	黄蓉生
＊《农民工子女问题研究》	袁振国
＊《中国艺术学科体系建设研究》	黄会林
＊《边疆多民族地区构建社会主义和谐社会研究》	张先亮
＊《非传统安全合作与中俄关系》	冯绍雷
＊《中国的中亚区域经济与能源合作战略研究》	安尼瓦尔·阿木提
＊《冷战时期美国重大外交政策研究》	沈志华

……

＊为即将出版图书